LAW SCHOOL

물권법 핵심 판례

물권법 Restatement

송오식 저

물권법에서 가장 중요한 핵심판례 83개를 엄선하여 사실관계부터 시작해서 원심을 포함한 판결의 전과정을 통하여 대법원의 판결이유가 나오게 된 과정이 그려진 판례도서이다. 물권법 조문에 그동안 판례를 체계적으로 엮어서 미국식 Restatement로 제공한다.

전남대학교출판문화원

머리말

민법은 실정법 중에서도 가장 방대하면서도 정치한 법이다. 조문 수도 많지만 사회경제의 발전과 함께 사인간의 복잡다기한 법률관계로 인하여 갈수록 많은 판례가 축적되고 있다. 민법을 배우려는 자 뿐만 아니라 현장에서 민법을 적용하는 입장에서도 민법에 대한 체계적인 지식이 요구된다. 가장 바람직한 것은 법률의 흠결을 판례에 의하여 메우고 다시 민법 개정을 통하여 그 간극을 메우는 것일 것이다. 하지만 주지하다시피 민법의 개정은 주로 가족법 중심으로 이루어져왔고 변화된 사회·경제적 현실을 반영하지 못하고 있다. 그 동안 2009년 제1차 민법 개정시도와 2014년 제2차 개정시도가 있었지만 결실을 맺지 못하였고, 지난 6월 16일 제3차 개정위원회가 구성되어서 전면 개정을 시도 중이다. 이번 개정위원회에서는 가시적인 성과로 이어지기를 기대해본다.

이 책의 구성은 크게 두 부분으로 이루어져있다. 제1부는 물권법의 핵심판례를 쟁점별로 소개하고 있다. 2009년 로스쿨 도입 후 지금까지 수업방법으로서 Case Study와 Socratic Method를 일관되게 고수하여 왔다. 이 책은 그 동안 로스쿨 물권법 강의의 내용들이 녹아져 있는 산물이다. 로스쿨의 도입취지가 변화하는 사회에 대응하는 창조적인 변호사의 양성에 있는 만큼, 교육목표를 단순한 법지식의 암기가 아니라 법지식의 활용과 대응에 두었다. 기존 판례 도서들은 대개 사실관계와 법적 쟁점, 판결요지 중심으로 소개하고 이에 해설과 논평을 곁들이고 있지만, 이 책에서는 더 나아가 원고의 주장과 피고의 주장(항변), 법적 쟁점, 원심의 판단, 원심의 판단이유, 상고이유, 대법원의 판단, 대법원의 판단이유의 순서로 게재하여 한 사건(Case)이 당사자의 치열한 공방을 통하여 어떻게 진행되었으며 이러한 과정 중에서 어떻게 판례가 형성되었는지를 독자가 쉽게 알아볼 수 있도록 함과 동시에 사고의 폭을 넓힐 수 있도록 하였다. 필요한 경우에는 참고 내용을 추가하여 이해의 폭을 넓혀가도록 하였다.

여기에 소개된 물권법 판례들은 물권법의 기본적인 중요한 쟁점을 가지고 있는 것들로서 실무에서 가장 많이 사용되는 판례들이다. 제2부의 물권법 Restatement와 함께 잘 숙지한다면 특히 로스쿨생들에게는 민사기록시험, 민사사례시험, 민사선택형 시험까지 도움을 받을 것이라고 본다.

제2부는 이른바 '물권법 Restatement'이다. Restatement란 성문민법을 가지고 있지 않은 미국에서 각주의 주법의 통일화를 위한 운동으로서 선례로 정착된 판례의 요점을 정리한 것이다. 판례법 위주의 미국에서 법전화 운동의 일환으로 탄생하였고 실제 실무에서 법원으로서 중요한 역할을 하고 있다. 우리나라는 성문법국가이고 성문민법을 가지고 있지만 판례법 국가 못지않게 방대한 양의 민법 판례가 쏟아지고 있음에도 불구하고 이러한 판례의 체계화 작업은 이루어지지 않았다. 그 동안 강의하면서 학생들에게 판례의 체계적인 소개에 고심하다가 기존의 민법에다 판례들을 엮어서 체계적 구성을 시도하였다. 이러한 판례의 체계적 구성 시도가 로스쿨 학생들뿐만 아니라 실무가의 입장에서도 좀 더 용이하게 판례에 접근할 수 있도록 하리라고 본다. 향후 이러한 Restatement 작업이 민법개정과 별도로 진행되기를 기대해본다.

이 책을 펴내는 데에는 많은 분들의 도움이 있었다. 인터넷진흥원에 근무하는 주영선 법학박사는 원고 전체 분량의 교정작업과 판례색인 작업을 도와주었다. 그리고 변함없이 꼼꼼하게 글을 읽고 편집에 수고를 아끼지 않은 전남대학교 출판문화원 송미숙 과장님과 책디자인을 해준 배광현 선생님께 깊이 감사드린다. 마지막으로 또 한권의 책을 집필하여 세상에 나오도록 인도해 주신 하나님께 모든 영광을 돌린다.

2023년 8월

송 오 식 씀

■ 목 차

참고문헌

강태성 외, 로스쿨 물권법 판례 100선, 청림출판, 2006.

김재형 편, 판례 민법전, 박영사, 2020.

사법연수원, 민사실무 Ⅰ, 2018.

사법연수원, 민사실무 Ⅱ(판례), 2013.

송덕수·김병선, 민법 핵심판례 230선, 박영사, 2022.

전남대학교 법학전문대학원, 강의용 민법표준판례, 전남대학교출판문화원, 2020.

법학전문대학원협의회, 변호사시험의 자격시험을 위한 민법표준판례연구, 〈표준판례 830선〉, 2019.

송오식, 전남대학교 법학전문대학원의 민법교육과정 및 교육방법, 법학연구 19권 2호, 충남대학교 법학연구소, 2008. 12.

송오식, 법학전문대학원에서의 민법기본이론과 소유권론 교육, 법학논고 제28권, 경북대학교 법학연구원, 2008.

이상돈, 법이론, 박영사, 1997.

이연갑, 로스쿨 케이스북 계약법, 판례연구의 기초, 경세원, 2007.

송오식, 민법총칙, 전남대학교출판문화원, 2022.

송오식, 신물권법, 동방문화사, 2017.

제 1 부

판례 어떻게 읽을 것인가?

Ⅰ. 판례란 무엇인가?

먼저 재판이란 삼단논법의 논리방식에 따라 실체법이 정하는 구성요건인 법률사실(구체적인 요건사실)을 확정하여 이를 '소전제'로 하고 여기에 '대전제'인 법령을 적용하여 결론으로서 그 법령이 정하고 있는 법률효과의 존부 및 내용을 판단하는 작업이다. 올바른 재판을 위해서는 법률지식과 법률적 사고방식(legal mind)을 갖추기 위한 끊임없는 노력과 훈련을 필요로 한다.

판례는 법원의 판결 중 **선례적 가치가 있는 추상적 이론·법칙·규범**을 말한다. 우리나라는 성문법국가이기 때문에 원칙적으로 판례법을 인정하고 있지 않지만, 대법원판례는 사실상 선례(先例)로서 후의 재판을 구속하고, 또한 제도적으로도 대법원판결이 자기의 선례를 변경하는 데에는 대법관 전원의 3분의 2 이상의 합의체에서 판결을 하여야 하기 때문에(법원조직법 제7조 1항 3호), 대법원 판례의 변경이 쉽지 않고, 실제로 하급법원은 대법원판례를 따르는 것이 보통이기 때문에 실무가인 변호사로서는 판례의 숙지가 중요하다.

대법원의 모든 판결이 판례가 되는 것은 아니고, 선례적 가치가 있는 판결로서 유사한 사례에서 유사한 결론을 내릴 가능성이 높은 판결만이 판례가 되는 것이다.

Ⅱ. 판례 검색

우리나라는 법원도서관에서 판례의 공간을 책임지고 있다. 법원도서관에서 근무하는 판사인 조사심의관이, 대법원 판결 중 선례적 가치가 있다고 생각되는 판결을 모아 대법원판례집, 하급심판결집, 판례공보, 법고을(DVD) 등 여러 형태로 판례집을 출간하여 배포한다. 온라인으로는 대법원 홈페이지 대국민서비스-종합법률정보-판례 디렉토리에서 검색하면 된다. 문제는 하급심 판례는 제공하지 않는다는 점이다. 그 밖에 사기업이 운영하는 온라인 데이터베이스가 있는데 그 중 로앤비(Lawnb)가 가장 유명하다. 그 외에도 인터넷으로 CaseNote, LBOX, 빅케이스가 있는데, 로앤비는 유·무료로 이원화 서비스를 제공한다. 무료회원은 판결문의 판시사항과 판결요지 등 일부만 볼 수 있고, 유료회원은 판결 본문 전체와 관련 자료를 확인할 수 있다. 빅케이스도 유·무료로 이원화 서비스를 제공하고 있다. 무료회원은 전체 중 일부인 16만여 건의 판결문을 검색할 수 있는데, 대부분은 대법원 홈페이지에 공고되는 판결이나 베타 버전부터 검색이 가능했던 판결들이다. 대부분의 법학전문대학원 도서관에서는 로앤비나 엘박스 서비스를 제공하고 있다.

1. 대법원판례집

대법원의 판결 중 선례적 가치가 가장 높다고 생각되는 것들만 모은 책으로 대법원 판결문과 그 사건의 하급심판결, 그리고 상고이유서가 수록되어 있다. 법과대학 도서관에 비치되어 있다.

2. 하급심판결집

하급심 판결 중 선례적 가치가 있다고 판단된 것들을 모은 책이다. 이 중에는 항소 또는 상고되어 대법원에서 파기된 예도 적지 않으므로, 하급심판결집에 수록된 판결은 반드시 상소되었는지 여부, 상소된 후 결과 여부 등을 확인하여야 한다.

3. 판례공보

법원도서관에서 격주로 발행되는 판례집이다. 하급심판경이나 상고이유서는 수록되어 있지 않다.

4. 로앤비(Lawnb) 등

법무법인 태평양이 법원도서관의 협조를 받아 개발한 온라인데이터베이스이다. 하급심판결이 많이 수록되어 있고, 그 밖에 최신판례나 법령, 문헌 등 유용한 자료가 수시로 업데이트되고 있다. Lawnb의 장점은 원심인 하급심판례까지 풍부하게 제공하고 있고 대부분의 로스쿨에서 제공하고 있다.

5. 대법원 사이트(http://scourt.go.kr)

대법원 홈페이지 사이트 종합법령정보 디렉토리에서 판례를 검색할 수 있다. 로앤비에 비해서 하급심판결이 수록되어 있지 않지만 대부분의 대법원 판례는 검색할 수 있다.

Ⅲ. 판결의 형식

판결 하나를 예로 들어 설명해 보면 다음과 같다. 사실관계, 당사자의 주장, 법원의 판단, 원심의 판단, 판결요지 등

대법원 판결 예시

【대법원 2023. 6. 1. 선고 2023다209045 판결】

[판시사항]

임대차기간을 영구로 정한 임대차계약이 허용되는지 여부(원칙적 적극)/ 임차인은 언제라도 영구 임대차기간에 관한 권리를 포기할 수 있는지 여부(적극) 및 이때 임대차계약은 임차인에게 기간의 정함이 없는 임대차가 되는지 여부(적극)

[판결요지]

구 민법(2016. 1. 6. **법률 제13710호로 삭제되기 전의 것) 제651조**에서는 '석조, 석회조, 연와조 또는 이와 유사한 견고한 건물 기타 공작물의 소유를 목적으로 하는 토지임대차 및 식목, 채염을 목적으로 하는 토지임대차'를 제외한 임대차의 존속기간을 20년으로 제한하고 있었으나, 헌법재판소는 2013. 12. 26. 위 조항의 입법 취지가 불명확하고, 과잉금지원칙을 위반하여 계약의 자유를 침해한다는 이유로 헌법에 위반된다는 결정을 선고하였다. 결국민법 제619조에서 처분능력, 권한 없는 자의 단기임대차의 경우에만 임대차기간의 최장기를 제한하는 규정만 있을 뿐, 민법상 임대차기간이 영구인 임대차계약의 체결을 불허하는 규정은 없다.

소유자가 소유권의 핵심적 권능에 속하는 사용·수익의 권능을 대세적으로 포기하는 것은 특별한 사정이 없는 한 허용되지 않으나, 특정인에 대한 관계에서 채권적으로 사용·수익권을 포기하는 것까지 금지되는 것은 아니다.

따라서 임대차기간이 영구인 임대차계약을 인정할 실제의 필요성도 있고, 이러한 임대차계약을 인정한다고 하더라도 사정변경에 의한 차임증감청구권이나 계약 해지 등으로 당사자들의 이해관계를 조정할 수 있는 방법이 있을 뿐만 아니라, 임차인에 대한 관계에서만 사용·수익권이 제한되는 외에 임대인의 소유권을 전면적으로 제한하는 것도 아닌 점 등에 비추어 보면, 당사자들이 자유로운 의사에 따라 임대차기간을 영구로 정한 약정은 이를 무효로 볼만한 특별한 사정이 없는 한 계약자유의 원칙에 의하여 허용된다고 보아야 한다.

특히 영구임대라는 취지는, 임대인이 차임지급 지체 등 임차인의 귀책사유로 인한 채무불이행이 없는 한 임차인이 임대차관계의 유지를 원하는 동안 임대차계약이 존속되도록 이를 보장하여 주는 의미로, 위와 같은 임대차기간의 보장은 임대인에게는 의무가 되나 임차인에게는 권리의 성격을 갖는 것이므로 임차인으로서는 언제라도 그 권리를 포기할 수 있고, 그렇게 되면 임대차계약은 임차인에게 기간의 정함이 없는 임대차가 된다.

【참조조문】

민법 제185조, 제211조, 제619조, 제635조, 구 민법(2016. 1. 6. 법률 제13710호로 삭제) 제651조

【참조판례】

대법원 2001. 6. 29. 선고 99다64438 판결, 대법원 2017. 6. 19. 선고 2017다211528, 211535 판결(공2017하, 1531), 헌법재판소 2013. 12. 26. 선고 2011헌바234 전원재판부 결정(헌공207, 104)

【전문】

【원고, 상고인】

원고 (소송대리인 법무법인 규원 담당변호사 김상철 외 1인)

【피고, 피상고인】

피고 (소송대리인 변호사 김희수)

【원심판결】

대구지법 2023. 1. 12. 선고 2021나327169 판결

【주문】

원심판결 중 예비적 청구에 관한 부분을 파기하고, 이 부분 사건을 대구지방법원에 환송한다. 원고의 주위적 청구에 관한 상고를 기각한다.

【이유】

상고이유를 판단한다.

1. 주위적 청구에 관한 상고이유에 대하여

이 사건 임대차계약이 실제로는 매매계약에 해당한다는 상고이유 주장은 사실심인

원심의 전권에 속하는 증거의 취사선택과 사실인정을 다투는 취지에 불과하여 적법한 상고이유로 보기 어렵다. 나아가 원심판결 이유를 관련 법리와 기록에 비추어 살펴보더라도, 이 부분 원심의 판단에 상고이유 주장과 같이 논리와 경험의 법칙에 반하여 자유심증주의의 한계를 벗어나거나 채증법칙을 위반한 잘못이 없다.

2. 예비적 청구 중 영구임대차계약의 효력에 관한 상고이유에 대하여

가. 원심판결 이유에 의하면, 원심은 이 사건 임대차계약에서 임대차기간을 영구로 설정한 것은 채권인 임차권의 성질로 보아 허용되지 않고, 사용·수익 권능을 영구적으로 포기함으로써 처분 권능만이 남는 새로운 유형의 소유권을 창출하는 것이어서 그 임대차계약이 무효라고 판단하였다.

나. 그러나 원심의 위와 같은 판단은 다음과 같은 이유로 수긍하기 어렵다.

1) 구 민법(2016. 1. 6. 법률 제13710호로 삭제되기 전의 것) 제651조에서는 '석조, 석회조, 연와조 또는 이와 유사한 견고한 건물 기타 공작물의 소유를 목적으로 하는 토지임대차 및 식목, 채염을 목적으로 하는 토지임대차'를 제외한 임대차의 존속기간을 20년으로 제한하고 있었으나, 헌법재판소는 2013. 12. 26. 위 조항의 입법 취지가 불명확하고, 과잉금지원칙을 위반하여 계약의 자유를 침해한다는 이유로 헌법에 위반된다는 결정을 선고하였다(헌법재판소 2013. 12. 26. 선고 2011헌바234 전원재판부 결정). 결국 민법 제619조에서 처분능력, 권한 없는 자의 단기임대차의 경우에만 임대차기간의 최장기를 제한하는 규정만 있을 뿐, 민법상 임대차기간이 영구인 임대차계약의 체결을 불허하는 규정은 없다.

2) 소유자가 소유권의 핵심적 권능에 속하는 사용·수익의 권능을 대세적으로 포기하는 것은 특별한 사정이 없는 한 허용되지 않으나, 특정인에 대한 관계에서 채권적으로 사용·수익권을 포기하는 것까지 금지되는 것은 아니다(대법원 2017. 6. 19. 선고 2017다211528, 211535 판결 등 참조).

따라서 임대차기간이 영구인 임대차계약을 인정할 실제의 필요성도 있고, 이러한 임대차계약을 인정한다고 하더라도 사정변경에 의한 차임증감청구권이나 계약 해지 등으로 당사자들의 이해관계를 조정할 수 있는 방법이 있을 뿐만 아니라, 임차인에 대한 관계에서만 사용·수익권이 제한되는 외에 임대인의 소유권을 전면적으로 제한하는 것도 아닌 점 등에 비추어 보면, 당사자들이 자유로운 의사에 따라 임대차기간을 영구로 정한 약정은 이를 무효로 볼 만한 특별한 사정이 없는 한 계약자유의 원칙에 의하여 허용된다고 보아야 한다.

3) 특히 영구임대라는 취지는, 임대인이 차임지급 지체 등 임차인의 귀책사유로 인

한 채무불이행이 없는 한 임차인이 임대차관계의 유지를 원하는 동안 임대차계약이 존속되도록 이를 보장하여 주는 의미로, 위와 같은 임대차기간의 보장은 임대인에게는 의무가 되나 임차인에게는 권리의 성격을 갖는 것이므로 임차인으로서는 언제라도 그 권리를 포기할 수 있고, 그렇게 되면 임대차계약은 임차인에게 기간의 정함이 없는 임대차가 된다(대법원 2001. 6. 29. 선고 99다64438 판결 참조).

다. 그럼에도 원심이 임대차기간을 영구로 정하였다는 이유만으로 이 사건 임대차계약을 무효라고 단정하여 임차권설정등기절차의 이행을 구하는 원고의 예비적 청구를 기각한 것에는 임대차계약의 성질 및 효력에 관한 법리를 오해하여 판결에 영향을 미친 잘못이 있다. 이를 지적하는 이 부분 상고이유 주장은 이유 있다.

3. 결론

그러므로 나머지 상고이유에 대한 판단을 생략한 채 원심판결 중 예비적 청구에 관한 부분을 파기하고, 이 부분 사건을 다시 심리·판단하도록 원심법원에 환송하며, 원고의 주위적 청구에 관한 상고를 기각하기로 하여, 관여 대법관의 일치된 의견으로 주문과 같이 판결한다.

재판장 대법관 이흥구
안철상(주심)
노정희
오석준

(1) 판결을 선고한 법원

판례공보는 대법원 판결만 수록하므로, 별도로 법원의 이름을 기재하지 않으며, 실제 판결문에는 대법원이라고 표시된다. 그 외의 법원은 법원조직법 제3조, 각급법원의 설치와 관할구역에 관한 법률 2조의 별표 1, 4조의 별표 2,3에 정한 바에 따라 표시된다. 합의부의 경우에는 부의 표시를 하지만, 단독재판부의 판결에는 재판부의 표시를 하지 않는다.

(2) 판결 선고일

판결을 선고한 날짜를 판결문에 기재하도록 되어 있는데, 주문 표시 바로 윗줄에 선고일의 표시를 한다. 그러나 공간된 판결집에서는 첫머리에 판결 선고일을 표시하는 것이 일반적이다. 위 대법원판결은 2023. 6. 1.에 선고된 것이다.

(3) 사건번호

각 법원별로 사건이 접수된 순서에 따라 서기연수, 사건별 부호문자, 그 법원의 사건별 접수순의 일련번호로 구성된 것을 사건번호라고 한다. 위 대법원 판결의 사건번호는 2023다209045이다. 앞의 2023은 2023년도에 대법원에 상고장이 접수되었다는 의미이고, "다"는 민사상고사건을 의미한다. 만약 민사항소사건이라면 "나" 1심 민사사건이라면 "가"가 붙는다. 만약 1심 합의사건이라면 "가합" 민사 1심 단독사건은 "가단", 민사소액사건은 "가소"가 붙는다. 209045은 2023년도에 접수된 민사상고사건 중 209045번째 사건이라는 뜻이다.

(4) 사건명

소장을 접수한 법원사무관 등이 소장의 기재 등을 참고하여 부여한다. 예컨대 대여금·차용금·대출금 등의 청구는 "대여금", 상품대금·유류대금 등의 청구는 "물품대금"으로, 대·전·답·임야 등의 소유권이전등기청구는 "소유권이전등기"라고 표시한다. 손해배상 사건의 경우는 그 내용에 따라, 교통사고로 인한 것이면 "손해배상(자), 근로자의 업무상 재해로 인한 것이면" 손해배상(산), 의료과오로 인한 것이면 "손해배상(의), 공해로 인한 것이면" 손해배상(공), 지적재산권의 침해로 인한 것이면 "손해배상(지), 그 밖의 사유로 인한 것이면" 손해배상(기)으로 표시된다. 대체로 사건의 내용이 반영되어 있지만, 때로는 사건의 내용과 다른 사건명이 붙어 있는 경우도 있는데, 사건명은 종국에 이르기까지 고칠 수 없게 되어 있으므로, 사건명만으로 사건의 내용을 짐작하는 것은 때로 위험할 수 있다. 위 대법원 판결의 사건명은 "소유권이전등기"이다.

(5) 그 다음 줄인 【판시사항】 【판결요지】 【참조조문】 【참조판례】 까지는, 법원도서관의 조사심의관이 공간을 위해 편집 작업을 하면서 붙인 것이다. 따라서 이 부분

은 원래 판결문의 일부가 아니다.

(6) 당사자의 등의 표시

위 대법원 판결에는 원고와 피고의 이름이 표시되어 있다. 실제 판결문에는 당사자의 특정을 위해 주민등록번호와 주소(또는 송달장소)도 표시되지만, 공간된 판결에서는 개인정보보호를 위해 이들 정보가 삭제되어 있다. 상고심 판결의 경우 원고 또는 피고 다음에 상고인 또는 피상고인의 표시가 되어 있고, 항소심 판결의 경우 원고 또는 피고 다음에 항소인 또는 피항소인의 표시가 되어 있다. 이로써 하급심에서 어느 당사자가 승소하였는지 알 수 있다. 위의 사건에서는 【원고, 상고인】으로 표시가 됨으로써, 원고가 하급심에서 패소하여 상고하였음을 알 수 있다. 때로는 상고인 겸 피상고인, 또는 피상고인 겸 상고인으로 표시되기도 하는데, 이는 승소한 부분에 대하여는 상대방의 상고에 의하여 피상고인이 되고, 패소한 부분에 대하여는 스스로 상고하여 상고인의 지위에 서게 되었다는 뜻이다. 반소가 제기된 경우에는 "원고(반소피고)"로 표시되며, 보조참가가 된 경우에는 피참가인의 표시 다음에 "보조참가인" 또는 "원고 ○○○의 보조참가인"이라고 표시된다. 승계참가 또는 인수참가가 된 경우에도 각각 "승계참가인", "인수참가인" 등의 표시를 하게 되고, 소송중단사유가 발생하여 당사자가 변경된 경우에는 "소송수계인"의 표시를 한다. 각 당사자의 지위와 이해관계를 표시로부터 알 수 있다.

(7) 원심판결

대법원에 상고되어 그 당부에 관한 심판을 구하는 판결을 의미한다. 그러므로 지방법원 항소부의 판결일 수도 있고, 고등법원의 판결일 수도 있다. 위 사건에서는 원심판결은 대구 지방법원 항소부이다. 때로는 항소심 사건의 판결문에도 이를 기재하도록 되어 있는데, "제1심 판결"이라고 표시는 것이 원칙이다. 때론 "원심판결"이라고 표시한 판결문도 있는데, 이는 마치 항소심이 속심이 아니라 사후심인 것처럼 보일 수 있기 때문에, 정확한 표현이라고 할 수 없다.

(8) 주문

주문(主文)이란 말 그대로 주된 문장, 즉 판결문의 결론으로서, 당사자가 원하는 청구에 대한 법원의 답변이라고 할 수 있다. 원고의 청구가 소의 적법요건을 갖추지 못하였다면 "각하", 적법한 소이기는 하지만 그 주장 자체로 이유가 없거나, 주장을 뒷받침할 근거가 부족한 경우, 원고의 주장을 뒷받침할 증거는 있지만 피고의 항변이 이유 있어 결국 원고의 청구를 받아들일 수 없는 경우에는 "기각"으로 표시한다. 반면 원고의 청구가 이유 있는 경우에는 "원고의 청구를 인용한다"고 표시하지 않고, 원고가 청구한 내용을 간결하고 명확하게 기재하게 된다. 즉 "피고는 원고에게 ○○○원을 지급하라"라거나, "피고는 원고에게 (부동산의 표시)에 관한 2005. 5. 1.자 매매계약을 취소한다" 등과 같이 기재된다. 이상은 1심 판결의 주문에 관한 설명이고, 항소심 판결의 경우에는 항소가 이유 없는 경우에는 "항소를 기각한다", 항소가 이유 있는 경우에는 "제1심 판결을 취소한다. 피고는 ...하라"라고 기재된다. 상고심 판결의 경우에는 상고가 이유 없는 경우에는 "상고를 기각한다", 상고가 이유있는 경우에는 "원심판결을 파기하고, 사건을 (원심법원)으로 환송한다"고 하거나, 원심판결을 파기하고 스스로 판결을 선고한다. 앞의 것을 파기환송한다고 하고, 뒤의 것을 파기자판(파기자판)한다고 한다(민사소송법 제436조, 제437조).

(9) 이유

판결서의 이유에는 주문이 정당하다는 것을 인정할 수 있을 정도로 당사자의 주장, 그 밖의 공격·방어방법에 관한 것을 표시하여야 한다(민사소송법 제208조 제2항). 그러나 이유를 간략하게 기재하거나(민사소송법 제208조 제3항), 생략할 수 있는 경우에(소액사건심판법 제11조의2 제3항, 상고심절차에 관한 특례법 제5조 제1항)가 있다. 이 부분에서 어떤 경위로 그와 같은 결론에 이르게 되었는지 알 수 있다.

(10) 판사의 서명날인

판결서에는 판결한 법관이 서명날인하여야 한다(민사소송법 208조). 그러나 공간된 판결에는 법관의 이름만 표시된다.

Ⅳ. 판결을 읽는 요령

1. 사실관계를 파악할 것

판결은 법관이 증거에 의하여 인정한 사실관계를 전제로 한다. 따라서 어떤 판례를 읽을 때는 그 대상이 되는 사실관계를 정확하게 파악하는 것이 중요하다. 이 때, 판결문에 나타난 사실관계 중 중요한 것과 그렇지 않은 것을 가려내야 한다. 어떤 사실이 중요한지 여부는 일정한 기준이 없다. 추상적으로 말하면, 결론에 영향을 미치는 사실관계는 중요한 것이라고 할 수 있다. 판결문에 기재된 사실관계는 대체로 판결의 결론에 영향을 미치는 중요한 사실이라고 할 수 있으나, 언제나 그렇다고 단언할 수는 없다. 또한 판결문 자체에 나타나 있지 않은, 배후에 있을 것으로 짐작되는 사실관계에 관하여도 주의를 기울여야 한다. 판사는 판결의 결론을 내리는데 필요한 범위 내에서 사실관계를 확정하므로, 때로는 사건의 배경에 관한 사실이 생략되는 경우도 있다. 판결을 읽을 때, 경험과 상상력을 최대한 동원해서, 도대체 왜 사람들이 이 사건에 몇 년 동안이나 매달려서 많은 돈을 들여가며 소송을 하는가를 생각해 보기 바란다.

2. 당사자의 주장과 쟁점을 파악할 것

사실관계를 토대로, 당사자가 법원에 대하여 어떤 구제(법적 효과, 손해배상, 이전등기, 등기말소, 대여금 등)를 구하는가, 그리고 그와 같은 구제를 받기 위해 어떤 구체적인 주장을 하는가를 파악하여야 한다.

예컨대 돈을 빌려주었다가 돌려받지 못하면, 원고는 "피고는 원고에게 000원을 지급하라"라는 주장을 할 뿐 아니라, 피고가 원고에게 돈을 주어야 하는 이유에 관하여, "원고는 피고에게 2007. 4. 1. 5천만 원을 2007. 7. 1. 갚기로 하고 빌려주었다"고 주장할 것이다. 전자, 즉 원고가 이 소송을 통하여 도달하고자 하는 목적에 관한 주장을 '청구취지'라 하고, 후자 즉 청구취지를 이유 있게 하기 외한 구체적 사실에 관한 주장을 '청구원인'이라고 한다.

법원은 원칙적으로 당사자가 주장한 청구취지와 청구원인에 대하여만 판단할 수 있고, 판단하여야 한다. 한편 이에 대하여 상대방은 청구취지에 대하여 "원고의 청구를 기각한다"고 답변하고, 청구원인에 대하여 이러저러한 이유로 원고의 주장이 사실과 다르다거나, 원고의 주장 자체는 사실이지만 다른 사정이 있어 원고의 청구대로 응할 수 없다거나 하는 답변을 하게 된다

이에 대하여 다시 원고가 피고의 주장이 사실과 다르다거나, 피고의 주장 자체는 사실이지만 다른 사정이 있어 피고의 주장은 타당하지 않다는 주장을 하게 된다. 여기에서 원고와 피고의 사실에 관한 주장이 일치하면 사실에 관한 쟁점은 없고 법률상의 쟁점만 남게 되지만, 만약 원고와 피고의 사실에 관한 주장이 일치하지 않으면 사실상의 쟁점을 먼저 증거에 의해 확정한 다음에 법률상의 쟁점을 다루게 된다.

판례연구를 할 때는 법률상의 쟁점에 관해서만 다루게 되지만, 때로는 사실상의 쟁점과 법률상의 쟁점이 명확하게 구분되지 않거나, 두 쟁점이 밀접하게 결합되어 있는 경우도 있다. 판결을 읽을 때 청구취지가 무엇인지, 청구원인으로 주장하는 사실은 무엇인지, 이에 대한 피고의 답변은 무엇인지 등을 찾아내고, 결국 어떤 부분에 대하여 법원의 판단이 필요하게 되었나를 확인해 보기 바란다. 판결문 자체에 "당사자의 주장" 또는 "쟁점"이라는 제목 아래 이를 정리해 둔 경우도 있으나, 그렇지 않은 예도 많다.

3. 쟁점에 적용한 법리를 파악할 것

당해 사안에 법원이 적용한 법리를 파악하여야 한다. 대법원 판례가 있는 사안에서는 대개 대법원 판례를 인용하고, 판례가 없는 사안에서는 판사가 어느 정도 일반적으로 타당하다고 판단한 법리를 전개한다. 대개의 판결문에서 "살피건대" 등의 관용구로 시작하는 부분이 여기에 해당한다(그러나 언제나 그런 것은 아니다). 그 법리가 다른 대법원 판결에서도 나타난 것인지, 비슷한 판례가 있는데도 해당 판결에 적용되지 않은 이유는 무엇인지, 새로운 법리를 선언한 것인지 등도 확인해 볼 필요가 있다.

4. 법리를 사실관계에 적용한 부분을 파악할 것

법원이 일반적인 법리를 당해 사건의 구체적인 사안에 어떻게 적용하였는지 파악하여야 한다. 일반적으로 "돌이켜 이 사건에 관하여 보건대" 등의 관용구로 시작하는 부분이 여기에 해당한다(그러나 언제나 그런 것은 아니다).

5. 결론을 파악할 것

법리를 사안에 적용한 결과 어떤 결론을 내렸는지 파악하여야 한다. 당사자의 주장을 배척하였는지 받아들였는지, 더 나아가 그 결과 원고가 승소하였는지, 대법원 판결의 경우 원심판결이 파기되었으면 환송(파기환송)하였는지 스스로 판결을 선고(파기자판)하였는지, 환송된 후 법원의 판단은 어떻게 되어야 할 것인지 등에 관하여도 살펴야 한다.

6. 판결의 논리와 의미를 음미할 것

이와 같이 판결을 이해한 후에는, 반드시 그 판결의 논리와 결론에 대하여 비판적인 검토를 하여야 한다. 법원의 판결이 언제나 옳은 것은 아니며, 당해 사건의 논리와 결론이 그와 유사한 다른 사건에서도 반드시 통용될 수 있는 것은 아니다. 그러므로 법원의 판결이유에서 제시한 법리가 법률과 다른 판례에 비추어 타당한지, 결론에 구체적 타당성이 있는지, 구체적 타당성이 있는 결론을 이끌어내기 위해 다른 법리가 동원될 수 있는지, 왜 법원은 같은 결론에 이르는 다른 경로를 택하였는지, 이 판결의 법리가 다른 유사한 사건에 선례로서 기능할 수 있는지 아니면 예외적인 판례로서 그 확대적용을 경계하여야 할 판례인지 등에 관하여 나름대로의 분석을 하여야 한다.

▌구체적인 판례 Brief

1. 당사자는 (원고와 피고)
2. 사실관계 : 당사자간에 어떠한 일이 일어났는가?
3. 원고가 피고에게 구한 것은? (통상 사건명)
4. 하급심에서는 어떻게 진행되었는가? (누가 승소하였는가)
5. 누가 상고하였는가?
6. 대법원에서는 사건을 어떻게 다루었는가?
7. 이 사건에서 다투어진 쟁점은 무엇이었는가?
8. 쟁점에 대한 상고인의 주장(상고이유)은 무엇이었는가?
9. 피상고인의 주장은?
10. 대법원은 어떻게 판결하였는가?
11. 대법원의 판결이유는? 판례는?
12. 반대의견을 낸 대법관이 있었는가?
    있었다면 어떠한 견해를 취하였는가?
13. 대법원의 결정에 대하여 어떻게 평가하는가?
    찬성과 반대의 이유는?
14. 판결에 적용된 민법과 특별법은 무엇이었는가?
15. 관련 판례는 어떠한 것이 있는가?

제 2 부
물권법 핵심판례(Case)

제1장 물권법의 의의, 내용, 특질

[1] 일물일권주의
대판 2000. 10. 27. 2000다39582

[사실관계]

(1) 이 사건 부동산은 대양종건(이후에 풍도건설이 인수)이 건축한 건물로서 대전 유성구에 소재한 지상 13층 지하 4층 건물인 '대양오피스텔'의 **1층 102호**이다(구분소유 목적이 되는 하나의 부동산).

(2) 원고는 이 사건 부동산 공사수급인인 대양종건의 하청업자로서 공사대금에 대해 자신이 대양종건에 대하여 갖는 공사대금채권의 변제에 갈음하여 대양오피스텔 1층 상가 중 45평(공유면적 포함)을 분양받기로 하는 분양계약을 체결하고 분양대금인 4억 5천만 원은 모두 완불된 것으로 처리하였다.

(3) 피고도 대양종건에 2억 원의 대여금채권을 가지고 있었고 대양종건으로부터 '대양오피스텔' 1층 상가 중 **1층 101호**를 분양받았다가 그 후 분양목적물을 위 1층 102호로 변경 받았는데, 처음 분양받은 위 1층 101호의 분양면적은 분양계약서상 45평으로 되어 있었으나 이는 공유면적을 포함한 것이어서 실제 전용면적은 그에 훨씬 미치지 못함에도 마치 피고가 분양받은 면적이 공유면적을 제외하고 전용면적만으로 45평이 되는 것인 양 분양계약서를 변조하였다.

(4) 피고는 1993년경 ㈜유성종합건설을 상대로 이 사건 대지 1,657.5m² 중 피고가 분양받은 위 오피스텔의 1층 101호 부분에 해당하는 1,657.5분의 16.024 지분에 관한 소유권이전등기를 구하는 소를 제기하여 1993. 6. 17. 승소판결을 받았는데, 판결문에는 피고가 분양받은 오피스텔의 면적을 피고의 주장에 따라 전용면적과 공유면적의 구분 없이 "**1층 101호** 건평 148.76평방미터"라고 표시하고 있다. 피고는 위 판결문에 기하여 대전 유성구청장에 대하여 건축주명의변경 신고를 하여 이 사건 오피스텔의 수분양자단(일명 OTB라 한다)과는 별도로 독립된 건축주가 되었다.

(5) 이 사건 대양오피스텔 1층의 수분양자 및 분양면적을 살펴보면, 1층 전체 분양면적 136.635평(451.687m²) 중 원고와 피고가 위와 같이 공유면적을 포함하여 각 45평을 분양받았고, 그 외 소외 甲이 45평, 乙외 1인이 14평을 분양받았다.

(6) 피고는 변조된 분양계약서를 다른 관계서류와 함께 대양종건으로부터 분양계약

상의 지위를 승계한 풍도건설에 제시하고 집합건축물대장 작성과정에서 위 1층 101호에 갈음하여 분양받은 이 사건 부동산(102호)의 분양면적이 전용면적 45평(148.76m²), 공유면적 17.10평(56.547m²)인 것처럼 집합건축물대장을 작성하게 한 다음 그에 기하여 자신 명의의 소유권보존등기를 마쳤다(그러나 실제 **전용면적은 92.213m²임**). 그 결과 이 사건 부동산에 대한 등기부상의 표시 중 전유부분의 면적 표시가 피고가 실제로 분양받은 면적보다 넓은 **148.76m²**로 표시되게 되었다.

(7) 원고는 피고와 동일하게 공용면적을 포함하여 45평을 분양받았음에도 불구하고 1층 101호 중 전용면적 24.213m²(공유면적 9.203m²)와 104호 중 전용면적 25.80m²(공유면적 9.808m²)에 관하여서만 소유권이전등기를 마쳐 전용면적 57.767m²(공유면적 21.962m²)에 관하여는 아직도 등기를 마치지 못하고 있다.

(8) 원고는 이 사건 부동산에 관한 피고 명의의 소유권보존등기 중 피고가 실제로 분양받은 면적을 초과하여 등기를 마친 부분은 법률상 원인 없는 무효의 등기이고, 따라서 소외 2 주식회사인 풍도건설(대양종건의 계약상의 지위 승계) (원고의 채무자)을 대위하여 피고에게 이 사건 부동산 중 실제 분양면적을 초과한 부분 즉, 전용면적 40.973m²(공용면적 15.574m²)에 관한 소유권보존등기의 말소등기절차의 이행을 구하고 있다.

[법적 쟁점]

[1] 하나의 부동산 중 일부분에 관하여 소유권보존등기를 경료하거나 하나의 부동산에 관하여 경료된 소유권보존등기 중 일부분에 관한 **등기를 말소**하는 것이 (일물일권주의 원칙상) 허용되는지 여부

[2] 구분소유의 목적이 되는 하나의 부동산에 대한 등기부상 표시 중 전유부분의 면적 표시가 잘못된 경우, '**경정등기**'의 방법으로 바로 잡아야 하는 것이고, 그 잘못 표시된 면적만큼의 소유권보존등기의 말소를 구하는 소는 법률상 허용되지 아니하여 부적법하다.

[원고의 주장]

원고는 이 사건 부동산 공사수급인인 대양종건의 하청업자로서 공사대금에 대해 자신이 대양종건에 대하여 갖는 공사대금채권의 변제에 갈음하여 대양오피스텔 1층 상가 중 45평(공유면적 포함)을 분양받기로 하는 분양계약을 체결하였고 그에 대한 분양대금인 4억 5천만 원은 모두 완불된 것으로 처리되었으므로 이 사건 부동산에 대하여 적법한 권리자이다.

그러나 이 사건 부동산에 대한 등기부상의 표시 중 전유부분의 면적표시에 대하여 피고가 실제로 분양받은 면적보다 넓은 148.76m²로 표시되게 됨으로써 이 사건 부동

산에 관한 피고 명의의 소유권보존등기 중 피고가 실제로 분양받은 면적을 초과하여 등기를 마친 부분은 법률상 원인없는 무효의 등기이고, 따라서 원고는 분양계약의 당사자인 풍도건설(분양자)에 대하여 가지는 분양계약상의 재산권이전청구권을 피보전채권으로 하여 풍도건설을 대위하여 피고에게 이 사건 부동산 중 실제 분양면적을 초과한 부분, 즉 전용면적 40.973m^2(공용면적 15.574m^2)에 관한 소유권보존등기의 말소등기절차의 이행을 구한다.

[피고의 항변]

풍도건설(분양자)이 이 사건 오피스텔의 분양에 관한 권리·의무를 대양종건으로부터 승계한 후, 피고가 분양받은 오피스텔과 그에 상응하는 대지 지분권을 양도하여야 함에도 불구하고 이 사건 오피스텔의 준공을 4년이 넘도록 지체하고, 위 오피스텔에 대한 지분권도 이전해주지 않았으므로, 그에 대한 손해배상 명목으로 피고에게 분양면적을 더 얹어주기로 하였고 그에 따라 전용면적을 45평(148.76m^2)으로 하는 집합건축물대장을 작성하고, 그에 따른 소유권보전등기를 마친 것이어서 이는 실체적 권리관계에 부합하는 등기이므로 원고의 청구는 이유 없다.

[원심의 판단] 1심 원고의 청구 인용, 원심 피고의 항소 기각

[원심의 판단이유] 피고는 위 판결문과 변조된 분양계약서를 제시하여 처음부터 대양종건으로부터 분양받은 면적이 62평(전용면적45평+공유면적 17평)이라고 믿게 하여 그에 따른 집합건축물대장을 작성하고, 준공신청을 한 사실을 인정할 수 있을 뿐이다. 따라서 피고의 위 주장은 이유 없다.

[피고의 상고이유]

구분 또는 분할의 절차를 거치지 아니한 채 하나의 부동산 중 일부분만에 관하여 따로 소유권보존등기를 경료하거나, 하나의 부동산에 관하여 경료된 소유권 보존등기 중 일부분에 관한 등기만을 따로 말소할 수 있다는 것은 일물일권주의 원칙에 위배되어 위법하다.

[대법원의 판단] 원심판결 파기하고 제1심판결 취소한다. 소의 각하

【대법원의 판단이유】

[1] 물권법의 원칙인 **일물일권주의**의 원칙상, 물건의 일부분, 구성부분에는 물권이 성립할 수 없는 것이어서 구분 또는 분할의 절차를 거치지 아니한 채 하나의 부동산 중 일부분만에 관하여 따로 소유권보존등기를 경료하거나, 하나의 부동산에 관하여 경료된 소유권보존등기 중 일부분에 관한 등기만을 따로 말소하는 것은 허용되지 아니한다.

따라서 토지의 일부에 대하여 보존등기를 하기 위해서는 먼저 토지에 대하여 분할절차를 거친 다음에 일부에 대하여 보존등기를 하여야 한다. 토지의 일부에 대하여 지상권이나 지역권, 전세권의 설정등기는 일물일권주의의 예외로서 가능하다(부동산등기법 제69조, 제70조, 제72조)

[2] 구분소유의 목적이 되는 하나의 부동산에 대한 등기부상 표시 중 전유부분의 면적 표시가 잘못된 경우, 이는 **경정등기의 방법**으로 바로 잡아야 하는 것이고 그 잘못 표시된 면적만큼의 소유권보존등기의 말소를 구하는 소는 **법률상 허용되지 아니하여 부적법**하다.

[2] 유동집합물의 특정
대판 2003. 3. 14. 2002다72385

[사실관계]

(1) 신성축산은 경북 성주군 소재 산140-1, 산140, 662-1에서 돼지 4,000-5,000두를 사육하는 축산농가이다. 이 돼지농장(선남농장)은 제3농장과 제4농장으로 이루어졌고, 경북 성주군의 다른 곳(초전면)에서 개인적으로 운영하던 신성종돈장을 제1, 2농장으로 불렀다

(2) 선남농장은 위와 같이 편의상 제3, 4농장으로 나누어져 있었으나, 각 농장은 같은 구역 내에서 약 100m 정도 떨어져 위치하고 있었고, 사료거래나 돼지의 출하 등이 각 농장별로 구분되어 이루어지는 것이 아니라 모두 신성축산의 명의로 이루어졌으며, 위 농장에서 작성하는 사육일보, 사육대장 및 관공서에 제출하는 사육현황, 통계조사자료 등의 문서에는 선남농장의 주소지로 '경북 성주군 ○○면 ○○리 산 140'이 사용되어 있다.

(3) 신성축산에 사료를 공급하던 **피고**는 그 사료대금을 담보하기 위하여 **1999. 3. 31.** 신성축산과 피담보채권을 '이미 발생하였거나 장차 발생할 신성축산에 대한 사료대금 25억 원(피담보채권액 25억 원)'으로 하고 그 담보물을 신성축산이 직접 사육하는 돼지와 위탁사육계약에 의하여 타인이 사육하고 있는 돼지로 하되 담보물의 두수(돼지 마리 수)는 상시 재고두수를 기준으로 하는 내용의 양도담보계약(이하 '이 사건 양도담보계약')을 체결하였는데, 선남농장에 관한 담보물을 '**산 140 소재**' 돼지 **4,706두**(웅돈 19두, 모돈 947두, 후보돈 암컷 64두, 후보돈 수컷 3두, 포유자돈 891두, 이유자돈 2,782두)'로 정하였다**(제1 양도담보계약)**.

(4) 피고와 신성축산이 위와 같이 신성축산 소유의 각 농장 돼지에 대하여 양도담보계약을 체결할 당시 신성축산을 대리하였던 소외 甲은 양도담보계약서에 각 농장의 소재지를 표시할 때 모두 대표지번만을 기재하였고, 이 사건 양도담보계약의 목적인 선남농장 역시 농장 내의 돼지 전부를 양도담보로 제공할 의사였음에도 그 소재지는 선남농장의 대표지번으로 사용되던 '산 140'만을 기재하였다.

(5) 한편 피고와 마찬가지로 신성축산에 사료를 공급하던 **원고**도 그 사료대금을 담보하기 위하여 <u>1999. 11. 20.</u> 신성축산 및 乙과의 사이에 선남농장과 신성종돈장의 돼지 등에 관하여 양도담보계약을 체결하였는데, 선남농장과 관련하여서는 당초에는 그 목적물을 '1158-1 소재 돼지'로 정하였다가 1년 3개월 뒤인 2001. 2. 9. 이를 '<u>**산 140-1, 산 140, 662-1, 1158-1 소재**</u>의 돼지 **5,053두**(임신돈 810두, 포유돈 220두, 포유자돈 1,300두, 이유자돈 2,700돈, 웅돈 23두)'로 경정하였다(1158-1에 위치한

돈사에 사육 중이던 돼지는 약 300두이었다.) **(제2양도담보계약)**.

(6) 신성축산이 2001. 3. 11. 부도를 내자, 원고와 피고를 비롯한 신성축산의 **채권자들은 선남농장의 돼지를 압류(양도담보의 실행)**하고 그 매각대금 4억 5천만 원에 관하여 법원에 배당요구를 하였으며, 이에 따라 진행된 배당절차에서 위 법원은 2001. 6. 7. 위 매각대금에서 집행비용 18,418,710원을 공제한 후 실제 배당할 금액 431,581,290원 전액을 제1순위로 양도담보권자인 피고에게 배당하고 원고에게는 전혀 배당하지 아니하자, 원고는 배당기일에 출석하여 '**배당에 대한 이의**'를 진술하였다.

[법적 쟁점]

일단의 증감 변동하는 동산의 집합물(유동집합물)에 대한 양도담보설정계약에 있어서 '목적물 특정' 여부 및 목적물의 범위에 관한 판단 기준

[원고의 주장]

원고와 신성축산 사이에 채권담보를 위하여 유동집합물인 돼지에 대한 양도담보설정계약을 체결하였으므로 원고는 양도담보권을 가진다. 이후 원고와 피고를 비롯한 신성축산의 채권자들은 선남농장의 돼지를 압류하여 돼지에 대하여 양도담보권이 실행되고 배당이 이루어졌고, 그 매각대금 4억 5천만 원에 관하여 법원에 배당요구를 하였는데, 원고는 양도담보권자로서 배당이익을 가짐에도 불구하고 다른 채권자에 대해 우선적으로 배당이 이루어지고 원고는 배당을 하나도 못 받는 부당한 배당이 이루어졌으므로 배당에 대한 이의를 제기한다.

주위적으로, 물권이 성립하려면 물권의 객체인 물건에 대해 특정이 이루어져야 하고 특히 유동집합물인 경우에도 동일하게 양도담보권의 객체가 되려면 특정이 되어야 한다. 그런데 피고와 신성축산이 위와 같이 신성축산 소유의 각 농장 돼지에 대하여 양도담보계약을 체결할 당시 신성축산을 대리하였던 소외 甲은 양도담보계약서에 각 농장의 소재지를 표시할 때 모두 대표지번만을 기재하였고, 이 사건 양도담보계약의 목적인 선남농장 역시 농장 내의 돼지 전부를 양도담보로 제공할 의사였음에도 그 소재지는 선남농장의 대표지번으로 사용되던 '산 140'만을 기재하였기 때문에 양도담보의 객체 내지 범위에 대한 특정이 없었으므로 신성축산과 피고의 양도담보설정계약은 불성립 내지 무효라고 보아야 하고 따라서 피고는 양도담보권을 갖지 못한다.

따라서 배당절차사건에 관하여 위 법원이 2001. 6. 7. 작성한 배당표 중 피고에 대한 배당액 금 431,581,290원을 금 0원으로, 원고에 대한 배당액 금 0원을 금 431,581,290원으로 경정을 청구한다.

예비적으로, 가사 피고가 원고보다 먼저 신성축산으로부터 선남농장의 돼지를 양도

담보로 제공받아 양도담보계약이 성립되었다 하더라도 유동집합물로서 특정된 부분인 산 140에 위치한 돈사 내에서 사육중이던 돼지에 대해서만 양도담보권으로서 배당받을 권리가 있다. 따라서 위 배당표 중 피고에 대한 배당액 금 431,581,290원을 금 218,904,185원으로, 원고에 대한 배당액 금 0원을 금212,677,105원으로 경정을 청구한다.

[피고의 항변]

(1) 이 사건 양도담보계약 당시 선남농장, 즉 제3농장 및 제4농장 내의 모든 돼지를 그 목적물로 하였으나, 다만 그 계약서에는 편의상 선남농장의 대표지번인 산 140만을 기재한 것일 뿐이다.

(2) 양도담보계약의 목적물로 기재된 돼지두수(4,706두)가 선남농장 전체의 돼지 두수와 거의 일치한다. 신성축산 소유의 1158-1 돼지 300두도 아울러 양도담보로 제공받았는데, 이를 합하면 원고가 양도담보로 받은 선남농장의 돼지두수(5,053두)와도 비슷한 점에 비추어 피고와 신성축산과의 양도당보계약은 유동집합물의 목적물이 특정되었고, 비록 선남농장의 대표지번인 산140만을 기재하였다 하더라도 위의 여러 사항을 고려하여 볼 때 선남농장, 즉 제3농장 및 제4농장 내의 모든 돼지를 그 목적물로 한 것이어서 배당은 적법하게 이루어졌다.

[원심의 판단] 원고의 항소 기각

[원심의 판단이유]

선남농장은 편의상 제3농장과 제4농장으로 구분되어 있기는 하나 모두 같은 구역 내에 위치하고 있고, 사료거래나 돼지출하 등이 농장별로 구분되어 이루어지는 것이 아닌 점, 선남농장에서 작성하는 사육일보 등에 산 140을 선남농장의 주소지로 사용해온 점, 선남농장의 돈사 및 부속건물의 배치현황으로 볼 때 산 140에 위치한 돈사에 사육 중이던 돼지만을 구분할 수 없는 점, 이 사건 양도담보계약의 목적물로 기재된 돼지두수가 선남농장 전체의 돼지두수와 거의 일치하는 점, 피고는 신성축산 소유의 1158-1 돼지 300두도 아울러 양도담보로 제공받았는데, 이를 합하면 원고가 양도담보로 받은 선남농장의 돼지두수와도 비슷한 점, 이 사건 양도담보계약 당시 피담보채권액이 25억 원에 이르렀고, 위탁사육계약에 의하여 타인이 사육하고 있는 돼지까지를 모두 그 목적물에 포함시켰음에도, 선남농장의 돼지 전부가 아니라 그 일부만을 목적물로 정할 특별한 사정이 있었던 것으로 엿보이지 않는 점, 이 사건 양도담보계약 당시 신성축산으로서는 선남농장 내의 돼지 전부를 양도담보로 제공할 의사였던 점, 이 사건 양도담보계약의 목적물의 소재지를 표시함에 있어 선남농장 이외의 농장에 대하여도 모두 대표지번만을 기재한 점 등 제반사정에 비추어 볼 때, 비록 이 사건 양도담보계약 당시 목적물의 소재지로 선남농장의 일부 지번인 산 140만을 기재하였으나,

이는 편의상 전체 지번을 모두 기재하는 것을 생략한 채 대표지번만을 기재한 것에 불과하고, 선남농장 내에 사육 중인 돼지 전부를 특정하여 그 목적물로 약정하였다고 봄이 상당하다.

[원고의 상고이유]

유동집합물 양도담보계약에 있어서의 목적물 특정에 관한 법리오해

[대법원의 판단] 상고 기각

【대법원의 판단이유】

일단의 증감 변동하는 동산을 하나의 물건으로 보아 이를 채권담보의 목적으로 삼는 이른바 유동집합물에 대한 양도담보설정계약의 경우에, 양도담보의 효력이 미치는 범위를 명시하여 제3자에게 불측의 손해를 입지 않도록 하고 권리관계를 미리 명확히 하여 집행절차가 부당히 지연되지 않도록 하기 위하여 그 목적물을 특정할 필요가 있으므로, 담보목적물은 담보설정자의 다른 물건과 구별될 수 있도록 그 종류, 소재하는 장소 또는 수량의 지정 등의 방법에 의하여 외부적·객관적으로 특정되어 있어야 하고, 목적물의 특정 여부 및 목적물의 범위는 목적물의 종류, 장소, 수량 등에 관한 계약의 전체적 내용, 계약 당사자의 의사, 목적물 자체가 가지는 유기적 결합의 정도, 목적물의 성질, 담보물 관리와 이용방법 등 여러 가지 사정을 종합하여 구체적으로 판단하여야 한다.

원심은 이 사건 양도담보계약의 목적물은 산 140 지상에 위치한 제3농장 내의 돼지에 한정된 것으로 보아야 한다는 원고의 주장을 배척하였는바, 앞서 본 법리를 전제로 하여 원심의 사실인정과 판단은 정당한 것으로 수긍할 수 있고, 거기에 상고이유에서 주장하는 유동집합물 양도담보계약에 있어서의 목적물 특정에 관한 법리오해나 채증법칙 위반으로 인한 사실오인 내지 이유불비의 위법이 없다.

[핵심용어] 양도담보, 집합물, 유동집합물, 물권의 객체로서 목적물 특정

[관련판례] 대판 1970. 5. 26. 69다1239 관습상의 물권으로서 온천권 인정 여부

[사실관계]

A부락의 주민들은 甲 소유의 임야 지하에서 토지 위로 분출하는 온천수를 10년 이상 이용해 왔다. 그러던 어느 날 甲은 자신의 토지에서 나오는 온천수의 이용을 하지 못하도록 온천수 분출 토지에 철조망을 설치하였다. 이에 A부락의 주민들은 민법 제235조 내지 제236조 또는 온천권에 기하여 자신들의 권리를 침해하는 甲에 대해 방해배제(원상회복)를 청구하고 있다.

[관련판례] 대판 1970. 5. 26. 69다1239

온천에 관한 권리를 '관습상의 물권'이라 볼 수 없고 온천수는 민법 제235조, 제236조 소정의 '**공용수**' 또는 '**생활상 필요한 용수**'에 해당하지 아니한다.

[3] 관습상의 물권
대판 2002. 2. 26. 2001다64165

[사실관계]

(1) 이 사건 토지(도로)는 6·25 이전부터 개설된 것으로서, 논과 밭으로서 사용되었다. 원래 1974. 9. 16. 甲 명의로 소유권등기 되어 있었으나, 피고가 임의경매절차에서 위 각 토지를 낙찰 받고 1995. 5. 4. 그 이전등기를 경료하여 소유하고 있다.

(2) 두 개의 토지는 서로 접하여 있는데, 그 경계선을 따라 도로가 개설되어 있다. 그 도로는 콘크리트로 포장되어 있고, **고기리 입구**에서부터 산 18번지 일대의 자연부락에 이르는 자연도로의 일부이다. 자연도로의 길이는 약 1.1km이고, 그 중 이 사건 토지에 걸쳐 있는 부분의 길이는 **약 30m 정도**이며, 이 사건 도로로부터 위 고기리 입구까지는 약 600m, 위 자연부락까지는 약 500m 정도이다. 위 신갈과 판교를 잇는 공로로부터 위 자연부락에 이르는 도로는 이 사건 도로를 포함한 위 도로가 유일한 도로이다.

(3) 이 도로는 **1985년경**에 위 토지의 소유자이던 甲이 그 중 일부를 콘크리이트로 포장하였고, 1998년경에는 새마을 사업의 일환으로 그 도로 전체가 콘크리이트로 포장되었다.

(4) 원고 乙과 丙은 **1997. 12. 23.** 부터 위 자연부락에 소재한 주택에서 거주하면서 이 사건 도로를 통행해 오고 있는 자들이다. 다른 원고(정, 병, 무, 기)들은 최근에 다른 곳으로 이사하여 위 자연부락에 거주하고 있지 않다.

(5) 피고는 이 사건 토지를 취득한 후 원고들을 포함한 위 자연부락 주민 등이 이 사건 도로를 통행하는 데에 아무런 이의를 제기하지 아니한 채 일반의 통행에 제공되는 것을 승인하여 왔다.

(6) 그런데 피고는 **1998.4. 초경**에 이르러 원고 등에게 이 사건 도로 부분의 토지를 매수할 것을 요구하다가 여의치 아니하자, 도로의 중앙선을 기점으로 노폭이 약 2m 가량 되는 지점을 따라 높이 약 45cm의 쇠말뚝 3개를 1m의 깊이로 박아 놓았다가, 같은 달 하순경에는 위 쇠말뚝이 뽑혀 나간 것을 발견하고 재차 같은 규모의 쇠말뚝 2개를 박은 다음, 동월 27일 경에는 포크레인을 동원하여 위 쇠말뚝 바깥 부분의 폭 약 1.8m의 콘크리트 포장을 약 1m 깊이로 파헤쳤다.

(7) 그로 인하여 위 자연부락의 주민 등이 이 사건 도로를 통행하기가 사실상 불가능하게 되었으므로 원고들을 포함한 위 주민 등은 이 사건 토지의 주변 토지의 소유자 등의 승낙을 얻어 임시로 길이 약 70m 가량의 우회도로를 개설하여 그곳으로 통행하는 한편, 피고를 형사고소하고 피고를 상대로 통행방해금지 등의 가처분신

청을 하였다.

(8) 피고는 일반교통방해 등의 죄로 공소 제기되어 처벌을 받았던 한편, 가처분신청사건에서는 1998. 11. 23. 원고에의 도로에의 통행을 방해하여서는 아니 되고 도로파손부분을 원상회복하라는 내용의 결정을 받았다.

(9) 원고 등은 가처분결정을 집행하여 파손된 도로부분을 복구하여 콘크리이트로 포장하는 등으로 원상회복하는 한편 임시로 개설한 우회도로를 폐쇄하였다. 현재 위 우회도로에는 주변도로와 구별되지 아니할 정도로 잡풀이 무성하게 자라 있는 등 도로로서의 기능을 상실하였다.

(10) 원고 등은 ① 증여에 의한 소유권취득, ② 통행지역권취득, ③ 주위토지통행권취득, ④ 관습상 통행권 취득 등을 이유로 피고에 대해 통행권 존재확인의 소를 제기하였다.

[법적 쟁점]

[1] 관습상의 사도권을 물권법정주의와 관련하여 인정할 수 있는지 여부

[2] 법률이 인정하지 않는 새로운 종류의 물권의 창설이 허용되는지 여부

[3] 주위토지통행권/지역권/권리남용/실효의 원칙 등

[원고들의 주장]

(1) 이 사건 도로는 이 사건 토지의 종전 소유자이던 위 甲이 개설하여 위 자연부락의 주민들에게 무상으로 증여하였으므로 이 사건 도로는 위 자연부락의 주민들의 소유이거나 그 주민들이 계속하여 통행하여 왔으므로 통행지역권을 취득하였고, 그렇지 않다고 하더라도 원고들이 이 사건 도로에 관한 통행지역권을 시효취득하였다.

(2) 이 사건 도로는 공로로부터 위 자연부락에 이르는 유일한 통로 중의 일부이기 때문에 이 사건 도로에 관하여 주위토지통행권을 가지고 있다.

(3) 위의 권리가 인정되지 않는다 하더라도 이 사건 도로가 개설된 후 장기간에 걸쳐 일반의 통행에 제공되어 왔고, 피고도 이 사건 토지의 소유권을 취득한 후 3년 이상의 기간 동안 원고들을 포함한 일반인의 통행에 아무런 이의를 제기하지 않았던 한편, 이 사건 도로는 공로로부터 위 자연부락에 이르는 유일한 통로 중의 일부이고, 이 사건 도로에의 통행이 금지되는 경우에는 그 주변토지를 매입하는 등의 방법으로 우회도로를 개설할 수밖에 없어 막대한 비용과 노력을 들여야만 하는 사정이다. 원고들은 이 사건 도로에 관하여 관습상의 통행권을 가지고 있다.

원고들은 위와 같은 주장을 하면서 사도통행권 존재 확인을 구하고 있다.

[피고의 주장]

(1) 원고들의 주택은 건축허가를 받지 않고 축조한 것이거나 불법적인 방법으로 건축

허가를 받은 것이어서 원고들에게는 권리보호의 자격, 즉 원고적격이 없다. 원고의 소는 각하되어야 한다.

(2) 증여의 사실이 없다. 가사 증여라는 사실이 있다 하더라도 증여는 법률행위이기 때문에 위 자연부락 주민들이 사건 도로에 대한 소유권을 취득하기 위해서는 제186조에 의하여 법률행위로 인한 부동산 물권변동에는 등기가 필요한데, 소유권 이전등기가 경료되지 않았으므로 소유권 취득하지 못하였다.

(3) 통행지역권을 시효취득(제294조에 의한 제245조의 준용)하기 위해서는 계속되고 표현되어야 하나(제294조), 원고들은 이 사건 통행을 중단하고 우회도로를 개설하였다가 이를 폐쇄한 적이 있으므로 사건 도로에 대하여 계속되고 표현되었다고 보기 어렵다.

 또한 통행지역권을 시효취득하기 위하여는 통로개설을 요역지 소유자가 승역지 위에 도로를 설치하여야 하나, 콘크리이트 포장 등을 승역지 소유자가 하였다. 통행지역권을 취득하기 위한 요건으로 대판 1991. 10. 22. 90다16283 판례에서 요역지 소유자의 개설과 제245조 규정된 기간의 계속을 요구하고 있다. 원고는 이러한 요건을 갖추지 못하였으므로 통행지역권을 취득하지 못하였다.

(4) 주위토지통행권(제219조)이 성립하려면 어느 토지와 공로 사이에 그 토지의 용도에 필요한 통로가 없을 것과 주위토지를 통행 또는 통로로 하지 않으면 공로에 출입할 수 없거나 과다한 비용을 요할 것을 필요로 하는데 이미 원고들은 우회도로를 개설한 적이 있으므로 위의 요건을 충족하지 아니 한다.

(5) 원고들이 관습상의 사도권을 주장하는 것은 물권법의 대원칙인 물권법정주의에 반한다. 사도권이 관습법으로 인정되려면 관습법의 성립요건을 갖추어야 하는데 대법원은 사도통행권을 관습상 물권으로 인정하고 있지 않다.

(6) 먼저 원고들이 일단 우회도로를 개설하였다가 이를 폐쇄하고 이 사건 도로에의 통행권을 주장하는 것은 신의칙위반 내지 권리남용에 해당한다.

(7) 가사 원고들에게 통행권이 인정된다고 하더라도, 그 범위는 통행에 필요한 최소한의 범위내로 제한되어야 할 것이어서 이 사건 도로의 중앙선을 따라 폭 2.2m 이내로 한정되어야 한다.

[원심의 판단] 원고의 관습상의 통행권 주장 인정

[원심의 판단이유]

(1) 원고들의 주택은 건축허가 없이 축조한 것이거나 불법적인 방법으로 건축허가를 받은 것이어서 원고들에게는 권리보호의 자격이 없다는 피고의 주장은 증거가 없다.

(2) **증여에 의한 소유권의 취득, 통행지역권의 취득, 통행지역권의 취득시효의 주장을**

인정하지 않고, 주위토지통행권은 인접 토지 사이에서 인정되는 것인데, 이 사건 도로와 원고들의 주거지와는 500m 이상 이격되어 있음을 이유로 인정하지 않았다.

(3) 다른 원고들인 정, 병, 무, 기 등은 위 자연부락에서 다른 곳으로 이주하여 이 사건 도로를 통행할 필요나 이유가 없어졌으므로 관습상의 통행권을 주장할 여지가 없게 되었다.

(4) 피고들의 신의칙위반 주장 즉, 원고들이 일단 우회도로를 개설하였다가 이를 폐쇄하고 이 사건 도로에의 통행권을 주장하는 것은 신의칙위반 내지 권리남용에 해당한다는 주장은 위 우회도로의 개설이 임시적인 것이었고 이를 폐쇄하고 이 사건 도로에의 통행권을 원고들이 주장하는 것을 신의칙위반이나 권리남용이라고는 할 수 없다.

(5) 도로가 개설된 이래 장기간에 걸쳐 일반의 통행에 제공되어 왔다는 점, 피고도 토지의 소유권을 취득한 후 3년 이상의 기간 동안 통행에 이의제기하지 않은 점, 이 사건 통행이 금지되는 경우 우회도로 개설에 막대한 비용과 노력을 들여야 하는 등(이익형량) **관습상의 통행권**을 인정할 수 있다.

피고가 원고들에게 통행권이 인정된다고 하더라도, 그 범위는 통행에 필요한 최소한의 범위 내로 제한되어야 하므로 이 사건 도로의 중앙선을 따라 폭 2.2m 이내로 한정되어야 한다고 주장을 하나, 이 사건 도로에의 원고들의 통행권이 이미 개설되어 있는 도로가 오래전부터 장기간에 걸쳐 일반인의 통행에 제공되어 왔다는 점에 근거한 관습상의 통행권인 이상, 그 통행권은 개설되어 있는 도로의 전부에 미치는 것이지 그 일부에만 미친다고 볼 것은 아니라고 할 것이므로 위 주장 또한 이유 없다.

[상고이유]

관습상의 사도통행권을 인정하는 것은 물권법정주의에 반한다.

[대법원의 판단] 원심 파기 환송

【대법원의 판단이유】 민법 제185조는, "물권은 법률 또는 관습법에 의하는 외에는 임의로 창설하지 못한다."고 규정하여 이른바 물권법정주의를 선언하고 있고, 물권법의 강행법규성은 이를 중핵으로 하고 있으므로, 법률(성문법과 관습법)이 인정하지 않는 새로운 종류의 물권을 창설하는 것은 허용되지 아니한다. 따라서 원심이 관습상의 사도통행권을 인정한 것은 물권법정주의에 위배된다.

[다른 사람의 토지를 도로로 이용하는 방법]

주위토지통행권(제219조), 지역권(제291조), 토지임차권(제618조)

[4] 소유권의 사용수익권능의 대세적·영구적 포기 여부
대판 2013. 8. 22. 2012다54133

[사실관계]

(1) 원고의 망부 소외인은 1967년 서울 소재 **전(밭)** 1,642평(분할 전 토지)을 취득한 후, 1970년경부터 이를 여러 필지로 분할하여 매도하였고, 그 과정에서 분할 전 토지의 중간 부분을 가로지르는 길고 좁은 형태인 밭 129평(이하 '이 사건 도로부지')에 대하여 지목변경을 신청하여 '**도로**'로 지목을 변경하였다. 이 사건 도로부지는 택지로 사용하기에는 부적절한 형태로서, 망인에 의하여 통행로로 제공된 후 천호대로 부지에 편입된 이 사건 제2토지 등을 제외한 나머지 부분은 **약 40여 년 동안** 계속 분할 매도된 토지의 소유자나 그 지상 건물 거주자를 포함한 **인근 주민 등의 통행로**로 사용되어왔고, 분할 매도된 인접 토지들은 대부분 택지로 사용되어왔다.

(2) 이 사건 도로부지는 최종적으로 도로 54m²(이하 '이 사건 제1토지') 및 이 사건 제2토지 등 4필지로 분할되었고, 그 중 이 사건 제1, 2 토지를 원고가 상속하였다.

(3) 이 사건 제2토지는 이 사건 제1토지의 남쪽으로 이어져 하나의 도로를 이루어 인접 택지의 진입로 구실을 하는 이면도로로서 인근 주민의 통행에 사용되었는데, 1976년경 피고인 서울특별시의 도시계획시설결정에 따라 천호대로가 개설되면서 이 사건 도로부지 중 이 사건 제1토지보다 남쪽에 위치한 이 사건 제2토지 등과 그 인접 택지 등은 모두 **천호대로의 부지로 편입**되었다.

(4) 천호대로는 교통량이 매우 많은 왕복 10차로로 된 주요 간선도로로서, 그 도로가 개설됨으로써 이 사건 제2토지는 종전에 인접 택지 소유자나 인근 주민들의 통행에 주로 제공되었던 것과는 그 성상이나 기능 및 이용상태가 완전히 달라졌다.

(5) 천호대로가 개설되면서 **도로 사건토지로부터 분할된 그 부지에 편입된 인접 택지 부분의 토지 소유자들은 협의취득 등의 절차에 따른 손실보상을 받았으나,** 망인이나 원고는 이 사건 제2토지가 원래 주민들의 통행로로 제공되어 있었다는 등의 이유로 아무런 보상을 받지 못하였다.

(6) 망인은 분할 전 토지를 여러 필지의 택지로 분할하여 매도하면서 이 사건 도로부지를 그 택지 소유자나 인근 주민 등 일반 공중을 위한 **통행로로 무상 제공**함으로써, 그러한 상태가 유지되는 한 그에 대한 독점적·배타적인 사용·수익권을 행사할 수 없게 되어 그에 따른 손해를 주장할 수도 없었다(법원의 설시부분).

(7) 그러나 그 후 이 사건 제2토지가 천호대로 부지로 편입됨으로써 망인이 당초 이 사건 제2토지를 인접 토지 소유자 등의 통행에 제공한 때와는 그 이용상태가 근본

적으로 달라졌다.

(8) 원고는 피고에게 이 사건 제2토지의 점유·사용에 따른 부당이득반환청구하고 있다.

[법적 쟁점]

(1) 소유권의 사용·수익 권능을 대세적, 영구적 포기가 가능한지 여부

(2) 토지소유자가 소유 토지를 일반 공중의 통행로로 무상제공하거나 통행을 용인하는 등으로 토지이용상태가 형성되어 **독점적·배타적 사용수익권**이 인정되지 않는 경우, 사용 수익권 자체를 대세적 확정적으로 상실하는지 여부 및 배타적 사용수익권을 배제하는 기초가 된 객관적인 사정이 현저히 변경된 경우 토지소유자가 **다시 완전한 소유권**을 주장할 수 있는지 여부 및 그러한 사정변경이 있는지 판단하는 기준

(3) 상속인의 경우에도 배타적 사용수익권의 제한 법리가 적용되는지 여부

[원고의 주장]

피고들은 원고 소유의 이 사건 각 토지를 <수용 또는 매수절차> 없이 <법률상 원인 없을 것> 일반공중의 통행에 제공하는 도로부지로 사용하여 사실상 이 사건 각 토지를 점유함으로써 이 사건 각 토지의 임료 상당액의 <이득>을 얻고 이로 인하여 원고에게 동액 상당의 <손해>를 입게 하였으므로, 피고들은 원고에게 피고들이 점유를 개시한 이후로서 원고가 구하는 2005. 11. 18.부터 피고들의 도로폐쇄 및 원고의 소유권 상실일까지의 임료 상당액을 부당이득으로 반환할 의무가 있다.

[피고의 주장]

원고의 망부 소외인이 사건 분할 전 토지를 매수한 후 이를 수 십 필지로 분할, 매각하면서 이 사건 각 토지가 포함된 이 사건 도로부지를 위와 같이 분할, 매각된 토지의 매수인들과 인근 주민 등 일반공중의 통행로로 무상 제공함으로써 이 사건 **각 토지에 대한 독점적, 배타적 사용수익권을 포기**하였다. 사적자치의 원칙상 소유권 중 독점적, 배타적 사용·수익 권능의 포기도 가능하다. 따라서 원고는 토지에 대한 독점적 배타적 사용·수익권을 포기하였으므로 피고가 사건 토지를 점유하고 있다고 하더라도 원고에게 '**손해**'가 없다. 그러므로 부당이득의 요건을 충족하지 않아 원고의 주장은 이유없다 (토지의 무상 사용법리 주장).

[원고의 재주장]

(1) 토지에 대한 독점적 배타적 사용 수익권의 포기란 물권법정주의 원칙상 허용되지 않는다.

(2) 가사 배타적 사용 수익권 포기를 하였다 하더라도 원고는, 피고 서울시 및 서울시 송파구가 이 사건 도로부지로부터 분할된 풍납동 토지 및 천호동 토지에 관하여 손실보상금을 지급하고 이를 매수하였는바, 이는 피고들이 이 사건 각 토지에 대한 **사용수익권 포기의 이익을 스스로 원용하지 않겠다는 의사를 표시**한 것이고, 또한 서울시 송파구가 이 사건 도로부지의 일부를 매수하면서 이 사건 각 토지에 대하여도 손실보상금을 지급하겠다고 약속하였음에도 이제 와서 피고들이 이 사건 각 토지에 대한 **사용수익권 포기를 주장**하는 것은 **신의칙에 위반**된다.

(3) 가사 판례에 의해 토지소유권의 배타적 사용수익권의 포기가 인정된다 하더라도 이 사건 제2토지가 천호대로 부지로 편입됨으로써 망인이 당초 이 사건 제2토지를 인접 토지 소유자 등의 통행에 제공한 때와는 그 이용 상태가 근본적으로 달라졌다. 따라서 배타적 사용수익권을 배제하는 기초가 된 객관적인 사정이 현저히 변경된 경우 토지소유자가 다시 완전한 소유권을 주장할 수 있다고 보아야 한다.

[제1심 및 원심의 판단과 판단이유]

제1심: 원고청구 기각

원심: 제1심 원고 패소부분 취소

원심의 판단이유

(1) 피고는 천호대로를 개설하면서 1976.경부터 아무런 법률상 권원 없이 이 사건 제2토지를 천호대로 부지의 일부로 편입하여 도로를 설정하고, 그 위에 포장공사 등을 시행하여 이를 일반 공중의 교통에 공용하는 등 도로로 점유·사용함으로써 이 사건 제2토지에 관한 임료 상당의 이익을 얻고, 이로 인하여 이 사건 제2토지의 소유자인 원고에게 같은 금액 상당의 손해를 입게 하였으므로, 이를 **부당이득**으로 반환할 의무가 있다.

(2) 토지의 소유자가 스스로 그 토지를 도로로 제공하여 인근 주민이나 일반 공중에게 무상으로 통행할 수 있는 권리를 부여하였거나 그 토지에 대한 독점적이고 배타적인 사용수익권을 포기한 것으로 의사해석을 함에 있어서는, 그가 당해 토지를 소유하게 된 경위나 보유 기간, 나머지 토지들을 분할하여 매도한 경위와 그 규모, 도로로 사용되는 당해 토지의 위치나 성상, 인근의 다른 토지들과의 관계, 주위 환경 등 여러 가지 사정과 아울러 분할 매도된 나머지 토지들의 효과적인 사용, 수익을 위하여 당해 토지가 기여하고 있는 정도 등을 종합적으로 고찰하여 판단하여야 할 것이다(대법원 1997. 12. 12. 선고 97다27114 판결, 대법원 1999. 12. 21. 선고 99다39524 판결 등 참조).

<사실관계와 연계> ① 이 사건 제2토지와 인접하는 토지들은 이 사건 제2토지의

지목이 도로로 변경될 당시에는 지목 내지 이용상황이 '전'이었고, 대지로 지목 내지 이용상황이 변경된 시점도 이 사건 제2토지가 도로로 분할된 이후 10여 년 이상 경과한 이후인데, 택지 내지 대지의 경우에는 건축허가를 받기 위해 도로(진출입로)의 존재가 필수적이어서 자기 소유 토지의 일부를 도로로 분할하고 이와 인접한 필지를 매각하는 경우 인접한 필지의 토지가치 상승에 기여하므로, 도로 부분의 사용수익권을 포기하였다고 볼 수 있으나, 이 사건과 같이 **인접한 토지가 '전'인 경우에는 진출입로의 존재가 필수적인 것도 아니고 도로로 인해 '전' 부분의 토지가치 상승도 미미하여서 단순히 이 사건 제2토지가 도로로 분할하였다는 사정만으로는 그 사용수익권을 포기로 볼 수 없는 점,** ② 망인이 이 사건 제2토지를 인접 토지에 대한 통행로로 제공한 것은 망인의 의사에 기한 분할 형태를 유지하면서 사용되는 것을 전제로 한 것으로 볼 수 있는데, 이 사건 제2토지는 왕복 10차선의 자동차전용도로인 천호대로 부지의 일부로 편입됨으로써 망인이 분할한 원래 필지의 형태는 완전히 없어졌으므로, **망인이 피고가 위와 같이 이 사건 제2토지를 천호대로 부지의 일부로 점유하여 사용하는 것까지 허락한 것으로 추단할 수 없는 점,** ③ 지방자치단체가 도시계획법 또는 도로법상의 수용절차 등 적법한 보상절차를 밟지 아니하고 토지를 도로부지로 점유하고 있다면 위 도로가 일반국도로 노선이 지정되었고 도로법의 적용을 받는 도로인지의 여부와 관계없이 토지소유자와의 사이에서는 법률상 원인 없이 이를 점유사용하고 있는 것이라 할 것이고, 도로를 구성하는 부지에 관하여는 **도로법에 의하여 사권의 행사가 제한된다고 하더라도 이는 도로법상의 도로에 관하여 도로로서의 관리, 이용에 저촉되는 사권을 행사할 수 없다는 취지이지 부당이득반환청구권 행사를 배제하는 것은 아니고** (대법원 1993. 8. 24. 선고 92다19804 판결 참조), 공익사업을 위한 토지 등의 취득 및 보상에 관한 법률 시행규칙 제25조(미불용지의 평가) 제1항은 "종전에 시행된 공익사업의 부지로서 보상금이 지급되지 아니한 토지(이하 이 조에서 '미불용지'라 한다)에 대하여는 종전의 공익사업에 편입될 당시의 이용상황을 상정하여 평가한다. 다만 종전의 공익사업에 편입될 당시의 이용상황을 알 수 없는 경우에는 편입될 당시의 지목과 인근 토지의 이용상황 등을 참작하여 평가한다."고 규정하고 있는바, 망인이 이 사건 제2토지를 일반 주민들의 통행로로 제공하였다고 하더라도 그와 무관한 다른 공익사업에 편입됨으로써 피고에게 손실보상의무가 인정되는 경우에까지 원고의 부당이득반환청구권 행사를 배제하는 것으로 볼 수 없는 점 등을 고려하면, 망인이 이 사건 분할 전 토지를 분할하여 다른 사람에게 매도한 사실만으로는 망인이 이 사건 제2토지에 관한 사용수익권을 포기하였다고 추인하기 부족하다.

[상고이유]

이 사건 제2토지에 대한 **배타적 사용·수익권을 포기한 바가 없다는 취지로 판단**한 것은 관련 법리를 오해한 것이다.

[대법원의 판단] 상고기각

【대법원의 판단이유】

물건에 대한 배타적인 사용·수익권은 소유권의 핵심적 권능이므로, 소유자가 제3자와의 채권관계에서 소유물에 대한 사용·수익의 권능을 포기하거나 사용·수익권의 행사에 제한을 설정하는 것을 넘어 이를 **대세적, 영구적으로 포기하는 것**은 법률에 의하지 않고 새로운 물권을 창설하는 것과 다를 바 없어 허용되지 않는다(대법원 2009. 3. 26. 선고 2009다228·235 판결 등 참조).

토지소유자가 그 소유 토지를 **일반 공중**의 통행로로 무상제공하거나 그에 대한 통행을 용인하는 등으로 자신의 의사에 부합하는 토지이용상태가 형성되어 그에 대한 독점적·배타적 사용·수익권이 인정되지 않는다고 보는 경우에도, 이는 금반언이나 신뢰보호 등 신의성실의 원칙상 그 기존의 이용 상태가 유지되는 한 토지소유자는 이를 수인하여야 하므로 배타적 점유·사용을 하지 못하는 것으로 인한 손해를 주장할 수 없기 때문에 부당이득반환을 청구할 수 없는 것일 뿐이고, 그로써 **소유권의 본질적 내용인 사용·수익권 자체를 '대세적·확정적'으로 상실하는 것을 의미한다고 할 것은 아니다.** 따라서 그 후 토지이용상태에 중대한 변화가 생기는 등으로 **배타적 사용·수익권을 배제하는 기초가 된 객관적인 사정이 현저히 변경된 경우에는, 토지소유자는 그와 같은 사정변경이 있은 때부터는 다시 사용·수익권능을 포함한 완전한 소유권에 기한 권리주장을 할 수 있다고 보아야 한다.** 이때 그러한 사정변경이 있는지 여부는 당해 토지의 위치와 물리적 성상, 토지소유자가 그 토지를 일반 공중의 통행에 제공하게 된 동기와 경위, 당해 토지와 인근 다른 토지들과의 관계, 토지이용 상태가 바뀐 경위 및 종전 이용 상태와의 동일성 여부 등 전후 여러 사정을 종합적으로 고려하여 판단할 것이다.

원심이 망인은 이 사건 제2토지에 대한 배타적 수익권을 포기한 바가 없다는 취지로 판단한 것은 관련 법리를 오해하여 판단을 그르친 것이다. 제2토지에 대한 배타적 사용·수익권의 포기가 있었지만 **'영구적 확정적 포기'**는 아니고 **기초가 된 객관적인 사정이 현저히 변경된 경우** 토지소유자가 다시 완전한 소유권을 주장할 수 있는 것이다.

[보론]

사안에서 원고는 망부인 소외인이 당시 토지소유자로서 자신 소유 토지를 일반 공중의 통행로로 무상제공하거나 그에 대한 통행을 용인하는 등으로 자신의 의사에 부합하는 토지이용상태가 형성되어 그에 대한 독점적·배타적 사용·수익권이 인정되지 않는다고 하여도 상속인인 자신에게는 그러한 사용 수익권 제한의 법리가 적용되지 않는다고 주장할 수 있으나, 상속인은 피상속인의 법적 지위를 포괄승계하는 자이므로 그러한 주장은 받아들여지지 않는다.

[배타적 사용수익권 포기 내지 제한의 법리]

사유지가 종전부터 도로예정지로 편입되어 또는 자연발생적으로 일반 공중의 교통에 공용되는 도로로 사용되는 경우에, 토지소유자가 사후적으로 그 **사용이득의 반환**을 구함에 대하여 판례는 대체로 배타적 사용수익권의 '채권적 포기'를 이유로 청구를 배척한다(배타적 사용수익권 포기의 법리). 그런데 이 법리의 유효범위는 부당이득의 반환에 한정되고, 소유권에 기한 방해배제청구 특히 사정변경을 이유로 한 토지인도청구에는 적용될 수 없다. 즉 **원칙적으로 부정(대판 2009. 3. 26. 2009다228·325)하고 있다.** 다만 동 판례에서 포기가 일시적이 아닌 영구적인 경우에는 물권적 청구(건물철거)들이 배척될 수 있다고 한다.

[5] 배타적 사용수익권의 포기의 유효범위
대판(전) 2019.1.24. 2016다264556

[사실관계]

(1) 용인시 처인구에 소재하는 이 토지의 중앙부분 지하에 우수관(이하 '이 사건 우수관'이라 함)이 매설되기 전에는 저지대인 이 사건 토지로 빗물과 인접 토지의 생활하수가 흘러와 도랑의 형태로 이 사건 토지를 가로질러 악취를 풍기고 주변경관을 해치고 있었다.

(2) **이 사건 토지를 소유하던 소외 甲(원고의 피상속인)**을 포함한 마을 주민들은 1970~1980년경 새마을운동 사업을 추진하면서 주민회의를 거쳐 이 토지에 우수관 시설을 설치하여 인근에 위치한 주택들에서 나오는 오수가 유입되도록 함으로써 악취 및 경관 문제를 해결하기로 하였다. 이에 따라 이 사건 토지를 관통하던 도랑을 대체하여 우수관이 매설되었는데, 이로써 이 사건 토지 중 실제 밭으로 이용할 수 있는 면적이 증대되었다.

(3) 이후 소외 甲이 1994년경 사망하였고, 원고가 1995. 5. 29. 협의분할에 의한 상속을 원인으로 이 사건 토지의 소유권이전등기를 마쳤다.

(4) 이 사건 토지에 매설된 우수관의 지상에는 소외 甲이 1987. 3. 3. 건축한 연면적 221.19m^{2}의 단독주택이 위치하던 곳의 앞부분까지는 콘크리트로 포장되어 있고, 포장도로 중간에 둥근 맨홀이 설치되어 있으며, 그 출입구 부근에 사각형의 이 사건 우수관 맨홀 덮개가 설치되어 있다. 이 사건 단독주택은 원고가 2011년경 철거하여 현재는 나대지 상태이고, 이 사건 토지 다른 부분의 지하에도 이 사건 우수관과도 구조상 연결되어 있는 **오수관**(이하 '이 사건 오수관'이라 한다)이 매설되어 있으며, 그 지상은 도로로 사용되고 있다.

(5) 한편 피고는 2008. 11. 19. 이 사건 토지의 좌측 상단부에 한강수계개발사업의 일환으로 우수관을 설치한 바 있는데, **그 우수관의 위치가 이 사건 우수관과 일부 중첩된다.**

(6) 이 사건 단독주택이 철거되기 전까지 **소외 甲과 그 상속인인 원고**는 피고에게 이 사건 우수관과 오수관의 철거 또는 부당이득반환을 요구한 적이 없다.

(7) 이 사건 우수관은 이 사건 토지 주변 주민들의 편익을 위한 시설일 뿐만 아니라 공공수역의 수질보전 역할도 하고 있다. 이 사건 우수관이 철거될 경우 인근 주민들이 그들의 주택에서 우수와 오수를 배출하기 곤란해진다.

[법적 쟁점]

(1) 토지 소유자가 그 소유의 토지를 일반 공중을 위한 용도로 제공한 경우, 그 토지에 대한 소유자의 독점적이고 배타적인 사용·수익권의 행사가 제한되는지의 여부와 만약 제한된다면 판단하는 기준 및 효과

(2) 토지 소유자의 독점적·배타적인 사용·수익권의 행사가 제한되는 경우, 위 토지를 상속받은 상속인의 독점적·배타적인 사용·수익권의 행사 역시 제한되는지 여부

(3) 독점적·배타적인 사용·수익권의 행사가 제한되는 토지의 소유권을 특정승계한 자가 그 토지 부분에 대하여 독점적이고 배타적인 사용·수익권을 행사할 수 있는지 여부

(4) 원칙적으로 특정승계인의 독점적·배타적인 사용·수익권의 행사가 허용되지 않지만 허용되는 경우 특별한 사정이 있는지 판단하는 기준

(5) 토지 소유자가 사정변경을 이유로 완전한 소유권에 기한 권리를 주장할 수 있는지 여부 및 그러한 사정변경이 있는지 판단하는 기준

[원고의 주장]

원고는 소외 갑의 상속인으로서 원고가 1995. 5. 29. 협의분할에 의한 상속을 원인으로 이 사건 토지의 소유권이전등기를 마쳤으므로 이 사건 토지의 소유자이다. 토지소유권의 범위는 정당한 이익 있는 범위 내에서 토지의 상하에 미치므로(제212조), 이 토지 지하에 매설된 **우수관**의 관리 주체인 피고를 상대로 소유권에 기한 방해배제청구권(제214조)의 행사로서 이 사건 우수관 및 오수관 철거와 함께 피고는 법률상 원인 없이 원고 소유의 토지부분의 사용에 따른 이득을 얻고 있으므로 차임 상당의 부당이득반환을 구한다.

[피고의 주장]

(1) 피고인 용인시는 이 우수관의 매설 및 관리책임의 주체가 아니다. 이 사건 우수관과 오수관은 개인이 비용을 들여 설치한 것이므로 용인시는 피고 적격이 없으므로 이 소는 부적법하여 각하되어야 한다.

(2) 가사 피고가 이 우수관의 매설 및 관리책임의 주체라 하더라도, 소외 甲(소유자)이 이 사건 오수관과 우수관이 설치된 토지의 지하부분에 대하여 스스로 오수관과 우수관을 매설할 수 있도록 토지를 제공함으로써 **그 부분에 대한 독점적이고 배타적인 사용수익권을 포기**하였으므로, 소유권 제한된다. 소유권에 대하여 독점적이고 배타적인 사용 수익권의 포기 규정을 두고 있지 않지만 대법원 판례(대판 1989. 7. 11. 88다카16997, 대판 1991. 2. 8. 90다7166, 대판 1993. 5. 14. 93다2315)는 **토지 소유자 스스로 그 소유의 토지를 일반 공중을 위한 용도로 제공**한 경우에 그 토지에 대한

소유자의 독점적이고 배타적인 사용·수익권의 행사가 제한되는 법리를 인정하고 있다. 민법의 대원칙인 법률행위 자유의 원칙 하에서 강행규정에 반하지 않는 한 이러한 사용 수익권의 포기는 가능하다고 보아야 한다.

또한 상속인은 피상속인의 일신에 전속한 것이 아닌 한 민법 제1005조에 의하여 상속이 개시된 때로부터 피상속인의 일신에 전속한 것이 아닌 한 피상속인의 재산에 관한 포괄적 권리·의무를 승계하므로, 그 상속인인 원고도 **그러한 제한이 있는 토지를 상속(포괄승계)**하였다.

따라서 토지의 사용 수익을 포기하였으므로 피고가 법률상 원인 없이 이득을 얻었다고 볼 수 없다. 그러므로 피고에 대하여 토지 인도나 차임 상당의 부당이득을 구할 수 없다. 더군다나 피고가 이들을 설치한 사실도 없으므로 그로 인한 점유 상당의 부당이득을 취한 바도 없다.

(3) 이 사건 오수관의 경우 사실상 공용에 사용되는 도로 아래에 설치되어 있어, 이를 철거할 경우 용인하기 어려울 정도의 손실이 예상되는 바, 이의 철거를 요구하는 것은 신의성실의 원칙에 반한다. 오수관의 존재로 인하여 원고에게 미치는 불이익도 미미하므로 원고의 주장은 권리남용으로 허용되어서도 안 된다. 설령 부당이득 반환의무가 인정된다 하더라도, 이 사건 우수관은 이 사건 토지의 일부 지하에 매설되어 있는바, 이 사건 토지 전체에 대하여 산정된 차임을 부당이득으로 보는 것은 부당하다.

[원심의 판단 및 판단이유]

(1) 제1심 판단 및 판단이유

이 사건 우수관과 오수관의 매설 및 관리책임의 주체는 피고이다.

우수관과 오수관이 장기간 매설되어 있었다는 사정만으로 소외 甲이 **이 사건 토지를 독점적이고 배타적인 사용수익권을 포기하였다고 볼 수 없고**, 달리 이를 인정할 만한 증거가 없다는 이유로 **원고의 청구인 우수관 및 오수관 철거청구와 부당이득반환청구를 전부 인용**하였다.

부당이득반환범위와 관련하여서는 우수관에 대해서는 5년 점유 부당이득, 오수관에 대해서는 6년 점유 부당이득을 인정하였다. 다만 피고는 원고에게 이 사건 소제기일인 2013. 4. 22.로부터 소급하여 5년 전인 2008. 4. 23.까지 이 사건 우수관과 오수관이 매설된 지하부분을 점유함으로써 얻은 부당이득을 반환할 의무가 있다.

[참고] 국가재정법 제96조, 국가에 대한 채권의 소멸시효기간 5년

(2) 원심의 판단 : 제1심 판결 중 원고 승소한 우수관 철거 및 우수관 부당이득 부분과

우수관 부당이득 반환 취소 판결

(3) 원심의 판단이유

이 사건 우수관이 설치되기 전 이 토지에는 인근 주택의 생활하수가 흘러가는 작은 도랑이 있었던 사실, 그 후 1970~1980년경 새마을운동의 일환으로 이 사건 토지 지하에 이 사건 우수관이 설치된 사실, 위 설치 시 소외 甲의 동생 乙이 이 토지가 위치한 마을의 이장이었던 사실이 인정된다는 점, 이 우수관은 토지를 가로질러 매설되어 있는 데다 그 규모 역시 커 甲의 동의하에 설치되었다고 보는 것이 자연스러운 점 등을 고려할 때, 소외 甲이 이 사건 **'우수관' 매설 당시 그 매설 부지에 대한 독점적이고 배타적인 사용수익권을 포기하였다고 봄이 상당**하므로, 피고의 주장은 이유 있다.

반면에 피고가 이 사건 **오수관을 설치할 당시** 소외 甲이 이에 동의하거나 그 매설부지에 대한 사용수익권을 포기하였다고 보기에 부족하고, 달리 이를 인정할 증거가 없으므로 피고의 이 부분 주장은 이유 없다

- **우수관과 오수관 구분하여 부당이득 인정**

피고가 부당이득으로 반환해야 할 점유부분은 이 사건 '오수관'이 매설된 지하부분이고, 이 사건 토지와 주변 토지의 형상, 포장도로의 연결형태 및 도로 이용 상황 등을 감안할 때 이 사건 오수관이 매설된 부분은 매설 당시부터 도로였을 것으로 봄이 상당하므로 이를 전제로 하여 부당이득의 액수를 산정하면, <u>이 사건 오수관이 매설된 지하부분을 피고가 5년간 점유함으로써 얻은 차임 상당의 부당이득 액수는 268,520원인 사실이 인정된다.</u>

[원고의 상고이유]

(1) 이 사건 우수관은 하수도법상 '공공하수처리시설'에 해당하므로 법령이 정한 절차에 따라 이 사건 토지에 대한 수용 및 손실보상이 이루어져야 하는 것이다.

(2) **배타적 사용·수익권 포기에 관한 대법원 판례**가 적용되어서는 안 되며, 원심이 든 여러 사정들만으로는 이 사건에서 배타적 사용·수익권의 포기가 있었다고 볼 수 없다. 즉 원심의 판단은 토지 소유자의 독점적·배타적인 사용·수익권 행사의 제한에 관한 법리 오해가 있다.

가. 대법원의 배타적 사용·수익권 포기의 법리는 **물권법정주의(제185조 강행규정)**에 반한다. 배타적 사용·수익권 포기를 이유로 토지 소유자의 권리를 제한하는 이론은 민법 제1조가 규정하는 법원(법원)의 어디에서도 그 근거를 찾을 수 없다.

- 소유자가 소유권의 핵심적 권능에 속하는 사용·수익의 권능만을 영구적·대세적으로 포기하거나 상실하는 것은 허용되지 않는다. 이를 허용하면 결

국 처분권능만이 남는 새로운 유형의 소유권을 창출하는 것이어서 소유권의 고유한 속성인 전면성 또는 탄력성에 부합하지 않고, **사실상 영구적인 제한물권을 설정**하는 것이 되어 공시의 원칙이나 물권법정주의에 반한다.

소유권의 내용 중에는 사용권능, 수익권능, 처분권능이 있는데 만약 독점적·배타적 사용수익권능의 포기를 인정한다면 처분권능만이 있는 소유권이라는 것을 인정하게 되어 물권법정주의에 반한다. 물권법에서 처분권만이 있는 소유권은 인정되고 있지 않다.

- **소유권 불행사의 의사표시**로 보아야 한다. 당사자들의 의사나 거래관행에 비추어 볼 때, 토지 소유자가 자발적인 의사로 자신의 토지를 무상 사용하도록 하였더라도 토지의 사용·수익권 자체를 **'포기'한 것으로 볼 수 없다**. 이 경우 토지 소유자는 토지를 무상으로 이용하는 자(인근 주민이나 일반 공중과 같은 불특정 다수인, 국가나 지방자치단체도 이에 해당할 수 있다)에 대한 관계에서 **소유권을 행사하지 않겠다는 의사표시**를 한 것으로 보는 것이 합리적이다.
- 소유권 불행사의 의사표시는 상대방 있는 의사표시로서 **사용대차와 유사한 채권적인 효력(사용대주와 사용차주에 대해서만 효력 인정)**을 가지는 법률행위라고 할 수 있다. 따라서 이러한 의사표시에는 대세적인 효력이 없다.

나. 배타적 사용·수익권 포기 법리는 공공의 이익을 위하여 토지 소유자의 기본권인 재산권 행사를 제한하기 위한 도구로 작용하고 있다. 그러나 그러한 재산권 행사의 제한은 법률에 근거가 없다(전원개발촉진법, 도로법, 하천법, 국토의 계획 및 이용에 관한 법률).

배타적 사용·수익권 포기 법리는 소유자의 권리행사 제한에 관한 현행 법체계와 조화를 이루기 어렵다. 특히 피고가 지방자치단체이거나, 국가 등 공공단체인 경우에는 법치행정의 관점에서 문제를 드러낸다.

토지 소유자에게 토지를 일반 공중의 이용에 제공하려는 자발적 의사가 있더라도, 그것이 의사표시 또는 법률행위에까지 이르지 않은 이상, 이를 이유로 소유자로서의 권리행사가 제한된다고 볼 수 없다.

토지 소유자의 자발성이 인정된다는 사정만으로 정당한 보상의 필요성이 부정되는 것도 아니다. 관련 법령에 따른 보상 없이 국가 또는 지방자치단체가 사유지를 사용하고 있는 경우에는, 사법(사법) 관계에서 손해배상 또는 부당이득반환의 형태로 토지 소유자의 손해에 대한 전보가 이루어져야 한다.

토지의 제공에 따른 토지 소유자의 이익이나 편익이 인정된다고 하더라도, 이를 반환하여야 할 부당이득의 액수 또는 배상하여야 할 손해의 범위에 반영함은 별론으로 하고, 토지 소유자의 권리행사가 신의칙 위반이나 권리남용에 해당하지 않는 이상 그러한 권리행사를 함부로 제한할 수 없다.

[대법원의 판단]

대법원의 판단 : 상고기각

【대법원의 판단이유】

[다수의견] (가) 대법원 판례를 통하여 토지 소유자 스스로 그 소유의 토지를 일반 공중을 위한 용도로 제공한 경우에 그 토지에 대한 소유자의 독점적이고 배타적인 사용·수익권의 행사가 제한되는 법리가 확립되었고, 대법원은 그러한 법률관계에 관하여 판시하기 위하여 '사용·수익권의 포기', '배타적 사용·수익권의 포기', **'독점적·배타적인 사용·수익권의 포기'**, '무상으로 통행할 권한의 부여' 등의 표현을 사용하여 왔다(독점적 배타적 사용·수익권 포기의 법리 ⇒ 독점적 배타적 사용·수익권 제한의 법리).

이러한 법리는 대법원이 오랜 시간에 걸쳐 발전시켜 온 것으로서, 현재에도 여전히 그 타당성을 인정할 수 있다. 다만 토지 소유자의 독점적이고 배타적인 사용·수익권 행사의 제한 여부를 판단하기 위해서는 **토지 소유자의 소유권 보장**과 **공공의 이익** 사이의 **비교형량**을 하여야 하고, 원소유자의 독점적·배타적인 사용·수익권 행사가 제한되는 경우에도 **특별한 사정이 있다면 특정승계인의 독점적·배타적인 사용·수익권 행사가 허용될 수 있다**. 또한, 토지 소유자의 독점적·배타적인 사용·수익권 행사가 제한되는 경우에도 **일정한 요건을 갖춘 때에는 사정변경의 원칙**이 적용되어 소유자가 다시 독점적·배타적인 사용·수익권을 행사할 수 있다고 보아야 한다.

(나) 토지 소유자가 그 소유의 토지를 도로, 수도시설의 매설 부지 등 일반 공중을 위한 용도로 제공한 경우에, 소유자가 토지를 소유하게 된 경위와 보유기간, 소유자가 토지를 공공의 사용에 제공한 경위와 그 규모, 토지의 제공에 따른 소유자의 이익 또는 편익의 유무, 해당 토지 부분의 위치나 형태, 인근의 다른 토지들과의 관계, 주위 환경 등 여러 사정을 종합적으로 고찰하고, 토지 소유자의 소유권 보장과 공공의 이익 사이의 비교형량을 한 결과, 소유자가 그 토지에 대한 독점적·배타적인 사용·수익권을 포기한 것으로 볼 수 있다면, 타인(사인뿐만 아니라 국가, 지방자치단체도 이에 해당할 수 있다)이 그 토지를 점유·사용하고 있다 하더라도 특별한 사정이 없는 한 그로 인해 토지소유자에게 어떤 손해가 생긴다고 볼 수 없으므로, 토지 소유자는 그 타인을 상대로 부당이득반환을 청구할 수 없고, 토지의 인도 등을 구할 수도 없다. 다만 소유권의 핵심적 권능에 속하는 사용·수익 권능의 대세적·영구적인 포기는 물권법정주의에 반

하여 허용할 수 없으므로, 토지소유자의 독점적·배타적인 사용·수익권의 행사가 제한되는 것으로 보는 경우에도, 일반 공중의 무상 이용이라는 토지이용현황과 양립 또는 병존하기 어려운 토지 소유자의 독점적이고 배타적인 사용·수익만이 제한될 뿐이고, 토지 소유자는 일반 공중의 통행 등 이용을 방해하지 않는 범위 내에서는 그 토지를 처분하거나 사용·수익할 권능을 상실하지 않는다.

(다) ① 위와 같은 법리는 토지 소유자가 그 소유의 토지를 도로 이외의 다른 용도로 제공한 경우에도 적용된다. 또한, 토지 소유자의 독점적·배타적인 사용·수익권의 행사가 제한되는 것으로 해석되는 경우 **특별한 사정**이 없는 한 그 지하 부분에 대한 독점적이고 배타적인 사용·수익권의 행사 역시 제한되는 것으로 해석함이 타당하다.

② **상속인**은 피상속인의 일신에 전속한 것이 아닌 한 상속이 개시된 때로부터 피상속인의 재산에 관한 포괄적 권리·의무를 승계하므로(민법 제1005조), 피상속인이 사망 전에 그 소유 토지를 일반 공중의 이용에 제공하여 독점적·배타적인 사용·수익권을 포기한 것으로 볼 수 있고 그 토지가 상속재산에 해당하는 경우에는, 피상속인의 사망 후 그 토지에 대한 상속인의 독점적·배타적인 사용·수익권의 행사 역시 제한된다.

③ 원소유자의 독점적·배타적인 사용·수익권의 행사가 제한되는 토지의 소유권을 경매, 매매, 대물변제 등에 의하여 **특정승계한 자**는, 특별한 사정이 없는 한 그와 같은 사용·수익의 제한이라는 부담이 있다는 사정을 용인하거나 적어도 그러한 사정이 있음을 알고서 그 토지의 소유권을 취득하였다고 봄이 타당하므로, 그러한 특정승계인은 그 토지 부분에 대하여 독점적이고 배타적인 사용·수익권을 행사할 수 없다.

이때 특정승계인의 독점적·배타적인 사용·수익권의 행사를 허용할 **특별한 사정이 있는지 여부**는 특정승계인이 토지를 취득한 경위, 목적과 함께, 그 토지가 일반 공중의 이용에 제공되어 사용·수익에 제한이 있다는 사정이 이용현황과 지목 등을 통하여 외관에 어느 정도로 표시되어 있었는지, 해당 토지의 취득가액에 사용·수익권 행사의 제한으로 인한 재산적 가치 하락이 반영되어 있었는지, 원소유자가 그 토지를 일반 공중의 이용에 무상 제공한 것이 해당 토지를 이용하는 사람들과의 특별한 인적 관계 또는 그 토지 사용 등을 위한 관련 법령상의 허가·등록 등과 관계가 있었다고 한다면, 그와 같은 관련성이 특정승계인에게 어떠한 영향을 미치는지 등의 여러 사정을 종합적으로 고려하여 판단하여야 한다.

(라) 토지 소유자의 독점적·배타적인 사용·수익권 행사의 제한은 해당 토지가 일반 공중의 이용에 제공됨으로 인한 공공의 이익을 전제로 하는 것이므로, 토지소유자가 공공의 목적을 위해 그 토지를 제공할 당시의 객관적인 토지이용현황이 유지되는 한도 내에서만 존속한다고 보아야 한다. 따라서 토지 소유자가 그 소유 토지를 일반 공

중의 이용에 제공함으로써 자신의 의사에 부합하는 토지이용상태가 형성되어 그에 대한 독점적·배타적인 사용·수익권의 행사가 제한된다고 하더라도, 그 후 토지이용상태에 중대한 변화가 생기는 등으로 ① 독점적·배타적인 사용·수익권의 행사를 제한하는 기초가 된 객관적인 사정이 현저히 변경되고, ② 소유자가 일반 공중의 사용을 위하여 그 토지를 제공할 당시 이러한 변화를 예견할 수 없었으며, ③ 사용·수익권 행사가 계속하여 제한된다고 보는 것이 당사자의 이해에 중대한 불균형을 초래하는 경우에는, 토지소유자는 그와 같은 **사정변경이 있은 때**부터는 다시 사용·수익 권능을 포함한 완전한 소유권에 기한 권리를 주장할 수 있다고 보아야 한다. 이때 그러한 사정변경이 있는지 여부는 해당 토지의 위치와 물리적 형태, 토지 소유자가 그 토지를 일반 공중의 이용에 제공하게 된 동기와 경위, 해당 토지와 인근 다른 토지들과의 관계, 토지이용상태가 바뀐 경위와 종전 이용상태와의 동일성 여부 및 소유자의 권리행사를 허용함으로써 일반 공중의 신뢰가 침해될 가능성 등 전후 여러 사정을 종합적으로 고려하여 판단하여야 한다.

[대법관 조희대의 반대의견] (가) 다수의견은 기존의 독점적·배타적인 사용·수익권의 포기에 관한 법리를 유지하고 있으나, 대법원의 기존 법리에는 우리나라의 법체계상 받아들이기 어려운 문제가 있다.

① 사용·수익권의 포기를 '소유권을 이루는 권능의 일부포기'로 볼 경우 소유권의 본질에 어긋날 뿐만 아니라, 사실상 영구 제한물권의 설정과 마찬가지의 결과를 가져오며 공시의 원칙이나 물권법정주의와도 부합하지 않는다.

② 사용·수익권의 포기를 '채권적 의미의 포기 또는 사용승낙'으로 보는 것이라면, 왜 채권계약의 당사자가 아닌 제3자에게 그 효력이 미치는지 설명하기 어렵다.

③ 사용·수익권의 포기를 '권리 불행사의 상태'로 보는 경우에도, 소멸시효가 완성되었거나, 장기간 권리를 행사하지 않던 토지 소유자의 새삼스러운 권리행사가 신의성실의 원칙(이하 '신의칙'이라고만 한다) 또는 이른바 실효의 원칙에 위반되는 경우가 아닌 한, 권리가 소멸하거나 그 행사가 불가능하게 되었다고 볼 수 없다는 점에서 부당하다.

④ 사용·수익권의 포기를 '신의칙상 권리행사 제한'으로 보더라도, 적법하게 소유권을 취득한 자의 권리행사를 신의칙이라는 명목하에 쉽사리 배척하는 것이 되어 받아들일 수 없다.

⑤ 일반 공중의 통행 등으로 인하여 소유자가 토지를 사용·수익할 수 없는 상태에 이르렀다면 이는 금전적 전보가 필요한 이른바 '특별한 희생'에 해당한다고 볼 수 있다. 그런데도 토지 소유자의 사용·수익권의 포기를 긍정함으로써 국가 또는 지방자치

단체에 대한 부당이득반환청구를 배척하게 되면, 이는 실질적으로 보상 없는 수용을 인정하는 것과 같게 되어, 공공필요에 의한 재산권의 수용·사용 또는 제한에 대하여 정당한 보상을 지급하여야 한다는 헌법 제23조 제3항의 취지에 어긋난다.

(나) 독점적·배타적인 사용·수익권의 포기에 관한 법리는 대법원 판례에 의하여 확립된 다른 법리와 근본적으로 조화를 이루기 어렵다.

① 토지의 현황이나 지목이 도로인 경우에도 민법상 부당이득의 성립을 전제로 그 액수의 산정에 관한 구체적인 법리를 설시한 대법원 판례와 조화를 이루기 어렵다.

② 사용·수익권 포기에 물권적 효력이 있다고 보지 않는 이상, 특정승계인의 주관적인 사정만으로 포기의 효력이 승계된다고 볼 아무런 근거가 없다.

③ 대법원 판례가 지방자치단체 등이 사유지를 점유하고 있는 경우 관련 법령이 정하는 적법한 보상 절차를 거치지 않는 이상 토지 소유자와의 관계에서 '법률상 원인'이 없다고 보고, 지방자치단체의 사실상 지배주체로서의 '점유'를 폭넓게 인정하는 흐름을 보여 온 것은, 지방자치단체 등이 공공의 이익을 앞세워 사인(사인)의 권리행사를 함부로 제한하지 못하도록 막기 위한 것이라고 볼 수 있다. 그러나 독점적·배타적인 사용·수익권의 포기에 관한 판례가 실무에서 광범위하게 적용되고 있어, 위와 같이 개인의 권리 구제를 확대하여 온 대법원 판례의 흐름과 조화를 이루지 못하고 있다.

④ 독점적·배타적인 사용·수익권의 포기에 관한 법리를 적용하여 토지 소유자의 물권적 청구권 행사를 배척하는 것을 허용하게 되면, 비슷한 사안에서 권리남용의 법리를 함부로 적용하지 않아 토지 소유자의 권리행사를 보장해 온 판례의 태도와 형평에 어긋나는 결과를 초래할 수 있다.

(다) 토지가 인근 주민이나 일반 공중을 위한 용도로 사용되고 있다 하더라도, 주위토지통행권이나 지상권과 같은 물권 또는 임대차, 사용대차와 같은 채권적 토지이용계약이 성립하였거나, 토지 소유자의 권리행사가 신의칙에 어긋나거나 권리남용에 해당하는 경우와 같이, 민법 등 법률의 명문 규정과 그에 기초한 법리가 적용될 수 있는 경우에만 토지 소유자의 사용·수익권을 포함한 소유권 행사가 제한될 수 있다. 그 이외에 토지 소유자의 권리행사를 불허 또는 제한할 수 있는 독자적인 사유로서 법률에 명문으로 규정되어 있지도 않은 '독점적·배타적인 사용·수익권의 포기'를 인정하는 것은 허용될 수 없다.

[대법관 김재형의 반대의견] (가) 당사자들의 의사나 거래관행에 비추어 볼 때, 토지 소유자가 자발적인 의사로 자신의 토지를 무상 사용하도록 하였더라도 토지의 사용·수익권 자체를 '포기'한 것으로 볼 수 없다. 이 경우 토지 소유자는 토지를 무상으로 이

용하는 자(인근 주민이나 일반 공중과 같은 불특정 다수인, 국가나 지방자치단체도 이에 해당할 수 있다)에 대한 관계에서 소유권을 행사하지 않겠다는 의사표시를 한 것으로 보는 것이 합리적이다.

소유권 불행사의 의사표시는 상대방 있는 의사표시로서 사용대차와 유사한 채권적인 효력을 가지는 법률행위라고 할 수 있다. 따라서 이러한 의사표시에는 대세적인 효력이 없다.

이와 같이 토지 소유자의 자발적인 의사에 따른 토지 무상 사용의 법적 성질을 사용대차와 유사한 채권적인 효력을 가지는 '소유권 불행사의 의사표시'로 보는 이상, 기존 대법원 판례는 이와 저촉되는 범위에서 변경되어야 한다.

(나) ① 배타적 사용·수익권 포기를 이유로 토지 소유자의 권리를 제한하는 이론은 민법 제1조가 규정하는 법원(법원)의 어디에서도 그 근거를 찾을 수 없다.

소유자가 소유권의 핵심적 권능에 속하는 사용·수익의 권능만을 영구적·대세적으로 포기하거나 상실하는 것은 허용되지 않는다. 이를 허용하면 결국 처분권능만이 남는 새로운 유형의 소유권을 창출하는 것이어서 소유권의 고유한 속성인 전면성 또는 탄력성에 부합하지 않고, 사실상 영구적인 제한물권을 설정하는 것이 되어 공시의 원칙이나 물권법정주의에 반한다.

② 배타적 사용·수익권 포기 법리는 공공의 이익을 위하여 토지 소유자의 기본권인 재산권 행사를 제한하기 위한 도구로 작용하고 있다. 그러나 그러한 재산권 행사의 제한은 법률에 근거가 없다.

배타적 사용·수익권 포기 법리는 소유자의 권리행사 제한에 관한 현행 법체계와 조화를 이루기 어렵다. 특히 피고가 지방자치단체이거나, 국가 등 공공단체인 경우에는 법치행정의 관점에서 문제를 드러낸다.

토지 소유자에게 토지를 일반 공중의 이용에 제공하려는 자발적 의사가 있더라도, 그것이 의사표시 또는 법률행위에까지 이르지 않은 이상, 이를 이유로 소유자로서의 권리행사가 제한된다고 볼 수 없다. 토지 소유자의 자발성이 인정된다는 사정만으로 정당한 보상의 필요성이 부정되는 것도 아니다. 관련 법령에 따른 보상 없이 국가 또는 지방자치단체가 사유지를 사용하고 있는 경우에는, 사법(사법) 관계에서 손해배상 또는 부당이득반환의 형태로 토지 소유자의 손해에 대한 전보가 이루어져야 한다. 토지의 제공에 따른 토지 소유자의 이익이나 편익이 인정된다고 하더라도, 이를 반환하여야 할 부당이득의 액수 또는 배상하여야 할 손해의 범위에 반영함은 별론으로 하고, 토지 소유자의 권리행사가 신의칙 위반이나 권리남용에 해당하지 않는 이상 그러한 권리행사를 함부로 제한할 수 없다.

해당 사유지의 무상 제공을 통한 일반 공중의 이익에 대비되는 토지 소유자의 이익을 상정할 수 있는 경우라고 하더라도, 그러한 이유만으로 토지 소유자의 권리행사 자체를 봉쇄하는 것은 법적인 근거 없이 개인의 희생을 강요하는 것으로서 법치행정과 정의의 원리에 반한다.

(다) 배타적 사용·수익권 포기에 관하여 서로 모순되는 판결례가 공존하고 있고, 배타적 사용·수익권 포기 법리에는 사법적 측면뿐만 아니라 공법적 측면에서도 묵과할 수 없는 중대한 문제점이 있다. 다만 기존의 배타적 사용·수익권 포기 법리의 문제점을 인식하고 그 제한을 시도한 일부 대법원판결은 '채권적으로', '그 상대방에 대하여' 포기한 것이라고 함으로써 토지 소유자의 상대방 있는 법률행위를 전제로 하고 있다. 이는 위에서 본 바와 같은 공·사법적인 문제가 있다고 볼 수 없고, '소유권 불행사의 의사표시'와도 모순되지 않는다.

결국, '채권적' 또는 '그 상대방에 대하여'와 같은 부연설명 없이 배타적 사용·수익권 포기를 이유로 토지 소유자의 사용·수익권을 포함한 권리행사를 제한하고, 토지 소유자의 특정승계인에게도 그러한 포기의 효과가 당연히 미친다고 판단한 대법원판결들은 위에서 본 견해에 배치되는 범위 내에서 모두 변경되어야 한다.

【대법원의 판단이유】

(1) **판례변경의 필요성** : 토지가 인근 주민이나 일반 공중을 위한 용도로 사용되고 있다 하더라도, 주위토지 통행권이나 지상권과 같은 물권 또는 임대차, 사용대차와 같은 채권적 토지이용계약이 성립하였거나, 토지 소유자의 권리행사가 신의칙에 어긋나거나 권리남용에 해당하는 경우와 같이, 민법 등 법률의 명문 규정과 그에 기초한 법리가 적용될 수 있는 경우에 만 토지 소유자의 사용·수익권을 포함한 소유권 행사가 제한될 수 있다. 그 이외에 토지 소유자의 권리행사를 불허 또는 제한할 수 있는 독자적인 사유로서 법률에 명문으로 규정되어 있지도 않은 '독점적·배타적인 사용·수익권의 포기'를 인정하는 것은 허용될 수 없다.

근래 '독점적·배타적 사용·수익권의 포기' 법리에 따른 불합리한 문제점을 인식하고 그 적용범위를 제한하는 대법원 판결들이 나오고 있으나, 그런 미봉책은 근본적인 해결방법이 될 수 없고 오히려 적용상의 혼란과 불공평을 초래할 뿐이다. 이제 아무런 법률상 근거가 없고 헌법과 민법에 배치되는 기존 판례의 법리를 과감하게 폐기하는 것이 옳다. 따라서 '독점적·배타적 사용·수익권의 포기'를 이유로 토지 소유자의 사용·수익권을 포함한 권리행사를 제한하고, 토지 소유자의 특정승계인에게 그러한 포기의 효과가 당연히 승계된다고 판단한 88다카16997 판결 등을 비롯하여 그와 같은 취지의 판결들은 이 견해에 배치되는 범위 내에서 모두 변경되어야 한다.

우수관 설치 당시 망인은 자신이 소유하던 토지와 그 지상 단독주택의 편익을 위하여 자발적으로 우수관을 설치하도록 한 것으로 볼 수 있고, 망인의 **'독점적이고 배타적'인 사용·수익권의 행사를 제한하는 것을 정당화할 정도로 분명하고 확실한 공공의 이익 또한 인정**되므로, 망인은 이 사건 계쟁 토지 부분을 포함한 이 사건 토지에 대하여 독점적이고 배타적인 사용·수익권을 행사할 수 없게 되었고, 위 토지를 상속 받은 **망인의 상속인**인 원고 또한 독점적이고 배타적인 사용·수익권의 행사 역시 제한된다고 보아야 한다.

따라서 피고에 대한 원고의 이 사건 우수관 철거 및 그 부분 토지 사용에 따른 **차임 상당의 부당이득반환청구는 받아들일 수 없다**. 원심 판단에 상고이유 주장과 같이 토지 소유자의 독점적·배타적인 사용·수익권 행사의 제한에 관한 법리를 오해하는 등으로 판결 결과에 영향을 미친 잘못이 있다고 볼 수 없다.

[6] 배타적 사용수익권 제한의 법리
대판 2001. 4. 13. 2001다8493

[사실관계]

원고 소유 토지는 구포시장 내에 소재한 토지로서 종전부터 자연발생적으로 사실상 일반 공중의 통행로로 사용되던 중, 새마을 사업이 한창일 무렵 지방자치단체에서 시멘트 포장을 하겠다고 허락하여 위 토지는 시멘트 포장이 되었다. 그런데 이 사건 토지 중 위 각 점유부분을, 선정자 甲은 1988. 1. 26.경부터, 피고는 1988. 1. 7.경부터, 선정자 乙은 1996. 7. 19.경부터, 선정자 丙, 丁은 측량감정서가 법원에 제출된 1998. 1. 26. 이전부터 각기 피고들의 건물이 원고 소유 토지의 부분을 침해하여 점유하고 있다. 또한 일부는 위 토지 위에 좌판대를 설치하여 물건을 판매하고 있는 바, 위 토지의 등기부상 명의는 아직까지 원고의 명의로 남아 있으므로 원고가 피고를 상대로 **위 좌판대의 철거 및 퇴거**를 청구함과 동시에 위 **토지의 불법점유로 인한 부당이득반환청구**를 하고 있다.

[법적 쟁점]

(1) 배타적 사용수익권을 포기한 것으로 인정되는 토지를 불법점유하고 있는 점유자에 대하여, 토지소유자가 방해배제 및 그 점유로 인한 부당이득의 반환을 구할 수 있는지 여부

(2) 통행지역권을 시효취득하였는지 여부

[원고의 주장]

가. 건물의 일부철거, 좌판대의 철거, 토지의 인도 청구

원고는 토지소유자로서 피고들에 대하여, 피고들은 토지에 대한 적법한 권원이 없이 건물의 일부의 토지점거 및 좌판대를 설치하여 불법점유하고 있으므로 민법 제123조와 제214조에 기하여 토지로부터 건물의 일부철거 및 좌판대의 철거 및 토지의 인도를 구한다.

나. 토지의 불법점유로 인한 부당이득반환청구

선정자 甲은 1988. 1. 26.경부터, 피고는 1988. 1. 7.경부터, 선정자 乙은 1996. 7. 19.경부터, 선정자 丙, 丁은 측량감정서가 법원에 제출된 1998. 1. 26. 이전부터 각기 피고들의 건물이 원고 소유 토지의 부분을 침해하여 점유하고 있으므로 민법 제741조에 기한 점유개시일 이후의 차임 상당의 부당이득반환청구를 구한다.

[피고의 주장]

가. 원고가 배타적 사용수익권을 포기하였다는 주장

이 사건 토지는 구포시장 내 일반공중의 통행로로 제공됨으로써 원 소유자가 이에 대한 배타적 사용수익권을 포기하였으므로, 판례(대판 1991. 7. 9. 91다11889)에 의하면 원고는 피고 및 선정자들에 대하여 건물철거나 좌판대 수거 또는 부당이득을 청구할 수 없다고 항변한다.

나. 통행지역권의 시효취득 주장

피고 및 선정자들은 이 사건 토지는 1933. 4. 1.부터 면도에 포함되게 되어 도로로 개설되었고, 수십년간 일반인들의 통행로로 평온, 공연하게 이용되어 왔으므로 민법 제219조 및 제294조에 기한 주위토지통행권 및 일반공중이 통행지역권을 시효취득하였다고 할 것이고, 피고 및 선정자들은 일반공중인들의 통행지역권을 승계취득하였다고 항변한다.

[피고의 항변에 대한 원고의 주장]

가. 원고가 배타적 사용수익권을 포기하였다는 주장에 대하여

원고는 일반공중의 통행로로 사용하는데 대하여 배타적 사용 수익권 행사를 하지 않는다는 것이지 정당한 권원이 없는 자가 통행로가 아닌 용도로 독점적으로 사용 수익할 수 있도록 한 것은 아니다.

나. 통행지역권의 시효취득 주장에 대하여

일반공중은 자신의 소유토지를 위하여 이 사건 토지에 통행로를 개설한 것이 아니고, 피고 및 선정자들도 자신의 소유토지를 위하여 이 사건 토지상에 통행로를 개설한 것이 아니고 심지어 통행지역권의 점유취득시효기간인 20년을 경과하지 않았다.

[원심의 판단] 1심 판결 취소

피고의 항변을 배척한 후, 피고 및 선정자들이 각 점유부분에 축조한 건물의 철거, 퇴거 및 토지의 인도와 그 점유부분에 설치한 좌판대의 수거 및 점유기간 동안 차임 상당의 부당이득반환을 구하는 원고의 청구를 인용하였다.

[원심판단의 근거(이유)]

가. 토지소유권의 독점적 배타적 사용수익권의 포기하였는지 여부

이 사건 토지 중 피고 및 선정자들이 점유한 부분은 **인근 주민들이 통행하는 도로**가 아니고 그들의 개인 건물, 점포 부지, 좌판대로 사용하고 있으므로, 가사 원소유자가 위 토지에 대한 배타적 사용수익권을 포기하였다 하더라도 피고 및 선정자들이 토지

의 일부를 특정하여 개인의 영업장소나 건물부지로 사용하는 경우까지 사용수익권을 포기하였다고 볼 수는 없다.

원고는 이 사건 토지 중 피고 및 선정자들의 건물과 좌판이 축조 내지 설치된 부분 및 점유부분의 구분소유권자라 할 것인데, 피고 및 위 선정자들이 이 사건 토지부분을 침범하여 건물을 축조하고, 점유하고 있으며, 이로 인하여 이익을 얻고 원고에게 동액 상당의 손해를 가하고 있으므로, 피고 및 위 선정자들은 그 건물침범 부분의 철거, 각 건물에 접하여 이 사건 토지 상에 설치된 좌판대의 수거 및 각 점유부분에 대하여 원고가 구하는 바에 따라 **부당이득을 반환할 의무가 있다**.

나. 통행지역권의 시효취득 여부 : 부정

일반공중은 자신의 소유토지를 위하여 이 사건 토지에 통행로를 개설한 것이 아니므로 통행지역권을 시효취득할 수 없고(피고 및 선정자들도 자신의 소유토지를 위하여 이 사건 토지상에 통행로를 개설한 것이 아닐 뿐만 아니라 그 점유기간도 통행지역권의 점유취득 시효 기간인 20년을 경과하지 아니하였음이 명백하다),

[대법원의 판단]

원심판결 중 금원의 지급을 명하는 부분(부당이득부분)을 파기, 이 부분 사건 환송 나머지 상고(철거)를 기각한다.

【대법원의 판단이유】

가. 독점적, 배타적 사용수익권의 포기 및 부당이득반환청구에 대하여

종전부터 자연발생적으로 또는 도로예정지로 편입되어 사실상 일반공중의 통행로로 사용되어 온 토지의 소유자가 그 독점적이고 배타적인 사용수익권을 포기한 것으로 볼 경우에도, 일반공중의 통행을 방해하지 않는 범위 내에서는 토지소유자로서 그 토지를 처분하거나 사용수익할 권능을 상실하지 않는다고 할 것이므로, **그 토지를 불법점유하고 있는 제3자에 대하여 물권적 청구권을 행사하여 토지의 반환 내지 방해의 제거, 예방을 청구할 수 있다고 할 것이나,**

- 특별한 사정이 없는 한(사정변경에 해당하는 사실이 없는 한, 필자 주) 토지소유자는 그 이후(독점적 배타적 사용 수익의 포기 이후)에도 토지를 독점적, 배타적으로 사용수익 할 수는 없고, 따라서 **제3자가 그 토지를 불법점유하였다 하더라도 이로 인하여 토지소유자에게 어떠한 손실이 생긴다고 할 수 없어 그 점유로 인한 부당이득의 반환을 청구할 수는 없다 할 것이다.**

나. 통행지역권의 시효취득

지역권은 계속되고 표현된 것에 한하여 민법 제245조의 규정을 준용하도록 되어 있

으므로, 통행지역권은 요역지의 소유자가 승역지 위에 도로를 설치하여 승역지를 사용하는 객관적 상태가 민법 제245조에 규정된 기간 계속된 경우에 한하여 그 시효취득을 인정할 수 있다(대법원 1992. 9. 8. 선고 92다20385 판결, 1993. 5. 11. 선고 91다46861 판결, 1995. 1. 20. 선고 94다42525 판결, 1995. 6. 13. 선고 95다1088, 1095 판결 등 참조).

- 일반공중이 자신의 소유토지를 위하여 사건 토지에 통행로를 개설한 것이 아니므로 통행지역권을 시효취득할 수 없다.

[판결요지]

[1] 종전부터 자연발생적으로 또는 도로예정지로 편입되어 사실상 일반공중의 통행로로 사용되어 온 토지의 소유자가 그 독점적이고 배타적인 사용수익권을 포기한 것으로 볼 경우에도, 일반공중의 통행을 방해하지 않는 범위 내에서는 토지소유자로서 그 토지를 처분하거나 사용수익할 권능을 상실하지 않는다고 할 것이므로, 그 토지를 불법점유하고 있는 제3자에 대하여 **물권적 청구권을 행사하여 토지의 반환 내지 방해의 제거, 예방을 청구할 수 있다고 할 것**이나, 특별한 사정이 없는 한 토지소유자는 그 이후에도 토지를 독점적, 배타적으로 사용수익할 수는 없고, 따라서 제3자가 그 토지를 불법점유하였다 하더라도 이로 인하여 토지소유자에게 어떠한 손실이 생긴다고 할 수 없어 **그 점유로 인한 부당이득의 반환을 청구할 수는 없다**.

[2] 지역권은 계속되고 표현된 것에 한하여 민법 제245조의 규정을 준용하도록 되어 있으므로, 통행지역권은 요역지의 소유자가 승역지 위에 도로를 설치하여 승역지를 사용하는 객관적 상태가 민법 제245조에 규정된 기간 계속된 경우에 한하여 그 시효취득을 인정할 수 있다.

[7] 배타적 사용 수익권 제한 법리
대판 2009. 3. 26. 2009다228·325

[사실관계]

(1) 이 사건 토지는 본래 망 소외 1(원고의 남편)이 1980. 12. 1. 소유권을 취득하였다가 원고의 남편이 2006. 7. 20. 사망하여 그 부인인 원고가 같은 날 협의분할에 의한 상속을 원인으로 하여 소유권이전등기를 마쳤다.

(2) 경남 진양군(1995. 1. 1. 진주시와 통합) 진성면에는 1980년경 초반까지 농촌지도소 사무실이 없었는데, 진양군 진성면의 면민들이 **1982.경** 이 사건 토지 위에 농촌지도소 사무실로 사용될 이 사건 건물을 신축하기 위하여 각 부락별로 일부 금원을 갹출하여 1983. 2. 25. 이 사건 토지 위에 진주시 소유의 이 사건 건물들이 원고의 동의 하에 신축되어 1998. 11.경까지 농촌지도소 사무실로 사용되어 오다가 그 이후부터는 진주시 새마을부녀회의 사무실로 사용되어 오고 있다.

(3) 이 사건 토지에 대하여 원고의 남편 및 상속인들에게 2004.경까지 세금을 부과하지 아니하다가 2004. 4. 27. 원고의 남편으로부터 이 사건 건물철거 및 토지인도 요구를 받고서도 아무런 조치도 취하지 아니하다가 오히려 그 무렵부터 이 사건 토지에 대한 세금을 부과하기 시작하였다.

[법적 쟁점]

(1) 소유권의 사용·수익 권능을 대세적으로 포기할 수 있는지 여부

(2) 토지에 관한 사용수익권의 채권적 포기를 이유로 그 토지의 반환청구 등을 배척할 수 있는지 여부

(3) 점유취득시효의 요건으로서 소유의 의사

[원고의 주장]

사건 토지는 원고 소유로서 원고 소유의 토지에 아무런 권원 없이 건물을 소유하고 있으므로 제214조에 의한 건물의 철거와 제213조에 의한 토지의 인도를 구한다.

[피고의 주장]

이 사건 건물은 원고의 동의하에 건축되었으므로 원고는 이 사건 토지에 대한 독점적, 배타적 사용권을 포기하였으므로 원고의 주장은 이유 없다.

[피고의 반소]

가. 주위적 반소청구 : 매매계약에 기한 소유권이전등기

진주시는 1982. 5. 21. 경 진양군 진성면민들이 자발적으로 결성한 '농촌지도소 진성

지소 신축을 위한 부지확보 추진위원회(위원장소외 2)'에서 마련한 자금으로 이 사건 토지의 소유자이던 망 소외 1로부터 이 사건 토지를 매수하여 1983. 2. 25. 이 사건 건물을 신축하고 이에 대한 건물에 대한 소유권보존등기를 마친 후 계속하여 **토지에 대하여 점유하여 오고 있으므로**, 피고는 원고에 대하여 민법 제563조와 제568조에 의한 1982. 5. 31.자 **매매를 원인으로 한 소유권이전등기청구를 구한다**.

나. 예비적 반소청구 : 점유취득시효에 기한 소유권이전등기

가사 매매를 원인으로 한 소유권이전등기청구가 인정되지 않는다 하더라도 위 매매일자로부터 20년이 경과한 2002. 5. 31.자(선택적으로 이 사건 건물에 대한 보존등기가 마쳐진 1983. 2. 25.부터 20년이 경과한 2003. 2. 25.자) 민법 제245조 제1항에 의한 **점유취득시효완성을 원인으로 한 소유권이전등기청구권**을 가진다고 **항변**함과 동시에 반소로써 이전등기청구를 주장한다.

[원고의 주장]

(1) 피고측이 매매계약이 성립되었다고 주장하나 매매계약의 본질에 비추어 조성된 자금은 매매대금으로서는 턱없이 부족한 것이어서 매매계약이 성립되었다는 주장은 이유없다.

(2) 피고측이 취득시효로 소유권을 취득하였다고 주장하지만 토지의 점유가 매매로 인한 것이 아니기 때문에 민법 제245조의 요건인 '자주점유'의 요건을 충족하지 못하는 것이어서 취득시효의 주장은 이유없다.

[원심의 판단] 토지에 대한 배타적 사용수익권의 포기 인정

1. 제1심 : 판결 원고의 본소 청구 인용
2. 원심 : 제1심 중 본소(건물의 철거/대지의 인도)에 대한 부분을 취소한다.
   원고(반소피고)의 본소 청구를 기각한다.
   피고(반소원고)의 반소(등기청구권)에 대한 항소를 기각한다.

[원심의 판단이유]

가. 본소청구에 대한 판단

원칙적으로 특별한 사정이 없는 한 피고는 원고에게 이 사건 각 건물을 철거하고, 이 사건 토지를 인도할 의무가 있다. 하지만,

(1) 진양군 진성면의 면민들이 1982.경 이 사건 토지 위에 농촌지도소 사무실로 사용될 이 사건 건물을 신축하기 위하여 각 부락별로 일부 금원을 갹출한 사실,

(2) 피고는 1982.경부터 2003.경까지 이 사건 토지의 소유자이던 소외 1에 대하여 세금을 전혀 부과하지 아니한 사실 등을 인정할 수 있고, 피고가 1983. 2. 25. 이 사

건 토지 위에 피고 소유의 이 사건 건물을 신축하여 진성면 농촌지도소 사무실로 사용하다가 1998.경부터는 진주시 새마을부녀회의 사무실로 이용하게 하면서 현재까지 점유하고 있다.

여기에 (3) 원고 역시 이 사건 각 건물의 신축 및 사용을 승낙하였다는 점을 자인하고 있는 점, (4) 이 사건 소 제기 시까지 피고가 이 사건 토지를 사용하고 있는데 대하여 이의를 제기하거나 (5) 임료상당의 부당이득을 청구한 사실이 있다고 보이지 아니한 점 등을 종합할 때 **원고는 피고에게 이 사건 토지 부분을 피고의 사무실 신축 및 사용에 제공함으로써 이 사건 토지에 대한 배타적인 사용수익권을 포기하였다고 봄이 상당하다**.

나. 피고의 반소청구에 대한 판단

가) 매매 주장

(1) 진성면민의 면민들이 모금한 금원이 토지에 대한 **매수자금이라고 보기에는 부족**하고(사용료라고 보는 것 같음),

(2) 지방자치단체인 피고가 이 사건 토지를 소외 1로부터 매수하였다고 주장하면서도 관련 법령에 따라 구비하여야 할 자료를 전혀 보유하고 있지 아니한 점, 이전등기를 하지 못할 특별한 사정이 전혀 보이지 아니함에도 이전등기 절차가 이루어지지 아니한 점, 지목도 현재까지 대지가 아닌 답으로 되어 있는 점, 피고는 소외 1및 그 상속인들에게 2004.경까지 이 사건 토지에 대한 세금을 부과하지 아니하다가 2004. 4. 27.소외 1로부터 이 사건 건물철거 및 토지인도요구를 받고서도 아무런 조치도 취하지 아니하고 오히려 그 무렵부터 이 사건 토지에 대한 세금을 부과하기 시작한 점(피고는 이러한 점을 볼 때 피고가 이 사건 토지를 매수한 것이 분명하다고 주장하나, 피고가 이 사건 토지를 매수한 것이 아니라 소외 1로부터 이 사건 토지에 대한 사용승낙을 얻은 경우라 하더라도 세금을 부과하지 아니하였을 것이므로 이러한 사정만으로 피고가 이 사건 토지를 매수하였다고 볼 수는 없다/피고는 자기의 소유라고 여겼기에 세금부과를 하지 않았다고 주장하고 있음: 필자 주) 등에 비추어 피고가 토지를 원고로부터 매수하였다고 인정하기에 부족하다.

나) 시효취득 주장

피고가 1982.경부터 적어도 20년 이상의 기간 동안 이 사건 건물들을 통하여 이 사건 토지를 점유하여 왔으나, 피고의 이와 같은 점유가 소유의 의사로 한 자주점유인지에 관하여 보건대, 점유자가 점유 개시 당시에 소유권 취득의 원인이 될 수 있는 법률행위 기타 법률요건이 없이 그와 같은 법률요건이 없다는 사실을 잘 알면서 타인 소유의 부동산을 점유한 것임이 입증된 경우, 특별한 사정이 없는 한 점유자는 타인의 소유권을 배척하고 점유할 의사를 갖고 있지 않다고 보아야 하므로, 이로써 소유의 의사가 있는 점유라는 추정은 깨어지고, 또한 지방자치단체나 국가가 자신의 부담이나 기부채납 등 지방재정법 또는 국유재산법 등에 정한 공공용 재산의 취득절차를 밟거나 그 소유자들의 사용승낙을 받는 등 토지를 점유할 수 있는 일정한 권원 없이 사유토지를 도로부지에 편입시킨 경우에도 자주점유의 추정은 깨어진다고 보아야 할 것인데(대법원 2001. 3. 27. 선고 2000다64472 판결 참조), 피고가 이 사건 토지에 관하여 **소유를 전제로 하는 보상을 하거나 매수하였다고 인정할 만한 증거**가 부족하다.

피고가 이 사건 토지에 대하여 적법한 취득절차를 밟지 않은 채 그러한 사정을 알면서 점유한 것으로 볼 수밖에 없어 피고의 자주점유의 추정이 깨어졌다 할 것이고, 달리 피고가 이 사건 토지를 소유의 의사로 점유하였다고 볼 증거가 없다.

따라서 피고의 이 사건 토지에 대한 점유가 자주점유임을 전제로 한 예비적 반소청구 또한 이유 없다(따라서 피고는 실질적으로 토지를 사용 수익하게 됨: 필자 주).

[상고이유]

원고가 그 소유권에 기하여 이 사건 건물의 철거 및 이 사건 토지의 인도를 구하는 것을 이 사건 토지에 대한 배타적 사용수익권의 포기를 이유로 배척한 원심의 조치에는 소유권이나 그에 기한 물권적 청구권에 관한 법리를 오해한 위법이 있다. 물권법정주의의 원칙 하에서 소유권에서 사용·수익권능의 대세적 포기가 인정되어서는 안된다.

[대법원의 판단] 원심의 파기환송

【대법원의 판단이유】

(1) 소유권은 외계 물자의 배타적 지배를 규율하는 기본적 법질서에서 그 기초를 이루는 권리로서 대세적 효력이 있으므로, 그에 관한 법률관계는 이해당사자들이 이를 쉽사리 인식할 수 있도록 명확하게 정하여져야 한다. 그런데 소유권의 핵심적 권능에 속하는 사용·수익의 권능이 소유자에 의하여 대세적으로 유효하게 포기될 수 있다고 하면, 이는 결국 처분권능만이 남는 민법이 알지 못하는 새로운 유형의 소유권을 창출하는 것으로서, 객체에 대한 전면적 지배권인 소유권을 핵심으로 하여 구축된 물권법의 체계를 현저히 교란하게 된다.

(2) 소외인 등이 위와 같이 그 사용수익권을 채권적으로 '포기'하였다고 하여도, 그것이 피고의 사용·수익을 일시적으로 인정하는 취지라면, 이는 사용대차의 계약관계에 다름아니다. 그렇다면 사용대주인 소외인 등은 계약관계의 해지 기타 그 종료를 내세워 이 사건 토지의 반환 및 그 원상회복으로서의 이 사건 건물의 철거(**민법 제615조 참조/원상회복의무와 철거권**)를 청구할 수 있다(다만 이 사건에서는 반환시기를 약정하였다는 사정은 보이지 않는바, 그렇다면 **민법 제613조 제2항에 따라** "계약 또는 목적

물의 성질에 의한 사용수익이 종료"하였는지, 또 "사용수익에 족한 기간이 경과"하였는지(민법 제613조 참조) 등을 심리·판단할 필요가 있음을 지적하여 둔다).

그러므로 사용수익권의 채권적 포기를 이유로 이 사건 청구들이 배척되려면, 그 포기가 일시적인 것이 아닌 영구적인 것이어야 한다. 그러나 **원심이 드는 사정만으로는 그러한 영구적 포기를 인정할 수 없다**. 이 사건 건물의 신축비용을 누가 부담하였는가는 이 사건 토지에 관한 법률관계에 일반적으로 영향이 없다.

【판결요지】

[1] 소유권은 외계 물자의 배타적 지배를 규율하는 기본적 법질서에서 그 기초를 이루는 권리로서 대세적 효력이 있으므로, 그에 관한 법률관계는 이해당사자들이 이를 쉽사리 인식할 수 있도록 명확하게 정하여져야 한다. 그런데 소유권의 핵심적 권능에 속하는 사용·수익의 권능이 소유자에 의하여 대세적으로 유효하게 포기될 수 있다고 하면, 이는 결국 처분권능만이 남는 민법이 알지 못하는 새로운 유형의 소유권을 창출하는 것으로서, 객체에 대한 전면적 지배권인 소유권을 핵심으로 하여 구축된 물권법의 체계를 현저히 교란하게 된다. 종전의 재판례 중에는 타인의 토지를 도로 등으로 무단 점용하는 자에 대하여 소유자가 그 사용이득의 반환을 사후적으로 청구하는 사안에서, 이른바 공평을 이념으로 한다는 부당이득법상의 구제와 관련하여 그 청구를 부인하면서 소유자의 '사용수익권 포기' 등을 이유로 든 예가 없지 않다. 그러나 그 당부는 별론으로 하고, 그 논리는 소유권의 내용을 장래를 향하여 원만하게 실현하는 것을 내용으로 하여 소유권의 보호를 위한 원초적 구제수단인 소유물반환청구권 등의 물권적 청구권과는 무관한 것으로 이해되어야 한다.

[2] 토지의 소유권자가 그 토지에 관한 사용수익권을 점유자에 대한 관계에서 채권적으로 '포기'하였다고 하여도, 그것이 점유자의 사용·수익을 일시적으로 인정하는 취지라면, 이는 사용대차의 계약관계에 다름 아니다. 그렇다면 사용대주인 소유권자는 계약관계의 해지 기타 그 종료를 내세워 토지의 반환 및 그 원상회복으로서의 건물의 철거(민법 제615조 참조)를 청구할 수 있다. 그러므로 사용수익권의 채권적 포기를 이유로 위 청구들이 배척되려면, 그 포기가 일시적인 것이 아닌 영구적인 것이어야 한다.

[핵심개념] 소유권의 법적 성질로서 탄력성·항구성, 소유권의 내용으로서 사용·수익·처분권능

[참고] 피고측에서 신의칙 및 권리남용 또는 선행행위와 모순되는 권리행사라는 주장도 가능하다. 즉 권리자가 그의 선행된 행위에 의하여 상대방(의무자)에게 그의 권리를 어떤 특정한 형태로 또는 특정한 시기에 행사하지 않거나, 전혀 행사하지 않을 것이라

는 인지를 줄 만한 행위를 함으로써 상대방도 이를 신뢰하여 그에 상응하는 행위를 한 경우에 권리자는 그 전의 행위에 모순되는 권리행사를 할 수 없게 되는 것이다(대판 2005. 10. 28. 2005다45827; 대판 2000. 4. 25. 99다34475).

[참고판례] 견고한 이 사건 건물을 신축하는 데 이 사건 대지를 사용할 것을 승낙하여 적법한 건축허가를 얻어 건축을 하게 하여 보존등기까지 마치게 한 것이라면 특별한 사정이 없는 한 원고는 이 사건 건물의 용도에 따라 상당한 기간 그 존립을 용인하기로 한 것이라고 보아야 할 것이라고 하여 건물의 철거를 요구하는 것이 신의칙에 반한다(대판 1991. 6. 11. 91다9299).

[관련판례]

대판 2023. 6. 1. 2023다209045 임대차기간이 영구인 임대차계약 인정 여부

민법 제619조에서 처분능력, 권한 없는 자의 단기임대차의 경우에만 임대차기간의 최장기를 제한하는 규정만 있을 뿐, 민법상 임대차기간이 영구인 임대차계약의 체결을 불허하는 규정은 없다.

소유자가 소유권의 핵심적 권능에 속하는 사용·수익의 권능을 대세적으로 포기하는 것은 특별한 사정이 없는 한 허용되지 않으나, 특정인에 대한 관계에서 채권적으로 사용·수익권을 포기하는 것까지 금지되는 것은 아니다(대법원 2017. 6. 19. 선고 2017다211528. 211535 판결등 참조).

따라서 임대차기간이 영구인 임대차계약을 인정할 실제의 필요성도 있고, 이러한 임대차계약을 인정한다고 하더라도 사정변경에 의한 차임증감청구권이나 계약 해지 등으로 당사자들의 이해관계를 조정할 수 있는 방법이 있을 뿐만 아니라, 임차인에 대한 관계에서만 사용·수익권이 제한되는 외에 임대인의 소유권을 전면적으로 제한하는 것도 아닌 점 등에 비추어 보면, 당사자들이 자유로운 의사에 따라 임대차기간을 영구로 정한 약정은 이를 무효로 볼 만한 특별한 사정이 없는 한 계약자유의 원칙에 의하여 허용된다고 보아야 한다.

특히 영구임대라는 취지는, 임대인이 차임지급 지체 등 임차인의 귀책사유로 인한 채무불이행이 없는 한 임차인이 임대차관계의 유지를 원하는 동안 임대차계약이 존속되도록 이를 보장하여 주는 의미로, 위와 같은 임대차기간의 보장은 임대인에게는 의무가 되나 임차인에게는 권리의 성격을 갖는 것이므로 임차인으로서는 언제라도 그 권리를 포기할 수 있고, 그렇게 되면 임대차계약은 임차인에게 기간의 정함이 없는 임대차가 된다(대법원 2001. 6. 29. 선고 99다64438 판결 참조).

제2장 물권행위의 의의와 내용

[8] 물권행위의 유인성(해제의 효과)

대판 1977. 5. 24. 75다1394

[사실관계]

(1) 원고와 甲 사이에 1971. 5. 8. 甲 소유 대지 상에 있는 안암주유소 시설물 일체·주유소 설치허가명의·주유소운영 채권채무 일체를 양도하기로 하는 계약을 체결하고 인도하였다.

(2) 1971. 7. 10. 원고는 甲의 계약의무 불이행을 이유로 양도계약 **해제한다는 의사표시**를 하였으나 甲은 반환하지 않은 채 1972. 4. 3. 사망하였다.

(3) 甲의 상속인인 乙 등이 주유소를 점유하며 계속 경영하였다.

(4) 주유소 대지의 소유자인 피고에게 임대료 채무(1,100,000원) 정도의 임대료 채무에 대한 대물변제로서 (해제 이후인) 1974. 2. 15. 물건들의 소유권을 피고에게 이전하였고(처분행위), 피고는 그 물건들을 처분하였다.

(5) 원고는 피고에 대하여 주유소 시설이 자신의 소유라 주장하며 손해배상을 청구하고 있다.

[법적 쟁점]

(1) 물권도 계약의 해제로 인하여 당연히 복귀하는지 여부(원고에게 물건의 소유권이 복귀하는지 여부), 계약의 해제된 경우 피고가 물건을 처분한 것이 불법처분인지의 여부

(2) 피고가 제3자에 해당하는지 여부

[원고의 주장] 해제의 직접효과설 중 물권적 효과설

(1) 원고와 갑 사이에 주유수 시설물 일체에 대해 양도하기로 하는 계약이 체결되었으나 이후 갑 측에서 계약을 불이행하였고, 상당한 기간을 정하여 최고하였으나 이행하지 아니하여 원고는 적법하게 계약을 해제하였다.

(2) 원고의 양도계약 해제의 의사표시로 물건의 소유권은 당연히 원고에게 복귀하여 원고는 소유권자가 되었다(물권행위의 유인성).

(3) 피고는 갑으로부터 대물변제 받은, 원고에게 소유권이 있는 물건을 위법하게 처분하였는데, 이는 원고의 소유권의 침해행위로서 불법행위가 되며 이에 불법행위에

의한 손해배상청구를 한다.

[피고의 주장]

해제의 직접효과설 중 채권적 효과설

(1) 원고가 계약을 해제하였으나 계약 해제의 효력은 채권적 효력밖에 없기 때문에(물권행위의 무인성), 갑은 원고에게 물건을 반환할 채무만 부담하기 때문에 소유권은 갑에게 있었고 피고는 갑으로부터 적법하게 소유권을 양도받은 것이고 자기의 물건의 처분이기 때문에 원고의 소유권을 침해한 것이 아니고 불법행위로 인한 손해배상책임이 없다.

(2) 선의취득항변 : 가사 물권행위의 유인성을 인정한다 하더라도 물건들에 대한 즉시취득(제249조 선의취득)을 하였으므로, 소유권은 피고에게 있다.

(3) 제3자 항변 : 가사 물권행위의 유인성을 인정하여 원고에게 소유권이 복귀한다 하더라도 피고는 제548조 1항 단서의 제3자에 해당(완전한 권리를 취득한 자)하기 때문에 제3자로서 보호된다.

(4) 갑의 상속인 乙 등이 매매대금채무를 상속하였으므로 乙 등에게 매매대금을 청구하라(실제 상속인 등은 무자력 : 필자 주)

[원심의 판단] 원고 청구 기각

[원심의 판단이유]

원고의 이건 물건들에 관한 소외 망 갑과 사이의 위 양도계약이 적법하게 해제되었다고 하더라도, 위 양도계약해제는 소외 망 갑 또는 그 상속인들과 원고 사이에 있어 원상회복의무 등 채권적 효과를 발생할 뿐, 위 양도계약의 목적물인 이건 물건들의 소유권이 당연히 원고에게로 복귀된 것이라고는 할 수 없으므로, 위 소외 망 갑의 상속인들로부터 적법하게 이건 물건들의 소유권을 취득한 피고에게는 위 양도계약 해제의 효력을 주장할 수 없다. 따라서 피고로서는 이건 물건들의 정당한 소유자로서, 이를 처분한 행위가 불법처분이라고 할 수 없다.

[원고의 상고이유]

민법 제548조 제1항 본문의 해석과 관련하여 계약에 따른 채무의 이행으로 이미 등기나 인도를 하고 있는 경우에 그 원인행위인 채권계약이 해제됨으로써 원상회복된다는 것에 대하여, 이미 행하여진 이행행위와 등기나 인도로 물권변동이 발생하고 있더라도 원인행위인 채권계약이 해제되면 일단 이전하였던 물권은 당연이 복귀한다는 소위 물권적 효과설로 해석하지 않고 채권적 효과설에 따라 해석한 법리오해가 있었다.

[대법원의 판단] 원심파기 환송

【대법원의 판단이유】

(1) 민법 제548조 제1항 본문에 의하면 계약이 해제되면 각 당사자는 상대방을 계약이 없었던거와 같은 상태에 복귀케 할 의무를 부담한다는 뜻을 규정하고 있는바, 계약에 따른 채무의 이행으로 이미 등기나 인도를 하고 있는 경우에 그 원인 행위인 채권계약이 해제됨으로써 원상회복된다고 할 때 그 이론 구성에 관하여 해제가 있더라도 이행행위 그 자체는 그대로 효력을 보유하고 다만 그 급부를 반환하여 원상회복할 채권 채무관계가 발생할 뿐이라는 소위 채권적 효과설과 이미 행하여진 이행행위와 등기나 인도로 물권변동이 발생하고 있더라도 원인행위인 채권계약이 해제되면 일단 이전하였던 물권은 당연이 복귀한다는 소위 물권적 효과설이 대립되어 있다. 우리의 법제가 물권행위의 독자성과 무인성을 인정하고 있지 않는 점과 민법 제548조 제1항 단서가 거래안정을 위한 특별규정이란 점(물권행위의 유인성을 전제로 하는 규정이라는 점을 전제로 하여 소유권이 당연히 복귀하는 물권적 효과설을 따라야 한다는 것 : 필자 주)을 생각할 때 계약이 해제되면 그 계약의 이행으로 변동이 생겼던 물권은 당연히 그 계약이 없었던 원상태로 복귀한다고 봄이 타당하다.

(2) 원심은 피고의 즉시취득(선의취득)에 대한 판단을 하지 않았기 때문에 이 점도 심리케 하기 위하여 원심에 환송한다.

[참고] 피고가 제548조 제1항 단서에 의하여 보호받을 수 있는 제3자인지 검토를 하면, 거래의 객체가 부동산이나 동산으로서 물건인 경우에는 물권취득자로서 제3자에 해당한다. 시기적으로는 해제 전 새로운 이해관계를 가져야 하고 완전한 권리를 취득한 자이어야 한다. 제3자가 선의인지 악의인지는 문제되지 않는다. 다만 판례는 제3자의 해석과 관련하여 해제 후 인도 전 해제의 사실을 모르는 선의의 제3자까지 확대해석하고 있다.

[참고] 채권적 효과설에 의할 경우에는 갑은 원고에게 주유소시설을 반환해야 할 채무가 있고, 원고는 주유소시설 반환채권을 갖게 되지만 소유권은 여전히 갑에게 있기 때문에 이 경우 피고는 원고의 소유권을 침해하지는 않는다. 이 경우 원고는 피고에 대하여 제3자의 채권침해로 불법행위에 의한 손해배상청구 가능한지가 무제되는데 주유소 반환 채권의 존재사실 인식하였고 위법하고, 원고에게 손해가 발생한 경우라면 손해배상청구가 가능할 것이다.

[말소청구 관련 판례]

[판] 물권적 방해배제청구권 행사의 일환으로 말소등기가 행해지려면 원고에게 말소청구의 권원이 있음을 적극 주장·입증책임이 있고(등기의 추정력), 피고의 등기가 무효라 할지라도 원고에게 권원이 있음이 인정되지 않는다면 원고의 **등기말소 청구** 인용되지 않는다(대판 2011. 5. 13. 2009다94384).

- 사정(査定) 이후에 사정명의인이 토지를 다른 사람에게 처분한 사실이 인정된다면, 사정명의인측의 권원이 있음이 인정되지 않는 한 사정명의인 또는 상속인들에게는 소유권보존등기의 명의인을 상대로 등기의 말소를 청구할 수 없다.

[판] 순차 경료된 소유권이전등기의 각 말소 청구소송은 '**보통공동소송**'이므로, 그 중의 어느 한 등기명의자만을 상대로 말소를 구할 수 있고, 순차 경료된 소유권이전등기의 최종 등기명의자에 대한 말소 청구 가부에 관계없이 중간의 등기명의자에 대하여 **등기말소**를 구할 소의 이익이 있다(대판 1998. 9. 22. 98다23393).

- 순차 경료된 등기 또는 수인 앞으로 경료된 공유등기의 말소청구 소송은 권리관계의 합일적인 확정을 필요로 하는 필요적 공동소송이 아니다. 보통공동소송에서는 공동당사자들 상호간의 공격 방어방법의 차이에 따라 모순되는 결론이 발생할 수 있고, 이는 변론주의를 원칙으로 하는 소송제오 아래서는 부득이한 일로서 판결의 이유모순, 이유불비가 아니다(대판 1991. 4. 12. 90다9872).

[9] 계약의 해제와 제3자 보호
대판 2021. 8. 19. 2018다244976

계약이 적법하게 해제되면 그 효력이 소급적으로 소멸하므로 그 계약상 의무에 기하여 실행된 급부는 원상회복을 위하여 부당이득으로 반환되어야 하고, 그 계약의 이행으로 변동이 되었던 물권은 당연히 그 계약이 없었던 상태로 복귀한다(민법 제548조 제1항 본문).

다만 이와 같은 계약해제의 소급효는 제3자의 권리를 해할 수 없으므로, 계약해제 이전에 계약으로 인하여 생긴 법률효과를 기초로 하여 새로운 권리를 취득한 제3자가 있을 때에는 그 계약해제의 소급효는 제한을 받아 그 제3자의 권리를 해하지 아니하는 한도에서만 생긴다(민법 제548조 제1항 단서). 이때 계약해제의 소급효가 제한되는 제3자는 일반적으로 그 해제된 계약으로부터 생긴 법률효과를 기초로 하여 해제 전에 새로운 이해관계를 가졌을 뿐만 아니라 등기, 인도 등으로 권리를 취득한 사람을 말한다.

나아가 제3자를 위한 계약에서도 낙약자와 요약자 사이의 법률관계(기본관계)에 기초하여 수익자가 요약자와 원인관계(대가관계)를 맺음으로써 해제 전에 새로운 이해관계를 갖고 그에 따라 등기, 인도 등을 마쳐 권리를 취득하였다면, 수익자는 민법 제548조 제1항 단서에서 말하는 계약해제의 소급효가 제한되는 제3자에 해당한다고 봄이 타당하다.

[참고판례] 대판 2022. 4. 14. 2021다294186 계약의 해제와 제3자 보호

민법 제548조 제1항은 "당사자 일방이 계약을 해제한 때에는 각 당사자는 그 상대방에 대하여 원상회복의 의무가 있다. 그러나 제3자의 권리를 해하지 못한다."라고 규정함으로써 해제된 계약으로부터 생긴 법률효과를 기초로 하여 해제 전에 새로운 이해관계를 가지고 등기 등으로 권리를 취득한 제3자, 계약해제로 인한 원상회복등기 등이 이루어지기 전에 계약당사자와 양립하지 않는 법률관계를 가지게 된 선의의 제3자에 대하여는 계약해제를 주장할 수 없다.

그러나 구 농지법(1994. 12. 22. 법률 제4817호로 제정되어 1996. 1. 1.부터 시행된 것), 구 농지개혁법(1994. 12. 22. 법률 제4817호 농지법 부칙 제2조 제1호로 폐지) 및 구 농지개혁사업정리에 관한 특별조치법(1994. 12. 22. 법률 제4817호 농지법 부칙 제2조 제2호로 폐지)에 따라 분배되지 않기로 확정되어 원소유자에게 농지의 소유권이 환원되는 경우에는 **원인무효인 국가 명의의 소유권이전등기**에 근거하여 제3자가 소유권이전등기를 마쳤다고 하더라도 민법 제548조 제1항 단서가 적용 또는 유추적용되지 않는다.

[10] 신축건물의 귀속관계
대판 1990. 4. 24. 89다카18884

[판시사항]

가. 자기의 노력과 재료를 들여 건물을 건축한 경우의 건물소유권의 귀속

나. 채무담보를 위하여 채무자가 자기의 비용과 노력으로 신축하는 건물의 건축허가 명의를 채권자명의로 한 경우의 건물소유권의 귀속

[판결요지]

가. 일반적으로 자기의 노력과 재료를 들여 건물을 건축한 사람은 그 건물의 소유권을 원시취득하는 것이고, 다만 도급계약에 있어서는 수급인이 자기의 노력과 재료를 들여 건물을 완성하더라도 도급인과 수급인 사이에 도급인명의로 건축허가를 받아 소유권보존등기를 하기로 하는 등 완성된 건물의 소유권을 도급인에게 귀속시키기로 합의한 것으로 보여질 경우에는 그 건물의 소유권은 도급인에게 원시적으로 귀속된다.

나. 단지 채무의 담보를 위하여 채무자가 자기 비용과 노력으로 신축하는 건물의 건축허가명의를 채권자명의로 하였다면 이는 완성될 건물을 담보로 제공하기로 하는 합의로서 법률행위에 의한 담보물권의 설정에 다름 아니므로, 완성된 건물의 소유권은 일단 이를 건축한 채무자가 원시적으로 취득한 후 채권자명의로 소유권보존등기를 마침으로써 담보목적의 범위 내에서 위 채권자에게 그 소유권이 이전된다고 보아야 한다.

[사실관계]

(1) 갑은 다세대주택의 신축과 분양을 목적으로 을로부터 을 소유의 토지를 매수하였는데, 대금 97,000,000원에 매수하고 계약금 10,000,000원은 계약 당일에, 중도금 10,000,000원은 같은 해 10. 5.에, 잔금 77,000,000원은 같은 해 10. 30.에 각 지급하기로 하되, 위 잔금 중 금 45,000,000원은 그 지급에 갈음하여 위 을의 남편인 소외 병이 소외 주식회사 경기은행에 대하여 부담하고 있는 같은 액의 채무를 인수하기로 하며 나머지 잔금 32,000,000원의 지급 전에 위 토지상에 주택을 신축할 수 있되 위 나머지 잔금의 지급을 담보하기 위하여 신축건물의 건축허가 명의를 위 乙로 하기로 하고, 위 토지에 대한 소유권이전등기는 그 지상에 위 갑이 주택을 건축하여 분양할 때 그가 요구한 자에게 하여주기로 약정하였다.

(2) 위 갑은 위 계약금 및 중도금을 지급하고 위 토지 상에 4채의 다세대주택을 짓기

위하여 위 토지를 이 사건 건물의 대지를 4필지로 분할한 다음 1984. 10. 24. 소외 乙 명의로 건축허가를 받아 자기의 자재와 비용으로 이 사건 건물 등 4채의 다세대주택을 신축하였다.

(3) 소외 갑이 공사착수 후 자금사정으로 예정대로 건축공사를 진행하지 못하고 위 토지잔대금을 약정기일에 지급하지 못하게 되자 위 갑과 을 사이에 1984. 12. 28.위 건물건축을 1985. 5. 31.까지 완성하고 그때까지 위 토지잔대금지급기일을 유예하기로 새로이 약정이 이루어졌다.

(4) 위 갑은 1985. 4.경 이 사건 건물을 포함한 4채의 다세대주택을 완공하였으나 그 완공 무렵 부동산경기침체로 건물분양이 되지 않자 이 사건 건물 2층 및 1층 일부를 피고들에게 임대한 것을 비롯하여 나머지 건물들도 다른 사람들에게 임대하여 그 임대차보증금을 수령하고도 위 乙에게는 위 잔금지급기일이 지나도록 잔금을 지급하지 아니하므로, 위 乙은 1985. 8. 19. 이 사건 건물에 관하여 그 명의로 소유권보존등기를 경료하고 원고로부터 합계금 50,500,000원을 차용하고 1985. 11. 27. 및 1987. 1. 14. 2차에 걸쳐 이 사건 건물 및 그 대지 위에 원고 앞으로 근저당권을 설정하였다가 1987. 5. 27. 위 차용금에 대한 대물변제로 원고에게 이 사건 건물 및 그 대지의 소유권을 이전하여 주었다.

[원고와 피고의 주장]

원고는 이 사건 건물 및 대지의 소유자로서 갑으로부터 이 사건 건물 2층 및 1층 일부를 임차한 피고들에 대하여 가옥의 인도를 청구하였고, 피고들은 위 건물의 소유권을 위 갑이 원시취득하였음을 전제로 위 갑으로부터 위 건물을 임차한 피고들에게 이를 점유할 권원이 있다고 주장하였다.

[원심의 판단] 원고 청구 인용

[원심의 판단이유]

소외 甲이 자신의 자재와 비용으로 이 사건 건물을 건축하였다고 하여도 소외 乙에 대한 토지잔대금 지급채무를 담보할 목적으로 건축허가 명의를 담보권자인 위 을로 하여 이 사건 건물을 건축한 이상 건물완공과 동시에 대외적인 소유권은 그 건축허가명의자로서 담보권자인 위 을에게 그 담보의 목적에서 원시적으로 귀속된다고 할 것이므로, 위 건물의 소유권을 위 갑이 원시취득하였음을 전제로 위 갑으로부터 위 건물을 임차한 피고들에게 이를 점유할 권원이 있다는 피고들 주장은 이유없다고 판단하였다.

[상고이유]

신축건물의 소유권귀속과 담보권설정의 효력에 관한 법리를 오해

[대법원의 판단] 원심 파기환송

【대법원의 판단이유】

소외 갑은 소외 을로부터 그 소유토지를 매수하고 매매잔대금의 지급을 담보하기 위하여 위 토지위에 신축하는 건물의 건축허가명의를 위 을명의로 하였다는 것이므로 두사람의 관계를 도급관계로 보기 어려운 바, 이와 같이 단지 채무의 담보를 위하여 채무자가 자기비용과 노력으로 신축하는 건물의 건축허가명의를 채권자명의로 하였다면 이는 완성될 건물을 담보로 제공키로 하는 합의로서 법률행위에 의한 담보물권의 설정에 다름 아니므로, 완성된 건물의 소유권은 일단 이를 건축한 채무자인 갑이 원시적으로 취득한 후 채권자인 乙명의로 소유권보존등기를 마침으로써 담보목적의 범위내에서 위 채권자에게 그 소유권이 이전된다고 보아야 할 것이며, 이와 달리 위 채권자가 완성될 건물의 소유권을 원시적으로 취득한다고 볼 것이 아니다.

제3장 물권행위와 등기

[11] 등기청구권의 소멸시효
대판(전) 1999. 3. 18. 98다32175

[법적 쟁점]

[1] 부동산 매수인이 부동산을 인도받아 스스로 계속 점유하는 경우, 소유권이전등기청구권의 소멸시효 진행 여부(소극)

[2] 부동산 매수인이 부동산을 인도받아 사용·수익하다가 제3자에게 그 부동산을 처분하고 점유를 승계하여 준 경우, 소유권이전등기청구권의 소멸시효진행 여부(소극)

[판결요지]

[1] 시효제도는 일정 기간 계속된 사회질서를 유지하고 시간의 경과로 인하여 곤란해지는 증거보전으로부터의 구제를 꾀하며 자기 권리를 행사하지 않고 소위 권리 위에 잠자는 자는 법적 보호에서 이를 제외하기 위하여 규정된 제도라 할 것인바, 부동산에 관하여 인도, 등기 등의 어느 한 쪽만에 대하여서라도 권리를 행사하는 자는 전체적으로 보아 그 부동산에 관하여 권리 위에 잠자는 자라고 할 수 없다 할 것이므로, 매수인이 목적 부동산을 인도받아 계속 점유하는 경우에는 그 소유권이전등기청구권의 소멸시효가 진행하지 않는다.

[2] 부동산의 매수인이 그 부동산을 인도받은 이상 이를 사용·수익하다가 그 부동산에 대한 보다 적극적인 권리 행사의 일환으로 다른 사람에게 그 부동산을 처분하고 그 점유를 승계하여 준 경우에도 그 이전등기청구권의 행사 여부에 관하여 그가 그 부동산을 스스로 계속 사용·수익만 하고 있는 경우와 특별히 다를 바 없으므로 위 두 어느 경우에나 이전등기청구권의 소멸시효는 진행되지 않는다고 보아야 한다.

[사실관계]

(1) 피고는 1970. 3. 11. 이 사건 각 부동산의 피고의 지분인 각 지분 17분의 1을 소외 망 甲에게 대금 11,500원에 매도하였고, 위 망 甲은 1971. 12. 29. 원고에게 위 각 부동산의 각 지분을 대금 18,000원에 매도하였다.

(2) 이후 망 갑은 피고로부터 이 사건 각 부동산의 각 지분 17분의 1을 1970. 3. 11. 무렵부터 점유·사용하여 오다가 원고에게 1971. 12. 29. 매도하고 인도함으로써 점

유를 상실하였다.

(3) 한편 망 갑은 1986. 1. 25. 사망하여, 그 처인 소외을, 장남인 소외 병, 결혼한 딸인 소외 정, 무, 기, 경, 미혼의 딸들이 공동상속하였다.

(4) 원고는 망 갑을 대위하여 피고에 대하여 공동상속인들에게 상속지분에 따라 매매를 원인으로 한 소유권이전등기를 구하고, 다른 한편으로 공동상속인들에게 상속지분에 따라 매매를 원인으로 한 소유권이전등기를 구하는 소를 제기하였다.

[원고의 주장]

원고는 망 갑을 대위하여 피고에 대하여 공동상속인들에게 상속지분에 따라 매매를 원인으로 한 소유권이전등기를 구하고, 다른 한편으로 공동상속인들에게 상속지분에 따라 매매를 원인으로 한 소유권이전등기를 구한다.

[피고의 항변]

소외 갑의 피고에 대한 소유권이전등기청구권은 그 법적 성질이 채권적청구권으로서 그 매매일자인 1970. 3. 11.로부터 10년이 경과하였으므로 시효소멸하였다고 항변한다.

[원심의 판단] 원고의 청구 기각

[원심의 판단이유]

부동산의 매수인이 매매목적물을 인도받아 사용, 수익하고 있는 경우에는 그 매수인의 이전등기청구권은 소멸시효에 걸리지 아니하나, 매수인이 그 목적물의 점유를 상실하여 더 이상 사용, 수익하고 있는 상태가 아니라면 그 점유 상실 시점으로부터 매수인의 이전등기청구권에 관한 소멸시효는 진행한다고 할 것인데, 위 망 甲은 피고로부터 이 사건 각 부동산의 각 지분 17분의 1을 1970. 3. 11. 매수하여 그 시경부터 점유, 사용하여 오다가 피고에게 1971. 12. 29. 매도하고 인도함으로써 점유를 상실하였던 사실을 인정할 수 있고 반증 없으므로, 위 망 甲이 피고에게 위 각 부동산을 인도하여 점유를 상실한 1971. 12. 29.경으로부터 현재까지 10년이 경과하였음은 역수상 명백하므로 망 甲의 피고에 대한 소유권이전등기청구권은 시효소멸 하였다(원고가 매수하여 점유 사용하고 있다는 이유로 피고에 대하여 취득시효를 원인으로 하여 소유권이전등기를 구함은 별론으로 한다). 피고의 위 항변은 이유 있다.

[대법원의 판단] 원심판결 파기환송

【대법원의 판단이유】

부동산에 관하여 인도, 등기 등의 어느 한 쪽만에 대하여서라도 권리를 행사하는 자는 전체적으로 보아 그 부동산에 관하여 권리 위에 잠자는 자라고 할 수 없다 할 것이고, 매수인이 목적 부동산을 인도받아 계속 점유하는 경우에는 그 소유권이전등기청구권의 소멸시효가 진행하지 않는다는 것이 당원의 확립된 판례인 바(당원 1976. 11. 6. 선고 76다148전원합의체 판결, 1988. 9. 13. 선고 86다카2908 판결, 1990. 12. 7. 선고 90다카25208 판결등), 부동산의 매수인이 그 부동산을 인도받은 이상 이를 사용·수익하다가 그 부동산에 대한 보다 적극적인 권리 행사의 일환으로 다른 사람에게 그 부동산을 처분하고 그 점유를 승계하여 준 경우에도 그 이전등기청구권의 행사 여부에 관하여 그가 그 부동산을 스스로 계속 사용·수익만 하고 있는 경우와 특별히 다를 바 없으므로 **위 두 어느 경우에나 이전등기청구권의 소멸시효는 마찬가지로 진행되지 않는다**고 보아야 할 것이다(당원 1976. 11. 23. 선고 76다546 판결, 1977. 3. 8. 선고 76다1736 판결, 1988. 9. 27. 선고 86다카2634 판결). 이와 다른 취지의 당원 1996. 9. 20. 선고 96다68 판결, 1997. 7. 8. 선고 96다53826 판결, 변경 1997. 7. 22. 선고 95다17298 판결의 견해는 이를 변경하기로 한다.

[반대의견] 부동산의 매수인이 매매목적물을 인도받아 이를 사용·수익하고 있는 동안에는 그 소유권이전등기청구권의 소멸시효가 진행하지 않는다고 보아야 할 것이나, 매수인이 목적물의 점유를 상실하여 더 이상 사용·수익하고 있는 상태가 아니라면, 매도인에 대한 관계에서 권리의 주장 내지 행사가 계속되고 있다고 볼 만한 사정이 없고, 비록 매수인이 그 부동산을 다른 사람에게 처분하고 인도하여 준 경우라고 하더라도 그 처분은 타인의 권리를 전매한 것에 불과할 뿐이고 그 소유권을 처분 내지 행사하였다고 볼 수는 없으며, 그 인도 또한 매수인이 새로운 매매계약에 따른 자신의 의무를 이행한 것에 지나지 아니할 뿐만 아니라 오히려 그 점유를 이전함으로써 목적물에 대한 사용·수익의 상태에서 벗어나게 된 것이어서 위 처분 내지 인도를 가리켜 매도인에 대한 관계에서 권리 행사라고 볼 수도 없는 것이므로, 점유의 상실원인이 무엇이든지 간에 점유 상실 시점으로부터 그 이전등기청구권의 소멸시효가 진행한다고 봄이 상당하다.

[보충의견] 부동산의 매수인의 매도인에 대한 소유권이전등기청구와 인도청구는 일반적으로 그 자체가 채권이라고 이해되고 있으나 그 법률적 성질은 소유권을 이전받을 매수인의 채권에 기한 채권적 권리행사인 것으로서 매수인이 이전등기청구를 하거나 또는 인도청구를 하는 것은 모두 매수채권을 행사하였다는 점에서 동일하고, 또한 매수인이 부동산을 인도받음으로써 인도에 관한 채권행사는 일단 완료된 것이고 그 이후 이를 점유·사용하는 것은 매수채권 행사 자체가 계속되는 것이 아니고 그 권리 행사 결과의 상태가 유지되는 것뿐이므로 목적물을 매수인 본인이 점유·사용하든지 또는 제3자에 양도하여 점유·사용하게 하든지 매수인의 인도청구권 행사의 결과에 따른 상태는 마찬가지로 유지되고 있어 권리 행사의 상태가 관건이 되는 시효 적용에서 이를 구별할 필요가 없다.

[12] 소유권이전등기말소청구소송의 확정판결의 기판력
대판(전) 2001. 9. 20. 99다37894

[사실관계]

(1) 소외 원호대상자정착직업재활조합 서울목공분조합(상이군경 등 원호대상자들의 직업재활을 도모하기 위하여 제정되었던 구 원호대상자직업재활법에 의하여 1972. 3. 6. 설립된 단체이다)은 조합의 자금으로 이 사건 부동산을 매수하였으나 편의상 1980. 4. 28. 당시 조합장이었던 원고 명의로 소유권이전등기를 경료하였다.

(2) 그 후 위 부동산에 대하여 1980. 8. 20. 피고(대한민국) 명의로 1980. 7. 16.자 증여를 원인으로 한 소유권이전등기가 경료되었으며, 이에 터 잡아 1982. 3. 29. 피고보조참가인(한국보훈복지의료공단) 명의로, 1984. 12. 22. 다시 피고(대한민국) 명의로 순차 소유권이전등기가 경료되었다.

(3) 원고는 이 사건 부동산에 관한 1980. 7. 16.자 증여의 의사표시가 비상계엄하에서 계엄사령부 합동수사본부 수사관들에 의해 저질러진 불법감금과 구타 등으로 인한 극심한 강박상태에서 이루어진 것이어서 무효(의사무능력)이고 따라서 1980. 8. 20. 피고 명의로 경료된 소유권이전등기는 원인무효의 등기이며, 이에 터 잡아 이루어진 순차 이전등기도 모두 원인무효라는 이유로, 피고와 피고보조참가인을 상대로 위 각 **소유권이전등기의 말소**를 구하는 소송을 제기하였다가 제1심에서 원고청구기각판결을 선고받았고(서울민사지방법원 90가합57364), 이에 항소를 제기하면서 위 증여의 의사표시는 강박에 의한 것으로서 위 사건의 소장부본 등의 송달로써 취소(제110조)한다는 주장을 추가하였으나, 항소심에서도 위 증여의 의사표시를 무효라고 볼 수 없고 또한 강박에 의한 취소 주장은 제척기간이 도과한 이후(제146조)에 이루어진 것으로서 효력이 없다는 이유로 원고의 항소가 기각되었으며(서울고등법원 92나25689), 대법원에서 1993. 5. 27. 상고기각판결(대법원 93다8887)이 선고됨으로써 같은 날 원고 패소판결이 확정되었다(이하 '전소'라고 한다).

(4) 이 사건 소는 전소의 원고 패소판결이 확정된 이후인 1998. 7. 23. 제기되었고 그 청구원인은 원고의 이 사건 증여의 의사표시가 무효이거나, 그렇지 않다고 하더라도 강박에 의한 것으로서 원고가 1980년 11월경 원호청장에게 진정서를, 1981년 5월경 대통령에게 탄원서를 각 제출하여 그 의사표시를 취소하였으므로 피고 명의의 소유권이전등기는 원인무효가 되었다고 주장하면서, 피고를 상대로 **진정명의 회복을 원인으로 한 소유권이전등기**를 구한다는 것이다.

[법적 쟁점]

전소인 소유권이전등기말소청구소송의 확정판결의 기판력이 후소인 진정명의회복을 원인으로 한 소유권이전등기청구소송에 미치는지 여부

[원고의 주장]

원고의 이 사건 증여의 의사표시는 증여의 의사표시가 비상계엄하에서 계엄사령부 합동수사본부 수사관들에 의해 저질러진 불법감금과 구타 등으로 인한 극심한 강박상태에서 이루어진 것이어서 의사무능력상태에서 행해진 것으로 무효이고 따라서 1980. 8. 20. 피고 명의로 경료된 소유권이전등기는 원인무효의 등기이다.

그렇지 않다고 하더라도 강박에 의한 것으로서 원고가 1980년 11월경 원호청장에게 진정서를, 1981년 5월경 대통령에게 탄원서를 각 제출하여 그 의사표시를 취소하였으므로(제110조) 피고 명의의 소유권이전등기는 원인무효가 되었다. 따라서 원고는 소유권에 기한 방해배제청구권(제214조)의 행사로서 피고에 대하여 **진정명의회복을 원인으로 한 소유권이전등기절차의 이행**을 한다.

[피고의 주장]

기판력 항변 : 진정한 등기명의의 회복을 위한 소유권이전등기청구는 이미 자기 앞으로 소유권을 표상하는 등기가 되어 있었거나 법률에 의하여 소유권을 취득한 자가 진정한 등기명의를 회복하기 위한 방법으로 현재의 등기명의인을 상대로 그 등기의 말소를 구하는 것에 갈음하여 허용되는 것인데(대법원 1990. 11. 27. 선고 89다카12398 전원합의체 판결), 말소등기에 갈음하여 허용되는 진정명의회복을 원인으로 한 소유권이전등기청구권과 무효등기의 말소청구권은 어느 것이나 진정한 소유자의 등기명의를 회복하기 위한 것으로서 ① **실질적으로 그 목적이 동일하고**, 두 청구권 모두 소유권에 기한 방해배제청구권으로서 ② 그 법적 근거와 성질이 동일하므로, 비록 전자는 이전등기, 후자는 말소등기의 형식을 취하고 있다고 하더라도 **그 소송물은 실질상 동일한 것**으로 보아야 하고, 따라서 소유권이전등기말소청구소송에서 패소확정판결을 받았다면 그 **기판력**은 그 후 제기된 진정명의회복을 원인으로 한 소유권이전등기청구소송에도 미친다.

[피고의 주장에 대한 원고의 주장]

기판력의 범위를 결정하는 소송물은 원고의 청구취지와 청구원인에 의하여 특정되는 것으로서, 사실관계나 법적 주장을 떠나서 **청구취지가 다르다면 소송물이 같다고 할 수 없을 것**인 바, 소유권이전등기말소등기청구소송과 진정명의회복을 위한 소유권이전등기청구소송은 우선 그 청구취지가 다르므로, 이러한 법리의 적용을 배제할 만한 상당한 법적 근거가 없다면 각각의 소송물이 다르다고 보아야 한다. 이 두 소송에

서 말소등기청구권과 이전등기청구권이 **실질적으로는 동일한 목적을 달성하기 위한 것이라 하더라도** 각각에 다른 법률효과를 인정하여 별개의 소송물로 취급하는 것도 가능하고, 실체법과 함께 **등기절차법의 측면에서 보면 이들 청구권의 법적 근거가 반드시 동일하다고만 볼 수도 없는 것**이며, 또한 실제적인 측면을 고려할 때, 소유권이전등기의 말소청구와 함께 진정명의의 회복을 원인으로 하는 소유권이전등기청구를 중첩적으로 허용함이 타당하다.

[원심의 판단] 원고 청구 인용

[원심의 판단이유]

이 사건 소가 전소 확정판결의 기판력에 저촉된다는 피고의 항변에 대하여 확정판결의 기판력은 소송물로 주장된 **법률관계의 존부에 관한 판단의 결론** 그 **자체에만 미치는 것이고, 그 전제가 되는 법률관계의 존부에까지 미치는 것이 아니어서**, 부동산에 관한 소유권이전등기가 원인무효라는 이유로 그 등기의 말소를 구하는 소송의 기판력은 그 **소송물인 소유권이전등기말소등기청구권**에만 미치고 그 전제가 되는 **소유권의 존부에까지 미치는 것은 아니므로**, 소유권이전등기말소등기청구소송에서 패소한 당사자도 그 후 다시 소유권 확인을 구하거나 진정한 소유자 명의의 회복을 위한 소유권이전등기를 구하는 소송을 제기할 수 있다고 할 것이어서, 원고가 이미 피고를 상대로 제기한 전소에서 패소확정판결을 받았다고 하더라도 그 **확정판결의 기판력은 전소에서 주장된 소유권이전등기말소청구권의 존부**에만 미칠 뿐 이 사건 부동산에 관한 원고의 소유권의 존부에는 미치지 아니하고, 따라서 원고가 이 사건 부동산에 관한 피고 명의의 소유권이전등기가 원인무효임을 이유로 하여 진정명의회복을 원인으로 한 소유권이전등기절차의 이행을 구하는 이 사건 소에는 그 기판력이 미칠 수 없다는 이유로 피고의 기판력 항변을 배척하였다(종전 대법원 판례인 대판 1990.11.27. 89다카12398에 근거함).

[피고의 상고이유]

원심판결에는 소유권이전등기말소청구소송과 진정명의회복을 원인으로 한 소유권이전등기청구소송에 있어서의 **기판력에 관한 법리를 오해**함으로써 판결의 결과에 영향을 미친 위법이 있다.

[대법원의 판단] 원심 파기환송

【대법원의 판단이유】

[다수견해] 말소등기에 갈음하여 허용되는 진정명의회복을 원인으로 한 소유권이전등

기청구권과 무효등기의 말소청구권은 어느 것이나 진정한 소유자의 등기명의를 회복하기 위한 것으로서 실질적으로 그 목적이 동일하고, 두 청구권 모두 소유권에 기한 방해배제청구권으로서 **그 법적 근거와 성질이 동일하므로**, 비록 전자는 이전등기, 후자는 말소등기의 형식을 취하고 있다고 하더라도 **그 소송물은 실질상 동일**한 것으로 보아야 하고, 따라서 소유권이전등기말소청구소송에서 패소확정판결을 받았다면 그 기판력은 그 후 제기된 진정명의회복을 원인으로 한 소유권이전등기청구소송에도 미친다고 보아야 한다.

[별개의견] 전소인 소유권이전등기말소등기청구소송과 후소인 진정명의회복을 위한 소유권이전등기청구소송이 그 소송목적이나 법적 근거와 성질이 같아서 실질적으로 동일하다고 하더라도, 각기 **그 청구취지와 청구원인이 서로 다른 이상**, 위 2개의 소의 소송물은 다른 것이므로, 전소의 확정판결의 기판력은 후소에는 미치지 않는다고 보아야 할 것이고, 다만, 이미 전소에 관하여 확정판결이 있고 후소가 실질적으로 전소를 반복하는 것에 불과한 것이라면, 즉, 전소와 후소를 통하여 당사자가 얻으려고 하는 목적이나 사실관계가 동일하고, 전소의 소송과정에서 이미 후소에서 실질적으로 같은 청구나 주장을 하였거나 그렇게 하는 데 아무런 장애가 없었으며, 후소를 허용함으로써 분쟁이 이미 종결되었다는 상대방의 신뢰를 해치고 상대방의 법적 지위를 불안정하게 하는 경우에는 **후소는 신의칙에 반하여 허용되지 않는다고 보아야 한다**(법적 근거 : 민사소송법 제1조: 필자 주).

[반대의견] 양 청구를 중첩적으로 허용함이 타당하다. 사실관계나 법적 주장을 떠나서 청구취지가 다르다면 소송물이 같다고 할 수 없을 것인 바, 소유권이전등기말소등기청구소송과 진정명의회복을 위한 소유권이전등기청구소송은 그 청구취지가 다르므로, 이러한 법리의 적용을 배제할만한 상당한 법적 근거가 없다면 각각의 소송물이 다르다고 보아야 한다.

[참조판례] 진정명의회복을 원인으로 한 소유권이전등기청구의 요건

법률에 의하여 소유권을 취득한 자는 등기말소에 갈음하여 소유권이전등기를 청구할 수 있는지와 관련하여, 대법원 2009. 7. 9. 선고 2008다56019, 56026 판결은 분배농지의 상환을 완료한 수분배자가 원인무효인 등기명의자에게 소유권이전등기절차 등의 근거가 되는 구 농지개혁법 제16조의2 등이 폐지·실효된 후 진정명의회복을 원인으로 하여 분배농지 원 소유자의 상속인에 대해 직접 소유권이전등기절차 이행청구를 하는 것이 허용된다고 한다.

[기판력의 의의 및 객관적 범위]

확정판결의 판단에 부여되는 통용성 내지는 구속력을 기판력이라 본다. 종국판결이 확정되면 그 청구에 관한 판단은 장래에 당사자 간의 법률관계를 규율하는 기준으로 되어 동일사항이 다시 문제로 된 때에는 당사자는 이것과 모순되는 주장을 하여 그 판단을 다투는 것이 허용되지 않고 법원도 그 판단에 모순·저촉되는 판단을 하는 것이 허용되지 않게 된다. 이처럼 확정판결의 판단에 주어지는 통용성 내지 구속력을 기판력이라 한다.

민사소송법 제216조에서 기판력의 객관적 범위에 대해서 규정하고 있다. 일반적으로 기판력의 객관적 범위는 소송물과 일치하고, 기판력의 객관적 범위 = 소송물이라는 등식이 성립한다고 설명되고 있다. 한편 판례가 취하고 있는 기판력의 객관적 범위는 가. 확정판결의 기판력이라 함은 확정판결의 주문에 포함된 법률적 판단의 내용은 이후 그 소송당사자의 관계를 규율하는 새로운 기준이 되는 것이므로 동일한 사항이 소송상문제가 되었을 때 당사자는 이에 저촉되는 주장을 할 수 없고 법원도 이에 저촉되는 판단을 할 수 없는 기속력을 의미하는 것이고 이 경우 적극당사자(원고)가 되어 주장하는 경우는 물론이고 소극당사자(피고)로서 항변하는 경우에도 그 기판력에 저촉되는 주장은 할 수 없다고 하고(대판 1987. 6. 9. 86다카2756), 기판력의 객관적 범위는 그 판결의 주문에 포함된 것 즉 소송물로 주장된 법률관계의 존부에 관한 판단의 결론 그 자체에만 미치는 것이고 판결이유에 설시된 그 전제가 되는 법률관계의 존부에까지 미치는 것은 아니다(대판 2005. 12. 23. 2004다55698)고 한다.

[13] 중간생략등기
대판 2005. 4. 29. 2003다66431

[사실관계]

(1) 피고들과 A회사, A회사와 피고 사이에 사건 토지에 관하여 순차로 매매계 약이 체결되었고, 삼자 간에 중간생략등기의 합의가 있었다.

(2) 피고들과 A회사 사이의 매매계약에서 피고들이 A회사으로부터 위 계약금 34,000,000원만을 지급받은 후 더 이상의 매매대금을 수령하지 않은 채 A회사에게 이 사건 토지에 관한 매매대금을 당초 계약가격인 평당 356,010원보다 훨씬 비싼 가격 수준(평당 100만원)으로 올려 지급하여 달라고 고집하였다.

(3) 이에 A회사는 원고로부터는 원고와의 매매계약상의 매매대금을 모두 지급받은 후인 1996. 11. 18. 피고들과 사이에 이 사건 토지에 관한 매매대금을 평당 550,000원으로 인상하여 그 매매대금을 같은 달 30.까지 지급하되, 만약 이를 지급하지 못할 경우에는 원상복구하고 모든 민·형사상의 책임을 지겠다는 취지의 지불확인서를 작성하여 피고외 2인에게 교부하였다.

(4) 그런데 A회사는 약정된 1996. 11. 30 이후에도 피고들에게 위 매매대금을 지급하지 아니하였다.

(5) 원고는 A회사에게 매매대금을 지급하였고 피고들에게 소유권이전등기를 경료해 줄 것을 요청하였으나 피고들은 A회사와의 사이에 인상된 매매대금까지 지급하지 않으면 이전등기를 경료해 주지 못하겠다고 하자 원고는 피고들에게 소송을 제기하였다.

[법적 쟁점]

(1) 중간생략등기의 합의가 있는 경우 최초의 매도인이 중간 매수인에 대하여 갖고 있는 매매대금청구권의 행사가 제한되는지 여부

(2) 중간생략등기 합의의 법적 성질

[원고의 주장]

(1) 피고와 A회사 사이에 매매계약을 하였고 또한 A회사와 원고 사이에 매매계약을 체결하였다. 그런데 3자 사이에 중간생략등기에 대한 합의를 하였으므로 피고는 원고에 대하여, 기존 판례가 3자간에 중간생략등기 합의가 있는 경우 최종매수인이 최초매도인에게 소유권이전등기청구를 인정하고 있으므로(대판 1991. 4. 23. 91다5761; 1994. 5. 24. 93다47738; 대판 1995. 8. 22. 95다15575), 직접 소유권이전등기의무

를 부담한다. 피고는 원고에게 당초의 매매계약상의 항변권만을 주장할 수 있을 뿐 당초의 매매계약 및 중간생략등기의 합의 이후에 A회사와 피고 사이에서만 이루어진 매매대금 인상의 합의를 가지고 원고에게 대항할 수는 없다 할 것이므로 피고는 원고에게 사건 토지에 대해 소유권이전등기절차를 이행해야 한다.

(2) 피고들이 매매계약에 관여한 자에게 이 사건 토지의 처분에 관한 대리권을 수여하였다거나 그의 처분행위의 효과가 바로 피고들에게 귀속되는 내용의 특별한 처분권한을 수여하였으므로 피고는 원고에게 소유권이전등기절차를 이행해야 한다.

[피고의 항변]

피고가 A회사와의 매매계약에 따라 지불하여야 할 매매대금 및 상향 조정된 매매대금의 지급을 받기 전에는 원고의 (중간생략등기합의에 따른) 소유권이전등기청구를 받아들일 수 없다는 이행거절의 항변을 한다. 원고가 주장의 판례는 인상 합의가 없는 단순한 중간생략등기에 해당하는 판례이다.

[참고] 피고는 부동산등기특별조치법 제2조 제1항에 따라 물권변동이 있으려면 물권적 합의와 등기가 있어야 함에도 불구하고 등기를 경료하지 않고 전매가 되었으므로 중간생략등기의 합의가 무효임을 들어 원고의 청구를 거절할 수 있을 것이다. 다만 판례는 중간생략등기를 규율화고 있는 부동산등기특별조치법의 법적 성격을 효력규정이 아닌 단속규정으로 보고 있으므로 위의 주장은 받아들여지지 않을 것이다.

[원심의 판단] 원고의 피고들에 대한 청구 일부 인용, 원래의 매매대금의 지급과 상환으로 등기절차를 이행하라.

매매대금에 대해서는 피고들의 동시이행항변권 인정, 상향조정된 매매대금에 대해서는 동시이행항변 배척

[원심 판단이유]

(1) 피고들이 A회사에게는 위와 같이 인상된 매매대금의 지급을 청구할 수 있을지언정 원고에게는 당초의 소외 회사와 원고 사이의 매매계약상의 항변권만을 주장할 수 있을 뿐이므로 당초의 매매계약 및 중간생략등기 합의 이후에 피고들과 소외 회사 사이에서 이루어진 매매대금 인상의 합의를 가지고 원고에게 대항할 수 없다.

(2) 인상된 매매대금을 기초로 한 피고들의 동시이행의 항변을 일부 배척한 다음 원고의 피고들에 대한 이 사건 청구를 일부 인용하였다(매매대금과 상환으로 등기이행절차 이행).

[참고] 원심의 판단이유 중 당사자의 합의 이후에 새로운 인상 합의를 이유로 원고에

게 대항할 수 없다고 하는 것은 제3자를 위한 계약의 법리인, 즉 제541조에서 제3자의 권리가 생긴 후에는 당사자는 이를 변경 또는 소멸하지 못한다와 유사한 논리전개를 하고 있음을 알 수 있다.

[상고이유]

(1) 원심은 중간생략등기 합의과정에서 甲과 乙 사이에 제3자 丙을 위한 계약이 존재한다고 보는 듯하나 중간생략등기 합의에 관하여 제3자를 위한 계약의 법리가 (유추) 적용될 수 없고 그렇지 않더라도 병은 매매대금의 인상약정 전까지 갑에게 수익의 의사표시를 한 바 없다.

(2) 중간생략등기를 합의하는 경우 매도인의 의사는 무조건 최종매수인에게 소유권이전등기를 해 주겠다는 것이 아니라 자신이 매수인과 사이에서 가지는 권리 의무 범위 내에서만 편의상 최종매수인에게 직접 소유권이전등기를 해 주겠다는 것에 불과하다. 따라서 원심은 중간생략등기의 합의의 효력 등에 관한 법리 오해 위법이 있다.

(3) 대리권의 내용과 범위, 대리관계의 현명 여부에 관한 법리오해 및 이유모순이 있다.

[대법원의 판단] 피고 패소 부분 파기환송, 인상된 부분의 동시이행항변 인정

【대법원의 판단이유】

중간생략등기의 합의란 부동산이 전전 매도된 경우 각 매매계약이 유효하게 성립함을 전제로 그 이행의 편의상 최초의 매도인으로부터 최종의 매수인 앞으로 소유권이전등기를 경료하기로 한다는 **당사자 사이의 합의에 불과할 뿐**이므로, 이러한 합의가 있다고 하여 최초의 매도인이 자신이 당사자가 된 매매계약 상의 매수인인 중간자에 대하여 갖고 있는 매매대금청구권의 행사가 제한되는 것은 아니라고 할 것인바(대법원 1979. 2. 27. 선고 78다2446 판결, 1980. 5. 13. 선고 79다932 판결, 1996. 6. 28. 선고 96다3982 판결[1] 등 참조), 이러한 법리에 비추어 보면, 이 사건 토지에 관하여 자신들 소유 명의로 등기가 되어 있는 피고들로서는 매수인인 소외 회사 명의로 소유권이전등기를 경료해 줄 의무의 이행과 동시에 소외 회사에 대하여 위와 같이 인상된 매매대금의 지급을 구하는 내용의 동시이행의 항변권을 보유하고 있다고 보아야 할 것이므로, 피고들은 **인상된 매매대금이 지급되지 아니하였음을 이유로 원고 명의로의 소유권이전등기의무의 이행을 거절할 수 있다**.

1) 토지거래 허가구역 내의 토지가 중간생략등기의 합의 아래 허가 없이 전전매매된 경우 허가신청절차 협력의무 (소극)

[참고] 중간생략등기에 제3자를 위한 계약의 법리 유추 적용 여부

중간생략등기에서 최초의 매도인과 최종매수인은 제3자를 위한 계약에서 각각 요약자와 낙약자, 중간매수인은 제3자에 대응한다고 할 수 있다. 양자의 차이는 제3자는 계약의 당사자가 아니지만 중간생략등기에서 중간매수인은 계약의 당사자이다. 양자는 지향하는 법률효과에서도 차이가 난다. 제3자를 위한 계약에서는 수익자는 요약자의 낙약자에 대한 그 계약에 기한 이행청구권을 취득하는 반면, 중간생략등기의 합의의 경우에는 최종매수인(병)이 중간취득자(을)의 최초 양도인(갑)에 대한 매매에 기한 소유권이전등기청구권을 취득하는 것은 아니기 때문이다. 오히려 丙은 乙과 사이에 매매계약에 따른 소유권이전등기청구권을 행사한다는 의사를 가진다고 보아야 한다.

[참고] 만약 甲과 乙이 부동산매매계약을 합의해제를 하였다면 최종매수인 丙의 부동산소유권이전등기청구권은 인정될 수 없다(대판 1980. 5. 13. 79다932).

[참고] 중간매수인 乙이 등기를 갖추지 않은 경우, 중간매수인 을이 취득한 권리가 무엇인지가 문제된다. 이 경우 을은 소유권이전등기청구권을 갖게 되는데 이 소유권이전등기청구권의 법적 성질이 단순한 채권인지 아니면 당사자 사이에 물권적 합의가 존재한 것으로 보아 을이 물권적 기대권을 취득했다고 주장하는 견해가 있다.

[참고] 매매계약에서 부동산 소유권이전등기청구권의 양도와 대항력 부동산매매계약에서 매도인과 매수인은 서로 동시이행관계에 있는 일정한 의무를 부담하므로 이행과정에 신뢰관계가 따른다. 특히 매도인으로서는 매매대금 지급을 위한 매수인의 자력, 신용 등 매수인이 누구인지에 따라 계약유지 여부를 달리 생각할 여지가 있다.

이러한 이유로 매매로 인한 소유권이전등기청구권의 양도는 특별한 사정이 없는 이상 양도가 제한되고 양도에 채무자의 승낙이나 동의를 요한다고 할 것이므로 통상의 채권양도와 달리 양도인의 채무자에 대한 통지만으로는 채무자에 대한 대항력이 생기지 않으며 반드시 채무자의 동의나 승낙을 받아야 대항력이 생긴다.

그러나 **취득시효완성으로 인한 소유권이전등기청구권**은 채권자와 채무자 사이에 아무런 계약관계나 신뢰관계가 없고, 그에 따라 채권자가 채무자에게 반대급부로 부담하여야 하는 의무도 없다. 따라서 취득시효완성으로 인한 소유권이전등기청구권의 양도의 경우에는 매매로 인한 소유권이전등기청구권에 관한 양도제한의 법리가 적용되지 않는다(대판 2018. 7. 12. 2015다36167).

[등기생략의 합의의 성격을 시사하는 일반론적 판시]

▶ 대법원 1965. 3. 23. 선고 64다1742 판결

등기는 권리변동의 과정을 여실히 나타나게 하는 것이 이상이고 또 권리이전의 경우에 있어 등기청구권은 그 권리변동의 사실로부터 당연히 발생하는 것이므로 당사자 사이에 중간생략등기를 경유하기로 특약을 하였다 하더라도 이는 어디까지나 편의의 방법에 불과하고 이 특약이 있다고 하여 본래의 등기변동에 따르는 등기청구권이 소멸되는 것은 아니다.

▶ 대법원 1979. 2. 27. 선고 78다2446 판결

중간등기생략 합의는 합의가 있었다 할지라도 이런 합의는 중간등기를 생략하여도 당사자 간에 이의가 없겠고 또 그 등기의 효력에 영향을 미치지 않게 하겠다는 의미가 있을 뿐이지 이런 합의가 있었다 하여 매도인이 정식으로(중간등기 생략을 하지 않고) 매수인에 대하여 소유권이전등기를 하여 줄 의무가 소멸한다는 것을 의미하는 것은 아니라 할 것이다.

(사견) 따라서 매도인의 입장에서도 중간자에 대한 소유권이전등기의무가 소멸하지 않는 것처럼 여전히 중간자에 대한 매매대금지급청구권을 갖는다 할 것이며 인상된 매매대금에 대해서도 중간생략등기의 합의와 상관없이 가진다고 보는 것이 판례의 태도이다.

○ 중간생략등기 후 갑과 을이 매매계약을 합의해제한 경우 병의 이전등기를 부정

이 판례는, 중간생략등기합의 이후에도 종전 매매계약이 유효하게 존속한다는 전제를 넘어, <u>중간생략등기합의에 이후에도 갑, 을이 중간생략등기합의의 기초가 된 자신들 사이의 법률관계를 사후에 변경 형성할 수 있음을 분명히 한 것이라는 점</u>에서, 채권적 계약만 체결하였을 뿐 등기를 이전 받지 못한 을이나 병이 중간생략등기합의를 통하여 갖게 된 신뢰보다는 소유명의를 가진 갑을 두텁게 보호하고 있다고 평가할 수 있다(물권변동에 관한 성립요건주의의 반영으로 보임).

제4장 등기의 효력

[14] 부동산등기의 추정력
대판 2002. 2. 5. 2001다72029

【판시사항】

[1] 부동산등기의 추정력

[2] 전 등기명의인이 미성년자이고 당해 부동산을 친권자에게 증여하는 행위가 **이해상반행위**라 하더라도 친권자에게 이전등기가 경료된 이상, 그 이전등기에 관하여 필요한 절차를 적법하게 거친 것으로 추정된다고 한 사례

【판결요지】

[1] 어느 부동산에 관하여 등기가 경료되어 있는 경우 특별한 사정이 없는 한 그 원인과 절차에 있어서 적법하게 경료된 것으로 추정된다.

[2] 전 등기명의인이 미성년자이고 당해 부동산을 친권자에게 증여하는 행위가 이해상반행위라 하더라도 일단 친권자에게 이전등기가 경료된 이상, 특별한 사정이 없는 한, 그 이전등기에 관하여 필요한 절차를 적법하게 거친 것으로 추정된다. 특별대리인의 선임 절차

[참조판례] (전) 1987. 10. 13. 86다카2928 [소유권보존등기말소등]

【판시사항】 임야소유권이전등기에관한특별조치법에 의하여 경료된 소유권보존등기의 추정력과 입증책임

【판결요지】

[다수의견] 임야소유권이전등기에관한특별조치법(법률 제2111호)에 의한 소유권보존등기가 경료된 임야에 관하여서는 그 **임야를 사정받은 사람이 따로 있는 것으로 밝혀진 경우라도 그 등기는 동법 소정의 적법한 절차에 따라 마쳐진 것으로서 실체적 권리관계에 부합하는 등기로 추정된다** 할 것이므로 위 특별조치법에 의하여 경료된 소유권보존등기의 말소를 소구하려는 자는 그 소유권보존등기 명의자가 임야대장의 명의변경을 함에 있어 첨부한 원인증서인 위 특별조치법 제5조 소정의 **보증서와 확인서가 허위 내지 위조**되었다던가 그 밖에 다른 어떤 사유로 인하여 그 소유권보존등기가 위 특별조치법에 따라 적법하게 이루어진 것이 아니라는 주장과 입증을 하여야 한다.

[15] 등기의 추정력
대판 2000. 3. 10. 99다65462

[사실관계]

(1) 소외 甲 명의로 소유권등기가 되어 있던 토지에 대하여, 1979. 5. 18.자로 '매매'를 원인으로 한 소외 乙 명의의 소유권이전등기가 경료되어 있다가 1988. 6. 24.자로 '매매'를 원인으로 한 피고 명의의 소유권이전등기가 경료되었다.

(2) 원고는 피고의 형이고, 乙은 그 누나이며, 소외 丙은 원·피고의 형이자 乙의 오빠로서 1985. 9. 30. 사망하였다.

(3) 이 사건 분할 전 토지에 대한 乙 명의의 등기는 명의신탁등기인데, 단지 그 신탁자가 원고 혼자인지, 아니면 원고, 소외 丁, 戊 3인인지에 관하여서 원고와 피고간에 다툼이 있다. 그 경위는, 원고가 갑의 대리인 소외 己으로부터 이를 단독 매수하여 매도인측과 乙 측의 양해 하에 위와 같이 명의신탁하였다.

(4) 원고는, 원피고의 형인 병이 버스회사를 설립하자 그에게 이 사건 분할전 토지 중 일부를 차고지로 사용하도록 허용함은 물론 일정한 범위 내에서는 버스회사 운영자금 융통을 위한 담보로 제공하는 것도 허용하였고, 이에 따라 병은 1980. 4. 25. 경부터는 이 사건 분할전 토지 중 일부를 회사 차고지로 쓰는 한편 1982. 8. 5. 이 사건 분할전 토지를 담보로 자금을 융통하기도 하였다.

(5) 피고는, 병이 1984. 2. 14.경 부도를 내고 구속되자 같은 해 5. 11.자로 이 사건 분할전 토지에 대하여 피고 명의의 소유권이전청구권 가등기를 경료하는 한편 丙의 채무 일부를 대위변제하였고, 같은 해 8.6.경에는 丙으로부터 버스회사에 대한 권리의무를 승계하기로 하고, 같은 달 28. 버스회사의 대표이사가 되었는데, 그 후 이 사건 분할전 토지에 대하여, 1985. 10. 18. 같은 달 24. 등에 위 가등기가 말소되고, 근저당권설정등기가 경료되었다가 1987. 7. 29. 그 등기가 말소되었다.

(6) 이 사건 분할 전 토지에 대한 <u>**등기필증은 원고가 줄곧 소지**</u>하고 있었고, 그래서 피고가 이 사건 토지 이전등기 시에는 보증인 2명의 보증으로 등기필증에 갈음하였다.

(7) 乙은 이 사건 이전등기 시 피고가 금융기관으로부터 버스회사의 운영자금을 융통하려고 담보설정을 하는 데 사용한다고 하여 그런 줄로만 알고 자기의 인감증명서를 발급받는 절차에 협력하였을 뿐이고, 그 이후의 나머지 절차는 피고가 자기 마음대로 일방적으로 처리하여 이 사건 이전등기를 경료하였다.

(8) 원고는 이 사건 토지에 대하여 「부동산실권리자명의등기에관한법률」 유예기간 내인 1996. 6. 19. 명의수탁자인 乙과의 사이에 명의신탁해지약정을 하는 검인신청을

하였다가 당사자의 표시가 등기부상의 당사자와 일치하지 아니한다는 이유로 그 신청이 반려되자, 현재의 등기명의자인 피고를 상대로 하여 역시 유예기간 내인 같은 달 29. 등기말소청구의 소를 제기하였다.

[법적 쟁점]

(1) 소유권이전등기의 추정력이 전 소유자에 대하여도 미치는지 여부

(2) 등기명의자가 등기원인행위의 태양이나 과정을 다소 다르게 주장한다고 하여 그 추정력이 깨지는지 여부

[원고의 주장]

(1) 원고와 乙 사이에 이 사건 부동산에 대한 명의신탁약정이 있었다. 원고는 소유자로서 이 사건 부동산에 대하여 줄곧 등기필증을 가지고 있었다. 그런데 피고는 보증인 2인을 내세워서 허위의 문서로 매매를 원인으로 한 이전등기를 경료하였는데, 이는 원인무효인 등기로 말소되어야 한다.

원고는 피고에 대하여 제404조에 근거하여 乙을 대위하여 등기말소청구권을 구한다. 즉, 원고는 乙에 대하여 명의신탁약정 해지에 의한 소유권이전등기청구권(피보전채권)을 가지고 있고, 피고의 등기는 원인무효이어서 을은 피고에 대하여 등기말소청구권(피대위채권)을 가진다. 이 경우 채무자의 무자력을 요하지 않는다. 원고는 을을 대위하여 피고에 대하여 등기말소청구절차 이행을 구한다.

(2) 만약 유예기간을 도과하여 부동산실명법 제11조에 의하여 등기가 무효인 경우 갑과의 매매계약에 터 잡아 갑을 대위하여 등기말소청구를 구한다. 즉, 원고와 甲 사이에 동 부동산에 대한 매매계약이 체결되었으므로, 원고는 甲에 대하여 매매계약에 기한 소유권이전등기청구권(피보전채권)을 가지고 있고, 부동산실명법 제4조 제1항과 제2항에 의하여 명의신탁약정 및 등기는 무효이므로 甲은 乙에 대하여 소유권에 기한 등기말소청구권(피보전채권)을 가지므로 원고는 갑을 대위하여 피고에게 등기말소청구를 구한다.

[피고의 주장]

피고는 처음에는 명의수탁자인 乙로부터 직접 매수하였다고 주장하다가, 원고를 비롯한 3인의 명의수탁자로부터 이를 양도받아 실질적으로 소유하고 있던 '丙'으로부터 매수하였다는 주장하였다. 즉 등기부상의 등기원인(乙로부터의 매매)과 다른 주장을 하였다.

[원심의 판단] 1심 판결 취소하고 원고청구 인용

[원심의 판단이유]

원고의 명의수탁자인 乙은 피고가 금융기관으로부터 버스회사의 운영자금을 융통하

기 위한 담보설정에 사용한다고 하여 그런 줄로만 알고 인감증명을 발급받는 절차에 협력하였을 뿐인데, 피고가 그 이후의 나머지 절차를 자기 마음대로 일방적으로 처리하여 이 사건 토지에 관하여 이 사건 이전등기를 경료해 버렸다고 인정하였다. 명의신탁자가 누구인지에 대한 피고측 주장의 일관성이 결여되고, 피고 측의 매수·양수과정에 관한 주장을 인정할 증거가 없다.

소외 2나 피고가 피고 주장의 명의신탁자에게 그 대금을 청산하였다는 직접적인 증거자료가 전혀 없는 점 등으로 보아, 피고가 乙을 속여 원고와 을 몰래 그들의 의사에 반하여 이 사건 이전등기를 경료한 것으로 추단할 수 있다.

따라서 이 사건 이전등기는 무효의 등기로서 원고는 乙을 대위하여 이전등기의 말소를 구할 수 있다.

가사 부동산실명법 소정의 유예기간의 경과로 명의신탁약정과 그 신탁등기가 무효로 된다고 가정하더라도 원고는 조삭불과의 매매계약에 기한 조삭불에 대한 소유권이전등기청구권을 보전하기 위하여 **甲을 대위하여** 명의수탁자인 乙에 대하여 무효인 乙명의 등기의 말소를 구할 수 있는 법리이므로, 원고에게 이 사건 이전등기에 대하여 말소를 소구할 대위권이 존재한다.

[대법원의 판결] 원심 파기환송

【대법원의 판단이유】

부동산에 관하여 소유권이전등기가 마쳐져 있는 경우에 그 등기명의자는 **제3자에 대하여서뿐만 아니라, 그 전소유자에 대하여서도 적법한 등기원인에 의하여 소유권을 취득한 것으로 추정**되고, 한편 부동산등기는 현재의 진실한 권리상태를 공시하면 그에 이른 과정이나 태양을 그대로 반영하지 아니하였어도 유효한 것으로서, 등기부상 기재된 등기원인(매매)에 의하지 않고 다른 원인으로 적법하게 취득하였다고 하면서 등기원인행위의 태양이나 과정을 다소 다르게 주장한다고 하여 이러한 주장만 가지고 그 등기의 추정력이 깨어진다고 할 수는 없을 것이므로(대판 1993. 5. 11. 92다46059, 1994. 9. 13. 94다10160, 1996. 2. 27. 95다42980), 이러한 경우에도 **이를 다투는 측에서** 등기명의자의 소유권이전등기가 **전 등기명의인의 의사에 반하여 이루어진 것으로서 무효라는 주장 입증**을 하여야 한다.

대법원은 전등기명의인의 의사에 반하여 이루어진 것으로서 무효라는 주장이 미흡하다고 보았는데, 그 이유는 원고측이 피고측의 등기가 무효라는 주장으로 제출된 증거에 따르면 피고가 근저당권을 설정하는 데 필요하다고 하면서 인감증명을 발급받아 달라고 하여 乙이 피고와 함께 동사무소까지 같이 가서 피고에게 주민등록증을 주고 그 곳 의자에 앉아 있는 사이에 피고가 자신 몰래 용도를 부동산매도용으로, 매수자를 피고로 각 기재한 인감증명을 발급받아 이를 가지고 혼자 사법서사 사무실에 가서 함부로 이 사건 이전등기의 신청을 위임하여 이 사건 이전등기를 경료해 버렸다는 증언과 나머지 증인들은 들어서 안다는 증언을 하고 있는 점을 들어 등기의 추정력을 깨트리기에 미흡하다고 판단하였다.

[참고] 등기의 효력에는 권리변동적 효력, 대항적 효력, 순위확정적 효력, 점유적 효력이 있고, 또한 등기의 추정력도 인정되고 있다. 등기의 추정력이란 등기된 바와 같은 권리가 존재하리라고 추정되는 효력을 말한다. 추정력은 증명책임에 관한 것이다.

판례는 등기의 추정력의 법적 성질을 법률의 규정에 있지 않음에도 불구하고 법률상의 추정으로 보고 있다. 따라서 증명책임의 부담은 반증이 아니라 본증으로 하여야 한다.

소유권이전등기에서 등기명의자가 매수인이 아님이 판명된 경우 등기의 추정력은 깨어지게 되고 이 경우 증명책임은 등기의 추정력이 복멸되므로 등기명의자가 부담하게 된다.

또한 등기절차가 적법하게 진행되지 아니한 것으로 볼 만한 의심스러운 사정이 입증된 경우 추정력은 깨어진다. 즉 「국가가 매수토지에 관한 소유권이전등기를 촉탁하면서 그 등기촉탁서에 등기의무자의 부동산 매도용 인감증명서만 첨부하고 그의 승낙서를 첨부하지 않은 사안에서, 위 소유권이전등기는 그 등기절차가 적법하게 진행되지 않은 것으로 볼 만한 의심스러운 사정이 있고, 위 등기의무자의 인감증명서를 부동산등기법 제36조 제1항의 승낙서와 동일한 것으로 취급하여야 할 아무런 근거도 없으므로, 그 추정력이 깨어졌다고 본 원심의 판단이 정당하다.」(대판 2010. 7. 22. 2010다21702)

또한 사망 이후에 등기가 이전된 경우라든가 전소유자가 허무인인 경우에도 등기의 추정력은 복멸된다. 뿐만 아니라 건물 소유권 보존등기에서 소유권보존등기 명의자가 신축한 것이 아닌 경우 등기추정력이 깨어진다. 따라서 이제는 등기명의자가 스스로 적법하게 그 소유권을 취득한 사실을 입증해야 한다.

[참고] 등기의 공신력과 등기의 추정력의 관계

등기의 추정력은 공신력과 마찬가지로 권리관계를 공시하는 외관(등기부)을 신뢰한 자를 보호하고자 하는 사상에 기한 것이다. 이중 공신력은 실체법적 내용에 관한 것임에 대하여 추정력은 절차적 효력에 관한 것이다. 추정력은 실체적 권리상태를 변경시키지는 않는다.

등기에 공신력은 인정되지 않으나 민법의 다른 규정에 의하여 공신력을 인정하는 것과 거의 비슷한 결과를 가져오는 경우가 있다. 제107조 제2항, 제108조 제2항, 제109조 제2항, 제110조 제3항의 선의의 제3자 보호규정에 의하여 보호되기도 한다.

[16] 선의취득과 선의, 무과실의 기준시점
대판 1991. 3. 22. 91다70

[판시사항]

가. 민법 제249조 소정의 선의, 무과실의 기준시점

나. 수탁자가 횡령한 물건이나 점유보조자 내지 소지기관이 횡령한 물건이민법 제250조, 제251조 소정의 도품, 유실물에 해당하는지 여부

다. 민법 제251조가 무과실을 그 요건으로 하고 있는지 여부

【판결요지】

가. 민법 제249조가 규정하는 선의 무과실의 기준시점은 물권행위가 완성되는 때인 것이므로 물권적 합의가 동산의 인도보다 먼저 행하여지면 인도된 때를, 인도가 물권적 합의보다 먼저 행하여지면 물권적 합의가 이루어진 때를 기준으로 해야 한다.

나. 민법 제250조, 제251조소정의 도품, 유실물이란 원권리자로부터 점유를 수탁한 사람이 적극적으로 제3자에게 부정 처분한 경우와 같은 위탁물 횡령의 경우는 포함되지 아니하고 또한 점유보조자 내지 소지기관의 횡령처럼 형사법상 절도죄가 되는 경우도 형사법과 민사법의 경우를 동일시해야 하는 것은 아닐 뿐만 아니라 진정한 권리자와 선의의 거래 상대방간의 이익형량의 필요성에 있어서 위탁물 횡령의 경우와 다를 바 없으므로 이 역시민법 제250조의 도품·유실물에 해당되지 않는다.

다. 민법 제251조는 민법 제249조와 제250조를 전제로 하고 있는 규정이므로 무과실도 당연한 요건이라고 해석하여야 한다.

[17] 무효등기의 유용
대판 1989. 10. 27. 87다카425

[법적 쟁점]

[1] 무효등기의 유용이 허용되는 경우 원인소멸된 가등기에 관하여 등기유용의 합의가 이루어져서 소유권이전의 본등기가 경료된 경우 그 등기유용 전에 소유권이전등기를 한 이해관계인과의 권리관계

[2] 원인소멸된 가등기에 관하여 등기유용의 합의가 이루어져서 소유권이전의 본등기가 경료된 경우 그 등기유용 전에 소유권이전등기를 한 이해관계인과의 권리관계

[판결요지]

[1] 실질관계의 소멸로 무효로 된 등기의 유용은 그 등기를 유용하기로 하는 합의가 이루어지기 전에 등기상 이해관계가 있는 제3자가 생기지 않은 경우에 한하여 허용된다.

[2] 가등기의 등기원인이 실효된 이후에 전소유자와의 무효등기의 유용에 관한 합의에 따라 가등기 명의인이던 갑 명의로 마쳐진 소유권이전의 본등기는 그 등기유용의 합의가 이루어지기 전에 이미 소유권이전등기를 한 등기상의 이해관계인인 을에 대한 관계에서는 실질관계를 결한 무효의 등기로 평가되므로, 위 갑 명의 소유권이전등기나 이 등기를 기초로 하여 마쳐진 병명의의 소유권이전등기가 원인무효의 등기로 말소될 때에는, 직권말소된 을 명의 소유권이전등기에 관하여 등기공무원이 직권으로 그 말소등기의 회복등기를 하여야 하는 것으로서 그 말소회복등기가 되기 전이라도 을은 등기명의인으로서의 권리를 그대로 보유하고 있기 때문에 소유자로 추정된다.

[사실관계]

(1) 이 사건 토지의 소유자이던 소외 甲이 1977. 12. 19. 피고 1과 위 토지를 대금 6,450,000원에 매매계약을 체결하고, 1978. 1. 5.경까지 매매대금의 일부로 합계 금 6,200,000원을 지급받은 다음 1978. 2. 20. 위 피고 1의 명의로 1978. 2. 17.자 매매예약을 원인으로 한 **소유권이전청구권보전의 가등기**를 하여 주었다.

(2) 피고가 1978. 9. 13. 위 甲에게 매매잔대금 250,000원을 변제공탁하고 甲을 상대로 위 토지에 관하여 위 가등기에 기한 소유권이전등기절차의 이행을 청구하는 소송을 제기하였으나, 위 피고가 소재지관서의 증명을 구비하지 못하였다는 이유로 패소판결이 확정되자, 甲은 1981. 7. 14.경 위 피고인에 대하여 매매계약을 해제하고,

매매계약이 해체되었음을 원인으로 피고에게 가등기필증의 반환을 반대급부로 하여 이미 지급받은 매매대금 6백 2십 만원을 변제공탁하였으나, 위 피고는 매매계약 해제의 효력을 다투면서 1981. 7. 23. 공탁금수령거절의 통지를 하였다.

(3) 한편 甲은 매매계약이 해제된 것으로 생각하고 1981. 11. 16. 원고와 위 토지를 대금 1억 1천 만원에 매도하기로 매매계약을 체결하였고 계약금으로 2천 만원을 지급받은 다음, 1982. 4. 23. 위 원고와 위 토지에 관한 위 피고명의의 가등기등 모든 법률상의 하자를 원고가 책임지고 해결하기로 하되, 매매대금을 금 95,000,000원으로 감액하여 중도금 20,000,000원은 위 토지에 대한 근저당권자인 소외 乙에 대한 甲의 채무금 20,000,000원을 원고가 인수하여 변제하는 방법으로 지급하고, 잔대금 55,000,000원은 만기를 1년 후로 한 약속어음을 甲에게 발행 교부하여 지급하는 것으로 매매계약의 내용을 변경하였다. 이 약정에 따라 원고는 약속어음을 발행하여 甲에게 교부하고, 甲은 1982. 5. 3. 위 토지에 관하여 **원고 명의**로 1982. 4. 23.자 매매를 원인으로 한 **소유권이전등기**를 하여주었다. 원고는 그날 위 토지에 대한 2분의 1 지분에 관하여 원심 공동원고 丙 명의로 1982. 4. 26.자 매매를 원인으로 한 소유권이전등기를 하여주었다.

(4) 甲은 원고로부터 교부받은 약속어음이 1983. 4. 25. 지급거절되자, 다시 1983. 7. 1. 피고 2와 위 토지를 대금 1억 7천 만원으로 하는 매매계약을 체결하고 계약금으로 금 2천 만원을 지급받고, 소유권이전등기가 甲 명의로부터 위 피고의 명의로 넘기는 것이 불가능하므로 피고1의 명의로 되어 있는 위 가등기에 기한 본등기를 위 피고의 명의로 일단 마친 다음 피고2가 피고 1로부터 위 토지를 직접 매수한 것처럼 가장하여 피고 1 명의로부터 피고 2 명의로 넘김으로써 피고 1 명의의 위 가등기의 순위보전의 효력을 이용하기로 약정하였다.

(5) 이에 따라 甲은 피고 1에게 이와 같은 사정을 알려주고, 1980. 7. 9. 위 피고 1과 사이에 위 피고 1이 위 가등기에 관한 권리를 포기하여 甲과 피고 2로 하여금 위 가등기를 유용하도록 하고, 이에 대한 대가로 甲이 피고 1에게 금 3,250만 원을 11. 5.까지 지급하기로 하되, 그중 금 620 만원은 위 소외인이 위 (2)에서 본 바와 같이 1981. 7. 14. 위 피고 1에게 변제공탁한 금 6,200,000원을 위 피고 1이 수령하여 충당하기로 합의하였다. 이에 따라 위 피고 1은 甲에게 가등기필증을 반환함과 아울러 공탁금수령 거절의 의사를 철회하고 8. 22. 공탁금 6백 2십 만원을 수령하는 등으로 일부변제에 충당하고 갑과 피고2로부터 나머지 금원을 지급받음과 동시에 마치 자신이 위 피고 2에게 위 토지를 대금 2천 만원에 매도한 것처럼 매매계약서를 작성하여 주었다.

(6) 甲이 피고 1 사이의 무효등기의 유용에 관한 합의에 따라 1985. 1. 25. 위 토지에 관하여 위 피고1의 명의로 위 가등기에 기한 소유권이전등기를 하여주었고, 이 등기를 기초로 하여 같은 날 **피고 2**의 명의로 1985. 1. 24.자 매매를 원인으로 한 소유권이전등기가 마쳐졌다.

(7) 피고 1 명의의 위 가등기 이후에 마쳐진 원고들 명의의 각 소유권이전등기는 직권으로 말소되지 아니한 채 그대로 남아있다.

[원고의 주장]

원고는 자신이 사건 토지에 대한 적법한 소유권자로서. 원고의 소유권이전등기 이후에 피고 1의 소유권보전이전청구권보전의 가등기에 기해 이루어진 본등기와 피고 1로부터 피고 2로 마쳐진 소유권이전등기이다. 그런데 위 등기들은 갑과 피고 1사이에 가등기의 원인인 매매계약이나 매매예약은 실효되었고, 따라서 이미 실효된 피고 1명의의 가등기 순위의 보전 효력을 이용하기 위하여 갑과 피고들이 통정한 허위의 법률행위에 의하여 마쳐진 것으로서 무효의 등기이므로, 각 등기에 대하여 소유권이전등기말소를 청구한다.

[피고들의 주장]

피고들은, 위 甲이 원고로부터 이 사건 토지의 매매잔대금 55,000,000원의 지급을 위하여 같은 금액의 약속어음을 교부받으면서 그 지급 담보로 이 사건 토지에 관하여 위 甲의 처 명의로 근저당권 설정등기를 경료받기로 하고, 만약 위 원고가 위 근저당권 설정등기를 경료하여 주지 아니하고 위 약속어음이 지급기일에 지급되지 아니하면 위 매매계약은 자동해제되는 것으로 약정하고 위 원고 앞으로 소유권이전등기를 경료하여 주었는데, 위 원고는 근저당권 설정의무를 이행하지도 아니하고 위 약속어음도 지급기일에 모두 부도되었으므로 위 원고와의 매매계약은 위 약정에 따라 당연 해제되었으며, 따라서 해제의 효과에 따라 소유권은 등기의 말소가 없더라도 당연히 甲에게 복귀하는 것이어서 위 원고는 이 사건 토지의 소유자임을 주장할 수 없다고 주장한다.

[원심의 판단] 피고의 항소 기각

[원심의 판단이유]

甲이 1981. 7. 14. 피고 1에게 같은 피고와의 1977. 12. 19.자 매매계약 및 이에 기한 1978. 2. 17.자 매매예약에 대하여 해제의 의사표시를 하고 같은 피고로부터 지급받은 매매대금 6,200,000원을 변제공탁한데 대하여, 위 피고가 일단 위 공탁금수령거절의사를 표시하였다가 다시 1983. 7. 9. 甲과의 사이에 甲으로부터 금32,500,000원을 지급받고 이 사건 토지에 관한 그의 가등기에 관한 권리를 포기하기로 합의하고 위 합의에 따라 위 가등기권리증을 甲에게 반환하고 위 공탁금 6,200,000원을 수령함으로써 위 가등기의 원인된 법률행위인 1977. 12. 19.자 매매계약이나 1978. 2. 17.자 매매예약은 실효되었다고 할 것이고(그렇지 않다고 하더라도 피고 1이 위 합의금 32,500,000원을 초과한 금40,000,000원을 수령함으로써 위 매매예약등은 甲과 피고 1과의 위 합의 약정의 이행으로 실효되었다고 할 것이다) 따라서 甲으로부터 피고 1 앞으로 위 가등기에 기하여 경료된 소유권이전의 본등기나 피고 1로부터 피고 2 앞으로 경료된 소유권이전등기는 모두 이미 실효된 피고 1 명의의 가등기의 순위 보전 효력을 이용하기 위하여 甲과 피고들이 흥정한 허위의 법률행위에 의하여 경료된 것으로서 무효의 등기라고 할 것이므로(다만 피고 2와 甲 사이에 진정한 매매계약이 있었다는 점에 비추어 볼 때 피고 2 앞으로의 소유권이전등기가 결국 실체관계에 부합하는 면이 있기는 하나, 위 가등기의 유용의 방식에 의하지 않았다면 원고들 명의의 등기 때문에 피고 2 앞으로의 소유권이전등기는 불가능하였으리라는 점 및 위 가등기의 유용합의 이전에 원고들이 새로운 이해관계 있는 제3자로서 이 사건 부동산에 관하여 소유권이전등기를 경료하였다는 점에 비추어 볼 때 피고 2는 원고들에 대한 관계에서는 그의 등기가 실체관계에 부합하여 유효한 등기임을 주장하며 대항할 수 없다고 할 것이다) 달리 특별한 사정이 없는 한 피고들은 이 사건 토지의 공유자로 추정되는 원고들에게 이 사건 토지에 관하여 피고들 앞으로 경료된 청구취지 기재와 각 소유권이전등기를 말소할 의무가 있다고 할 것이다.

[피고의 상고이유] 무효등기의 유용에 관한 법리오해와 가등기에 기한 본등기 효력에 관한 법리 오해

[대법원의 판단] 피고의 상고기각

【대법원의 판단이유】

부동산에 관하여 소유권이전청구권의 보전을 위한 가등기가 마쳐진 이후에 제3자의 명의로 소유권이 전등기가 된 경우 그후 그 가등기에 기한 소유권이전의 본등기가 마쳐진 때에는, 등기공무원이 가등기이후에 된 제3자 명의의소유권이전등기를 직권으로 말소할 수 있는 것이므로, 위 토지에 관한 피고 1 명의의 위 가등기에 기한 소유권이전의 본등기가 마쳐짐으로써 위 가등기 이후에 된 원고들 명의의 위 각 소유권이전등기가 직권으로 말소되어야 할 것임은 소론과 같다(피고들 소송대리인이 제출한 등기부등본의 기재에 의하면 원고들 명의의 위 각 소유권이전등기가 1985. 3. 5.에 이미 직권으로 말소되었음을 알 수 있다).

그러나 이 사건의 경우와 같이 위 피고 명의의 소유권이전의 본등기가 위피고와 소외 갑 간의 무효등기의 유용에 관한 합의에 따라 위 가등기의 동기원인이 실효된 이후에 마쳐진 것이어서, 무효등기의 유용에 관한 합의가 이루어지기 전에 이미 소유권이전등기를 한 등기상의 이해관계인인 원고들에 대한 관계에서는 실질관계를 결한 무효

의 등기로 평가되는 이상, 위 피고 명의의 위 소유권이전등기나 이 등기를 기초로 하여 마쳐진 피고 2 명의의 위 소유권이전등기가 원인이 무효인 등기로 말소될 때에는, 직권말소된 원고들 명의의 위 각 소유권이전등기에 관하여 등기공무원이 직권으로 그 말소등기의 회복등기를 하여야 하는 것으로서(당원 1983. 3. 8. 선고 82다타1168 판결; 1982. 1. 26. 선고 80다카2329,2330 판결), 그 말소회복등기가 되기전이라도 원고들이 등기명의인으로서의 권리를 그대로 보유하고 있기 때문에 위 토지는 원고들의 공유로 추정되는 것이므로(당원 1988. 10. 25. 선고 87다카1232 판결; 1982. 12. 28. 선고 81다카870 판결; 1982. 9. 14. 선고 81다카923 판결 등 참조), 원고들이 위 토지의 공유자로 추정된다고 본 원심의 판단에 소론과 같이 가등기에 기한 본등기의 효력에 관한 법리를 오해하여 대법원판례와 상반되는 판단을 한 위법이 있다고 볼 수 없다.

[18] 소유권유보부 매매
대판 1996. 6. 28. 96다14807

[사실관계]

(1) 원고는 금강 V.I.M에게 1992. 10. 3. 해덕 스크류 **콤프레샤** 1세트(동산)를 소유권유보부 매매로 매도하였고, 아직 매수대금을 완불 받지 못한 상태이다.

(2) 1992. 10. 12. 甲은 금강 V.I.M에 대하여 채권을 갖고 있던 중, 금강 V.I.M이 이를 인도받자 자신의 채권을 변제받기 위한 방법으로 이 사건 기계를 포함한 위 45종의 기계들을 소외 회사로부터 다시 매수하는 계약을 체결하고(피고와 소외 乙의 명의로 계약 체결함) 그 대금은 자신의 소외 회사 금강 V.I.M에 대한 위 채권과 상계함, 위 甲은 위 기계들을 매수한 뒤에도 이를 실제로 인도받지 않고 소외 회사와 사이에 그에 대한 임대차계약을 체결하여 소외회사 금강 V.I.M로 하여금 이를 계속 점유, 사용하게 하였다(점유개정).

(3) 소외회사인 금강 V.I.M이 이 사건 기계를 임차하여 사용하다가 부도를 내자, 금강 V.I.M의 대표이사이던 소외 丙의 처인 소외 丁이 계속 점유·사용하였으며, 위 정 역시 1993. 8.경 부도를 낸 뒤에는 甲의 처인 戊가 이 사건 기계를 계속 **점유·사용** 하였다(피고측 주장).

(4) 피고는 소외회사인 금강 V.I.M.을 상대로 이 사건 기계의 선의취득에 의한 소유권을 주장하면서 유체동산 점유이전 금지가처분신청을 하였다.

(5) 이에 원고는 제3자이의의 소를 제기하여 가처분결정에 대한 집행을 불허하는 판결을 구하고 있다.

[참고] 제3자 이의의 소 : 제3자가 강제집행의 목적물에 대하여 소유권이 있다고 주장하거나 목적물의 인도나 양도를 막을 수 있다고 주장하는 때 채권자를 상대로 그 강제집행에 대한 이의의 소를 제기할 수 있다(민사집행법 제48조)(가처분결정에 대한 집행을 불허하는 판결을 구하는 소)

[법적 쟁점]

(1) 소유권 유보부 동산계약의 법적 성질 / 동산목적물의 소유권관계

(2) 소유권유보부 매매에서 매매대금 미납시 매도인이 매수인이 아닌 제3자에 대하여도 소유권 주장이 가능한지 여부

(3) 피고측의 선의취득 여부

[원고의 주장]

계쟁목적물에 관하여 원고와 금강 V.I.M과의 사이에 동산유보부 매매계약을 체결하였으나(소유권유보부 매매), 금강VIM은 할부금을 완납하지 않았고, 이에 따라 매수인이 매매대금을 완납하기 전까지는 소유권이 자신에게 있음을 주장하고 이는 매수인 뿐만 아니라 제3자에 대하여도 유보된 목적물의 소유권을 주장할 수 있다(정지조건부소유권이전설).

따라서 소유권이 금강 V.I.M에 있다는 전제하에 피고가 그 소유권을 특정승계하였으므로 피고가 청구하고 있는 유체동산 점유이전금지 가처분신청은 받아들여져서는 안 된다.

[피고측 주장]

(1) 소유권자로부터 특정승계 : 소유권자인 소외회사 금강 v.i.m으로부터 적법한 승계를 하였으므로 소유권자이다.

(2) 선의취득 항변 : 가사 금강 V.I.M.이 소유권유보부매매에서 매수인으로서 매매대금이 완납되지 않아 무권리자이더라도 피고는 제249조에 따라 동산 선의취득의 요건을 갖추어 소유권을 취득하였으므로 소유권자이다.

즉 소외 갑이 피고와 소외 의 이름으로 1992. 10. 12. 금강VIM을 동산인 이 사건 기계의 소유자로 믿고(선의) 소외 회사로부터 이 사건 기계를 포함한 총 45종류의 기계를 매수하는 계약을 체결하고 그달 14일 그 대금을 완불하면서 이를 인도받았으므로 위 甲 또는 피고와 乙이 이를 선의취득하였다고 주장한다.

[피고측의 선의취득항변 주장에 대한 원고측의 주장]

피고측과 금강 V.I.M. 사이의 매매는 점유개정에 의한 인도로서 판례에서는 점유개정을 선의취득의 요건 중의 하나인 양수인이 점유를 취득하여야 한다라는 욕요건을 충족하지 못한다고 한다(대판 1978. 1. 17. 77다1872). 피고측의 과실이 존재한다.

[피고측의 주장]

점유개정에 의한 점유가 아니라 점유의 이전이 이루어져 점유취득 요건 충족한다고 주장한다. 즉 금강 V,I.M.이 위와 같이 이 사건 기계를 임차하여 사용하다가 부도를 낸 뒤에는 소외 회사의 대표이사의 처인 丁이 그 자리에 다른 회사(주식회사 신한금속)를 차려서 위 甲으로부터 이 사건 기계를 계속 임차하여 사용해 오다가, 위 丁 역시 1993. 8.경 부도를 낸 뒤에는 甲의 처인 소외 戊가 그 자리에 공장을 차려 이 사건 기계를 점유, 사용하고 있다고 주장한다.

[피고측의 소유권유보부매매의 법적 성질을 양도담보설에 입각한 주장 가능]

소유권유보부매매의 법적 성질을 양도담보로 보게 되면 매도인은 양도담보권을 갖게 되며 매수인이 목적물의 소유권자이며 처분권을 갖게 된다. 대금채무불이행에 대해서는 매도인은 목적물로부터 **우선변제를 받을 권리(우선변제권)**가 있고, 또한 청산과 동시이행으로 목적물의 소유권을 이전해 줄 것을 요구할 권리(일종의 예약완결권)를 갖는다.

매도인의 소유권유보는 단지 미지급대금의 확보를 위한 채권담보로서의 목적만을 지닐 뿐이므로, 소유권유보부 특약은 무효이다. 또한 당사자 간에는 비록 명시적인 약정이 없더라도 목적물의 시가와 이자를 내용으로 하는 미지급대금에 대한 준소비대차계약(제605조)이 체결된 것으로 보아야 하고, 목적물 위에 준소비대차의 목적이 된 미지급대금을 피담보채권으로 하는 '양도담보권'이 설정된 것으로 해석해야 한다.

따라서 양도담보설에 의하면 피고는 권리자로부터의 취득이 된다.

[원심의 판단] 피고의 항소 기각

[원심의 판단이유]

(1) 선의취득이 인정되기 위하여는 그 대상이 된 동산을 선의, 무과실로 인도받아야 하되 그 인도방법은 점유개정 이외의 방법으로 인도받아야 하는 것이므로, 사안에서는 이 사건 기계를 실제로 인도받은 것이 아니라 **점유개정**의 방법에 의하여 인도받은 것에 불과하다.

(2) **가. 실제 점유개정의 연속** : 丁이 위와 같이 이 사건 기계를 넘겨받아 점유, 사용해 왔다 하더라도, 이는 소외 회사가 부도를 낸 뒤 새로운 회사를 만들어 이를 새로이 임차하는 형식만을 취한 것이고 실제로는 그 남편이 경영하던 소외 회사가 대표이사만을 바꾸어 계속 영업을 해 오면서 이를 종전대로 점유, 사용한 것으로 보아야 할 것이므로 이는 **종전의 점유개정 상태가 그대로 유지**된 것에 불과하다.

나. 과실의 존재 : 또한, (가사 피고의 주장대로 인도가 있었다 하더라도: 필자주) 소외 회사가 결국 부도를 내고 丁이 그 자리에서 경영하던 회사마저 부도를 낸 뒤에 갑의 처가 기계를 인도받았다는 사정을 참작한다면, 甲이나 戊가 기계를 인도받을 때에 **소외 회사가 그 소유권을 완전히 취득하지 못한 상태에 있었다는 점**을 알지 못한 데에 아무런 과실이 없었다고 단정하기 어렵다(과실부분 인정).

[피고의 상고이유]

(1) 소유권의 귀속에 관한 법리오해 위법이 있다.

(2) 선의취득의 법리 오해 위법이 있다.

[대법원의 판단] 상고 기각

【대법원의 판단이유】

(1) **소유권 부분** : 동산의 매매계약을 체결하면서, 매도인이 대금을 모두 지급받기 전에 목적물을 매수인에게 인도하지만 대금이 모두 지급될 때까지는 목적물의 소유권은 매도인에게 유보되며 대금이 모두 지급된 때에 그 소유권이 매수인에게 이전된다는 내용의 소위 소유권유보의 특약을 한 경우, 목적물의 소유권을 이전한다는 당사자 사이의 물권적 합의는 매매계약을 체결하고 목적물을 인도한 때 이미 성립하지만 대금이 모두 지급되는 것을 **정지조건**으로 하므로, 목적물이 매수인에게 인도되었다고 하더라도 특별한 사정이 없는 한 매도인은 대금이 모두 지급될 때까지 매수인뿐만 아니라 **제3자에 대하여도 유보된 목적물의 소유권을 주장할 수 있고**, 다만 대금이 모두 지급되었을 때에는 그 정지조건이 완성되어 별도의 의사표시 없이 목적물의 소유권이 매수인에게 이전된다.

(2) **선의취득 부분** : 실제로 인도받은 것이 아니라 **점유개정**의 방법으로 인도받은 것에 불과하고, 가사 기계를 인도받아 점유·사용하고 있다고 하더라도 원심에서 설시한 것처럼 **과실**을 인정할 수 있다.

[참고] 동산 물권변동은 부동산 물권변동과 달리 공시방법으로서 점유의 이전, 인도를 요한다. 따라서 소유권 유보부 매매와 같이 동산에 대한 물권적 합의와 공시로서 점유의 이전이 매수인에게 이루어지면 동산소유권은 매수인에게 귀속되어야 한다. 그러함에도 매도인과 매수인이 소유권 유보부 매매를 하는 경우에 이의 소유권 귀속과 관련하여 그 법적 성질을 판례와 같이 정지조건부 소유권이전설을 취하여 매매대금이 완납되기 전에는 소유권이 여전히 매도인에게 속하고 매매대금이 완납도면 별도의 의사표시 없이 매수인에게 귀속된다고 하는가 하면, 양도담보설에 따라 일단 매수인에게 소유권이 귀속된다는 이론을 펼치기도 한다.

소유권유보부 매매도 일종의 할부매매인데, 양자의 차이는 소유권이전에 관한 특약이 존재하느냐의 여부이다. 매도인과 매수인 사이의 할부매매가 소비자계약인 경우 할부거래법의 적용을 받게 된다. 오늘날에는 신용카드회사가 개입하는 간접할부매매가 주로 행해지고, 사업자가 이용하는 생산자 신용의 경우에도 캐피탈금융이 관여하기 때문에 매도인과 매수인 사이에 직접 할부매매라든가 소유권유보부매매가 행해지는 사례가 별로 없다.

[19] 선의취득의 요건
대판 1999. 1. 26. 97다48906

[사실관계]

(1) 성일철강은 철제품 판매업체로서, 1983년경 철강제조 및 판매업을 주된 목적사업으로 하고 있는 피고(동부제강)와 철강제품 '판매대리점계약'을 체결한 이래 철강제품 판매대리점 영업을 하여 왔다.

(2) 판매대리점계약에는, "성일철강이 피고인 동부제강으로부터 철강제품을 공급받되 그 소유권은 성일철강이 공급대금을 완납할 때까지 피고에게 유보되고 대금완납시 비로소 성일철강에 이전된다"는 등의 내용이 포함되어 있으나, 대금완납시까지는 공급받은 철판을 구매처에 판매할 수 없다는 등의 판매제한에 관한 규정은 없으며, 성일철강 또는 피고(동부제강)는 성일철강의 철강제품 공급대금 완급 이전에 철강제품을 구매한 소비자에 대하여 구입 철강제품의 소유권이 피고에게 유보되어 있다는 내용의 통지를 한 바 없다.

(3) 성일철강은 1989년 경부터 소외 유성강재에게 임가공작업을 의뢰하고 가공작업이 완료된 철판은 직접 가져가거나 구매자로 하여금 이를 인수하게 하였는데, 1995. 11. 27.을 기준으로 유성강재가 보관 중인 철판은 피고로부터 공급받은 686.58톤과 소외 동♡제강(주) 등으로부터 공급받은 80.075톤 합계766.755톤이다.

(4) 원고 조화전기는 전기통신시설공사업 및 전기자재 납품업을 목적으로 하는 회사로서, 1992. 4.경부터 1995. 10. 30.에 이르기까지 그 대표이사 甲의 매부 乙이 경영하는 성일철강에게 약10억원의 약속어음 32장을 융통어음으로 발행, 교부하였던 바, 위 어음들 중 1995. 8. 이전에 발행된 어음들은 정상적으로 결제되었으나, 1995. 9.경부터 같은 해 10. 30.까지 사이에 발행된 액면금 합계 약3억 6천만 원의 약속어음 11장에 대하여는, 성일철강이 자금난으로 부도 직전 상황에 봉착하여 결제되지 못하였다.

(5) 이에 원고와 성일철강은 원고가 성일철강에 대하여 가지는 약 3억 6천 만 원의 할인어음 결제용 자금 지급채권의 변제에 갈음하여 성일철강이 유성강재에 임가공을 위하여 보관시킨 위 철판 766톤을 원고에게 양도하기로 약정하고, 같은 날 성일철강의 대표이사는 유성강재의 대표사원인 丙에게 위 양도사실을 알렸고, 유성강재는 원고의 요구에 따라 원고에게 위 철판을 원고를 위하여 보관하고 있다는 취지의 보관증을 작성·교부하였다.

(6) 성일철강은 같은 달 28. 피고에게 위 철판 중 피고로부터 공급받은 686톤에 대한

공급대금을 지급하지 아니한 상태에서 부도를 내고 도산하였다.

(7) 피고는 성일철강의 도산으로 성일철강에 대한 위 미수 철판대금의 회수가 어려워지자 공급한 철판의 소재를 찾게 되었고, 같은 달 29. 유성강재에게, 같은 달 30. 원고에게 각 이 사건 철판의 소유권이 피고에게 있다는 내용의 통지를 하고, 그 무렵 위 각 통지가 유성강재와 원고에게 도달하였다.

(8) 원고와 유성강재는 피고로부터 위 통지를 받기 전까지는 이 사건 철판의 소유권이 피고에게 유보되어 있다는 사실을 알지 못하였다. 그 후, 원고는 위 어음들의 만기에 그 최종소지인에게 어음금을 지급하였다.

(9) 한편, 유성강재는 1995. 12.경 피고로부터 법원의 판결에 의하여 원고에게 그 소유권이 있는 것으로 인정되면 이 사건 철판을 원고에게 인도한다는 내용의 각서를 받은 후 이 사건 철판을 피고에게 인도하였고, 이를 인도받아 보관하여 오던 피고는 1996. 5. 31. 원고와 사이에 피고가 철판을 매각하여 그 대금을 보관하되 이 소송에서 그 소유권이 원고에게 있는 것으로 인정되는 경우 위 대금에서 부가가치세를 공제한 나머지 금2억 2천 5백만 원을 원고에게 지급하기로 약정하고, 그 무렵 이 사건 철판을 매각하여 그 대금을 보관하고 있다.

(10) 이에 원고는 당해 철판을 목적물 반환청구권의 양도 방식에 의해 선의취득 하였음을 주장하며 피고에 대해 매각대금의 반환청구를 구하고 있다.

[법적 쟁점]

(1) 목적물반환청구권의 양도가 선의취득의 요건으로서 점유에 해당하는지 여부
(2) 선의취득의 요건으로서 무과실 충족 여부
(3) 피고가 제450조 제2항의 제3자인지 여부

[원고의 주장]

원고는 목적물반환청구권의 양수인으로서 선의취득을 주장한다. 즉 원고는 성일철강에 대하여 어음채권이 존재하였다는 사실, 성일철강의 소유인 철판에 대하여 어음채권에 갈음하여 양도하기로 하는 약정의 존재, 성일철강이 유성강재에 대하여 가지는 목적물반환청구권의 양도(점유의 이전)와 통지 내지 승낙이 있었다는 사실, 따라서 민법 제249조의 동산의 선의취득 요건을 충족하여 철판에 대하여 소유권을 취득하였으므로 소유권이 있으므로, 철판의 매각대금의 반환을 청구하는 바이다.

[피고의 주장]

(1) 목적물반환청구권의 양도에 의한 점유의 이전은 점유의 이전으로 볼 수 없다.
(2) **제450조 제2항 제3자 항변** : 가사 점유의 이전이라 할지라도 목적물반환청구권의

양도에 의한 점유의 이전은 지명채권양도에 해당되고, 피고는 제3자에 해당하며, 따라서 양도사실의 통지나 승낙을 확정일자 있는 증서에 의하지 아니하면 채무자 이외의 제3자(피고인 동부제강)에 대하여 대항할 수 없다. 따라서 철판에 대한 반환청구권을 양도함에 있어 확정일자 있는 증서에 의한 양도의 통지를 하지 아니하였으므로 1995. 11. 29 및 같은 달 30.자 각 내용증명우편에 의하여 원고와 유성강재에게 그 소유권을 주장한 피고에 대하여는 위 양도로서 대항할 수 없다.

(3) **원고측의 과실 존재** : 원고 회사의 대표사원과 성일철강의 대표이사는 처남·매부사이로서 업종은 달라도 역시 사업을 하는 자로서 3년 6개월간 약속어음 32매 액면금 10억 원 가량을 융통어음으로 빌려주고 회수하는 계속적 거래를 해 온 처지이므로, 비록 소유권유보 사항은 몰랐다고 하더라도 성일철강이 피고와 판매대리점으로서 이 사건 철판의 공급자가 피고이고 통상 상당한 규모의 외상거래를 해 온 사실을 알았다고 보아야 할 것이고, 이러한 상황에서 원고가 성일철강이 유성강재에 보관시켜 놓은 거액의 철판 전부를 성일철강의 부도가 임박한 상태에서 대물변제 받은 것이므로, 피고 회사에 조회하는 경우 소유권유보 사실을 쉽게 알 수 있었음에도 이러한 조치를 하지 않은 채 위와 같이 통상의 방법에 의한 일반적인 거래라고 할 수 없는 경위로 취득한 이상, 원고로서는 성일철강에 이 사건 철판에 대한 처분권이 없음을 알지 못한 데 대하여 과실이 있다고 보아야 한다.

[원심의 판단] 원고 승소

(1) **원고의 선의취득 인정** : 원고는 동산인 이 사건 철판에 대하여 선의취득의 요건인 점유의 이전과 관련하여 목적물 반환청구권양도의 통지와 승낙이 있었다고 보아야 하고, 선의인데 대하여 과실을 인정하지 않았다.

(2) **피고의 항변에 대한 판단** : 지명채권양도에서는 제3자에게 대항하려면 확정일자 있는 증서에 의한 채권양도의 통지나 승낙을 요한다고 하겠지만, 이 경우 제3자는 그 채권(여기서는 성일철강의 유성강재에 대한 철판 반환청구권)에 관하여 양수인의 지위와 양립하지 않는 법률상의 지위를 취득한 자(양도된 채권과 관련된 이해관계인)를 뜻한다고 보아야 할 것인 바, 피고는 철판의 소유자일 뿐 임가공계약에 기하여 가지는 성일철강의 유성강재에 대한 철판반환청구권에 관하여는 원고의 지위와 양립하지 않은 지위에 있는 것이 아니므로 제3자가 아니다.

[피고의 상고이유]

선의취득에 관한 법리 오해가 있다.

[대법원의 판단] 원심 파기환송

【대법원의 판단이유】

(1) 원심의 목적물반환청구권의 양도방식에 의한 선의취득(**점유) 인정** 부분에 대해서는 정당하다고 판단한다.

(2) **원고의 과실 존재 여부에 대한 판단**

원고 회사의 대표사원은 성일철강의 대표이사와 처남·매부 사이로서 업종은 달라도 역시 사업을 하는 자로서 3년 6개월간 약속어음 32매 액면금 10억 원 가량을 융통어음으로 빌려주고 회수하는 계속적 거래를 해 온 처지이므로, 비록 소유권유보 사항은 몰랐다고 하더라도 성일철강이 피고와 판매대리점으로서 이 사건 철판의 공급자가 피고이고 통상 상당한 규모의 외상거래를 해 온 사실을 알았다고 보아야 할 것이고, 이러한 상황에서 원고가 성일철강이 유성강재에 보관시켜 놓은 거액의 철판 전부를 성일철강의 부도가 임박한 상태에서 대물변제 받은 것이므로, 피고 회사에 조회하는 경우 소유권유보 사실을 쉽게 알 수 있었음에도 이러한 조치를 하지 않은 채 위와 같이 통상의 방법에 의한 일반적인 거래라고 할 수 없는 경위로 취득한 이상, 원고로서는 성일철강에 이 사건 철판에 대한 처분권이 없음을 알지 못한 데 대하여 과실이 있다는 의심이 들고, 달리 선의취득 주장자인 **원고가 무과실의 점에 대한 입증**(대판 1959. 8. 27. 4291민상678; 대판 1981. 12. 22. 80다2910)을 다하지 못하고 있다.

[참고] 선의취득에서 과실의 판단기준은 거래상 요구되는 주의의무로서 거래의 성질, 거래상황, 물건의 가액, 양도인의 재산상태 등을 고려하여 판단하여야 한다.

【판시사항】

[1] 동산 소유권유보부 매매의 매수인이 제3자에게 위 동산을 **보관**시킨 경우, 매수인이 그 **점유반환청구권**을 양수인에게 양도하고 지명채권 양도의 대항요건을 갖추면 동산의 선의취득에 필요한 점유의 취득 요건을 충족하는지 여부

[2] 동산 선의취득에 있어서 양수인이 양도인에게 처분권이 없음을 알지 못한 데 대하여 과실이 있다.

【판결요지】

[1] 양도인이 소유자로부터 보관을 위탁받은 동산을 제3자에게 **보관시킨 경우**에 양도인이 그 제3자에 대한 반환청구권을 양수인에게 양도하고 지명채권 양도의 대항요건을 갖추었을 때에는 동산의 선의취득에 필요한 점유의 취득 요건을 충족한다.

[2] 동산 선의취득에 있어서 양수인이 양도인에게 처분권이 없음을 알지 못한 데 대하여 과실이 있다고 인정한다.

제5장 물권적 청구권

[20] 소유권에 기한 물권적청구권
대판 1988. 4. 25. 87다카1682

[사실관계]

(1) 소외 특산흥업주식회사가 원고 소유의 사건 토지 중 11.55평(사건 계쟁토지부분)과 이에 인접한 가리봉동 126의 21 중 3.95평 합계 15.45평을 침범하여 사건 시장건물을 건축하였다.

(2) 이에 원고와 위 소외회사는 1981. 6. 30에 소외회사가 침범한 위 원고 소유 토지 15.45평을 대금 2,259,400 원으로 정하여 원고가 소외회사에게 매도하기로 하고 소외회사는 원고에 대하여 이미 부담하고 있던 금 4,000,000 원의 다른 채무와 합한 금 6,259,400 원의 변제에 갈음하여 소외회사가 다른 곳에 건축한 시장건물 중 점포 5동을 이전하여 주기로 약정하였다(**토지에 대한 매매계약과 토지에 대한 이전등기 의무**). 그러나 토지부분에 대한 등기는 경료되지 않은 상태이다.

(3) 원고는 1983. 1. 18.자로 위 매매에 따른 대물변제의 약정에 기하여 위 점포 5동에 관한 소유권이전등기를 원고 아버지 명의로 경료받았다.

(4) 피고는 1985. 7. 25. 이 사건 시장건물 중 이 사건 계쟁토지부분 위에 서 있는 부분을 포함한 1, 2층 부분을 경락받아 같은 해 8. 17. 위 '**경락**'을 원인으로 한 소유권이전등기를 마쳤다.

(5) 원고의 주장 : 소외회사가 매매대금을 포함한 금 6,259,400 원의 변제에 갈음하여 원고에게 양도하기로 한 것은 소외회사가 다른 곳에 건축한 시장건물 중 5동의 점포와 그 시장 건물부지 중 위 5동의 점포가 건물 전체에서 차지하는 비율에 따른 지분부분인데 소외회사는 원고에게 점포에 관해서만 소유권이전등기를 경료하여 주었을 뿐 건물부지의 지분에 대하여는 소유권이전등기를 경료해 주지 않았을 뿐만 아니라 그 건물부지 전부를 이미 타에 양도하여 그 지분소유권이전등기를 경료해 줄 수 없게 되었다(대법원은 원심에서 원고가 이러한 주장을 한 흔적을 찾아볼 수 없다고 함).

(6) 원고는 특산흥업이 대물변제약정에 기한 채무를 완전히 이행하지 않았음을 주장(대법원에서는 주장한 흔적을 찾을 수 없다고 함)하면서 매도한 11.5평에 대한 토지등

기가 본인 명의로 되어 있음을 기화로 피고를 상대로 소유권에 기한 방해배제청구로서 진열대철거 및 토지인도 청구를 구하고 있다.

[법적 쟁점]

토지매도인이 (아직 등기를 갖추지 않은 토지매수인에 대하여 매매 목적 토지 위에) 토지매수인이 건축한 건물을 취득한 자에 대하여 **토지소유권에 기한 물권적청구권**을 행사할 수 있는지 여부

- 토지에 대한 소유권이전등기의무 있는 자가 등기명의에 기한 소유권에 기하여 토지 위에 있는 건물의 철거를 주장할 수 있는지 여부

[원고의 주장]

당해 사건 토지(11.5평)의 토지 소유권은 원고 명의로 되어 있으므로 소유자로서 피고를 상대로 제214조에 의한 소유권에 기한 방해배제로 건물철거와 진열대 철거 및 제213조에 의한 소유물반환청구로서 부지 인도를 구한다.

[피고의 항변]

(1) 계쟁토지에 대하여는 소외 특산흥업이 이미 원고에게 매매대금을 지급하였다. 피고는 토지에 대한 미등기부동산매수인의 법적 지위의 승계하였고, 점유사용권의 승계를 하였기 때문에 승계자로서 제213조 단서에 의한 토지에 대하여 점유할 권리가 있다. 따라서 원고는 매매에 따른 토지에 대하여 소유권이전등기절차에 협력할 의무가 있다.

(2) **신의칙항변** : 소유권이전등기에 협력할 의무가 있는 자가 소유권에 기한 방해배제청구를 하는 것은 신의칙위반으로서 권리남용이다.

[원고측의 가능한 다른 주장]

(1) 피고가 경락으로 얻은 것은 건물만으로서 토지에 대한 어떠한 권리를 승계취득했다고 할 수 없다.

(2) 피고측의 점포 5동 부지 지분 이전등기를 하지 않았다. 자신의 토지와 점포 5동 지분 이전등기는 교환으로서 피고측의 채무불이행으로 말미암아 원고측의 대지 지분이전등기의무는 소멸되었으므로 피고는 대지 지분에 대하여 어떠한 권리도 가지지 못한다.

[원심의 판단] 원고 패소 판결

[원심의 판단이유]

(1) 원고는 소외회사에 대하여 계쟁 **토지** 부분에 관하여 **매매를 원인으로 한 소유권이**

전등기절차를 이행할 의무가 있다.

(2) 또한 이사건 토지부분에 관하여 특산흥업에게 소유권이전등기 의무가 있는 원고가 위 대지위에 건축된 건물부분을 취득한 피고에 대하여 진열대의 철거와 그 부분 대지의 인도를 구하는 것은 **신의측에 반하여 허용될 수 없다**.

[원고의 주장 및 상고이유]

(1) 심리미진으로 인한 사실오인의 위법이 있다.

원고는 소외회사가 위 매매대금을 포함한 금 6,259,400원의 변제에 갈음하여 원고에게 양도하기로 한 것은 소외회사가 다른 곳에 건축한 시장건물 중 5동의 점포와 그 시장건물부지의 지분부분인데 소외회사는 원고에게 점포부분에 관하여서만 소유권이 전등기를 경료해 주었을 뿐 건물부지의 지분에 대하여는 소유권이전등기를 경료해 주지 않았을 뿐만 아니라 그 건물부지 전부를 이미 타에 양도하여 그 지분소유권이전등기를 경료해 줄 수 없게 되었으므로(피고측 채무의 이행불능) **원고는 계쟁 토지부분에 관하여 위 매매에 따른 소유권이전등기절차를 이행할 의무가 없다고 주장한다.**

(2) 신의칙에 대한 법리오해의 위법이 있다.

[대법원의 판단] 상고기각

【대법원의 판단이유】

(1) 토지의 매수인이 아직 소유권이전등기를 경료받지 아니하였다 하더라도 매매계약의 이행으로 **토지를 인도받은 때에는 매매계약의 효력**으로서 이를 **점유 사용할 권리**가 있는 것으로 볼 수 있고,

(2) 또 **토지매수인의 그 토지 위에 건축한 건물을 취득한 자는 그 토지에 대한 매수인의 위와 같은 점유사용권까지 아울러 취득한 것**으로 봄이 상당하므로 매도인은 매매계약의 이행으로서 인도한 토지 위에 매수인이 건축한 건물을 취득한 자에 대하여 **토지소유권에 기한 물권적청구권**을 행사할 수 없다. (사견 : 종물이론의 유추적용이라고 할 수 있다. 주된 권리인 건물의 소유권과 종된 권리인 토지에 대한 건물매도인이 가지는 토지의 점유사용권의 관계로서 건물의 소유권을 취득한 자는 토지에 대한 매수인의 점용사용권까지 취득한 것으로 볼 수 있다는 것이다).

(3) 원고가 원심에서 위와 같은 주장(5동의 건물뿐만 아니라 대지부분까지 이전등기를 해주기로 하였다는 주장)을 한 흔적을 기록상 찾아볼 수 없을 뿐만 아니라 가사 위 주장대로 소외회사가 위 매매대금을 포함한 금 6,259,400원의 변제에 갈음하여 원고에게 양도하기로 한 목적물의 일부에 관하여 그 채무를 이행하지 않고 있거나 이

행할 수 없게 되었다 할지라도 그 점만으로 곧바로 위 매매에 따른 소유권이전등기 의무가 소멸되는 것으로 볼 수도 없다.

(4) 원심이 이사건 토지부분에 관하여 소외회사에게 소유권이전등기 의무가 있는 원고가 위 대지위에 건축된 건물부분을 취득한 피고에 대하여 진열대의 철거와 그부분 대지의 인도를 구하는 것은 **신의측에 반한다는 이유로 허용될 수 없다**고 판단한 것은 그 이유설시에 있어서 다소 적절하지 못한 바는 있으나, 물권적 청구권행사를 부정한 것은 결론에 있어서 정당하다고 하여 신의칙을 판단근거로 삼지 않고 제213조 단서에 의하여 점유할 권리가 있다고 판단하였다.

[참고] 이와 유사한 문제는 경매로 인하여 법정지상권(제366조)이 생기게 된 건물을 경락인으로부터 양수한 자와 토지소유자 사이에서도 생길 수 있다. 즉 甲이 토지와 그 지상건물을 소유하고 있다가 건물에 저당권을 설정하여 저당권실행의 결과 乙이 그 건물을 경락 취득하였다고 할 때 갑은 乙 소유의 건물에 대하여 지상권을 부담하게 되어 있으므로(366조), 乙이 그 건물 소유를 위하여 甲 소유의 토지를 사용하는 것을 방해하여서는 아니될 것이다. 그러나 乙이 그 건물을 丙에게 매도하여 丙이 그 건물을 소유하는 경우에는 丙은 乙이 경락 취득한 법정지상권의 이전등기를 받지 아니한 이상 갑에 대하여 그 지상권을 주장할 수가 없기 때문에 갑이 병에 대하여 그 토지의 소유권을 주장하면서 건물의 철거를 청구한다면 자기가 그 건물의 소유를 위하여 그 토지를 사용할 수 있는 권능의 근거를 제시해야 할 필요가 생기게 되는 것이다.

[참고] 건물에 대하여 경락이 아니고 피고가 건물을 매수하여 건물에 대한 이전등기를 경료하지 않고 있는 경우라면 피고는 제186조에 따라 건물에 대하여 이전등기를 경료하지 않는 한 건물에 대한 법적 소유자가 아니다. 따라서 형식적 의미에서 건물취득자가 아니고 채권적 지위(건물소유권에 대한 이전등기청구권을 가지는 자)에 있는 자이기 때문에 제213조 단서에 의한 대지에 대한 점유할 권리가 있는 자인가가 문제된다. 대지의 형식적 소유권자인 원고에 대하여 어떠한 근거로 대항할 수 있는가가 문제되는데 이 경우에는 대지를 점유할 수 있는 권리가 있어야 한다. 만약 그러한 권리가 없다면 위 판례와 달리 피고는 원고에 대항할 수 없게 될 것이다.

[참조판례] 대판 2009. 12. 10. 2009다49971

[아파트 단지를 관리하는 단체가 외부차량의 아파트 단지 내 출입을 통제하는 행위가 아파트 단지 내 상가건물 구분소유자들의 대지사용권을 방해하는 침해행위가 되는지 여부의 판단 방법]

[1] 아파트 단지를 관리하는 단체가 외부차량의 아파트 단지 내 출입을 통제하는 행위가 아파트 단지 내 상가건물 구분소유자들의 대지사용권을 방해하는 침해행위가 되는지 여부는, 아파트 단지 내 상가건물과 그 부속주차장의 위치 및 이용관계, 아파트 단지 안으로의 출입 통제 방법, 아파트 및 상가건물 부근의 지리적 상황, 아파트 입주자들과 상가건물의 소유자 또는 이용자의 이해득실 기타 제반 사정을 참작하여 사회통념에 따라 판단하여야 한다.

[2] 아파트 입주자대표회의가 아파트 단지 출입구에 차단기를 설치하여 외부차량의 출입을 통제하는 행위가 제반 사정상 아파트 단지 내 상가건물 구분소유자들의 수인한도를 넘어 그 대지사용권을 침해하였다고 볼 수 없다.

[21] 물권으로서 지상권을 양수한 자의 대지소유권자에 대한 관계
대판(전) 1985. 4. 9. 84다카1131, 1132

[판시사항]

법정지상권을 가진 건물소유자로부터 건물을 양수하면서 지상권까지 양도받기로 한 자에 대한 대지소유자의 건물철거청구의 당부

【판결요지】

[다수의견] 법정지상권을 가진 건물소유자로부터 건물을 양수하면서 법정지상권까지 양도받기로 한 자는 채권자대위의 법리에 따라 전건물소유자 및 대지소유자에 대하여 차례로 지상권의 설정등기 및 이전등기절차이행을 구할 수 있다 할 것이므로 이러한 법정지상권을 취득할 지위에 있는 자에 대하여 대지소유자가 소유권에 기하여 건물철거를 구함은 지상권의 부담을 용인하고 그 설정등기절차를 이행할 의무있는 자가 그 권리자를 상대로 한 청구라 할 것이어서 신의성실의 원칙상 허용될 수 없다.

[소수의견] 토지소유자로서는 법정지상권을 가진 건물소유자로부터 건물을 양수하였을 뿐 아직 법정지상권을 취득하지 못하고 있는 건물양수인에 대하여 법정지상권의 승계취득에 협력할 의무를 부담하지 않고 있으며 그 의무는 법정지상권자에게 있을 뿐이므로 의무없는 토지소유자에게 그 승계취득에 관한 건물양수인의 이익을 배려하라고 요구할 수는 없고 이를 배려하지 아니한 행위를 형평에 어긋나거나 신뢰를 저버린 것이라 나무랄 수는 없어 대지소유자가 건물양수인에 대하여 하는 소유권에 기한 건물철거청구를 획일적으로 신의칙위반이라고 배척할 수는 없으며 건물양수인은 앞으로 법정지상권을 유효하게 취득함으로써 건물을 보호받을 수 있는 법적 수단을 가진 자이므로 이런 법적 수단을 갖춘 경우에만 토지소유자의 토지용익권에 우선할 수 있고 그렇지 않는한 토지소유자의 철거청구에 대항할 수 없다고 보는 것이 토지이용관계의 조정상 공평하고 합리적인 해석이며, 또 현행 부동산공시제도의 원칙에도 합당하다.

[22] 방해배제청구권에서 방해의 의미

대판 2003. 3. 28. 선고 2003다5917

[사실관계]

(1) 이 사건 토지는 원고와 오석근 등 6인의 공동소유이었다.

(2) 이 사건 토지는 인접토지보다 3m 정도 지반이 낮은 채 웅덩이 화 되어 폐하천 인접지역의 황무지로 방치되어 있었고 그 일대가 상습침수지역으로서 인근 농경지까지 침수되는 경우가 잦자 피고는 1983. 초순경 이 사건 토지를 포함한 5필지의 토지에 대하여 광명시에서 발생하는 오물(진개)을 매립함으로써 이를 위생적으로 처리하고 하천 유수에 의하여 훼손된 농지를 양질의 농지로 조성하는 내용의 오물(진개)매립 및 농지조성계획을 수립하였고, 1984. 1.경 이 사건 토지의 공유자인 원고 등 6인에게 이 사건 토지에 연탄재 등의 쓰레기를 매립하여 양질의 농지로 만들어주겠다고 제의하여 원고 등 6인으로부터 쓰레기 매립장 설치에 대한 동의서를 받았다.

(3) 피고는 1984. 7. 13. 이 사건 토지에 대한 쓰레기 매립 공사에 착공하여 연탄재를 포함한 쓰레기 등으로 약 3m 가량을 매립한 후 농작물경작이 가능하도록 그 위에 약 2m 가량을 양질의 토양으로 복토하였고 1985. 2. 28. 토지형질변경 준공검사를 마친 후 같은 해 3. 5. 위 계획에 따른 쓰레기장 매립공사를 완공하였으며 이후 이 사건 토지는그 지상에 비닐하우스가 설치되어 채소를 재배하는 농경지로 사용되어 왔다.

(4) 원고가 다른 공유자들의 지분을 매수하여 1997. 10. 27. 원고 앞으로 지분소유권이전등기를 마침으로써 원고 단독 소유가 되었다.

(5) 현재 이 사건 토지 아래에는 생활폐기물, 건설폐기물, 사업장 일반폐기물 등이 별도 구분 없이 매립되어 있고 표층으로부터 1, 2m 정도는 토사로 볼 수 있으나 그 아래 매립 부분은 층을 별도 구분하여 처리하기 곤란한 상태로 혼합하여 매립되어 있는 상태이다.

(6) 이에 원고는 1999년에 피고 광명시를 상대로 불법행위로 인한 손해배상청구 또는 소유권에 기한 방해배제청구로서 수거, 원상회복을 구하고 있다.

[법적 쟁점]

(1) 제214조의 방해의 의미 및 그 내용

(2) 소유자가 동의하지 않은 매립쓰레기가 현재의 소유권에 대하여 별도의 침해를 지속하고 있는지 여부

[원고의 주장]

원고 소유의 토지에 피고측이 생활폐기물, 건설폐기물, 사업장 일반폐기물 등을 매립함으로써 원고의 소유권을 위법하게 침해하여 그러한 매립물을 제거해야 할 비용 상당의 손해를 입혔다. 토지소유권의 범위는 제212조에 따라 정당한 이익있는 범위 내에서 토지의 상하에 미치므로 비록 지사에 매설되어 있다 하더라도 이러한 토지소유권의 침해로서 제750조의 불법행위에 의한 손해배상청구를 주장한다.

[피고측 항변] 원고가 불법행위로 인한 손해배상청구를 하고 있는데, 불법행위로 인한 손해배상청구권의 소멸시효는 불법행위를 한 날로부터 10년을 경과한 때에는 시료로 소멸하게 된다. 따라서 불법행위에 의한 손해배상청구가 인정된다 하더라도 매립일로부터 10년이 경과하였으므로 손해배상청구권은 시효로 소멸하였다.

[원고측 재항변]

(1) 이 사안에서 문제되는 불법행위는 계속적 불법행위이다. 즉 피고측 불법행위에 기한 손해가 계속적으로 발생하고 있으므로 시효기간이 도래하지 않았다.

(2) **소유권에 기한 방해배제청구** : 원고는 이 사건 토지의 소유자로서, 피고가 연탄재만으로 이 사건 토지를 매립하고 복토하여 양질의 토지를 만들어주겠다고 하여 원고 등 6인의 승낙을 받았음에도 그 후 이 사건 토지에 생활쓰레기와 산업쓰레기 등을 위법하게 매립하였고 그 쓰레기 등이 부패, 소멸되지 않고 현재도 이 사건 토지 지하에 그대로 남아 있어 원고의 소유권을 침해하고 있으므로 원고는 제214조에 의한 소유권에 기한 방해배제청구권으로서 위 쓰레기의 수거 및 원상복구를 구한다.

소유권은 소멸시효에 걸리지 않는 권리(제162조 제2항), 소유권에 기한 방해배제청구권 역시 소멸시효에 걸리지 않는 권리이다.

[피고측 주장]

(1) 계속적 불법행위란 불법행위가 계속적으로 행하여지는 결과 손해도 계속적으로 발생하는 경우를 말하는 것인데, 사안에서는 불법행위는 이미 기존에 행해졌기 때문에 계속적 불법행위의 적용을 받지 않는다.

(2) 소유권에 기한 방해배제청구권을 행사하려면 소유권에 대한 방해라는 요건을 충족해야 한다. 즉 '방해'라 함은 현재에도 지속되고 있는 침해를 의미하고, 법익 침해가 과거에 일어나서 이미 종결된 경우에 해당하는 '손해'의 개념과는 다르다. 따라서 불법행위에 의한 손해배상청구권의 주장은 별론하고 소유권에 기한 방해배제청구권을 주장하는 것은 이유없다.

[원심의 판단] 원고 청구 기각

[원심의 판단이유]

(1) 피고의 불법행위로 인한 손해배상청구권은 인정되나 불법행위로 인한 손해배상청구권은 10년의 시효기간이 도과되어 소멸하였다. 계속적 불법행위라고 볼 수 없다.

(2) 소유권에 기한 방해배제청구 및 이에 대한 판단

소유권에 기한 방해배제청구권에 있어서 '방해'라 함은 현재에도 지속되고 있는 침해를 의미하고, 법익 침해가 과거에 일어나서 이미 종결된 경우에 해당하는 '손해'의 개념과는 다르다 할 것이며, 방해배제청구권은 방해결과의 제거를 내용으로 하는 것이 되어서는 안되며(이는 손해배상의 영역에 해당한다 할 것이다) 현재 계속되고 있는 방해의 원인을 제거하는 것을 내용으로 한다고 할 것이다.

그러나, 이 사건 토지에 행해진 매립공사는 피고 시에서 발생하는 오물(진개)의 처리 및 이 사건 토지의 농지조성을 목표로 하여 단기간 내에 걸쳐 매립과 복토로써 완결된 공사로서 이 사건 토지에 원고 등이 연탄재 매립만을 동의하고 나머지 생활쓰레기나 산업쓰레기의 매립에 동의하지 않았는데 피고가 일방적으로 위 동의의 범위를 벗어난 쓰레기를 이 사건 토지에 매립하였다 하더라도 현재 그 지하에는 원고가 동의한 범위에 속하는 쓰레기와 그 범위를 벗어난 쓰레기가 분리 불가능한 상태로 혼재되어 있다고 할 수 있는바, 위와 같이 이 사건 토지에 원고가 동의하지 않은 쓰레기가 매립되어 있다 하더라도 이는 위법한 매립공사로 인하여 생긴 결과로서 원고가 입은 손해 (이에 대한 손해배상청구권이 소멸시효 완성되었음은 앞서 본 바와 같다)에 해당한다 할 것일 뿐, 그 쓰레기만이 원고의 소유권에 대하여 **별도의 침해를 지속하고 있다고 볼 수 없고** 따라서 소유권에 기한 방해배제청구권에는 해당하지 아니한다. 이를 전제로 한 원고의 위 주장은 이유 없다.

[상고이유]

소유권에 기한 방해배제청구권에 관한 법리를 오해한 위법이 있다.

[대법원의 판단] 원고의 상고기각

【대법원의 판단이유】

소유권에 기한 방해배제청구권에 있어서 '**방해**'라 함은 현재에도 지속되고 있는 침해를 의미하고, 법익 침해가 과거에 일어나서 이미 종결된 경우에 해당하는 '**손해**'의 개념과는 다르다 할 것이어서, 소유권에 기한 방해배제청구권은 방해결과의 제거를 내용으로 하는 것이 되어서는 아니 되며(이는 손해배상의 영역에 해당한다 할 것이다.) 현재 계속되고 있는 방해의 원인을 제거하는 것을 내용으로 한다고 할 것인데, 이 사건 토지에 원고 등이 매립에 동의하지 않은 쓰레기가 매립되어 있다 하더라도 이는 과거의 위법한 매립공사로 인하여 생긴 결과로서 원고가 입은 손해에 해당한다 할 것일 뿐, 그 쓰레기가 현재 원고의 소유권에 대하여 별도의 침해를 지속하고 있다고 볼 수 없고 따라서 소유권에 기한 방해배제청구권을 행사할 수 있는 경우에 해당하지 아니한다.

[참고] 방해의 유형에는 법적 방해와 사실적 방해가 있다. 법적 방해(추상적 방해)란 방해자가 자가 소유자의 권리를 부정 또는 법적 행사의 방해(예 : 다른 자가 부동산의 소유자로 등기되어 있는 경우)를 말하며, 사실적 방해란 소유자가 소유물을 사용, 수익할 권한을 사실적으로 저지(예 : 돌을 던져 타인의 주택의 유리창을 깬 경우)하는 것을 말한다.

[참고] 만약 방해를 인정한다면 물권적청구권은 소멸시효에 걸리는가. 물권적청구권의 법적 성질을 어떻게 보느냐에 따라 달라진다. 물권설과 채권설, 절충설이 있다. 채권설에 의하면 소멸시효에 걸린다고 하고, 물권설에 의하면 소멸시효에 걸리지 않는다고 한다. 절충설은 소유권에 기한 물권적청구권과 소유권 이외의 물권적청구권을 구별하여 소유권이 소멸시효에 걸리지 않는 것처럼 소유권에 기한 물권적청구권은 소멸시효에 걸리지 않는 것이고, 소유권 이외의 물권적청구권은 소멸시효에 걸린다고 한다.

판례는 소유권에 기한 물권적청구권은 시효에 걸리지 않는다고 한다(대판 1993. 12. 21. 91다41170).

[참고판례] 타인 소유 건물의 일부분에 고정시설물을 부착한 경우, 건물 소유권에 기한 방해배제청구권의 행사로서 그 시설물의 철거를 구할 수 있는지 여부

타인 소유 건물의 일부분에 시설물을 부착·고정시켜 설치하여 소유하는 것은 달리 특별한 사정이 없는 한 그 건물의 소유와 보존·관리 기타 사용 등에 직접적인 방해를 가하고 있는 것이라고 볼 여지가 없지 않고, 또한 그 방해의 배제를 위하여는 그 시설물의 설치 경위와 위치, 구조 및 규모 등에 비추어 그 전체를 철거할 수밖에 없다(대판 1997. 9. 9. 97다19373).

[참고] 위의 사안에서 당사자간에 계약이 존재하였으므로 채무불이행책임의 문제도 발생한다. 피고는 채무의 이행은 하였으나 불완전이행하였고 이행으로 말미암아 오히려 원고에게 손해를 가하였으므로 일종의 적극적 채권침해라고 할 수 있다. 다만 이 경우에도 채권의 소멸시효 여부는 검토되어야 한다.

[23] 토양오염과 불법행위
대판(전) 2016. 5. 19. 2009다66549

[판시사항]

토지 소유자가 토양오염물질을 토양에 누출·유출하거나 투기·방치함으로써 토양오염을 유발하였음에도 오염토양을 정화하지 않은 상태에서 오염토양이 포함된 토지를 거래에 제공함으로써 유통되게 하거나, 토지에 폐기물을 불법으로 매립하였음에도 처리하지 않은 상태에서 토지를 거래에 제공하는 등으로 유통되게 한 경우, 거래 상대방 및 토지를 전전 취득한 현재의 토지 소유자에 대한 위법행위로서 불법행위가 성립할 수 있는지 여부(원칙적 적극) / 이때 현재의 토지 소유자가 지출하였거나 지출해야 하는 오염토양 정화비용 또는 폐기물 처리비용 상당의 손해에 대하여 불법행위자로서 손해배상책임을 지는지 여부(적극)

【판결요지】

[다수의견] 헌법 제35조 제1항, 구 환경정책기본법(2011. 7. 21. 법률 제10893호로 전부 개정되기 전의 것), 구 토양환경보전법(2011. 4. 5. 법률 제10551호로 개정되기 전의 것, 이하 같다) 및 구 폐기물관리법(2007. 1. 19. 법률 제8260호로 개정되기 전의 것)의 취지와 아울러 토양오염원인자의 피해배상의무 및 오염토양 정화의무, 폐기물 처리의무 등에 관한 관련 규정들과 법리에 비추어 보면, 토지의 소유자라 하더라도 토양오염물질을 토양에 누출·유출하거나 투기·방치함으로써 토양오염을 유발하였음에도 오염토양을 정화하지 않은 상태에서 오염토양이 포함된 토지를 거래에 제공함으로써 유통되게 하거나, 토지에 폐기물을 불법으로 매립하였음에도 처리하지 않은 상태에서 토지를 거래에 제공하는 등으로 유통되게 하였다면, 다른 특별한 사정이 없는 한 이는 거래의 상대방 및 토지를 전전 취득한 현재의 토지 소유자에 대한 위법행위로서 불법행위가 성립할 수 있다. 그리고 토지를 매수한 현재의 토지 소유자가 오염토양 또는 폐기물이 매립되어 있는 지하까지 토지를 개발·사용하게 된 경우 등과 같이 자신의 토지소유권을 완전하게 행사하기 위하여 오염토양 정화비용이나 폐기물 처리비용을 지출하였거나 지출해야만 하는 상황에 이르렀다거나 구 토양환경보전법에 의하여 관할 행정관청으로부터 조치명령 등을 받음에 따라 마찬가지의 상황에 이르렀다면 위법행위로 인하여 오염토양 정화비용 또는 폐기물 처리비용의 지출이라는 손해의 결과가 현실적으로 발생하였으므로, 토양오염을 유발하거나 폐기물을 매립한 종전 토지 소유자는 오염토양 정화비용 또는 폐기물 처리비용 상당의 손해에 대하여 불법행위자로서 손해배상책임

을 진다.

[반대의견] 자신의 토지에 폐기물을 매립하거나 토양을 오염시켜 토지를 유통시킨 경우는 물론 타인의 토지에 그러한 행위를 하여 토지가 유통된 경우라 하더라도, 행위자가 폐기물을 매립한 자 또는 토양오염을 유발시킨 자라는 이유만으로 자신과 직접적인 거래관계가 없는 토지의 전전 매수인에 대한 관계에서 폐기물 처리비용이나 오염정화비용 상당의 손해에 관한 불법행위책임을 부담한다고 볼 수는 없다.

[24] 방해예방청구권
대판 1995. 7. 14. 선고 94다50533

[사실관계]

(1) 논 469번지는 원고의 소유이고, 468 토지는 피고가 18분의 6 지분을 소유하고 있고, 474 토지는 피고가 단독으로 이를 소유하고 있다.

(2) 원고 소유인 토지는 원래 피고 등의 소유인 위 468, 474 토지와 같은 높이로서 위 각 토지 등이 평면을 이루고 있었다..

(3) 1989. 11.경 소외 회사가 위 각 토지 인근에서 도로확장공사를 시행하면서 그 공사에 필요한 흙을 마련하기 위하여 피고 등 소유의 위 468, 474 토지에서의 채토를 부탁하자 피고는 위 각 토지를 그 북쪽에 있는 주변의 토지들과 같은 높이로 만들 생각으로 이를 승낙하였다.

(4) 위 회사가 같은 해 12. 15.경부터 같은 달 말경까지 피고 등의 소유인 위 468, 474 토지를 깊이 약 7.5m가량 굴토하여 흙을 파내어 가고 또한 위 468토지와 경계부근인 ㉮부분에서도 흙을 파내어 감으로써 경사 약 40-50도 가량 되는 약 7.5m 높이의 경사지가 생기게 되었고, 이 상태는 현재까지도 그대로 지속되고 있다.

[법적 쟁점]

소유물방해예방청구권을 행사하기 위한 요건

[원고의 주장]

이 사건 토지와 피고 등 소유인 위 468 토지의 경계에 피고의 행위로 인하여 위와 같은 급경사지가 출현하게 되어 굴토되지 아니한 이 사건 토지부분이 붕괴의 위험에 직면하게 됨으로써 이 사건 토지부분에 관한 원고의 소유권이 방해받을 염려가 있게 되었으므로, 원고는 제214조에 의한 소유권방해예방청구권의 행사를 할 수 있다.

원고는 장차 방해 방해될 염려가 있는 소유물의 소유자이고 피고는 장차 소유권을 방해할 염려가 있는 행위를 하는 자이고, 소유권을 방해할 염려가 있는가에 대하여 판례는 ① 보호받을 만한 가치가 있을 것과 ② 객관적으로 근거 있는 상당한 개연성을 가져야 하고 관념적인 가능성만으로는 인정할 수 없다(대판 94다50533)고 하고 있는데 위의 요건을 충족하므로, 원고는 피고에게 이 사건 토지의 붕괴 위험을 예방하기 위한 조치의 이행을 구할 수 있고, 그 조치는 피고가 위 468 토지 상에 청구취지 기재와 같은 내용의 공사(옹벽공사)를 함이 상당하므로 피고에게 위 공사의 이행을 구한다.

[피고의 주장]

사건 토지 위 급경사지는 **1989. 12.경 형성되었음**에도 그로부터 4년 이상이 경과한 현재까지 이 사건 토지의 형상이 당시보다 지금 바로 원고가 구하는 예방조치를 취하지 아니하면 아니될 정도로 변화되었다고 볼 아무런 증거가 없다. 이 사건 토지는 1990년 경부터 경작되지 아니하고 방치되어 왔다. 방해예방청구를 구할 이익도 없다. 원고의 청구는 이유가 없으므로 기각되어야 한다.

[원심의 판단] 청구기각

[원심의 판단이유]

토지의 소유자는 소유권을 방해할 염려가 있는 행위를 하는 자에 대하여 그 예방을 청구할 수 있고 위 예방청구권은 방해의 발생을 기다리지 않고 현재 예방수단을 취할 것을 인정하는 것이므로 그 방해의 염려가 있다고 하기 위하여는 방해예방의 소에 의하여 '미리 보호받을 만한 가치가 있는 것'으로서 객관적으로 근거있는 상당한 개연성을 가져야 할 것이고 관념적인 가능성만으로는 이를 인정할 수 없다.

이 사건에서 위 굴토로 인하여 이 사건 토지와 위 468 토지와의 경계에 급경사지가 생기게 됨으로써 굴토되지 아니한 이 사건 토지부분이 비바람 등 자연적인 현상에 의하여 경사지 흙의 유실 등으로 장차 붕괴할 가능성이 없다고는 할 수 없으나 위 급경사지는 **1989. 12.경 형성되었음**에도 그로부터 4년 이상이 경과한 현재의 이 사건 토지의 형상이 당시보다 지금 바로 원고가 구하는 예방조치를 취하지 아니하면 아니 될 정도로 변화되었다고 볼 아무런 증거 없는 점에 비추어 보면 피고에게 이 사건 토지의 붕괴위험에 대한 예방조치를 강제할 정도로 이 사건 토지부분이 붕괴될 개연성이 상당하다고 볼 수 없고 달리 이를 인정할 객관적인 자료가 없으며, 뿐만 아니라 이 사건 토지의 지목이 **답(논)**인 사실에다가 이 사건 토지는 1990년경부터 경작되지 아니하고 방치되어 온 사실을 인정할 수 있고, 이러한 사정에 비추어 보더라도 이 사건 토지에 관한 원고의 소유권이, 피고에게 원고가 구하는 내용의 예방조치의 이행을 강제할 정도로 방해받을 염려가 있다고도 보기 어렵다 할 것이니 원고의 위 주장은 그 이유가 없다.

[상고이유] 채증법칙 위배하여 사실 오인 위법, 심리를 다하지 아니한 사실오인의 위법

[대법원의 판단] 상고기각

【대법원의 판단이유】

소유물방해예방청구권은 방해의 발생을 기다리지 않고 현재 예방수단을 취할 것을 인정하는 것이므로, 그 방해의 염려가 있다고 하기 위하여는 방해예방의 소에 의하여

미리 보호받을 만한 가치가 있는 것으로서 객관적으로 근거 있는 상당한 개연성을 가져야 할 것이고 관념적인 가능성만으로는 이를 인정할 수 없다.

[참고] 채무자의 부도 등의 사유가 발생하여 신용상태가 악화되거나 채권 회수를 위해 저당권자가 언제라도 저당권을 실행할 수 있는 상태가 된 이후 토지저당권자가 토지 소유자나 제3자가 나대지에 건물을 신축하는 경우 저당권에 기해 방해예방청구권을 행사할 수 있다(대판 2006. 1. 27. 2003다58454).

[25] 저당권자의 방해배제청구권
대판 2006. 1. 27. 2003다58454

[판시사항]

[1] 저당권자가 저당권에 기한 방해배제청구권을 행사하여 방해행위의 제거를 청구할 수 있는 경우

[2] 대지의 소유자가 나대지 상태에서 저당권을 설정한 다음 대지상에 건물을 신축하기 시작하였으나 피담보채무를 변제하지 못함으로써 저당권이 실행에 이르렀거나 실행이 예상되는 상황인데도 신축공사가 진행되는 경우, 저당권자가 지배하는 교환가치의 실현을 방해하거나 방해할 염려가 있는 사정에 해당하는지 여부(적극)

【판결요지】

[1] 저당권자는 저당권 설정 이후 환가에 이르기까지 **저당물의 교환가치**에 대한 지배권능을 보유하고 있으므로 저당목적물의 소유자 또는 제3자가 저당목적물을 물리적으로 멸실·훼손하는 경우는 물론 그 밖의 행위로 저당부동산의 교환가치가 하락할 우려가 있는 등 저당권자의 우선변제청구권의 행사가 방해되는 결과가 발생한다면 저당권자는 저당권에 기한 방해배제청구권을 행사하여 방해행위의 제거를 청구할 수 있다.

[2] 대지의 소유자가 나대지 상태에서 저당권을 설정한 다음 대지상에 건물을 신축하기 시작하였으나 피담보채무를 변제하지 못함으로써 저당권이 실행에 이르렀거나 실행이 예상되는 상황인데도 소유자 또는 제3자가 신축공사를 계속한다면 신축건물을 위한 법정지상권이 성립하지 않는다고 할지라도 경매절차에 의한 매수인으로서는 신축건물의 소유자로 하여금 이를 철거하게 하고 대지를 인도받기까지 별도의 비용과 시간을 들여야 하므로, 저당목적 대지상에 건물신축공사가 진행되고 있다면, 이는 경매절차에서 매수희망자를 감소시키거나 매각가격을 저감시켜 결국 저당권자가 지배하는 교환가치의 실현을 방해하거나 방해할 염려가 있는 사정에 해당한다.

(위와 같은 상황을 막기 위하여 저당권자는 나대지 위에 저당권을 설정할 때에는 지상권까지 설정하는 이른바 담보지상권을 갖는다: 필자 주)

[참고] 사법상 권리구제 - 예방적 권리보호의 필요성

사법상 권리구제의 방법으로는 사전적인 예방적 권리보호를 위한 제206조의 점유권에 기한 방해예방청구권과 제214조의 소유권에 기한 방해예장청구권이 있고, 사후적

인 권리구제로는 제750조의 손해배상이 있다. 제205조와 제214조의 방해배제청구권은 원칙적으로 사후구제의 방법이지만 침해의 계속을 저지하는 수단이기 때문에 일정한 사전적인 예방적 권리보호 기능을 하게 된다.

손해배상과 물권적청구권의 요건에서 결정적 차이는 과실과 손해의 발생의 유무에 있다. 양자 모두 위법성은 공통적으로 요구한다. 예외적으로 불법행위에 의한 금지청구권을 인정하여 불법행위의 예방적 기능을 인정하기도 하였다(대결 2010. 8. 25. 자2008마1541).

[26] 방해제거 및 방해예방청구권
대판 1998. 4. 28. 97다48913

[판시사항]

[1] 새로운 지하수 개발 및 취수로 인하여 인근 토지 소유자의 기존 생활용수에 장해가 생기거나 장해의 염려가 있는 경우, 인근 토지 소유자의 생활용수 방해제거 및 예방청구권의 유무(적극)

[2] 새로운 지하수 개발에 대하여 행정청으로부터 허가를 받았다는 사유만으로 인근 토지 소유자에 대한 생활용수방해가 정당화되는지 여부(소극)

[3] 지하수의 대량취수에 의한 생활용수방해의 예방을 위하여 필요한 한도 내에서 지하수 개발공사의 중지를 청구할 수 있는지 여부(적극)

【판결요지】

[1] 토지의 소유권은 정당한 이익이 있는 범위 내에서 토지의 상하에 미치므로 토지 소유자는 법률의 제한 범위 내에서 그 소유 토지의 지표면 아래에 있는 지하수를 개발하여 이용할 수 있다 할 것이나, 소유권 방해제거·예방청구권에 관한 민법 제214조의 규정과 용수장해로 인한 용수권자의 손해배상청구권 및 원상회복청구권에 관한 민법 제236조의 규정을 종합하여 보면, 어느 토지 소유자가 새로이 지하수 개발공사를 시행하여 설치한 취수공 등을 통하여 지하수를 취수함으로 말미암아 그 이전부터 인근 토지 내의 원천에서 나오는 지하수를 이용하고 있는 인근 토지 소유자의 음료수 기타 생활상 필요한 용수에 장해가 생기거나 그 장해의 염려가 있는 때에는, 생활용수 방해를 정당화하는 사유가 없는 한 인근 토지 소유자는 그 생활용수 방해의 제거(원상회복)나 예방을 청구할 수 있다.

[2] 토지 소유자의 새로운 원천의 개발 및 지하수 이용으로 인하여 기존의 원천에서 나오는 지하수를 이용하고 있던 인근 토지 소유자의 생활용수에 장해가 생긴다면, 그와 같은 생활방해가 사회통념상 일반적으로 수인할 정도를 넘어서지 않는다고 볼 만한 특별한 사정이 없는 한 그 생활방해는 위법하다고 할 것이고, 토지 소유자가 지하수 개발에 대하여 관할 행정청으로부터 「먹는물관리법」에 의한 허가를 받았다는 사유만으로는 생활방해가 정당화된다고 할 수 없다.

[3] 지하수 개발공사 자체만으로는 인근 토지 소유자의 생활용수에 장해가 생기지 않는다고 하더라도, 인근 토지 소유자는 지하수의 대량취수에 의한 생활방해의 예방을 위하여 필요한 한도 내에서 대량취수를 위한 지하수 개발공사의 중지를 구할 수 있다.

[27] 건물의 소유를 통한 토지의 점유

대판 2022. 6. 30. 2021다276256

[판시사항]

건물소유자가 건물의 소유를 통하여 타인 소유의 토지를 점유하고 있는 경우, 토지 소유자가 건물소유자에게 건물에서 퇴거할 것을 청구할 수 있는지 여부(소극) 및 이러한 법리는 건물이 공유관계에 있는 경우에 건물의 공유자에 대해서도 마찬가지로 적용되는지 여부(적극)

【판결요지】

건물소유자가 건물의 소유를 통하여 타인 소유의 토지를 점유하고 있다고 하더라도 토지 소유자로서는 건물의 철거와 대지 부분의 인도를 청구할 수 있을 뿐, 자기 소유의 건물을 점유하고 있는 사람에 대하여 건물에서 퇴거할 것을 청구할 수 없다. 이러한 법리는 건물이 공유관계에 있는 경우에 건물의 공유자에 대해서도 마찬가지로 적용된다. 그 이유는 다음과 같다.

① 모든 공유자는 공유물 전부를 지분의 비율로 사용·수익할 수 있다(민법 제263조). 공유자가 공유물에 대하여 가지는 공유지분권은 소유권의 분량적 일부이지만 하나의 독립된 소유권과 같은 성질을 가지므로, 공유자는 소유권의 권능에 속하는 사용·수익권을 갖는다. 설령 공유자 중 1인이 공유물을 독점적으로 점유하여 사용·수익하고 있더라도, 공유자 아닌 제3자가 공유물을 무단으로 점유하는 것과는 다르다. 따라서 공유자가 건물을 점유하는 것은 그 소유 지분과 관계없이 자기 소유의 건물에 대한 점유로 보아야 하고, 소유 지분을 넘는 부분을 관념적으로 분리하여 그 부분을 타인의 점유라고 볼 수 없다.

② 토지 소유자는 토지소유권에 기한 방해배제청구권의 행사로써 그 지상 건물의 철거와 해당 토지의 인도를 구할 수 있을 뿐이고 건물의 점유 자체를 회복하거나 건물에 관한 공유자의 사용관계를 정할 권한이 없다. 토지 소유자로 하여금 그 지상 건물 공유자를 상대로 퇴거 청구를 할 수 있도록 허용한다면 토지 소유자가 건물의 점유 자체를 회복하도록 하거나 해당 건물에 관한 공유자의 사용관계를 임의로 정하게 하는 결과를 가져오게 된다.

③ 소유 지분의 범위에서 철거를 명하는 확정판결을 받은 공유자가 계속하여 건물을 점유하는 것은 토지 소유자가 건물 전체의 철거를 명하는 확정판결을 받지 못하여 철거집행이 불가능한 상황에 따른 반사적 효과에 지나지 않는다. 토지 소유자로서는 건물 전체에 대하여 철거에 관한 집행권원을 확보하여 곧바로 집행에 들어가거나 철거집행 전까지 토지 점유에 관한 부당이득반환 등을 청구하는 방법으로 권리구제를 받을 수 있다.

[28] 방해예방청구권에서 방해의 염려
대판 1995. 7. 14. 94다50533

[법적 쟁점]

소유물방해예방청구권은 방해의 발생을 기다리지 않고 현재 예방수단을 취할 것을 인정하는 것인데, 그 방해의 염려가 있다고 하기 위하여는 관념적인 가능성만으로 이를 인정할 수 있는가?

[사실관계]

(1) 논 469번지는 원고 소유이고, 468 토지는 피고가 18분의 6 지분을 소유하고 있고, 474 토지는 피고가 단독으로 이를 소유하고 있다.

(2) 원고 소유인 토지는 원래 피고 등의 소유인 위 468, 474 토지와 같은 높이로서 위 각 토지 등이 평면을 이루고 있었다.

(3) 1989. 11. 경 소외 회사가 위 각 토지 인근에서 도로확장공사를 시행하면서 그 공사에 필요한 흙을 마련하기 위하여 피고 등 소유의 위 468, 474 토지에서의 채토를 부탁하자 피고는 위 각 토지를 그 북쪽에 있는 주변의 토지들과 같은 높이로 만들 생각으로 이를 승낙하였다.

(4) 위 회사가 같은 해 12. 15.경부터 같은 달 말경까지 피고 등의 소유인 위 468, 474 토지를 깊이 약 7.5m가량 굴토하여 흙을 파내어 가고 또한 위 468토지와 경계부근인 ㉮부분에서도 흙을 파내어 감으로써 경사 약 40-50도 가량되는 약 7.5m 높이의 경사지가 생기게 되었고, 이 상태는 현재까지도 그대로 지속되고 있다.

(5) 원고는 토지의 붕괴위험을 예방하기 위한 조치로 옹벽공사의 이행을 구한다.

【판결요지】

소유물방해예방청구권은 방해의 발생을 기다리지 않고 현재 예방수단을 취할 것을 인정하는 것이므로, 그 방해의 염려가 있다고 하기 위하여는 방해예방의 소에 의하여 미리 보호받을 만한 가치가 있는 것으로서 객관적으로 근거 있는 상당한 개연성을 가져야 할 것이고 관념적인 가능성만으로는 이를 인정할 수 없다.

[29] 소유권 상실자의 소유권에 기한 물권적청구권
대판(전) 1969. 5. 27. 68다725

[사실관계]

(1) 원고는 그의 소유인 계쟁 대지를 불법 점거하고 그 지상에 공장건물과 창고건물을 축조하고 있는 피고를 상대로 건물들의 철거와 대지의 명도를 구하는 소송을 제기하였다.

(2) 제1심에서 원고승소의 판결을 받은 후(당연히 소유권이 원고에게 있으므로) 피고의 항소에 의하여 사건이 원심에 계정 중 대지를 **현소유자**에게 매도하고 매매대금을 전액 받음과 동시에 소유권이전등기까지 경료하여 소유권을 완전히 상실하였으나 대지의 인도는 이루어지지 않고 여전히 피고측에서 대지를 점유하고 있는 상태이다.

(3) 항소심에서 소유권을 상실한 원고의 '소의 이익'이 있는지가 다투어진 사안이다.

[법적 쟁점]

소유권을 상실한 자가 소유권에 기한 물권적청구권으로서 방해배제를 청구할 수 있는지 여부

[원고의 주장]

원고는 1심에서 소유자로서 토지에 대한 불법점거자로서 피고에 대하여 건물철거 및 방해배제청구와 토지인도청구를 하였다.

토지인도청구소송 계속 중에 계쟁토지를 타에 증여한 경우에도 증여자는 불법점유자에 대하여 그 **토지의 인도의무의 이행**을 위하여 그 소를 유지할 이익이 있다는 판례가 있다(대판 1968. 6. 25. 68다758). 위의 판례에 의하면 방해배제청구의 소송계속 중에 토지를 매도한 경우에도 양수인에 **인도의무(대지의 인도의무)를 이행하기 위해 당해 청구의 소를 유지할 이익이** 있음을 주장하면서 소유권에 기한 물권적청구권으로서 제214조에 의한 건물의 철거 및 제213조에 의한 토지의 명도 청구를 구한다.

- 매매계약상의 매도인의 의무로서 목적물인도의무를 이행하지 않는 경우 매도인은 매수인에게 채무불이행책임을 부담하므로 원고는 소를 유지할 이익이 있다. 또한 목적물의 양수인(매수인)이 목적물의 인도를 받지 않았음으로 이유로 매매대금지급에 대하여 동시이행항변권을 행사할 수도 있다. 따라서 매매목적물을 인도하여야 할 의무와 관련하여 '소의 이익'이 있다는 주장이 가능하다(필자 주).

[피고의 주장]

(1) 피고는 원고가 토지를 매도하여 이전등기까지 경료하여 주어서 소유권을 상실하

였으므로 소유권에 기한 방해배제청구의 소는 이유가 없어 이를 기각해야 한다.

(2) 원고의 소외인 김남진에 대한 재산권이전의무는 매매계약 당사자간 문제에 불과하고, 원고는 피고와 관련하여 **계약상**(매도되어 인도된 물건의 항변) 또는 소유권에 기한 어떠한 권리도 행사할 수 없다.

[원심의 판단]

○ 제1심 원고 승소

○ 원심 본소청구 기각

[원심의 판단이유]

전소유자의 원고가 본건 대지에 관하여 소유권 있음을 부정하면서 원고가 피고에 대하여 방해배제를 청구할 권리가 존재하지 않는다.

[상고이유] 물권적청구권에 대한 법리오해, 원고의 소의 이익에 대한 법리오해

[대법원의 판단] 원고의 상고기각

【대법원의 판단이유】

소유권을 양도함에 있어 소유권에 의하여 발생되는 물상청구권을 소유권과 분리, 소유권없는 전소유자에게 유보하여 제3자에게 대하여 이를 행사케 한다는 것은 소유권의 절대적 권리인 점에 비추어 허용될 수 없는 것이라 할 것으로서, 이는 양도인인 전소유자가 그 목적물을 양수인에게 인도할 의무 있고 그 의무이행이 매매대금 잔액의 지급과 동시이행관계에 있다거나 그 소유권의 양도가 소송계속 중에 있었다 하여 다르지 않고 일단 소유권을 상실한 전소유자는 제3자인 불법점유자에 대하여 물권적 청구권에 의한 방해배제를 청구할 수 없다.

[반대견해]

(1) 고유 내지 전통적인 의미에서의 물상청구권 (반환청구권, 방해배제 청구권, 방해예방청구권)은 물권의 완전한 상태가 침탈 또는 방해되었거나 방해를 받을 우려가 있는 경우에 그 물권자가 침해자에 대하여 침탈물의 반환, 방해의 배제나 예방을 위하여 일정한 작위 또는 부작위를 청구할 수 있는 권능을 말하는 것이었고 그것이 물권 특히 소유권의 절대성 또는 배타성이나 지배권적인 성질을 이론적인 근거로 소유권의 보호를 중심으로 하여 발달하여 온 권리였음은 부정할 수 없는 바이나

(2) 종래 학계에서는 그 권리의 이론적인 근거와 법률적인 성질이나 구체적인 작용을 분석 비판함으로써 이를 현실의 사회적 경제적인 기반에 맞추어 물권 이외의 권리 내지는 '법률적인 보호를 할 가치가 있는 이익'의 보호를 위한 권능으로 확장 해석하려는 노력을 거듭하여 왔던 것이고(예: 일조권, 조망이익, 인격권, 지적재산권, 영업비밀)

(3) 그 노력의 결정으로서 최근에 이르러서는 물권청구권 중 방해의 배제와 예방에 관한 청구권은 어떠한 권리 또는 법적 이익에 대한 침해 또는 그 우려가 있는 경우에 그 침해이익에 관한 법적 보호의 강도와 침해행위의 태양 및 정도와의 양면으로서 고찰하고 아울러 방해배제의 성립으로 인한 침해자의 희생의 정도와 그것이 부인됨으로 인한 피침해자의 불이익의 정도까지를 상관적으로 교량하여 판단한 결과에 의하여 그 침해의 배제를 위한 법적조치의 필요성이 인정된다면 **그 외 침해이익이 물권이 아님은 물론 채권 기타의 권리도 아닌 '단순한 법률적인 보호를 할 가치가 있는 이익'**인 경우라 할지라도 그에 대한 방해의 배제 또는 예방에 관한 위 청구권의 성립을 인정하여야 할 것이라는 견해에 까지 발전시킴에 이르렀던 것이며 그 견해를 현실의 사회적 경제적인 배경에 가장 적응하는 해석이었다고 할 것이다.

(4) 다수의견은 물상청구권의 전통적인 의미에만 너무 구속되어 있다.

[참고] 만약 근저당권이 설정된 후 그 부동산의 소유권이 제3자에게 이전된 경우 '피담보채권의 소멸'을 원인으로 하여 근저당권설정자인 **종전의 소유자**는 근저당권자에게 근저당권설정등기의 말소를 구할 수 있는가가 문제된다.

대법원은 근저당권이 설정된 후에 그 부동산의 소유권이 제3자에게 이전된 경우에는 현재의 소유자가 자신의 소유권에 기하여 피담보채무의 소멸을 원인으로 그 근저당권설정등기의 말소를 청구할 수 있음은 물론이지만, **근저당권설정자**인 종전의 소유자도 **근저당권설정계약의 당사자**로서 근저당권소멸에 따른 원상회복으로 근저당권자에게 근저당권설정등기의 말소를 구할 수 있는 계약상 권리가 있으므로 이러한 계약상 권리에 터 잡아 근저당권자에게 피담보채무의 소멸을 이유로 하여 그 근저당권설정등기의 말소를 청구할 수 있다고 봄이 상당하고, 목적물의 소유권을 상실하였다는 이유만으로 그러한 권리를 행사할 수 없다고 볼 것은 아니다(대판 1994. 1. 25. 93다16338)고 하여 긍정하고 있다.

[30] 물권적청구권의 이행불능과 손해배상
대판(전) 2012. 5. 17. 2010다28604

[법적 쟁점]

물권적 청구권의 이행불능으로 인한 전보배상청구권이 인정되는지 여부(소극)

[판결요지]

[다수의견] 소유자가 자신의 소유권에 기하여 실체관계에 부합하지 아니하는 등기의 명의인을 상대로 그 등기말소나 진정명의회복 등을 청구하는 경우에, 그 권리는 물권적 청구권으로서의 방해배제청구권(민법 제214조)의 성질을 가진다. 그러므로 소유자가 그 후에 소유권을 상실함으로써 이제 등기말소 등을 청구할 수 없게 되었다면, 이를 위와 같은 청구권의 실현이 객관적으로 불능이 되었다고 파악하여 등기말소 등 의무자에 대하여 그 권리의 이행불능을 이유로 민법 제390조 상의 손해배상청구권을 가진다고 말할 수 없다. 위 법규정에서 정하는 채무불이행을 이유로 하는 손해배상청구권은 계약 또는 법률에 기하여 이미 성립하여 있는 채권관계에서 본래의 채권이 동일성을 유지하면서 그 내용이 확장되거나 변경된 것으로서 발생한다. 그러나 위와 같은 등기말소청구권 등의 물권적 청구권은 그 권리자인 소유자가 소유권을 상실하면 이제 그 발생의 기반이 아예 없게 되어 더 이상 그 존재 자체가 인정되지 아니하는 것이다. 이러한 법리는 선행소송에서 소유권보존등기의 말소등기청구가 확정되었다고 하더라도 그 청구권의 법적 성질이 채권적 청구권으로 바뀌지 아니하므로 마찬가지이다.

[별개의견] 청구권이 발생한 기초가 되는 권리가 채권인지 아니면 물권인지와 무관하게 이미 성립한 청구권에 대하여는 그 이행불능으로 인한 전보배상을 인정하는 것이 법리적으로 불가능하지 아니하며, 이를 허용할 것인지는 법률 정책적인 결단이므로, 이미 대법원에서 이를 허용하여 채권에 못지않게 물권을 보호하는 견해를 취한 것은 구체적 타당성 면에서 옳고, 확정판결을 거쳐 기판력이 발생되어 있는 경우에는 더욱 그러하다고 보이며, 장기간 이와 같은 견해를 유지하여 온 판례들을 뒤집어 물권 내지는 물권자의 보호에서 후퇴하여야 할 이론적·실무적인 필요성이 없다. 따라서 선행소송에서 본래적 급부의무인 소유권보존등기 말소등기절차를 이행할 의무가 현존함이 확정된 경우, 그 이행불능 또는 집행불능에 따른 전보배상책임을 인정하는 것이 가능하다.

[사실관계]

(1) X 임야 5,109m²(이하 '이 사건 토지')에 관하여 1974. 6. 26. 피고(대한민국) 앞으로 소유권보존등기가 경료되었고, 이 사건 토지 중 각 5,109분의 2,554.5 지분에 관하여 1997. 12. 2.자 매매를 원인으로 하여 1998. 1. 22. 소외 1 및 소외 2(이하 '소외 1 등')

앞으로 각 소유권이전등기가 경료되었다.

(2) 원고가 피고를 상대로 위 소유권보존등기(이하 '이 사건 소유권보존등기'라고 한다)의, 소외 1 등을 상대로 위 소유권이전등기의 각 말소등기를 청구한 소유권보존등기 말소 등 사건(서울중앙지방법원 2008가합94375호)에서 법원은 2009. 4. 2.에 피고에 대한 청구는 인용하고, 소외 1 등에 대한 청구는 이를 기각하는 판결을 선고하였다. 그 이유는, "원고의 선대인 소외 3이 이 사건 토지를 사정받은 것으로 추정되고, 피고 명의의이 사건 소유권보존등기는 원인무효이므로, 피고는 소외 3의 재산을 최종적으로 단독상속한 원고에게 그 말소등기절차를 이행할 의무가 있"고, 한편 "이 사건 토지에 관한 소외 1 등 명의의 소유권이전등기가 경료된 날로부터 10년이 경과한 2008. 1. 22. 등기부취득시효가 완성되었으므로, 소외 1 등의 소유권이전등기는 실체관계에 부합하는 유효한 등기"라는 것이다. 이 판결은 2009. 4. 30.에 최종 확정되었다(이하 이를 '이 사건 선행소송'이라고 한다).

(3) 그러나 원고는 2009. 5. 7. 피고를 상대로, 피고가 위법한 방법으로 이 사건 소유권보존등기를 마쳤고, 그 후 이 사건 토지를 소외 1, 2에게 매도하여 소외 1, 2가 이를 시효완성으로 취득함으로써 원고가 소유권을 상실하게 되었다고 주장하면서, 이 사건 토지의 소유권 상실로 인한 손해배상을 구하는 이 사건 소를 제기하였다.

[원고의 주장]

피고가 위법한 방법으로 이 사건 소유권보존등기를 마쳤고, 그 후 이 사건 토지를 소외 1, 2에게 매도하여 소외 1, 2가 이를 시효완성으로 취득함으로써 원고가 소유권을 상실하게 되었다고 주장하면서, 이 사건 토지의 소유권 상실로 인한 손해배상을 구한다.

[피고의 주장]

이 사건 토지가 비록 귀속임야대장에 등재되어 있지는 않더라도 구 임야대장 및 관련 지적공부상 일본인이 소유자로 기재되어 있고, 이에 따라 무주(無主)부동산취득절차 등 적법절차를 거쳐 이 사건 소유권보존등기를 경료하였는바, 피고에게는 아무런 귀책사유가 없으므로 손해배상책임이 없다고 주장한다.

[원심의 판단]

(1) **손해배상책임의 인정** : 이 사건 소유권보존등기는 원인무효의 등기이므로, 피고는 이 사건 토지의 소유권을 상속한 원고에게 위 소유권보존등기의 말소등기절차를 이행할 의무가 있다고 할 것인데, 피고 명의의 이 사건 소유권보존등기에 터 잡아 소외 1 등 명의로 소유권이전등기가 경료된 이후 원고가 피고 및 소외 1 등을 상대로 제기한 소송에서 소외 1 등 명의의 소유권이전등기가 취득시효 완성을 이유로 유효한 것으로 인정됨에 따라 피고의 위 말소등기절차 이행의무는 결국 이행불

능이 되었다고 할 것이므로, 피고는 특별한 사정이 없는 한 원고에게 위 말소등기 절차 이행의무의 이행불능으로 인한 손해를 배상할 의무가 있다.

(2) **손해배상의 범위** : 부동산소유권보존등기 말소등기절차 이행의무가 이행불능이 됨으로 말미암아 그 권리자가 입는 손해액은 원칙적으로 그 이행불능이 될 당시의 목적물 시가 상당액이다. 한편 원인무효인 소유권보존등기에 터 잡아 제3자 앞으로 소유권이전등기가 경료된 경우에 위 소유권보존등기는 소송 기타 방법에 따라 말소 환원 여부가 결정될 특별한 사정이 있으므로, 소유자가 등기명의인인 제3자를 상대로 제기한 소유권이전등기 말소청구소송 등이 패소확정되면 그 때에 소유권보존등기 말소등기의무는 이행불능 상태에 이른다고 할 것이고, 위 등기말소청구소송 등에서 등기명의인의 취득시효가 인용됨에 따라 소유자가 패소하였다고 하더라도 취득시효 완성 당시에 이행불능 상태에 이른다고 볼 것은 아니다(대법원 2001. 1. 30. 선고 2000다18196 판결, 대법원 2005. 9. 15. 선고 2005다29474 판결 참조). 따라서 피고의 소유권보존등기 말소등기절차 이행의무는 종전소송에서 원고의 패소판결이 최종 확정된 때인 2009. 4. 30. 이행불능에 이르렀다고 할 것이고, 제1심 시가감정촉탁결과에 의하면 이 사건 토지의 2009. 4. 30. 당시의 시가가 980,928,000원임이 인정되므로 피고는 위 이행불능 당시의 이 사건 각 토지의 시가 상당액 980,928,000원을 원고에게 지급할 의무가 있다(과실상계를 하여 피고의 책임비율 70% 인정).

[대법원의 판단] 원심판결 중 피고 패소부분 파기환송

【대법원의 판단이유】

원심이 피고의 말소등기절차 이행의무가 이행불능되었음을 이유로 그로 인한 손해의 배상을 인정한 것은 수긍하기 어렵다.

소유자가 자신의 소유권에 기하여 실체관계에 부합하지 아니하는 등기의 명의인을 상대로 그 등기말소나 진정명의회복 등을 청구하는 경우에, 그 권리는 물권적 청구권으로서의 방해배제청구권(민법 제214조)의 성질을 가진다. 그러므로 소유자가 그 후에 소유권을 상실함으로써 이제 등기말소 등을 청구할 수 없게 되었다면, 이를 위와 같은 청구권의 실현이 객관적으로 불능이 되었다고 파악하여 등기말소 등 의무자에 대하여 그 권리의 이행불능을 이유로 민법 제390조 상의 손해배상청구권을 가진다고 말할수 없다. 위 법규정에서 정하는 채무불이행을 이유로 하는 손해배상청구권은 계약 또는 법률에 기하여 이미 성립하여 있는 채권관계에서 본래의 채권이 동일성을 유지하면서 그 내용이 확장되거나 변경된 것으로서 발생한다. 그러나 위와 같은 등기말소청구권 등의 물권적 청구권은 그 권리자인 소유자가 소유권을 상실하면 이제 그 발생의 기반이 아예 없게 되어 더 이상 그 존재 자체가 인정되지 아니하는 것이다. 이러한 법리는 이 사건 선행소송에서 이 사건 소유권보존등기의 말소등기청구가 확정되었다고 하더라도 그 청구권의 법적 성질이 채권적 청구권으로 바뀌지 아니하므로 마찬가지이다.

제6장 점유권

[31] 건물소유자의 건물부지의 점유
대판 1993. 10. 26. 93다2483

[사실관계]

甲은 A토지(대지, 타인명의 소유)에 인접한 B 대지 지상에 점포 겸 주거용 X 건물을 소유·점유하면서 A 대지와 B 대지를 그 부지 및 마당으로 점유·사용하기 시작하였고, 후에 A토지 중 23m^2 지상에 단층주택 1동의 Y건물을 신축하여 거주하여 오던 중, 각 건물이 경락으로 인하여 乙에게 소유권이 이전되었으나 甲은 A토지를 계속 점유하고 있다. 甲은 乙에 대하여 A토지의 취득시효를 주장하면서 소유권이전등기청구를 주장한다. 취득시효 요건으로서 甲의 A토지에 대한 점유 요건을 충족하는지가 문제되고 있다.

【판결요지】

사회통념상 건물은 그 부지를 떠나서는 존재할 수 없는 것이므로 건물의 부지가 된 토지는 그 건물의 소유자가 점유하는 것으로 볼 것이고, 건물의 소유권이 양도된 경우에는 건물의 종전의 소유자가 건물의 소유권을 상실하였음에도 불구하고 그 부지를 계속 점유할 별도의 독립된 권원이 있는 등의 특별한 사정이 없는 한 그 부지에 대한 점유도 함께 상실하는 것으로 보아야 하며, 이 경우에 건물의 종전의 소유자가 그 건물에 계속 거주하고 있고 건물의 새로운 소유자는 현실적으로 건물이나 그 부지를 점거하고 있지 아니하고 있더라도 결론은 마찬가지이다.

[32] 자주점유
대판 1996. 9. 20. 선고 96다25319

[판시사항]

[1] 상속에 의해 점유승계가 이루어진 경우 점유태양의 승계 여부(적극)

[2] 허위보증서에 기하여 이루어진 점유자 명의의 소유권보존등기만으로 자주점유의 새로운 권원이 될 수 있는지 여부(소극)

[3] 피상속인의 점유태양을 밝히지 않고 자주점유의 새로운 권원이 인정되지 아니하는 상속인의 점유만을 따로 분리하여 시효취득을 인정한 원심을 파기한 사례

【판결요지】

[1] 상속에 의하여 점유권을 취득한 경우에는 상속인은 새로운 권원에 의하여 자기 고유의 점유를 개시하지 않는 한 피상속인의 점유를 떠나 자기만의 점유를 주장할 수 없고, 선대의 점유가 타주점유인 경우 선대로부터 상속에 의하여 점유를 승계한 자의 점유도 상속 전과 그 성질 내지 태양을 달리하지 않으므로 특단의 사정이 없는 한 그 점유가 자주점유로는 될 수 없고, 그 점유가 자주점유가 되기 위하여는 점유자가 소유자에 대하여 소유의 의사가 있는 것을 표시하거나 새로운 권원에 의하여 다시 소유의 의사로써 점유를 시작하여야 한다.

[2] 점유자가 보증서를 발급할 자격이 없는 보증인들의 보증서에 의하여 점유자 명의로 소유권보존등기를 마쳤다는 사실만으로는 점유자가 소유자에 대하여 소유의 의사가 있음을 표시한 것이라고 할 수 없다.

[3] 점유자의 점유승계가 상속에 의한 경우, 피상속인의 점유의 성질에 관하여 심리하여 점유자의 점유가 자주점유인가의 여부를 판단하여야 할 것임에도 불구하고, 피상속인의 점유의 성질을 밝히지 아니 한 채 상속인의 점유만을 따로 분리하여 자주점유라고 판단한 원심을 파기한 사례.

[33] 물건에 대한 점유의 의미와 판단기준

대판 2012. 3. 29. 2010다2459

[사실관계]

(1) 원고는 재개발사업 시행인가를 받은 주택재개발조합으로서 1998. 2. 3. 조합원인 甲에게 이 사건 아파트를 분양하였다. 甲은 이 사건 아파트의 징수금(분양대금과 조합원으로서 부담하여야 할 각종 금원) 중 일부를 납부하지 아니하였고, 원고가 위 금원을 대신 납부하였다. 원고는 아파트가 완공되자 2003. 9. 20. 甲의 명의로 소유권보존등기를 마치는 한편, 甲에 대한 징수금 등 원리금채권을 담보하기 위해 이 사건 아파트의 인도를 거절하고 그 출입문을 시정하며 열쇠를 보관하였다.

(2) 甲은 1999. 2. 11. 사망하였고, 원고는 공동상속인(한정승인) 소외 乙, 丙을 상대로 망 甲이 미납한 분양대금 등의 지급을 구하는 소를 제기하였고, 2006. 12. 30. '소외 乙, 丙은 상속받은 재산의 범위 안에서 원고가 주장하는 원리금을 지급하라'는 취지의 화해권고결정이 확정되었다.

(3) 원고는 위 화해권고결정에 기하여 이 사건 아파트에 대하여 강제경매를 신청하였고, 2008. 4. 4. 강제경매개시결정 기입등기가 경료되었으며(압류의 효력발생), 원고는 2008. 4. 18. 유치권 신고(피담보채권액 438,808,049원)를 하였고, 이 사건 **아파트의 출입문에 이러한 사실을 알리는 공고문을 게시**하였다.

(4) 이 사건 아파트는 강제경매절차가 진행되어 2009. 2. 19. 제4차 경매기일에서 피고들이 3억 8,000만 원에 최고가 매수신고를 하여 2009. 2. 26. 매각허가결정을 받았고, 피고들은 2009. 3. 10. 매각대금을 완납하였고, 원고는 79,639,504원을 배당받았다. 피고들은 사건 아파트의 유치권행사자인 원고가 아니라 소유자 소외 乙, 丙(상속인)을 상대로 인도명령을 신청하여 2009. 3. 11. 인도명령결정을 받았으며, 피고들은 2009. 3. 19. 위 인도명령에 기하여 집행관으로부터 이 사건 아파트를 인도받아 점유를 취득하였다.

(5) 이에 대하여 원고는 2009. 4. 30. 피고들을 상대로 '피고들이 원고의 유치권을 소멸하게 하였으므로 민법 제204조 제1항 또는 민법 제760조에 의하여 원고의 손해를 배상하라'는 취지의 소송을 제기하였다.

(6) 1심에서 손해배상을 청구하였으나 원심에서 소를 변경하여 주위적 청구로서 아파트의 인도를, 예비적 청구로서 손해배상을 청구하였다.

[법적 쟁점]

(1) 물건에 대한 점유의 의미와 판단기준

(2) 민법 제204조 제1항에서 정한 '점유자가 점유의 침탈을 당한 때'의 의미 및 위법한 강제집행으로 점유를 빼앗은 경우도 '점유의 침탈'에 해당하는지 여부

(3) 민법 제204조 제1항이 규정하는 점유물반환청구는 원고가 목적물을 점유하였다가 피고에 의하여 이를 침탈당하였다는 사실에 대한 주장·증명뿐만 아니라 그 목적물에 대한 점유가 본권에 기한 것이라는 점까지 주장·증명해야 하는지 여부

[원고의 주장]

원고는 이 사건 아파트에 대하여 유치권을 가지고 있었는데 피고들이 원고의 점유를 침탈하여 원고의 유치권을 소멸하게 하였다. 판례도 위법한 점포 명도집행을 점유의 침탈로 보고 있다(대판 1987. 6. 9. 86다카1683). 따라서 원고는 피고에 대하여 민법 제204조에 의한 점유의 침탈 내지 제750조에 의한 불법행위에 의한 손해배상청구를 구한다.

[피고의 주장]

(1) 점유의 취득 부정 : 원고는 이 사건 아파트에 관한 강제경매개시결정 기입등기가 경료되어 압류의 효력이 발생한 이후에 이 사건 아파트를 점유하기 시작하였으므로 압류의 처분금지효에 저촉되는 것이어서, 이 사건 아파트의 매수인인 피고들에게 유치권으로 대항할 수 없다고 주장한다.

(2) 피고의 점유는 정당한 집행권원에 의한 점유의 인도가 이루어진 것이어서 점유의 침탈이 아니다.

(3) 원고가 한 경매의 신청은 유치권의 포기로 볼 수 있다.

[원심의 판단]

○ 제1심 원고청구 기각

○ 제1심 판단이유

(1) 징수금 등에 대한 채권 및 각 비용에 대한 상환청구권과 아파트 사이의 견련관계를 인정하여 원고의 유치권 성립을 인정하였다.

(2) 유치권의 요건으로서 '점유의 취득'에 대해서는 이 사건 아파트 출입문을 잠그고 그 열쇠를 보관하는 한편 2008. 4. 18. 자신이 유치권을 행사하고 있다는 내용의 경고문을 이 사건 아파트 출입문에 게시한 사실을 인정한 다음. 원고가 타인의 지배를 배제하고 사회 관념상 이 사건 아파트를 사실상 지배하여 그 점유를 취득하였다고 판단하였다.

(3) 점유물반환청구권의 행사가능성이 있는 상태에서 손해배상청구권을 부정하였다.

- 피고들의 항변인 압류의 처분금지효 저촉 주장에 대하여 강제경매개시결정의 기입등기 이전에 아파트 출입문의 시정과 열쇠보관 등 점유가 이루어졌음을 이

유로 배척하고, 여전히 유치권을 가지는 원고로서는 점유물반환청구권의 행사가 가능한 상태에서 유치권 상실에 대한 손해배상을 청구하는 것은, 점유물반환청구권은 별론하고 유치권의 잠정적인 상실로 인한 손해액은 유치권자가 그 유치목적물을 점유함으로써 얻을 수 있는 이익 이상을 초과하여 유치권의 피담보채권액 상당으로 인정될 수 없다는 이유를 들어 원고의 청구 기각하였다.

○ **원심의 판단** : 주위적 청구(아파트 인도청구) 인용 / 피고의 점유의 침탈을 인정

[원심의 판단이유]

(1) 원고의 점유취득이 사실관계에 비추어 인정된다.

(2) **피고측의 점유침탈인정** : 피고들이 이 사건 아파트 점유자인 원고에 대하여 인도명령을 신청한 것이 아니라, 이 사건 아파트 소유자인 소외 1, 2에 대하여 인도명령을 신청하여 법원으로부터 인도명령을 받은 후 그 집행을 통하여 이 사건 아파트의 점유를 취득한 사실을 인정하고, 소유자인 소외 1, 2를 피신청인으로 한 이 사건 아파트에 대한 인도명령은 원고에 대하여 효력이 없으므로, 위 인도명령 집행에 따라 원고는 피고들에 의하여 이 사건 아파트 점유를 위법하게 침탈당하였다고 판단하였다.

[상고이유]

점유취득에 관한 법리오해 / 점유침탈에 관한 법리 오해

[대법원의 판단] 상고 기각

【대법원의 판단이유】

(1) 원고가 유치권자로서 점유의 요건을 갖추었는지 여부

원고가 이 사건 아파트 분양과 관련한 징수금 채권 등을 담보하기 위하여 2003. 9. 20.부터 이 사건 아파트 출입문을 잠그고 그 열쇠를 보관하는 한편 2008. 4. 18. 자신이 유치권을 행사하고 있다는 내용의 경고문을 이 사건 아파트 출입문에 게시한 사실을 인정한 다음. 원고가 타인의 지배를 배제하고 사회 관념상 이 사건 아파트를 사실상 지배하여 그 점유를 취득하였다고 판단하였다.

물건에 대한 점유는 사회관념상 어떤 사람의 사실적 지배에 있다고 할 수 있는 객관적 관계를 가리키는 것으로서, 여기서 말하는 사실적 지배는 반드시 물건을 물리적·현실적으로 지배하는 것만을 의미하는 것이 아니라 물건과 사람과의 시간적·공간적 관계와 본권관계, 타인 지배의 배제가능성 등을 종합적으로 고려하여 사회관념에 따라 합목적적으로 판단하여야 한다(대법원 1996. 8. 23. 선고 95다8713 판결, 대법원 2012. 1. 27. 선고 2011다74949 판결 등).

(2) 집행권원에 의한 인도받은 것이 점유의 침탈이 되는지 여부

민법 제204조 제1항은 "점유자가 점유의 침탈을 당한 때에는 그 물건의 반환 및 손해의 배상을 청구할 수 있다."고 규정하고 있다. 여기서 '점유자가 점유의 침탈을 당한 때'라 함은 점유자가 그 의사에 의하지 아니하고 사실적 지배를 빼앗긴 경우를 말하고, 점유자에 대한 집행권원 없이 이루어진 위법한 강제집행에 의하여 점유자의 점유를 빼앗은 경우도 점유의 침탈에 해당한다(대법원 1987. 6. 9. 선고 86다카1683 판결).

(3) 유치권의 취득여부, 원고의 경매신청에 의한 유치권의 포기 내지 소멸 등으로 인하여 여전히 원고가 유치권(본권)의 존재에 대한 입증책임이 있다. 민법 제204조 제1항이 규정하는 점유물반환청구는 원고가 목적물을 점유하였다가 피고에 의하여 이를 침탈당하였다는 사실을 주장·증명하면 족하고, 그 목적물에 대한 점유가 본권에 기한 것이라는 점은 주장·증명할 필요가 없다.

[34] 자주점유 타주점유 결정 판단기준
대판 2002. 2. 26. 99다72743

[사실관계]

(1) 사건 토지(407-1, 408m²)가 분할되기 전의 종전 토지인 같은 리 **407 대** 1,478m²의 소유자인 甲은 일제의 강제징용을 피하기 위하여 포목장사를 하면서 전국을 다닌 관계로 이를 직접 경작하지 못하고 남에게 소작을 주어 관리하다가 1981. 3. 23. 사망하였다.

(2) 당시 같은 리에 살고 있던 소외 1과 소외2가 짜고 이미 사망한 甲의 주민등록표, 인감증명서 등 서류를 위조하여 1988. 5. 27. 같은 리 **407 대** 1,478m²를 사건 토지(407-1, 408m²)와 같은 리 **407 대** 809m² 및 같은 리 **407-2 대** 261m²로 분할하였다.

(3) 다시 매매계약서 등을 위조하여 같은 리 407-2 토지에 관하여 같은 해 6. 17. 소외 1 앞으로 소유권이전등기를 마치고, 소외2는 같은 리 407 토지에 관하여 이미 사망한 甲을 피고로 하면서 취득시효 완성을 원인으로 하는 소유권이전등기 청구소송을 제기하여 1995. 7. 12. 의제자백으로 승소판결을 받아 같은 해 11. 21. 자기 명의로 소유권이전등기를 마쳤다. 사건토지 407-1는 여전히 甲 명의로 남아 있었다.

(4) 그 후 甲의 상속인들은 소외 1, 2를 공문서위조 등으로 고소하고, 소유권이전등기 말소 청구소송을 제기하여 현재 소송이 계속 중이다.

(5) 피고가 같은 해 2. 24. **사건 토지(407-1번지)**를 乙(甲 상속인)로부터 3,000만 원에 매수하여 같은 해 3. 4. 피고 명의로 소유권이전등기를 마치고 그 이후 지금까지 사건 토지(407-1)에 관련된 모든 세금을 납부해 오고 있다.

(6) 원고의 주장에 의하면 丙이 귀속 및 분배농지이던 407-1 대 408m²를 상환완료한 성명미상자로부터 매수하여 동생인 원고의 아버지 丁에게 증여하고, 丁은 그 지상에 주택을 신축하여 부지로 점유·사용하던 중 **1977. 3. 25.** 소유재산을 자녀들에게 분재하는 과정에서 사건 토지 및 지상 주택을 **원고에게 증여**하여 그 때부터 지금까지 원고가 사건 토지를 점유하고 있다.

(7) 원고는 **점유개시일인 1977. 3. 25.**부터 20년이 경과한 1997. 3. 25. 사건 토지를 시효취득하였다고 주장하며 현재 등기명의자인 피고를 상대로 소유권이전등기 청구의 소를 구하고 있다.

[법적 쟁점]

(1) 자주점유·타주점유의 결정 판단기준

(2) 자주점유 여부에 대한 입증책임의 소재

(3) 점유의 승계가 있는 경우 점유의 분리, 병합 인정여부

[원고의 주장]

丙이 귀속 및 분배농지이던 407-1 대 408m²를 상환완료 한 성명미상자로부터 매수하여 동생인 원고의 아버지 丁에게 증여하고, 丁은 그 지상에 주택을 신축하여 부지로 점유·사용하던 중 **1977. 3. 25.** 소유재산을 자녀들에게 분재하는 과정에서 사건 토지 및 지상 주택을 원고에게 **증여**하여 그 때부터 지금까지 원고가 계속하여 사건 토지를 점유하고 있다. 따라서 점유개시인인 1977. 3. 25.부터 20년이 경과한 1997. 3. 25. 사건 토지를 시효취득하였다. 제245조 제1항에 의한 점유취득시효의 요건인 소유의 의사, 평온, 공연, 20년간의 점유 등 모든 요건을 갖추었으므로 현재 등기명의자인 피고는 원고에게 소유권이전등기의 절차를 이행하여야 한다.

[피고의 항변]

(1) 피고는 전 소유자로부터 적법하게 매매하여 이전등기를 경료하였기 때문에 소유권자이다.

(2) 원고는 취득시효완성자로서 요건을 충족하지 못하였다. 요건 중의 하나인 자주점유라고 볼 수 없다. 원고가 주장하는 점유취득의 권원인 증여 사실 자체가 불분명할 뿐만 아니라, 원고의 증여받았다는 증거로서 제출한 증여문서의 사후성이 의심된다. 증여문서에는 날자가 77. 3. 25.로 되어있는데 특히 피고에게 대항하기 위하여 날짜를 짜 맞춘 것으로 보인다. 이 사건 토지에 대하여 피고가 세금납부를 해왔다. 원고는 소유자라면 당연히 해야 할 조치를 취하지 않았다.

(3) 그 사이 특별조치법에 의거 등기절차를 경료 할 수 있었음에도 불구하고 원고는 등기를 경료하지 않았다.

[원심의 판단] 청구기각

[원심의 판단근거]

(1) 원고측의 점유취득시효의 요건 중 20년 점유, 평온, 공연한 점유는 인정된다.

(2) 다만 요건 중 자주점유는 인정되지 않는다. 원고는 그 동안 특별조치법의 시행에 따라 등기할 기회가 있었음에도 불구하고 등기를 경료하지 않았고, 증여서약서가 장성될 당시에는 마을이 아직 '리'가 아니었고, 증여계약서 작성 후인 1988. 5. 3.에야 '리'가 된 사실로 볼 때 증여계약서의 진정성이 의심되므로 자주점유의 추정이 깨진다고 보았다.

[상고이유] 자주점유 추정 번복에 관한 법리 오해

[대법원 판단] 원심 파기환송

【대법원의 판단이유】

[1] 민법 제197조 제1항에 의하면, 물건의 점유자는 소유의 의사로 점유한 것으로 추정되므로, 점유자가 취득시효를 주장하는 경우 스스로 소유의 의사를 입증할 책임은 없고, 그 점유자의 점유가 소유의 의사가 없는 점유임을 주장하여 취득시효의 성립을 부정하는 자에게 그 입증책임이 있으며, 점유자의 점유가 소유의 의사 있는 자주점유인지 아니면 소유의 의사 없는 타주점유인지의 여부는 점유자의 내심의 의사에 의하여 결정되는 것이 아니라 **점유 취득의 원인이 된 권원의 성질**이나 점유와 관계가 있는 모든 사정에 의하여 **외형적·객관적**으로 결정되어야 하기 때문에 점유자가 성질상 소유의 의사가 없는 것으로 보이는 권원에 바탕을 두고 점유를 취득한 사실이 증명되었거나, 점유자가 타인의 소유권을 배제하여 자기의 소유물처럼 배타적 지배를 하려는 의사를 가지고 점유하는 것으로 볼 수 없는 객관적 사정, 즉 점유자가 진정한 소유자라면 통상 취하지 아니할 태도를 나타내거나 소유자라면 당연히 취했을 것으로 보이는 행동을 취하지 아니한 경우 등 외형적·객관적으로 보아 점유자가 타인의 소유권을 배척하고 점유할 의사를 갖고 있지 아니하였던 것이라고 볼 만한 사정이 증명된 경우에 한하여 그 추정은 깨어지는 것이다.

[2] 점유의 승계가 있는 경우 전 점유자의 점유가 타주점유라 하여도 점유자의 승계인이 자기의 점유만을 주장하는 경우에는 현 점유자의 점유는 자주점유로 추정된다.

[3] **점유자가 스스로 매매 또는 증여와 같이 자주점유의 권원을 주장하였으나 이것이 인정되지 않는 경우에도**, 원래 **자주점유의 권원에 관한 입증책임**이 점유자에게 있지 아니한 이상 그 주장의 점유권원이 인정되지 않는다는 사유만으로 자주점유의 추정이 번복된다거나 또는 점유권원의 성질상 타주점유라고 볼 수 없다.

[35] 상속과 점유승계
대판 1997. 12. 12. 97다40100

[법적 쟁점]

[1] 소유권이전등기의 추정력이 전소유자에 대해서도 미치는지 여부(적극)

[2] 토지 매도 후 매도인의 점유가 타주점유로 변경되는지 여부(적극)

[3] 상속에 의한 점유 승계시 점유 태양의 승계 여부(적극)

[판결요지]

[1] 소유권이전등기가 경료되어 있는 경우에는 그 등기명의자는 제3자에 대하여서뿐 아니라 그 전소유자에 대하여도 적법한 등기원인에 의하여 소유권을 취득한 것으로 추정된다.

[2] 부동산을 타인에게 매도하여 그 인도의무를 지고 있는 매도인의 점유는 특별한 사정이 없는 한 타주점유로 변경된다.

[3] 상속에 의하여 점유권을 취득한 경우에는 상속인이 새로운 권원에 의하여 자기 고유의 점유를 시작하지 않는 한 피상속인의 점유를 떠나 자기만의 점유를 주장할 수 없고, 또 선대의 점유가 타주점유인 경우 선대로부터 상속에 의하여 점유를 승계한 자의 점유도 그 성질 내지 태양을 달리하는 것이 아니어서 특별한 사정이 없는 한 그 점유가 자주점유로 될 수 없고, 그 점유가 자주점유가 되기 위하여는 점유자가 소유자에 대하여 소유의 의사가 있는 것을 표시하거나 새로운 권원에 의하여 다시 소유의 의사로써 점유를 시작하여야 한다.

[사실관계]

(1) 이 사건 토지는 1934. 12. 2. 매매를 원인으로 하여 1934. 12. 22. 피고의 부친인 소외 망 甲의 명의로 소유권이전등기가 경료되었다가 위 甲이 1968. 2. 10. 사망함으로써 협의분할에 의한 상속을 원인으로 하여 1993. 12. 21. 피고 명의로 소유권이전등기가 경료되었다.

(2) 원고의 부친인 소외 망 乙은 이 사건 토지를 1928년경부터 점유하다가 1945. 12. 31. 사망함으로써 원고가 이 사건 토지의 점유를 승계하여 현재까지 점유하고 있다.

(3) 원고는 1996년경 위 토지에 관하여 1965. 12. 31. 취득시효 완성을 원인으로 한 소유권이전등기를 구하는 소를 제기하였다.

[원고의 주장]

원고는 1996년경 위 토지에 관하여 제245조 제1항의 점유취득시효 요건을 갖추었다고 하면서 1965. 12. 31. 취득시효 완성을 원인으로 한 소유권이전등기를 구하는 소를 제기하였다.

[피고의 주장]

1934년경 위 甲이 면서기로 채용되기로 되어 있었으나 위 甲의 숙부가 자신의 사위를 면서기로 채용되게 하고 위 甲이 탈락되게 함으로써 분쟁이 생기자 위 숙부가 위 甲을 달래기 위하여 위 숙부의 소유이던 이 사건 토지를 위 甲에게 증여하였으므로 원고의 이 사건 토지 점유는 권원의 성질상 타주점유라고 주장한다.

[원심의 판단] 피고의 항소 기각

[원심의 판단이유]

원고의 부친인 소외 망 乙은 이 사건 토지를 1928년경부터 점유하다가 1945. 12. 31. 사망함으로써 원고가 이 사건 토지의 점유를 승계하여 현재까지 점유하고 있는 사실을 각 인정할 수 있고, 특별한 사정이 없는 한, 원고의 점유개시일인 1945. 12. 31.부터 20년이 경과한 1965. 12. 31. 이 사건 토지에 관한 원고의 취득시효가 완성되었다.

[대법원의 판단] 원심판결 파기 환송

【대법원의 판단이유】

소유권이전등기가 경료되어 있는 경우에는 그 등기명의자는 제3자에 대하여서뿐 아니라 그 전소유자에 대하여도 적법한 등기원인에 의하여 소유권을 취득한 것으로 추정되는 것이므로(대법원 1977. 6. 7. 선고 76다3010 판결, 1982. 6. 22. 선고 81다791 판결), 달리 특별한 사정이 없는 한 원고의 선대인 乙은 이 사건 토지를 피고의 선대인 甲에게 1934. 12. 2. 매도하였다고 추정되며, 한편 부동산을 타인에게 매도하여 그 인도의무를 지고 있는 매도인의 점유는 특별한 사정이 없는 한 타주점유로 변경된다고 할 것이고(대법원 1992. 12. 24. 선고 92다26468, 26475 판결,1996. 6. 28. 선고 94다50595, 50601 판결, 1997. 4. 11. 선고 97다5824 판결), 또한 상속에 의하여 점유권을 취득한 경우에는 상속인이 새로운 권원에 의하여 자기 고유의 점유를 시작하지 않는 한 피상속인의 점유를 떠나 자기만의 점유를 주장할 수 없고, 또 선대의 점유가 타주점유인 경우 선대로부터 상속에 의하여 점유를 승계한 자의 점유도 그 성질 내지 태양을 달리하는 것이 아니어서 특단의 사정이 없는 한 그 점유가 자주점유로 될 수 없고, 그 점유가 자주점유가 되기 위하여는 점유자가 소유자에 대하여 소유의 의사가 있는 것을 표시하거나 새로운 권원에 의하여 다시 소유의 의사로써 점유를 시작하여야 하는 것이다(대법원 1995. 1. 12. 선고 94다19884 판결, 1996. 9. 20. 선고 96다25319 판결, 1997. 5. 30. 선고 97다2344 판결 등 참조). 따라서 원심이 인정하고 있는 바와 같이 원고가 이 사건 토지에 관한 乙의 점유를 상속에 의하여 승계취득하였다면, 달리 특별한 사정이 없는 한 원고의 이 사건 토지의 점유는 토지를 매도하여 그 인도의무를 지고 있는 매도인의 점유를 상속에 의하여 승계취득한 것으로서 타주점유로 보아야 할 것이므로, 원고가 소유자인 피고에 대하여 소유의 의사가 있는 것을 표시하였거나 새로운 권원에 의하여 소유의 의사로 점유를 시작하였다는 특단의 사정이 없는 이상, 원심은 원고의 이 사건 토지의 점유가 타주점유라는 피고의 항변을 배척할 수 없을 것임에도 불구하고 이를 배척하고 원고의 이 사건 청구를 인용한 조치는 취득시효에 있어서 자주점유에 관한 법리를 오해하여 판결에 영향을 미친 위법을 저질렀다고 하지 않을 수 없다.

[36] 제197조 제2항 본권에 관한 소에 소유권에 기한 부당이득반환청구소송 포함여부
대판 2002. 11. 22. 2001다6213

[사실관계]

(1) 소외 甲은 1992. 12. 30. 당시 협진냉동이라는 업체의 사업장이던 건물과 기계기구를 처인 원고의 이름으로 경락받은 후 타에 매도하려 하였으나 여의치 아니하자, 이 사건 부동산이 타에 매도될 때까지 기존 업체에서 하던 사업을 계속 하기로 하는 계획 하에 1993. 6. 30. 이 사건 부동산 중 각 건물에 관하여 원고 명의의 소유권이전등기를 한 다음, 같은 해 7. 30.경부터 이 사건 부동산에서 원고 명의로 성산냉동이라는 상호로 식용얼음 제조 판매 및 냉장창고업을 경영하면서 그 아들인 소외 乙에게 위 업체의 직원관리, 물품판매 및 수금 등 성산냉동의 사업과 관련한 실무를 담당케 하였다.

(2) 乙은 1997. 10. 9. 피고 丙에게, 위 각 건물 중 1층 창고와 사무실(제1건물)을 임대하였다. 또한, 乙은 1998. 5. 27. 피고 정에게, 성산냉동 건물(제2건물) 및 이에 부속된 기계기구 일체를 기간 1998. 6. 1.부터 24개월간으로 정하여 임대하였다.

(3) 피고 정은 1998. 10. 9.(위 임대차기간의 만료일) 피고 丙에게, 위 피고 정이 점유, 사용하고 있던 위 건물 부분을 전대하였다.

(4) 이에 따라, 피고 병은 1997. 10. 9.부터 제1 건물 및 그에 부속된 기계기구를, 피고 정은 1998. 6. 1.부터 제2 건물 및 그에 부속된 기계기구를 각 점유, 사용하여왔다.

(5) 1998. 12. 3. 원고는 피고들을 상대로 乙에게 임대차에 관한 대리권이 없음을 들어 위의 임대차계약이 무효임을 주장하며 건물명도 및 기계기구 인도청구와 부당이득반환청구, 예비적으로는 불법행위로 인한 손해배상청구를 구하는 소송을 제기하였다.

(6) 한편, 이 사건 부동산은 변론종결 전에 그에 관한 부동산임의경매절차에서 소외 戊에게 낙찰되었고, 그가 대금을 납부하여 2000. 3. 16. 그 중 토지 및 건물에 관하여 그 명의로 소유권이전등기가 경료되었다.

[법적 쟁점]

(1) 민법 제197조 제2항 소정의 '본권에 관한 소'에 소유권 침해를 이유로 한 부당이득반환청구소송이 포함되는지 여부

(2) 원고가 '소유권'에 기하여 피고를 상대로 부동산의 불법점유를 이유로 한 부동산반환청구 및 점유기간 동안의 부당이득반환청구를 한 경우, 원고의 부당이득 주장이 이유 있는 것으로 판단된다면 민법 제201조 제1항, 제197조 제1항에도 불구하고

적어도 그 소 제기일부터는 피고의 점유를 악의로 의제하여 피고에 대하여 부당이득의 반환이 인정되는지 여부

[원고의 주장]

(1) 주위적 청구 : 피고들의 이 사건 부동산에 대한 각 해당 점유는 乙의 **무권대리**에 의한 임대차계약에 기인한 것으로서 소유권자인 원고에 대하여는 아무런 효력이 발생하지 않는 것이므로 피고들은 제213조 본문에 의해 각 해당 점유 부분을 명도 및 인도하여야 하고, 피고는 적법한 권원 없이 점유부분을 점유, 사용하고 있으므로 제741조에 의해 그 점유 부분에 상응하는 부당이득을 반환할 의무가 있다. 부당이득반환범위는 피고의 점유일부터 戊에게 경락된 날까지이다.

(2) 예비적 청구 : 가사 피고들의 임차권 주장이 받아들여진다 하더라도 피고측은 임대할 대리권을 부여받지 않은 것을 알았거나 최소한 알 수 있었다고 보여지므로, 즉 전차인이 임차인이 적법한 임차권자인지 여부를 확인함이 없이 건물 중 일부를 전차하여 점유 사용한 과실이 존재하므로, 피고에 대하여 750조에 기하여 불법행위에 의한 손해배상청구를 구한다.

[피고의 주장]

(1) 주위적 항변 :

가. 원고측은 경매로 인하여 소유권을 상실하였으므로 소유권을 전제로 한 건물 점유부분의 인도 주장은 이유 없다. 소유권의 침해로 인한 손해배상청구도 마찬가지로 이유 없다.

나. 건물을 임대할 권한 등 업무일체에 관한 전권을 위임받아 그 업무집행을 하여오던 아들인 甲이 이 사건 점유일자에 원고를 대리하여 피고들과 각 임대차계약을 체결함으로써, 이에 따라 피고들이 각 임대차계약에 기한 보증금을 아들에게 지급한 후 사건 건물 중 해당 점유부분에 관한 점유를 하게 되었고, 피고 병은 성산냉동 일체에 관한 임차인이 된 피고 정으로부터 임차부분을 다시 전차하였으므로, 사건 건물에 대한 원고가 소유권을 가지고 있는 기간 동안의 피고들의 점유는 원고에 대하여 정당한 권원 있는 점유에 해당한다. 따라서 피고측의 부당이득이나 불법행위가 성립하지 않는다.

(2) 예비적 항변 : 설사 아들인 소외 乙이 원고로부터 이 사건 각 건물에 관한 임대차계약을 체결할 권한을 위임받은 바는 없다 하여도,

① **포괄적 대리권의 존재** : 원고 부부가 아들로 하여금 성산냉동의 업무를 처리함에 있어서 원고 명의의 도장으로 결재하도록 허락한 바 있으므로, 원고 부부는

위 각 임대차계약체결을 포함한 성산냉동의 모든 업무처리에 관한 **포괄적 대리권**을 수여한다는 의사를 표시하였다고 보아야 한다.

② **제126조의 표현대리** : 또한 피고들은 위 각임대차계약 체결 당시 원고 부부의 위임 하에 성산냉동의 모든 실무처리를 하던 아들에게 위 각 임대차계약을 체결할 권한이 있다고 믿었던 바, 원고 부부가 평소 성산냉동에 관한 아들의 대외적 업무처리에 관하여 일체의 이의를 제기하지 않아, 피고들로서는 아들이 원고의 이름으로 피고들과 위 각 임대차계약을 체결할 수 있는 권한까지 위임받았다고 믿었음에 정당한 이유가 있다.

③ **무권대리의 묵시적 추인** : 한편 소외 甲은 위 각 임대차계약 체결 이후에도 아들로부터 성산냉동의 업무에 관한 보고를 받아 사건 각 건물에 관한 피고들의 임차사실을 알면서도 아무런 이의를 제기하지 않은 점에 비추어, 원고 부부는 아들의 위 각 임대차계약 체결에 관하여 **묵시적으로 추인**하였다고 볼 것이므로(제132조·제133조), 결국 아들 피고들 사이에 체결된 위 각 임대차계약의 효력은 원고에게도 미친다고 할 것이어서, 피고들은 원고에 대하여 그 각 임차 부분을 점유할 권원이 있다.

(3) 가사 무권대리에 의한 임차권이라 할지라도 피고는 **선의의 점유자로서 과실수취권**이 있으므로(제201조 제1항·제197조 제1항) 부당이득 반환문제는 발생하지 않는다.

[원고의 주장]

제749조 제2항, 제197조 제2항에 따르면, 선의의 수익자가 패소한 때에는 그 소를 제기한 때로부터 악의의 수익자로 보고, 또한 선의의 점유자라도 본권에 관한 소에 패소한 때에는 그 소가 제기된 때로부터 악의의 점유자로 되기 때문에 피고측은 소제기 시부터 과실수취권이 없다. 따라서 소제기 이후 차임상당의 부당이득 반환을 하여야 한다.

[원심의 판단] 원고 청구 기각

[원심의 판단 이유]

(1) 원고의 피고에 대한 명도 및 인도 청구에 대하여는, 원고가 소유권을 상실하였음을 이유로 이를 기각하였다.

(2) 부당이득반환청구에 대하여는, 피고들은 민법 제197조 제1항에 의하여 선의로 **점유**한 것으로 추정되고, 민법 제201조 제1항에 의하면, **선의의 점유자는 점유물의 과실을 취득할 권리**가 있는 것인데, 피고들의 이 사건 부동산에 대한 각 해당 부분 점유가 악의의 점유임을 인정할 증거가 없다는(피고들은 패소한 것이 아니므로 민법 제749조 제2항은 이 사건에 적용될 여지가 없다) 이유로 원고의 위 주장을 배척하였다.

[상고이유] 제197조 제2항의 법리 오해

제197조 제2항의 본권에 관한 소에 부당이득의 소가 포함됨에도 적용될 여지가 없다고 한 법리오해가 있다.

[대법원의 판단] 금전(부당이득)청구 부분 파기환송 / 건물 명도 부분 원심 인정

【대법원의 판단이유】

(1) 민법 제201조 제1항에 의하면, 선의의 점유자는 점유물의 과실을 취득한다고 규정되어 있고, 민법 제197조 제1항에 의하면, 점유는 선의인 것으로 추정되도록 규정되어 있으나, 동조 제2항에는 선의의 점유자라도 **본권에 관한 소에 패소**한 때에는 그 소가 제기된 때로부터 악의의 점유자로 본다고 규정되어 있는바, 민법 제197조 제2항의 취지와 부당이득반환에 관한 민법 제749조 제2항의 취지 등에 비추어 볼 때, 여기서의 **본권에 관한 소**에는 소유권에 기하여 점유물의 인도나 명도를 구하는 소송은 물론 부당점유자를 상대로 점유로 인한 **부당이득의 반환을 구하는 소송**도 포함된다.

(2) 원고가 소유권에 기하여 피고를 상대로 부동산의 불법점유를 이유로 한 부동산반환청구 및 점유기간 동안의 부당이득반환청구를 한 경우, 부당이득반환청구에 민법 제201조 제1항, 제197조 제1항을 적용함에 있어서는 소유권에 기한 부동산반환청구가 변론종결 전에 소유권이 상실되었음을 이유로 배척된다고 하더라도, 법원으로서는 **소유권 상실 이전 기간의 부당이득반환청구**와 관련하여 원고의 소유권의 존부와 피고의 점유 권원의 유무 등을 가려서 그 청구의 당부를 판단하고, 원고의 부당이득 주장이 이유 있는 것으로 판단된다면 민법 제201조 제1항, 제197조 제1항에도 불구하고 적어도 그 소 제기일부터는 피고의 점유를 악의로 의제하여 피고에 대하여 부당이득의 반환을 명하여야 한다.

[37] 수익자의 악의 인정과 악의의 점유자로 인정되는 시기
대판 2002. 11. 22. 2001다6213

[사실관계]

甲은 건물 X를 2008년 2월 1일에 매수하여 자기명의로 등기를 경료한 후 냉장창고업을 시작하면서 위 사업과 관련한 실무를 아들인 乙에게 담당하게 하였고, 乙은 창고건물 X 중 일부분에 대하여 丙과 丁에게 임대하여서 丙은 2009년 1월부터, 丁은 2010년 1월부터 건물의 일부를 점유·사용하여 오던 중 건물 X가 저당권자인 A의 저당권 실행에 의하여 임의경매절차가 개시되어 戊에게 경락되었고 戊는 2010년 10월 1일에 경락대금을 납부하였다. 그러나 아직 戊에게 등기이전은 이루어지지 않았다.

(1) 甲은 丙과 丁의 건물 X의 일부분에 대한 각 점유는 乙의 무권대리에 의한 임대차계약이라고 하면서 2010년 5월 1일에 소유권에 기하여 각 점유부분에 대한 명도 및 인도를 구하고 있다.

(2) 甲은 丙과 丁이 각각 점유하였던 것은 법률상 원인이 없는 것으로서 丙에 대해서는 2009년 1월부터, 丁에 대해서는 2010년 1월부터 그 점유부분에 상응하는 차임 상당의 부당이득반환을 구하고 있다.

[법적 쟁점]

[1] 본권에 관한 소에 부당이득반환을 구하는 소송도 포함되는지 여부

[2] 수익자의 악의 인정과 악의의 점유자로 인정되는 시기

【판결요지】

[1] 민법 제201조 제1항에 의하면, 선의의 점유자는 점유물의 과실을 취득한다고 규정되어 있고, 민법 제197조 제1항에 의하면, 점유는 선의인 것으로 추정되도록 규정되어 있으나, 같은 조 제2항에는 선의의 점유자라도 본권에 관한 소에 패소한 때에는 그 소가 제기된 때로부터 악의의 점유자로 본다고 규정되어 있는바, 위민법 제197조 제2항의 취지와 부당이득반환에 관한민법 제749조 제2항의 취지 등에 비추어 볼 때,여기서의 본권에 관한 소에는 소유권에 기하여 점유물의 인도나 명도를 구하는 소송은 물론 부당점유자를 상대로 점유로 인한 부당이득의 반환을 구하는 소송도 포함된다.

[2] 원고가 소유권에 기하여 피고를 상대로 부동산의 불법점유를 이유로 한 부동산반환청구 및 점유기간 동안의 부당이득반환청구를 한 경우, 부당이득반환청구에민법 제201조 제1항, 제197조 제1항을 적용함에 있어서는 소유권에 기한 부동산반환청구가 변론종결 전에 소유권이 상실되었음을 이유로 배척된다고 하더라도, 법

원으로서는 소유권 상실 이전 기간의 부당이득반환청구와 관련하여 원고의 소유권의 존부와 피고의 점유 권원의 유무 등을 가려서 그 청구의 당부를 판단하고, 원고의 부당이득 주장이 이유 있는 것으로 판단된다면 민법 제201조 제1항, 제197조 제1항에도 불구하고 적어도 그 소제기일부터는 피고의 점유를 악의로 의제하여 피고에 대하여 부당이득의 반환을 명하여야 한다고 본 사례.

[38] 제203조의 비용상환청구권
대판 2002. 8. 23. 99다66564·66571

[사실관계]

(1) 원고는 1991. 6. 8. 건물 중 2/4지분에 관하여 소유권이전등기를 경료하였고, 건물을 소외 乙, 丙(각 1/4 지분)과 공유하고 있다.

(2) 乙은 공유자인 원고의 동의 없이 1994. 5. 10. 피고에게 건물의 1, 2층 창호공사를 금 250,000,000 원에 도급하는 계약을 체결하고 피고가 약정기간 내에 위 공사를 완료하였으나 피고에게 공사대금을 지급하지 않았다.

(3) 피고는 건물 1층 일부분을 알루미늄 샷시제작공장으로, 건물 2층 일부분을 사무실로 점유, 사용하고 있다(점유개시일은 1995. 10. 30).

(4) 이에 원고는 피고를 상대로 보존행위로서 건물 명도청구와 차임상당의 부당이득 반환청구를 구하고 있다.

(5) 이에 피고는 원고를 상대로 원고가 피고의 공사로 인한 부당이득을 얻고 있다며 공사대금(2/4지분)의 반환의 청구를 하고 있다.

[법적 쟁점]

(1) 계약상의 급부가 계약의 상대방뿐만 아니라 제3자의 이익으로 된 경우에 그 제3자에 대하여 부당이득반환을 청구할 수 있는지 여부(이른바 전용물 소권의 인정여부)

(2) 수급인이 도급인으로부터 제3자 소유 물건의 점유를 이전받아 이를 수리한 결과 그 물건의 가치가 증가한 경우 도급인 이외에 수급인도 민법 제203조에 의한 비용상환청구권을 행사할 수 있는 비용지출자에 해당하는지 여부

[원고의 주장]

(1) 원고는 사건 건물에 대한 2/4 지분의 공유자이다. 공유물의 관리(이용·개량)에 대해서는 공유자의 지분의 과반수로서 결정하여야 하나(제265조 본문), 소수지분을 가지고 있는 공유자로서 乙은 다른 공유자의 동의 없이 창호공사를 맡겼고, 따라서 피고측이 공사 후 공사대금청구를 위한 점유를 하고 있는 것은 불법점유이기 때문에 유치권이 성립하지 않는다. 원고는 공유자로서 공유자는 각자 단독으로 보존행위를 할 수 있는 것이어서 보존행위로서 건물명도청구(제265조 단서)를 구한다.

(2) 원고는 피고에 대하여 피고가 공유물의 점유로 인하여 차임 상당의 부당이득을 얻고 있기 때문에 원고 자신의 지분에 해당하는 차임상당의 부당이득 반환청구(제741조)를 구한다.

[피고의 항변]

(1) 건물명도청구에 대하여

가. **묵시적 추인**에 따른 피고의 공사대금 지급의무의 존재로 인한 **동시이행항변**
: 원고는 乙과 피고 사이의 위 공사계약을 묵시적으로 추인하였으며, 그렇지 않다고 하더라도 원고는 위 공사의 완공 후에 공사대금을 지급하여 주기로 약정하였으므로, 원고는 공사대금지급의무가 존재한다. 공사대금지급의무를 이행하기 전까지 반환할 수 없다.

나. **유치권 항변** : 피고는 원고 또는 乙로부터 위 공사대금을 지급받을 때까지는 유치권을 행사하여 원고의 명도청구에 응할 수 없다. 즉 피고가 창호공사로 인하여 취득한 공사대금채권은 건물에 관하여 생긴 채권으로서 이 채권은 변제기에 있기 때문에 대금채권에 관해 유치권 항변(320조)을 한다.

(2) 차임상당부당이득반환청구에 대하여

유치권 행사로서 법률상 원인이 있는 점유이다. 유치권자가 유치권행사로 채권을 상환받을 때까지 유치물건의 반환을 거부할 수 있는 정당한 권원이 있는 한 유치물건을 사용함에 따른 차임상당의 이득을 취할 수 있는 권리가 있다.

[피고의 반소]

피고는 반소로서 공사대금의 지급(제741조) 혹은 비용(유익비)상환청구(203조)를 구한다.

(1) 부당이득청구(제741조) : 원고는 피고의 창호공사로 말미암아 법률상 원인 없이 이득을 얻었고 피고는 이에 따른 손실을 보았으며 이들과 손실 사이에 인과관계가 있기 때문에 부당이득반환을 청구한다.

(2) 점유자와 회복자의 관계에 따라 유익비지출자로서 유익비상환청구(제203조)

가사 피고의 유치권이 인정되지 않아 원고에게 건물을 반환하게 된다 하더라도 민법 제203조에 따라 점유자가 유익비를 지출하여 가액의 증가가 현존하는 경우 지출금액이나 증가액을 청구할 수 있다. 피고의 창호공사로 말미암아 건물의 가액의 증가가 현존하므로 피고는 원고에 대하여 공사대금에 관하여 유익비상환청구를 구한다.

[피고의 유치권항변에 대한 원고 재항변]

창호공사는 공유물에 대한 관리행위로서 지분의 과반수의 동의를 얻어야 하는바 과반수의 동의 없이 이루어진 것이어서 **피고의 점유**는 불법점유로서 유치권이 성립하지 않는다(불법점유, 320조 제2항).

[피고의 반소에 대한 원고의 주장]

(1) **부당이득반환청구권에 대하여** : 피고가 도급계약과 같은 계약관계에 터 잡아 비용을 지출한 경우에는 계약당사자에게 급부청구권을 행사할 수 있을 뿐 계약 이외의 자에게 부당이득으로서 비용을 청구할 수 없다(이른바 전용물소권의 부정, 대판 1970. 11. 24. 70다1012; 대판 2023. 4. 27. 2022다304189). 즉 계약당사자인 乙에 대하여 급부청구권을 가지고 있는 한 피고측에 손해가 있다고 할 수 없다.

(2) **비용상환청구권에 대하여** : 피고는 비용지출자가 아니다. 여기서 비용지출자는 도급계약에서 도급인인 을이지 수급인인 피고가 아니다. 따라서 피고에게는 비용상환청구권이 인정되지 않는다.

[원심의 판단] 원고 일부승소 / 원고 상고

1. 원고측의 본소에 대하여

(1) **건물명도 부분** : 특별한 사정이 없는 한 원고에게 건물점유부분 명도하여야 하나 피고측의 **유익비에 기한 유치권항변 인정하여 유익비지급과 건물명도 상환이행판결**(이 점에서 동시이행판결과 같음)

(2) **피고측의 차임상당 이득 부분** : 피고측의 유치권이 인정된다 하더라도 유치물건을 사용함에 따른 차임상당의 이득을 취할 수 있는 권리는 없다고 하여 원고측 청구 인용하여 임료 상당 부당이득금 명도 완료일까지 지급하라.

2. 피고의 주장 및 반소 판단

(1) **피고의 부당이득으로서 공사대금채권에 기한 유치권항변 배척** : 창호공사는 관리행위(제265조 본문)이므로 공유자의 지분의 과반수 이상의 동의가 있어야 하나 과반수 이상의 동의가 있었다고 볼 증거가 없다. 따라서 피고의 점유는 불법점유로서 제320조 제2항에 의하여 유치권이 성립하지 않는다. 따라서 피고는 공유물의 보존행위로서 건물의 명도를 구하는 원고에 대하여는 위 공사대금채권을 이유로 유치권 행사를 할 수 없고 반소청구에 관한 주장은 이유 없다.

(2) 피고의 반소부분(공사로 인한 부당이득반환)

가. **유익비반환채권에 기한 유치권항변 인정 및 유익비반환청구의 인정**(제203조) : 건물의 가액이 증대하여 현존하고 있는 사실, 지분 2/4에 해당하는 금원을 지급할 의무가 있고, 위 금원을 지급받기 위하여 피고는 점유부분을 유치할 권리가 있다. 따라서 피고는 유익비지급 받음과 동시에 건물명도하라(상환이행판결).

(3) 공사대금지급을 위한 부당이득(741조)에 대해서는 설시하지 않음(인정하지 않은 듯함: 필자 주)

[원고의 상고이유]

가. 부당이득에 관한 법리 오해

나. 유익비상환청구에 관한 법리 오해

[대법원의 판단] : 원심 파기 환송

【대법원의 판단이유】

(1) 계약상의 급부를 한 계약당사자는 이익의 귀속주체인 제3자에 대하여 직접 부당이득반환청구 할 수 없다(전용물 소권 부정).

계약상의 급부가 계약의 상대방뿐만 아니라 제3자의 이익으로 된 경우에 급부를 한 계약당사자가 계약 상대방에 대하여 계약상의 반대급부를 청구할 수 있는 이외에 그 제3자에 대하여 직접 부당이득반환청구를 할 수 있다고 보면,

① 자기 책임 하에 체결된 계약에 따른 위험부담을 제3자에게 전가시키는 것이 되어 계약법의 기본원리에 반하는 결과를 초래할 뿐만 아니라, ② 채권자인 계약당사자가 채무자인 계약 상대방의 일반채권자에 비하여 우대받는 결과가 되어 일반채권자의 이익을 해치게 되고, ③ 수익자인 제3자가 계약 상대방에 대하여 가지는 항변권 등을 침해하게 되어 부당하므로, 위와 같은 경우 계약상의 급부를 한 계약당사자는 이익의 귀속 주체인 제3자에 대하여 직접 부당이득반환을 청구할 수는 없다고 보아야 한다.

(2) 유효한 도급계약에 기하여 수급인이 도급인으로부터 제3자 소유물건의 점유를 이전받아 수리한 결과 그 물건의 가치가 증가한 경우, 도급인이 그 물건을 간접점유하면서 **궁극적으로 자신의 계산으로 비용지출과정을 관리한 것**이므로, 도급인만이 소유자에 대한 관계에서 민법 제203조에 의한 비용상환청구권을 행사할 수 있는 비용지출자라고 할 것이고, 수급인은 그러한 비용지출자에 해당하지 않는다고 보아야 할 것이다.

[참고] 위의 사안에서 대법원은 전용물소권을 인정하지 않고 또한 수급인은 비용지출자가 아니라고 하여 비용상환청구권도 인정하고 있지 않으므로 피고가 취할 수 있는 방법이 문제된다. 피고는 자신의 乙에 대한 채권과 乙의 원고에 대한 피보전채권을 가지고 채권자 대위권의 행사와 함께 변제의 대위수령과 동시에 자신의 원고에 대한 차임상당의 부당이득에 대하여 상계함으로써 실제 일반채권자에 비하여 우대받는 결과에 있어서는 동일하게 된다.

[39] 점유자와 회복자의 관계
대판 2003. 11. 24. 2001다61869

[사실관계]

(1) 원고가 소유하게 된 공장용지 2,502m²(이하 이 사건 토지라 한다)의 지상 위로, 피고(한국전력공사)가 원고의 동의나 승낙 없이 총 6가닥(3층 구조이고, 각 층은 횡으로 2가닥씩으로 이루어졌다)의 154kV 특별고압 가공 송전선을 통과하도록 설치하여 이를 점유·사용하고 있다. 이로 인하여 원고는 위 공장용지 중 선하부지 등 합계 728m²의 입체이용에 제한을 받고 있다.

(2) 전기설비기술기준에관한규칙에 의하면 154kV의 특별고압가공 송전선은 지표상으로부터 11.42m의 높이(이하 '법정 지상고'라고 한다)로, 지상 건조물과는 4.78m의 이 격거리(이하 '법정 이격거리'라 한다)를 유지하도록 규정되어 있다.

[법적 쟁점]

타인 소유물을 권원 없이 점유함으로써 얻은 사용이익을 반환하는 경우, 민법 제748조 제2항과 제201조 제2항의 반환범위의 관계

[판결요지]

타인 소유물을 권원 없이 점유함으로써 얻은 사용이익을 반환하는 경우 민법은 선의 점유자를 보호하기 위하여 제201조 제1항을 두어 선의 점유자에게 과실수취권을 인정함에 대하여, 이러한 보호의 필요성이 없는 악의 점유자에 관하여는 민법 제201조 제2항을 두어 과실수취권이 인정되지 않는다는 취지를 규정하는 것으로 해석되는 바, 따라서 악의 수익자가 반환하여야 할 범위는 민법 제748조 제2항에 따라 정하여지는 결과 그는 받은 이익에 이자를 붙여 반환하여야 하며, 위 이자의 이행지체로 인한 지연손해금도 지급하여야 한다.

[원고의 주장]

원고는 ① 피고가 점유·사용한 1990. 7. 6.부터 1993. 1. 20.까지(그 기간 이전의 점유에 대하여는 소멸시효가 완성한 것으로 보이고 그 기간 이후의 점유에 대해서는 차임 상당액을 수령하였다고 자인하고 있음) 임료상당액, ② 위 임료 상당액을 1년 단위로 구분하여 점유일 이후 2000. 10. 10.(임료감정일)까지 기간에 대하여 제748조 제2항에 의한 연 5푼의 이자를 계산한 금액, ③ 위 임료상당액과 이자의 합계금에 대한 2000. 10. 11.부터 완제일까지의 지연손해금(판결선고일까지 민법 소정의 연 5%), 그 다음 날부터 완제일까지 구 소송촉진 등에 관한 특별법 소정의 연 25(현 12%)을 구하는 소를 제기하였다.

[원심의 판단] 제1심 판결 중 추가로 지급을 명하는 원고 패소부분 취소

(1) 인정되는 부분

피고가 위 점유, 사용으로 인하여 얻는 사용이익은 위 점유물의 과실(果實)에 해당하고, 피고는 악의의 점유자에 해당하므로, 피고는 원고에게 위 점유, 사용으로 인하여 얻은 임료 상당의 사용이익인 과실을 모두를 반환할 의무가 있고, 위 반환채무는 기한을 정함이 없는 채무에 해당하므로 원고가 이행을 청구한 다음날부터 이행지체에 이르게 된다.

피고가 권한 없이 점유, 사용한 1990. 7. 6.부터 1993. 1. 20.까지의 사용이익은 모두 13,409,913원임이 인정되므로, ① 피고는 원고에게 위 사용이 익 13,409,913원과 ② 이에 대하여 원고가 이 사건 소장 송달을 통하여 위 과실의 반환을 청구함으로써 위 반환채권의 이행기가 도래하게 된 날 다음날(이행지체일)인 2000. 7. 25.부터 2000. 10. 10.까지 민법에서 정한 연 5%의 지연손해금인 금 143,284원(13,409,913 × 78/365 x 0.05) 및 ③ 위 사용이익에 대하여 2000. 10. 11.부터 제1심 판결 선고일인 2001. 1. 11.까지는 민법에서 정한 연 5%, 그 다음날부터 다 갚는 날까지는 소송촉진등에관한특례법에서 정한 연 25%의 각 비율에 의한 지연손해금을 지급할 의무가 있다(원고는 이 사건 소장 송달일 다음날인 2000. 7. 25.부터 2000. 10. 10.까지의 기간에 해당하는 지연손해금을 부당이득금으로 합산하여 구하고 있다).

(2) 배척되는 부분

(가) 원고는, 위 사용이익에 대하여 민법 제748조 제2항 규정을 근거로 이를 취득 한 날로부터의 법정이자를 가산하여 지급하여야 한다고 주장하면서 각 사용이익 취득일부터 2000. 7. 24.까지의 기간에 대하여 연 5%의 비율에 의한 법정이자를 추가로 구한다.

그러나, 권원 없이 타인의 물건을 점유하는 자가 그 점유를 통하여 얻은 과실을 반환하는 경우에는 부당이득반환청구권에 관하여 정한 민법 제747조이하의 규정에 우선하여 민법 제201조 제2항의 규정이 적용되어야 할 것인바, 이 사건의 경우 피고가 위 점유로 인하여 얻은 사용이익은 과실에 해당한다고 보아야 하므로 위 규정에 따라 악의의 점유자인 피고는 수취한 과실을 반환하여야 하고 여기에 이자를 가산하여 지급하여야 하는 것은 아니어서 이 부분 원고의 청구는 이유 없다.

(나) 원고는 다시, 2000. 7. 25.부터 2000. 10. 10.까지의 기간 동안에 발생한 연 5%의 비율에 의한 금원에 대하여 지연이자를 구하나, 이자에 대하여 이자(복리)를 구하는 것은 법률이 허용하는 경우이거나 당사자 사이에 특별히 복리에 대한 약정을 한 경우 이외에는 이를 허용할 수 없다.

한편, 원고가 구하는 위 기간 동안에 발생한 연 5%의 비율에 의한 금원은 피고의 사용이익반환채무에 대한 지연이자에 해당하는바, 지연이자 역시 이자와 동일한 성격을 가지는 것이므로 이에 대하여 지연이자를 구하는 것은 허용되지 않아 원고의 이 부분 청구 역시 이유 없다.

[대법원의 판단] 원심판결 중 원고 패소 부분 파기환송

【대법원의 판단이유】

원심은, 피고가 아무런 권원 없이 원고 소유 토지의 상공에 송전선을 설치하여 소유함으로써 판시 면적에 해당하는 부분을 사용·수익하였으니 그 구분지상권에 상응하는 임료 상당액을 반환할 의무가 있다고 인정한 다음 나아가 이에 대하여 점유일 이후 소장부본 송달일까지의 법정이자 및 그 이자에 대한 지연손해금을 구하는 청구에 대하여는 민법 제201조 제2항이 민법 제748조 제2항에 우선하여 적용되므로 악의의 점유자는 수취한 과실만을 반환하면 족하고 여기에 이자를 가산하여 지급할 필요가 없다는 이유로 이를 배척하였다. 그러나 위 이자 등 청구 부분을 배척한 원심의 조치는 수긍할 수 없다.

타인 소유물을 권원 없이 점유함으로써 얻은 사용이익을 반환하는 경우 민법은 선의 점유자를 보호하기 위하여 제201조 제1항을 두어 선의 점유자에게 과실수취권을 인정함에 대하여, 이러한 보호의 필요성이 없는 악의 점유자에 관하여는 제201조 제2항을 두어 과실수취권이 인정되지 않는다는 취지를 규정하는 것으로 해석되는바, 따라서 악의 수익자가 반환하여야 할 범위는 제748조 제2항에 따라 정하여지는 결과 그는 받은 이익에 이자를 붙여 반환하여야 한다.

즉, 악의 점유자는 과실을 반환하여야 한다고만 규정한 민법 제201조 제2항이, 민법 제748조 제2항에 의한 악의 수익자의 이자지급의무까지 배제하는 취지는 아니기 때문에, 악의 수익자의 부당이득금 반환범위에 있어서 민법 제201조 제2항이 제748조 제2항의 특칙이라거나 우선적으로 적용되는 관계를 이루는 것은 아니다.

그리고 위 조문에서 규정하는 이자는 당해 침해행위가 없었더라면 원고가 위 임료로부터 통상 얻었을 법정이자상당액을 말하는 것이므로 악의 수익자는 위 이자의 이행지체로 인한 지연손해금도 지급하여야 할 것이다.

그 럼에도 원심은 법 제201조 제2항이 제748조 제2항의 특칙이라는 이유로 임료상당의 부당이득에 대한 점유일 이후 소장부본 송달일까지의 법정이자 및 그 이자에 대한 지연손해금 청구 부분을 배척하고 말았으니 이러한 원심판결에는 부당이득 반환의무의 범위에 관한 법리오해로 인하여 판결 결과에 영향을 미친 위법이 있다.

[40] 계약관계와 제203조의 비용상환청구권
대판 2003. 7. 25. 2001다64752

[사실관계]

(1) 이 사건 건물 중 지하 2층 995.44m²은 원래 소외 A 회사가 볼링장 운영목적으로 지은 것인데 그 시설자금이 부족하자 이를 원고에게 임대하기로 하여, **원고와 소외 A 회사**는 1997. 3. 15. 이 사건 건물에 관하여 임대보증금 1억 원, 월 차임 300만 원, 임대차기간 1997. 3. 15.부터 2002. 3. 14.까지로 하는 임대차계약을 체결하였다.

(2) 원고는 1997. 6. 1. 서울보증보험 주식회사와 사이에 조흥리스금융 주식회사를 피보험자로 하여 보험가입금액 3억 8,000만 원의 리스보증보험계약을 체결한 다음 조흥리스로부터 리스자금을 받아 이 사건 건물에 볼링기계 및 필요한 부대설비를 설치하고 1997. 7. 5.부터 볼링장영업을 시작하였다.

(3) 한편, A 회사는 1997. 5. 23. 물상보증으로 이 사건 건물에 관하여 서울보증보험 앞으로 채무자 원고, 채권최고액 4억 9,400만 원의 근저당권을 설정하여 주고, 1997. 6. 1. 서울보증보험에 대하여 위 리스보증보험계약에 따른 원고의 위 채무를 연대보증하였다.

(4) 그런데 원고가 조흥리스에 대한 리스료의 지급을 연체하여 조흥리스가 서울보증보험에게 보험금의 지급을 청구하자, 서울보증보험은 1998. 6. 12. 조흥리스에게 보험금 3억 8,000만 원을 지급한 다음 이 사건 건물에 관하여 임의경매신청을 하였고, 피고가 그 경매절차에서 이 사건 건물을 낙찰받아 1999. 8. 17. 그 소유권이전등기를 마쳤다.

(5) 피고는 1999. 9. 18. 부동산인도명령의 집행을 통하여 원고로부터 이 사건 건물을 명도 받고, 조흥리스로부터 이 사건 건물에 설치되어 있는 리스물건인 **볼링기계 및 부대설비**를 매입하여 현재 이 사건 건물에서 볼링장을 경영하고 있다.

(6) 원고는 이 사건 건물의 출입구 강화문, 볼링장 홀 바닥타일, 거울, 흡연실, 볼링장 좌측 난간, 볼링장 천장, 프로 숍, 락커 룸, 화장실, 볼링장 천장 조명시설, 볼링장 내부기둥, 벽면 로고, 출입구 계단, 광고 핀, 외벽 간판, 신발장, 전기배관시설 공사의 비용으로 100,990,179원을 지출하였다.

(7) 피고가 이 사건 건물의 소유권을 취득할 당시에 현존하는 이 사건 건물의 가치증가액은 70,088,017원이다.

[법적 쟁점]

점유자가 유익비를 지출할 당시 계약관계 등 적법한 점유권원을 가진 경우 계약관계 등의 상대방이 아닌 점유회복 당시의 상대방에 대하여 민법 제203조 제2항에 따른 지출비용의 상환을 구할 수 있는지 여부

[원고 주장]

소외 A 회사와 이 사건 건물에 대한 임대차계약을 체결한 후 이 사건 건물의 출입구 강화유리문, 바닥타일, 내부기둥, 벽체, 배선, 배관 등의 내장공사 등에 100,990,179원을 지출하였고 그 중 현존하는 가치 증가액은 70,088,017원이고, 이 사건 건물은 볼링장 용도로 신축된 것으로서 원고가 볼링장 영업을 위한 내장공사 등에 지출한 비용은 이 사건 건물의 개량 기타 그 효용의 적극적인 증진을 위하여 투입한 비용에 해당하므로, 피고는 특별한 사정이 없는 한 제203조의 점유자에 대한 회복자의 관계에 기하여 원고에게 위 유익비 70,088,017원 및 그 지연손해금을 상환할 의무가 있다고 주장한다.

[피고의 주장]

이 사건 건물의 임차인이면서 근저당채무의 주채무자인 원고가 스스로 그의 근저당채무를 불이행하여 이 사건 건물에 대한 경매절차가 진행되었는데, 그 경매 과정에서 원고가 이 사건 건물에 투입한 부분까지 포함되어 감정가가 결정되어 피고가 납부한 낙찰대금이 종국적으로 원고의 채무를 변제함으로써 이미 그 투입비 상당의 이득을 얻었음에도 불구하고 다시 이를 피고에게 청구할 수는 없다고 다툰다.

[원심의 판단]

제1심 : 피고가 이 사건 건물의 소유권을 취득할 당시에 현존하는 이 사건 건물의 가치 증가액은 70,088,017원을 지급하라.

원심 : 제1심 판결 중 피고부분 취소하고, 그 취소부분에 해당하는 원고의 청구 기각

[원심의 판단이유]

(1) A 부분에 대하여

유익비란 점유자가 건물의 개량 기타 그 효용의 적극적인 증진을 위하여 지출된 비용을 말한다 할 것인데, 원고 주장의 위 투입비 중 원고가 이 사건 건물을 볼링장으로 운영하기 위하여 설치한 벽면 로고, 광고 핀, 외벽 간판, 신발장의 설치비용은 이 사건 건물의 객관적 가치를 증가시키기 위하여 지출한 비용으로 보기 어려우므로 원고의 이 부분 주장은 이유 없다.

(2) B 부분에 대하여

B부분은 이 사건 건물의 일부로 되어 부합되었다는 점을 고려하면 이 사건 건물의 경매절차 당시 모두 그 감정평가 대상에 포함되어 있었다고 보아야 할 것이고, 감정평가 가격을 기준으로 낙찰가격이 결정되어 그 낙찰대금으로 종국적으로 원고 자신의 서울보증보험과의 리스보증보험계약에 기한 채무를 변제한 결과로 된 이상, 원고는 이미 위 시설물들에 대한 투입비 상당의 이득을 얻었다고 보아야 할 것이다.

따라서, 원고로서는 이미 유익비 상당의 이익을 종국적으로 취득하여 더 이상 유익비 상환을 청구할 지위에 있지 않다고 할 것이므로, 원고의 이 부분 주장도 이유 없다.

[상고이유]

(1) 유익비와 관련한 법리 오해

(2) A 부분에 대해 유익비상환청구에 대해서만 판단하고 부당이득반환의무에 대애서 판단하지 않은 판단유탈의 위법이 있다.

(3) 제203조 제2항의 유익비상환청구에 관한 법리오해

[대법원의 판단] 상고 기각

【대법원의 판단이유】

민법 제203조 제2항에 의한 점유자의 회복자에 대한 유익비상환청구권은 점유자가 계약관계 등 적법하게 점유할 권리를 가지지 않아 소유자의 소유물반환청구에 응하여야 할 의무가 있는 경우에 성립되는 것으로서, 이 경우 점유자는 그 비용을 지출할 당시의 소유자가 누구이었는지 관계없이 점유회복 당시의 소유자 즉 회복자에 대하여 비용상환청구권을 행사할 수 있는 것이나, 점유자가 유익비를 지출할 당시 계약관계 등 적법한 점유의 권원을 가진 경우에 그 지출비용의 상환에 관하여는 그 계약관계를 규율하는 법조항이나 법리 등이 적용되는 것이어서, **점유자는 그 계약관계 등의 상대방에 대하여 해당 법조항이나 법리에 따른 비용상환청구권을 행사할 수 있을 뿐 계약관계 등의 상대방이 아닌 점유회복 당시의 소유자에 대하여 민법 제203조 제2항에 따른 지출비용의 상환을 구할 수는 없다.**

(1) 유익비와 관련하여

원고가 이 사건 건물에서 볼링장을 운영하기 위하여 설치한 벽면로고, 광고 핀, 외벽간판 및 신발장 등은 이 사건 건물에 부합되어 건물의 객관적 가치를 증대시키는 것이라 할 수 없으므로, 같은 취지의 원심의 판단은 정당한 것으로 수긍이 가고, 거기에 상고이유로 주장하는 바와 같은 위법이 있다고 할 수 없다.

(2) 부당이득 반환의무 있는지 판단하지 않는 점에 대해

점유자의 회복자에 대한 유익비상환청구는 부당이득금반환청구와는 그 법률요건과 효과를 달리하는 것이어서 원고의 이 사건 유익비상환청구에 부당이득금반환청구가 당연히 포함된다고 할 수 없으므로, 원심이 위 시설물 설치에 따른 유익비상환청구에 대해서만 판단하고 위의 점에 대해서 판단하지 아니하였다고 하여 판단유탈의 위법이 있다고 할 수 없고, 원심이 위 시설의 설치비용에 대하여 제1심과 달리 판단한다고 하여 원고에게 그 부분에 대한 석명권을 행사할 의무가 있다고 볼 수 없으므로, 이 점에 대한 상고이유도 그 이유가 없다.

(3) 제203조 제2항의 유익비상환청구와 관련하여

이 사건에서 임차인인 원고는 임대차계약에 의하여 이 사건 건물을 적법하게 점유하고 있으면서 비용을 지출한 것이므로, 임대인인 소외 회사에 대하여 **민법 제626조 제2항에 의한 임대차계약상의 유익비상환청구를 할 수 있을 뿐, 낙찰에 의하여 소유권을 취득한 피고에 대하여 이와는 별도로 민법 제203조 제2항에 의한 유익비의 상환청구를 할 수는 없다고 보아야 할 것이며**(다만, 원고가 피고의 목적물인도청구에 대하여 임대인에 대한 위 유익비상환청구권에 기한 유치권으로써 대항할 수 있었을 것임은 별론으로 한다), 이러한 법리는 이 사건 시설에 관한 비용이 경매절차에서 감정평가 가격에 포함되었는지 여부와 아무런 상관이 없다.

원심이 B부분이 건물에 부합되어 유익비상환청구의 대상이 된다는 취지로 판시하면서 그 시설들이 이 사건 근저당권에 기한 경매절차에서 감정평가 가격에 포함되어 이를 기준으로 낙찰가격이 결정되었고 그 낙찰대금이 종국적으로 원고 자신의 채무를 변제한 결과로 된 이상 원고는 유익비상환을 청구할 지위에 있지 않다고 판단한 것은, 그 설시에 있어서 부정확한 점이 있으나 결론적으로 정당하고, 거기에 민법 제203조 제2항에 의한 점유자의 유익비상환청구권에 관한 법리를 오해하여 판결에 영향을 미친 위법이 있다고 할 수 없다.

제7장 소유권

[41] 소유권에 기한 물권적청구권
대판 2007. 6. 15. 2004다37904·37911

[사실관계]

(1) 이 사건 부평 신월간 경인고속도로와 당해 A빌라는 인접하고 있으며, 고속도로의 8차선 확장공사는 1992. 7. 14.경 완료되고, 이 A빌라는 1992. 11. 말경 준공된 것이었다. 그러나 사건 고속도로의 8차선 확장 공사에 착공한 후 준공이 되기 1년 전 무렵 이 A 빌라 부지를 이 A 빌라의 건축주에게 매도하여 그 지상에 이 A빌라가 신축되었고, 위 확장 공사의 준공 전에 이 A빌라의 건축공사가 시작되었다.

(2) 이 A 빌라 거주자들에 대한 이 사건 고속도로의 소음 피해가 본격적으로 문제된 것은 1997. 8.경부터인데, 원고(한국도로공사)는 이 사건 고속도로의 통행차량으로 인한 소음 공해를 방지하기 위하여 확장공사 당시 높이 4.5m의 방음벽을 설치하고, 2001. 8. 5.경에는 통행차량의 과속방지를 위한 무인속도측정기를 설치하고, 2001. 10.경에는 도로평탄화를 위한 내유동성 포장을 하였으나, 이 A 빌라 각 세대의 외부 소음도를 측정한 결과, 피고 주민들 주거지의 1일 평균 소음도는 66㏈에서 78㏈까지 나타나고 있다(피고 주민들의 거주지는 일반주거지역으로 환경정책기본법 제10조, 같은 법 시행령 제2조에 의하면, 도로변 지역에 있는 일반주거지역의 소음 환경 기준은 낮에 **65㏈, 밤에 55㏈**을 초과하지 않도록 규정하고 있다).

(3) 피고 부천시는 이 A 빌라 주민들의 민원에 따라 이 사건 지역을 소음·진동규제법 제28조 소정의 교통소음·진동규제지역으로 지정하여 지방경찰청장에게 요청하여 통행 차량에 대한 속도 제한, 우회 등의 조치를 하거나, 방음시설에 관한 조치를 취하고자 하였으나, 원고가 차량운행 등을 규제할 경우 교통소통에 지장이 발생한다는 등의 이유로 이를 반대하여 교통소음·진동규제지역으로 지정하지 못한 바 있다.

(4) 원고, 이 A빌라 주민들의 대표, 피고 부천시가 참석한 2000. 2. 22. 및 같은 해 3. 3.자 회의에서 이 사건 고속도로에서 발생하는 소음 피해에 대한 대책으로 현재의 방음벽 옹벽을 이용하여 높일 수 있는 최대 높이인 7.5m 높이로 방음벽을 보강하기로 합의하였으나, 피고 주민들 등 이 A 빌라 주민들이 주민 대표의 대표성을 부정하며 방음벽 높이 조정에 반대하였고, 이 A 빌라의 **4층 세대 높이가 지상** 12m

에 이르러 7.5m 높이의 방음벽으로는 전체 주민들에 대한 실효성 있는 소음방지 대책이 될 수 없는 상황에서 원고도 장기간 방음벽 보강 공사에 나아가지 않았다.

(5) 그 후 이 A 빌라 주민들이 중앙환경분쟁조정위원회에 분쟁조정 신청을 하여 2002. 2. 14. 원고는 이 사건 고속도로에서 유입되는 소음을 방지하기 위하여 13m 높이의 방음벽으로 보강하라는 내용의 재정이 내려지자, 이를 다투기 위하여 원고가 제소함에 따라 이 사건 소송인 원고의 본소로서 채무부존재확인의 소와 피고측(피고 1외 87인/부천시)의 반소인 손해배상소송 등에 이르게 되었다.

[법적 쟁점]

(1) 추상적 유지청구의 적법성 여부, 고속도로로부터 발생하는 소음이 피해 주민들 주택을 기준으로 일정 한도를 초과하여 유입되지 않도록 하라는 취지의 유지청구가 적법한지 여부

(2) 사회통념상 수인(참을)한도를 넘는 경우 소유권/점유권에 기한 유지청구 가능 여부

(3) 수인(참을)한도의 판단기준

(4) 계약의 묵시적 합의해제가 인정되는지 여부

(5) 민법 제758조에 정한 '공작물의 설치 또는 보존의 하자'의 의미 및 공작물의 이용에 따른 피해가 제3자의 수인한도(참을 한도)를 넘는지 여부의 판단 기준

[원고의 본소 주장]

고속도로의 8차선 확장공사가 먼저 A 빌라의 준공 전에 완료되었으므로 A 빌라의 입주민들인 피고1외 87인들은 고속도로로 말미암아 소음이 발생하리라는 사실을 알고 입주한 사람들이다. 고속도로 확장공사가 예정되어 있다는 것을 안 상태에서 A 빌라의 토지가 구입되었다.

고속도로의 통행으로 인하여 소음이 발생하기는 하지만 4.5m의 방음벽을 설치하여 소음을 차단하였으므로 그 소음은 참을 한도 내의 소음에 불과하다(제217조 제2항). 고속도로는 공중의 통행에 이용될 뿐만 아니라 도로로서 중요한 기능을 하는 공공적 기능을 감안하여야 한다.

따라서 (1) 원고(반소피고)는 피고(반소원고, 이하 피고라 한다)들에 대하여 부평-신월 간 경인고속도로 구간 중 A 빌라 앞에 설치되어 있는 방음벽의 높이를 위 피고들 주택의 소음도가 65dB를 초과하지 않도록 보강할 의무 및 부평-신월 간 경인고속도로의 소음으로 인한 손해배상으로서 각 피고별 재정금액에 해당하는 금원을 지급할 의무가 존재하지 아니함을 확인한다(원고는 청구취지에서 부존재확인을 구하는 방음벽의 높이를 보강할 의무의 정도를 명시하지 않았으나 중앙환경분쟁조정위원회 재정에 불복하는 취지이므로 위와 같이 위 피고들 주택의 소음도가 65dB(A)를 초과하지 않도록 하는 정도의 방음벽 높이

보강 의무의 부존재확인을 구하는 것으로 본다).

(2) 또한 피고 부천시는 원고에게 금 126,800,000원을 지급하라.

[피고의 반소 주장]

(1) 피고들의 거주지는 일반주거지역으로 주거의 평온이 요구되는 지역이다. 그럼에도 불구하고 소음기준을 초과하는 소음으로 말미암아 생활에 고통을 당하고 있다. 이에 원고는 피고에 대하여 고속도로의 통행으로 발생하는 소음으로 인한 손해에 대하여 제205조, 제750조에 의한 손해배상청구를 구한다.

(2) 원고는 부평-신월 간 경인고속도로로부터 발생하는 소음으로 말미암아 피고의 생활에 고통을 주고 있다. 특히 제217조는 토지소유자는 매연, 열기체, 액체, 음향, 진동 기타 이에 유사한 것으로 이웃토지의 사용을 방해하거나 이웃 거주자의 생활에 고통을 찌 아니하도록 적당한 조치를 할 의무가 있음을 규정하고 있다. 원고가 관리하는 고속도로의 통행으로 발생하는 소음은 이에 해당한다. 위의 요건으로 ① 이에 유사한 것으로 이웃 토지의 사용방해, 이웃 거주자의 생활에 고통을 줄 것, ② 공기 또는 지표를 통하여 자연적으로 전파될 것, ③ 방해의 모습은 토지 또는 지상의 건물 그 밖의 공작물에 대하여 직접 해를 주는 경우와 그 곳에 거주하는 사람에게 신체적 또는 정신적 손해를 주는 경우, ④ 위의 방산물이 토지의 통상의 용도에 적당하지 않은 것으로서 이웃 거주자에게 인용할 의무가 없을 것과 이웃하는 토지는 인접할 것을 요구하지 않는데 이러한 요건을 충족하였다.

따라서 원고는 제205조와 제214조(방해배제청구권·방해예방청구권), 제217조에 의해서 피고들의 주택을 기준으로 65dB(A) 이상 유입되지 않도록 방음설비를 시공하라.

(3) 원고는 제2항의 명령에 위반할 경우 피고들에게 1일마다 금 50,000원씩의 비율에 의한 금원을 지급하라(간접강제를 구함, 이 부분은 제1심 판결에서 청구가 기각되었음에도 위 피고들이 불복하지 아니하여 원심의 심판범위에서 제외되었다).

[원심의 판단] 원고의 부천시에 대한 항소 각하, 원고 나머지 피고들에 대한 본소 청구 기각, 피고 반소 청구 인용

[원심의 판단 이유]

① 원고는 원래 그 소유이던 피고들의 주택인 A 빌라 등의 부지를 경인고속도로의 확장공사에 착공한 후 준공이 되기 1년 전 무렵에 A 빌라 등의 건축주에게 처분하여 그 지상에 주택건축을 가능하게 하였고, 확장공사를 시행하는 도중에도 그 준공 약 5개월 전부터 A 빌라 등의 건축이 이루어지고 있는 사정을 알 수 있었기 때문에 확장공사의 준공 전에 피고들 주택의 규모를 조사하고 확장공사 후 있을 고속도로 주변

소음의 정도를 예측하여 이에 적절한 규모의 방음벽을 설치할 수 있었음에도 불구하고 이러한 조치를 취함이 없이 방음효과가 미미한 4.5m의 방음벽만을 설치한 점, ② 원고는 고속도로 확장공사 후 통행량이 증가되어 위 피고들에 대한 소음피해가 점차 커지고 마침내 그 피해의 정도가 극심한 상황에 이르렀음에도 장기간 별 다른 조치를 취하지 않은 점, ③ 이 사건 13m 방음벽을 설치함에 있어서 1,208,000,000원의 비용이 소요되는 것이기는 하지만 원고는 앞서 A 빌라 등 소유자들 일부와 사이에 5억 원의 비용을 들여 7.5m 방음벽을 설치하기로 하는 합의에 이른 점에서 5억 원 정도의 비용은 감당할 수 있는 재정상태에 있었던 것으로 보여지고, 이에 약 7억 원 정도의 추가비용을 들여 위 피고들이 입는 극심한 소음피해를 해소한다고 하여도 경인고속도로에 관한 원고의 사업이 위와 같은 추가비용 자체로 인하여 불가능하거나 그 채산성의 심대한 악화를 초래하지는 않을 것으로 여겨지는 점, ④ 원고는 13m 방음벽을 설치하는 경우에 관할 지방자치단체인 부천시 등과의 협의를 통하여 앞서 수령한 5,600만 원 외에 추가적인 자금지원을 이끌어내어 비용부담을 덜 수 있는 가능성이 있는 것으로 보이는 점, ⑤ 원고가 고속도로 확장공사를 함에 있어서 장차의 소음증가에 대비하여 방음벽의 보강을 할 수 있는 방음벽의 부지 및 작업공간의 확보에 관한 적절한 대책을 마련하지 않은 것도 방음벽 설치비용을 높이는 한 원인이 된 것으로 보이는 점 등에서 위 피고들 주택에 대한 65db(a)를 초과하는 소음피해는 위 피고들의 수인한도를 넘는 것으로 보아야 한다.

[원고의 상고이유]

(1) 환경침해로 인한 유지청구의 청구권원과 관련한 법리오해

(2) 주택건설기준 제9조 제1항의 적용 대상이 되는 공동주택의 해석에 관한 법리오해의 위법이 있다고 할 수 없다.

(3) 소음피해로 인한 수인한도에 관한 법리오해 및 유지청구와 관련한 신의칙 위반 여부의 판단에 관한 법리오해 등의 위법이 있다.

(4) 계약의 묵시적 합의해제에 관한 법리오해/ 7.5 m 방음벽 보강합의가 묵시적으로 해제되었다.

[대법원의 판단] 원고의 상고 모두 기각

【대법원의 판단이유】

(1) 원고가 관리하는 부평-신월간 경인고속도로로부터 발생하는 소음이 피고 주민들 주택을 기준으로 일정한도를 초과하여 유입되지 않도록 하라는 취지의 유지청구는, 소음발생원을 특정하여 일정한 종류의 생활방해를 일정 한도 이상 미치게 하는 것을 금지하는 것으로 청구가 특정되지 않은 것이라고 할 수 없고, 이러한 내용

의 판결이 확정될 경우 민사집행법 제261조 제1항에 따라 간접강제의 방법으로 집행을 할 수 있으므로, 이러한 청구가 내용이 특정되지 않거나 강제집행이 불가능하여 부적법하다고 볼 수는 없다.

(2) 건물의 소유자나 점유자가 인근의 소음으로 인하여 생활이익이 침해되고 그 침해가 사회통념상 수인(참을) 한도를 넘어서는 경우에 그 소유권 또는 점유권에 기하여 소음피해의 제거나 예방을 위한 유지청구를 할 수 있다(대판 1997. 7. 27. 98다47528).

(3) 인근 고속도로에서 유입되는 소음으로 인하여 입은 환경 등 생활이익의 침해가 사회통념상 일반적으로 수인할 정도를 넘어서는지 여부의 판단 기준

인근 고속도로에서 유입되는 소음으로 인하여 입은 환경 등 생활이익의 침해를 이유로 일정 한도를 초과하는 소음이 유입되지 않도록 하라는 내용의 유지청구 소송에서 **그 침해가 사회통념상 일반적으로 수인할 정도를 넘어서는지의 여부는 피해의 성질 및 정도, 피해이익의 공공성, 가해행위의 태양, 가해행위의 공공성, 가해자의 방지조치 또는 손해회피의 가능성, 인·허가 관계 등 공법상 기준에의 적합 여부, 지역성, 토지이용의 선후관계** 등 모든 사정을 종합적으로 고려하여 판단하여야 한다(대법원 1997. 7. 22. 선고 96다56153 판결, 대법원 2003. 11. 14. 선고 2003다27108 판결 등).

(4) 제758조 소정의 "공작물의 설치 또는 보존의 하자"라 함은 공작물이 그 용도에 따라 갖추어야 할 안정성을 갖추지 못한 상태에 있음을 말하고, 안전성을 갖추지 못한 상태, 즉 타인에게 위해를 끼칠 위험성이 있는 상태라 함은 당해 공작물을 구성하는 물적 시설 그 자체에 있는 물리적·외형적 흠결이나 불비로 인하여 그 이용자에게 위해를 끼칠 위험성이 있는 경우뿐만 아니라, 그 공작물이 이용됨에 있어 그 이용상태 및 정도가 일정한 한도를 초과하여 제3자에게 사회통념상 수인할 것이 기대되는 한도(**참을 한도**)를 넘는 피해를 입히는 경우까지 포함된다고 보아야 하고, 이 경우 제3자의 수인한도의 기준을 결정함에 있어서는 **일반적으로 침해되는 권리나 이익의 성질과 침해의 정도뿐만 아니라 침해행위가 갖는 공공성의 내용과 정도, 그 지역환경의 특수성, 공법적인 규제에 의하여 확보하려는 환경기준, 침해를 방지 또는 경감시키거나 손해를 회피할 방안의 유무 및 그 난이 정도** 등 여러 사정을 종합적으로 고려하여 구체적 사건에 따라 개별적으로 결정하여야 한다(대법원 2005. 1. 27. 선고 2003다49566 판결 참조).

이 사건 고속도로의 8차선 확장공사는 1992. 7. 14.경 완료되고, 이 빌라는 1992. 11. 말경 준공된 것이어서 피고 주민들이 입주하기 전에 고속도로의 확장공사가

완료된 것이기는 하나, 원고는 이 사건 고속도로의 8차선 확장 공사에 착공한 후 준공이 되기 1년 전 무렵 그 소유였던 이 빌라 부지를 이 빌라의 건축주에게 매도하여 그 지상에 이 빌라가 신축되었고, 위 확장 공사의 준공 전에 이 빌라의 건축공사가 시작되었으므로, 이 사건 부지의 매도인으로서 이 빌라의 주민들에게 소음 피해가 가지 않도록 이 빌라의 높이 및 구조 등을 고려한 방음벽을 설치할 수 있었던 것으로 보이는 점, 피고 주민들의 거주지는 일반주거지역으로 환경정책기본법 제10조, 같은 법 시행령 제2조에 의하면, 도로변 지역에 있는 일반주거지역의 소음 환경기준은 낮에 65㏈, 밤에 55㏈을 초과하지 않도록 규정하고 있는 점, 이 빌라 거주자들에 대한 이 사건 고속도로의 소음 피해가 본격적으로 문제된 것은 1997. 8.경부터인데, 원고는 이 사건 고속도로의 통행차량으로 인한 소음 공해를 방지하기 위하여 확장공사 당시 높이 4.5m의 방음벽을 설치하고, 2001. 8. 5.경에는 통행차량의 과속방지를 위한 무인속도측정기를 설치하고, 2001. 10.경에는 도로평탄화를 위한 내유동성 포장을 하였으나, 이 빌라 각 세대의 외부 소음도를 측정한 결과, 피고 주민들 주거지의 1일 평균 소음도는 66㏈에서 78㏈까지 나타나고 있는 점, 피고 부천시는 이 빌라 주민들의 민원에 따라 이 사건 지역을 소음·진동규제법 제28조소정의 교통소음·진동규제지역으로 지정하여 같은 법 제30조, 제31조에 따라 지방경찰청장에게 요청하여 통행 차량에 대한 속도 제한, 우회 등의 조치를 하거나, 방음시설에 관한 조치를 취하고자 하였으나, 원고가 차량운행 등을 규제할 경우 교통소통에 지장이 발생한다는 등의 이유로 이를 반대하여 교통소음·진동규제지역으로 지정하지 못한 점, 원고는 기존 방음벽의 옹벽을 이용하여 보강할 수 있는 최대 높이니 7.5m 높이의 방음벽의 설치를 주장하나, 이 빌라의 최고층인 4층의 높이가 12m 정도 됨에 따라, 소음 피해가 가장 심한 4층 주택의 소음도를 감소하기 위하여는 13m 높이로 방음벽을 보강할 것이 요청되고, 그 공사비용은 7.5m로 보강할 경우에는 5억 원 정도, 13m로 보강할 경우에는 12억 원 정도가 소요되는 점을 알 수 있다.

이러한 인정 사실을 위 법리에 비추어 살펴보면, 원고가 관리하는 이 사건 고속도로의 공공적 기능, 원고가 이 사건 고속도로를 설치, 관리함에 있어서 소음 피해를 줄이기 위한 노력을 경주한 면이 있다고 하더라도, 원고가 이 사건 고속도로의 확장공사 착공 후 이 사건 비랄 부지를 매도하여 이 빌라가 신축되었다는 사정을 고려한다면, 이 빌라의 각 주택의 소음과 관련하여 환경정책기본법상 소음환경기준인 65㏈ 이상의 소음이 발생하는 경우에는 사회생활상 통상의 수인한도를 넘는 것으로서 위법하다고 할 것이고, 이러한 사실관계 하에서는 피고 주민들이 이 사건 고속도로의 확장공사 이후 입주하였다는 사정만으로 피고 주민들의 원고에 대한 유지청구가 신의칙에 반하여 허용될 수 없는 경우라고 볼 수도 없다.

따라서 원심이 1일 평균 소음이 65㏈ 이상인 주택에 거주하는 피고 주민들의 유지청구 및 손해배상청구에 대하여 이 사건 고속도로를 설치, 관리하는 원고는 그 설치, 관리상의 하자로 인한 손해배상책임 및 이 사건 고속도로에서 유입되는 소음이 65㏈을 넘지 않도록 해야 할 책임이 있다고 판단한 것은 정당하고, 거기에 상고이유에서 주장하는 바와 같이 소음피해로 인한 수인하도에 관한 법리오해 및 유지청구와 관련한 신의칙 위반 여부의 판단에 관한 법리오해 등의 위법이 있다고 할 수 없다.

(5) **계약의 묵시적 합의해제를 인정할 수 있는 경우** : 계약의 합의해제는 명시적으로 이루어진 경우뿐만 아니라 묵시적으로 이루어질 수도 있는 것으로, 계약의 성립 후에 당사자 쌍방의 계약실현 의사의 결여 또는 포기로 인하여 쌍방 모두 이행의 제공이나 최고에 이름이 없이 장기간 이를 방치하였다면, 그 계약은 당사자 쌍방이 계약을 실현하지 아니할 의사가 일치됨으로써 묵시적으로 합의해제되었다고 해석함이 상당하다(대법원 1994. 8. 26. 선고 93다28836 판결 참조).

원고와 피고 주민들 사이의 2000. 2. 22. 및 같은 해 3. 3.자 회의 결과 성립된 합의는 원고와 피고 주민들의 계약실현 의사의 결여 등으로 쌍방 모두 이행의 제공이나 최고에 이름이 없이 장기간 이를 방치하여 당사자들의 계약을 실현하지 아니할 의사가 일치됨으로써 묵시적으로 합의해제 되었다고 할 것이다.

[환경오염에 대한 사법적 구제]

환경오염에 대한 사법적 구제의 방법으로는 사후적인 손해배상과 사전적인 유지청구가 있다. 이러한 구제수단의 법적 근거에 대하여는 현재 이원적 구성의 방법과 일원적 구성의 방법이 있는데, 판례는 이원적 구성방법을 취하고 있다.

1. 이원적 구성

손해배상에 대해서는 제750조에 의한 불법행위책임으로 구성하고 유지청구에 대해서는 제204조, 제205조, 제214조와 제217조에 근거한 물권적청구권의 행사를 통하여 해결하고자 한다. 불법행위에 의한 손해배상청구의 경우 요건으로서 과실, 위법성, 손해의 발생, 인과관계가 필요한데 통상의 불법행위와 같이 요건을 엄격하게 적용하면 환경오염에 대한 사법적 구제가 곤란하기 때문에 학설과 판례는 이러한 요건을 완화하여 피해자 구제를 하고자 한다. 소송법적으로는 증명책임의 완화를 꾀하기도 한다. 수인(참을)한도론은 과실이나 위법성의 요건을 완화하는 이론이고, 개연성설은 인과관계의 요건을 완화하는 이론이다. 과실의 추정이나 표현증명이론은 소송법적으로 피해자 구제를 위한 이론이다.

2. 일원적 구성

(1) **불법행위설** : 손해배상뿐만 아니라 유지청구의 경우에도 불법행위에 의하여 이론구성하고자 한다. 이 이론은 불법행위의 목적이 단순히 사후적인 구제라는 전보적 기능뿐만 아니라 예방적 기능도 있다는 전제 하에 손해의 발생이라는 요건을 충족하지 않아도 예방적 권리보호의 필요성이 있다면 불법행위책임으로서 유지청구를 할 수 있다고 한다.

(2) **상린관계설** : 민법 제217조에 의하여 유지청구는 물론 배상청구도 인정하고자 한다. 217조 2항의 침해가 인용한도를 초과하는 경우에는 그것만으로 방해의 제거는 물론 손해배상청구까지도 가능하다고 한다. 오늘날 환경법익은 다양하게 나타난다. 제217조에서 나열하고 있는 매연, 열기체, 액체, 음향, 진동 이외에도 일조, 조망, 통풍, 빛의 반사, 방사능 등이 그것이다. 상린관계설에서는 제217조의 '기타 이에 유사한 것'의 확대해석을 통하여 새로운 환경법익에 대응할 수 있다는 장점이 있다.

(3) **인격권설** : 환경침해의 인격권적 침해에 초점을 맞추어 인격권의 경우 판례에서도 유지청구를 인정하므로 환경오염으로 인한 손해가 우려되는 경우 인격권에 근거하여 유지청구를 할 수 있다고 한다. 그러나 환경오염에 따른 피해에는 인격권적인 측면과 재산권적인 측면이 함께 따른다는 점에서 비판을 받는다.

(4) **환경권설** : 일본 민법에서는 우리와 같은 제214조와 제217조의 규정을 가지고 있지 않기 때문에 일찍부터 사권으로서 환경권론이 주장되었다. 사권으로서 환경권을 인정하고 그의 절대적 성질에 근거하여 유지청구를 인정하고자 한다. 현재 판례에서는 법률에 환경권에 관한 주체, 대상, 내용, 행사방법 등에 관하여 구체적인 내용의 규정이 없다면 사권으로서 환경권을 부정하고 있다(대결 1995. 5. 23. 자94마2218).

[42] 아파트 전입주자의 체납관리비의 특별승계인에게 승계되는지 여부
대판(전) 2001. 9. 20. 2001다8677

[사실관계]

원고가 1998. 12. 11. 당해 사건 A 아파트를 경락받아 같은 달 30일 그 대금을 납부하였다. 그러나 이 A 아파트의 전 소유자인 소외 甲이 1998년 1월부터 12월까지의 관리비와 이에 대한 연체료로 합계 금 2,693,170원을 체납한 사실이 있었다. 이에 A 아파트입주자대표회의는 A 아파트의 공동주택관리규약 제6조와 제13조를 근거로 원고에게 체납관리비를 청구하였다.

이에 원고는 이에 대하여 피고인 A 아파트입주자대표를 상대로 체납관리비 채무부존재 확인의 소를 제기하였다.

[법적 쟁점]

아파트 전 입주자가 체납한 관리비가 아파트 관리규약의 정함에 따라 그 특별승계인에게 승계되는지 여부

[원고의 주장]

원고는 A 아파트를 경락받아 경락대금을 납부함으로서 같은 아파트에 대하여 소유자가 되었다. 피고인 A 아파트입주자대표회의는 전 입주자가 체납한 관리비에 대하여 원고에게 청구하고 있으나, 전 입주자의 체납한 관리비에 대하여 원고가 승계하여 부담할 의무가 없다. A 입주자대표회의를 상대로 채무부존재확인을 구한다.

[피고의 주장]

아파트 입주자 대표회의는 아파트의 공동주택**관리규약** 제6조와 제13조를 근거로 하여 체납관리비의 부담의무가 있다고 주장한다. 관리규약 제6조에 의하면 관리규약은 입주자의 지위를 승계한 자에 대하여도 그 효력이 있다고 규정하고, 관리규약 제13조 1항에서는 관리주체(입주자대표회의)가 관리비, 사용료 및 특별수선충당금에 대한 채권을 입주자의 지위를 승계한 자에 대하여도 행사할 수 있다고 규정하고 있다.

또한 원고는 경매를 통하여 낮은 가격에 아파트를 취득하였기 때문에 관리비 연체사실을 알고 있었다고 보아야 하고 납부의무 승계의사가 있었다고 볼 수 있다. 이에 따라 원고는 입주자의 지위를 승계한 자로서 전입주자가 체납한 관리비를 지급할 의무가 있다.

[원심의 판단]

제1심 원고 패소

원심 제1 판결 취소, 원고 청구를 인용하여 체납관리비 2,693,170원의 지급채무 존재하지 않는다(전유부분 공유부분 모두 지급채무가 없다).

[원심의 판단이유]

(1) **관리규약의 해석에 관하여** : 관리규약은 일종의 자치규범이다. 승계인의 의사 여하 그 선의, 악의를 불문하고 체납관리비를 승계하여 승계인에게 불측의 재산상 손해를 입게 할 수 있는 이 사건 관리규약 제13조 1항의 규정은 헌법상 기본권 제한의 한계로서 **비례의 원칙**을 일탈하여 승계인의 재산권의 본질적 내용 침해(헌법 제37조 2항) - 사적 자치에 반하며 사회적 타당성을 잃었다. 관리규약 제13조 제1항은 제103조 위반으로서 무효이다.

공동주택관리령 제9조 4항이 규정하고 있는 「관리규약은 입주자의 지위를 승계한 자에 대하여도 그 효력이 있다.」라는 규정은 입주자로서 관리규약에 따른 관리비 납부이지 전입주자의 체납관리비까지 승계한다는 의미는 아니다.

(2) **집합건물법 제18조(공용부분에 관하여 발생한 채권의 효력)의 해석에 관하여**

"공유자가 공용부분에 대하여 다른 공유자에 가지는 채권은 그 특별승계인에 대하여도 행사할 수 있다"고 규정하고 있기는 하지만, 체납관리비 채권은 전소유주의 전유부분의 사용에 따른 대가관계에서 발생한 것이고, 공유부분에 관하여 가지는 채권이 아니며 피고는 자치적 관리기구일 뿐 공유자가 아니다.

(3) **승계의사 존재여부** - 경매를 통하여 낮은 가격에 아파트를 취득하였다고 하여도 관리비 연체사실을 알고 있었다는 사실만으로 납부의무 승계의사는 없다.

[상고이유]

(1) 관리규약의 해석에 대한 법리오해

(2) 공동주택관리령의 해석에 대한 법리오해

(3) 집합건물법 제18조의 해석에 대한 법리 오해

[대법원의 판단] 파기환송(공유부분만 체납관리비 인정)

【대법원의 판단이유】 집합건물법 제18조(공용부분)와 제28조 3항에서 찾음

가. 이 사건 관리규약 및 공동주택관리령의 해석에 관하여

이 사건 관리규약 제13조 제1항은, 체납관리비 채권 전체에 대하여 입주자의 지위를 승계한 자에 대하여도 행사할 수 있도록 규정되어 있기는 하지만, 관리규약이 구분소유자 이외의 자의 권리를 해하지 못한다고 규정하고 있는 집합건물법 제28조 제3항에 비추어, 관리규약으로 전 소유자의 체납관리비를 양수인에게 승계시키도록 하는 것은 입주자 이외의 자들과 사이의 권리, 의무에 관련된 사항으로서 입주자들의 자치규범

인 관리규약 제정의 한계를 벗어나는 것인 점, 개인의 기본권을 침해하는 사항은 법률로 특별히 정하지 않는 한 사적 자치의 원칙에 반한다는 점 등에 비추어, 특별승계인이 그 관리규약을 명시적, 묵시적으로 승인하지 않는 이상 그 효력이 없다고 할 것이며, 위 관리규약 제6조와 공동주택관리령 제9조 제4항 및 별개의견이 지적하고 있는 집합건물법 제42조 제1항의 각 규정은 공동주택의 입주자들이 공동주택의 관리, 사용 등의 사항에 관하여 관리규약으로 정한 내용은 그것이 승계 이전에 제정된 것이라고 하더라도 승계인에 대하여 효력이 있다는 뜻으로서, 관리비와 관련하여서는 승계인도 입주자로서 관리규약에 따른 관리비를 납부하여야 한다는 의미일 뿐, 그 규정으로 인하여 승계인이 전 입주자의 체납관리비까지 승계하게 되는 것으로 해석할 수는 없다. 같은 취지의 이 부분 원심의 판단은 정당하고 거기에 상고이유로서 주장하는 취지와 같은 법리오해 등의 위법이 있다고 할 수 없다(다만, 뒤에서 보는 바와 같이 집합건물법 제18조를 해석하면 그 취지에 따라 위 관리규약제13조 제1항이 제정된 것으로 볼 수 있게 되어 위 규약 중 공용부분 관리비에 관한 부분은 유효하게 되므로 그 범위 내에서 원심의 이 판단 부분은 위법하게 된다).

나. 집합건물법 제18조의 해석에 대하여

집합건물의 공용부분은 전체 공유자의 이익에 공여하는 것이어서 공동으로 유지·관리해야 하고 그에 대한 적정한 유지·관리를 도모하기 위하여는 소요되는 경비에 대한 공유자간의 채권은 이를 특히 보장할 필요가 있어 공유자의 특별승계인에게 그 승계의사의 유무에 관계없이 청구할 수 있도록 특별규정을 둔 것으로서, 이는 구분소유권을 타인에게 매각하는 등의 행위를 통해 공용부분에 대한 책임을 회피하는 것을 방지하면서도 다른 한편, 공용부분에 대한 비용과 관계없는 전 소유자의 전유부분에 대한 체납관리비에 대해서까지 이를 제3자에게 승계시키는 것은 특별승계인에게 지나친 손해를 입게 하는 것이 되므로 그 조화를 꾀하고, 집합건물의 특별승계가 이루어질 경우 체납관리비에 대한 공시제도가 마련되지 않아 특별승계인에게 발생할 수 있는 불이익도 고려하여 승계되는 채무의 범위를 공용부분 관리비에 한정하려는 규정으로 보아야 할 것이다.

그리고 비록 피고와 같은 관리단은 집합건물법 제18조가 규정한 공유자는 아니라고 할지라도, 원래 각 공유자는 민법의 공유관계 규정에 따라 공용부분을 관리하여야 하고 자기 지분을 넘는 비용을 지출한 공유자는 그렇지 아니한 다른 공유자에 대하여 이를 청구할 수 있는데 (민법 제266조 참조), 집합건물의 구분소유자의 단체인 피고와 같은 관리단 등이 행사하는 공용부분에 대한 관리비 징수권은 위와 같은 각 공유자의 청구권에 기초하여 부여된 것이라고 할 것이므로, 피고는 집합건물법 제18조 소정의 채권을 행사할 수 있는 공유자에 준한 지위를 가진다고 보아도 무방할 것이다.

또, 목적의 정당성과 필요성에 비추어 공용부분 관리비에 대하여 특별승계인에게 법률로 이를 승계시키는 것이 비례의 원칙을 일탈하여 재산권의 본질적 내용을 침해한 것이라고 볼 수 없다.

한편 위와 같이 해석하면, 경매 목적물의 법적 부담으로 인해 경락인이 불측의 손해를 입게 될 우려가 있다고 하나, 이러한 문제는 공용부분 관리비에 국한되는 것이 아니고 경매 목적물에 하자가 있는 때에도 일어날 수 있는 문제로서 이는 경매제도상 불가피한 현상이고, 경락인이 구분소유 건물을 경락받을 때 전 소유자의 관리비 체납 여부에 대하여 조사하는 것도 불가능하다고 할 수는 없으며 그 밖에 이 ○○아파트관리비를 공용부분과 전유부분에 관한 것으로 구분하는 것 또한 불가능하다고는 보이지 않는다.

그렇다면 이 사건 관리규약 제13조 제1항중 공용부분 관리비에 관한 부분은 **집합건물법 제18조**에 터잡은 것으로서 유효하다고 할 것이므로, 이 아파트의 특별승계인인 원고는 전 입주자의 체납관리비 중 공용부분에 관하여는 이를 승계하여야 한다고 봄이 타당하다.

따라서 원심으로서는 이 사건 체납관리비 중 어느 항목이 공용부분에 관한 것인지 더 심리하여 그에 해당하는 관리비는 원고에게 승계된다고 판단하여야 할 것임에도 불구하고, 이에 이르지 아니한 아파트 전 소유자의 체납관리비에 대한 특별승계인의 책임에 관한 법리를 오해한 결과 이 점에 대한 심리를 다하지 아니한 위법이 있다고 할 것이므로, 이를 지적하는 취지의 상고이유의 주장은 이유 있다.

[별개의견] 규약으로 '구분소유자 이외의 자'의 권리를 해하지 못하도록 한 집합건물법 제28조 제3항의 규정에서 말하는 '구분소유자'에는 규약 제정 당시의 구분소유자뿐만 아니라 **규약이 제정된 뒤 구분소유자가 된 사람도 포함**되므로, 규약으로 구분소유자의 특별승계인의 권리를 제한하는 것이 위 규정에 어긋나는 것이 아니다. 집합건물법 제18조는 특별승계인으로 하여금 전유부분에 관한 관리비를 승계하도록 할 수 없다는 근거규정이 될 수 없으며, 다수의견과 같이 전 입주자의 체납 관리비 중 공유부분에 관한 것만 특별승계인에게 승계된다고 보는 경우, 공유부분과 전유부분에 관한 관리비의 명확한 구분이 어려워 또다른 분쟁을 일으킬 수 있고, 전 소유자로부터 전유부분에 관한 체납 관리비의 징수가 사실상 불가능하여 그 부담이 관리비의 상승 등을 통하여 당해 전유부분과 아무런 관련이 없는 다른 구분소유자들에게 전가된다는 현실적인 문제도 발생하므로, 아파트의 전 입주자가 체납한 관리비는 공유부분과 전유부분을 구분하지 아니하고 전부 그 특별승계인에게 승계된다고 할 것이다.

[참고] 입주자대표회의

'입주자대표회의는 동별 세대수에 비례하여 선출되는 동별 대표자를 구성원으로 하는 법인 아닌 사단이므로, 동별 대표자 선출결의의 무효확인을 구하는 것은 결국 입주자대표회의의 구성원의 자격을 다투는 것이어서 입주자대표회의는 그 결의의 효력에 관한 분쟁의 실질적인 주체로서 그 무효확인소송에서 피고적격을 가진다. 또한, 입주자대표회의의 구성원은 그 임기가 만료되더라도 새로운 구성원이 선출될 때까지 직무를 수행할 수 있으므로, 입주자대표회의 구성원의 임기가 만료되었다는 사정만으로는 그 구성원이 무효인 동별 대표자의 선출결의를 다툴 확인의 이익이 없는 것은 아니다.'(대판 2008. 9. 25. 2006다86597 판결)

[43] 구분소유의 성립에 등록이나 등기가 필요한지 여부
대판(전) 2013. 1. 17. 2010다71578

[사실관계]

(1) 피고는 2011. 12. 14. A 회사로부터 X 대지(이 사건 '토지')를 매수하여 2002. 3. 12. 피고 명의로 소유권인정등기를 마치고, 2002. 4. 26. B 회사와 사이에 이 사건 토지 지상에 지하 2층, 지상 12층 19세대 이 아파트를 신축하기로 하는 공사도급계약을 체결하였다.

(2) B 회사는 2002. 5. 1. 부터 이 아파트의 공사를 착공하였는데, 피고는 2002. 5. 15. 이 아파트의 401호에 관하여 분양계약을 체결한 것을 비롯하여 이 아파트의 19세대에 관하여 분양계약을 체결하고 분양대금을 지급받기 시작하였다.

(3) 피고는 2003. 9. 4. 피고 한국토지신탁과 사이에 이 사건 토지에 관하여 우선수익자 C 상호저축은행, 수익자 피고, 甲으로 한 부동산담보신탁계약을 체결하고, 같은 날 피고 한국토지신탁에게 이 사건 토지에 관하여 신탁을 원인으로 한 소유권이전등기(이하 '이 사건 신탁등기'라고 한다)를 마쳐주었다.

(4) 한편, C 상호저축은행은 2003. 9. 5. 피고에게 25억 원을 대출하였는데, 이 아파트에 대한 사용승인이 나지 않은 상태에서 위 대출금채권을 보전하기 위하여 2004. 7. 8. 법원에 이 아파트에 대한 가압류를 신청하였고, 위 법원의 가압류결정에 따라 2004. 7. 26. 이 아파트의 각 구분건물에 관하여 피고 명의의 소유권보존등기와 C 상호저축은행의 가압류등기가 마쳐졌고, 같은 날 C 상호저축은행은 채권최고액 32억 5,000만 원의 근저당권 설정등기를 마쳤다.

(5) C 상호저축은행은 2004. 11. 30. 위 근저당권에 기하여 법원에 이 아파트에 관하여 부동산임의경매를 신청하였고, 원고는 위 부동산임의경매절차에서 이 아파트 중 제801호의 전유부분을 낙찰받아 2006. 6. 28. 제801호의 전유부분에 관하여 소유권이전등기를 마쳤다. 위 부동산임의경매 당시 감정평가액은 건물부분과 토지의 대지권이 일체로 평가되었다.

(6) 한편 피고는 2008. 7. 8. 피고 한국토지신탁과 사이에 수익자는 피고, 신탁기간은 신탁계약체결일로부터 30년으로 변경하는 내용의 부동산담보신탁변경계약을 체결하였다.

(7) 이 아파트 공사와 감리인 乙이 2003. 8. 25.작성한 주간 감리진행사항에는, "옥탑층인 12층 콘크리트 타설, 5층 문틀(목공사), 2층 천정설치(금속공사)"라고 기재되어 있고, 2003. 9. 8. 작성된 감리진행사항에는, "담당 콘크리트 타설, 에어콘 배관, 창틀

반입, 2층 창유리 설치"의 공사를 실시하였다고 기재되어 있고, 한편 2003. 8. 18. 경 이 아파트의 공정율은 22.193%이었다.

[법적 쟁점]

[1] 구분소유의 성립을 인정하기 위하여 반드시 집합건축물대장의 등록이나 구분건물의 표시에 관한 등기가 필요한지 여부

[2] 집합건물 전유부분과 대지사용권의 일체성에 반하는 대지 처분행위의 효력

[3] 집합건물의 소유 및 관리에 관한 법률 제20조 제3항의 분리처분금지로 대항할 수 없는 '선의'의 제3자의 의미

[원고의 주장]

(1) 신탁등기 당시 구분소유의 객체로서 집합건물법의 적용을 받는 구분건물이었다. 이 사건 신탁등기 당시 이 아파트가 집합건물법의 적용대상이었는지 여부, 즉 집합건물로서 구분소유인 성립하였는지 여부가 문제되는데, 구조상·이용상의 독립성과 구분행위가 있었는지가 관건이다.

가. **건물의 독립성을 갖추었음** : 2003. 9. 4.에 피고는 한국투자신탁과 신탁계약을 체결하였는데 그 이전인 2003. 8. 25.경에는 이 아파트의 옥탑층 콘크리트 타설작업이 완료되었으므로 이 아파트는 2003. 8. 25.까지 지하 2층부터 지상 12층까지 각층의 기둥, 주벽 및 천장 슬라브 공사가 이루어졌다고 봄이 상당하고, 따라서 2003. 8. 25.경에는 이 아파트가 미완성상태이기는 하나, 원고가 낙찰받은 구분건물인 제801호를 포함하여 그 아래 각층의 콘크리트 골조 및 기둥, 주벽, 천장이 완공되어 이 아파트 내부의 각 구분건물은 구조상. 이용상 독립성의 요건을 갖추었다고 봄이 상당하다.

나. **구분행위가 있었음** : 1동의 건물을 신축한 건축주가 그 건물을 구분하여 분양할 경우에는 광고 등으로 그 구분분양이 의사를 외부에 표시하였을 때에 구분행위가 있다고 볼 수 있고(대법원 2006. 3. 10.선고 2004다742 판결 참조). 피고가 이 아파트를 신축하면서 각각의 구분건물에 관하여 2002. 5. 13.경부터 분양계약을 체결하였으므로 구 무렵부터는 구분행위가 있었다. 따라서 801호는 집합건물법의 적용을 받는 구분소유권의 객체이다.

원고는 동산 임의경매절차에서 아파트 801호를 낙찰 받아 전유부분에 대하여 소유권이전등기를 마침, 부동산임의경매 당시 감정평가액은 건물부분과 토지의 대지권이 일체로 평가되었다. 이미 구분소유권이 인정되는 801호의 소유자이다. 구분소유권이 성립된 후의 이 사건 토지에 대한 부동산담보신탁계약과 신탁등기는 집합건물법 제20조에 위배되어 무효이므로 이 사건 신탁등기는

말소되어야 한다.

원고는 제404조에 기하여 피고에 대한 위 지분이전등기청구권을 피보전채권으로 하여 피고를 대위하여 피고 한국토지신탁에 대한 이 사건 신탁등기 중 위 지분의 말소등기를 구하고 있으므로 피고 한국토지신탁은 피고에게 위 지분에 관하여 말소등기절차를 이행할 의무가 있다.

따라서 각 지분에 관하여, 피고 주식회사 한국토지신탁은 피고에게 소유권이전등기의 각 말소등기절차를 이행하고, 피고 b는 원고에게 2006. 5. 8.부동산의 전유부분 취득을 원인으로 한 지분소유권 이전등기절차를 이행하라.

[피고의 주장]

가. 이 사건 아파트는 건물의 독립성을 갖추지 못하였다. 2003. 8. 18. 경 골조공사를 포함한 공정율이 22.193%에 불과하여 이 사건 신탁등기가 마쳐진 2003. 9. 4.경 구조상. 이용상 독립성의 요건을 갖추지 못하였다.

나. 구분행위가 없었다. 피고들은, 구분소유가 성립하는 시점은 원칙적으로 건물 자체가 완성되어 당해 건물에 관한 건축물대장에 구분건물로 등록된 시점이라고 할 것이므로(대법원 1999. 7. 27. 선고 98다35020 판결), 이 사건 신탁등기 당시 이 아파트에 관하여 건축물관리대장이 작성되지 않은 이 사건 아파트에 대해서는 구분소유가 성립하지 않았다고 주장한다. 따라서 이 아파트에 대하여 구분소유권이 성립되지 않았으므로 집합건물법의 대상이 아니고, 부동산신탁계약과 신탁등기는 유효하다.

다. 집합건물법 제20조 3항의 제3자 항변 : 피고들은, 집합건물법 제20조 제3항 에서는, 위 분리처분금지(전유부분과 대지사용권의 분리처분금지)는 그 취지를 등기하지 아니하면 선의로 물권을 취득한 제3자에 대하여 대항하지 못한다고 규정하고 있는데, 피고 한국토지신탁이 집합건물법 제20조 제3항 소정의 '선의'의 제3자에 해당한다고 주장한다.

[원심의 판단] 제1심 판결 취소, 원고 승소

[원심의 판단이유]

(1) 건물의 독립성 인정

2003. 8. 25.경에는 이 아파트의 옥탑층 콘크리트 타설 작업이 완료되었으므로 이 아파트는 2003. 8. 25.까지 지하 2층부터 지상 12층까지 각층의 기둥, 주벽 및 천장 슬라브 공사가 이루어졌다고 봄이 상당하고, 따라서 2003. 8. 25.경에는 이 아파트가 미완성상태이기는 하나, 원고가 낙찰받은 구분건물인 제801호를 포함하여 그 아래 각층의 콘크리트 골조 및 기둥, 주벽, 천장이 완공되어 이 아파트 내부의 각 구분건물은 구조

상. 이용상 독립성의 요건을 갖추었다고 봄이 상당하다.

(2) 구분행위의 인정

98다35020 판결은 가옥대장 등록시점을 기준으로 전유부분과 공유부분을 판단하여야 한다는 취지로 이해하여야 하고, 위 2004다67691 판결은 집합건물의 공사업자가 변경된 경우 집합건물의 원시취득자를 결정하는 기준을 설시한 것으로 보아야 하며, 일반 원칙적으로 구조상.이용상 독립과 구분행위가 있은 다음에 가옥대장에 등록함으로서 비로소 구분건물이 성립한다는 취지로 해석할 수는 없으므로(대법원 판례해설 60호, 원도서관, 2004다742 판결 평석 참조), 피고들의 위 주장은 받아들이지 않는다.

(3) '선의'의 제3자에서 선의성 부정

2003. 9.4 . 부동산담보신탁계약을 체결할 당시 이 아파트가 12층 전부에 걸쳐 기둥과 지붕 및 천장 슬라브 등 독립한 건축물로서의 요건을 갖춘 점, 부동산담보신탁계약서 특약사항 제4조에서 '별도의 신탁절차 없이 신탁부동산에 건축되는 건물(시설물, 완성 또는 미완성건물 포함)은 본 신탁계약상 신탁재산으로 본다'고 규정한 점 등의 사정에 비추어 보면, 피고 한국토지신탁은 이 사건 토지가 집합건물의 대지로 되어 있는 사정을 알고 있었다고 봄이 상당하다.

[피고의 상고이유]

(1) 건물의 독립성과 구분행위에 대한 법리 오해

(2) 전유부분과 대지사용권의 분리처분금지에 관한 법리오해

[대법원의 판단] 상고 기각

【대법원의 판단이유】

(1) 건물의 독립성에 대한 판단이유

1동의 건물에 대하여 구분소유가 성립하기 위해서는 객관적·물리적인 측면에서 1동의 건물이 존재하고 구분된 건물부분이 구조상·이용상 독립성을 갖추어야 할 뿐 아니라 1동의 건물 중 물리적으로 구획된 건물부분을 각각 구분소유권의 객체로 하려는 구분행위가 있어야 한다(대법원 1999. 7. 27. 선고 98다35020판결 등 참조).

여기서 구분행위는 건물의 물리적 형질에 변경을 가함이 없이 법률관념상 그 건물의 특정 부분을 구분하여 별개의 소유권의 객체로 하려는 일종의 법률행위로서, 그 시기나 방식에 특별한 제한이 있는 것은 아니고 처분권자의 구분의사가 객관적으로 외부에 표시되면 인정된다. 따라서 구분건물이 물리적으로 완성되기 전에도 건축허가신청이나 분양계약 등을 통하여 장래 신축되는 건물을 구분 건물로 하겠다는 구분의사가 객관적으로 표시되면 구분행위의 존재를 인정할 수 있고, 이후 1동의 건물 및 그

구분행위에 상응하는 구분건물이 객관적·물리적으로 완성되면 아직 그 건물이 집합건축물대장에 등록되거나 구분건물로서 등기부에 등기되지 않았더라도 그 시점에서 구분소유가 성립한다(대판 2006. 3. 10. 2004다742).

이와 달리 구분소유는 건물 전체가 완성되고 원칙적으로 집합건축물대장에 구분건물로 등록된 시점, 예외적으로 등기부에 구분건물의 표시에 관한 등기가 마쳐진 시점에 비로소 성립한다는 취지로 판시한 대법원 1999. 9. 17. 선고 99다1345 판결, 대법원 2006. 11. 9. 선고 2004다67691 판결 등의 견해는 이 판결의 견해와 저촉되는 한도에서 이를 변경하기로 한다.

(2) 구분행위에 대한 판단이유

집합건물법은 제20조에서 구분소유자의 대지사용권은 그가 가지는 전유부분의 처분에 따르고, 구분소유자는 규약으로써 달리 정하지 않는 한 그가 가지는 전유부분과 분리하여 대지사용권을 처분할 수 없으며, 그 분리처분금지는 그 취지를 등기하지 아니하면 선의로 물권을 취득한 제3자에게 대항하지 못한다고 규정하고 있는데, 위 규정의 취지는 집합건물의전유부분과 대지사용권이 분리되는 것을 최대한 억제하여 대지사용권이 없는 구분소유권의 발생을 방지함으로써 집합건물에 관한 법률관계의 안정과 합리적 규율을 도모하려는 데 있으므로(대법원 2006. 3. 10. 선고 2004다742판결 참조), 전유부분과 대지사용권의 일체성에 반하는 대지의 처분행위는 그 효력이 없다(대법원 2000.11.16. 선고 98다45652,45669 전원합의체 판결, 대법원 2010. 5. 27. 선고 2006다84171판결 등 참조).

(3) 집합건물법 제20조 3항의 선의의 제3자의 의미

대지사용권은 구분소유자가 전유부분을 소유하기 위하여 건물의 대지에 대하여 가지는 권리로서, 그 성립을 위해서는 집합건물의 존재와 구분소유자가 전유부분 소유를 위하여 당해 대지를 사용할 수 있는 권리를 보유하는 것 이외에 다른 특별한 요건이 필요하지 않다. 이러한 사정을 고려하면, 집합건물의 소유 및 관리에 관한 법률 제20조 제3항의 분리처분금지로 대항할 수 없는 '선의'의 제3자라 함은 원칙적으로 집합건물의 대지로 되어 있는 사정을 모른 채 대지사용권의 목적이 되는 토지를 취득한 제3자를 의미한다.

[판시사항]

[1] 구분소유의 성립을 인정하기 위하여 반드시 집합건축물대장의 등록이나 구분건물의 표시에 관한 등기가 필요한지 여부(소극)

[2] 집합건물 전유부분과 대지사용권의 일체성에 반하는 대지 처분행위의 효력(무효)

[3] 집합건물의 소유 및 관리에 관한 법률 제20조 제3항의 분리처분금지로 대항할 수 없는 '선의'의 제3자의 의미

[4] 갑이 아파트를 신축하면서 내부 구분건물 각각에 대하여 분양계약을 체결한 후 토지에 관하여 을 주식회사와 부동산담보신탁계약을 체결하고 신탁등기를 마쳐 준 사안에서, 신탁등기를 마친 당시 아파트 각 전유부분이 구조상·이용상 독립성을 갖추었고, 갑이 구분건물 각각에 대하여 분양계약을 체결함으로써 구분행위의 존재도 인정되므로, 아파트 전유부분에 관하여 이미 구분소유권이 성립한 이상 토지만에 대한 부동산담보신탁계약은 무효이므로 신탁등기는 말소되어야 한다고 본 원심판단이 정당하다.

【판결요지】

[1] **[다수의견]** 1동의 건물에 대하여 구분소유가 성립하기 위해서는 객관적·물리적인 측면에서 1동의 건물이 존재하고, 구분된 건물부분이 구조상·이용상 독립성을 갖추어야 할 뿐 아니라, 1동의 건물 중 물리적으로 구획된 건물부분을 각각 구분소유권의 객체로 하려는 구분행위가 있어야 한다. 여기서 구분행위는 건물의 물리적 형질에 변경을 가함이 없이 법률관념상 건물의 특정 부분을 구분하여 별개의 소유권의 객체로 하려는 일종의 법률행위로서, 그 시기나 방식에 특별한 제한이 있는 것은 아니고 처분권자의 구분의사가 객관적으로 외부에 표시되면 인정된다. 따라서 구분건물이 물리적으로 완성되기 전에도 건축허가신청이나 분양계약 등을 통하여 장래 신축되는 건물을 구분건물로 하겠다는 구분의사가 객관적으로 표시되면 구분행위의 존재를 인정할 수 있고, 이후 1동의 건물 및 그 구분행위에 상응하는 구분건물이 객관적·물리적으로 완성되면 아직 그 건물이 집합건축물대장에 등록되거나 구분건물로서 등기부에 등기되지 않았더라도 그 시점에서 구분소유가 성립한다.

[대법관 김창석, 대법관 김신의 반대의견] 있음

[2] 집합건물의 소유 및 관리에 관한 법률은 제20조에서 구분소유자의 대지사용권은 그가 가지는 전유부분의 처분에 따르고, 구분소유자는 규약으로써 달리 정하지 않는 한 그가 가지는 전유부분과 분리하여 대지사용권을 처분할 수 없으며, 분리처분금지는 그 취지를 등기하지 아니하면 선의로 물권을 취득한 제3자에게 대항하지 못한다고 규정하고 있는데, 위 규정의 취지는 집합건물의 전유부분과 대지사용권이 분리되는 것을 최대한 억제하여 대지사용권이 없는 구분소유권의 발생을 방지함으로써 집합건물에 관한 법률관계의 안정과 합리적 규율을 도모하려는 데 있으므로, 전유부분과 대지사용권의 일체성에 반하는 대지의 처분행위는 효력이 없다.

[3] 대지사용권은 구분소유자가 전유부분을 소유하기 위하여 건물의 대지에 대하여 가지는 권리로서, 그 성립을 위해서는 집합건물의 존재와 구분소유자가 전유부분 소유를 위하여 당해 대지를 사용할 수 있는 권리를 보유하는 것 이외에 다른 특별한 요건이 필요하지 않다. 이러한 사정을 고려하면, 집합건물의 소유 및 관리에 관한 법률 제20조 제3항의 분리처분금지로 대항할 수 없는 '선의'의 제3자라 함은 원칙적으로 집합건물의 대지로 되어 있는 사정을 모른 채 대지사용권의 목적이 되는 토지를 취득한 제3자를 의미한다.

[4] 甲이 아파트를 신축하면서 내부 구분건물 각각에 대하여 분양계약을 체결한 후 토지에 관하여 을 주식회사와 부동산담보신탁계약을 체결하고 신탁등기를 마쳐 준 사안에서, 신탁등기를 마친 당시 아파트 각 층의 기둥, 주벽 및 천장 슬래브 공사가 이루어져 건물 내부의 각 전유부분이 구조상·이용상의 독립성을 갖추었고, 그보다 앞서 갑이 구분건물 각각에 대하여 분양계약을 체결함으로써 구분의사를 외부에 표시하였으므로 구분행위의 존재도 인정된다고 보아, 아파트의 전유부분에 관하여 이미 구분소유권이 성립한 이상 부동산담보신탁계약은 집합건물의 소유 및 관리에 관한 법률 제20조에 위배되어 무효이므로 신탁등기는 말소되어야 하고, 신탁계약 체결 당시 아파트가 집합건물로서 모습을 갖춘 점 등에 비추어 을 회사는 위 토지가 집합건물의 대지로 되어 있는 사정을 알고 있었다고 보이므로 선의의 제3자에 해당하지 않는다고 본 원심판단이 정당하다고 한 사례.

[44] 점유취득시효
대판 1994. 4. 12. 93다50666

[사실관계]

(1) A-1, 2 등기부상 소유자 변동

가. 원고 소유토지인 대 327m²(A-1, 2)는 원래 모두 소외 甲의 소유였으나, 연월일 미상의 날에 소외 乙이 이를 매수하여 소유권이전등기는 경료하지 아니하고 있다가 연월일 미상에 차남인 丙에게 증여하였다.

나. 1957. 11. 14. 丙은 이를 소외 丁에게 매도한 후 1974. 11. 28. 매매를 원인으로 하는 소유권이전등기를 경료하여 주었다.

다. 1984. 4. 28. 丁은 아들인 원고에게 매매(증여일 가능성이 있음)를 원인으로 하여 소유권이전등기를 경료하여 주어 현재 등기부상으로 원고의 소유가 되어 있다.

(2) A-2 점유관계 변동

가. 1959.경 소외 戊는 위 토지에 인접한 토지의 지상에 주택 1동을 소유하고 있었는데 마당이 좁아 인접한 이 사건 계쟁 토지 일부를 사 넣음으로써 마당을 넓히기로 마음먹고, 당시 동 토지를 점유하여 채소밭으로 경작하면서 사실상 소유자 행세를 하던 소외 己(위 乙의 장남의 며느리)에게 자기 소유의 다른 땅을 주고 이와 교환으로 위 토지 20평가량을 취득하였는데, 소유권이전등기는 경료받지 못하였다.

나. 그 후 위 주택 및 부지는 1960. 경 소외 庚에게 매도되었다가 1961. 4. 16.에는 피고의 아버지에게 매도되어 그때부터는 위 피고의 아버지가 위 주택에 거주하였고, 동인은 그 무렵 그 지상에 새로이 목조건물을 한 채 지어 이를 사용하였는데 이 사건 계쟁토지는 위 건물의 부지로 들어가게 되었다.

다. 한편 위 피고의 아버지는 위 449의8 전 357m²에 관하여는 그의 아들인 申 명의로 소유권이전등기를 경료하였으나 이 사건 계쟁토지에 관하여는 여전히 소유권이전등기를 경료하지 못하고 있다가 1983.경 사망하였다.

라. 그 후 위 건물들 및 부지는 위 망인의 유족들이 이를 점유 사용해오다가 1987. 7. 27.부터는 피고가 그 권리를 이어받아 이를 점유 사용하게 되었다.

마. 피고는 B토지 지상에 목조와가 및 스레트 지붕으로 된 평가건 주택 2동을 소유하고 있는데, 그 중 본소 청구취지 기재의 방1칸, 마루 1칸의 일부, 우물, 수도꼭지, 건물 외벽 및 블럭 담장, 토담장 등이 이 사건 원고 소유토지의 일부인

A-2 부분 22m² 위에 축조, 설치되어 있고, 그 바람에 피고는 현재 이 사건 원고 소유토지 중 32m²를 점유사용하고 있다.

(3) 원고는 본소 청구로 소유권에 기한 방해배제청구로서 건물철거, 사건 계쟁토지 인도를 피고에 대하여 청구하였는바, 이에 피고는 반소로서 점유취득시효 완성을 이유로 소유권이전등기 청구의 소를 제기하였다.

[법적 쟁점]

[1] 점유취득시효 완성 후 부동산을 매수하여 소유권이전등기를 마친 자에게 취득시효 완성을 원인으로 한 소유권이전등기의무가 있는지 여부

[2] 취득시효 사실을 알면서(악의) 소유자로부터 부동산을 매수하여 소유권이전등기를 마친 자(丙)에게 취득시효 완성을 원인으로 한 소유권이전등기의무가 있는지 여부

[원고의 본소 주장]

(1) 원고는 사건 토지의 등기명의를 가진 자로서 소유권자이다. 원고는 제214조에 기해 토지에 대하여 아무런 점유권원을 가지고 있지 않음에도 사건 토지 상에 건물을 소유한 피고에 대하여 소유권에 기한 방해배제청구로서 건물철거(제214조)를 구한다.

(2) 원고는 사건 토지의 소유자로서 사건 토지의 인도(제213조 본문)를 구한다.

[피고의 주장 및 반소]

피고는 20년간 소유의 의사로 평온, 공연하게 사건 토지를 점유하여 왔으므로 원고에 대하여 점유취득시효 완성을 이유로 한 소유권이전등기청구권을 가지는 자로서, 사건 토지에 대한 점유 권원을 가지고 있다. 원고의 주장은 이유 없다.

피고는 원고에 대하여 제245조에 기해 점유취득시효 완성을 이유로 한 소유권이전등기청구절차 이행을 구한다.

[원고의 주장]

가사 피고가 점유취득시효의 요건을 갖추어 점유취득시효가 완성되었다고 하더라도 원고는 취득시효가 완성된 후인 1984. 2. 28. 이사건 계쟁토지를 매수하여 소유권이전등기를 경료하였으므로 피고로서는 원고에 대하여 취득시효의 완성을 주장할 수 없다.

[피고의 주장]

원고는 피고가 점유취득시효를 완성하여 피고에게 소유권이전등기를 넘겨주어야 한다는 사실을 잘 알고 있었음에도 불구하고 아버지로부터 사건 토지를 인도받아 점유해 온 자로서 이러한 경우 등기명의자인 원고에 대하여 점유취득시효완성을 주장하여서는 아니된다.

[원심의 판단] 원고의 본소 기각(원고패소) / 피고 반소 인용

[원심의 판단이유]

계쟁토지가 1981. 4. 16.자로 취득시효가 완성되어 원고가 피고에게 소유권 이전등기의무가 있다. 반소청구 판단에서 피고의 취득시효 완성 주장 인정하였다. 원고는 피고에게 소유권이전등기를 넘겨주어야 한다는 사실을 잘 알고 있었고, 세금을 실질적 소유자인 피고의 아버지로부터 받아 납부한 사실, 매도인인 아버지로부터 이전등기의무를 승계하였다고 봄이 상당하다.

[대법원의 판단] 파기환송

【대법원의 판단이유】

점유취득시효 완성을 원인으로 한 소유권이전등기의무를 부담하는 자는 취득시효기간 완성 당시의 소유자이고, 취득시효완성 사실을 알면서 소유자로부터 그 부동산을 매수하여 소유권이전등기를 마친 자라고 하더라도, 소유자와의 사이에서 소유자의 소유권이전등기의무를 인수하여 이행하기로 묵시적 또는 명시적으로 약정하였다는 등의 특별한 사정이 인정되지 않는 한, 위의 의무를 승계한다고 볼 수 없다.

[참고] 점유취득시효에 관한 판례의 3원칙에서 판례가 점유취득시효가 완성 된 후 등기명의가 변경된 경우에 점유자의 점유취득시효를 받아들이지 않는 이유는 일종의 이중양도의 법리를 취하고 있기 때문이다. 즉 이중양도의 법리에 따라서 점유자가 이전등기청구권을 가지지만 제3자가 등기를 갖추게 되면 점유자는 제3자에게 대항할 수 없다고 한다.

즉 이중양도의 법리에 따르면 제1의 매수인이 매도인에 대하여 이전등기청구권을 갖게 되지만 제1의 매수인이 이전등기를 마치기 전에 제2의 매수인이 먼저 이전등기를 마치면 제1의 매수인이 그에게 대항할 수 없게 된다.

[참고] 만약 원고가 점유취득시효 완성 전인 1980. 4.에 매매를 원인으로 하여 소유권이전등기가 경료되었다면 점유자는 乙은 등기 없이 丙에게 시효취득을 주장할 수 있다(판례 2원칙).

○ 만약 반대로 피고가 점유개시 시점을 뒤로 늦추어 원고의 등기가 점유기간인 20년 앞에서 점유취득시효가 완성되었다고 주장하는 경우 점유자 을은 취득시효의 기산점을 임의로 선택하여 주장하지 못하지만(대판 1995. 5. 23. 94다39987), 점유기간 중 등기명의자가 동일하다면 임의의 시점을 그 기산점으로 삼을 수 있다(대판 1998. 5. 12. 97다8496·8502).

[점유취득시효완성 후 채무불이행책임여부]

위의 경우에 피고측은 제3자에 대하여 **채무불이행**을 이유로 손해배상을 청구할 수 있는가가 문제되는데, 학설은 시효 완성 후 그 등기 전에 제3자가 소유권을 취득한 경우에 소유권이전등기가 당연무효가 아닌 한 소유명의자의 소유권이전등기의무가 이행불능으로 되었다 할 것이고, 이때 채무불이행의 주관적 요건인 고의·과실이 없었음이 입증되지 않는 한(제390조 단서 참조) 소유명의자는 그 채무불이행으로 인한 손해배상책임을 지게 된다는 견해도 있으나, 판례는 부동산을 처분한 소유자인 甲과 乙 사이에는 계약상의 채무관계가 존재하지 않으므로, 시효취득자에 대한 채무불이행책임을 물을 수 없다고 한다(대판 1995. 7. 11. 94다4509).

[점유취득시효완성 후 불법행위책임여부]

위의 경우 피고측은 제3자에 대하여 **불법행위**를 이유로 손해배상을 청구할 수 있는가가 문제되는데, 판례는 취득시효가 완성된 후 점유자가 그 취득시효를 주장하거나 이로 인한 소유권이전등기청구를 하기 전에는, 특별한 사정이 없는 한 그 등기명의인인 부동산소유자가 그 시효취득사실을 알 수 없으므로, 이를 제3자에게 처분하였다 하더라도 불법행위가 성립하지 않는다고 한다(대판 1995. 7. 11. 94다4509).

그러나 시효취득을 주장하는 권리자가 취득시효를 주장하면서 소유권이전등기청구소송을 제기하여 그에 관한 입증까지 마쳤다면 부동산소유자로서는 시효취득사실을 알 수 있다 할 것이고, 이러한 경우에 시효취득을 주장하는 자가 손해를 입었다면 불법행위를 구성할 수 있을 것이다(대판 1999. 9. 3. 99다20926).

○ 만약 현 등기명의자가 전 등기명의자의 불법행위에 적극 가담하였다면 이들의 매매는 사회질서에 반하는 행위로서 무효이다(대판 1995. 6. 30. 94다52416; 2002. 3. 15. 2001다77352, 77369).

[45] 등기명의인의 부동산처분과 불법행위
대판 1999. 9. 3. 99다20926

[법적 쟁점]

등기명의인인 부동산 소유자가 그 부동산의 점유·사용관계를 잘 알고 있고, 취득시효완성을 원인으로 한 소유권이전등기 청구소송의 소장 부본을 송달받은 상태에서 제3자에게 그 부동산을 처분함으로써 그 소유권이전등기의무가 이행불능에 빠진 경우, 시효취득자에 대하여 손해배상책임을 부담하는지 여부(적극)

[판결요지]

부동산에 관한 점유취득시효가 완성된 후에 그 취득시효를 주장하거나 이로 인한 소유권이전등기청구를 하기 이전에는 그 등기명의인인 부동산 소유자로서는 특별한 사정이 없는 한 그 시효취득 사실을 알 수 없는 것이므로 이를 제3자에게 처분하였다 하더라도 그로 인한 손해배상책임을 부담하지 않는 것이나, 등기명의인인 부동산 소유자가 그 부동산의 인근에 거주하는 등으로 그 부동산의 점유·사용관계를 잘 알고 있고, 시효취득을 주장하는 권리자가 등기명의인을 상대로 취득시효완성을 원인으로 한 소유권이전등기 청구소송을 제기하여 등기명의인이 그 소장 부본을 송달받은 경우에는 등기명의인이 그 부동산의 취득시효완성 사실을 알았거나 알 수 있었다고 봄이 상당하므로, 그 이후 등기명의인이 그 부동산을 제3자에게 매도하거나 근저당권을 설정하는 등 처분하여 취득시효완성을 원인으로 한 소유권이전등기의무가 이행불능에 빠졌다면 그러한 등기명의인의 처분행위는 시효취득자에 대한 소유권이전등기의무를 면탈하기 위하여 한 것으로서 위법하고, 부동산을 처분한 등기명의인은 이로 인하여 시효취득자가 입은 손해를 배상할 책임이 있다.

[사실관계]

(1) 원래 소외 망 갑 명의로 소유권이전등기가 경료되어 있던 이 사건 대지에 관하여 망 갑이 1983. 5. 9. 사망하자 그 상속인들의 협의분할을 거쳐 1995. 2. 3. 피고 명의로 소유권이전등기가 경료되었다.

(2) 한편 소외 망 乙은 1956. 1.경부터 이 사건 대지 위에 주택 등을 건축하여 거주하면서 이 사건 대지를 점유·사용하다가 1981. 6. 23. 사망하였는데, 그 이후 그의 처인 선정자 丙, 장남인 원고가 계속하여 위 주택에 거주하면서 1988.경에는 주택을 개축하는 등 이 사건 대지를 점유·사용하여 왔으며, 망 乙의 재산상속인으로는 원고와 병 이외에 출가녀들인 선정자 정, 무, 기, 경, 차남인 선정자 신(이하 '원고들'이라 한다)가 있다.

(3) 원고들은 1995. 3. 15. 피고를 상대로 주위적으로 1956. 1. 19. 교환계약을 원인으로 한, 예비적으로 1976. 1. 19. 취득시효완성을 원인으로 한 토지소유권 이전등기청구의 소를 제기하였고, 그 소장 부본이 1995. 3. 15. 피고에게 송달되었다. 피고는 망 乙이 사건 대지를 장기간 점유·사용하여 오고 있는 점을 잘 알고 있으면서 위 소장 부본을 송달받은 직후인 같은 해 3. 20. 이 사건 대지에 관하여 소외 1, 2 명의로 채권최고액 금 1억 원의 근저당권설정등기를 경료하였다.

(4) 그 후 위 소송에서 원고들의 예비적 청구가 받아들여져 1996. 6. 27. 피고는 원고들에게 각 상속지분에 따라 1976. 1. 19. 취득시효완성을 원인으로 한 소유권이전등기절차를 이행하라는 제1심판결이 선고되고, 1997. 5. 2. 항소심에서도 피고의 항소가 기각되어 그 무렵 위 판결이 확정되었다.

(5) 한편 위 소외 1, 2의 신청에 의하여 1996. 11. 22. 이 사건 대지에 관하여 위 근저당권에 기한 임의경매절차가 개시되어 소외 3이 1997. 7. 7. 이 사건 대지를 낙찰받아 같은 해 9. 19. 소유권이전등기를 경료하였다.

[원고의 주장]

피고는 원고가 사건 토지에 대하여 취득시효를 완성한 사실을 알았거나 알 수 있었음에도 불구하고 이 사건 대지에 관하여 근저당권을 설정하여 그 후 이 사건 대지가 타인에게 낙찰되게 하는 위법행위를 함으로서 이로 인하여 원고들이 입은 손해를 배상할 책임이 있다고 주장한다.

[피고의 주장]

(1) 피고가 위 乙의 취득시효 완성사실을 알게된 때는 원고들이 제기한 이 사건 대지에 관한 토지소유권이전등기청구 소송의 1심에서 패소판결을 받았을 때이므로 그 전의 근저당권설정행위는 불법행위가 되지 아니한다.

(2) 가사 불법행위가 된다 하더라도 시효취득자가 처분금지가처분 등의 조치를 뒤늦게 취한 관계로 그 부동산의 소유명의자의 근저당권설정등기 등 불법행위가 가능하게 되었고, 그와 같은 조치를 취하지 아니한 것이 소유명의자의 불법행위로 인한 손해의 발생에 원인이 되었으므로 등기명의자의 행위로 인한 손해배상책임을 제한하는 것이 공평 내지 신의칙에 견지에서 타당하다.

[원심의 판단] 항소 기각

[원심의 판단이유]

가. 부동산의 소유자가 자신의 부동산에 대하여 취득시효가 완성된 사실을 알았거나 알 수 있었음에도 이를 제3자에게 처분하여 취득시효 완성을 원인으로 한 소유권

이전등기의무를 이행불능에 빠뜨려 시효취득을 주장하는 자에게 손해를 입혔다면 불법행위를 구성한다고 할 것인바, 위 인정 사실에 의하면 위 乙은 1956. 1. 19.부터 이 사건 대지를 20년간 소유의 의사로 점유하여 1976. 1. 19. 이 사건 대지를 시효취득하였고, 피고는 부친인 위 유×한 때부터 장기간 이 사건 대지를 점유 사용하여 온 위 乙의 상속인인 원고들이 피고에 대하여 상속지분에 따른 취득시효 완성을 원인으로 한 소유권이전등기를 구한다는 내용의 소장을 송달받았으므로 위 乙의 시효취득사실을 알았거나 알 수 있었음에도 불구하고 이 사건 대지에 관하여 근저당권을 설정하여 그 후 이 사건 대지가 타인에게 낙찰됨으로써 원고들로 하여금 이 사건 대지에 관한 소유권을 취득할 수 없게 하였으므로 이로 인하여 원고들이 입은 손해를 배상할 의무가 있다고 할 것이다.

나. 나아가 손해배상의 범위에 관하여 보건대, 피고가 배상하여야 할 손해는 원고들 앞으로의 소유권이전등기가 이행불능의 상태에 빠지게 된 당시의 이 사건 대지의 시가라고 할 것인바, 을 제2호증의 9의 기재에 의하면 1996. 12. 4. 무렵 이 사건 대지의 시가는 금 31,290,000원인 사실이 인정되고, 그 이후 위 최ㅁ철이 이 사건 대지에 관한 소유권을 취득할 무렵까지 이 사건 대지의 시가가 하락하지는 않았을 것으로 추인되므로 피고가 원고들에게 배상하여야 손해액은 위 금 31,290,000원 중 원고들의 상속지분에 해당하는 각 금원이 된다고 할 것이다.

다. 시효취득자가 처분금지가처분 등의 조치를 뒤늦게 취한 관계로 그 부동산의 소유명의자의 근저당권설정등기 등 불법행위가 가능하게 되었더라도, 그 불법행위가 시효취득자가 가처분 등의 권리보전절차를 취하지 아니한 것에 유발되거나 도발된 것은 아니어서 그와 같은 조치를 취하지 아니한 것이 소유명의자의 불법행위로 인한 손해의 발생에 원인이 되었다고 할 수 없으며, 시효취득자가 그와 같은 조치를 취하지 아니하였다는 사유를 들어 소유명의자의 불법행위로 인한 손해배상 책임을 제한하는 것이 공평 내지 신의칙의 견지에서 타당하지도 아니하므로(대법원 1995. 8. 22. 선고 95다10303 판결 참조), 피고의 위 주장은 그 이유가 없다.

[대법원의 판단] 상고 기각

【대법원의 판단이유】 판결요지 참조

[46] 점유취득시효 : 시효기간의 기산점
대판(전) 2009. 7. 16. 2007다15172, 15189

[사실관계]

(1) 대지 A에 관하여 甲 명의로 소유권이전등기가 1982. 2. 15. 경료된 후 1988. 3. 25. 乙 명의로, 1988. 9. 10. 원고 명의로 각 소유권이전등기가 순차로 경료되었다.

(2) 한편 피고는 1961년 1월 경 대지 A와 연접한 같은 동 대지B 200m²를 戊로부터 매수하면서 대지 A의 일부 토지 C의 점유를 승계하여 평온·공연하게 텃밭으로 계속 점유 사용하여왔다. 대지 A의 일부토지 C에 대한 제1차 점유개시 후 20년이 경과한 제1차 점유취득시효 완성 후인 1981년 1월 이후로도, 피고는 등기를 경료하지 않은 채 2005년 현재까지 텃밭으로 점유·사용하고 있다.

(3) 등기명의자였던 甲이나 乙과 丙은 C 부분에 대하여 그 동안 계속하여 점유를 한 적이 없고, 피고에 대하여 자기 소유의 토지라고 주장하지 않았다. 원고는 본소로서 자신의 소유권에 기하여 피고에 대하여 점유토지 반환 및 손해배상을 청구하고 있다.

(4) 피고는 반소로서 원고에게 1961. 1.경 丁으로부터 매수하여 평온·공연하게 점유를 계속하여 왔고, 따라서 1981. 1.경 점유취득시효가 완성하였으며, 甲 명의로 소유권이전등기가 경료된 1982. 2. 15.을 새로운 기산점으로 삼아도 20년이 경과하여 2002. 2. 15.에 새로이 점유취득시효를 완성하였으므로 이 사건 토지에 관하여 취득시효 완성을 원인으로 한 소유권이전등기의 절차를 구하고 있다.

[법적 쟁점]

(1) 부동산 점유취득시효 완성 후 제3자 명의의 소유권이전등기가 마쳐진 경우, 그 소유권 변동시를 새로운 기산점으로 삼아 2차 취득시효의 완성을 주장할 수 있는지 여부

(2) 새로이 2차 점유취득시효가 개시되어 그 취득시효기간이 경과하기 전에 등기부상 소유명의자가 변경된 경우, 그 취득시효 완성 당시의 등기부상 소유명의자에게 시효취득을 주장할 수 있는지 여부(적극)

[원고의 주장]

원고 명의의 대지 C부분을 피고가 불법점유하고 있으므로 제213조 본문에 기해 원고의 소유권에 기한 점유토지의 반환과 제750조에 기해 소유권의 침해로 인한 손해배상을 청구한다.

[피고의 주장 및 반소]

(1) **취득시효 항변** : 피고가 제1차 점유취득시효 완성(1981년 1월) 후에 제3자로의 명의의 변경이 있더라도 소유자가 변동된 시점을 새로운 기산점으로 삼아 재차 20년의 기간이 경과하고(2002. 2. 15.) 점유취득시효의 요건을 충족한 경우 제2차 점유취득시효를 주장할 수 있다.

(2) **반소** : 따라서 피고는 원고에 대하여 제245조 제1항에 기해 점유취득시효 완성을 이유로 사건 토지에 대한 소유권이전등기청구절차의 이행을 구한다.

[원고의 재항변]

점유취득시효 중단의 항변 : 제2차 점유취득시효기간의 계속 중 등기명의가 변경된 경우에는 점유취득시효의 중단이 생겨 점유취득시효의 완성을 주장할 수 없다(대판(전) 1994.3.22. 93다46360).

[원심의 판단] 원고 본소 청구인용, 피고의 취득시효항변 배척, 피고의 반소 청구 기각

[원심판단의 이유]

종전 대법원 판결인 대판(전) 1994. 3. 22. 93다46360; 1999. 2. 12. 98다40688에 의하면 취득시효가 완성된 후에 제3 취득자가 소유권이전등기를 마친 경우에도 당초의 점유자가 계속 점유하고 있고, 또 소유자가 변동된 시점을 새로운 기산점으로 삼아도 다시 취득시효의 점유기간이 완성되는 경우에는 취득시효를 주장하는 점유자로서는 소유권 변동시를 새로운 취득시효의 기산점으로 삼아 취득시효의 완성을 주장할 수 있지만, <u>이 경우에도 그 점유 기간 중에는 등기명의자가 동일하고 소유자의 변동이 없어야만 한다.</u>

그런데 사안에서는 甲 명의로 소유권이전등기가 마쳐진 이후에 乙 및 원고 명의로 소유권이전등기가 순차로 마쳐졌기 때문에 점유기간 중에 등기명의자의 변경이 있었으므로 갑 명의로 소유권이전등기가 마쳐진 시점을 새로운 취득시효의 기산점으로 삼을 수는 없다.

[피고의 상고이유]

부동산점유취득시효가 완성된 후 새로운 점유취득시효 진행에 관한 법리 오해

'판례 2원칙'에 의거 점유취득시효 진행 중 등기명의의 변경은 취득시효의 중단사유가 될 수 없고 취득시효 완성자는 등기명의자에 대향 취득시효 완성을 이유로 이전등기청구를 할 수 있다.

[대법원의 판단] 원심 파기환송

【대법원의 판단이유】

[다수견해]

(1) 제1차 점유취득시효 완성 후 등기명의가 변경되어도 등기명의를 새로운 기산점으로 삼아 제2차 점유취득시효가 가능하다.

(2) 제2차 점유취득시효 진행 중 등기명의가 변경되더라도 점유자로서 시효완성자는 점유취득시효를 주장할 수 있다. 등기명의의 변경은 점유취득시효의 중단사유가 되지 못한다(제2원칙).

[다수견해에 대한 보충견해]

제2차 점유취득시효는 1차의 취득시효와는 독립한 새로운 법률관계로서 그 취득시효는 그 시효 진행에 적합한 상태가 형성됨으로써 새로 진행될 수 있다는 점에 입각한 것으로 부동산 점유취득시효의 법리에 충실한 해석이다.

[반대견해]

(1) 민법은 제186조에서 형식주의의 대원칙을 취하고 있다. 따라서 점유의 계속 중 제1차 점유취득시효가 완성되고 등기명의자가 변경되어 그 시점을 새로운 기산점으로 삼아 제2차 점유취득시효가 진행되던 중에 등기명의자가 변경되었다면 물권변동에서 형식주의를 대원칙으로 하는 물권법제하에서는 그 자에 대해서는 제2차 점유취득시효를 주장할 수 없다고 해야 한다. 본 사안은 결국 제186조(등기명의자)와 제187조(점유취득시효완성자)의 이해 충돌의 문제인데 반대견해는 다수견해가 등기보다 점유를 우위에 두려는 입장이고, 다수견해는 거래의 안전을 심각하게 훼손하는 것이고, 1차 점유취득시효가 완성된 후에 등기부상의 소유명의자가 변경된 경우 그 등기부상의 명의변경시점을 새로이 점유취득기효의 기산점으로 볼 수 있는 근거 내지 이유에 대하여 다수설은 설명이 없다는 것이다.

【판결요지】

[1] 부동산에 대한 점유취득시효가 완성된 후 취득시효 완성을 원인으로 한 소유권이전등기를 하지 않고 있는 사이에 그 부동산에 관하여 제3자 명의의 소유권이전등기가 경료된 경우라 하더라도 당초의 점유자가 계속 점유하고 있고 소유자가 변동된 시점을 기산점으로 삼아도 다시 취득시효의 점유기간이 경과한 경우에는 점유자로서는 제3자 앞으로의 소유권 변동시를 새로운 점유취득시효의 기산점으로 삼아 2차의 취득시효의 완성을 주장할 수 있다.

[2] **[다수의견]** 취득시효기간이 경과하기 전에 등기부상의 소유명의자가 변경된다고 하더라도 그 사유만으로는 점유자의 종래의 사실상태의 계속을 파괴한 것이라고

볼수 없어 취득시효를 중단할 사유가 되지 못하므로, 새로운 소유명의자는 취득시효 완성 당시 권리의무 변동의 당사자로서 취득시효 완성으로 인한 불이익을 받게 된다 할 것이어서 시효완성자는 그 소유명의자에게 시효취득을 주장할 수 있는바, 이러한 법리는 새로이 2차의 취득시효가 개시되어 그 취득시효기간이 경과하기 전에 등기부상의 소유명의자가 다시 변경된 경우에도 마찬가지로 적용된다고 봄이 상당하다.

[반대의견]

(가) 민법은 법률행위로 인한 물권변동은 등기하여야 한다는 이른바 형식주의를 취하고 부동산의 점유취득시효에 관하여도 등기함으로써 소유권을 취득한다고 규정하고 있으므로, 등기가 아니라 점유에 기하여 법률관계가 정해지도록 하는 것은 예외적으로 제한된 범위 내에서만 허용된다고 보는 것이 바람직하다.

(나) 다수의견은 이른바 형식주의를 채택한 민법 아래에서 거래의 안전을 심각하게 침해하는 결과를 초래할 수 있다. 민법의 점유취득시효제도가 어떻게 운용되어야 할 것인지에 관하여 이미 종전 대법원 판결이 "무릇 점유취득시효제도란 권리 위에 잠자는 자를 배제하고 점유사용의 현실적 상황을 존중하자는 제도이기는 하지만, 이는 극히 예외적인 상황하에서만 인정되어야 할 것이고, 이를 지나치게 넓게 인정하는 것은 타인의 재산권을 부당히 침해할 요소가 큰 것이므로, 법이 진정한 재산권을 보호하지 못하는 결과가 되어 온당치 않다고 보이고, 따라서 그 취득요건은 극히 엄격히 해석하여야 할 것"이라는 판시를 한 바 있고, 이는 현재에도 유효하다.

(다) 다수의견은 1차 점유취득시효가 완성된 후에 등기부상의 소유명의자가 변경된 경우에 그 등기부상의 명의 변경 시점을 새로이 점유취득시효의 기산점으로 볼 수 있는 근거 내지 이유에 대한 설명이 없다. 만일 1차 점유취득시효가 완성된 후에 등기부상의 소유명의자가 변경된 경우, 만일 당초의 점유자가 그와 같은 등기부상 소유자의 변경 사실을 잘 알면서도 감히 점유를 개시한 것이라면 이는 타주점유에 해당하는 것으로 보아야 하고, 그렇지 아니하고 당초의 점유자가 등기부상 소유자의 변경 사실을 알지 못한 채 점유를 계속한 것이라면 그 등기부상 소유자의 변경 시점을 새로운 점유의 기산점으로 볼 아무런 이유가 없다.

[47] 점유취득시효 완성자의 대상청구권 행사 요건
대판 1996. 12. 10. 선고 94다43825

[사실관계]

이 사건 토지에 대하여 피고 명의의 소유권보존등기가 경료되었다가, 사건 토지에 관하여 피고와 점촌시(市) 사이에 협의 매수가 이루어졌고 시(市)가 피고에게 보상금을 지급하였고, 매매를 원인으로 하여 점촌시 명의의 소유권이전등기가 경료되었다.

[법적 쟁점]

부동산점유취득시효 완성자의 대상청구권 행사 요건

[원고의 주장]

(1) 이 사건 부동산 중 일부가 원고의 조부로부터 피고의 조부에게 명의신탁된 것이다. 실제 원고의 조부가 매수하여 원고의 부인에게 증여하였고, 원고의 부인은 다시 원고에게 증여한 것으로서 원고의 소유이다.

다만 매수 당시 등기명의가 피고의 조부에게 신탁되어 있었던 관계로 위 피고의 조부가 사망하자 그의 아들이, 위 아들이 사망하자 피고가 이 사건 토지를 각 상속하여 위와 같이 소유권보존등기를 경료한 후 점촌시에 이 사건 부동산을 매도하고 보상금을 수령하였던 것이므로, 위 부분에 대하여 명의수탁자의 지위에 있는 피고는 원고에게 같은 부분에 해당하는 원고 몫의 보상금을 반환할 의무가 있다.

(2) 1969.경부터 피고의 아버지에게 위 (가)부분을 임대하여 20년이 경과한 1989.까지 위 피고의 아버지를 통하여 위 (가)부분을 소유의 의사로 평온, 공연하게 점유하여 취득시효 완성으로 인한 소유권을 취득하였는데, 피고는 위와 같은 사실을 알고서도 점촌시에 위 (가)부분을 매도하고 보상금을 수령하였거나, 가사 피고가 원고의 위 (가)부분에 관한 취득시효 완성으로 인한 소유권취득사실을 몰랐다 하더라도 원고의 취득시효로 인한 소유권취득으로 이미 소유권을 상실한 위 (가)부분을 점촌시에 매도하고 보상금을 수령한 것은 법률상 원인을 결한 것이어서 제741조에 기해 부당이득으로서 원고에게 보상금을 반환할 의무가 있다고 주장한다.

[피고의 주장]

(1) 피고는 사건 토지에 대한 등기명의자로서 법률상 소유자이다.

소유자로서 점촌시의 토지수용실시계획에 의거 적법한 소유자로서 협의를 통하여 보상을 받았기 때문에 법률상 원인 있는 보상금의 취득이다. 보상금 수령이 부당이라 할 수 없다.

(2) 원고가 점유취득시효 완성을 주장하나 민법 제245조 제1항의 점유취득시효에 의하여 소유권을 취득하기 위하여는 등기를 하여야 한다. 따라서 등기를 갖추기 전의 원고는 채권적 지위를 가진 자에 불과하다. 따라서 채권적 지위에 있는 자가 채권의 행사 즉 소유권이전등기청구권을 행사해야 피고로서는 실제 점유취득시효 완성을 했는지 알 수 있다.

그런데 원고가 점촌시에게 이전등기가 경료하기 전에 등기명의자인 피고에 대하여 점유로 인한 부동산 소유권 취득기간이 만료되었음을 근거로 그 권리를 주장하였거나 그 취득기간 만료를 원인으로 한 등기청구를 행사하지 않았다. 따라서 피고가 보상금을 취득하여야 한다.

[원심의 판단] 원고 청구 기각

비록 원고가 취득시효 완성으로 인하여 소유권을 취득하였다 할지라도 그 명의로 소유권이전등기가 경료되기 전까지는 피고가 소유권자라 할 것이므로 이 사건 협의매수 당시 피고는 법률상 소유자이므로, 그에 대한 보상금 수령이 부당이득이라 할 수 없고 취득시효로 인한 등기청구권이 보상금청구권에 전이 된다고 볼 수 없다.

[상고이유]

부당이득법리에 관한 법리오해

[대법원의 판단] 상고 기각

【대법원의 판단이유】 부동산 점유취득시효 완성자의 대상청구권 행사 요건 적시

민법상 이행불능의 효과로서 채권자의 전보배상청구권과 계약해제권 외에 별도로 대상청구권을 규정하고 있지 않으나, 해석상 대상청구권을 부정할 이유가 없다고 할 것이지만(대판 1992. 5. 12. 92다4581, 4598), 점유로 인한 부동산 소유권 취득기간 만료를 원인으로 한 등기청구권이 이행불능으로 되었다고 하여 대상청구권을 행사하기 위하여는 그 이행불능 전에 등기명의자에 대하여 점유로 인한 부동산 소유권 취득기간이 만료되었음을 이유로 그 권리를 주장하였거나 그 취득기간 만료를 원인으로 한 등기청구권을 행사하였어야 하고, 그 이행불능 전에 위와 같은 권리의 주장이나 행사에 이르지 않았다면 대상청구권을 행사할 수 없다고 봄이 공평의 관념에 부합한다.

원고가 이 사건 토지 부분에 대하여 점유로 인한 부동산 소유권 취득기간이 만료되어 이를 원인으로 한 소유권이전등기청구권을 취득하였다고 할지라도, 소외 점촌시 명의로 이 사건 토지 부분에 대한 소유권이전등기가 경료됨으로써 원고가 취득한 등기청구권이 이행불능으로 되기 전에 원고가 등기명의자인 피고에 대하여 점유로 인한 부동산 소유권 취득기간이 만료되었음을 근거로 그 권리를 주장하였다거나 그 취득기간 만료를 원인으로 한 등기청구권을 행사하였다고 볼 증거가 없으므로, 원고로서는 이 사건 토지 부분의 대금에 대하여 대상청구권을 행사하여 그 반환을 청구할 수 없는 것이다.

[대법원 판결의 의의]

이 판결에서 대법원이 1992. 5. 12. 92다4581·4598판결에서 이행불능의 한 효과로서 대상청구권을 인정한 이래 처음으로 그 성립요건의 차원에서 제한을 가였다는데 그 의미가 있다.

이에 대하여 「대법원은 손해배상청구권과 대상청구권을 혼동하여 불필요한 성립요건을 추가하여 대상청구권의 성립을 부정함으로써 대상청구권의 본래 취지를 왜곡변질시켰고, 대상청구권은 급부불능에 관한 채무자의 귀책사유 유무를 불문하고 채무자가 취득한 대상을 채권자에게 귀속시키고자 하는 제도이므로 이 사건에서도 대상청구권의 성립은 인정되어야 한다」는 견해가 있다.[2)]

2) 엄동섭, 대상청구권의 제한, 법률신문, 1997년 6월 2일자, 14~15면.

[48] 취득시효의 효과 : 시효기간 만료 후 점유의 이전
대판(전) 1995. 3. 28. 93다47745

[법적 쟁점]

(1) 점유자가 취득시효기간의 만료로 소유권이전등기청구권을 취득한 후 점유를 상실한 경우, 그 소유권이전등기청구권이 소멸되는지 여부(소극)

(2) 취득시효기간 만료 당시의 점유자로부터 점유를 승계한 현 점유자가 전 점유자의 취득시효 완성의 효과를 주장하여 직접 자기에게 소유권이전등기를 청구할 권원이 있는지 여부(소극)

[판결요지]

(1) 원래 취득시효제도는 일정한 기간 점유를 계속한 자를 보호하여 그에게 실체법상의 권리를 부여하는 제도이므로, 부동산을 20년 간 소유의 의사로 평온·공연하게 점유한 자는민법 제245조 제1항에 의하여 점유부동산에 관하여 소유자에 대한 소유권이전등기청구권을 취득하게 되며, 점유자가 취득시효기간의 만료로 일단 소유권이전등기청구권을 취득한 이상, 그 후 점유를 상실하였다고 하더라도 이를 시효이익의 포기로 볼 수 있는 경우가 아닌 한, 이미 취득한 소유권이전등기청구권은 소멸되지 아니한다.

(2) 전 점유자의 점유를 승계한 자는 그 점유 자체와 하자만을 승계하는 것이지 그 점유로 인한 법률효과까지 승계하는 것은 아니므로 부동산을 취득시효기간 만료 당시의 점유자로부터 양수하여 점유를 승계한 현 점유자는 자신의 전 점유자에 대한 소유권이전등기청구권을 보전하기 위하여 전 점유자의 소유자에 대한 소유권이전등기청구권을 대위행사 할 수 있을 뿐, 전 점유자의 취득시효 완성의 효과를 주장하여 직접 자기에게 소유권이전등기를 청구할 권원은 없다.

[사실관계]

(1) 이 사건 임야는 원래 소외 甲의 소유였는데 1964. 5. 7. 소외 乙의 명의로, 1967. 11. 6. 소외 서산군의 명의로 각 소유권이전등기가 경료되었다.

(2) 소외 A 교회는 1956. 11. 8. 이 사건 임야부분을 위 甲으로부터 매수하여 그 지상가옥을 교회로 사용하여 오다가 이 사건 임야부분 중 일부에 교회건물을 확장, 신축하는 등으로 이 사건 임야부분을 점유하였다.

(3) 원고는 1986. 2. 16. 위 교회로부터 위 임야 및 그 지상건물을 금 8,000,000원에 매수하여 위 임야부분을 인도받아 점유하여 왔다.

(4) 원고는 지방교육자치에관한법률에 따라 위 서산군의 지위를 승계한 피고 충청남도를 상대로, 위 교회를 대위하여 위 교회에게 이 사건 계쟁임야부분에 관한 1976. 11. 8. 취득시효완성을 원인으로 한 소유권이전등기절차의 이행을 구하였다.

[원고의 주장] 원고는 피고를 상대로 위 교회를 대위하여 위 교회에게 이 사건 계쟁임야부분에 관한 1976. 11. 8. 취득시효완성을 원인으로 한 소유권이전등기절차의 이행을 구한다.

[피고의 주장] 위 교회가 이 사건 임야토지에 대하여 비록 취득시효를 완성하였더라도 원고에게 인도함으로써 그 점유를 상실하였으므로, 위 교회는 등기부상 소유자인 선산군의 지위를 승계한 피고에 대하여 이 사건 임야부분에 관한 취득시효의 완성을 주장하여 소유권이전등기청구를 할 수 없다.

[원심의 판단] 1심 판결 중 피고 패소부분 취소 / 원고의 청구 기각

[원심의 판단이유]

위 대산감리교회가 이 사건 계쟁임야 부분을 원고에게 인도함으로써 그 점유를 상실하였다 함은 위에서 인정한 바와 같고, 그렇다면 위 A 교회로서는 등기부상 소유자인 위 선산군의 지위를 승계한 피고에 대하여 자신의 이 사건 계쟁 임야 부분에 관한 취득시효의 완성을 주장하여 소유권이전등기청구를 할 수는 없다 할 것이고 위 교회가 점유를 잃게 된 원인이 이를 원고에게 매도하였기 때문이고 원고에게 소유권이전등기의무를 지고 있다고 하여도 마찬가지라고 할 것이므로, 위 A 교회가 점유를 상실한 이상 A교회가 취득시효완성을 원인으로 한 소유권이전등기청구권을 여전히 행사할 수 있음을 전제로 한 원고의 주장은 이유 없다.

[대법원의 판단] 원심 판결 파기환송

【대법원의 판단이유】

원래 취득시효제도는 일정한 기간 점유를 계속한 자를 보호하여 그에게 실체법상의 권리를 부여하는 제도이므로, 부동산을 20년간 소유의 의사로서 평온 공연하게 점유한 자는 민법 제245조 제1항에 의하여 점유부동산에 관하여 소유자에 대한 소유권이전등기청구권을 취득하게 되는 것이며, 점유자가 취득시효기간의 만료로 일단 소유권이전등기청구권을 취득한 이상, 그 후 점유를 상실하였다고 하더라도 이를 시효이익의 포기로 볼 수 있는 경우가 아닌 한, 이미 취득한 소유권이전등기청구권은 소멸되지 아니한다(당원 1989. 4. 25. 선고 88다카3618판결, 1990. 11. 13. 선고 90다카25352판결, 1992. 11. 13. 선고 92다14083판결 등).

그리고 전 점유자의 점유를 승계한 자는 그 점유자체와 하자만을 승계하는 것이지

그 점유로 인한 법률효과까지 승계하는 것은 아니므로 부동산을 취득시효기간 만료 당시의 점유자로부터 양수하여 점유를 승계한 현 점유자는 자신의 전 점유자에 대한 소유권이전등기청구권을 보전하기 위하여 전 점유자의 소유자에 대한 소유권이전등기 청구권을 대위행사할 수 있을 뿐, 전 점유자의 취득시효 완성의 효과를 주장하여 직접 자기에게 소유권이전등기를 청구할 권원은 없다고 할 것이다. 이와 견해를 달리하여 점유자가 그 점유 당시 취득시효가 완성되었다고 하더라도 이를 현 점유자에게 인도하여 점유를 상실한 이상 등기부상 소유자에 대하여 스스로 취득시효완성을 주장하여 소유권이전등기를 청구할 수 없고, 이는 직전 점유자가 점유를 잃게 된 원인이 이를 현 점유자에게 매도하였기 때문이고, 직전 점유자가 현 점유자에게 소유권이전등기의무를 지고 있다고 하여도 마찬가지라는 취지의 견해를 표명한 바 있는 당원 1991. 12. 10. 선고 91다32428판결은, 이를 폐기하기로 한다.

[반대의견]

[1] 점유취득시효기간이 만료된 이후 부동산에 대한 점유를 상실한 사람은 그 상실원인이 무엇이든지 간에 등기부상 소유자를 상대로 시효취득을 주장하여 소유권이전등기를 청구할 수 없다.

[2] 취득시효기간 만료 후 부동산에 대한 점유승계가 이루어진 경우에는 점유를 승계한 현 점유자는, 민법 제199조 제1항에 의하여 자기의 점유와 전 점유자의 점유를 아울러 주장할 수 있으므로, 승계한 점유의 시초부터 현재까지 자기가 점유를 계속한 경우와 동일하게 전 점유자를 대위할 필요 없이, 등기부상 소유자에 대하여 직접 취득시효 완성을 원인으로 한 소유권이전등기를 청구할 수 있다고 봄이 상당하다.

[49] 자주점유의 추정
대판(전) 2000. 3. 16. 97다37661

[사실관계]

[등기관계]

(1) 1929. 12. 26. 이 사건 토지(대지)에 관하여 사망한 원고의 아버지 명의로 소유권보존등기가 마쳐졌다.

(2) 1990. 7. 23. 원고의 아버지가 사망하자 원고 외 9명의 공동명의로 1957. 10. 2. 상속을 원인으로 한 소유권이전등기가 경료되었다.

[점유관계]

(3) 1965년 1월 경 이 사건 토지는 소외 甲이 등기명의자가 아닌 소외 망 乙로부터 매수하여 파, 시금치 등의 채소를 재배하며 경작하다가 같은 해 5월경 그 위에 건물을 신축하여 그 부지 및 마당으로 점유·사용해왔다.

(4) 1985. 5월 경 소외 甲은 피고에게 이 사건 토지 및 위 건물을 매도, 그 이후 피고가 그 지상의 건물 및 장독대 등을 소유하면서 계속 점유·사용하여왔다.

(5) 원고 양선자는 피고에 대하여 공유물의 보존행위로서 당해 토지 위의 건물을 철거하고, 토지를 명도하는 청구를 하고 있다.

[법적 쟁점]

[1] 점유자가 점유 개시 당시 소유권 취득의 원인이 될 수 있는 법률행위 기타 법률요건 없이 그와 같은 법률요건이 없다는 사실을 알면서 타인 소유의 부동산을 무단점유한 것이 입증된 경우, 자주점유 추정의 번복 여부

[2] 토지 매수인이 매매계약에 의하여 목적 토지의 점유를 취득한 경우, 그 계약이 '타인의 토지의 매매'에 해당하여 곧바로 소유권을 취득할 수 없다는 사실만으로 자주점유의 추정이 번복되는지 여부 및 '등기를 수반하지 아니한 점유'임이 밝혀졌다는 사정만으로 타주점유로 볼 것인지 여부

[원고의 주장]

(1) 원고는 이 사건 토지에 대하여 원고 외 9명과 함께 공동상속인으로서 공유자이다. 공유자로서 지분권을 가지고 있다.

(2) 공유물의 보존행위는 제265조 단서에 의하여 공유자 각자가 단독으로 할 수 있으므로 피고에 대하여 공유물의 보존행위로서 사건 토지 위의 건물을 철거하고, 토지의 인도를 청구한다.

[피고의 항변] 점유취득시효 항변/ 신의칙 항변

(1) 피고가 사건 토지를 점유하게 된 것은 乙로부터 甲이 매매에 의하여 토지 점유를 시작하였으므로 자주점유에 기한 점유이다. 자주점유인가의 여부는 점유자의 내심의 의사에 의하여 결정되는 것이 아니라 점유취득의 원인이 된 권원의 성질이나 점유와 관계있는 모든 사정에 의하여 외형적·객관적으로 결정되어야 한다(대판 1997. 12. 9. 97다18547). 또한 제245조에 의한 점유취득시효의 요건인 평온, 공연, 20년간 점유을 충족하였다.

(2) 갑은 1985. 1. 31 점유취득시효를 완성하여 등기청구권 가지게 되었다.

(3) 피고는 甲으로부터 매수하여 계속 점유하고 있다.

(4) 피고는 갑을 대위하여 소유권이전등기청구권을 행사할 수 있다. 즉, 甲에 대하여 매매계약에 터잡은 재산권이전등기청구권을 피보전권리로 하여 甲이 점유취득시효완성을 원인으로 하여 원고의 아버지에 대하여 소유권이전등기청구권을 가진다. 이는 대판(전) 1995. 3. 28. 93다47745에서 취득시효 기간 만료 당시의 점유자로부터 점유를 승계한 현 점유자가 전 점유자의 취득시효 완성의 효과를 주장하여 직접 자기에게 소유권이전등기를 청구할 권원이 없다. 대위하여 행사할 수 있을 뿐이다고 하고 있기 때문이다.

(5) 甲을 대위하여 점유취득시효 완성을 이유로 소유권이전등기청구를 할 수 있는 법적 지위에 있는 피고에게 철거청구하는 것은 신의칙 위반이다.

[원심의 판단] 원고 청구기각

[원심의 판단이유]

피고의 자주점유를 인정하였다. 피고의 점유취득시효의 완성의 항변을 받아들였다.

[상고이유]

부동산의 점유취득시효 및 자주점유에 관한 법리 오해의 위법이 있다. 피고의 점유는 악의의 무단점유로서 자주점유의 추정은 깨진다고 보아야 하는데도 불구하고 자주점유를 인정함으로써 자주점유의 법리 오해한 위법이 있다.

[대법원의 판단] 상고기각

【대법원의 판단이유】

[1] 자주점유에 대한 정리 : 민법 제197조 제1항에 의하면 물건의 점유자는 소유의 의사로 점유한 것으로 추정되므로 점유자가 취득시효를 주장하는 경우에 있어서 스스로 소유의 의사를 입증할 책임은 없고, 오히려 그 점유자의 점유가 소유의 의사가 없는 점유임을 주장하여 점유자의 취득시효의 성립을 부정하는 자에게 그 입증

책임이 있는 것이고(자주점유의 입증책임의 소재), 부동산 점유취득시효에 있어서 점유자의 점유가 소유의 의사 있는 자주점유인지 아니면 소유의 의사 없는 타주점유인지 여부는 점유자의 내심의 의사에 의하여 결정되는 것이 아니라 점유 취득의 원인이 된 권원의 성질이나 점유와 관계가 있는 모든 사정에 의하여 외형적·객관적으로 결정되어야 하는 것(소유의 의사의 인정기준 대판 1990. 11. 13. 90다카21381)이기 때문에 점유자가 성질상 소유의 의사가 없는 것으로 보이는 권원에 바탕을 두고 점유를 취득한 사실이 증명되었거나, 점유자가 타인의 소유권을 배제하여 자기의 소유물처럼 배타적 지배를 행사하는 의사를 가지고 점유하는 것으로 볼 수 없는 객관적 사정, 즉 점유자가 진정한 소유자라면 통상 취하지 아니할 태도를 나타내거나 소유자라면 당연히 취했을 것으로 보이는 행동을 취하지 아니한 경우 등 외형적·객관적으로 보아 점유자가 타인의 소유권을 배척하고 점유할 의사를 갖고 있지 아니하였던 것이라고 볼 만한 사정이 증명된 경우에도 그 추정은 깨어지는 것이므로, 점유자가 점유 개시 당시에 소유권 취득의 원인이 될 수 있는 법률행위 기타 법률요건이 없이 그와 같은 법률요건이 없다는 사실을 잘 알면서 타인 소유의 부동산을 무단점유한 것임이 입증된 경우에도 특별한 사정이 없는 한 점유자는 타인의 소유권을 배척하고 점유할 의사를 갖고 있지 않다고 보아야 할 것이어서 이로써 소유의 의사가 있는 점유라는 추정은 깨어진다(악의의 무단점유의 자주점유 추정 깨어짐, 95다28625).

[2] **[다수의견]** 현행 민법은 법률행위로 인한 부동산 물권의 득실변경에 관하여 등기라는 공시방법을 갖추어야만 비로소 그 효력이 생긴다는 형식주의를 채택하고 있음에도 불구하고 **등기에 공신력이 인정되지 아니하고**, 또 현행 민법의 시행 이후에도 법생활의 실태에 있어서는 상당기간 동안 **의사주의를 채택한 구 민법에 따른 부동산 거래의 관행이 잔존**하고 있었던 점 등에 비추어 보면, 토지의 매수인이 매매계약에 의하여 목적 토지의 점유를 취득한 경우 설사 그것이 타인의 토지의 매매에 해당하여 그에 의하여 곧바로 소유권을 취득할 수 없다고 하더라도 그것만으로 매수인이 점유권원의 성질상 소유의 의사가 없는 것으로 보이는 권원에 바탕을 두고 점유를 취득한 사실이 증명되었다고 단정할 수 없을 뿐만 아니라, 매도인에게 처분권한이 없다는 것을 잘 알면서(악의) 이를 매수하였다는 등의 다른 특별한 사정이 입증되지 않는 한, 그 사실만으로 바로 그 매수인의 점유가 소유의 의사가 있는 점유라는 추정이 깨어지는 것이라고 할 수 없고, 민법 제197조 제1항이 규정하고 있는 점유자에게 추정되는 소유의 의사는 사실상 소유할 의사가 있는 것으로 충분한 것이지 반드시 등기를 수반하여야 하는 것은 아니므로 등기를 수반하지 아

니한 점유임이 밝혀졌다고 하여 이 사실만 가지고 바로 점유권원의 성질상 소유의 의사가 결여된 타주점유라고 할 수 없다.

[보충의견] 등기를 수반하지 아니한 채 소유권이전 목적의 법률행위만에 의한 부동산의 점유는 그 권원의 성질상 타주점유라고 보아야 한다는 반대견해가 타당하기 위하여는, 점유취득시효제도가 법률행위에 의한 부동산소유권취득의 제도일 것과 점유취득기간 완성의 효과로서 점유자가 등기 없이 그 부동산의 소유권을 취득하게 되는 장치가 전제되어야 할 것인데, 점유취득시효제도가 법률행위로 인한 부동산 물권취득제도가 아니라 법률의 규정에 의한 부동산 물권취득제도인 점에 관하여는 이견이 없고, 한편 점유로 인한 부동산물권의 취득은 법률의 규정에 의한 물권변동이지만 민법 제187조의 예외로서 점유기간 완성 후에 등기를 하여야 비로소 그 물권의 취득이 이루어지도록 마련되어 있어서 시효기간을 완성시킨 점유자로서는 그 완성으로써 등기 없이 바로 그 점유부동산의 소유권을 취득하게 되는 것이 아니라 채권적 청구권인 당해 부동산의 소유권이전등기청구권을 취득함에 그치는 것이고, 또한 반대의견처럼 점유취득시효완성을 주장하는 사람이 등기를 수반하는 점유를 하는 것을 그 시효완성의 요건으로 삼는다면 그 시효완성 후에라야 그 시효기간 완성의 효과로서 등기청구권을 취득하게 되는 점유취득시효제도에 있어서 그 등기를 할 수 있기 위한 요건으로서 등기를 수반해야 한다는 순환론적 모순에 빠지고 만다.

[반대견해의 논거]

가. 취득시효는 예외적인 제도이므로 '소유의 의사'를 판별하기 위한 점유권원의 성질 규명시 엄격한 태도를 취하여야 한다.

나. 등기하지 아니한 부동산 매수인의 점유도 역시 타주점유이다. 형식주의를 취한 현행 민법이 적용되는 상황에서 등기하지 아니한 부동산 매수인은 매매로 인한 소유권이전의 효력이 발생하지 아니한다는 사실을 능히 알고 있다고 할 것이고, 결국 그가 등기를 하지 아니한 것은 의사주의 하에서 매매가 무효로서 소유권을 취득할 수 없다는 사정을 알고 있다는 것과 비교하여 법적 평가가 동일하다.

다. 소유자가 할 수 있는 것과 같은 배타적 지배를 행사한다는 의미는 교환가치 사용가치 전부를 배타적 지배한다는 의미로 보아야 한다. 소유권등기를 하지 아니한 채 부동산을 점유하는 매수인으로서는 그 부동산의 사용가치를 배타적으로 지배하는 의사가 있을지는 몰라도 담보권을 설정하는 등 그 부동산의 교환가치를 제대로 지배할 수는 없을 것이다. 이런 점에 비추어 본다면 당해 토지에 관하여 등기를 갖추고 이를 담보로 제공하여 교환가치를 지배하고 있는 진정한 소유자를 보호할 필요가 더욱 큰 반면, 매수하였으면서도 법이 요구하는 등기를 갖추지 아니한 자를 보호할 필요는 그다지 크다고 할 수 없을 것이다.

라. 물권변동에 관하여 의사주의에서 형식주의로 변경한 민법 시행 40년이 지났다.

마. 구체적 정의와 타당성을 고려하여야 한다. 이 사건 토지에 대한 甲의 점유권원은 등기를 수반하지 아니한 매매로 밝혀졌다고 할 것이므로, 여기에 민법 제197조 제1항의 자주점유 추정 규정은 적용될 여지가 없고, 이러한 점유는 그 권원의 성질상 타주점유로 보아야 할 것이니 이러한 점유를 전제로 하는 피고의 취득시효 주장은 이를 받아들여서는 아니될 것이다.

그럼에도 불구하고, 원심이 이 사건 토지에 대한 甲의 점유취득시효가 피고의 매수 이전에 이미 완성되었다는 이유를 내세우면서 피고가 甲에 대한 소유권이전등기청구권을 보전하기 위하여 甲을 대위하여 원고 등에게 위 취득시효의 완성을 주장할 수 있는 지위에 있다고 판단한 것은 부동산 점유취득시효 및 자주점유에 관한 법리를 오해한 위법을 저질렀다.

[50] 자주점유와 악의의 무단점유

대판(전) 1997. 8. 21. 95다28625

[법적 쟁점]

[1] 취득시효에 있어서 '소유의 의사'의 입증책임

[2] 점유자의 소유의 의사의 추정이 깨어지는 경우

[3] 점유자가 점유 개시 당시 소유권 취득의 원인이 될 수 있는 법률행위기타 법률요건 없이 그와 같은 법률요건이 없다는 사실을 알면서 타인 소유의부동산을 무단점유한 경우, 자주점유의 추정이 깨어지는지 여부(적극)

[판결요지]

[1] 민법 제197조 제1항에 의하면 물건의 점유자는 소유의 의사로 점유한 것으로 추정되므로 점유자가 취득시효를 주장하는 경우에 있어서 스스로 소유의 의사를 입증할 책임은 없고, 오히려 그 점유자의 점유가 소유의 의사가 없는 점유임을 주장하여 점유자의 취득시효의 성립을 부정하는 자에게 그 입증책임이 있다.

[2] 점유자의 점유가 소유의 의사 있는 자주점유인지 아니면 소유의 의사 없는 타주점유인지의 여부는 점유자의 내심의 의사에 의하여 결정되는 것이 아니라 점유 취득의 원인이 된 권원의 성질이나 점유와 관계가 있는 모든 사정에 의하여 외형적·객관적으로 결정되어야 하는 것이기 때문에 점유자가 성질상 소유의 의사가 없는 것으로 보이는 권원에 바탕을 두고 점유를 취득한 사실이 증명되었거나, 점유자가 타인의 소유권을 배제하여 자기의 소유물처럼 배타적 지배를 행사하는 의사를 가지고 점유하는 것으로 볼 수 없는 객관적 사정, 즉 점유자가 진정한 소유자라면 통상 취하지 아니할 태도를 나타내거나 소유자라면 당연히 취했을 것으로 보이는 행동을 취하지 아니한 경우 등 외형적·객관적으로 보아 점유자가 타인의 소유권을 배척하고 점유할 의사를 갖고 있지 아니하였던 것이라고 볼 만한 사정이 증명된 경우에도 그 추정은 깨어진다.

[3] **[다수의견]** 점유자가 점유 개시 당시에 소유권 취득의 원인이 될 수 있는 법률행위 기타 법률요건이 없이 그와 같은 법률요건이 없다는 사실을 잘 알면서 타인 소유의 부동산을 무단점유한 것임이 입증된 경우, 특별한 사정이 없는 한 점유자는 타인의 소유권을 배척하고 점유할 의사를 갖고 있지 않다고 보아야 할 것이므로 이로써 소유의 의사가 있는 점유라는 추정은 깨어졌다고 할 것이다.

[보충의견 1] 점유자가 점유 개시 당시에 소유권 취득의 원인이 될 수 있는 법률행

위 기타 법률요건이 없이 그와 같은 법률요건이 없다는 사실을 알면서 타인 소유의 부동산을 무단점유한 경우에 그 점유자가 정상적인 사고와 행동을 하는 평균인이라면, 동산과는 달리 은닉하여 소유권자의 추급을 회피할 수도 없는 부동산을 점유 개시 당시부터 진정한 소유자의 소유권을 배척하고 점유할 의사를 갖고 있었던 것이 아니라, 오히려 진정한 소유자가 그 반환을 구하는 경우에 이를 반환할 것이지만 그 동안 일시적으로 사용하겠다는 의사나 장차 그 소유권자로부터 본권을 취득할 의사로 점유를 개시하였다고 보는 것이 사회통념과 우리의 생활경험에 합치하는 것이고, 그것이 바로 평균인의 보편적 도의관념이라고 할 것이므로, 타인 소유의 부동산을 무단점유한 것임이 증명된 경우에는 그 점유자의 소유의 의사의 추정이 깨어진다고 봄이 마땅하다.

[사실관계]

(1) 소외 甲은 1965. 11. 18. 대 473m²를 매수하여 같은 달 26. 그의 명의로 소유권이전등기를 경료하고 이를 소유하여 오던 중, 1971. 8. 12.경 위 대지 위에 건축되어 있던 기존 구 가옥을 철거하고 지하 1층, 지상 2층 규모의 주택을 신축하면서 그 무렵 위 대지에 인접한 피고 소유의 같은 동 14의 176 대 20m², 같은 동 14의 184 대 150m², 같은 동 14의 185 대 60m²와 같은 동 14의 183 대지 중 원심판시 각 점을 순차 연결한 선상에 담장 및 대문을 설치하고(갑은 자신의 소유인 위 대지와 피고 소유의 대지들 사이에 설치되어 있던 철조망을 임의로 제거하고 피고 소유의 대지들을 점유하기 시작하였음), 담장 안쪽에 있는 피고 소유의 대지들 위에 철근콘크리트조 평슬라브즙 1층 차고를, 위 14의 183, 184, 185 지상에 철근 콘크리트조 평슬라브즙 지상 1층 물치장을 각 축조하고, 그 외에도 피고 소유의 위 각 대지 중 사건토지 부분을 위 주택의 마당으로 사용하여 왔다.

(2) 그 후 원고는 1991. 3. 18. 위 甲으로부터 위 공항동 14의 81 대지와 그 지상의 주택을 매수한 이래 피고 소유의 위 대지들 중 위 甲이 점유하였던 부분을 계속 차고, 물치장 및 위 주택의 마당 등으로 점유·사용하여 오고 있다.

(3) 이러한 상태에서 원고는 피고를 상대로, 피고는 원고에게 차고 물차장이 설치된 부분과 마당으로 사용하고 있는 부분에 관하여 각 1985. 11. 26. 자 취득시효 완성을 원인으로 한 소유권이전등기 절차의 이행의 소를 제기하였다.

[51] 등기부 취득시효
대판(전) 1996. 10. 17. 96다12511

[사실관계]

(1) 행정구역 변경 전의 강원 양양군 소재 답 1,027평(이하 '분할전 토지')은 북위 38도 이북에 위치한 수복지구 내의 토지로서 8.15해방과 6.25사변을 거치는 동안 등기부나 토지대장등 지적공부가 모두 멸시되었는데, 1956. 10. 15. 소외망 고×재의 명의로 소유권이전등기가 회복등기되었다.

(2) 그 후 분할전 토지에 관하여 1964. 9. 1. 토지대장이 복구됨과 동시에 위 논산리 423의 2 철도용지 291평방미터, 423의 5 전 72평방미터, 423의 4 철도용지 1,759평방미터가 각 분할되었고, 1976. 7. 31. 행정구역의 개편으로 위 423의 2 토지가 별지목록기재 제1토지(이하 이 사건 제1토지)로, 위 423의 5 토지가 이 사건 제2토지로, 위 423의 4 토지인 주문 기재 (마)부분 토지가 속초시 조양동 553의 4 철도용지 1,759평방미터로 각 변경되었고, 위 553의 4 토지에 관하여 1983.4.4. 피고 명의의 주문 기재와 같은 소유권보존등기가 되었다.

(3) 행정구역 변경 전의 위 논산리 422의 5 철도용지 1,349평방미터에 관하여는 1972. 7. 22. 피고(관리청 철도청) 명의의 소유권보존등기가 경료되었다가 1976. 7. 31. 행정구역 변경으로 위 조양동 555의 5 토지로 변경되었으며, 1985. 8. 28. 위 조양동 553의 4 토지를 합병하여 이 사건 제3토지가 되었다.

(4) 소외 망 甲은 1979. 7. 6. 사망하고, 그와 상속표 기재와 같은 관계에 있는 원고들이 상속표 기재와 같은 비율로 재산상속을 하였다.

(4) 원고들은 피고를 상대로, (마)부분에 관한 소유권보존등기의 말소등기 절차를 이행 등을 구하는 소를 제기하였다.

[법적 쟁점]

가. 동일 부동산에 관하여 중복 경료된 소유권보존등기의 효력

나. 중복등기 중 선등기가 원인무효가 아니어서 후등기가 무효로 된 경우, 후등기를 근거로 등기부취득시효의 완성을 주장할 수 있는지 여부(소극)

[원고의 주장]

원고들은 제1, 2 토지가 원고들의 상속비율표 기재와 같은 비율의 소유임을 확인하고, 피고를 상대로, (마) 부분의 토지는 원고의 소유이므로 피고의 소유권보존등기를 말소애야 한다고 주장하였다.

[피고의 주장]

피고는 자신의 명의로 등기를 한 후 10년 이상 소유의 의사로 점유함으로써 등기부 취득시효하였으므로, 그의 소유권보존등기는 실체관계에 부합하는 유효한 등기라고 주장하였다.

[원심의 판단] 피고의 항소 기각

가사 취득시효에 관한 일부 주장이 인정된다고 하여도 1부동산 1등기용지주의를 취하는 현행 부동산등기법 아래에서는 피고가 먼저 경료된 등기부상의 소유자인 원고들을 상대로 시효취득을 원인으로 한 소유권이전등기를 구하는 것은 몰라도 나중에 경료된 피고 명의의 소유권보존등기가 실체관계에 부합한다는 이유로 그 등기에 대한 말소청구를 거절할 수는 없다.

동일 부동산에 관하여 등기명의인을 달리하여 중복된 소유권보존등기가 경료된 경우에는, 먼저 이루어진 소유권보존등기가 원인무효가 되지 아니하는 한, 뒤에 된 소유권보존등기는 실체권리관계에 부합되는지의 여부를 따질 필요도 없이 무효라고 할 것인데(1990. 11. 27. 선고 87다카2961, 87다453 전원합의체 판결), 이 사건 분할 전 토지에 관하여 망 甲 명의로 경료된 위에 본 멸실회복에 인한 소유권이전등기의 기초가 된 소유권보존등기가 무효라고 볼 자료가 없는 이 사건에 있어서, 특별한 사정이 없는 한, 위 토지의 일부에 해당하는 (마) 부분 토지에 관하여 그 후에 피고 명의로 경료된 소유권보존등기는 무효라고 보아야 할 것이다.

[대법원의 판단] 상고기각

【판결요지】

[1] 동일 부동산에 관하여 등기명의인을 달리하여 중복된 소유권보존등기가 경료된 경우에는, 먼저 이루어진 소유권보존등기가 원인무효가 되지 아니하는 한, 뒤에 된 소유권보존등기는 실체권리관계에 부합되는지의 여부를 따질 필요도 없이 무효이다.

[2] 민법 제245조 제2항은 부동산의 소유자로 등기한 자가 10년간 소유의 의사로 평온·공연하게 선의이며 과실 없이 그 부동산을 점유한 때에는 소유권을 취득한다고 규정하고 있는바, 위 법 조항의 '등기'는 부동산등기법 제15조가 규정한 1부동산 1용지주의에 위배되지 아니한 등기를 말하므로, 어느 부동산에 관하여 등기명의인을 달리하여 소유권보존등기가 2중으로 경료된 경우 먼저 이루어진 소유권보존등기가 원인무효가 아니어서 뒤에 된 소유권보존등기가 무효로 되는 때에는, 뒤에 된 소유권보존등기나 이에 터 잡은 소유권이전등기를 근거로 하여서는 등기부

취득시효의 완성을 주장할 수 없다.

이와 다른 견해를 취한 당원 1988. 4. 12. 선고 87다카1810 판결 및 1994. 4. 26. 선고 93다16765 판결은 이를 변경하기로 한다(실체적 권리관계에 부합한 이중등기의 효력 인정).

[52] 공유물의 소수지분권자의 공유물의 보존행위로서 공유물인도청구
대판(전) 2020. 5. 21. 2018다287522

[사실관계]

소외 1과 소외 2는 이 사건 토지 중 각 1/2 지분을 공유하고 있던 중 사망하였다. 원고는 소외 2의 상속인으로서 이 사건 토지 중 소외 2의 지분 전체에 관하여 1992. 11. 28. 소유권이전등기를 마쳤다. 피고는 소외 1의 장남으로서, 소외 1이 1995년경 사망하면서 형제들과 함께 소외 1의 재산을 공동상속하였다. 피고는 이 사건 토지 일부에 소나무를 심어 그 부분 토지를 독점적으로 점유하고 있다. 원고는 그 지상에 소나무를 식재하여 토지를 독점적으로 점유하고 있는 피고를 상대로 소나무 등 지상물의 수거와 점유토지의 인도 등을 청구하였다.

[법적 쟁점]

(1) 공유물의 소수지분권자가 다른 공유자와 협의 없이 공유물의 전부 또는 일부를 독점적으로 점유·사용하고 있는 경우, 다른 소수지분권자가 공유물의 보존행위로서 공유물의 인도를 청구 가능 여부

(2) 자신의 지분권에 기초하여 공유물에 대한 방해 상태를 제거하거나 공동 점유를 방해하는 행위의 금지 등을 청구할 수 있는지 여부

[원고의 주장]

원고는 사건 토지에 대한 소수지분권자이다. 공유자는 제265조 본문에 의하여 다른 공유자와 협의하지 않고서는 공유물을 독점적으로 점유하여 사용·수익할 수 없는데, 다른 공유자인 피고가 원고와 협의 없이 독점적으로 사건 토지를 점유하고 있다.

대법원 판례도 물건을 공유자 양인이 각 1/2 지분씩 균분하여 공유하고 있는 경우 1/2 지분권자로서는 다른 1/2 지분권자와의 협의 없이는 이를 배타적으로 독점사용할 수 없고, 나머지 지분권자는 공유물보존행위로서 그 배타적 사용의 배제, 즉 그 지상 건물의 철거와 토지의 인도 등 점유배제를 구할 권리가 있다고 인정하고 있다(대판 2003. 11. 13. 2002다57935; 대판 2014. 12. 24. 2014다58719).

원고는 사건 토지 공유자로서 제265조 단서에 기해 보존행위로서 사건 토지의 인도와 제214조에 기해 방해배제청구로서 지상몰인 소나무의 수거를 청구한다.

[피고의 항변]

(1) 피고는 원고와 사이에서 종래 망 소외 1과 망 소외 2의 공유물이었던 이 사건 토지 및 같은 리 전 3,828m²(이하 '이 사건 2토지'라 한다)의 사용·수익에 관하여, 이

사건 토지를 피고가 사용하는 대신, 원고는 이 사건 토지와 인접한 이 사건 2토지를 사용하기로 협의하였으므로, 피고의 이 사건 점유 부분에 대한 사용·수익은 공유자 사이의 협의에 근거한 것으로서 적법하다.

(2) 가사 위와 같은 협의가 인정되지 않더라도 또 피고는 위와 같은 협의가 인정되지 않더라도 원고가 1992년 6월경부터 2006년경까지 이 사건 토지 및 이 사건 2토지를, 2007년경부터 2010년경까지 이 사건 토지를, 2011년경부터 계속하여 이 사건 2토지를 각 무단으로 점유함으로 인하여 위 토지의 공유자인 피고에게 손해를 가하고, 동액 상당의 이익을 얻었으므로 원고에 대하여 가지는 위 부당이득반환청구권으로 원고의 피고에 대한 부당이득반환청구권과 대등액에서 상계한다.

[원심의 판단] 원고 일부 승소

[원심의 판단이유]

(1) 사건 토지에 대한 사용 협의를 인정할 수 없다.
원고가 공유물의 보존행위로서 피고에 대하여 공유 토지에 대한 방해배제와 인도를 청구할 수 있다고 보아 원고의 청구를 모두 받아들였다.

(2) 피고가 원고의 점유 및 사용에 대한 부당이득에 대한 증거를 제출하지 않아 상계항변을 받아들이지 않았다.

[상고이유]

공유자 중 1인의 보존행위로서 공유물 전부에 대하여 방해배제청구를 할 수 있다고 인정하는 것은 공유물 보존행위의 법리를 오해한 위법한 것이다.

(1) 공유자 중 1인인 피고가 공유물을 독점적으로 점유하고 있어 다른 공유자인 원고가 피고를 상대로 공유물의 인도를 청구하는 경우, 그러한 행위는 공유물을 점유하는 피고의 이해와 충돌한다. 애초에 보존행위를 공유자 중 1인이 단독으로 할 수 있도록 한 것은 보존행위가 다른 공유자에게도 이익이 되기 때문이라는 점을 고려하면, 이러한 행위는 민법 제265조 단서에서 정한 보존행위라고 보기 어렵다. 지분의 대외적 주장이 아니라 공유자간의 이해충돌의 문제이다(사견).

(2) 모든 공유자는 공유물 전부를 지분의 비율로 사용·수익할 수 있다(민법 제263조). 이는 공유물 관리에 관하여 공유자들 사이에 합의나 과반수 지분에 의한 결정(민법 제265조 본문)이 없는 경우에도 마찬가지이다. 공유자가 공유물에 대하여 가지는 공유지분권은 소유권의 분량적 일부분이지만 하나의 독립된 소유권과 같은 성질을 가지므로, 공유자는 소유권의 권능에 속하는 사용·수익권을 갖는다. **제263조**는 이러한 사용·수익권이 소유권인 공유지분권의 내용을 구성하되, 1개의 소유권이 여러 공유자에게 나뉘어 귀속됨에 따라 소유권을 행사하는 데 일정한 제약이 따른

다는 것을 뜻한다. 따라서 소수지분권자인 피고가 공유물을 독점적으로 점유하여 사용·수익하고 있더라도, 공유자 아닌 제3자가 공유물을 무단으로 점유하는 것과는 다르다. 피고가 다른 공유자를 배제하고 단독 소유자인 것처럼 공유물을 독점하는 것은 위법하지만, 피고는 적어도 자신의 지분 범위에서는 공유물 전부를 점유하여 사용·수익할 권한이 있으므로 피고의 점유는 그 지분 비율을 초과하는 한도에서만 위법하다고 보아야 한다. 물건에 대한 점유를 지분에 따라 물리적으로 나눌 수 없더라도 그 점유가 지분 범위 내에서 보호할만한 것인지 여부를 법적으로 평가하는 것은 별개의 문제이다.

따라서 피고가 공유물을 독점적으로 점유하는 위법한 상태를 시정한다는 명목으로 원고의 인도 청구를 허용한다면, 피고의 점유를 전면적으로 배제함으로써 위에서 본 바와 같이 피고가 적법하게 보유하는 '지분 비율에 따른 사용·수익권'까지 근거 없이 박탈하는 부당한 결과를 가져온다.

(3) 일반적으로 물건의 '인도'는 물건에 대한 현실적·사실적 지배를 완전히 이전하는 것을 뜻한다. 민사집행법상 인도 청구의 집행은 집행관이 채무자로부터 물건의 점유를 빼앗아 이를 채권자에게 인도하는 방법으로 한다(민사집행법 제257조, 제258조). 따라서 원고의 인도 청구를 허용하면 원고는 강제집행을 통해 공유물을 점유하던 피고로부터 점유를 빼앗아 이를 단독으로 점유하게 된다.

원고의 피고에 대한 물건 인도 청구가 인정되려면 먼저 원고에게 인도를 청구할 수 있는 권원이 인정되어야 한다. 원고에게 그러한 권원이 없다면 피고의 점유가 위법하 더라도 원고의 청구를 받아들일 수 없다. 그런데 이 사건과 같이 원고 역시 피고와 마찬가지로 소수지분권자에 지나지 않으므로 원고가 공유자인 피고를 전면적으로 배제하고 자신만이 단독으로 공유물을 점유하도록 인도해 달라고 청구할 권원은 없다.

[대법원의 판단] 원심 파기환송

(1) 토지 인도에 대해서는 기각(종전 판례 변경)

(2) 방해제거에 대해서는 인용

【대법원의 판단이유】

[다수의견] (가) 공유물의 소수지분권자인 피고가 다른 공유자와 협의하지 않고 공유물의 전부 또는 일부를 독점적으로 점유하는 경우 다른 소수지분권자인 원고가 피고를 상대로 공유물의 인도를 청구할 수는 없다고 보아야 한다.

① 보존행위 개념 : 공유자 중 1인인 피고가 공유물을 독점적으로 점유하고 있어 다른 공유자인 원고가 피고를 상대로 공유물의 인도를 청구하는 경우, 그러한 행위는

공유물을 점유하는 피고의 이해와 충돌한다. 애초에 보존행위를 공유자 중 1인이 단독으로 할 수 있도록 한 것은 보존행위가 다른 공유자에게도 이익이 되기 때문이라는 점을 고려하면, 이러한 행위는 민법 제265조 단서에서 정한 보존행위라고 보기 어렵다.

② 피고가 다른 공유자를 배제하고 단독 소유자인 것처럼 공유물을 독점하는 것은 위법하지만, 피고는 적어도 자신의 지분 범위에서는 공유물 전부를 점유하여 사용·수익할 권한이 있으므로 피고의 점유는 지분비율을 초과하는 한도에서만 위법하다고 보아야 한다. 따라서 피고가 공유물을 독점적으로 점유하는 위법한 상태를 시정한다는 명목으로 원고의 인도청구를 허용한다면, 피고의 점유를 전면적으로 배제함으로써 피고가 적법하게 보유하는 '지분비율에 따른 사용·수익권'까지 근거 없이 박탈하는 부당한 결과를 가져온다.

③ 원고의 피고에 대한 물건 인도청구가 인정되려면 먼저 원고에게 인도를 청구할 수 있는 권원이 인정되어야 한다. 원고에게 그러한 권원이 없다면 피고의 점유가 위법하더라도 원고의 청구를 받아들일 수 없다. 그런데 원고 역시 피고와 마찬가지로 소수지분권자에 지나지 않으므로 원고가 공유자인 피고를 전면적으로 배제하고 자신만이 단독으로 공유물을 점유하도록 인도해 달라고 청구할 권원은 없다.

④ 공유물에 대한 인도 판결과 그에 따른 집행의 결과는 원고가 공유물을 단독으로 점유하며 사용·수익할 수 있는 상태가 되어 '일부 소수지분권자가 다른 공유자를 배제하고 공유물을 독점적으로 점유'하는 인도 전의 위법한 상태와 다르지 않다.

⑤ 원고는 공유물을 독점적으로 점유하면서 원고의 공유지분권을 침해하고 있는 피고를 상대로 지분권에 기한 방해배제청구권을 행사함으로써 피고가 자의적으로 공유물을 독점하고 있는 위법 상태를 충분히 시정할 수 있다. 따라서 피고의 독점적 점유를 시정하기 위해 종래와 같이 피고로부터 공유물에 대한 점유를 빼앗아 원고에게 인도하는 방법, 즉 피고의 점유를 원고의 점유로 대체하는 방법을 사용하지 않더라도, 원고는 피고의 위법한 독점적 점유와 방해 상태를 제거하고 공유물이 본래의 취지에 맞게 공유자 전원의 공동 사용·수익에 제공되도록 할 수 있다.

(나) 공유자들은 공유물의 소유자로서 공유물 전부를 사용·수익할 수 있는 권리가 있고(민법 제263조), 이는 공유자들 사이에 공유물 관리에 관한 결정이 없는 경우에도 마찬가지이다. 공유물을 일부라도 독점적으로 사용할 수 없는 등 사용·수익의 방법에 일정한 제한이 있다고 하여, 공유자들의 사용·수익권이 추상적·관념적인 것에 불과하다거나 공유물 관리에 관한 결정이 없는 상태에서는 구체적으로 실현할 수 없는 권리라고 할 수 없다.

공유자들 사이에 공유물 관리에 관한 결정이 없는 경우 공유자가 다른 공유자를 배제하고 공유물을 독점적으로 점유·사용하는 것은 위법하여 허용되지 않지만, 다른 공유자의 사용·수익권을 침해하지 않는 방법으로, 즉 비독점적인 형태로 공유물 전부를 다른 공유자와 함께 점유·사용하는 것은 자신의 지분권에 기초한 것으로 적법하다.

일부 공유자가 공유물의 전부나 일부를 독점적으로 점유한다면 이는 다른 공유자의 지분권에 기초한 사용·수익권을 침해하는 것이다. 공유자는 자신의 지분권 행사를 방해하는 행위에 대해서 민법 제214조에 따른 방해배제청구권을 행사할 수 있고, 공유물에 대한 지분권은 공유자 개개인에게 귀속되는 것이므로 공유자 각자가 행사할 수 있다.

원고는 공유물의 종류(토지, 건물, 동산 등), 용도, 상태(피고의 독점적 점유를 전후로 한 공유물의 현황)나 당사자의 관계 등을 고려해서 원고의 공동 점유를 방해하거나 방해할 염려 있는 피고의 행위와 방해물을 구체적으로 특정하여 방해의 금지, 제거, 예방(작위·부작위의무의 이행)을 청구하는 형태로 청구취지를 구성할 수 있다. 법원은 이것이 피고의 방해 상태를 제거하기 위하여 필요하고 원고가 달성하려는 상태가 공유자들의 공동 점유 상태에 부합한다면 이를 인용할 수 있다.

(다) 이와 같이 공유물의 소수지분권자가 다른 공유자와 협의 없이 공유물의 전부 또는 일부를 독점적으로 점유·사용하고 있는 경우 다른 소수지분권자는 공유물의 보존행위로서 그 인도를 청구할 수는 없고, 다만 자신의 지분권에 기초하여 공유물에 대한 방해 상태를 제거하거나 공동 점유를 방해하는 행위의 금지 등을 청구할 수 있다고 보아야 한다.

[반대의견] 공유관계에서 소수지분권자인 피고가 자의적으로 공유물을 독점적으로 점유하는 위법 상태를 초래하여 그와 같은 위법 상태가 유지되고 있는 경우 이를 적법한 상태로 회복하기 위하여 다른 소수지분권자인 원고는 보존행위로서 공유물의 인도를 청구할 수 있다고 보아야 한다. 구체적인 이유는 다음과 같다.

① 소수지분권자에 불과한 피고는 다른 공유자들과의 관계에서 공유물의 전부나 일부를 독점할 권리가 없으므로, 피고의 독점적 점유는 전체가 위법하다고 보아야 한다. 점유의 사실적, 불가분적 성질을 고려할 때 피고의 점유가 그의 지분 범위에서는 적법하고 이를 초과하는 한도에서만 위법하다고 나누어 볼 수 없다. 공유자들 사이에 아무런 합의나 결정이 없어서 피고가 보유하는 '지분비율에 의한 사용·수익권'이 어떠한 내용의 것인지 구체적으로 특정되지 않았다면 피고가 내세우는 사용·수익권이란 단지 관념적인 것에 불과하므로, 피고에게 공유물 전부의 인도를 명하더라도 피고의 권리를 침해한다고 볼 수 없다.

② 공유물을 공유자 한 명이 독점적으로 점유하는 경우 이러한 위법 상태를 시정하여 공유물의 현상을 공유자 전원이 사용·수익할 수 있는 상태로 환원시킬 목적으로 방해를 제거하거나 공유물을 회수하는 것은 공유물의 보존을 위한 행위에 해당한다. 일반적인 상황에서는 원고가 자신의 소수지분만을 근거로 하여 공유물 전부를 자신에게 인도해 달라고 청구할 수 없겠지만, 민법 제265조 단서에 따른 공유물의 보존행위에 해당하는 경우에는 원고가 자신의 지분에 한정되지 않고 공유물 전부의 인도를 청구할 수 있다고 보는 것이 타당하다.

③ 원고는 자신만을 위해서가 아니라 전체 공유자를 위한 보존행위로서 공유물을 인도받게 되므로 원고가 취득하게 되는 점유는 모든 공유자들을 위한 것으로 보아야 하고, 이러한 점유가 공유물을 위법하게 독점하던 피고의 종전 점유와 같은 것이라고 할 수 없다. 원고의 인도청구를 허용하는 것은 원고 단독으로 점유를 취득하도록 하기 위한 것이 아니라 피고의 위법한 독점적 점유를 배제하기 위한 것이고, 인도 집행의 과정에서 공유자인 피고가 배제되는 것은 위법 상태를 해소하기 위한 일시적인 현상에 불과하다. 따라서 원고의 인도청구를 보존행위로서 허용한다고 하여 그 자체로 피고의 지분에 따른 사용·수익권을 박탈한다고 할 수 없다.

④ 원고의 인도청구를 허용한 결과 종전 점유자인 피고가 일시적으로 점유에서 배제되는 현상이 나타나기는 하지만 이는 피고의 독점적 점유를 해제하고 위법 상태를 시정하기 위한 조치로 인한 반사적 결과이므로 불가피하다고 볼 수 있다. 보존권을 행사한 원고는 인도 집행을 마친 다음에는 선량한 보관자의 지위에서 공유물을 공유자들이 공동으로 이용할 수 있도록 제공하여야 하며, 보존행위 과정에서 일시적으로 배제되었던 피고도 이때는 다른 공유자들과 함께 공유물을 공동으로 사용·수익할 수 있다. 따라서 민법 제265조 단서에 따른 보존행위를 실현하기 위한 차선책으로서 공유자 중 1인인 원고가 일단 피고의 점유를 해제한 뒤 이를 공유자들의 공동 이용에 제공하도록 하는 것은 부득이하다.

[대법관 이기택의 반대의견] 민법 제263조에 근거한 공유물의 사용·수익권은 법령에 의하여서는 권리의 내용이 정하여져 있지 아니한 일반적·추상적 권리에 지나지 아니하므로, 공유물의 사용·수익 방법에 관하여 공유자들 사이에 과반수 지분에 의한 정함이 없는 경우에는 어느 공유자도 그 내용이 어떠하든지 간에 자신이 주장하는 바와 같은 방법으로 공유물을 사용·수익할 권리가 있다고 할 수 없다. 다수의견이 소수지분권자의 인도청구를 부정하면서도 방해배제청구를 긍정하는 것에 찬성할 수 없다. 구체적인 이유는 다음과 같다.

① 공유자들 사이에 공유물의 사용·수익 방법에 관한 결정이 이루어지지 않은 상태에서 공유자들이 가지는 '지분비율에 따른 사용·수익권'이란 일반적·추상적 권리에 불

과하고 이를 소로써 청구할 수 있는 구체적인 권리라고 할 수 없다. 공유자들이 공유물을 특정한 방법으로 사용·수익할 것을 전제로 어떤 소송상 청구를 하기 위해서는 과반수 지분에 의한 결정을 통해 사용·수익권이 구체적으로 형성될 것이 요구된다. 그러한 결정이 없는 상태에서 공유자들이 단순히 법에서 정한 '지분비율에 따른 사용·수익권'을 가짐을 근거로 하여 그러한 사용·수익권을 실현한다는 명목으로 특정한 형태의 방해배제나 인도를 청구하는 것은 허용될 수 없다.

② 공유자들이 공유물을 사용하는 법률관계는 다음의 둘 중 어느 하나로 귀결된다. 공유자들이 관리방법으로 결정된 특정한 방법으로 공유물을 사용·수익하는 모습이거나, 그러한 결정이 없이 각자 자신이 원하는 방법으로 공유물을 사용하겠다고 주장하며 대치하는 상태이다. 다수의견이 말하는, 공유물의 관리에 관한 아무런 정함이 없음에도 공유자들이 특정한 방법으로 물건을 공동으로 점유·사용하는 제3의 영역은 법리적으로 존재하지 않는다.

③ 다수의견이 말하는 '공유자들이 아무런 결정 없이 공유물을 비독점적으로 공동사용·수익하는 상태'라는 것은 관념적인 가정에 불과하여 현실적으로는 생각하기 어렵다. 다수의견은 불가능한 상태를 달성하기 위한 명목으로 방해배제를 인정하는 것이다.

④ 원고 역시 소수지분권자에 불과하여 과반수 지분에 따른 결정 없이는 특정한 형태로 공유물을 사용·수익할 수 있는 구체적인 권리가 없으므로, 원고가 이를 실현하기 위하여 공유물의 현재의 사용·수익 상태의 변경을 청구하는 것, 즉 토지의 인도뿐만 아니라 토지의 공동 점유·사용을 위한 방해금지를 청구하는 것이 불가능하다. 결국 피고의 점유는 위법하지만 원고가 그 배제를 청구할 수 없는 결과 현재의 상태가 유지될 수밖에 없고, 피고가 공유 토지를 지상물의 소유를 통해 점유하더라도 이는 피고가 공유 토지를 점유하는 한 태양에 불과하여 원고가 그 수거·철거를 청구할 수도 없다고 보아야 한다.

[53] 3자간 명의신탁

대판 2008. 11. 27. 2008다55290·55306

[사실관계]

(1) 甲은 1945년경 乙과 결혼하여 1949년경부터 1976년경까지는 경찰공무원으로, 그 이후 1987년경까지는 성남시 관할의 동장으로 근무해왔다.

(2) 甲은 경찰공무원의 퇴직금과 乙이 보따리 장사를 하면서 얻은 수입을 합하여 1977. 7. 14.경 丙으로부터 사건 대지 및 그 지상 미등기건물을 360만 원에 매수하면서 장남 丁과 결혼한 지 2년 밖에 안 된 며느리인 원고에게 명의신탁하고 원고 명의로 사건 대지에 관하여 소유권이전등기를 경료하였다.

(3) 甲은 1985. 2. 25.경 戊와 동업으로 사건 대지 상의 미등기 건물을 철거하고 사건 주택을 신축하는 공사를 추진하였고, 1985. 6. 4.경 사건 주택이 신축되자 甲 자신의 명의가 아닌 장남 丁 명의로 소유권보존등기를 경료하였다.

(4) 甲은 처인 乙과 함께 이 사건 주택의 1층에서 거주하고 2층은 다른 사람에게 전세 주었다가 1990년경 3남인 피고가 결혼하자 피고의 가족들과 함께 위 2층에서 거주하였다.

(5) 이후 甲 부부는 1993년경 다른 주택으로 이사하였고, 그 무렵 원고 부부와 자녀들이 사건 주택의 1층으로 이주해 와서 현재까지 주택의 2층에는 피고 부부가, 1층에는 원고 부부가 거주하고 있다.

(6) 甲은 1999. 4. 18. 사망하였고, 사망 당시 상속인으로는 처인 을과 5명의 자녀들이 있었으므로 피고의 상속지분은 2/13이다.

(7) 사건 주택의 명의수탁자인 丁이 명의신탁자인 망인의 공동상속인들에게 그 상속분비율로 사건 주택의 소유명의를 이전해줄 의무를 부담하고 있는 상황에서 2005. 4. 15. 丁의 처인 원고에게 증여를 이유로 주택에 대한 소유권이전등기를 경료하고 이후에도 계속 원고와 함께 사건 주택에서 거주하고 있다.

[법적 쟁점]

(1) 부동산 실권리자명의 등기에 관한 법률상 유예기간이 경과하여 이른바 3자간 등기명의신탁 약정과 그에 의한 등기가 무효로 된 경우, 명의신탁자가 명의수탁자를 상대로 부당이득반환을 원인으로 한 소유권이전등기를 구할 수 있는지 여부

(2) 주택의 증여가 통정허위표시인지 여부 혹은 제3자에의 처분인지 여부

[원고의 본소 주장]

원고는 자신이 이 사건의 대지 및 주택의 소유자이므로 제213조 본문에 의거하여 소유권에 기하여 피고를 상대로 피고 점유 부분의 인도를 청구한다.

[피고의 주장 및 반소]

(1) **피고의 주장** : 甲이 주택과 대지를 각 장남과 며느리인 원고에게 명의신탁하였고 부동산실명법 제12조 제1항에 따라 부동산실명법 유예기간의 경과로 명의신탁약정과 부동산물권변동 모두 무효가 되었으므로 원고가 주택과 대지의 진정한 소유권자가 아니다.

(2) **반소** : 피고는 주택과 대지에 관한 상속인으로서 원고에게 이 사건 주택과 대지 중 대지에 대해 원고는 제741조의 법률상 원인 없이 부당이득을 하고 있으므로 부당이득을 원인으로 한 피고의 2/13 상속지분에 대한 소유권이전등기를 청구한다.

주택에 대해서는, 원고 앞으로 행해진 증여는 제108조 통정허위표시로서 무효이며, 명의신탁약정 및 물권변동의 무효로 주택의 소유권은 甲에게 귀속하게 되므로, 진정명의 회복을 위한 피고의 2/13 주택 상속지분에 관한 소유권이전등기절차의 이행을 청구한다.

[반소에 대한 원고의 항변]

(1) **증여 주장** : 설령 망인 甲이 이 사건 대지와 주택을 명의신탁하였다고 하더라도 망인이 생전에 이를 원고와 丁에게 증여하였다.

(2) **등기부취득시효 주장** : 원고는 제245조 제2항에 기한 등기부 취득시효의 요건인 부동산의 소유자로서 등기, 10년, 자주, 평온, 공연 선의, 무과실 등을 갖추었으므로 소유권을 취득한 소유권자이다.

(3) **부당이득을 원인으로 한 대지의 소유권이전등기청구권에 대하여** : 설령 명의신탁이라 하더라도 사건 '대지'에 대한 명의신탁은 계약명의신탁이 아니라 제3자간 명의신탁이어서 「부동산실권리자명의 등기에 관한 법률」 상 무효이고, 따라서 소유권은 매도인에게 귀속하게 되므로, 원고 자신이 사건 대지에 관한 소유권을 취득하지 못하였으므로, 원고 자신은 어떠한 이득을 얻은 바 없으므로 부당이득의 요건을 결하였다. 따라서 원고를 상대로 부당이득반환을 구할 수는 없는 것이어서, 부당이득으로서 소유권이전등기를 구할 수 없다.

(4) 장남 丁이 원고에게 한 주택의 증여는 통정허위표시가 아니며, 또한 명의신탁약정이 인정되어 무효로 된다 하더라도 원고는 부동산실명법 제4조 3항 제3자 보호규정에 의거하여 제3자로 되기 때문에, 명의신탁약정이 무효가 된다 하더라도 보호된다.

[원심의 판단]

○ 1심 취소

○ 본소(대지 및 주택 인도청구) 기각, 반소는 인용

[원심의 판단이유]

(1) 망 甲은 대지와 주택을 각 원고와 장남인 丁에게 명의신탁한 사실을 인정하여 본소 청구가 이유 없음으로 기각하였다.

(2) 반소에 대한 원고의 항변 판단

가. 망인 갑이 증여했다고 주장하나 인정할 만한 증거가 없다(제554조).

나. 명의신탁관계이므로 취득시효에서 소유의 의사를 인정할 수 없다(제245조 2항).

다. 상속재산 협의분할에 의한 취득을 인정할만한 증거가 없다.

라. 상속회복청구권 제척기간 도과인지의 여부에 대하여, 상속회복청구권의 제척기간 기산점이 되는 민법 제999조 제2항소정의 '상속권의 침해를 안 날'이라 함은 자기가 진정한 상속인임을 알고 또 자기가 상속에서 제외된 사실을 안 때를 가리키는 것으로서 개별적인 사건에 있어서 여러 객관적 사정을 참작하고 사실상 가능하게 된 상황을 고려하여 합리적으로 인정하여야 하는데, 원고와 소외 2는 2006. 2.경 이 사건 인도 청구의 소를 제기하기 전까지는 피고나 다른 공동상속인들에게 이 사건 대지와 주택이 상속재산이 아니라 원고와 소외 2의 단독 소유임을 주장하지는 않았다고 보이므로 피고는 이 사건 소제기 무렵에야 비로소 공동상속인 중 1인에 의하여 상속권이 침해된 사실을 알게 되었다고 할 것이므로, 원고의 위 주장은 이유 없다.

마. 제3자간 명의신탁에 있어서 부당이득반환청구권의 인정

원심은 대지부분에 관하여, 피고가 반소로써, 원고가 이 사건 대지를 부당이득하였음을 전제로 피고 상속지분에 해당하는 2/13 지분에 대한 소유권이전등기를 청구함에 대하여, 사건 대지부분의 명의신탁을 3자간 명의신탁이라고 인정한다. 피고가 매도인을 대위하여 원고 명의의 소유권이전등기를 말소시킨 다음 다시 그 중 상속지분을 피고 명의로 회복하는 것은 그 절차가 복잡할 뿐만 아니라, 이미 1977년경 이 사건 대지를 매도하고 사실상 이 사건 대지에 관하여 아무런 이해관계를 가지지 아니한 매도인을 소송에 끌어들이는 것이므로 명의신탁자의 상속인인 피고와 명의수탁자인 원고 사이의 법률관계를 간명히 해결할 필요가 있다.

위의 사안은 부당이득 요건을 충족한다고 보았다. 즉 원고 명의의 등기가 경료된 것은 명의신탁 약정에 기한 것이고 위 명의신탁 약정이 부동산 실권리자명의 등기에 관한 법률 제4조에 기하여 무효로 되었으므로 원고는 법률상 원인 없이 이 사건 대지에 관한 **원고 명의의 등기의 표상을 보유하고 있는 것**이고 이로 인하여 피고는 그 **등기 명의를 보유하지 못하는 손해**를 입는 것이므로, 결국 피고는 원고에게 직접 원고가 부당이득으로 보유하고 있는 등기명의의 반환을 청구할 수 있다. 원고의 위 주장은 이유 없다.

바. 주택부분에 대하여, 명의수탁자인 장남이 명의신탁자인 망인의 공동상속인들에게 그 상속분비율로 이 사건 주택의 소유명의를 이전해줄 의무를 부담하고 있는 상황에서 2005. 4. 15. 처인 원고에게 증여를 이유로 소유권이전등기를 경료하고 이후에도 계속 원고가 함께 이 사건 주택에서 거주하고 있는 점, 당시 장남이 원고에게 이 사건 주택을 증여할 만한 특별한 사정이 있었다고 볼 증거가 없는 점 등에 비추어 보면 위 위 증여행위는 통정허위표시이거나 소외 2의 위 공동상속인들에 대한 배임행위에 적극 가담하여 이루어진 반사회질서 행위로서 무효라고 할 것이고, 따라서 원고는 피고에게 이 사건 주택 중 상속분인 2/13 지분에 관하여 **진정명의회복을 원인으로 한 소유권이전등기절차**를 이행할 의무가 있다.

[상고이유]

(1) 자주점유 또는 상속재산 분할협의, 상속회복청구권의 제척기간에 관한 법리오해

(2) 3자간 등기명의신탁 또는 부당이득에 관한 법리 오해

부동산 실권리자명의 등기에 관한 법률에 의하면, 이른바 3자간 등기명의신탁의 경우 같은 법에서 정한 유예기간 경과에 의하여 기존 명의신탁약정과 그에 의한 등기가 무효로 되고 그 결과 명의신탁된 부동산은 매도인 소유로 복귀하므로, 매도인은 명의수탁자에게 무효인 그 명의 등기의 말소를 구할 수 있고, 한편 동법은 매도인과 명의신탁자 사이의 매매계약의 효력을 부정하는 규정을 두고 있지 아니하여 유예기간 경과 후에도 매도인과 명의신탁자 사이의 매매계약은 여전히 유효하므로, 명의신탁자는 매도인에 대하여 매매계약에 기한 소유권이전등기를 청구할 수 있으며, 명의신탁자는 그 소유권이전등기청구권을 보전하기 위하여 매도인을 대위하여서만 명의수탁자에게 무효인 그 명의 등기의 말소를 구할 수 있는 것(대판 2002. 3. 15. 2001다61654)이지 부당이득으로서 직접 등기명의절차 이행을 구할 수 없다.

(3) 진정명의회복을 원인으로 한 소유권이전등기청구에 관한 법리를 오해한 위법

진정한 등기명의의 회복을 위한 소유권이전등기청구는 자기 명의로 소유권의 등기가 되어 있었거나 법률에 의하여 소유권을 취득한 진정한 소유자가 현재의 등기

명의인을 상대로 그 등기의 말소를 구하는 것에 갈음하여 소유권에 기하여 진정한 등기명의의 회복을 구하는 것이므로, 피고처럼 진정한 소유자가 아닌 경우에는 진정한 등기명의의 회복을 위한 소유권이전등기청구를 할 수 없다.

[대법원의 판단] 반소청구 부분 파기, 원고의 나머지 상고 기각

【대법원의 판단이유】

(1) 대지부분

3자간 등기명의신탁의 경우 부동산실명법에서 정한 유예기간 경과에 의하여 그 명의신탁 약정과 그에 의한 등기가 무효로 되더라도 명의신탁자는 매도인에 대하여 매매계약에 기한 소유권이전등기청구권을 보유하고 있어 그 유예기간의 경과로 그 등기 명의를 보유하지 못하는 손해를 입었다고 볼 수 없다. 또한 명의신탁부동산의 소유권이 매도인에게 복귀한 마당에 명의신탁자가 무효인 등기의 명의인인 명의수탁자를 상대로 그 이전등기를 구할 수도 없다(대위에 의한 말소등기 구하는 것을 별론으로 하고). 결국 3자간 등기명의신탁에 있어서 명의신탁자는 명의수탁자를 상대로 부당이득반환을 원인으로 한 소유권이전등기를 구할 수 없다.

원심은 명의신탁자의 공동상속인 중의 1인인 피고가 명의수탁자인 원고를 상대로 부당이득반환을 원인으로 하여 이 사건 대지에 관한 소유권이전등기를 구하는 피고의 반소청구를 인용하였으니, 원심판결에는 3자간 등기명의신탁 또는 부당이득에 관한 법리를 오해하여 판결에 영향을 미친 위법이 있고, 이를 지적하는 상고이유의 주장은 이유 있다.

(2) 주택부분

진정한 등기명의의 회복을 위한 소유권이전등기청구는 자기 명의로 소유권의 등기가 되어 있었거나 법률에 의하여 소유권을 취득한 진정한 소유자가 현재의 등기명의인을 상대로 그 등기의 말소를 구하는 것에 갈음하여 소유권에 기하여 진정한 등기명의의 회복을 구하는 것이므로, 진정한 소유자가 아닌 경우에는 진정한 등기명의의 회복을 위한 소유권이전등기청구를 할 수 없다고 함은 상고이유의 주장과 같으나(대법원 2007. 7. 12. 선고 2007다14940 판결 참조), 이 사건 주택에 관한 명의신탁자인 망인은 이 사건 주택을 신축하여 그 소유권을 원시취득한 자로서 부동산실명법에서 정한 유예기간의 경과에 의하여 그 소유권을 회복하였고, 피고는 망인으로부터 그 상속지분 범위 내에서 이 사건 주택에 관한 소유권을 상속하였으므로, 피고로서는 무효의 이전등기 명의인인 원고를 상대로 진정명의회복을 원인으로 한 소유권이전등기를 구할 수 있다.

주택에 관한 피고의 반소청구를 인용한 원심의 조치는 정당하고, 상고이유의 주

장과 같이 진정명의회복을 원인으로 한 소유권이전등기청구에 관한 법리를 오해 한 위법 등이 없다.

【판결요지】

이른바 3자간 등기명의신탁의 경우 부동산 실권리자명의 등기에 관한 법률에서 정한 유예기간 경과에 의하여 그 명의신탁 약정과 그에 의한 등기가 무효로 되더라도 명의신탁자는 매도인에 대하여 매매계약에 기한 소유권이전등기청구권을 보유하고 있어 그 유예기간의 경과로 그 등기 명의를 보유하지 못하는 손해를 입었다고 볼 수 없다. 또한 명의신탁 부동산의 소유권이 매도인에게 복귀한 마당에 명의신탁자가 무효인 등기의 명의인인 명의수탁자를 상대로 그 이전등기를 구할 수도 없다. 결국 3자간 등기명의신탁에 있어서 명의신탁자는 명의수탁자를 상대로 부당이득반환을 원인으로 한 소유권이전등기를 구할 수 없다.

[54] 상호명의신탁(구분소유적 공유관계)
대판 2008. 2. 15. 2006다68810·68827

[법적 쟁점]

구분소유적 공유관계가 경매에 의하여 제3자에게 승계되기 위한 요건

[판결요지]

[1] 1필지의 토지의 위치와 면적을 특정하여 2인 이상이 구분소유하기로 하는 약정을 하고 그 구분소유자의 공유로 등기하는 이른바 구분소유적 공유관계에 있어서, 각 구분소유적 공유자가 자신의 권리를 타인에게 처분하는 경우 중에는 구분소유의 목적인 특정 부분을 처분하면서 등기부상의 공유지분을 그 특정 부분에 대한 표상으로서 이전하는 경우와 등기부의 기재대로 1필지 전체에 대한 진정한 공유지분으로서 처분하는 경우가 있을 수 있고, 이 중 전자의 경우에는 그 제3자에 대하여 구분소유적 공유관계가 승계되나, 후자의 경우에는 제3자가 그 부동산 전체에 대한 공유지분을 취득하고 구분소유적 공유관계는 소멸한다. 이는 경매에서도 마찬가지이므로, 전자에 해당하기 위하여는 집행법원이 공유지분이 아닌 특정 구분소유 목적물에 대한 평가를 하게 하고 그에 따라 최저경매가격을 정한 후 경매를 실시하여야 하며, 그러한 사정이 없는 경우에는 1필지에 관한 공유자의 지분에 대한 경매목적물은 원칙적으로 1필지 전체에 대한 공유지분이라고 봄이 상당하다.

[2] 구분소유적 공유관계에 있는 토지지분에 대한 강제경매절차에서 이를 매수한 사람이 1필지 전체에 대한 공유지분을 취득하였다고 주장하는 사안에서, 그 공유지분이 토지의 특정 부분에 대한 구분소유적 공유관계를 표상하는 것으로 취급되어 감정평가와 최저경매가격 결정이 이루어지고 경매가 실시되었다는 점이 입증되지 않은 이상, 위 매수인은 1필지 전체에 대한 공유지분을 적법하게 취득하고 기존의 상호명의신탁관계는 소멸한다고 보아야 하며, 이는 매수인의 구분소유적 공유관계에 대한 인식 유무에 따라 달라지지 않는다.

[사실관계]

(1) 영림기업 주식회사의 사주이던 소외 1은 상가건물 분양사업을 하기 위하여 소외 3으로부터 투자를 받아 1976년경 대지 1401.3m^2를 매수하고, 각 1/2 공유지분에 관하여 소외 3과 자신의 아들인 소외 2 명의로 소유권이전등기를 하였다.

(2) 영림기업은 1977. 11. 위 소외 3, 2의 공유 토지인 이 사건 전체대지 위에 이 사건 제1 건물인 영림종합시장을 신축하여 피고들을 포함한 총 38명에게 분양하였다.

분양 당시 건물부분에 대하여는 이 사건 제1건물 소유현황의 호수란 기재 각 점포를 구분소유권의 대상으로 하여 해당 호수의 피분양자 명의로 구분소유권이전등기를 경료하였으나, 대지부분에 대하여는 이 사건 전체대지의 공유자인 소외 3, 2로부터 각 제1건물 점포 면적의 37.8%에 해당하는 대지면적을 이 사건 전체대지에 대한 공유지분으로 하여 직접 해당 호수의 피분양자 명의로 지분소유권이전등기를 경료하였다.

(3) 다만, 소외 4가 영림기업으로부터 이 사건 제1건물 중 지하 337.59m² 및 그에 상응하는 이 사건 전체대지 중 33.86/423.9 지분을 분양받은 후 이를 모두 소외 5에게 양도하였으나 위 대지지분을 소외 6에게 이중양도한 결과 소외 5는 위 지하의 소유를 위한 대지권등기를 경료하지 못하였고, 그 후 영림기업의 사정으로 분양계획대로 지분이전을 받지 못한 이 사건 제1건물 2층 1호 구분소유자인 피고 22가 위 33.86/423.9 지분을 소외 6 등으로부터 순차 양수하여 이에 관하여 위 2층 1호에 대한 대지권등기를 경료하였다.

(4) 위와 같은 경위로 1986. 12. 2. 이 사건 전체대지 중 211.17/423.9 지분에 관하여 대지권등기가 경료되었고, 이 사건 전체대지 중 83.775/423.9 지분이 소외 3 명의로, 120.255/423.9 지분이 소외 2 명의로, 1.45/423.9 지분이 소외 7 명의로, 4.35/423.9 지분이 소외 8 명의로, 2.9/423.9 지분이 소외 9 명의로 남게 되었다.

(5) 피고 28, 29를 제외한 나머지 피고들은 제1건물 점포의 피분양자이거나 피분양자로부터 이를 전전 양수한 사람들로서, 그 소유현황은 별지 2. 이 사건 제1건물 소유현황 기재와 같다.

(6) 그 뒤 영림기업은 1989. 2. 이 사건 전체대지 중 이 사건 제1건물 반대편 대지 위에 이 사건 제2 부동산을 신축하여 분양하였는데, 건물부분에 관하여는 이 사건 제2건물 소유현황의 호수란 기재 각 점포를 구분소유권의 대상으로 하여 피분양자 명의로 구분소유권이전등기를 경료하였으나, 대지부분에 대하여는 대지권등기를 하지 않았다.

(7) **소외 2 지분의 양도내역** : 원고는 2000. 9. 25. 부동산경매에서 이 사건 전체대지 중 소외 2 명의의 120.255/423.9 지분을 1억 7,360만 원에 경락받아 그 명의로 지분소유권이전등기를 경료하였다.

(8) 위의 상황에서 원고는 건물의 구분소유자들을 상대로, 이 사건 제1건물은 이 사건 전체 대지 중 211.17/423.9 지분만을 그 대지권으로 설정하였고. 이 사건 제2건물은 아예 대지권을 설정하지 못하였으므로, 이 사건 전체 대지 위에 위 각 건물을 소유함으로써 이 사건 전체 대지 중 대지권에 포함되지 않은 나머지 지분(212.73/423.9) 중에서 원고의 소유인 120.255/423.9 지분을 법률상 원인 없이 배타

적으로 점유하면서 그에 대한 차임 상당의 부당이득을 하고 있다고 주장하면서, 그 반환을 구하는 소를 제기하였다.

[원고의 주장]

원고는 2000. 9. 25. 경매에서 이 사건 전체대지 중 소외 2 명의의 120.255/423.9 지분을 1억 7,360만 원에 경락받아 그 명의로 지분소유권이전등기를 경료한 자이다. 이 사건 제1, 2 건물은 집합건물인데, 이 사건 제1건물은 이 사건 전체대지 중 211.17/423.9 지분만을 그 대지권으로 설정하였고, 이 사건 제2건물은 아예 대지권을 설정하지 못하였는바, 그렇다면 위 각 건물의 구분소유자들인 피고들은 이 사건 전체대지 위에 위 각 건물을 소유함으로써 이 사건 전체대지 중 대지권에 포함되지 않은 나머지 지분(212.73/423.9) 중에서 원고의 소유인 120.255/423.9 지분을 법률상 원인 없이 배타적으로 점유하면서 그에 대한 차임 상당의 부당이득을 하고 있으므로, 피고들은 원고에게 차임 상당의 부당이득금을 지급하여야 한다.

[피고들의 주장]

(1) 피고 17을 제외한 나머지 피고들 주장

위 피고들은 영림기업이 이 사건 전체대지 위에 이 사건 제1, 2건물을 지어 분양할 당시 이 사건 전체대지 중 위 각 건물의 부지 및 그 사용에 필요한 주변 대지는 위 각 건물의 구분소유자들의 구분소유로 하기로 하여 위 각 건물을 분양한 것이므로, 원고가 취득한 120.255/423.9 지분은 실제로는 이 사건 전체대지 중 위 각 건물이 들어선 부지를 제외한 그 사이의 대지부분이어서, 위 피고들이 이 사건 전체대지 위에 이 사건 제1, 2건물을 소유함으로써 원고 소유의 대지지분을 점유, 사용하고 있음을 전제로 한 원고의 청구에 응할 수 없다.

(2) 피고 17의 주장

위 피고는, 등기부상 위 피고 소유로 되어 있는 이 사건 제1건물 중 1층 23호 15.51m²는 실제로는 철거되어 존재하지 아니하므로, 위 피고가 위 점포를 소유, 사용하고 있음을 전제로 한 원고의 청구에 응할 수 없다.

[원심의 판단] 원고의 피고들에 대한 항소 모두 기각

[원심의 판단이유]

이 사건 각 건물의 구분소유자들인 피고들과 소외 2 사이의 이 사건 전체대지에 관한 공동소유관계는 실질적으로 이 사건 전체대지의 특정부분을 구분하여 소유하되 그 등기만을 편의상 공유로 하여 둔 이른바 **구분소유적 공유관계**에 있다고 보아야 한다.

이 사건 전체대지가 구분소유적 공유관계에 해당한다고 한다면, 경락에 의한 소유권

취득은 성질상 승계취득이어서 하나의 토지 중 특정부분에 대한 구분소유적 공유관계를 표상하는 공유부분에 근저당권이 설정된 후 그 근저당권의 실행에 의하여 그 공유지분을 취득한 경락인은 구분소유적 공유관계를 그대로 취득한다고 할 것이므로(대법원 2004. 8. 20. 선고 2004다11049 판결 참조), 원고도 위 경매절차에서 위 소외 2 지분에 해당하는 구분소유적 공유지분을 그대로 취득함으로써 원고와 피고들 사이에도 구분소유적 공유관계를 표상하는 명의신탁관계가 유지되고 있는 것으로 보아야 하며, 원고가 등기부 기재대로 이 사건 전체대지에 대하여 진정한 공유지분을 취득한 것으로 보기는 어려운 것으로 판단된다.

그렇다면, 원고가 이 사건 전체대지의 공유자임을 전제로 피고들이 이 사건 전체대지 위에 위 각 건물을 구분소유함으로써 원고의 지분을 배타적으로 사용·수익하고 있음을 전제로 한 원고의 주장은 이유 없다.

[대법원의 판단] 원심판결 파기환송

【대법원의 판단이유】

각 구분소유적 공유자가 자신의 권리를 타인에게 처분하는 경우 중에는 구분소유의 목적인 특정 부분을 처분하면서 등기부상의 공유지분을 그 특정 부분에 대한 표상으로서 이전하는 경우와 등기부의 기재대로 1필지 전체에 대한 진정한 공유지분으로서 처분하는 경우가 있을 수 있고, 이 중 전자의 경우에는 그 제3자에 대하여 구분소유적 공유관계가 승계되나, 후자의 경우에는 제3자가 그 부동산 전체에 대한 공유지분을 취득하고 구분소유적 공유관계는 소멸한다. 이는 경매에서도 마찬가지이므로, 전자에 해당하기 위하여는 집행법원이 공유지분이 아닌 특정 구분소유 목적물에 대한 평가를 하게 하고 그에 따라 최저경매가격을 정한 후 경매를 실시하여야 하며, 그러한 사정이 없는 경우에는 1필지에 관한 공유자의 지분에 대한 경매목적물은 원칙적으로 1필지 전체에 대한 공유지분이라고 봄이 상당하다.

원심은 이와 다른 견해에서 이 사건 지분을 경락받은 원고와 위 각 건물의 구분소유자인 피고들 사이에서 그 판시와 같은 상호명의신탁관계가 그대로 유지되는 것으로 판단하고 말았으니, 원심판결에는 증거 없이 사실을 인정하였거나 구분소유적 공유관계의 승계에 관한 법리를 오해하여 판결 결과에 영향을 미친 위법이 있다.

1동의 건물의 구분소유자들이 그 건물의 대지를 공유하고 있는 경우, 각 구분소유자는 별도의 규약이 존재하는 등의 특별한 사정이 없는 한 그 대지에 대하여 가지는 공유지분의 비율에 관계 없이 그 건물의 대지 전부를 용도에 따라 사용할 수 있는 적법한 권원을 가진다 할 것이고, 이러한 법리는 1필지의 토지 위에 축조된 수동의 건물의 구분소유자들이 그 토지를 공유하고 있는 경우에도 마찬가지로 적용된다고 보아야 할 것이고(대법원 1995. 3. 14. 선고 93다60144 판결 등 참조), 이 경우 '건물의 대지'라 함은 달리 특별한 사정이 없는 한 집합건물이 소재하고 있는 1필지의 토지 전부를 포함하는 것으로 보아야 할 것이며(대법원 2002. 12. 27. 선고 2002다16965 판결 참조), 집합건물의 구분소유자의 대지사용권은 전유부분의 처분에 따르고 규약으로써 달리 정하지 않는 한 전유부분과 분리하여 대지사용권을 처분할 수 없으므로, 원심으로서는 이러한 법리에 따라서 피고들이 이 사건 대지 전부를 사용할 수 있는 적법한 권한을 가지는지 여부에 대하여 나아가 심리·판단할 필요가 있다

[참고] 부동산실명법은 명의신탁약정과 그에 터잡이 이루어진 등기를 무효라고 하짐나 상호명의신탁에는 적용되지 않는다(동법 제2조 1호). 그 결과 상호명의신탁에는 종래의 판례이론이 적용된다.

여러 사람이 1필의 토지를 각 위치를 특정하여 일부씩 매수하고 당사자의 합의로 (공유)지분이전등기를 한 경우에, 판례는 당사자 내부관계에서는 각 특정부분의 소유권을 각자 취득하게 되고, 각 공유지분등기는 각자의 특정 매수부분에 관하여 상호간에 명의신탁하고 있는 것으로 본다(구분소유적 공유관계). 그리고 최초의 명의신탁관계가 그로부터 양수한 당사자들 사이에서도 성립한다고 한다.

그런데 상호명의신탁이 성립하여 구분소유적 공유관계가 인정되더라도 공유자가 그의 지분을 진정한 공유지분으로 처분하게 되면 구분소유적 공유관계는 소멸하게 된다. 본 판결 이전의 판결에서 인정하고 있었다(대판 1979. 6. 26. 79다741; 대판 1993. 6. 8. 92다18634) 본 판결은 그러한 법리의 연장선상에 있다.

한편 종래 대법원은 담보권 실행경매의 경우에 관하여, 1동의 건물 중 특정부분에 대한 구분소유적 공유관계를 표상하는 공유지분을 목적으로 하는 근저당권이 설정된 후 그 근저당권의 실행에 의하여 위 공유지분을 취득한 낙찰자는 구분소유적 공유지분을 그대로 취득한다고 하여, 같은 법리를 인정하였다(대결 2001. 6. 15. 2000마2633). 본 판결은 이점에서도 판례를 유지하고 있다. 뿐만 아니라, 집행법원이 공유지분이 아닌 특정 구분소유 목적물에 대한 평가를 하게 하고 그에 따라 최저경매가격을 정한 후 경매를 실시한 사정이 없으면 본래의 공유지분이 매각된다고 한다.

[55] 계약명의신탁에서 제3자
대판 2005. 11. 10. 2005다34667

[사실관계]

(1) 고려중앙학원은 소외 1로부터 대지 795-9 462.5m²를 증여받은 학교법인이고, 피고는 소외 1의 장녀인 소외 2와 결혼하였다가 소외 2의 사망 후인 1995.9.21. 소외 3과 재혼한 소외 1의 전(전) 첫째 사위, 소외 4는 소외 1의 차녀인 소외 5의 남편으로서 소외 1의 둘째 사위이다.

(2) 피고와 소외4 사이의 명의신탁계약

가. 피고는 자신 앞으로 소유권이전등기가 경료되어 있던 대지 795-9 를 795-9 대 462.5m²(이하 '이 사건 토지')와 대 795-25 대 (이하 '795-25 토지')로 분할하여 분할등기를 경료하면서 소외 4에게 이 사건 토지를 명의신탁하기로 하고, 이 사건 토지에 관하여 매매를 원인으로 한 소외 4 명의의 소유권이전등기를 마쳤다.

나. 피고는 이 사건 토지 및 795-25 토지 위에 지상 5층, 지하 1층 건물을 신축하기로 하고, 편의상 위 각 토지의 소유명의자인 피고와 소외 4의 공동명의로 건축허가를 받아 피고의 비용으로 건물을 완성한 후, 이 사건 건물 중 각 1/2 지분에 관하여 피고 및 소외 4 명의의 각 소유권보존등기를 마쳤다(건물의 명의신탁).

다. 그 이후 피고는 이 사건 건물 전체를 점유·관리하면서 이를 타인에게 임대하여 임차인들로부터 임대차보증금과 차임을 수령하여 왔다.

(3) 소외 1의 이 사건 토지 등에 관한 소송의 경과 및 원고의 소유권이전등기

가. 소외 1은 피고와 소외 4를 상대로, 이 사건 토지 및 795-25 토지는 사실상 자신의 소유인데, 이 사건 토지는 소외 4에게, 795-25 토지는 피고에게 각 명의신탁하였다면서 위 각 명의신탁의 해지를 원인으로 한 소유권이전등기 청구의 소를 제기하였다.

나. 이에 대하여 소외 4는 1996. 8. 23. 제1회 변론기일에서 소외 1의 청구를 인낙하였고, 소외 1은 이 사건 토지에 관하여, 위 인낙조서에 따라 1996. 7. 30. 명의신탁해지를 원인으로 한 소외 1 명의의 소유권이전등기를 경료한 다음, 원고 학교법인에게 증여하여 소유권이전등기를 경료하여 주었다

다. 795-25부분 : 한편, 위 사건에서, 법원은 인낙된 소외 4를 제외한 피고 부분을 심리하여 소외 1이 피고에게 795-25 토지를 명의신탁을 하였다는 것을 인정할 증거가 없다는 이유로 소외 1의 청구를 기각하였다. 이에 대하여 항소하였으나, 항소심법원도 소외 1이 피고에게 명의신탁을 하였다는 증거가 없고, 오히려 피고가 분할하여 795-25 토지는 피고 명의로 두고, 이 사건 토지는 소외

4에게 명의신탁한 사실을 인정할 수 있을 뿐이라는 취지의 이유를 들어 소외 1의 항소를 기각하였으며, 소외 1이 이에 대하여 상고하였으나, 대법원도 상고를 기각하였다.

(4) 피고의 이 사건 토지 등에 관한 소송의 경과

가. 피고는, 소외 1의 위 소 제기 직후인 1996. 6. 29. 소외 4를 상대로, 이 사건 토지 및 이 사건 건물의 1/2 지분에 관하여, 각 명의신탁해지를 원인으로 한 소유권이전등기절차 이행청구의 소를 제기하였는데, 그 소송절차의 진행중 이 사건 토지에 관하여 위 인낙조서에 기한 소외 1 명의의 소유권이전등기가 경료되자, 1996. 10. 24. 소외 1을 상대로 위 인낙조서가 무효라면서 소외 1 명의의 소유권이전등기의 말소를 구하는 소를 별도로 제기하였다.

이에 소외 1은 위 사건 계속 중, 소외 1이 이 사건 토지의 소유자임을 전제로 하여 그 지상의 건물을 사용 중이던 피고를 상대로 점용료 상당의 부당이득을 반환하여야 한다는 반소를 제기하였다.

위 법원은 위 본소 및 반소 사건을 병합하여 심리한 후 ① 피고의 소외 4에 대한 소에 관하여는, 이 사건 건물에 관한 청구 부분은 인용하였으나, 이 사건 토지에 관한 청구 부분은, 피고가 소외 4에게 이 사건 토지를 명의신탁한 사실은 인정되나, 인낙조서에 기하여 소외 1에게 소유권이전등기가 경료된 이상 소외 4의 피고에 대한 소유권이전등기의무는 이행불능이 되었다고 하여 기각하였고, ② 피고의 소외 1에 대한 소(이 사건 토지에 관한 것)에 관하여는, 피고가 소외 4를 대위하여 소외 1 명의의 소유권이전등기의 말소를 구하는 부분은 각하, 피고가 소유권에 기한 방해배제청구권으로 직접 소외 1 명의의 소유권이전등기의 말소를 구하는 청구 부분은 기각하였다. ③ 소외 1의 피고에 대한 반소청구도 기각하였다.

나. 위 본소 및 반소 사건의 판결 중 소외 4에 대한 부분이 그 무렵 확정되자, 피고는 이 사건 건물 중 1/2 지분에 관하여 1996. 7. 30.자 명의신탁해지를 원인으로 한 피고 명의의 소유권이전등기를 마쳤다.

다. 한편, 소외 1은 위 판결에 대하여 항소하였으나, 항소심법원은 2000. 6. 28. "오히려 피고가 실질적 소유자라고 인정하면서, 명의수탁자인 소외 4의 불법행위에 적극 가담하여 이 사건 토지에 관한 소유권이전등기를 넘겨받은 소외 1이 그 피해자인 피고를 상대로 부당이득반환청구를 하는 것은 권리남용에 해당한다"는 이유로 소외 1의 항소를 기각, 이에 대하여 상고, 대법원은 상고를 기각하였다.

[법적 쟁점]

명의수탁자로부터 명의신탁된 부동산의 소유명의를 이어받은 자가 부동산 실권리자 명의 등기에 관한 법률 제4조 제3항의 제3자에 해당하지 않아 그 등기가 무효인 경우, 그 등기에 기초하여 새로운 법률원인으로 이해관계를 맺은 자 명의의 등기의 효력 및 위 이해관계를 맺은 자가 위 조항이 규정하는 3자에 해당하는지 여부

[원고의 주장]

(1) 본소

원고는 이 사건 토지가 원고의 소유임을 전제로, 피고가 그 지상에서 피고 소유의 이 사건 건물을 소유하면서 그 부지인 이 사건 토지의 해당 부분을 불법 점용하고 있음을 이유로 하여 제214조 및 제741조에 근거하여 건물의 철거 및 점용료 상당의 부당이득의 반환을 청구한다.

[피고의 주장 및 반소]

피고는, 이 사건 토지는 피고가 소외 4에게 명의신탁한 것에 불과한데 소외 4와 소외 1이 불법행위로 소외 1 앞으로 소유권을 이전해 간 것으로서 이는 무효이고, 그와 같은 무효인 소외 1 명의의 소유권이전등기에 터 잡은 원고 명의의 소유권이전등기도 무효라면서, 제214조의 소유권에 기한 방해배제청구권으로서 진정명의회복을 원인으로 한 소유권이전등기절차의 이행을 구하고 있다.

[원고의 항변]

(1) 피고가 부동산실명법의 유예기간 내인 1996. 6. 29. 소외 4에 대하여 명의신탁해지를 이유로 한 소유권이전등기소송을 제기하였다가 청구기각판결을 받아 실명등기를 하지 못하였는데, 명의신탁자가 패소하여 유예기간 내에 실명등기를 하지 못한 경우에는 부동산실명법상 유예기간이 경과하더라도 피고와 소외 4 사이의 명의신탁약정은 무효로 되는 것이 아니라 해지된 것뿐이고, 부동산에 관한 명의신탁약정이 해지된 경우 수탁자가 등기명의를 신탁자 앞으로 이전하기 전까지는 여전히 대외적으로 소유권은 수탁자에게 있으므로, 등기명의를 이전받지 못한 신탁자인 피고로서는 수탁자를 대위함이 없이 직접 원고(학교법인)를 상대로 소유권에 기하여 진정명의회복을 위한 소유권이전등기절차의 이행을 구할 수 없다.

[원심의 판단] 본소 청구 기각/ 반소 청구 인용

[원심의 판단이유]

(1) 본소판단

가. 이 사건 토지의 소유권 귀속 여부에 대하여 원고 명의로 소유권이전등기가 경

료되어 있으므로 원고 소유로 추정된다.

나. 피고의 주장을 받아들여 피고와 소외 4 사이의 명의신탁 약정은 무효인데, 소외 4와 소외 1 사이의 등기 및 그에 터 잡아 이루어진 소외1 및 원고의 소유권이전등기도 모두 무효이다.

다. 원고는 부동산실명법 상의 제3자가 아니다. 부동산실명법 제4조 제3항의 "제3자"라 함은 명의신탁약정의 당사자 및 포괄승계인 이외의 자로서 명의신탁약정에 기한 물권변동을 기초로 하여 새로운 법률원인으로써 이해관계를 맺은 사람을 말하는 것이고, 제3자의 선의·악의를 묻지는 않으나, 명의수탁자와 사이에 아무런 법률행위 없이 명의수탁자로부터 소유권이전등기를 경료한 자와 그로부터 그 부동산을 양도받은 자는 위 법 제4조 제3항 소정의 제3자라고 할 수 없고, 또한 제3자(소외1)가 명의수탁자(소외4)의 명의신탁자(피고)에 대한 배신행위에 적극 가담한 경우에는 수탁자와 제3자 사이의 계약은 반사회적인 법률행위로서 무효라고 할 것이다.

(소외 1 앞으로의 등기는 청구 인락에 의하여 이루어짐)

따라서, 원고가 이 사건 토지의 소유자라는 추정은 깨지고, 소유권이 원고에게 있음을 전제로 부당이득의 반환을 구할 수 없다.

(2) 반소에 관한 판단

가. 진정명의회복을 원인으로 소유권이전등기청구 가부

원칙적으로 일반 명의신탁의 명의신탁자는 명의수탁자를 상대로 원인무효를 이유로 그 등기의 말소를 구하여야 하는 것이기는 하나, 자기 명의로 소유권을 표상하는 등기가 되어 있었거나 법률에 의하여 소유권을 취득한 진정한 소유자는 그 등기명의를 회복하기 위한 방법으로 그 소유권에 기하여 현재의 원인무효인 등기명의인을 상대로 진정한 등기명의의 회복을 원인으로 한 소유권이전등기절차의 이행을 구할 수도 있다.

원래 이 사건 토지의 소유자로 등기되어 있던 피고가 이 사건 토지를 소외 4에게 명의신탁하였다가 부동산실명법 제11조에 의한 유예기간 내에 실명등기를 하거나 매각처분을 하지 아니한 채 그 유예기간이 경과됨으로써 소외4 명의의 소유권이전등기는 무효로 되었고, 소외 4로부터 소외 1로의 소유권이전등기도 반사회적 법률행위(인락행위)에 기한 것이므로 무효이며, 무효인 소외 1 명의의 소유권이전등기에 터잡아 경료된 원고의 소유권이전등기도 무효가 되었음은 앞서 본 바와 같으므로, 원고는 특별한 사정이 없는 한 피고에게 이 사건 토지에 관하여 진정명의회복을 원인으로 한 소유권이전등기절차를 이행할 의무가 있다.

나. 원고의 항변에 대한 법원(원심)의 판단

이에 대하여 원고는, 피고가 부동산실명법의 유예기간 내인 1996. 6. 29. 소외 4에 대하여 명의신탁해지를 이유로 한 소유권이전등기소송을 제기하였다가 청구기각판결을 받아 실명등기를 하지 못하였는데, 명의신탁자가 패소하여 유예기간 내에 실명등기를 하지 못한 경우에는 부동산실명법상 유예기간이 경과하더라도 피고와 소외 4 사이의 명의신탁약정은 무효로 되는 것이 아니라 해지된 것뿐이고, 부동산에 관한 명의신탁약정이 해지된 경우 수탁자가 등기명의를 신탁자 앞으로 이전하기 전까지는 여전히 대외적으로 소유권은 수탁자에게 있으므로, 등기명의를 이전받지 못한 신탁자인 피고로서는 수탁자를 대위함이 없이 직접 원고(학교법인)를 상대로 소유권에 기하여 진정명의회복을 위한 소유권이전등기절차의 이행을 구할 수 없다고 주장한다.

살피건대, 부동산실명법에 유예기간 내 제소를 하였으나 패소판결을 받은 경우에 관하여는 명시의 규정이 없다. 그리고 부동산실명법의 입법 취지가 부동산에 관한 실체적 권리관계에 부합하도록 등기하게 함으로써 부동산등기제도를 악용한 투기, 탈세, 탈법행위 등 반사회적 행위를 방지하고 부동산거래의 정상화를 위한 것인 이상, 위 부동산실명법의 관련 규정이 반드시 승소판결을 선고받은 것만을 전제로 한 것이라고 단정할 수 없을 뿐 아니라, 앞서 본 바와 같이 피고가 부동산실명법의 유예기간 내에 소외 4를 상대로 소송을 제기하여 그 사건에서 피고와 소외 4 사이의 명의신탁관계가 인정되었음에도 불구하고, 당시 소외 4로부터 소외 1에게로 소유권이전등기가 이미 경료되어 이행불능에 이르렀다는 소외 4의 항변이 받아들여진 결과 그와 같이 패소하였고, 그와 같은 이행불능은 소외 1과 명의수탁자인 소외 4의 반사회적 법률행위에 기한 것으로서 그와 같은 허위의 소유권 이전이 없었더라면 피고가 소외 4를 상대로 한 위 소송에서 승소할 수도 있었다고 보이는 이상, 비록 신탁자인 피고가 패소판결을 받아 실명등기를 못하였다 할지라도 그 유예기간이 경과된 이후에는 수탁자인 소외 4 명의의 소유권이전등기는 원인무효로 된다.

따라서 피고가 부동산실명법의 유예기간 내인 1996. 6. 29. 소외 4에 대하여 명의신탁해지를 이유로 한 소유권이전등기 청구의 소를 제기한 사정만으로, 피고와 소외 4 사이의 명의신탁약정이 무효라는 하자가 치유되는 것은 아니라 할 것이므로, 피고가 부동산실명법의 유예기간 만료일 뿐만 아니라 유예기간 중에 제기된 위 판결의 확정일(1998. 6. 25. 무렵)로부터 기산하더라도 1년이 지났음이 명백한 당심 변론 종결일 현재까지 이 사건 토지에 관한 실명등기를 하거나 매각처분을 하지 아니한 이상, 위 명의신탁약정 및 이에 따라 행하여진 등기에 의한 부동산의 물권변동은 무효로 되었다 할 것이고, 그 경우 명의수탁자는 물권적 청구권을 행사할 수 없고, 명의신탁된 부동산의 물권은 기존의 물권자에게 복귀된다고 봄이 상당하므로, 앞서 본 바와 같이 명의신탁에 의한 등기 이전에 소유자로 등기되어 있던 피고로서는 그 소유권에 기한 방해배제청구권의 행사로서 원고를 상대로 진정명의회복을 위한 소유권이전등기 절차를 구할 수 있다 할 것이다.

(3) 따라서 피고의 주장이 이유 있으므로, 원고는 피고에게 이 사건 토지에 관하여 진정명의회복을 원인으로 한 소유권이전등기절차를 이행할 의무가 있다.

[상고이유]

부동산실명법의 법리오해의 위법이 있다. 가사 피고의 주장대로 사건 토지가 명의신탁된 부동산이라 하더라도 원고는 부동산실명법 제4조 제3항에 의하여 보호되는 제3자에 해당하기 때문에 명의신탁 약정과 그 등기가 무효이더라도 원고는 제3자에 해당되어 피고는 원고에게 무효를 주장할 수 없다.

[대법원의 판단] 상고기각

【대법원의 판단이유】

부동산 실권리자명의 등기에 관한 법률 제4조 제3항에서 "제3자"라고 함은 명의신탁 약정의 당사자 및 포괄승계인 이외의 자로서 명의수탁자가 물권자임을 기초로 그와의 사이에 직접 새로운 이해관계를 맺은 사람을 말한다고 할 것이므로, 명의수탁자로부터 명의신탁된 부동산의 소유명의를 이어받은 사람이 위 규정에 정한 제3자에 해당하지 아니한다면 그러한 자로서는 부동산실명법 제4조 제3항의 규정을 들어 무효인 명의신탁등기에 터 잡아 마쳐진 자신의 등기의 유효를 주장할 수 없고, 따라서 그 명의의 등기는 실체관계에 부합하여 유효라고 하는 등의 특별한 사정이 없는 한 무효라고 할 것이고, 등기부상 명의수탁자로부터 소유권이전등기를 이어받은 자의 등기가 무효인 이상, 부동산등기에 관하여 공신력이 인정되지 아니하는 우리 법제 아래서는 그 무효인 등기에 기초하여 새로운 법률원인으로 이해관계를 맺은 자가 다시 등기를 이어받았다면 그 명의의 등기 역시 특별한 사정이 없는 한 무효임을 면할 수 없다고 할 것이므로, 이렇게 명의수탁자와 직접 이해관계를 맺은 것이 아니라 부동산실명법 제4조 제3항에 정한 제3자가 아닌 자와 사이에서 무효인 등기를 기초로 다시 이해관계를 맺은 데 불과한 자는 위 조항이 규정하는 제3자에 해당하지 않는다고 보아야 한다.

[56] 계약명의수탁자의 부당이득
대판 2010. 10. 14. 2007다90432

[법적 쟁점]

(1) '부동산 실권리자명의 등기에 관한 법률' 시행 후에 이른바 계약명의신탁약정이 체결되고 그에 따라 명의수탁자가 선의의 매도인과 부동산 매매계약을 체결하여 자신의 명의로 그 부동산의 소유권이전등기를 마친 경우, 명의수탁자가 명의신탁자에게 반환하여야 할 부당이득의 범위(=명의신탁자로부터 제공받은 매수자금 및 취득세, 등록세 등 취득비용)

(2) 명의신탁에서 부당이득이 불법원인급여에 해당하는지 여부(소극)

[판결요지]

'부동산 실권리자명의 등기에 관한 법률' 제4조 제1항, 제2항에 의하면 명의신탁자와 명의수탁자가 이른바 계약명의신탁약정을 맺고 명의수탁자가 당사자가 되어 명의신탁약정이 있다는 사실을 알지 못하는 소유자와의 사이에 부동산에 관한 매매계약을 체결한 후 그 매매계약에 따라 당해 부동산의 소유권이전등기를 수탁자 명의로 마친 경우에는 명의신탁자와 명의수탁자 사이의 명의신탁약정의 무효에도 불구하고 그 명의수탁자는 당해 부동산의 완전한 소유권을 취득하게 되고, 다만 명의수탁자는 명의신탁자에 대하여 부당이득반환의무를 부담하게 될 뿐이다. 이 경우 그 계약명의신탁약정이 '부동산 실권리자명의 등기에 관한 법률' 시행 후인 경우에는 명의신탁자는 애초부터 당해 부동산의 소유권을 취득할 수 없었으므로, 위 계약명의신탁약정의 무효로 인하여 명의신탁자가 입은 손해는 당해 부동산 자체가 아니라 명의수탁자에게 제공한 매수자금이고, 따라서 명의수탁자는 당해 부동산 자체가 아니라 명의신탁자로부터 제공받은 매수자금 상당액을 부당이득하였다고 할 것이다.이때 명의수탁자가 소유권이전등기를 위하여 지출하여야 할 취득세, 등록세 등을 명의신탁자로부터 제공받았다면, 이러한 자금 역시 위 계약명의신탁약정에 따라 명의수탁자가 당해 부동산의 소유권을 취득하기 위하여 매매대금과 함께 지출된 것이므로, 당해 부동산의 매매대금 상당액 이외에 명의신탁자가 명의수탁자에게 지급한 취득세,등록세 등의 취득비용도 특별한 사정이 없는 한 위 계약명의신탁약정의 무효로 인하여 명의신탁자가 입은 손해에 포함되어 명의수탁자는 이 역시 명의신탁자에게 부당이득으로 반환하여야 한다.

[사실관계]

(1) 소외 신한종합금융 주식회사(이하 '신한종금')는 1996. 12. 10. 소외 성원파이낸스 주식회사(이하 '성원파이낸스')와 사이에 약정한도는 300억 원, 연체이율은 연 26%로

하되, 연체이율 변동시에는 변동이율에 의하기로 하는 내용의 어음거래약정을 체결한 후, 성원파이낸스에게 어음대출 등을 해주었다.

(2) 그 후 1998. 11. 26. 금융감독위원회의 계약이전결정에 따라 소외 주식회사 한아름종합금융(이하 '한아름종합금융'), 신한종금 및 성원파이낸스는 한아름종합금융이 위 어음거래약정상의 신한종금의 지위를 인수하여 신한종금의 모든 권리·의무를 당초 계약과 동일한 조건으로 승계하기로 하되, 다만 약정한도는 한아름종합금융이 양수한 채권인 180억 원으로 하기로 하는 어음거래약정 채권자변경계약을 체결하였는데, 그 무렵 성원파이낸스의 대표이사인 소외 2, 성원그룹의 대주주인 소외 1은 성원파이낸스가 위 계약에 따라 한아름종합금융에 부담하게 될 모든 채무에 대하여 연대보증을 하였다.

(3) 한아름종합금융은 소외 1에 대하여 위 보증채무의 이행을 구하는 소를 제기하여 2001. 1. 16. '소외 1은 한아름종합금융에게 180억 원 및 그에 대한 지연손해금의 지급판결을 받았고, 위 판결은 그 무렵 확정되었다. 한편 한아름종합금융은 2001. 6. 14. 소외 한아름상호신용금고에 흡수합병 되었고, 한아름상호신용금고는 2001. 12. 31. 원고에게 흡수합병 되었다.

(4) **소외 1의 피고에 대한 명의신탁** : 소외 1은 2000. 11.경 피고에게 피고 명의로 별지 목록 기재 각 부동산(이하 '이 사건 부동산'이라고 한다)을 낙찰받고, 그 대금 중 일부도 피고 명의로 대출을 받아 납부하여 줄 것을 부탁하여 피고의 승낙을 받았다. 이에 따라 피고는 2000. 11. 초순경 소외 1로부터 낙찰보증금 명목으로 1억 3,000만 원을 지급받아 2000. 11. 7. 이 사건 부동산을 대금 13억 10만 원에 낙찰받으면서 낙찰보증금으로 1억 3,001만 원을 납부하였다.

(5) 이에 따라 피고는 2001. 4.경 소외 1로부터 4억 5,000만 원을 지급받고, 주택은행으로부터 이 사건 부동산을 담보로 제공하기로 하고 자신의 명의로 7억 원을 대출받은 후 2001. 4. 24. 낙찰잔대금 11억 7,009만 원을 납부하였다.

(6) 피고는 2001. 5.경 소외 1로부터 위 낙찰대금 중 일부 명목으로 2,000만 원과 취득세와 등록세 등 등기비용 등의 명목으로 1억 3,000만 원을 지급받았다.

(7) 소외 1은 현재 채무초과상태로서 위 각 채무를 변제할 자력이 없다.

(8) 원고는 자신의 소외 1에 대한 채권을 보전하기 위해 소외 1을 대위하여 피고를 상대로 위 매수자금 및 취득비용 상당액의 반환을 구하는 이 사건 부당이득 반환청구 소송을 제기하였다.

[원고의 주장]

원고는 자신의 소외 1에 대한 채권을 보전하기 위해 소외 1을 대위하여 피고를 상대로 위 매수자금 및 취득비용 상당액의 반환을 부당이득 반환청구로서 구한다.

[피고의 항변]

(1) 피고는, 원고가 소외 1을 대위하여 피고를 상대로 이 사건 부동산의 낙찰대금으로 지급받은 6억 원의 반환을 구하는 이 사건 소를 제기한 이후에 소외 1의 채권자인 파산자 대한종합금융 주식회사의 파산관재인이 소외 1을 대위하여 피고를 상대로 이 사건 부동산의 낙찰대금 13억 10만 원을 부당이득으로 반환할 것을 청구하는 소를 제기하였는바, 원고가 청구취지를 확장한 7억 10만 원 부분은 중복제소에 해당하여 부적법하다는 취지로 항변한다.

(2) **불법원인급여 항변** : 소외 1이 피고에게 낙찰대금으로 6억 원을 지급한 것은 횡령 및 강제집행면탈과 「부동산실권리자 명의 등기에 관한 법률」 위반에 해당하는바, 불법의 원인으로 인하여 재산을 급여한 자는 상대방에 대하여 그 이익의 반환을 청구하지 못하므로, 원고의 이 사건 청구는 부당하다.

[원심의 판단] 원고와 피고의 항소 모두 기각

[원심의 판단이유]

가. 원고의 청구원인 판단

부동산경매절차에서 대금을 부담하는 자가 타인의 명의로 경락허가결정을 받기로 약정하여 그에 따라 경락이 이루어진 경우 그 경매절차에서 경락인의 지위에 서게 되는 사람은 어디까지나 그 명의인이므로 경매 목적 부동산의 소유권은 경락대금을 실질적으로 부담한 자가 누구인가와 상관없이 대외적으로는 물론 대내적으로도 그 명의인이 취득하는 것이기는 하나, 그 경우 대금을 부담한 사람과 이름을 빌려 준 사람 사이에는 명의신탁관계가 성립하고, 부동산 실권리자 명의 등기에 관한 법률 제4조 제1항, 제2항에 의하면, 명의신탁자와 명의수탁자가 이른바 계약명의신탁약정을 맺고 명의수탁자가 당사자가 되어 명의신탁약정이 있다는 사실을 알지 못하는 소유자와의 사이에 부동산에 관한 매매계약을 체결한 후 그 매매계약에 따라 당해 부동산의 소유권이전등기를 수탁자 명의로 마친 경우에는 명의신탁자와 명의수탁자 사이의 명의신탁약정의 무효에도 불구하고 그 명의수탁자는 당해 부동산의 완전한 소유권을 취득하게 되고, 다만 명의수탁자는 명의신탁자에 대하여 부당이득반환의무를 부담하게 될 뿐이라 할 것인데, 그 계약명의신탁약정이 부동산 실권리자 명의 등기에 관한 법률 시행 후인 경우에는 명의신탁자는 애초부터 당해 부동산의 소유권을 취득할 수 없었으므로 위 명의신탁약정의 무효로 인하여 명의신탁자가 입은 손해는 당해 부동산 자체가 아니라 명의수탁자에게 제공한 매수자금이라 할 것이고, 따라서 명의수탁자는 당해 부동산 자체가 아니라 명의신탁자로부터 제공받은 매수자금을 부당이득하였다고 할 것이므로(대법원 2005. 1. 28. 선고 2002다66922 판결 등 참조), 명의수탁자는 명의신탁자에게 제공받은 매수자금을 부당이득으로서 반환할 의무가 있다.

소외 1은 피고에게 명의신탁약정에 의하여 이 사건 부동산의 낙찰대금으로 6억 원을 지급하였고, 피고가 위 6억 원 등으로 이 사건 부동산을 낙찰받아 그 소유권을 취득하였다고 할 것이므로, 피고는 6억 원을 부당이득 하였다 할 것인데, 원고는 채무자인 소외 1이 무자력 상태에 있으므로 원고의 소외 1에 대한 채권을 보전하기 위해 소외 1을 대위하여 피고에게 위 6억 원 및 이에 대한 지연손해금의 지급을 청구할 권리가 있다.

나. 피고의 불법원인급여 항변 판단

불법원인급여를 규정한 민법 제746조 소정의 "불법의 원인"이라 함은 재산을 급여한 원인이 선량한 풍속 기타 사회질서에 위반하는 경우를 가리키는 것인바(대법원 1994. 4. 15. 선고 93다61307 판결 등), 이 사건의 경우 소외 1이 피고에게 6억 원을 지급한 원인은 횡령이 아니라 소외 1과 피고 사이의 명의신탁약정이라 할 것인데, 부동산 실권리자 명의 등기에 관한 법률이 규정하는 명의신탁약정은 부동산에 관한 물권의 실권리자가 타인과의 사이에서 대내적으로는 실권리자가 부동산에 관한 물권을 보유하거나 보유하기로 하고 그에 관한 등기는 그 타인의 명의로 하기로 하는 약정을 말하는 것일 뿐이므로, 그 **자체로 선량한 풍속 기타 사회질서에 위반하는 경우에 해당한다고 단정할 수 없을 뿐만 아니라**, 위 법률은 원칙적으로 명의신탁약정과 그 등기에 기한 물권변동만을 무효로 하고 명의신탁자가 다른 법률관계에 기하여 등기회복 등의 권리행사를 하는 것까지 금지하지는 않는 대신, 명의신탁자에 대하여 행정적 제재나 형벌을 부과함으로써 사적자치 및 재산권보장의 본질을 침해하지 않도록 규정하고 있으므로, 위 법률이 비록 부동산등기제도를 악용한 투기·탈세·탈법행위 등 반사회적 행위를 방지하는 것 등을 목적으로 제정되었다고 하더라도, 무효인 명의신탁약정에 기하여 타인 명의의 등기가 마쳐졌다는 이유만으로 그것이 당연히 불법원인급여에 해당한다고 볼 수 없고(대법원 2003. 11. 27. 선고 2003다41722 판결 등 참조), 이는 강제집행을 면탈할 목적으로 명의신탁약정이 이루어졌다고 하더라도 마찬가지라 할 것이므로(위 대법원 93다61307 판결 참조)피고의 위 항변도 이유 없다.

다. 피고의 부당이득반환 항변 판단

피고가 2005. 7. 22. 이 사건 부동산에 관하여 2005. 7. 21.자 증여를 원인으로 하여 소외 6 주식회사 명의로 소유권이전등기를 경료하여 준 사실은 인정된다. 그러나 채권자가 채권자대위권에 기하여 채무자의 권리를 행사하고 있다는 사실을 채무자가 알게 된 이후에는 채무자가 그 권리를 처분하여도 이로써 채권자에게 대항하지 못하는 것인바, 원고는 2004. 8. 9. 이 사건 부동산에 관하여 청구금액을 위 부당이득 6억 원으로 하여 가압류결정을 받았고, 그 가압류 결정이 2004. 8. 11. 등기부에 기입되었고, 피고는 소외 1의 요청에 따라 위와 같이 소외 6 주식회사 명의로 소유권이전등기를 경료하여 주었고, 소외 1이 피고에게 이 사건 부동산에 관하여 소외 6 주식회사 명의로 소유권이전등기를 요구할 당시에는 원고와 피고 사이의 이 사건 소송의 존재를 알고 있었다고 봄이 상당하고, 그렇다면, 소외 1이 피고로 하여금 이 사건 부동산을 소외 6 주식회사에 증여하도록 한 행위는 원고에 대하여 그 효력을 주장할 수 없다 할 것이므로, 피고의 위 항변도 이유 없다.

[대법원의 판단] 원심판결 중 원고 패소 부분 파기환송

【대법원의 판단이유】

부동산 실권리자명의 등기에 관한 법률 제4조 제1항, 제2항에 의하면 명의신탁자와 명의수탁자가 이른바 계약명의신탁약정을 맺고 명의수탁자가 당사자가 되어 명의신탁약정이 있다는 사실을 알지 못하는 소유자와의 사이에 부동산에 관한 매매계약을 체결한 후 그 매매계약에 따라 당해 부동산의 소유권이전등기를 수탁자 명의로 마친 경우에는 명의신탁자와 명의수탁자 사이의 명의신탁약정의 무효에도 불구하고 그 명의수탁자는 당해 부동산의 완전한 소유권을 취득하게 되고, 다만 명의수탁자는 명의신탁자에 대하여 부당이득반환의무를 부담하게 될 뿐이다. 이 경우 그 계약명의신탁약정이 부동산 실권리자명의 등기에 관한 법률 시행 후인 경우에는 명의신탁자는 애초부터 당해 부동산의 소유권을 취득할 수 없었으므로, 위 계약명의신탁약정의 무효로 인하여 명의신탁자가 입은 손해는 당해 부동산 자체가 아니라 명의수탁자에게 제공한 매수자금이고, 따라서 명의수탁자는 당해 부동산 자체가 아니라 명의신탁자로부터 제공 받은 매수자금 상당액을 부당이득하였다고 할 것이다(대법원 2005. 1. 28. 선고 2002다66922 판결 등 참조).이때 명의수탁자가 소유권이전등기를 위하여 지출하여야 할 취득세, 등록세 등을 명의신탁자로부터 제공받았다면, 이러한 자금 역시 위 계약명의신탁약정에 따라 명의수탁자가 당해 부동산의 소유권을 취득하기 위하여 매매대금과 함께 지출된 것이므로, 당해 부동산의 매매대금 상당액 이외에 명의신탁자가 명의수탁자에게 지급한 취득세, 등록세 등의 취득비용도 특별한 사정이 없는 한 위 계약명의신탁약정의 무효로 인하여 명의신탁자가 입은 손해에 포함되어 명의수탁자는 이 역시 명의신탁자에게 부당이득으로 반환하여야 할 것이다.

[57] 명의수탁자의 신탁부동산 임의처분과 불법행위 여부
대판 2002. 3. 15. 2001다61654

[사실관계]

(1) 원고는 소외 甲으로부터 1993. 8. 24. (1) (2) (3) 내지 (4) 각 부동산(B, A부동산)을 매수하였으나 위 각 부동산이 농지인 관계로 원고 명의로 이를 취득할 수 없어 피고에게 명의신탁하기로 하고 피고 명의로 매매계약서를 작성한 다음, 그 다음날 위 각 부동산에 대하여 피고 명의로 소유권이전등기를 경료하였다.

(2) 원고는 노인복지시설의 운영을 목적으로 하는 사회복지법인 A의 설립 허가를 받았고 위 A의 설립자금을 마련하기 위하여 주식회사 B 대표이사 명의로 원심공동피고 을, 소외 1, 2 등에게 여러 장의 당좌수표를 발행·교부하는 등 많은 사람들로부터 다액의 금원을 차용하였다.

(3) 그 후 1994. 6. 29. 원고는 피고 등이 참석한 자리에서 위 乙에 대한 채무를 정산하는 방편으로 위 乙 외 1인에게 부동산 중 제1의 (1) 내지 (3) 부동산(B부동산)을 대금 9,000만 원에 매도하는 내용의 부동산매매계약서를 작성하여 이를 위 乙에게 건네주었는데, 위 부동산매매계약서상에는 매도인을 명의수탁자인 피고로, 매수인을 위 乙로 각 기재하고 원고는 지주로 표시하여 매도인 성명란 바로 위에 기재한 후 이름 옆에 각 날인 또는 무인을 하였다. 또한 위 부동산매매계약서상에 특약사항으로 매도인에게 부과되는 모든 제세공과금은 매수인이 부담하고, 매도인은 매수인이 등기요구시 제반서류 일체를 제공한다고 기재하였고, 뒷면에 단서로서 매매목적물 3필지에 관한 금전관계는 지주인 원고가 수령, 수탁인과는 관계없음을 확인한다고 기재한 후 원고가 날인을 하였다.

(4) 위 乙은 위 부동산매매계약서를 근거로 원고를 상대로 이 사건 부동산에 관한 처분금지가처분신청을 하여 1994. 8. 9. 이 사건 부동산에 관하여 자신과 자신의 처인 소외 丙 명의로 처분금지가처분등기를 경료하였다.

(5) 피고는 위 乙이 원고와 사이에 작성한 이 사건 부동산에 관한 매매계약서를 소지하고 있고, 그 명의로 처분금지가처분등기까지 경료된 사실로 보아 이 사건 부동산을 처분할 권한이 있는 것으로 믿고, 1997. 3.경 소외 丁이 그 대리인인 소외 戊를 통하여 이 사건 부동산을 매수할 의사를 보이자, 위 乙에게 위 丁의 매수 의사를 전하였다. 이에 위 乙은 피고로 하여금 위 丁에게, (3) 부동산을 대금 1억 3,770만원에 매도하고, 다시 (1), (2) 부동산을 대금 1억 3,200만원에 매도하고 각각 그 명의로 소유권이전등기를 경료해 주도록 하였다. (4) 부동산은 피고 명의로 남아 있다.

[법적 쟁점]

(1) 부동산실명법 소정의 유예기간이 경과하여 명의신탁약정과 그에 의한 등기가 무효로 된 경우, 명의신탁자가 매도인에 대한 매매계약에 기한 소유권이전등기청구권을 보전하기 위하여 매도인을 대위하여 명의수탁자에게 무효인 명의수탁자 명의의 등기의 말소를 구할 수 있는지 여부

(2) 3자간 명의신탁에서 명의신탁등기가 부동산실명법 시행에 의하여 무효로 된 후에 명의수탁자가 임의로 신탁부동산을 처분한 경우 매도인이 명의수탁자의 처분행위로 인하여 손해를 입었다고 볼 수 있는지 여부

[원고의 주장]

(1) A 부동산 : (4) 부동산 : 원고는 부동산을 매수하여 피고에게 명의신탁하였다. 그런데 부동산실명법 소정의 유예기간이 경과하여 명의신탁약정과 명의신탁등기가 무효가 됨으로서 부동산 소유권은 매도인인 소외 甲에게로 복귀하였다. 원고는 매매계약상의 재산권이전청구권을 피보전채권으로 하여 소외 甲의 피고에 대한 말소등기청구권을 대위행사한다.

(2) B 부동산 : (1) (2) (3) : 피고가 위 乙은 이 사건 부동산에 관하여 아무런 처분권한이 없음에도 원고와의 사이에 작성한 위 부동산매매계약서를 소지하고 있고, 그 명의로 처분금지가처분등기가 경료되어 있음을 기화로, 위 乙과 공모하여 위 丁에게 이 사건 부동산을 매도하였고, 그렇지 않다 하더라도 적어도 이 사건 부동산을 매도할 당시 위 乙이 이 사건 부동산에 대한 처분권한이 있는지 여부를 원고에게 문의하였더라면 쉽게 그 처분권한이 없음을 알 수 있어 위 乙의 불법행위를 막을 수 있었을 것임에도 원고에게는 아무런 문의도 하지 아니한 채 이 사건 부동산을 위 丁에게 매도한 잘못으로, 「부동산실권리자명의등기에관한법률」의 적용에 따라 피고 명의의 이 사건 부동산에 관한 소유권이전등기는 무효로 되었고, 피고는 이 사건 부동산의 전 소유자인 위 甲에게 이 사건 부동산에 관한 소유권이전등기의 말소등기절차를 이행할 의무가 있는데, 이를 불능케 하는 불법행위를 저질렀거나 또는 그 말소등기절차의무가 이행불능에 빠졌다 할 것이고, 이러한 피고의 잘못과 위 甲이 입은 손해 사이에는 상당인과관계가 있다고 할 것이므로, 원고는 위 甲을 대위하여 불법행위자 또는 채무불이행자인 피고에게 피고가 이 사건 부동산을 매도하고서 위 丁으로부터 수령한 위 매매대금 합계 금 2억 6,970만원 상당의 배상을 구하고, 또는 원고는 위 甲으로부터 피고에 대한 위 손해배상채권을 양수받았으므로 양수인으로서 피고에게 위 금원 상당의 지급을 구한다.

[피고의 항변]

(1) A 부동산에 대하여는 명의신탁관계가 아니다. 첫째, 피고는 1996. 2. 3.부터 같은 달 12.까지 사이에 피고의 비용으로 위 사회복지법인 A 건물을 신축하기 위하여 그 부지의 토목공사를 하였는데, 원고는 그 공사비를 지급하겠다고 약속하고서도 피고에게 그 공사대금 1,240만 원을 지급하지 아니하였고, 둘째, 원고는 피고에게 소외 주식회사 광태산업 발행의 액면금 2,000만 원의 당좌수표를 건네주고 이와 교환으로 현금 2,000만 원을 받았으나, 그 후 위 당좌수표는 부도처리되었으며, 셋째, 피고는 1995. 2. 10. 원고의 소외 1에 대한 차용금채무 중 금 2,000만 원의 지급을 보증하였는데, 원고가 위 금원을 변제하지 않아 위 소외 1로부터 1998. 7. 21. 피고가 소유하고 있는 부동산 중 제2의 각 부동산을 가압류당하였고, 넷째, 경기 화성군 소재 전 2,192m^2는 피고의 소유이고, 부동산 중 제3의 각 부동산은 피고와 소외 2가 공통투자한 재산인데, 이를 소외 3 외 2인에게 금 4억 6,420만원에 매도하고, 그 대금으로 위 소외 3이 소지하고 있던 원고 발행의 액면 합계 금 2억 4,000만 원 상당의 당좌수표와 약속어음을 회수하였는바, 원고는 위 각 경우로 인하여 피고에게 부담할 채무를 담보하기 위하여 이 사건 부동산을 담보로 제공하기로 약정하였으므로, 원고의 이 사건 소유권말소등기 청구에 응할 수 없다고 주장한다.

(2) B 부동산에 대해서 불법행위 내지 채무불이행 요건으로서 피고측에 과실이 없다. 즉 乙이 원고와의 사이에 작성한 이 사건 부동산에 관한 매매계약서도 가지고 있었고, 그 명의로 처분금지가처분등기까지 경료되어 있어서 이 사건 부동산을 처분할 권한이 있는 것으로 믿었고. 매매계약 당시에 참석하였다. 매도인측에 손해가 없다.

[원심의 판단]

○ 1심 원고청구 인용

(1) 토지소유권이전등기 말소 : 원고 청구 인용

(2) 손해배상채권의 양수·매매대금청구부분 : 1심 판결취소, 원고 청구 기각

[원심의 판단이유]

(1) 피고는 甲을 대위한 원고에게 소유권이전등기의 말소등기절차를 이행할 의무가 있다. 판단이유 부동산실명법 제12조, 제11조, 제4조 1항에 의거 명의신탁약정 및 명의신탁등기는 무효가 되어 매도인인 甲에게 복귀하므로, 원고는 매도인을 대위하여 피고에게 소유권이전등기의 말소등기절차를 이행할 의무가 있다.

(2) 손해배상부분 : 피고의 과실 불인정(귀책사유),

피고가 위 乙에게 위 부동산에 대한 처분권한이 없다는 것을 잘 알면서도 위 乙과 공모하여 이 사건 부동산을 매도하였거나, 이 사건 부동산을 매도함에 있어 어떠한 과실이 있는가 하는 점에 대하여, 이를 인정할 아무런 증거가 없고, 오히려 피고는 원고가 위 乙에게 앞서 본 바와 같은 내용의 이 사건 부동산에 관한 매매계약서를 작성하여 주었으므로 위 乙에게 이 사건 부동산을 처분할 권한이 있는 것으로 믿고, 위 乙의 요구에 따라 이 사건 부동산을 위 丁에게 매도하고 그 소유권이전등기를 경료하여 준 것으로 보여지므로, 원고의 위 주장은 이유 없다.

[상고이유]

원고의 상고이유 : 명의신탁에 관한 법리오해

[대법원의 판단] 상고 모두 기각

【대법원의 판단이유】

(1) 부동산실명법에 의해 3자간 등기명의신탁에서 유예기간이 지난 경우에는 등기가 무효로 되고 매도인에게 복귀하게 된다. 매도인은 명의수탁자에게 무효인 명의 등기의 말소를 구할 수 있고, 법은 매도인과 명의수탁자 사이의 매매계약의 효력을 부정하는 규정을 두고 있지 아니하므로 명의신탁자는 매도인을 대위하여 소유권이전등기청구권을 보전하기 위하여 명의수탁자에게 무효인 그 명의 등기의 말소를 구할 수도 있다.

(2) B부분 매도인에게 손해가 없다.

가. 명의수탁자의 제3자에의 처분과 제3자가 유효하게 취득한 경우, 매도인에게 소유권의 복귀가 되지 않는다. 이 경우 명의신탁자가 매도인에 대하여 매매대금의 반환을 구하거나, 재차 소유권이전등기를 경료할 것을 요구하는 것은 신의칙상 허용되지 아니한다.

나. 매도인으로서는 명의수탁자가 신탁부동산을 다른 사람에게 처분하였다 할지라도 명의수탁자로부터 그 소유명의를 회복하기 전까지는 명의신탁자에 대하여 (1) 신의칙 내지 제536조 제1항 본문에 의하여 동시이행관계에 있는 매매대금 반환채무의 이행을 거절할 수 있고, (2) 명의신탁자의 소유권이전등기청구도 허용되지 아니하므로, 결국 매도인으로서는 명의수탁자의 처분행위로 인하여 손해를 입은 바가 없다.

[참고판례] 대판 2013. 9. 12. **명의수탁자의 처분과 불법행위 여부**

[판시사항]

이른바 계약명의신탁에서 매매계약을 체결한 악의의 매도인이 명의수탁자 앞으로

부동산 소유권이전등기를 마친 경우, 명의수탁자가 그 부동산을 제3자에게 처분하는 행위가 매도인의 소유권을 침해하는 불법행위가 되는지 여부(적극) 및 이때 매매대금을 수령한 매도인에게 명의수탁자의 처분행위로 인하여 손해가 발생하였다고 볼 수 있는지 여부(원칙적 소극)

【판결요지】

명의신탁자와 명의수탁자가 이른바 계약명의신탁 약정을 맺고 매매계약을 체결한 소유자도 명의신탁자와 명의수탁자 사이의 명의신탁약정을 알면서 그 매매계약에 따라 명의수탁자 앞으로 당해 부동산의 소유권이전등기를 마친 경우 부동산 실권리자명의 등기에 관한 법률 제4조 제2항 본문에 의하여 명의수탁자 명의의 소유권이전등기는 무효이므로, 당해 부동산의 소유권은 매매계약을 체결한 소유자에게 그대로 남아 있게 되고, 명의수탁자가 자신의 명의로 소유권이전등기를 마친 부동산을 제3자에게 처분하면 이는 매도인의 소유권 침해행위로서 불법행위가 된다. 그러나 명의수탁자로부터 매매대금을 수령한 상태의 소유자로서는 그 부동산에 관한 소유명의를 회복하기 전까지는 신의칙 내지민법 제536조 제1항본문의 규정에 의하여 명의수탁자에 대하여 이와 동시이행의 관계에 있는 매매대금 반환채무의 이행을 거절할 수 있는데, 이른바 계약명의신탁에서 명의수탁자의 제3자에 대한 처분행위가 유효하게 확정되어 소유자에 대한 소유명의 회복이 불가능한 이상, 소유자로서는 그와 동시이행관계에 있는 매매대금 반환채무를 이행할 여지가 없다. 또한 명의신탁자는 소유자와 매매계약관계가 없어 소유자에 대한 소유권이전등기청구도 허용되지 아니하므로, 결국 소유자인 매도인으로서는 특별한 사정이 없는 한 명의수탁자의 처분행위로 인하여 어떠한 손해도 입은 바가 없다.

[참고] 원고는 매매계약 당사자인 매수인으로서 매도인 甲에 대하여 지급한 매매대금의 반환을 청구할 수 있는가가 문제된다. 즉 명의수탁자가 명의신탁부동산을 제3자에게 양도하고 제3자가 소유권을 취득하는 경우, 전소유자(甲)와 명의신탁자 사이의 법률관계의 문제이다.

명의신탁자와 전소유자와의 물권취득을 위한 계약에 기한 전 소유자의 명의신탁자에 대한 재산권이전의무가 전소유자에게 책임 없는 사유로 인하여 이행불능이 되었으므로, 위험부담의 문제가 발생한다. 이 경우 등기명의와 관련하여 적시에 필요한 조치를 위하지 않은 명의신탁자의 책임있는 사유로 이행불능이 되었기 때문에 채무자가 위험을 부담하는 제537조가 아니라 채권자가 위험을 부담하는 제538조 1항 전문이 적용되어서, 명의신탁자는 전소유자에 대하여는 이미 지급한 매매대금의 반환을 구할 수 없다고 보아야 한다(지원림).

제8장 지상권

[58] 저당권의 효력이 미치는 범위. 법정지상권
대판 1996. 4. 26. 95다52864

[사실관계]

(1) 이 사건 대지 및 1층은 소외 甲의 소유였는데, 甲은 1979. 10.경 1층과는 외견상 하나의 건물로 보이나 구조상 1층과 2층으로 구분이 확실한 2층을 건축하였다,

(2) 2층으로 출입하기 위해서는 1층의 현관을 거쳐 내부의 거실에서 사건 2층으로 올라가는 계단을 이용할 수도 있고, 1층의 거실을 통하지 않고 2층을 거쳐 옥상으로 통하는 계단을 이용할 수도 있는데 위 바깥계단 만으로도 이용에 별다른 불편이 없고, 전기와 수도를 독립하여 사용하며, 1층과는 독립하여 생활할 수 있도록 지어졌으며, 1층과 면적 및 경제적 가치도 큰 차이가 없어서 독립하여 소유권의 객체가 될 수 있었다.

(3) 甲은 1980. 4. 8. 2층은 준공검사조차 받지 않아 등기가 경료되어 있지 않은 이유로 대지 및 1층에 대하여만 甲 자신을 채무자, 乙을 근저당권자로 하여 근저당권설정등기를 경료(공동저당)해 주었고 그 근저당권에 기한 (임의)경매절차에서 원고가 경락받아 1984. 4. 4. 그 대금을 완납하고 원고명의로 소유권이전등기를 마쳤다.

(4) 甲은 1984. 9. 7. 2층에 대하여 소유권보존등기를 마치고 거주하다가 1986. 5. 17. 자신을 채무자, 丙을 근저당권자로 하여 근저당권설정등기를 경료하였고 그 근저당권에 기한 경매절차에서 丙이 경락받아 1987. 4. 20. 그의 명의로 소유권이전등기를 마쳤고, 1990. 2. 1. 피고가 이를 매수하여 그의 명의로 소유권이전등기를 마쳤다. 피고는 2층을 丁, 戊에게 임대하여 그들이 거주하고 있다.

(5) 원고가 지료를 지급하지 않는 甲을 상대로 지료청구소송을 제기하여 1985. 7. 19. 원고 승소판결이 선고되어 그대로 확정되었으나 그 후에도 甲이나 丙, 피고 역시 단 한차례의 지료도 지급하지 않아 원고가 1992. 7. 4. 피고에게 지료지급을 독촉하면서 이를 지급하지 않을 때에는 사건 2층을 철거하여 달라는 취지의 통지를 한 사실이 있다.

[법적 쟁점]

(1) 건물에 대한 저당권의 효력이 그 건물의 소유를 목적으로 한 지상권에도 미치는지

여부 및 그 건물의 양도시 (법정)지상권(종된 권리로서)도 함께 양도되는지 여부

(2) 지료에 관한 약정을 등기하지 않은 경우, 토지소유자가 구 지상권자의 지료연체 사실을 (법정)지상권 양수인에게 대항할 수 있는지 여부

(3) 법정지상권에 관한 지료가 결정되지 않은 경우, 토지소유자가 2년 이상 지료지급 지체를 이유로 지상권 소멸청구를 할 수 있는지 여부

[원고의 주장]

(1) 2층 건물 소유자에 대하여 :

가. 건물의 철거 : 이 사건 대지와 건물 1층은 원고의 소유로서 피고는 2층 건물을 소외 丙으로부터 매수하여 소유하고 피고 丁, 戊에게 임대하여 대지를 공동으로 점유함으로써 원고의 소유권을 침해하고 있다. 특별한 사정이 없는 한 피고는 2층을 철거하라.

나. 임료 상당의 손해배상 : 피고는 점유할 정당한 권원 없이 토지를 점유하는 자로서, 제750조 또는 제741조에 기해 토지를 점유하기 시작한 1990. 3. 3.부터 2층의 철거를 마칠 때까지 임료상당의 손해배상금을 지급할 의무가 있으므로 손해배상을 청구한다.

(2) 丁, 戊에 대하여 :

2층에서 퇴거할 의무가 있으므로 제214조에 기해 퇴거를 청구한다.

[피고의 주장 및 항변]

(1) 주위적 항변 : 기존 1층의 건물 옥상 위에 건물을 소유하기 위한 지상권설정계약은 그 건물의 대지에 지상권을 설정하기 위한 계약으로 보아 유효하다(대판 1978. 3. 14. 77다2379)는 판례와 제366조의 법정지상권의 요건을 충족하여 피고에게는 대지상에 이 사건 2층을 위한 법정지상권이 있으므로 제213조 단서에 의해 원고의 청구에 응할 수 없다.

(2) 예비적 항변 : 가사 법정지상권이 없다고 하더라도 적어도 채권자대위의 법리에 의하여 전건물소유자 및 대지소유자에 대하여 차례로 지상권의 설정등기 및 이전등기절차이행을 구할 수 있는 자로서 법정지상권을 취득할 지위에 있으므로 사건 2층에 대한 철거를 구하는 원고의 청구는 판례(대판(전) 1985. 4. 9. 84다카1131)에 따라 제2조 제2항의 권리남용에 해당되어 부당하다고 항변한다.

[원고의 재항변]

(1) 법정지상권 부존재 항변 : 甲이 법정지상권을 취득하였으므로 甲은 법정지상권 등기를 요하지 않으나 2층을 매수한 피고는 제186조에 따라 건물에 법정지상권 등기가 되어 있어야 법정지상권을 주장할 수 있다.

(2) 법정지상권 소멸 항변 : 甲이 지료청구소송에서 확정된 지료를 전혀 지급하지 않았고 위 판결의 효력이 미치는 변론 종결 후 승계인들인 병과 매수인인 피고는 2년 이상 지료를 지급하지 않았다. 제287조에 기해 지상권자가 2년 이상의 지료를 지급하지 아니한 때에는 지상권설정자는 지상권의 소멸을 청구할 수 있으므로 소멸통지에 의하여 법정지상권은 소멸하였다.

[원심의 판단]

○ 1심 건물철거 및 퇴거 기각 /손해배상 인용

○ 원고 항소 기각

[원심의 판단이유]

(1) 피고측 법정지상권 항변 불인정

대지(대지 및 1층에 대해서만 저당권 설정)와 2층 소유자 동일인이고 저당물의 경매로 각각 다른 소유자에게 속한 경우에 甲은 2층 부분 건물에 대하여 등기 없더라도 법정지상권을 취득한다. '경매'로부터 건물의 소유권 경락받은 경락인 丙도 경락물 취득과 함께 법정지상권을 이전등기 없이 이전받게 된다(제187조).

다만 위의 경우 건물과 함께 미등기 법정지상권을 가지고 있는 자가 건물을 타인에게 처분하여 건물에 관한 소유권이전등기를 경료하였다 하더라도 법정지상권에 대하여 이전등기를 경료하지 않은 경우 법정지상권은 당초의 법정지상권자인 丙에게 유보되어 있다(제187조 단서). 매매로 인하여 2층 건물을 취득한 피고는 법정지상권을 취득할 수 없다(대판 1992. 7. 14. 선고 92다527 참조).

(2) 피고측의 신의칙(권리남용)항변 인정

법정지상권을 가진 건물소유자로부터 건물을 양수하면서 법정지상권까지 양도받기로 한 자는 채권자대위 법리에 의하여 법정지상권을 취득할 지위에 있는 자인데 이 자에 대하여 소유권에 기하여 건물철거를 구하는 것은 신의칙 위반이다.

(3) 원고측 법정지상권 소멸 재항변 배척

원고가 지료를 지급하지 않는 甲을 상대로 지료청구소송을 제기하여 1985. 7. 19. 원고 승소판결이 선고되어 그대로 확정되었으나 법정지상권의 지료가 당사자 사이에 협의로 정해지지 않은 경우(제366조 단서) 법원에 의하여 정하여지기 전에는 비록 법정지상권자가 2년 이상 연체하고 있더라도 법정지상권의 소멸청구(제287조)를 할 수 없다.

2층에 대한 법정지상권자는 피고가 아닌 甲인데 甲에 대하여 당사자의 협의나 지료 확정에 대한 증거가 없다. 토지소유자는 지료의 등기를 하지 않는 한 새로운 지상권자(제3자)에게 그 지료채권을 가지고 대항할 수 없다(부등법 제136조 지상권). 甲에 대한 소송에서 확정된 지료를 등기하지 않았다. 따라서 법정지상권은 소멸하지 않았다.

(4) **손해배상청구부분 판단** : 피고는 대지위에 2층을 소유하고 있을만한 아무런 권원이 없고 경락인인 丙은 단 한 차례의 지료도 지급하지 않았다. 피고는 이에 대하여 지급의무가 있다.

[원고의 상고이유]

(1) 소외 丙은 이 사건 건물의 2층만을 경락받은 것이지 지상권까지 경락받은 것이 아니고, 설사 지상권까지 경락받았다고 하더라도 **물권변동에 관하여 형식주의**를 취하는 우리 법제에서는 지상권의 이전등기를 하지 아니한 이상 지상권을 승계취득하지 못한다. 법정지상권에 대한 법리오해의 위법이 있다.

(2) 위 丙이 甲의 지상권을 승계취득하였다면 그 지료채무도 승계하였다고 보아야 한다. 피고에 대한 건물철거청구가 신의칙에 위반된다면 피고도 전자의 지료채무를 승계한다고 보는 것이 신의칙상 타당하다. 따라서 지료채무를 이행하지 않아 지상권 소멸청구한 것은 정당하고 효력이 발생하여야 한다. 법정지상권 소멸에 관한 제287조의 해석에 관한 법리오해의 위법이 있다.

(3) 위 丙이 甲의 지료채무를 승계하지 않았다고 하더라도 丙 자신도 2년 이상의 지료를 연체하고 있으므로 원고의 지상권소멸청구에 의하여 지상권이 소멸되었다고 보아야 한다. 법정지상권 소멸에 관한 법리오해의 위법이 있다.

[대법원의 판단] 상고기각

【대법원의 판단이유】

(1) 법정지상권이 발생한 건물에 대한 저당권이 실행되어 '경락'된 경우에는 민법 제358조 본문의 유추 적용에 의하여 저당권이 그 건물의 종된 권리인 지상권에도 미치므로 경락인은 건물 소유를 위한 지상권도 제187조에 따라 등기 없이 취득한다.

경락인이 제3자에게 '양도'한 경우 제100조 2항 유추 적용에 의하여 건물과 함께 종된 권리인 지상권도 양도하기로 한 것으로 봄이 상당하다(대판 1992. 7. 14. 선고 92다527 판결 동지), 건물의 소유권과 함께 법정지상권도 함께 양수하였다고 본다. 별도의 법정지상권 등기가 필요 없다.

(2) 새로운 법정지상권을 취득한 자(丙)에 대한 지료액과 지급시기의 등기를 하지 아니한 경우 토지소유자가 구 지상권자의 지료연체사실을 이유로 지상권을 이어 받은 자에게 대항하지 못한다.

(3) 민법 제366조의 규정에 의한 법정지상권의 경우에 당사자의 협의, 또는 법원에 의하여 지료가 결정되지 않았을 때에는 법정지상권자가 지료를 지급하지 않았더라도 지료지급을 연체한 것으로 볼 수 없다.

[참고] 대법원이 종전의 채권자대위 법리에 의하여 법정지상권을 취득할 지위에 있는 자의 법리를 변경한 것은 종전의 채권자대위법리가 물권변동에 관한 형식주의와 배치되기 때문이다.

[59] 법정지상권

대판(전) 2002. 6. 20. 2002다9660

[사실관계]

(1) 사건 점포는 남대문시장 내 한영상가 건물의 일부에 해당된다.

(2) 피고는 甲으로부터 乙을 거쳐 순차로 대지의 지분 및 그 지상의 미등기건물을 일괄하여 매수하였으나 위 대지의 지분에 관하여만 소유권이전등기를 경료 받고 건물에 관하여는 이전등기를 경료 받지 못하고 있다.

(3) 피고는 사건 점포를 소유하기 위해 위치를 특정하여 사건 토지부분을 구분소유적 공유(상호명의신탁)의 방법으로 소유하고 있다.

(4) 피고가 원고로부터 1억 9,000만 원을 차용하면서 원고에게 위 각 대지지분에 대하여 채권최고액 2억 원의 근저당권을 설정해 주었고, 피고가 위 차용금을 갚지 못하자 원고는 위 대지의 지분에 관하여 설정한 근저당권의 실행에 의한 경매를 실시하였고, 원고가 위 대지지분을 낙찰 받고 경락대금을 완납하여 소유권을 취득하였다.

(5) 이 사건 경매절차에서 평가한 위 각 대지지분의 감정가액은 37,754,000 원에 불과한 반면(건물에 구애됨이 없이 토지에 대하여 정상 평가), 그 낙찰가액은 1억 6천만 원이었다. 이에 원고는 피고를 상대로 점포건물을 철거하고 토지를 인도할 것을 청구하고 있다.

[법적 쟁점]

(1) 미등기건물을 대지와 함께 매수하였으나 대지에 관하여만 소유권이전등기를 넘겨받고 대지에 대하여 저당권을 설정한 후 저당권이 실행된 경우, 민법 제366조 소정의 법정지상권이 성립하는지 여부

(2) 미등기건물을 대지와 함께 매도하였으나 대지에 관하여만 매수인 앞으로 소유권이전등기가 경료된 경우, 관습상의 법정지상권이 성립하는지 여부

[원고의 주장]

원고는 대지의 소유자로서 피고에 대하여 제214조에 기해 원고의 소유권을 침해하고 있는 피고의 점포건물을 철거하고 제213조 본문에 기해 토지를 인도할 것을 청구한다.

[피고의 주장]

(1) 법정지상권 항변(제366조) : 토지와 건물이 동일한 소유자에게 속해 있다가 대지에

대해서만 저당권이 설정되고 이후 저당권의 실행으로 건물의 소유자와 토지의 소유자가 달라졌다. 저당권 설정 당시 토지와 건물 모두 피고 소유였으며 저당권에 따른 경매로 말미암아 토지소유자가 달라지게 되었다. 따라서 피고는 제366조의 법정지상권을 취득하였다.

(2) 관습법상 법정지상권 항변 : 가사 법정지상권의 성립이 인정되지 않는다 하더라도 '매매' 당시 토지와 건물이 동일한 소유자(乙)에게 속해 있다가 매매로 인하여 건물과 토지소유자가 달라졌다. 따라서 피고는 관습법상의 법정지상권을 취득한다.

종전 판례(대판 1972. 10. 31. 72다1515)는 대지와 그 지상의 미등기건물을 양도(매매)하여 대지에 관하여만 소유권이전등기를 경료하고 건물에 관하여는 소유권이전등기를 경료하지 못하고 있다가 양수인이 대지에 설정한 저당권의 실행에 의하여 대지의 소유자가 달라지게 된 경우에 그 저당권설정 당시 양도인 및 양수인이 저당권자에게 그 지상건물을 철거하기로 하는 등의 특약을 한 바가 없다면 양도인이 그 지상건물을 위한 관습상의 법정지상권을 취득한다고 한다.

(3) 피고의 구분소유적 공유관계 승계항변 : 비록 원고에게 토지부분에 대하여 지분소유권이전등기가 되어 있지만, 사실은 피고가 점포를 소유하기 위해 위치를 특정하여 토지부분을 구분소유적 공유의 방법으로 소유하여 오다가 위 각 대지지분이 경매된 것이므로, 이를 낙찰 받아 구분소유적 공유관계를 승계한 원고로서는 점포의 철거를 구할 수 없다.

(4) 원고(근저당권자이면서 경락인)의 권리남용 항변 : 원고가 위 각 대지지분의 근저당권자이자 낙찰자로서, 이 사건 점포는 점포 자체가 중요한 재산이지 그 부지는 점포를 소유하기 위한 수단에 지나지 않고, 이 사건 점포가 경매목적물에서 제외된 점, 이 사건 점포는 남대문시장 내 한영상가 건물의 일부인데 남대문시장내 상관습상 대지 소유자는 그 대지를 점포의 부지로 제공하는 외에 달리 소유권을 행사하지 못하는 점 등을 누구보다 잘 알고 있었으므로, 원고가 이 사건 점포의 불철거 또는 이 사건 점포의 소유를 위한 지상권 내지 임차권을 묵시적으로 승인한 것으로 보아야 할 뿐 아니라, 이 사건 점포의 철거청구가 제2조 제2항의 권리남용에 해당되어 허용될 수 없다.

[원고의 재항변]

(1) 법정지상권이 성립하려면 저당권설정 당시 건물과 토지소유자가 동일해야 하는데 저당권 설정당시 토지소유자와 건물소유자가 각각 다르므로 법정지상권의 요건을 충족하지 못하였다.

(2) 관습법상의 법정지상권이 성립하려면 매매로 인하여 건물의 소유자와 토지의 소

유자가 달라져야 하는데 매매로 인하여 토지소유자인 윤금자가 건물의 처분권까지 취득하여 건물의 매도인을 위한 관습상의 법정지상권을 인정할 실익이 없다.

[원심의 판단] 피고 항소기각(1심 원고 청구 인용)

[원심의 판단이유]

(1) 피고의 법정지상권항변과 관습법상의 법정지상권 항변 배척
미등기건물을 그 대지와 함께 양수한 사람이 그 대지에 관하여서만 소유권이전등기를 넘겨받고 건물에 대하여는 그 등기를 이전받지 못하고 있는 상태에서 그 대지가 경매되어 소유자가 달라지게 된 경우에는 (저당권 설정당시) 미등기건물의 양수인은 미등기건물을 처분할 수 있는 권리는 있을지언정 소유권은 가지고 있지 아니하므로 대지와 건물이 동일인의 소유에 속한 것이라고 볼 수 없어 법정지상권이 발생할 수 없다

(2) 구분소유적 공유관계를 승계하였다 하더라도 이 사정만으로 철거청구 허용되지 않는다고 볼 수 없다.

(3) 원고가 낙찰 받은 위 각 대지지분에는 단순한 토지로서의 가치 이외에 이 사건 점포의 가치까지 포함되어 있는 것으로 봄이 상당하다. 권리남용이 아니다.

[상고이유]

(1) 제366조의 법정지상권에 대한 법리오해

(2) 관습법상 법정지상권에 대한 법리오해

[대법원의 판단] 피고의 상고기각

【대법원의 판단이유】

[1] 민법 제366조의 법정지상권은 저당권 설정 당시에 동일인의 소유에 속하는 토지와 건물이 저당권의 실행에 의한 경매로 인하여 각기 다른 사람의 소유에 속하게 된 경우에 건물의 소유를 위하여 인정되는 것이므로, 미등기건물을 그 대지와 함께 매수한 사람이 그 대지에 관하여만 소유권이전등기를 넘겨받고 건물에 대하여는 그 등기를 이전 받지 못하고 있다가, 대지에 대하여 저당권을 설정하고 그 저당권의 실행으로 대지가 경매되어 다른 사람의 소유로 된 경우에는, 그 저당권의 설정 당시에 이미 대지와 건물이 각각 다른 사람의 소유에 속하고 있었으므로 법정지상권이 성립될 여지가 없다.

[2] 관습상의 법정지상권은 동일인의 소유이던 토지와 그 지상건물이 매매 기타 원인으로 인하여 각각 소유자를 달리하게 되었으나 그 건물을 철거한다는 등의 특약이 없으면 건물 소유자로 하여금 토지를 계속 사용하게 하려는 것이 당사자의 의사라

고 보아 인정되는 것이므로 토지의 점유·사용에 관하여 당사자 사이에 약정이 있는 것으로 볼 수 있거나 토지 소유자가 건물의 처분권까지 함께 취득한 경우에는 관습상의 법정지상권을 인정할 까닭이 없다 할 것이어서, 미등기건물을 그 대지와 함께 매도하였다면 비록 매수인에게 그 대지에 관하여만 소유권이전등기가 경료되고 건물에 관하여는 등기가 경료되지 아니하여 형식적으로 대지와 건물이 그 소유 명의자를 달리하게 되었다 하더라도 매도인에게 관습상의 법정지상권을 인정할 이유가 없다.

[양도인이 지상건물을 위한 관습법상의 법정지상권 취득한다는 종전 판례 폐기]

이와 달리, 대지와 그 지상의 미등기건물을 양도하여 대지에 관하여만 소유권이전등기를 경료하고 건물에 관하여는 소유권이전등기를 경료하지 못하고 있다가 양수인이 대지에 설정한 저당권의 실행에 의하여 대지의 소유자가 달라지게 된 경우에 그 저당권설정 당시 양도인 및 양수인이 저당권자에게 그 지상건물을 철거하기로 하는 등의 특약을 한 바가 없다면 양도인이 그 지상건물을 위한 관습상의 법정지상권을 취득한다는 견해를 표명한 대법원 1972. 10. 31. 선고 72다1515 판결은 이와 저촉되는 한도 내에서 이를 폐기하기로 한다.

[60] 토지와 건물에 공동저당권이 설정된 후 다른 건물의 신축과 법정지상권
대판(전) 2003. 12. 18. 98다43601

[법적 쟁점]

동일인 소유의 토지와 그 지상 건물에 관하여 공동저당권이 설정된 후그 건물이 철거되고 다른 건물이 신축된 경우, 저당물의 경매로 인하여 토지와 신축건물이 서로 다른 소유자에게 속하게 되면 민법 제366조 소정의 법정지상권이 성립하는지 여부(소극)

【판결요지】

[1] **[다수의견]** 동일인의 소유에 속하는 토지 및 그 지상 건물에 관하여 공동저당권이 설정된 후 그 지상 건물이 철거되고 새로 건물이 신축된 경우에는 그 신축건물의 소유자가 토지의 소유자와 동일하고 토지의 저당권자에게 신축건물에 관하여 토지의 저당권과 동일한 순위의 공동저당권을 설정해 주는 등 특별한 사정이 없는 한 저당물의 경매로 인하여 토지와 그 신축건물이 다른 소유자에 속하게 되더라도 그 신축건물을 위한 법정지상권은 성립하지 않는다고 해석하여야 하는바, 그 이유는 동일인의 소유에 속하는 토지 및 그 지상 건물에 관하여 공동저당권이 설정된 경우에는, 처음부터 지상 건물로 인하여 토지의 이용이 제한 받는 것을 용인하고 토지에 대하여만 저당권을 설정하여 법정지상권의 가치만큼 감소된 토지의 교환가치를 담보로 취득한 경우와는 달리, 공동저당권자는 토지 및 건물 각각의 교환가치 전부를 담보로 취득한 것으로서, 저당권의 목적이 된 건물이 그대로 존속하는 이상은 건물을 위한 법정지상권이 성립해도 그로 인하여 토지의 교환가치에서 제외된 법정지상권의 가액 상당 가치는 법정지상권이 성립하는 건물의 교환가치에서 되찾을 수 있어 궁극적으로 토지에 관하여 아무런 제한이 없는 나대지로서의 교환가치 전체를 실현시킬 수 있다고 기대하지만, 건물이 철거된 후 신축된 건물에 토지와 동순위의 공동저당권이 설정되지 아니 하였는데도 그 신축건물을 위한 법정지상권이 성립한다고 해석하게 되면, 공동저당권자가 법정지상권이 성립하는 신축건물의 교환가치를 취득할 수 없게 되는 결과 법정지상권의 가액 상당 가치를 되찾을 길이 막혀 위와 같이 당초 나대지로서의 토지의 교환가치 전체를 기대하여 담보를 취득한 공동저당권자에게 불측의 손해를 입게 하기 때문이다.

이와 달리, 동일인의 소유에 속하는 토지와 그 지상건물에 관하여 공동저당권이 설정된 후 그 지상건물이 철거되고 새로 건물이 신축된 경우에도 그 후 저당권의 실행에 의하여 토지가 경락됨으로써 대지와 건물의 소유자가 달라지면 언제나 토지에 관하여 신축건물을 위한 법정지상권이 성립된다는 취지의 대법원 1990. 7. 10. 선고 90다카6399 판결, 1992. 6. 26. 선고 92다9388 등 판결의 견해는, 위와 저촉되는 한도 내에서 이를 변경하기로 한다.

[반대의견] 민법 제366조가 법정지상권제도를 규정하는 근본적 취지는 저당물의 경매로 인하여 토지와 그 지상건물이 다른 사람의 소유에 속하게 된 경우에 건물이 철거됨으로써 생길 수 있는 사회경제적 손실을 방지하려는 공익상 이유에 있는 것이지 당사자 어느 한편의 이익을 보호하려는 데 있는 것이 아니고, 법정지상권은 저당권 설정 당사자의 의사와 관계없이 객관적 요건만으로써 그 성립이 인정되는 법정물권인바, 저당권자가 그 설정 당시 가졌던 '기대'가 어떤 것이었느냐에 의하여 법정지상권의 성립 여부를 달리 판단하는 다수의견은 법정지상권 성립요건의 객관성 및 강제성과 조화되기 어렵고, 토지와 건물 양자에 대하여 공동으로 저당권이 설정된 경우, 원칙적으로 그 공동저당권자가 토지에 관하여 파악하는 담보가치는 법정지상권의 가치가 제외된 토지의 가치일 뿐이고, 건물에 관하여 파악하는 담보가치는 건물 자체의 가치 외에 건물의 존속에 필요한 법정지상권의 가치가 포함된 것이며, 법정지상권은 그 성질상 건물에 부수하는 권리에 불과하므로 구건물이 멸실되거나 철거됨으로써 건물저당권 자체가 소멸하면, 공동저당권자는 건물 자체의 담보가치는 물론 건물저당권을 통하여 파악하였던 법정지상권의 담보가치도 잃게 되고, 이에 따라 토지 소유자는 건물저당권의 영향에서 벗어나게 된다고 보는 것이 논리적으로 합당하다. 그러므로 토지 소유자는 그 소유권에 기하여 토지 위에 신건물을 재축할 수 있고, 그 후 토지저당권이 실행되면 신건물을 위한 법정지상권이 성립하며, 다만 그 내용이 구건물을 기준으로 그 이용에 일반적으로 필요한 범위로 제한됨으로써 공동저당권자가 원래 토지에 관하여 파악하였던 담보가치, 즉 구건물을 위한 법정지상권 가치를 제외한 토지의 담보가치가 그대로 유지된다고 보아야 하고, 이것이 바로 가치권과 이용권의 적절한 조절의 모습이다.

[다수의견쪽 보충의견] 민법 제366조가 '저당물의 경매로 인하여 토지와 그 지상건물이 다른 소유자에게 속한 경우'라고 규정하여, 마치 경매 당시에 건물이 존재하기만 하면 법정지상권이 성립할 수 있는 것처럼 규정하고 있지만 위 조문의 해석상 법정지상권이 성립하기 위하여 저당권설정 당시 토지상에 건물이 존재하여야 하고, 따라서 나대지에 저당권설정 후 설정자가 그 지상에 건물을 신축 후 경매로 토지와 건물의 소유자가 달라진 경우에는 그 신축건물을 위한 법정지상권의 성립을 부정하는 것이 판례·통설인바, 이는 이러한 경우에도 건물보호라는 공익적 요

청을 고려하여 법정지상권의 성립을 허용하면 당초 건물 없는 토지의 교환가치를 기대한 저당권자의 기대 내지 의사에 반하기 때문에 이러한 당사자의 의사를 고려한 것으로 볼 수 있고, 이를 미루어 보아 법정지상권제도가 당사자의 의사를 전혀 도외시한 채 건물보호라는 공익적 요청에 의한 것이라고만 할 수는 없으며, 단독저당, 공동저당 어느 경우나 원칙적으로 저당권설정 당시 존재하던 건물이 헐린 후 재축된 신건물에 대하여는 물권법정주의의 원칙상 법정지상권이 성립될 수 없지만 예외적으로 그 성립을 인정하여도 저당권자의 의사 내지 기대에 반하지 아니하는 경우(단독저당이 여기에 해당한다)에 국한하여 건물보호를 위하여 법정지상권의 성립범위를 확장해석하는 것은 법정지상권의 성립요건의 객관성이나 강제성과는 관련이 없다.

[사실관계]

(1) 이 사건 대지 위에는 단층주택이 건축되어 있었는데, 위 대지 및 단층주택을 매수하여 소유권을 취득한 피고 甲은 1989. 2. 11. 위 대지 및 단층주택을 공동담보로 제공하여 개봉단위농업협동조합 앞으로 근저당권설정등기를 마쳐 주었다가, 그 후 1991. 12. 5. 위 근저당권의 실행에 의하여 위 대지 및 단층주택에 관한 임의경매절차가 개시되었다.

(2) 그런데 피고 甲은 그 전인 1991. 9. 30.경 피고 乙에게 위 단층주택의 철거와 이 사건 3층 주택의 신축공사를 도급 주었는데, 피고 乙은 1991. 10.경 위 단층주택을 철거하고 이 사건 3층 주택(이하 '이 사건 신축건물')의 신축공사를 시행하여 1992. 3.경 완공하였으나, 준공검사를 받지는 못하고 있고, 이 사건 신축건물은 피고들이 일부씩 나누어 점유하고 있다.

(3) 한편, 위 임의경매절차에서는 위 단층주택이 이미 철거되었다는 이유로 위 단층주택에 대한 경매절차는 취소되고, 이 사건 대지에 대한 경매절차만이 속행되어 1992. 4. 23. 丙이 이 사건 대지를 경락받은 사실, 그 후 이 사건 대지의 소유권은 위 丙으로부터 丁을 거쳐 1994. 10. 11. 원고에게로 순차 이전되었다.

(4) 원고는 1994. 9. 6. 피고 乙로부터 이 사건 신축건물을 대금 1억 3,800만 원에 매수하기로 약정하고 계약금 2,000만 원을 피고 乙에게 지급한 후, 이 사건 신축건물이 피고 甲의 소유라는 취지의 이 사건 제1심판결이 선고되자 다시 1997. 12. 18. 피고 甲으로부터 이 사건 신축건물을 대금 1억 4,400만 원에 매수하기로 약정하고 계약금 1,500만 원을 피고 甲에게 지급하였다.

[원고의 주장]

원고는 사건 대지의 소유자로서 주위적으로, 1. 이 사건 주택의 소유자임을 서로 다투는 피고들은 연대하여 원고에게 토지 위의 건물을 철거하고, 위 대지를 인도하고, 2. 피고 乙은 원고에게 이 사건 신축건물에 관한 매매계약의 불이행으로 인한 원상회복 및 손해배상으로서 금 30,000,000원을 구하고, 제1 예비적으로, 원고에게 1. 피고 甲은 원고로부터 금 114,000,000원을 지급받음과 상환으로 이 사건 주택 및 이 사건 대지를 명도 또는 인도하고, 2. 피고 乙은 이 사건 주택의 지층 및 1층 각 66.1와 2층 66.1 중 (가)부분 33.05에서 퇴거할 것을 구하였다.

제2 예비적으로, 피고들은 원고로부터 금 94,000,000원을 지급받음과 상환으로 이 사건 주택 및 이 사건 대지를 명도 또는 인도하라[원고는 항소심에서 피고 甲에 대한 위 각 예비적 청구와 피고 乙에 대한 위 제1 예비적 청구를 각 새로이 추가하는 한편, 피고 乙에 대하여 원심에서부터 이미 매매대금과 상환조건으로 구하여 오던 예비적 주택철거 및 대지인도 청구에 관하여는 그 청구취지를 확장한(상환할 매매대금 액수가 줄었다) 다음 그 판단순서를 새로 추가한 위 제1 예비적 청구의 다음 순위로 바꾸었다].

[피고 갑의 항변]

자신에게 위 대지에 관하여 이 사건 주택의 소유를 위한 법정지상권이 있다고 항변한다.

[피고 을의 항변]

사건 주택의 소유자가 자신의 처라고 주장하면서 자신을 상대로 한 원고의 각 청구는 부적법하므로 각하되어야 한다는 본안 전 항변과 가사 자신이 사건 주택의 소유자라고 하더라도 자신에게는 위 대지에 관하여 이 사건 주택의 소유를 우한 법정지상권이 있다는 항변을 한다.

[61] 관습법상 법정지상권의 성립요건
대판 2013. 4. 11. 2009다62059

[법적 쟁점]

강제경매의 목적이 된 토지 또는 그 지상 건물에 관하여 강제경매를 위한 압류나 그 압류에 선행한 가압류가 있기 이전에 저당권이 설정되어 있다가 강제경매로 저당권이 소멸한 경우, 건물 소유를 위한 관습상 법정지상권의 성립 요건인 '토지와 그 지상 건물이 동일인 소유에 속하였는지'를 판단하는 기준 시기(=저당권 설정 당시)

[판결요지]

토지 또는 그 지상 건물의 소유권이 강제경매로 인하여 그 절차상의 매수인에게 이전되는 경우에는 그 매수인이 소유권을 취득하는 매각대금의 완납 시가 아니라 강제경매개시결정으로 압류의 효력이 발생하는 때를 기준으로 토지와 지상 건물이 동일인에게 속하였는지에 따라 관습상 법정지상권의 성립 여부를 가려야 하고,강제경매의 목적이 된 토지 또는 그 지상 건물에 대하여 강제경매개시결정 이전에 가압류가 되어 있다가 그 가압류가 강제경매개시결정으로 인하여 본압류로 이행되어 경매절차가 진행된 경우에는 애초 가압류의 효력이 발생한 때를 기준으로 토지와 그 지상 건물이 동일인에 속하였는지에 따라 관습상 법정지상권의 성립 여부를 판단하여야 한다. 나아가 강제경매의 목적이 된 토지 또는 그 지상 건물에 관하여 강제경매를 위한 압류나 그 압류에 선행한 가압류가 있기 이전에 저당권이 설정되어 있다가 그 후 강제경매로 인해 그 저당권이 소멸하는 경우에는, 그 저당권 설정 이후의 특정 시점을 기준으로 토지와 그 지상 건물이 동일인의 소유에 속하였는지에 따라 관습상 법정지상권의 성립 여부를 판단하게 되면, 저당권자로서는 **저당권 설정 당시**를 기준으로 그 토지나 지상 건물의 담보가치를 평가하였음에도 저당권 설정 이후에 토지나 그 지상 건물의 소유자가 변경되었다는 외부의 우연한 사정으로 인하여 자신이 당초에 파악하고 있던 것보다 부당하게 높아지거나 떨어진 가치를 가진 담보를 취득하게 되는 예상하지 못한 이익을 얻거나 손해를 입게 되므로, <u>그 저당권 설정 당시를 기준으로 토지와 그 지상 건물이 동일인에게 속하였는지에 따라 관습상 법정지상권의 성립 여부를 판단하여야 한다.</u>

[사실관계]

(1) 소외 2는 2003. 6.경 소외 1에게 자신의 소유인 이 사건 토지 상에 다세대주택 4세대를 신축하는 공사를 도급주고 건축허가를 받았으며, 소외 1은 그 무렵부터 위 다세대주택 신축공사를 시작하였다. 그 후 소외 2는 이 사건 토지를 소외 1에게

양도하여 2003. 9. 8. 소외 1앞으로 등기를 이전하였다.

(2) 이에 소외 1은 2003. 9. 8. 자신의 소유로 된 이 사건 토지 등을 공동담보로 하여 조흥은행으로부터 대출을 받으면서 이 사건 토지에 관하여 1번 근저당권을 설정하여 주었는데, 당시 이 사건 토지 상에는 이미 지하1층 지상4층 건물 중 3층 골조공사까지 건축이 진행되어 있었다.

(3) 그 후 이 사건 토지 상에는 이 사건 10내지 13건물 및 이 사건 14건물 부분으로 구분된 다세대주택 1동이 건축되었는데, 일부 사람들이 전입신고를 마치고 그곳에 거주하기 시작한 2004. 10. 내지 12.경에는 건물의 형태가 거의 완성되었다.

(4) 이 사건 토지 등에 관하여 부동산강제경매가 진행되었고, 원고는 2007. 4. 25. 이 사건 토지 등을 위 경매절차에서 매수하여 매각대금을 완납하였다.

(5) 이 사건 토지 상에 건축된 다세대주택 중 이 사건 10내지 13건물에 관하여 2005. 5. 11. 채권자들의 가압류 등 신청에 의한 법원의 촉탁으로 건축허가 명의자인 소외 2앞으로 각 소유권보존등기가 경료되었는데, 그 후 피고 1, 피고 2, 피고 6, 피고 5, 피고 7, 소외 3및 소외 4가 제기한 소송사건에서 2006. 4. 11. 소외 2로 하여금 소외 1에게 위 각 건물에 관하여 진정명의회복을 원인으로 한 소유권이전등기절차를 이행하라는 조정에 갈음하는 결정이 이루어졌다.

(6) 위 결정 내용에 따라 이 사건 10, 12, 13건물에 관하여는 2007. 8. 6. 소외 1앞으로 소유권이전등기가 경료되었다가, 같은 날 위 각 건물 중 각1/7지분씩에 관하여 피고 1등 7인의 명의로 등기가 이전되었고, 그중 소외 4의 지분에 관하여는 2007. 8. 14. 피고 4의 아버지인 소외 5에게 등기가 다시 이전되었으며, 이 사건 11건물에 관하여는 소외 1로부터 이를 대물변제받기로 한 피고 3이 소외 1을 대위하여 소외2를 상대로 소송사건에서의 조정에 갈음하는 결정에 따라 2006. 12. 28. 피고 3앞으로 소유권이전등기가 경료되었다.

(7) 이 사건 14건물 부분은 이 사건 토지 상 다세대주택의 공용부분으로 전유부분의 소유자들이 이를 공유하고 있고, 피고 4와 소외 5는 이 사건 10건물을, 피고 3은 이 사건 11건물을 각 점유하고 있다.

[원고의 주장]

원고는 이 사건 토지와 건물이 원고 소유임을 이유로 피고들에게 건물(또는 그 지분) 철거, 토지인도, 건물에서의 퇴거를 구하고 있다.

[피고들의 항변]

이 사건 1 토지 및 그 지상 건물인 이 사건 10 내지 13 건물 및 이 사건 14 건물 부분은 모두 소외 1의 소유였고 원고가 경매로 토지만을 취득하였으므로 피고 6, 2,

1, 5, 7, 3은 관습법상 법정지상권을 취득하였는바, 원고의 이 사건 청구에 응할 수 없다는 관습법상 법정지상권 취득항변을 하였다.

[원고의 재항변]

이 사건 10, 12, 13 건물이 소외 2 명의로 소유권보존등기가 경료되어 있었던 점을 지적하며 경락 당시 위 건물이 소외 1의 소유가 아니었으므로 관습법상 법정지상권이 성립할 여지가 없다.

[원심의 판단] 원고의 피고들에 대한 청구 모두 기각

[원심의 판단이유]

원고 소유의 이 사건 1 토지 지상에 피고 6, 2, 1, 5, 7이 이 사건 10, 12, 13 건물을 소유하고 있으며, 이 사건 11 건물에 관하여 피고 3이 소유권이전등기를 경료하였고, 이 사건 10 내지 13 건물(다세대 주택)의 지하 부분인 이 사건 14 건물 부분이 공유부분인 사실은 앞서 본 바와 같으므로, 위 피고들은 특별한 사정이 없는 한 원고가 구하는 바에 따라 각 지분 범위 내에서 원고에게 이 사건 10 내지 13 건물 및 이 사건 14 건물 부분을 철거하고 이 사건 1 토지를 인도할 의무가 있다.

또한, 피고 4, 3이 이 사건 1 토지 지상의 이 사건 10, 11 건물을 점유하고 있음은 앞서 본 바와 같으므로, 피고 4, 3은 특별한 사정이 없는 한 각 해당 점유 건물에서 퇴거할 의무가 있다.

피고들의 관습법상 법정지상권 취득항변에 대해서는, 소외 1이 2003. 9. 8. 이 사건 1 토지의 소유권을 전부 취득하였고, 소외 2가 2003. 6.경 소외 1에게 이 사건 1 토지 지상에 다세대 4가구를 건축하는 공사를 도급 준 사실, 원고가 이 사건 1 토지를 2007. 4. 25. 낙찰받아 그 앞으로 소유권이전등기를 경료하였고, 소외 1이 자기의 노력과 재료를 들여 이 사건 1 토지 지상에 이 사건 10 내지 13 건물 및 이 사건 14 건물 부분을 건축한 사실을 인정할 수 있으므로 소외 1은 위 건물의 소유권을 원시취득하였다 할 것인바, 이 사건 1토지와 이 사건 10 내지 13 건물 및 이 사건 14 건물 부분은 소외 1의 소유에 속하였다가 원고가 그 중 이 사건 1 토지만을 경락받음으로써 소유자가 달라져 위 피고들이 관습법상 법정지상권을 취득하였다 할 것이므로 피고들의 위 주장은 이유 있다.

원고는, 이 사건 10, 12, 13 건물이 소외 2 명의로 소유권보존등기가 경료되어 있었던 점을 지적하며 경락 당시 위 건물이 소외 1의 소유가 아니었으므로 관습법상 법정지상권이 성립할 여지가 없다고 주장하나, 건축업자가 타인의 대지를 매수하여 계약금만 지급하거나 대금을 전혀 지급하지 아니한 채 그 지상에 자기의 노력과 재료를 들여 건물을 건축하면서 건축허가 명의를 대지소유자로 하는 경우에는 그 목적이 대

지대금채무를 담보하기 위한 경우가 일반적이고, 채무의 담보를 위하여 채무자가 자기의 비용과 노력으로 신축하는 건물의 건축허가 명의를 채권자 명의로 하였다면 이는 완성될 건물을 담보로 제공하기로 하는 합의로서 법률행위에 의한 담보권의 설정이라 할 것이므로, 완성된 건물의 소유권은 일단 이를 건축한 채무자가 원시적으로 취득한 후 채권자 명의로 소유권보존등기를 마침으로써 담보목적의 범위 내에서 채권자에게 그 소유권이 이전된다고 보아야 할 것인데(대법원 2001. 3. 13. 선고 2000다48517, 45824, 48531 판결 등 참조), 앞서 본 바와 같이 위 보존등기는 피고 3의 가처분등기 촉탁에 의하여 이루어진 것으로 2007. 8. 6. 진정명의 회복을 원인으로 소외 1 앞으로 소유권이전등기가 경료된 점, 소유권보존등기가 경료된다고 하더라도 담보목적의 범위 내에서 소유권이 이전될 뿐이므로 법정지상권의 성립을 방해한다고 보기 어렵다는 점 등에 비추어 볼 때 그 주장을 받아들이기 어렵다(한편, 이 사건 1, 2 토지 및 이 사건 3 내지 9 건물은 최초 감정평가액이 840,200,000원이었는데 이 사건 10 내지 13 건물 및 이 사건 14 건물 부분에 대한 법정지상권 성립 여부가 불명확하다는 점이 매각명세서에 드러나 수차례 유찰되면서 최저매각가격이 110,848,000원까지 내려간 상황에서 원고가 경락받았고, 원고는 당시 이 사건 1 토지 위에 이 사건 10 내지 13 건물 및 이 사건 14 건물 부분이 존재한다는 것을 알고 있었던 점 등 변론에 나타난 제반 사정을 고려하면, 원고의 청구는 권리남용 내지 신의칙 위반에 해당될 여지도 있다).

[대법원의 판단] 상고 기각

【대법원의 판단이유】

(1) 이 사건 토지에 대한 강제경매개시결정 이전에 당초 조흥은행 앞으로 근저당권이 설정되어 있었고, 이 사건 토지에 관하여 위 근저당권이 설정될 당시에 이 사건 토지 소유자인 소외 1에 의하여 그 지상에 건물이 그 규모·종류를 외형상 예상할 수 있는 정도까지 건축이 진전되어 있었으며, 그 후 경매절차에서 매수인인 원고가 매각대금을 완납하기 이전인 2004. 10.경 독립된 부동산으로서 건물의 요건을 갖추었던 이상 이 사건 토지와 그 지상 건물은 저당권 설정 당시부터 모두소외 1의 소유에 속하고 있었다고 봄이 상당하고, 그에 따라 이 사건 토지에 대하여는 저당권 설정 당시에 시행 중이던 신축공사의 완료로 인하여 건축된 이 사건 10내지 13건물을 위한 관습상 법정지상권이 성립하므로, 이 사건 10, 12, 13건물에 관하여는 매각대금완납 당시의 위 각 건물 소유자인 소외 1이 관습상 법정지상권을 취득하는 한편, 이 사건 11건물에 대하여는 매각대금 완납 당시에 위 건물에 대하여 실체관계에 부합하는 유효한 소유권이전등기를 경료하고 있던 피고 3이 관습상 법정지상권을 취득한다고 봄이 상당하다.

따라서 원고가 이 사건 토지에 관한 관습상 법정지상권을 취득한 소외 1로부터 이 사건 10, 12, 13건물을 양수하여 원고에게 관습상 법정지상권 설정등기절차의 이행을 구할 지위에 있는 피고 1, 피고 2, 피고 6, 피고 5, 피고 7등이나, 관습상 법정지상권자인 피고 3을 상대로 그들 소유의 이 사건 토지 지상 건물의 철거를 구하는 것은 **신의성실의 원칙상** 허용될 수 없다.

(2) 피고 4에 대한 건물퇴거 부분 : 피고 4에 대한 부분

피고 4의 주장은, 자신이 소외 1로부터 2004. 3. 21. 이 사건 10건물을 분양받음으로써 소외 1의 민법 제366조에서 정한 법정지상권 또는 관습상 법정지상권을 양수받았으므로 원고의 청구는 신의성실의 원칙에 반한다는 취지인데, 앞서 본 사실관계에 비추어 보면 소외1은 이 사건 토지 지상의 건물이 독립된 부동산으로서 건물의 요건을 갖추기 이전인 2004. 3. 21.에는 이 사건 10건물의 소유를 위하여 위 법정지상권을 취득할 수 없으므로, 피고 4가 그 주장과 같은 법정지상권을 소외 1로부터 양수받았다고 볼 수는 없다. 그러나 앞서본 바와 같이 피고 6, 피고 1, 피고 2, 피고 5, 피고 7및 피고 4의 아버지인 소외 5등이 이 사건 10건물 중 각 1/7지분을 소유하고, 앞서 본 바와 같이 원고가 관습상 법정지상권을 가지는 피고 6등 지분권자들을 상대로 위 건물의 철거 및 그 대지인 이 사건 토지의 인도를 청구할 수 없는 이상, 건물소유자가 아닌 피고 4가 위 건물을 점유하고 있다고 하더라도, 이 사건 토지 소유권은 위와 같은 점유에 의하여 그 원만한 실현을 방해당하고 있는 것이 아니므로, 이 사건 토지 소유자인 원고는 자신의 소유권에 기한 방해배제로서 위 건물 점유자인 피고 4에 대하여 위 건물에서 퇴거해 달라고 청구할 수 없다.

제9장 전세권

[62] 전세금반환채권의 양도
대판 1997. 11. 25. 97다29790

[사실관계]

(1) 피고는 1990. 8. 29.경 건물 중 2층 전부를 소외 A 주식회사(원심 공동피고)에게 전세금 160,000,000원, 기간 5년으로 정하여 임대하고, 1991. 1. 16. 전세금 160,000,000원, 목적 및 범위로 위 영업용 2층 건물 전부, 존속기간 1993. 11. 26. 전세권자를 위 소외회사로 하는 전세권설정등기를 하여 주었다.

(2) 소외 B 주식회사 (대표이사 甲)는 1993. 10.경 원고은행에 대하여 대출금채무가 1,190,000,000 원이나 되는데다 담보가 부족하여 원고은행에서는 위 甲에게 추가 담보를 요구하였다.

(3) 한편 건물 중 2층 전부에 대한 전세권자이던 위 소외 A 주식회사는 그 대표이사가 위 甲의 종형인 소외 乙이었으나 위 A 소외회사는 사실상 위 甲의 1인 회사였으므로 위 乙은 위 연금매장의 운영에 거의 관여하지 아니하고 위 甲이 이를 운영하였는데, 甲은 전세권 기간 만료 후인 1993. 12. 16. 위 연금매장의 대표이사인 소외 乙의 위임을 받아 위 소외 B 주식회사의 원고은행에 대한 채무의 담보로 위 연금매장의 피고에 대한 위 전세금반환채권을 원고에게 양도하고 같은 해 12. 18. 확정일자 있는 증서로 이를 피고에게 통지하였고, 위 연금매장은 위 전세권의 존속기간이 만료된 후 피고에게 위 건물을 명도하였다. 피고는 전세권설정등기를 말소하였다.

[법적 쟁점]

전세금반환채권을 전세권과 분리하여 양도할 수 있는지 여부

[원고의 주장]

가. **양수금청구** : 원고는 전세금반환채권의 양수인으로서, 양도인인 甲이 대표이사인 乙의 위임을 받아 위 소외 주식회사 경북근대화체인의 원고은행에 대한 채무의 담보로 원고은행에에 적법하게 채권을 양도하였다. 또한 제450조에 의한 채무자에의 대항요건인 통지도 갖추었다. 따라서 양수금을 청구한다.

나. 피고가 말소한 전세권설정등기의 회복등기절차를 이행하라.

전세권이 용익물권으로서의 운명은 다 하였지만 전세금반환채권의 담보를 위한 담보물권적 성격은 가지므로 그에 터 잡아서 말소된 전세권설정등기의 회복등기절차를 이행할 의무가 있다(담보물권의 부종성).

담보물권에는 통유성으로서 부종성과 수반성이 있으므로 피담보채권의 양도에는 당연히 담보물권적 성격을 가진 전세권도 양도되므로 원고는 전세권의 양수인으로서 전세권을 가지고 있고 담보물권의 물권적 청구권으로서 말소된 전세권설정등기의 회복등기를 구한다(실익은 경매청구권과 우선변제권에 있다).

[피고의 항변]

가. **양수금청구에 대하여** : 전세권과 분리하여 전세금반환채권만을 분리하여 양도하는 것은 허용되지 않는다. 전세권은 담보물권적 성격도 가지고 있으므로 부종성과 수반성이 있는데 그러한 담보물권의 통유성에 반하는 부종성을 부정하는 전세금반환채권만을 분리하여 양도하는 것은 허용되지 않는다.

나. **전세권설정등기 회복등기청구에 대하여** : 전세권의 존속기간이 만료하였으므로 당연히 전세권설정등기는 말소되어야 한다. 단지 전세금반환채권만을 양수한 자는 전세권자 아니므로 전세권자로서의 지위를 갖지 않고 전세권설정등기 회복등기청구권이 없다. 만약 전세권을 주장하려면 전세권이전의 부기등기가 되어 있어야 전세권의 양도를 주장할 수 있다.

[원심의 판단] 원고 일부 승소

[원심의 판단이유]

(1) **양수금 청구 인용** : 소외 A 주식회사가 위 회사의 피고에 대한 이 사건 전세금반환채권을 원고에게 양도하고 그 양도 사실을 피고에게 통지한 사실을 인정한 다음, 위 채권양도의 효력을 인정하여 원고의 양수금 청구를 인용하였다.

(2) **전세권설정등기 회복청구 기각** : 원고가 전세권을 주장하려면 전세권이전의 부기등기가 되어 있어야 한다.

[피고의 상고이유]

전세권이 담보물권적 성격도 가지는 이상 부종성과 수반성이 있는 것이므로 전세권을 그 담보하는 전세금반환채권과 분리하여 양도하는 것은 허용되지 않는다.

[대법원의 판단] 상고기각

【대법원의 판단이유】

전세권이 담보물권적 성격도 가지는 이상 부종성과 수반성이 있는 것이므로 전세권을 그 담보하는 전세금반환채권과 분리하여 양도하는 것은 허용되지 않는다고 할 것이나, 한편 담보물권의 수반성이란 피담보채권의 처분이 있으면 언제나 담보물권도 함께 처분된다는 것이 아니라, 채권담보라고 하는 담보물권 제도의 존재 목적에 비추어 볼 때 특별한 사정이 없는 한 피담보채권의 처분에는 담보물권의 처분도 포함된다고 보는 것이 합리적이라는 것일 뿐이므로, 전세권이 존속기간의 만료로 소멸한 경우이거나 전세계약의 합의해지 또는 당사자 간의 특약에 의하여 전세권반환채권의 처분에도 불구하고, 전세권의 처분이 따르지 않는 경우 등의 특별한 사정이 있는 때에는 채권양수인은 담보물권이 없는 무담보의 채권을 양수한 것이 된다.

[참고] 다만 판례는 전세권이 존속하는 동안에 **전세권을 존속시키기로 하면서** 전세금반환채권만을 전세권과 분리하여 확정적으로 양도할 수 없다고 한다(대판 2002. 8. 23. 2001다69122).

[63] 전세금반환채권의 분리양도

대판 2002. 8. 23. 2001다69122

[법적 쟁점]

전세권이 존속하는 동안에 전세권을 존속시키기로 하면서 전세금반환채권만을 전세권과 분리하여 확정적으로 양도할 수 있는지 여부(소극)

[판결요지]

전세권은 전세금을 지급하고 타인의 부동산을 그 용도에 따라 사용·수익하는 권리로서 전세금의 지급이 없으면 전세권은 성립하지 아니하는 등으로 전세금은 전세권과 분리될 수 없는 요소일 뿐 아니라, 전세권에 있어서는 그 설정행위에서 금지하지 아니하는 한 전세권자는 전세권 자체를 처분하여 전세금으로 지출한 자본을 회수할 수 있도록 되어 있으므로 전세권이 존속하는 동안은 전세권을 존속시키기로 하면서 전세금반환채권만을 전세권과 분리하여 확정적으로 양도하는 것은 허용되지 않는 것이며, 다만 전세권 존속 중에는 장래에 그 전세권이 소멸하는 경우에 전세금 반환채권이 발생하는 것을 조건으로 그 장래의 조건부 채권을 양도할 수 있을 뿐이라 할 것이다.

[사실관계]

(1) 소외 회사는 1991. 9. 15. 최초로 피고들과 사이에 피고들 소유의 지상의 지하 4층, 지상 8층의 A빌딩 중 7층 전부와 6, 8층 각 일부에 관하여 임차보증금을 552,760,000원, 월 차임을 7,396,920원, 임대차기간을 1991. 12. 15.부터 1992. 12. 14.까지로 정하여 임차하기로 하는 내용의 임대차계약을 체결하고, 그 무렵부터 위의 건물 부분을 점유·사용하여 오면서 임대차기간이 만료되면 임대보증금 등을 인상하는 방식으로 임대차계약을 갱신하여 왔다.

(2) 그러던 중 소외 회사는 1995. 1. 1.에 이르러 피고들과 사이에 피고들로부터 위의 건물 중 6층 중 158.67평 및 7층 329.3평 전부를 임차보증금을 1,268,722,000원, 임대차기간을 1995. 1. 1.부터 1996. 12. 31.로 정하여 임차하되, 월 차임은 지급하지 아니하기로 하는 내용의 임대차계약을 체결하였다.

(3) 소외 회사가 1996. 3. 무렵 피고들에게 위의 임차보증금 1,268,722,000원의 채권을 담보하기 위하여 이 사건 건물에 관하여 전세권을 설정하여 줄 것을 요구하자 피고들은 소외 회사와 사이에 위의 건물의 6층 652.71m² 중 동남쪽 314.6m²와 7층 652.71m² 전부에 관하여 전세금을 위의 임차보증금과 같은 금액인 1,268,722,000원, 존속기간을 1997. 3. 1.까지로 정하여 전세권설정계약을 체결하고 소외 회사를

전세권자로 한 전세권설정등기를 마쳐주었다.

(4) 피고들은 전세권의 존속기간 만료 전 6월부터 1월까지 사이에 소외 회사에 대하여 전세권의 갱신거절의 통지나 조건을 변경하지 아니하면 갱신하지 아니한다는 뜻의 통지를 하지 아니하였고, 한편 소외 회사도 전세권의 존속기간이 만료된 이후에도 계속하여 이 사건 건물을 점유·사용하여 왔다.

(5) 그런데 소외 회사는 1998. 3. 30. 당좌거래정지처분을 받게 되자 그 날 근로자들의 대표인 소외인에게 이 사건 건물에 대한 임차보증금반환채권을 양도하고, 1998. 3. 31.자의 확정일자부 우편으로 그 채권양도사실을 피고들에게 통지하여 1998. 4. 1. 그 통지가 피고들에게 도달하였다.

(6) 그 후 소외 회사의 채권자인 원고가 서울지방법원 99가합50861호로 소외인을 상대로 사해행위취소의 소를 제기하여 위의 채권양도가 통정한 허위표시라는 취지로 주장하자 소외인은 1999. 3. 31. 위의 임차보증금반환채권을 소외 회사에게 다시 양도하고 그 양도통지를 하여 1999. 4. 6. 그 통지가 피고들에게 도달하였다.

(7) 원고는 1998. 5. 7. 이 사건 건물에 대한 소외 회사의 전세권을 가압류한 후 소외 회사를 상대로 어음금 등의 청구소송을 제기하여 승소하게 되자 그 판결에 기하여 1999. 8. 11. 소외 회사의 피고들에 대한 전세금반환채권에 대하여 채권압류 및 전부명령을 받았으며, 그 명령은 그 무렵 피고들에게 송달되어 그대로 확정되었는데 그 채권압류 및 전부명령에는 압류 및 전부명령의 대상인 전세금반환채권이 채무자인 소외 회사가 소외인에게 양도하였다가 다시 양도받은 채권으로 되어 있다.

(8) 한편 소외 회사의 채권자들이 1998. 4. 3.부터 1998. 11. 30.까지 사이에 소외 회사의 피고들에 대한 전세금반환채권에 대하여 16건의 전세권부채권가압류 결정을 받았다.

[원고의 주장]

소외회사의 임차금보증금채권 또는 전세금반환채권을 적법하게 전부받았음을 이유로 피고들에게 그 지급을 구하였다.

[피고의 주장]

소외회사가 1998. 3. 30. A에게 양도한 것은 이 사건 건물에 대한 전세금반환채권이라 할 것인데, 전세금반환채권은 그 전세권과 분리하여 양도할 수 없으므로 위 채권양도는 무효이고, 따라서 참가인 등이 가압류한 상태에서 원고가 위 전세금반환채권을 전부받은 것은 무효이므로, 원고의 청구에 응할 수 없다.

[64] 건물 전세권설정 법정지상권
대판 2007. 8. 24. 2006다14684

[사실관계]

(1) 소외 1은 1999. 3. 23. 이 사건 각 대지와 그 지상의 건물을 매수하여 이 사건 각 대지 및 건물에 관하여 자신의 명의로 **소유권이전등기를 경료**하였다.

(2) 소외 1은 1999. 7. 13. **피고 2 주식회사**(이하 '**피고 회사**')와 이 사건 건물 중 지하실, 1층, 2층(이하 '피고 회사 점유부분')을 임대보증금 1,300,000,000원, 계약기간 12년으로 하는 임대계약을 체결하고, 1999. 8. 21. 위 건물부분에 관하여 전세금을 1,170,000,000원, 존속기간을 1999. 8. 20.부터 2011. 10. 15.까지로 하는 내용의 전세권설정등기를 경료하여 주었고, 피고 회사는 이 사건 건물 중 피고 회사 점유부분에서 패스트푸드 음식점을 운영하고 있다.

(3) 원고는 이 사건 각 대지에 관한 부동산임의경매로 이 사건 각 대지를 낙찰 받아 2003. 8. 19. 대금을 완납하고, 2003. 8. 25. 원고 앞으로 소유권이전등기를 경료하였다(소외 1 법정지상권 취득).

(4) 피고 1은 2003. 11. 7. 소외 1로부터 이 사건 건물을 매수하여 2003. 11. 13. 피고 1 앞으로 소유권이전등기를 경료하였다.

(5) 원고는 2004. 2. 15. 피고 1과 이 사건 각 대지에 관하여 2004. 2. 1.부터 차임으로 월 금 14,000,000원을 지급하되, 피고 1이 누적하여 6개월 이상 차임을 연체할 경우 피고 1이 원고에게 이 사건 건물을 철거하고 이 사건 각 대지를 원상회복하여 주기로 하는 내용의 (토지)임대차계약을 체결하였다(법정지상권의 포기).

(6) 원고는 2004. 7. 14.경, 피고 1이 이 사건 임대차계약에서 임료를 지급하기로 약정한 시기로부터 임료를 지급하지 않은 채 6개월이 가까워오자, 피고 1에게 내용증명우편으로 연체차임을 지급할 것을 최고하였고, 2004. 8.경 피고 1에게 6개월 이상 차임연체를 이유로 하여 이 사건 각 대지에 관한 임대차계약을 해지한다는 통보를 하였고, 그 통보는 그 무렵 피고 1에게 도달하였다.

[법적 쟁점]

전세권이 설정된 건물의 양수인(피고 1)으로서 민법 제305조 제1항에 의한 법정지상권을 취득할 지위를 가지고 다른 한편으로는 전세권 관계(전세권 설정자의 지위)도 이전받는 자가 전세권자의 동의 없이 법정지상권을 취득할 지위를 소멸시킨 경우, 건물 양수인(피고 1)이나 토지 소유자(원고)가 전세권자(피고 2)에게 대항할 수 있는지 여부(소극/제304조 2항)

○ 제304조의 2항의 해석에서 토지소유자에게도 대항할 수 있는지 여부

[원고의 주장]

임의경매에서 토지경락인인 원고는 토지소유자로서

(1) 건물의 소유권자인 피고 1에게 건물철거 및 대지인도와 임료 상당의 부당이득반환을 청구한다. 즉 피고 1이 6개월 이상 임료를 지급하지 않아 이 사건 임대차계약이 해지되었고, 가사 소외 1 및 그로부터 이 사건 건물을 양도받은 피고 1에게 이 사건 각대지에 관한 법정지상권이 성립하였다 하더라도 이 사건임대차계약으로 소멸하였으므로(법정지상권의 포기특약), 피고 1은 원고에게 이 사건 건물을 철거하고 각 대지를 인도하며, 또한 각 대지의 점유로 인한 미지급임료 및 부당이득으르 반환할 의무가 있다고 주장한다.

(2) 건물 전세권자인 피고 2(전세권자/임차권자)에게는 토지소유자로서 건물퇴거 및 대지인도와 부당이득금반환을 청구한다. 즉 원고는 피고 1에 대하여 이 사건 대지의 사용·수익으로 인한 임료 및 부당이득금반환채권을 가지고 있고, 피고 1은 피고 2 회사에 대하여 이 사건 건물의 사용·수익으로 인한 부당이득금반환채권이 있으므로, 제404조에 기해 피고 1을 대위하여 피고 2 회사에 부당이득금의 지급을 구한다.

[피고의 주장]

1. 원고(건물소유자)의 피고 1에 대한 주장에 대한 피고 1의 보조참가인 항변 :

(1) 법정지상권 및 신의칙항변 : 피고1은 소외 1(건물매도인)을 대위하여 원고에게 법정지상권 설정등기청구를 할 수 있는 지위에 있으므로 지상권의 부담을 용인하고 그 설정등기절차를 이행할 의무가 있는 원고가 피고 1에게 이 사건 건물의 철거 및 이 사건 각 대지 등의 인도 등을 구하는 것은 신의칙 위반이다.

(2) 제304조 위반 무효항변 : 원고와 피고 1 사이의 임대차계약으로 피고 1이 이 사건 각 대지에 대한 법정지상권을 포기하였다고 인정되더라도 위 임대차계약은 민법 제304조 2항에 위반하여 무효이므로 피고 1은 원고에게 이 사건 건물을 철거하고, 이 사건 각 대지를 인도할 의무가 없다.

2. 피고 2의 항변 :

(1) **퇴거 및 대지인도 부분** : 전세권자/임차인으로서 제304조 1항과 2항을 주장한다. 제1항은 타인의 토지에 있는 건물에 전세권을 설정한 때에는 전세권의 효력은 그 건물의 소유를 목적으로 한 지상권 또는 임차권에 미친다고 규정하고 있고, 제2항은 전세권 설정자는 전세권자의 동의 없이 지상권 또는 임차권을 소멸하게 하는 행위를 하지 못한다고 규정하고 있다. 이 규정의 취지상 피고 1(전세권설정자) 뿐만

아니라 지상권설정자인 원고로서도 피고 2 회사에게 대항할 수 없다.

(2) **부당이득 부분** : 전세권자로서 점유로 인한 부당이득이 없다. 채권자대위의 요건으로서 피고 1이 무자력임을 인정할 아무런 근거가 없다(부당이득금에 대한 대위청구의 요건 부정).

[피고2의 항변에 대한 원고의 재항변] 제304조 2항에서 토지소유자는 언급하고 있지 않다. 토지소유자는 전세권자에게 대항할 수 있다.

[원심의 판단] 원고 승소(1심 피고 1항소기각, 피고 2 패소 부분 취소)

(1) 피고 1에게 사건 건물을 철거하라. 법정지상권의 묵시적 포기를 인정하고 토지임대차계약/ 부당이득금반환인정(양 당사자 사이 토지임대차계약 유효 전제)

(2) 피고 2회사에 대한

가. 부당이득금 반환 : 원고는 채권자대위권을 행사하여 피고 1을 대위하여 피고 2에게 부당이득금반환을 청구하나 피고 1이 무자력임은 인정할 증거가 없어, 보전의 필요성이 인정되지 않아 부적법하다.

나. 퇴거 및 대지인도청구에 대한 판단 : 피고 1이 임대차계약을 체결함으로써 법정지상권을 포기한 효력이 이 사건 건물의 전세권자인 피고 회사에까지 미치는지에 대하여,

다. 전세권이 성립한 후 목적물의 소유권이 이전되는 경우에는 전세권은 전세권자와 목적물의 소유권을 취득한 신 소유자 사이에서 계속 동일한 내용으로 존속하게 된다고 보아야 한다. 이 사건 건물의 전세권자인 피고2회사와 피고 1 사이에는 계속하여 피고 2회사의 점유부분에 대한 전세권관계가 존속한 것으로 보아야 한다.

라. 법 제304조 1항의 취지에 비추어 전세권자의 동의 없이 지상권을 소멸하게 하는 행위를 하지 못하게 하는 주체로서 전세권설정자 뿐만 아니라 전세권설정자에 해당하는 피고 1은 물론 지상권설정자인 원고로서도 그 사유로서 전세권자인 피고 2회사에게 대항할 수는 없다.

[상고인] 원고, 피고 2주식회사

[상고이유]

(1) 원고의 피고 1에 대한 상고이유 법정지상권의 법적 지위 포기-건물전세권자에게도 효력이 있다.

(2) 원고의 피고 2에 대한 상고이유 제304조에 관한 법리오해 등의 위법

(3) 피고 2의 상고이유 : 제304조의 전세권의 효력 및 법정지상권의 포기에 관한 법리

오해 : 건물 양수인이 대지 소유자와의 사이에 건물의 소유를 목적으로 하는 토지 임대차계약을 체결한 것을 법정지상권을 취득할 지위를 포기한 것으로 볼 수 없고, 가사 법정지상권을 취득할 지위를 포기한 것이라 하더라도 건물양수인이 법정지상권을 취득할 지위를 소멸하게 하는 행위를 하는 것은 전세권자의 동의 없이 할 수 없고 이는 제304조인 강행규정에 반하여 그러한 약정은 효력이 없다. 따라서 원고(대지소유자)와 피고 1 사이에서도 효력이 없다.

[대법원의 판단] 상고 모두 기각

원고의 피고 1에 대한 상고 각하(원심이 피고1에 대한 청구 전부 인용하였기 때문)

원고의 피고 2주식회사에 대한 상고 및 피고 1의 보조참가인의 상고 모두 기각

【대법원의 판단이유】

(1) 원고의 피고 1에 대한 상고 각하(원심이 피고 1에 대한 청구 전부 인용하였기 때문)

(2) 원고의 피고 2주식회사에 대한 상고이유에 대하여

토지와 건물을 함께 소유하던 토지·건물의 소유자가 건물에 대하여 전세권을 설정하여 주었는데 그 후 토지가 타인에게 경락되어 민법 제305조 제1항에 의한 법정지상권을 취득한 상태에서 다시 건물을 타인에게 양도한 경우, 그 건물을 양수하여 소유권을 취득한 자는 특별한 사정이 없는 한 법정지상권을 취득할 지위를 가지게 되고, 다른 한편으로는 전세권 관계(전세권설정자의 지위)도 이전받게 되는바, 민법 제304조 등에 비추어 건물 양수인(피고 1)이 토지 소유자와의 관계에서 전세권자(피고 2)의 동의 없이 법정지상권을 취득할 지위를 소멸시켰다고 하더라도, 그 건물 양수인은 물론 토지 소유자도 그 사유를 들어 전세권자에게 대항할 수 없다.

(3) 피고 2주식회사의 상고이유에 대하여

건물양수인이 법정지상권을 취득할 지위를 소멸하게 하는 행위를 하는 것은 전세권자의 동의 여부와 상관없이 건물양수인(피고 1)과 대지 소유자(원고) 사이에서는 그대로 유효하다.

건물 양수인이 대지 소유자와의 사이에 건물의 소유를 목적으로 하는 토지 임대차계약을 체결한 경우에는 법정지상권을 취득할 지위를 포기한 것으로 봄이 상당하다(대판 1992. 10. 27. 92다3984).

결국 피고1은 원고에게 법정지상권을 주장하지 못한다.

* 결론적으로 피고1은 건물에 대한 권리를 주장하지 못한다. 피고2 주식회사는 전세권 설정기간 동안 건물의 사용, 수익가능

* 전세금은 전세권 설정자인 피고 1에게 지급

* 무상으로 원고는 건물에 대해 권리취득

제10장 유치권

[65] 유치권의 불가분성과 피담보채권의 범위
대판 2007. 9. 7. 2005다16942

[사실관계]

(1) 서울 은평구 소재 지상의 토지 소유자를 대표하는 소외 1은 2002. 2. 1. 소외 2(건축업자)에게 위 각 대지 위에 7동의 다세대주택(총 56세대)을 재건축하는 공사를 도급 주었다.

(2) 피고는 2002. 7.경 소외 2로부터 재건축공사 중 창호와 기타 잡철 부분공사를 하도급 받았는데, 그 공사대금의 지급에 관하여는 현금으로 50%를, 완공된 주택으로 50%를 지급받기로 약정하였다.

(3) 피고는 2003. 5.경 소외 2로부터 하도급 받은 이 사건 공사를 완료하였는데, 당시까지 소외 2로부터 지급받은 공사대금은 금 1억 1천만 원이었고, 피고와 소외 2는 나머지 공사대금에 관하여 2003. 6. 19. 서울 은평구 갈현1동 지상에 신축된 빌라(제4동) 301호와 302호를 피고에게 대물변제하기로 약정하였으나, 소외 2는 위 대물변제약정을 이행하지 않았다.

(4) 원고는 2003. 4. 25. 위 재건축공사가 이루어진 부지 상에 신축된 주택 중의 하나인 이 사건 주택에 관하여 소외 3 등과 공유로 소유권보존등기를 마쳤다가, 2003. 12. 3. 다른 공유자들의 지분을 모두 이전받아 이를 단독소유하게 되었다.

(5) 한편, 피고는 소외 2로부터 총 공사대금 중 267,387,000원 중 금 157,387,000원을 지급받지 못하게 되자 2003. 5.경부터 이 사건 주택을 점유하기 시작하였는데, 주택의 하자보수요청을 받고 이를 위해 분양사무소 실장이었던 소외 7로부터 주택의 열쇠를 받아 주택에 대한 점유를 시작하였다. 2003. 5. 13. 재건축조합장인 소외 1에게 공사대금채권에 기하여 이 사건 주택을 포함한 7세대의 주택에 대하여 유치권을 행사한다는 통지를 하였으며, 피고는 당심 변론 종결일 현재 나머지 주택에 대한 점유는 상실하고, 이 사건 주택만을 점유하고 있는데, 이 사건 주택에 대한 공사대금은 합계 금 3,542,263원이다.

[법적 쟁점]

유치권의 피담보채권인 '그 물건에 관하여 생긴 채권(320조)'의 범위 및 민법 제321

조의 유치권의 불가분성이 그 목적물이 분할 가능하거나 수 개의 물건인 경우에도 적용되는지 여부

[원고의 주장]

원고는 주택소유자로서 아무런 권원 없이 주택을 점유하고 있는 피고에 대하여 제213조 본문에 기한 주택의 인도청구와 제741조 또는 제750조에 기한 불법점유로 인한 손해배상 또는 부당이득반환을 청구한다.

[피고의 항변]

피고는 주택건물의 신축공사에 관하여 공사대금 채권을 가지고 있었고 이는 이 사건 주택에 관하여 생긴 채권으로서 수급인인 피고는 제320조에 기해 그 채권을 변제받을 때까지 건물을 유치권이 있다. 유치권의 성립요건인 ① 목적물은 타인의 물건이나 유가증권, ② 채권과 목적물의 견련관계, ③ 채권이 변제기에 있을 것, ④ 타인의 물건 또는 유가증권의 점유, ⑤ 당사자 사이에 유치권의 발생을 배제하는 특약을 하지 않았을 것 등을 충족하고 있다.

또한 담보물권의 통유성으로서 유치권 또한 불가분성이 있고 제321조에 기해 채권 전부의 변제를 받을 때까지 유치물 전부에 대하여 그 권리를 행사할 수 있다(제321조).

[원고의 재항변]

(1) 피고에게는 유치권이 없다. 가사 피고가 소외 2로부터 지급받지 못한 공사대금이 있다고 하더라도, 피고는 이미 현금으로 지급받은 공사대금을 제외한 나머지 공사대금은 서울 은평구 소재 지상에 신축된 빌라(제4동) 301호와 302호로 대물변제받기로 하였으므로, 피고가 주장하는 공사대금채권은 특정물인 위 각 부동산에 대한 인도청구권 내지 소유권이전등기청구권으로 바뀌었고, 따라서 피고는 이 사건 주택에 대하여 유치권을 포함한 어떠한 권리도 주장할 수 없다.

피고가 주장하는 채권은 '사건 주택'에 관하여 생긴 채권이 아니다. 피고의 채권은 도급계약에 기한 것이므로 소외2(도급인)에게 채권을 행사해야 한다. 그렇지 않다 하더라도 대물변제 약정으로 인하여 공사대금채권이 소멸하였다. 따라서 피고의 점유는 불법점유이다.

(2) 가사 유치권이 인정되어 유치권을 행사하고 있더라도 그 행사범위는 공평의 원칙상 당해 채권과 유치권자가 점유하고 있는 특정한 물건과의 견련성이 인정되는 범위로 제한되어야 한다. 따라서 이 사건 주택에 시공한 공사대금 3,542,263에 한해서만 유치권의 행사가 제한되어야 한다. 즉 분할가능하거나 수 개의 물건인 경우 유치권 행사의 범위는 분할한 액에 대해서만 유치권을 행사할 수 있어야 한다.

[원심의 판단] 주택인도 1심 취소, 상환급부판결 / 손해배상

[원심의 판단이유]

(1) 피보전채권 존재 인정 : 대물변제약정이 있더라도 그 약정이 현실로 이행되지 아니한 이상 피고의 소외 2에 대한 공사대금 채권이 위 약정으로 인하여 소멸되었다거나 대물변제로 받기로 한 위 각 부동산에 대한 인도청구권 내지 소유권이전등기청구권으로 전화(轉化)되었다고 볼 수 없다.

(2) 불법점유 : 주택의 하자보수요청을 받고 이를 위해 분양사무소 실장이었던 소외 7로부터 주택의 열쇠를 받아 주택에 대한 점유를 시작하였으므로 불법점유가 아니다.

(3) 유치권 인정 여부 : 공사대금 채권이 있다면 수급인은 그 채권을 변제받을 때까지 그 건물을 유치할 권리가 있다. 공사대금채권은 '이 사건 주택에 관하여 생긴 채권'이다.

(4) 유치권 행사 범위 : 유치권의 소유자가 제3자인 경우에는 그 제3자의 희생이 어느 정도 불가피한 점에 비추어, 비록 채권자가 적법한 권원에 기하여 유치권을 행사하고 있더라도 특정한 물건과의 견련성이 인정되는 범위를 엄격히 제한하여야 한다. 따라서 피고가 점유하고 있는 '사건 주택'에 대하여 시공한 공사에 대한 공사대금 3,542,263 원을 지급받음과 동시에 원고에게 주택의 인도의무가 있다.

(5) 손해배상부분 : 피고는 적법한 점유권원인 유치권에 기하여 이 사건 주택을 점유하고 있으므로, 이러한 피고의 점유를 불법점유라고 볼 수 없는 이상 이를 전제로 한 원고의 위 주장은 이유 없다.

(6) 부당이득부분 : 유치권을 행사하는 방법으로 계속 점유한 사실은 인정되나 사용수익함으로써 실질적 이득을 얻었다는 점을 인정할 증거가 없는 이상 피고가 이 사건 주택을 점유하고 있음으로 인하여 소유자인 원고에게 어떠한 손해가 발생하였다고 하더라도, 피고에게 이 사건 주택에 대한 월 차임 상당의 금원을 부당이득으로 반환할 의무가 있다고는 볼 수 없다.

[상고이유]

민법상 유치권에 있어서의 채권과 목적물 사이의 견련관계 및 유치권의 불가분성 등에 관한 법리를 오해함으로써 판결 결과에 영향을 미친 위법이 있다.

[대법원의 판단] 원심판결 중 피고패소 부분 파기

【대법원의 판단이유】

[1] 민법 제320조 제1항에서 '그 물건에 관하여 생긴 채권'은 유치권 제도 본래의 취지

인 공평의 원칙에 특별히 반하지 않는 한 채권이 목적물 자체로부터 발생한 경우는 물론이고 채권이 목적물의 반환청구권과 동일한 법률관계나 사실관계로부터 발생한 경우도 포함하고, 한편 민법 제321조는 "유치권자는 채권 전부의 변제를 받을 때까지 유치물 전부에 대하여 그 권리를 행사할 수 있다"고 규정하고 있으므로, 유치물은 그 각 부분으로써 피담보채권의 전부를 담보하며, 이와 같은 유치권의 불가분성은 그 목적물이 분할 가능하거나 수개의 물건인 경우에도 적용된다.

[2] 다세대주택의 창호 등의 공사를 완성한 하수급인이 공사대금채권 잔액을 변제받기 위하여 위 다세대주택 중 한 세대를 점유하여 유치권을 행사하는 경우, 그 유치권은 위 한 세대에 대하여 시행한 공사대금만이 아니라 다세대주택 전체에 대하여 시행한 공사대금채권의 잔액 전부를 피담보채권으로 하여 성립한다.

[66] 유치권의 요건으로서 점유
대판 1996. 8. 23. 95다8713

[사실관계]

(1) 원고는 1990. 8. 3. 통일전선으로부터 공장 건물의 신축공사를 공사대금 4,096,400,000원에 수급하여 1991. 7. 31. 공사를 마쳤고, 같은 해 8. 28. 이 사건 공장 건물에 관하여 위 통일전선명의의 소유권이전등기가 경료되었으나, 같은 해 10. 20.경 위 통일전선으로부터 공사잔대금 2,266,400,000원의 지급을 위하여 교부받은 약속어음이 결제되지 않아 위 통일전선에 대하여 위 금액 상당의 공사잔대금채권을 가지고 있었다.

(2) 그런데 위 통일전선이 1992. 7. 14. 부도를 내고 도산하자 이 사건 공장 건물과 토지(위 공장 건물과 위 토지를 합하여 이 사건 공장이라 한다)에 대한 제1순위 근저당권자인 소외 주식회사 한국외환은행이 이 사건 공장에 관한 임의경매신청을 하여 같은 달 28. 임의경매개시결정을 하고, 그 다음날 그 등기가 경료된 뒤 경매절차가 진행되어 같은 해 11. 2. 피고가 이 사건 공장을 경락받은 다음 같은 해 12. 2. 부동산인도명령을 받아 같은 해 12. 4. 위 통일전선을 상대로 하여 이 사건 공장에 대한 인도집행을 하였다.

(3) 원고는 위와 같이 이 사건 공장을 완공하고서도 위 공사잔대금을 지급받지 못하자 이 사건 공장을 유치·점유하려고 원고의 현장사무실을 이 사건 공장 정면에 설치하여 두었다가 위 통일전선이 원고의 승인 아래 이 사건 공장에서 시험가동을 시작하고 준공식(1991. 10. 26.)을 준비하면서 1991. 10. 20.경 원고에게 위 공사잔대금의 지급을 위하여 약속어음을 교부하여 주자, 그 무렵 위 현장사무실을 당시 위 통일전선이 추가로 계획하고 있었던 후속 공사장 옆으로 이전하고 위 통일전선이 이 사건 공장을 점유·관리하면서 본격적인 조업에 들어갔는데도 이를 그대로 방치하여 사실상 위 통일전선에게 이 사건 공장을 현실인도하였다.

(4) 그러다가 위 통일전선이 부도를 내고 도산하여 이 사건 공장에 관하여 임의개시결정이 나고, 그 직원들이 출근하지 아니하자 원고는 뒤늦게 1992. 9. 16.경 이 사건 공장에 직원 한두 명을 보내 그 정문 등에 원고가 이 사건 공장을 유치·점유한다는 안내문을 게시하고 같은 해 10. 3.경부터는 용역경비원 4인으로 하여금 주야 교대로 2인씩 이 사건 공장에 대한 경비·수호를 하도록 하는 한편 같은 해 10. 15.에는 이 사건 공장의 출입문에 자물쇠를 채워 두고 그 출입을 통제하기 시작하고, 피고가 이 사건 공장을 경락받은 뒤 같은 해 11. 20.경부터는 원고의 직원 10여

명을 보내 이 사건 공장 주변을 경비·수호하게 하였다.

(5) 원고는 유치권자로서 피고가 공사잔대금채권을 변제할 책임이 있고, 원고에게 이 사건 공장을 인도할 의무가 있다고 주장한다.

[법적 쟁점]

(1) 물건에 대한 점유의 의미와 판단 기준

(2) 공사금 채권에 기한 공장 건물 유치권자가 경락인에 의한 부당한 점유 침탈을 원인으로 점유회수의 소에서 유치권자의 점유 인정 여부

(3) 유치권자가 경락인에 대하여 피담보채권의 변제를 청구할 수 있는지 여부

[원고의 주장]

원고는 동 건물에 대하여 공사잔대금채권을 가지고 있는 자로서 제320조 유치권의 행사로 계속 이 사건 공장을 점유하여 오다가 위 인도집행 다음날인 1992. 12. 5. 피고에 의하여 점유를 침탈 당하였는 바, 피고는 이 사건 공장의 경락인으로서 민사소송법 제608조 3항에 의하여 공사 잔대금 채권을 변제할 책임이 있고, 또 점유침탈자로서 점유자인 원고에게 공장인도의무가 있다.

민사집행법 제91조 제5항은 매수인(경락인)은 유치권자에게 그 유치권으로 담보하는 채권을 변제할 책임이 있다고 규정하고 있으므로 경락인인 피고는 원고에게 공사대금채권을 변제하여야 한다.

[피고의 주장]

원고는 제320조 유치권의 요건 중 '점유'를 상실한 자로서 유치권을 주장할 수 없다. 원고는 위 통일전선이 이 사건 공장을 점유·관리하면서 본격적인 조업에 들어갔는데도 이를 그대로 방치하여 사실상 위 통일전선에게 이 사건 공장을 현실인도하였으므로 점유를 상실한 상태였다. 뒤늦게 1992. 9. 16.경에야 이 사건 공장에 직원 한두 명을 보내 그 정문 등에 원고가 이 사건 공장을 유치·점유한다는 안내문을 게시하고 같은 해 10. 3.경부터는 용역경비원 4인으로 하여금 주야 교대로 2인씩 이 사건 공장에 대한 경비·수호를 하도록 하는 한편 같은 해 10. 15.에는 이 사건 공장의 출입문에 자물쇠를 채워 두고 그 출입을 통제하기 시작하였다.

[원심의 판단] 원고의 공장 반환청구 기각, 공사대금청구 기각

[원심의 판단이유]

원고가 위 공사잔대금의 지급을 위하여 교부받은 약속어음이 결제될 때까지 이 사건 공장을 유치·점유할 계획이었을지라도 위 통일전선이 이 사건 공장을 점유·관리하면서 조업을 하는 것을 방치하여 사실상 이 사건 공장을 현실인도 한 이상 원고가 그

동안 이 사건 공장을 점유하여 왔다고 볼 수가 없고, 또 위 통일전선의 부도 이후 원고가 위 인정과 같이 이 사건 공장을 경비·수호하였다고 하더라도 그것만으로서는 원고가 이 사건 공장에 대한 위 통일전선의 점유권을 빼앗아 독점적, 배타적인 점유권을 취득하였다고 인정하기에 부족하며, 달리 원고가 위 공사를 마친 후에도 계속하여 이 사건 공장을 유치·점유하여 왔다는 원고의 주장 사실을 인정할 수 있는 객관적이고, 합리성 있는 명백한 증거는 없다.

[상고이유]

유치권의 요건으로서 점유에 관한 법리오해의 위법이 있다.

[대법원의 판단] 원심판결 중 공장건물의 반환청구에 관한 원고 패소부분 파기, 원고의 나머지 상고 기각

【대법원의 판단이유】

점유라고 함은 물건이 사회통념상 그 사람의 사실적 지배에 속한다고 보여지는 객관적 관계에 있는 것을 말하고 사실상의 지배가 있다고 하기 위하여는 반드시 물건을 물리적, 현실적으로 지배하는 것만을 의미하는 것이 아니고 물건과 사람과의 시간적, 공간적 관계와 본권관계, 타인지배의 배제가능성 등을 고려하여 사회 관념에 따라 합목적적으로 판단하여야 하는 것이고, 점유회수의 소에 있어서는 **점유를 침탈당하였다고 주장하는 당시**에 점유하고 있었는지의 여부만을 살피면 되는 것인바, 원고가 위 통일전선이 부도가 나고 난 다음에 이 사건 공장에 직원을 보내 그 정문 등에 원고가 이 사건 공장을 유치·점유한다는 안내문을 게시하고 소외 한국보안실업 주식회사와 경비용역계약을 체결하고, 용역경비원으로 하여금 주야 교대로 2인씩 이 사건 공장에 대한 경비·수호를 하도록 하는 한편 이 사건 공장의 건물 등에 자물쇠를 채우고 공장 출입구 정면에 대형 컨테이너로 가로막아 차량은 물론 사람들의 공장 출입을 통제하기 시작하고 피고가 이 사건 공장을 경락한 다음에도 원고의 직원 10여 명을 보내 이 사건 공장 주변을 경비·수호하게 하고 있었다면 **원고가 이 사건 공장을 점유하고 있었다고 볼 여지가 충분하다**고 할 것이므로 원심으로서는 과연 원고가 위와 같이 이 사건 공장을 수호·경비할 당시에 위 통일전선의 직원이 이 사건 공장에 상주하면서 공장을 관리하고 있었는지의 여부, 원고가 용역경비원으로 하여금 공장을 수호·경비하도록 하였다면 그 경비의 내용이 어느 정도인지의 여부, 이 사건 공장 건물의 시정상태와 그 열쇠를 누가 소지하고 있었는지의 여부 등을 좀더 밝혀 보고, 만약 원고의 점유가 인정된다면 원고의 주장처럼 피고에게 점유를 침탈당한 것인지의 여부까지도 나아가 살핀 다음 원고의 이 사건 공장의 반환청구에 관하여 판단하였어야 함에도 만연히 원고의 이 사건 공장의 반환청구를 배척하였으니 점유회수의 소에 있어서의 점유에 관

한 법리를 오해한 나머지 심리를 다하지 아니함으로써 판결에 영향을 미칠 위법을 저질렀다.

민사집행법 제91조 5항은 매수인은 유치권자에게 그 유치권으로 담보하는 채권을 변제할 책임이 있다고 규정하고 있으나, 이는 경매절차 매수인이 피담보채무를 승계한다는 의미가 아니라 부동산상의 부담을 승계한다는 취지에 불과한 것으로 해석하여야 한다. 따라서 유치권자는 경매절차 매수인에 대하여 피담보채권의 변제가 있을 때까지 유치목적물인 부동산의 인도를 거절할 수 있을 뿐이고, 그 피담보채권의 변제를 청구할 수는 없다.

[67] 약정에 기한 권리금 반환청구권과 유치권
대판 1994. 10. 14. 93다62119

[사실관계]

(1) 이 사건 건물은 원래 소외 망 甲의 소유로서 망인이 이를 소외 주식회사 대흥빌딩(이하 소외 회사라고 한다)에 그 등기부상 소유명의를 신탁하였다(명의신탁).

(2) 피고 乙은 1989. 8. 1. 소외 회사로부터 이 사건 건물의 제2부분을 임차한 이래 이를 점유하면서 다방업을 하고 있으며, 피고 丙 역시 1989. 8. 1. 소외 회사로부터 이 사건 건물의 제4부분을 임차한 이래 이를 점유하면서 식당업을 하고 있다.

(3) 망인(甲)이 피고들에 대하여 피고들이 임차한 건물 부분을 명도할 때에 피고들이 지출한 시설비와 개조비를 상환하여 주기로 약정하였고, 이 사건 건물의 시설비와 개조비로 피고 乙이 금 474,648,000원을, 피고 丙이 금 55,084,000원을 각 지출하였다.

(4) 소외 회사의 소유로 있던 이 사건 건물에 관하여 1991. 6. 7.자로 같은 해 4. 30. 명의신탁 해지를 원인으로 한 망 甲 명의의 소유권이전등기가 이루어졌고, 또한 1991. 6. 7. 신탁을 원인으로 한 수탁자 원고 명의의 소유권이전등기가 차례로 이루어졌다.

(5) 위 甲이 사망한 후인 1992. 5. 8.자로 같은 해 4. 15. 신탁해지 및 1991. 8. 12. 협의분할에 의한 재산상속을 원인으로 한 승계참가인 명의의 소유권이전등기가 이루어졌다.

(6) 피고 乙의 이 사건 건물 제2부분에 대한 점유와 피고 丙의 이 사건 건물 제4부분에 대한 점유는 그 건물 부분에 대한 시설비 및 권리금을 반환받기 위한 유치권의 행사로서 행하여지고 있다.

[법적 쟁점]

(1) 신탁해지 등 신탁종료사유의 발생으로 신탁재산이 수익자나 위탁자에게 당연히 복귀하거나 승계되는지 여부

(2) 신탁해지로 소유권이전등기가 경료되기 전까지의 제3자에 대한 신탁재산 점유로 인한 부당이득반환청구권을 위탁자 또는 그 상속인이 당연히 행사할 수 있는지 여부

(3) 임차인이 약정에 기한 권리금반환청구권을 가지고 임차물에 대해 유치권을 행사할 수 있는지 여부

[원고(승계참가인)의 주장]

(1) 원고는 이 사건 건물에 대하여 소유권자로서 제213조 본문에 기하여 소유권에 기한 건물인도를 청구한다.

(2) 원고가 수탁자로 소유권을 보유하는 동안 발생한 월 차임 상당의 부당이득반환채권을 피고에 대하여 행사한다.

[피고의 항변]

(1) 대흥빌딩(등기명의자)과 임대차계약을 체결하였으므로 원고는 차임상당의 부당이득 청구권이 없다.

(2) 시설비, 개조비를 상환하여 주기고 하는 약정이 있었고 그 채권에 기한 공제항변(유치권항변)을 한다.

(3) 권리금반환청구권이 있음을 주장하며 권리금채권에 기한 제320조 유치권 항변을 한다.

[원심의 판단] 원고(승계참가인) 일부 승소/ 유치권 항변에 대하여 판단하지 않음

원고가 수탁자로서 소유권을 보유하고 있었던 동안 발생한 부당이득반환채권은 역시 신탁해지로 인하여 승계참가인에게 귀속하고 차임상당 부당이득은 1991. 6. 8. - 명도 시까지이다.

[피고의 상고이유]

(1) 등기의 추정력에 관한 법리 오해, 명의신탁에 관한 법리 오해

(2) 원고가 수탁자로서 소유권을 보유하고 있었던 동안 발생한 부당이득반환청구채권이 신탁해지로 인하여 승계참가인에게 귀속되었다고 단정하여 신탁해지의 효과와 부당이득반환청구채권의 귀속에 관한 법리를 오해한 위법이 있다.

(3) 시설비와 개조비 상환약정에 대한 의사표시의 해석을 그르친 위법이 있다. 유익비만을 인정하고 구입비용을 시설비나 개조비에 포함시키지 아니한 원심의 조처는 약정에 대한 의사표시의 해석을 그르친 위법이 있다.

(4) 유치권 항변에 대하여 판단하지 아니한 위법이 있다.

[대법원의 판단] 원심 파기환송

【대법원의 판단이유】

[1] 신탁은 위탁자가 수탁자에게 재산권을 이전하거나 기타의 처분을 하여 수탁자로 하여금 신탁의 목적을 위하여 재산의 관리 또는 처분을 하도록 하는 것이어서 부동산의 신탁에 있어서 신탁자의 위탁에 의하여 수탁자 앞으로 그 소유권이전등기를 마치게 되면 대내외적으로 소유권이 수탁자에게 완전히 이전되고, 위탁자와의

내부관계에 있어서 소유권이 위탁자에게 유보되어 있는 것은 아니므로 신탁의 해지 등 신탁종료의 사유가 발생하더라도 수탁자가 신탁재산의 귀속권리자인 수익자나 위탁자 등에게 새로이 목적부동산의 소유권 등 신탁재산을 이전할 의무를 부담하게 될 뿐, 신탁재산이 수익자나 위탁자 등에게 당연히 복귀되거나 승계된다고 할 수 없다.

[2] 甲 소유의 건물이 乙에게 신탁된 것이라면 신탁등기가 된 때부터 신탁이 해지되어 갑의 상속인 병 명의로 이전등기가 될 때까지는 건물의 소유권은 대내외적으로 을에게 완전히 귀속되었다 할 것이고, 따라서 그 동안에 정이 법률상 원인 없이 건물을 점유함으로 인하여 부담하게 되는 임료 상당의 부당이득반환채무에 대한 청구권은 을이 갖는 것이고, 그 후 신탁이 해지되었다 하더라도 이미 발생한 부당이득반환청구채권은 을이 신탁재산의 관리로 얻은 재산으로서 신탁재산에 속하는 것이므로(신탁법 제19조) 당연히 위탁자 갑의 상속인인 병에게 승계된다고는 할 수 없고, 수탁자인 을로서는 신탁계약의 본래 목적에 따라 잔여신탁재산으로서 이를 귀속권리자인 병에게 양도하여 대항요건을 갖추는 등의 이전절차를 취하여야 할 의무를 부담하는 데 지나지 아니하므로 乙이 이러한 이전절차를 밟지 아니하였다면 병이 정에 대하여 그 부당이득반환청구채권을 행사할 수 없다.

[3] 이 사건 건물의 시설비와 개조비로 피고 乙이 금 474,648,000원을, 피고 병이 금 55,084,000원을 각 지출한 사실을 인정한 것이지 피고들이 지출한 시설비와 개조비 중의 '유익비'만을 인정한 것이 아니므로 원심판결에 의사표시의 해석을 그르친 위법이 있다고 할 수 없고, 피고들이 점포영업을 위하여 구입한 의자와 탁자, 주방기기 등의 비품은 이사건 건물의 시설비나 개조비에 해당된다고 볼 수 없으므로 그 비품의 구입비용을 시설비나 개조비에 포함시키지 아니한 원심의 조처가 잘못이라고 할 수 없다.

[4] 임대인과 임차인 사이에 건물명도시 권리금을 반환하기로 하는 약정이 있었다 하더라도 그와 같은 권리금반환청구권은 건물에 관하여 생긴 채권이라 할 수 없으므로 그와 같은 채권을 가지고 건물에 대한 유치권을 행사할 수 없다.

제11장 질권

[68] 채권질권의 효력범위 및 실행방법
대판 2005. 2. 25. 2003다40668

(1) 피고는 2000. 4. 28. 소외 주식회사 월드어드벤처(이하 '소외 회사'라 한다)에 서울 강남구 삼성동 소재 한국도심공항터미널빌딩 지하 1층 중 1,181평을 임대하고 임대차보증금으로 31억 1,160만원을 지급받았다.

(2) 한편, 소외 회사는 2000. 7. 12. 원고로부터 만기일을 2001. 7. 12.로 정하여 16억 원을 차용하면서 매월 연 14%의 비율에 의한 이자를 지급하되, 연체 시에는 지체일로부터 연 25%의 비율에 의한 지연손해금을 가산 지급하기로 약정하였다.

(3) 소외 회사는 같은 날 원고에 대하여 위 차용금의 담보를 위하여, 위 임대차보증금의 반환채권에 관하여 질권설정액을 19억 원으로 하는 채권질권을 설정하였는데, 이 때 제3채무자인 피고는 원고에 대하여 질권설정을 승낙하면서 소외 회사가 원고에 대한 차용 원리금의 지급을 지체하는 경우, 임차인의 명도 여부 및 임차인이 지불하여야 할 제비용의 공제 등에 관한 임대차계약서상의 각 조항에도 불구하고 질권자인 원고의 청구 또는 통지일로부터 1개월 이내에 질권설정액 범위 내에서 무조건 우선 지급하며, 원고의 동의 없이는 임차인에게 위 임대차보증금을 반환하지 않기로 약정하였고, 그 대신 질권설정 승낙기간은 승낙일로부터 12개월로 한다는 단서를 부가하였다.

(4) 동시에 소외 회사는 만기일을 2003. 7. 12. 계약금액을 397,200,000원으로 하는 원고의 신용부금에 가입하여 계약일인 2000. 7. 12. 및 2000. 8. 12. 각 1,000만 원씩 합계 2,000만 원의 부금을 납입하였다.

(5) 소외 회사는 2001. 6. 12. 약정이자 19,024,657원의 납입을 지체하였고(여신거래약정서 제2조 제1항에 따르면 이자 등을 지급하여야 할 때로부터 계속하여 1개월간 지체한 때, 즉 이 사건에 있어서는 변제기에 이르러 기한의 이익이 상실되도록 약정되어 있다), 2001. 6. 30. 위 신용부금을 해약한 다음, 변제기인 2001. 7. 12. 역시 대출원금 16억원과 이자 및 지연손해금 잔액 17,259,080원 합계 1,617,259,080원을 상환하지 아니하여 원고는 2001. 7. 16. 피고에 대하여 이 사건 질권을 실행한다고 통지하면서 이 사건 대출원리금의 지급을 청구하였다.

(6) 이에 대하여 피고는 질권설정 승낙기간은 승낙일로부터 12개월로 한다는 단서에서 그 승낙의 유효기간 또는 존속기간은 12개월로 하였고, 이는 12개월 이내에 원고가 질권의 실행 즉 지급을 청구하지 아니하면 그 승낙의 효력이 상실된다는 의미의 제349조 I 제451조에 따른 이의를 유보한 승낙 혹은 기한부 승낙이라고 하면서, 원고 청구의 기각을 구하였다.

[법적 쟁점]

[1] 채권질권의 효력 범위 및 그 실행 방법

[2] 채권질권의 실행방법으로서 직접청구의 의미

[3] 질권자가 질권을 실행하여 제3채무자에게 입질채권을 직접 청구한 경우, 질권 실행 이후부터는 민·상법에 따른 일반적인 지체책임만을 부담하는지 여부

[4] 본안에 관한 원심판결 중 원고 패소 부분이 파기되는 경우, 가집행의 원상회복신청에 대한 재판 중 원고 패소 부분도 당연히 파기되는지 여부

[원고의 주장]

소외 회사는 2001. 6. 12. 약정이자 19,024,657원의 납입을 지체하였고(여신거래약정서 제2조 제1항에 따르면 이자 등을 지급하여야 할 때로부터 계속하여 1개월간 지체한 때, 즉 이 사건에 있어서는 변제기에 이르러 기한의 이익이 상실되도록 약정되어 있다), 2001. 6. 30. 위 신용부금을 해약하였고, 변제기인 2001. 7. 12. 역시 대출원금 16억 원과 이자 및 지연손해금 잔액 17,259,080원 합계 1,617,259,080원을 상환하지 아니하였다. 이에 원고는 2001. 7. 16. 피고에 대하여 이 사건 질권을 실행한다고 통지하였다. 피고에 대하여 이 사건 대출원리금의 지급을 청구한다.

[피고의 주장]

3채무자인 피고는 원고에 대하여 질권설정을 승낙하면서 소외 회사가 원고에 대한 차용 원리금의 지급을 지체하는 경우, 임차인의 명도 여부 및 임차인이 지불하여야 할 제비용의 공제 등에 관한 임대차계약서상의 각 조항에도 불구하고 질권자인 원고의 청구 또는 통지일로부터 1개월 이내에 질권설정액 범위 내에서 무조건 우선 지급하며, 원고의 동의 없이는 임차인에게 위 임대차보증금을 반환하지 않기로 약정하였고, 그 대신 '질권설정 승낙기간은 승낙일로부터 12개월'로 한다는 단서를 부가하였다.

단서에서 그 승낙의 유효기간 또는 존속기간은 12개월로 하였고, 이는 12개월 이내에 원고가 질권의 '실행' 즉 지급을 청구하지 아니하면 그 승낙의 효력이 상실된다는 의미의 제349조·제451조에 따른 이의를 유보한 승낙 혹은 기한부 승낙이다. 원고 청구의 기각을 구한다.

[원심의 판단] 제1심 판결 중 피고 패소부분 취소, 원고 부대항소 및 피고의 나머지 항소 각 기각

[원심의 판단이유]

가. 질권 설정 승낙기간의 의미

(1) 질권설정 승낙에 있어서 질권 실행기한의 설정 가능성

지명채권의 양도에 대한 승낙이 관념의 통지라는 이유로 조건을 붙일 수 없는 것만은 아니라는 법리(대법원 1989. 7. 11. 선고 88다카20866 판결 참조)에 비추어 볼 때 질권설정 승낙에 있어서 설정된 조건이나 기한의 효력을 부정할 수는 없다. 그러나 질권설정계약의 당사자가 아닌 제3채무자에게 일정한 기간 내에 질권자의 질권 실행이 없으면 질권설정에 대한 승낙이 무효로 되어 버리게 하는 의미의, 즉 승낙의 유효기간 내지 존속기간, 또는 질권 실행에 관한 해제조건이나 기한을 설정하는 내용의 승낙권을 인정하게 될 경우, 제3채무자가 임의로 정한 승낙기간의 경과로 사실상 질권설정계약이 종료되어 버리는 결과가 됨으로써 질권설정자의 입질채권에 대한 담보설정권한이 부당하게 제한되는(질권설정자가 입질채권을 담보로 제공하려고 하더라도, 제3채무자가 단기간의 승낙기간을 정하여 승낙을 하면 질권설정자는 입질채권에 대한 담보가치를 확보할 수 없게 될 것이다) 점 및 민법 제451조에서 정하는 채권양도에 있어서 '이의를 보류할 수 있는 경우'의 해석과의 균형으로 보아 제3채무자가 질권설정에 대한 승낙에 있어서 부가할 수 있는 조건이나 기한은 제3채무자가 채권양도인(이 사건의 경우는 질권설정자인 소외 회사가 될 것이다)에게 대항할 수 있는 사유에 관련된 것에 한정되어야 할 것이고, 그에 관련되지 아니한 특별한 조건이나 기한을 제3채무자가 일방적으로 부가할 수는 없다 할 것이다.

(2) 약정에 의한 질권 실행기한 설정 여부

그렇다 하더라도 질권자와 제3채무자 사이의 약정에 의하여 질권의 실행기한을 설정하는 것까지 부정할 수는 없다 하겠으나, 이 사건에 있어서 원, 피고 사이에 위와 같은 약정이 있었다는 점을 인정하기에 부족하고 달리 이를 인정할 증거가 없으므로 위와 같은 약정의 존재를 근거로 하는 피고의 주장은 이유 없고, 가사 피고가 설정한 질권설정 승낙기간에 대하여 원고가 아무런 이의를 제기하지 아니하여 묵시적인 동의가 있었다고 하더라도 질권설정 승낙기간을 질권의 실행기한으로 보게 된다면, 이 사건에 있어서와 같이 질권자가 자기의 질권설정자에 대한 채권의 담보로 질권설정자의 제3채무자에 대한 채권을 입질함에 있어서 질권자 채권의 대출기간과 질권설정 승낙기간이 모두 동일할 경우 대출기간의 만기가 경

과됨으로써 비로소 원리금 채권의 이행지체 여부가 판가름나게 되어 질권자가 질권을 실행할지 여부를 결정할 수 있게 되는바, 대출기간의 만기 전에 이행거절 등으로 이행이 되지 않을 것이 분명하게 드러나는 등의 특별한 사정이 없는 한 이행지체는 대출기간의 만기가 경과된 후에 발생하게 되어 질권자가 담보물권인 질권을 실행하여 채권의 만족을 얻을 수 있는 경우는 거의 없게 되는 불합리가 발생하는 점에 비추어 피고가 설정한 질권설정 승낙기간에 대하여 원고가 아무런 이의를 제기하지 아니하였다고 하여 원고가 이를 질권의 실행기한으로 받아들인 것으로 해석할 수는 없다.

(3) 이 사건 단서 문구의 해석

따라서 이 사건 질권설정에 대하여 승낙하면서 질권행사를 제한하는 의미의 기한을 설정한 부분에 관하여는 그 유효성을 인정할 수 없다 할 것인바, 그렇다고 하여도 피고가 설정한 위와 같은 유보문구에 대하여 원고가 아무런 이의를 제기하지 아니한 점, 채권양도나 채권질권설정에 대한 제3채무자의 승낙에 있어서 채무자에 대하여 대항할 수 있는 사유에 관련된 부분에 있어서 조건이나 기한을 설정하는 것을 꼭 무효라고 볼 수는 없는 점 등에 비추어 보면 이 사건 질권설정 승낙기간에 관하여 아무런 의미도 부여하지 않는다는 것은 타당하지 않다.

그러므로 이 사건에서 피담보채무의 대출기간이 질권설정 승낙기간과 동일한 점(소외 회사는 애당초 이 사건 임대차보증금을 담보로 원고로부터 16억 5천만 원을 18개월의 대출기간으로 차용하려고 하였으나, 피고의 질권설정 승낙기간 단축 요구에 따라 이를 12개월로 줄이면서 원고와 협의하여 대출기간 역시 그에 맞추어 12개월로 하고 16억 원을 차용한 사실이 인정된다), 위 대출기간의 만기가 경과됨으로써 비로소 소외 회사의 원리금 채무의 이행지체 여부가 판가름나게 되는데, 원고는 위와 같은 질권설정 승낙기간에 대하여 질권설정액 범위 내에서의 무조건적인 지급의무를 부가하는 외에는 별다른 이의를 제기하지 아니한 점 등에 비추어 원, 피고 및 소외 회사는 이 사건 질권설정에 있어서 일단 질권설정 승낙기간 내(이 사건에 있어서 피담보채무의 변제기와 질권설정 승낙기간이 동일하여 그 기간이 경과됨으로써 소외 회사의 이행지체 여부가 결정되는 이상 '질권설정 승낙기간 내'는 피담보채무의 변제기를 의미하는 것으로 보아야 할 것이다)에 피담보채무의 이행지체가 발생하면 비록 피고가 승낙기간이 경과된 후 원고로부터 질권실행을 통보받았다 할지라도 통보받을 때까지 소외 회사의 지체된 원리금 채무는 질권설정액의 범위 내에서 이를 담보하고, 질권설정 승낙기간이 경과되도록 피담보채무의 이행지체가 발생하지 아니하면 이 사건 질권은 소멸하는, 즉 피담보채무의 변제기(질권설정 승낙기간)에 소외 회사의 채무불이행이 없는 것을 해제조건으로 하는 묵시적인 합의를 하였다고 볼 것인데, 이 사건 피담보채무의 변제기에 소외 회사의 이행지체가 있었음은 위에서 인정한 바와 같다.

뿐만 아니라 위 인정사실에 나타난 바와 같이 이 사건에 있어서는 제3채무자인 피고는 질권설정에 대한 승낙을 함에 있어서 질권자인 원고측의 요구에 따라 소외 회사에 대한 연체차임이나 임대차 관련 제비용 공제 및 명도와의 동시이행 등 각종 항변권을 포기한 특수한 사정이 인정되는바, 소외 회사가 원고에 대한 채무의 지급을 지체하고 있음에도 불구하고 원고가 질권의 실행을 지체할 경우 피고는 원고에 대하여 질권설정액인 19억원 범위 내에서는 무조건적인 지급의무가 있음에도 불구하고 위 특약에 따라 연체차임이나 비용 등의 공제 주장을 하지 못하게 됨으로써 결국 시간이 경과함에 따라 잔여 임대차보증금으로 소외 회사에 대한 임대차관련 채권의 만족을 얻지 못하게 되는 손해를 입을 우려가 있으므로 피담보채무의 변제기가 소외 회사의 이행지체가 발생하여 질권이 존속된다고 하더라도 위와 같은 항변권 포기의 특약 역시 원고의 질권실행 시기에 관계없이 그 승낙기간 내에서만 유효하기로 하는, 즉 특약의 존속기한을 설정하기로 하는 당사자 사이의 묵시적인 합의 또한 위에서 본 질권 존속에 관한 해제조건 설정과 동시에 있었던 것으로 보아야 할 것이다(이 점에 관하여 가사 질권설정 당사자 사이의 합의 없이 피고가 일방적으로 부가한 기한이라고 보더라도 이 사건에 있어서는 제3채무자가 질권설정에 관한 승낙을 하면서 질권설정자에 대한 항변권을 포기하였고, 그 항변권 포기가 자기에게 일방적으로 불리한 결과가 되는 것을 인식하면서 항변권 포기의 점에 관한 기한을 설정한 것이므로 이러한 의미에서의 기한을 제3채무자가 설정하는 것은 질권설정에 대한 승낙의 본질에 반하는 것은 아니라고 할 것이다).

나. 피담보채무의 범위

(1) 질권자는 질권설정금액의 범위 내에서 질권의 목적이 된 채권을 제3채무자에게 직접 청구할 수 있고, 이에 따라 제3채무자는 질권자에 대하여 질권의 목적이 된 채무(이 사건에 있어서는 임대차보증금 반환채무이다)를 직접 지급하여야 할 의무를 지게 되며, 지체 시에는 질권자에 대하여 이에 대한 지연손해금을 지급할 의무도 부담하게 된다고 할 것이다.

원고가 피고에 대하여 2001. 7. 16. 이 사건 질권에 기하여 그 때까지 소외 회사가 부담하고 있던 이 사건 대출원리금의 지급을 청구한 사실은 앞에서 인정한 바와 같으므로 피고는 원고에 대하여 2001. 7. 16.을 기준으로 한 이 사건 대출원리금 및 그 때까지의 약정 지연이자의 합계 1,621,689,926원[이 사건 대출금의 변제기인 2001. 7. 12.까지의 이 사건 대출원리금 잔액 1,617,259,080원 및 이에 대한 2001. 7. 16.까지 4일간의 연 25%의 약정이율에 의한 지연이자 4,430,846원

(1,617,259,080원 × 25% × 4/365)] 및 이에 대하여 이 사건 승낙에서 피고의 원고에 대한 지급일로 약정된 '원고의 청구일로부터 1개월'이 경과한 날인 2001. 8. 17.부터 피고가 그 이행의무의 범위에 관하여 항쟁함이 상당하다고 인정되는 당심 판결 선고일인 2003. 6. 12.까지는 상법 소정의 연 6%의, 그 다음날부터 완제일까지는 소송촉진등에관한특례법 소정의 연 20%의 각 비율에 의한 지연손해금을 지급할 의무가 있다.

(2) 한편, 원고는 위와 같은 질권설정자와의 약정이율이 제3채무자인 피고에 대하여도 그대로 적용되는 것을 전제로, 원고가 질권을 실행한 시기부터 질권설정자와의 약정에 따른 연 25%의 지연이자를 산정하여 원금과 이자의 합계액이 약정상의 질권설정 최고금액인 19억원에 도달되는 시점을 산정한 후 이를 원본으로 하고 그 원본 및 그 이후의 소송촉진등에관한특례법 소정의 지연손해금 지급을 구하고 있으나, 질권자가 질권을 실행하여 제3채무자에게 입질채권의 직접 지급을 청구하는 경우, 제3채무자가 질권자에게 그 지급을 지체하였다고 하더라도 이미 질권이 실행된 이상 그 지체책임은 질권설정자가 아닌 제3채무자 자신의 채무에 따른 것이라 할 것이므로 특별한 사정이 없는 이상 피담보채권의 지급에 관한 질권자와 질권설정자 사이의 지연이자 약정이 제3채무자에게도 그대로 적용된다고 볼 수는 없고, 따라서 제3채무자인 피고는 원고의 질권 실행 이후부터는 특별한 약정이 없는 이상 민, 상법에 따른 일반적인 지체책임만을 부담한다 할 것이다(처분권주의의 원칙상 이자채권의 원본, 이율, 기간은 각각 당사자의 주장에 구속되는 것이고, 이 법원이 인정하는 지연손해금의 기산일이 원고가 구하는 그것에 앞서기는 하나, 원고도 이미 같은 기산일로부터 지연손해금을 산정하고 이를 원본에 합산하여 청구하고 있고, 이 법원이 인정하는 원본 채권은 이미 발생한 지연손해금을 합산하고 있지 않고, 지연손해금의 비율이 원고가 구하는 약정이율의 범위 내에 있는 이상 이율이나 기간에 있어서 원고가 구하는 이자채권의 범위를 넘어서 인정하는 것은 아니므로 지연손해금의 기산일을 원고의 청구취지와 달리 인정한다고 하더라도 처분권주의에 위배되는 것은 아니다).

[상고이유]

질권의 목적이 된 채권의 실행방법에 관한 민법 제353조 제1항, 제2항의 해석적용에 관한 법령위반의 위법이 있다.

[대법원의 판단] 원심판결 중 원고 패소 부분가 가지급물반환신청에 대한 재판 중 원고 패소 부분 파기하고 환송

【대법원의 판단이유】

[1] 질권의 목적이 된 채권이 금전채권인 때에는 질권자는 자기채권의 한도에서 질권

의 목적이 된 채권을 직접 청구할 수 있고, 채권질권의 효력은 질권의 목적이 된 채권의 지연손해금 등과 같은 부대채권에도 미치므로 채권질권자는 질권의 목적이 된 채권과 그에 대한 지연손해금채권을 피담보채권의 범위에 속하는 자기채권액에 대한 부분에 한하여 직접 추심하여 자기채권의 변제에 충당할 수 있다.

원고가 채권질권의 피담보채권인 월드어드벤처에 대한 원리금 1,617,259,080원과 이에 대한 2001. 7. 13.부터 약정이율인 연 25%의 비율에 의한 지연손해금의 우선변제를 받기 위하여 질권의 목적이 된 채권인 월드어드벤처의 피고에 대한 임대차보증금 중 질권설정액인 19억 원에 대한 직접 청구를 하는 경우에 원고는 피고에게 질권의 목적이 된 임대차보증금 반환채권 중 19억 원을 한도로 하여 피담보채권인 월드어드벤처에 대한 원리금 1,617,259,080원과 이에 대한 2001. 7. 13.부터 약정연체이율인 연 25%의 비율에 의한 지연손해금의 상당액을 청구할 수 있고, 그 피담보채권의 범위가 질권의 목적이 된 19억 원에 도달하는 2002. 3. 25. 이후에는 그 피담보채권의 범위에 속하는 자기채권의 한도에서 질권의 목적이 된 채권인 19억 원의 임대차보증금에 대한 지연손해금 등의 부대채권도 직접 청구할 수 있다고 봄이 상당하다(피담보채권인 1,617,259,080원에 대한 연 25%의 비율에 의한 지연손해금이 질권의 목적인 채권인 19억 원에 대한 연 20%의 비율에 의한 지연손해금보다 다액인 것이 계산상 명백하다).

그럼에도 불구하고 이와 달리, 원고가 그 대출원리금을 (제3채무자인) 피고에 대하여 지급청구하는 것이라는 이유로 피고가 원고에게 2001. 7. 16. 당시의 대출원리금 등 합계 1,621,689,926원과 이에 대한 2001. 8. 17.부터 원심판결 선고일인 2003. 6. 12.까지는 연 6%의, 그 다음날부터 완제일까지는 연 20%의, 각 비율에 의한 지연손해금만을 지급할 의무가 있다고 인정하고, 나머지 원고의 청구를 기각한 원심의 판단에는 질권의 목적이 된 채권의 실행방법에 관한 민법 제353조 제1항, 제2항의 해석적용에 관한 법령위반의 위법이 있고, 이는 판결 결과에 영향을 미쳤다 (질권자가 질권을 실행하여 제3채무자에게 입질채권을 직접 청구한 경우, 제3채무자는 질권설정금액을 한도로 하여 피담보채권 및 그에 대한 약정연체이율에 의한 지연손해금을 지급하여야 한다고 판단하여, 질권 실행 이후부터는 민·상법에 따른 일반적인 지체책임만을 부담한다고 한 원심판결을 파기환송하였다).

[2] 민사소송법 제215조 제2항에 따른 가집행의 원상회복신청은 소송중의 소의 일종으로서 본안 판결이 변경되지 아니하는 것을 해제조건으로 하는 것이므로 본안에 관한 원심판결 중 원고 패소 부분을 파기하는 이상 원심의 가집행의 원상회복신청에 대한 재판 중 원고 패소 부분도 당연히 파기를 면할 수 없다.

[69] 질권설정계약의 합의해지와 제3채무자 보호
대판 2014. 4. 10. 2013다76192

[법적 쟁점]

질권자가 제3채무자에게 질권설정계약의 해지 사실을 통지하였으나 아직 해지되지 않은 경우, 선의인 제3채무자가 질권설정자에게 대항할 수 있는 사유로 질권자에게 대항할 수 있는지 여부(적극) 및 해지 통지를 믿은 제3채무자의 선의가 추정되는지 여부(적극)와 그 통지의 효력발생시기(=제3채무자에게 도달한 때)

[판결요지]

제3채무자가 질권설정 사실을 승낙한 후 질권설정계약이 합의해지된 경우 질권설정자가 해지를 이유로 제3채무자에게 원래의 채권으로 대항하려면 질권자가 제3채무자에게 해지 사실을 통지하여야 하고, **만일 질권자가 제3채무자에게 질권설정계약의 해지 사실을 통지하였다면, 설사 아직 해지가 되지 아니하였다고 하더라도 선의인 제3채무자는 질권설정자에게 대항할 수 있는 사유로 질권자에게 대항할 수 있다**고 봄이 타당하다. 그리고 위와 같은 해지 통지가 있었다면 해지 사실은 추정되고, 그렇다면 해지 통지를 믿은 제3채무자의 선의 또한 추정된다고 볼 것이어서 제3채무자가 악의라는 점은 선의를 다투는 질권자가 증명할 책임이 있다.

그리고 위와 같은 해지 사실의 통지는 질권자가 질권설정계약이 해제되었다는 사실을 제3채무자에게 알리는 이른바 관념의 통지로서, 통지는 제3채무자에게 도달됨으로써 효력이 발생하고, 통지에 특별한 방식이 필요하지는 않다.

[사실관계]

(1) 원고(롯데쇼핑)는 2010. 8. 26. 주식회사 대자연네트웍스로부터 지상 건물 중 지하 1층 1,077.4m²를 임대차기간 2010. 9. 13.부터 2015. 9. 13.까지, 보증금 1,000,000,000원, 차임 월 10,000,000원으로 정하여 임차하였다(위 임대차계약을 '이 사건 임대차계약'). 원고는 그 무렵 대자연네트웍스에 위 임대차보증금 1,000,000,000원을 지급하였다.

(2) 원고와 대자연네트웍스는 2010. 11. 23. 원고의 대자연네트웍스에 대한 위 임대차보증금반환채권을 담보하기 위하여 피고에 대한 대자연네트웍스 명의의 1,000,000,000원의 예금채권(예금종류 : 자유로 회전예금, 예금주 : 대자연네트웍스, 증서번호 : 증서번호 생략)에 대하여 원고를 질권자, 대자연네트웍스를 채무자 겸 질권설정자, 피고를 제3채무자로 하는 질권설정계약을 체결하였다. 원고는 같은 날 피고로부터 확

정일자 있는 질권설정승낙서를 교부받았다.

(3) 질권자인 원고는 2010. 12. 26. 피고의 역삼역지점에 모사전송의 방법으로 질권해제통지서를 전송하였고(원고와 대자연네트웍스는 담보신탁계약의 수익권 금액 10억원인 3순위 우선수익자로 담보를 변경하기로 하였으나 아직 담보가 변경되지 않았음에도 질권해제통지서를 보냄), 피고직원인 소외인은 질권해제통지서를 모사전송 받은 직후 질권설정자인 대자연네트웍스에 이 사건 예금채권을 변제하였다.

(4) 원고는 이 사건 임대차계약 후 이 사건 상가에서 롯데슈퍼를 운영하다가 영업 부진으로 2011. 12. 4. 운영을 중단하고, 위 상가를 대자연네트웍스에 인도하였다. 이후 원고는 2012. 2. 28.경 대자연네트웍스에 이 사건 임대차계약의 해지를 통보하면서 임대차보증금 반환과 손해배상을 청구하겠다는 내용의 서면을 발송하였다. 대자연네트웍스는 2012. 3. 5.경 원고에게 이 사건 임대차계약이 해지되었음을 전제로 임대차보증금은 2012. 4.경 반환할 예정이며, 원고의 손해배상청구는 부당하다는 내용의 답신을 하였다.

[원고의 주장]

원고는 임차보증금반환채권의 질권자로서 임대차계약의 해지에 따른 임대차계약의 종료로 임차보증금반환채권을 행사할 수 있고, 채무자인 대자연네트웍스가 제3채무자인 피고에 대하여 가지고 있는 예금채권을 청구한다.

[피고의 항변]

피고는 2010. 12. 16. 원고로부터 이 사건 질권이 해제되었다는 통지를 받고 대자연네트웍스에 이 사건 예금을 지급하였다. 이 사건 질권은 2010. 12. 16. 적법하게 해제되었으므로, 피고는 원고에게 이 사건 예금을 지급할 의무가 없다.

[원고의 재항변]

원고는 2010. 12. 16. E의 요청으로 피고에게 원고 내부에서 이 사건 질권 해제에 관한 논의가 진행되고 있음을 알리고자 질권해제통지서를 E이 알려 주는 팩스 번호로 전송하였을 뿐 위 질권을 해제할 의사가 없었다. 결국 원고와 대자연네트웍스 사이에 원고의 이 사건 건물에 대한 환가 요청 권능 등을 두고 다툼이 있어 담보변경과 질권해제는 이루어지지 아니하였다. 피고는 위 질권해제통지서를 전송받은 후 대자연네트웍스에 이 사건 예금을 지급하기 전에 원고에게 질권해제의사 유무를 확인하고, 금융실명거래 및 보장에 관한 법률과 같은 법 시행규칙 등에 따라 원고의 실명확인절차를 거치고, 원고를 대리하여 질권해제를 통지한 E에게 원고로부터의 대리권 수여 여부를 확인할 의무가 있었다.

그럼에도 불구하고 이러한 절차를 거치지 아니한 채 대자연네트웍스에 이 사건 예금을 지급한 피고의 행위는 위 질권설정승낙서에 기재된 의무와민법 제352조를 위반한 것이다. 그렇다면 피고의 대자연네트웍스에 대한 이 사건 예금 지급은 원고에 대하여 효력이 없으므로, 피고는 질권자인 원고에게 위 예금 1,000,000,000원을 지급하여야 한다.

[대법원의 판단] 원심 파기환송

[본판결의 의의]

만일 질권자가 제3채무자에게 질권설정계약의 해지 사실을 통지하였다면, 설사 아직 해지가 되지 아니하였다고 하더라도 선의인 제3채무자는 질권설정자에게 대항할 수 있는 사유로 질권자에게 대항할 수 있다는 것이다. 이는 이른바 질권설정계약이 해지된 경우에 제452조 제1항 전체를 유추적용한 것이다.

제12장 저당권

[70] 당사자간의 합의로 근저당권자를 제3자로 하는 약정의 유효 여부
대판(전) 2001. 3. 15. 99다48948

[사실관계]

(1) 소외 1, 2는 1996. 11. 29. 소외 (주)적성연와에게 그들 소유의 대지를 계약금 5,000만 원, 중도금 및 잔대금 각 2억 원, 합계 4억 5천만 원에 매도하면서, 적성연와가 그 명의로 소유권이전등기를 경료하기 전에 사건 대지를 금융기관에 담보로 제공하여 대출받는 돈으로 중도금 및 잔대금을 지급하기로 하되, 잔대금의 지급을 담보하기 위하여 액면 2억 원의 당좌수표를 발행·교부함과 아울러 사건 대지에 소외 1 등이 지정하는 사람 명의로 채권최고액을 2억 원으로 하는 근저당권설정등기를 마치기로 약정하였다.

(2) 이에 따라 소외 1 등은 1996. 12. 5. 그들과 피고 사이에 아무런 금전대차 관계가 없음에도 불구하고 형식상 그들이 소외 1의 처인 피고로부터 2억 원을 이율 연 2할 5푼으로 정하여 차용한다는 내용의 차용금증서를 작성하고, 같은 날 이를 피담보채권으로 하여 사건 대지에 관하여 채무자를 소외 1 등, 근저당권자를 피고, 채권최고액을 2억 원으로 하는 근저당권설정등기('제1 순위 근저당권')를 마친 후, 적성연와로부터 액면 2억 원의 당좌수표를 발행·교부받으면서 1997. 3. 18.까지 잔대금 2억 원을 지급받기로 하고, 적성연와에 근저당권설정등기에 필요한 일체의 서류를 교부하였다.

(3) 적성연와는 소외 1 등으로부터 교부받은 근저당권설정서류를 이용하여 원고에게 사건 대지에 관하여 1996. 12. 17. 채무자를 소외 3, 근저당권자를 원고, 채권최고액을 2억 6천만 원으로 하는 근저당권설정등기('제2순위 근저당권')와 같은 달 24일 채무자를 소외 (주)신세계합판, 근저당권자를 원고, 채권최고액을 2억 6,000만 원으로 하는 근저당권설정등기('제3 순위 근저당권')를 각 마쳐주고, 같은 달 18일과 27일 원고로부터 소외 3 및 신세계합판 명의로 합계 4억 원을 대출받았다. 그러나 적성연와는 소외 1 등에게 잔대금 2억 원을 지급하지 아니하였고, 소외 1 등에게 발행·교부한 액면 2억 원의 당좌수표도 지급 거절되었다.

(4) 한편, 소외 3 및 신세계합판과 그들 명의를 빌려 금원을 대출받은 적성연와가 원

고에 대한 대출원리금 채무의 이행을 지체하자, 원고는 제2, 3 순위 근저당의 실행으로 경매신청을 하여 그 경매절차에서 대지는 1997. 10. 30. 4억 4,410만 원에 낙찰되었다.

(5) 원고는 경매신청권자 겸 제2, 3 순위 근저당권자로서 경매법원에 소외 3 및 신세계합판에 대한 대여원리금 채권 합계 462,691,933 원의 배당을 구하였고, 피고는 제1 순위 근저당권자로서 경매법원에 채수헌 등에 대한 대여원리금 채권 248,904,109 원의 배당을 요구하는 채권계산서를 제출하였다.

(6) 경매법원은 1997. 11. 26. 실시한 배당기일에서 낙찰대금 4억 4,410만 원 및 이에 대한 이자 648,202 원 합계 444,748,202 원의 배당할 금액에서 집행비용 5,269,630 원을 공제한 나머지 439,478,572 원을 실제 배당할 금액으로 하여, 제1 순위 근저당권자인 피고에게 1순위로 그 배당요구액 중 채권최고액인 2억 원을, 교부청구권자인 인천광역시 남동구에 2순위로 73,180원 전액을, 경매신청권자 겸 제2, 3 순위 근저당권자인 원고에게 3순위로 나머지 금액인 239,405,392원을 배당하는 내용의 배당표를 작성하였고, 같은 날 원고는 경매법원에 피고에 대한 배당액 전액에 관하여 이의를 제기하였다.

[법적 쟁점]

부동산 매매대금의 지급을 담보하기 위하여 당사자 간의 합의에 의하여 소유권이전등기를 매수인에게 경료하지 않은 상태에서 목적 부동산 위에 근저당권자를 매도인이 지정하는 제3자로, 채무자를 매도인으로 하는 근저당권을 설정한 경우, 그 근저당권설정등기가 담보물권의 부수성에 반하여 무효인지 여부

[원고의 주장]

(1) 제1순위 근저당권설정등기가 채권자(매매대금채권)인 소외 1 등을 채무자로 하고 채무자인 적성연와와 사이에 채권·채무관계가 없는 피고를 채권자로 하여 마쳐진 것으로서 담보물권의 부종성에 반하여 무효이다.

(2) 부동산에 관한 물권을 명의신탁약정에 의하여 명의수탁자의 명의로 등기하여서는 아니된다. 명의수탁자의 명의로 등기되어 있는 경우 부동산실명법 제4조 제1항과 제2항 본문에 의해 피고 명의의 근저당권은 무효이다. 따라서 피고에 대하여 배당액 전액에 대하여 이의를 제기한다.

[피고의 주장(항변)]

(1) 채권자(소외 1등), 채무자(적성연와), 제3자(피고) 사이에 합의가 있고 채권이 제3자에게 실질적으로 귀속된 특별한 사정이 있는 경우에는 제3자 명의의 근저당권설

정등기도 유효하다.

(2) 본 사건의 경우, 채무자 승낙 아래 매매잔대금 채권이 피고에게 이전되었다고 보는 것이 당사자들의 진정한 의사에 부합하는 해석이다. 따라서 1순위 저당권은 부종성에 반하지 않으므로 유효하다(묵시적 채권양도, 제3자를 위한 계약, 불가분적 채권관계 주장도 가능).

[원심의 판단] 제1심 판결 취소

[원심의 판단 이유]

피고의 근저당권 등기는 담보물권의 부수성에 반하는 무효의 등기이다. 따라서 경매절차에서 피고명의의 제1순위 근저당권이 유효하게 성립된 것임을 전제로 하여 그에게 1순위로 배당된 2억 원은 그 전액이 배당요구금액 462,691,933원 중 239,405,392원만을 3순위로 배당받은 원고에게 추가 배당되어야 한다. 배당액의 경정 결정을 하였다.

[피고의 상고이유]

제1순위 근저당권설정등기가 채권자인 소외 1 등을 채무자로 하고 채무자인 적성연와와 사이에 채권·채무관계가 없는 피고를 채권자로 하여 마쳐진 것으로서 담보물권의 부종성에 반하여 무효라고 단정한 원심판결에는 의사표시의 해석을 그르치거나, 담보물권의 부종성에 관한 법리를 오해한 위법이 있다.

[대법원의 판단] 원심 파기

【대법원의 판단이유】

[다수의견]

(1) 제3자 명의의 근저당권설정등기(명의신탁등기)의 유효성

근저당권은 채권담보를 위한 것이므로 원칙적으로 채권자와 근저당권자는 동일인이 되어야 하지만, 제3자를 명의인으로 하는 근저당권을(근저당명의신탁) 설정하는 경우 그 점에 대하여 채권자와 채무자 및 제3자 사이에 합의가 있고, 채권양도, 제3자를 위한 계약, 불가분적 채권관계의 형성 등 방법으로 채권이 그 제3자에게 실질적으로 귀속되었다고 볼 수 있는 특별한 사정이 있는 경우에는 제3자 명의의 근저당권설정등기도 유효하다고 보아야 한다.

(2) 등기부상 소유자인 매도인을 채무자로 하여 마친 근저당권설정등기의 유효성

한편 부동산을 매수한 자가 소유권이전등기를 마치지 아니한 상태에서 매도인인 소유자의 승낙 아래 매수 부동산을 타에 담보로 제공하면서 당사자 사이의 합의로

편의상 매수인 대신 등기부상 소유자인 매도인을 채무자로 하여 마친 근저당권설정등기는 실제 채무자인 매수인의 근저당권자에 대한 채무를 담보하는 것으로서 유효하다.

(3) 양자의 결합형태의 경우

위 양자의 형태가 결합된 근저당권이라 하여도 그 자체만으로는 부종성의 관점에서 근저당권이 무효라고 보아야 할 어떤 질적인 차이를 가져오는 것은 아니라 할 것이다. 그리고 매매잔대금 채무를 지고 있는 부동산 매수인이 매도인과 사이에 소유권이전등기를 경료하지 아니한 상태에서 그 부동산을 담보로 하여 대출받는 돈으로 매매잔대금을 지급하기로 약정하는 한편, 매매잔대금의 지급을 위하여 당좌수표를 발행·교부하고 이를 담보하기 위하여 그 부동산에 제1 순위 근저당권을 설정하되, 그 구체적 방안으로서 **채권자인 매도인과 채무자인 매수인 및 매도인이 지정하는 제3자 사이의 합의** 아래 근저당권자를 제3자로, 채무자를 매도인으로 하기로 하고, 이를 위하여 매도인이 제3자로부터 매매잔대금 상당액을 차용하는 내용의 차용금증서를 작성·교부하였다면, 매도인이 매매잔대금 채권의 이전 없이 단순히 명의만을 제3자에게 신탁한 것으로 볼 것은 아니고, 채무자인 매수인의 승낙 아래 매매잔대금 채권이 제3자에게 이전되었다고 보는 것이 일련의 과정에 나타난 당사자들의 진정한 의사에 부합하는 해석일 것이므로, 제3자 명의의 근저당권설정등기는 그 피담보채무가 엄연히 존재하고 있어 그 원인이 없거나 부종성에 반하는 무효의 등기라고 볼 수 없다.

[반대의견]

매도인이 부동산을 매도하면서 잔대금 채권의 지급확보를 위하여 매도인과 제3자 사이에 아무런 금전 대차관계가 없음에도 불구하고 형식상 제3자로부터 금전을 차용한다는 내용의 차용금증서를 작성하고 그 제3자 명의의 근저당권을 설정하였다면, ① 아무리 당사자들의 일련의 행위를 종합적으로 파악하더라도 이를 가리켜 '매도인이 차용금증서를 작성·교부하는 방법으로 매매잔대금 채권을 제3자에게 양도하고 채무자는 그 양도를 승낙함으로써 그 매매잔대금 채권이 제3자에게 이전'되었다고 해석할 수는 없다 할 것이다. ② 한편, 근저당권설정등기에 '본래 채권자라고 되어야 할 소유자인 자가 채무자로 되는 것'을 허용하게 되면 이는 마치 우리 민법이 채택하지 않은 독일 민법의 유통저당권이나 토지채무제도를 승인하는 것과 같은 결과로 되므로, ③ 이 때에는 부종성의 관점에서 그 근저당권을 무효라고 보아야 하고 이를 유효로 하는 것은 비록 당사자 간의 의사의 합치가 있다 하더라도 그에 의한 새로운 제도의 창설을 금지하는 물권법의 대원칙인 물권법정주의에 반하게 되어 허용될 수 없다 할 것이다. ④ 그리고 다수의견이 채권자 아닌 제3자를 근저당권 명의로 하여 근저당권을 설정하는 경우 그 점에 대하여 채권자와 채무자 및 제3자 사이에 합의가 있고, 채권이 제3자에게 이전 또는 실질적으로 귀속되었다고 볼 수 있는 특별한 사정이 있으면 제3자 명의의 설정등기도 유효하다고 보는 것은 부동산실권리자명의등기에관한법률이 규정한 부동산 물권에 관한 명의신탁금지를 잠탈하는 것으로 보아야 할 것이다.

[71] 저당권자의 물상대위
대판 2004. 12. 24. 2004다52798

저당권설정자가 취득하게 된 화재보험계약상의 보험금청구권에 대하여 저당권자가 물상대위권을 행사할 수 있는지 여부

[사실관계]

(1) 2002. 1. 10. 소외 1 주식회사와 공장용지 및 공장건물 2동에 더하여 이에 비치된 소외1 소유의 기계기구를 추가담보로 제공함으로써 근저당권 변경계약을 체결하고 위 각 근저당권의 변경등기를 마쳤고, 2002. 12. 18. 위 각 근저당권에 새로운 기계기구를 저당물로 추가하는 계약을 체결하고 위 각 근저당권의 변경등기를 마쳤다(이하 2002. 1. 10.자와 2002. 12. 18.자 각 근저당권 변경등기시 추가된 각 기계기구를 합쳐 '이 사건 기계기구').

(2) 소외 1 주식회사는 현대해상화재 주식회사와 ① 2002. 1. 5. 보험기간을 2002. 1. 5.부터 2003. 1. 5.까지, 보험목적물을 이 기계기구, 보험가입금액을 2억 원, 보험료를 1,124,600 원으로 하는 화재보험계약을(1차 화재보험계약), ② 2002. 12. 31. 보험기간을 2002. 12. 31.부터 2003. 12. 31.까지, 보험목적물을 이 사건 기계기구, 보험가입금액을 4억 원, 보험료를 2,156,800 원으로 하는 화재보험계약(2차 화재보험계약)을 각 체결하였다.

(3) 소외 1은 피고에게, 위 ① 보험계약에 따른 보험금청구채권에 관하여는 2002. 1. 9. 피담보채권액을 2억 원으로 하고, 위 ② 보험계약에 따른 보험금청구채권에 관하여는 2003. 2. 5. 피담보채권액을 4억 원으로 하여, 질권자를 각 피고로 한 채권질권을 각 설정해 주었다.

(4) 그런데 위 ①, ② 보험계약상의 보험기간 중인 2003. 1. 1. 19:00경 소외1의 위 공장에서 화재가 발생하여 보험목적물인 이 기계기구가 소손됨으로써 현대해상화재는 소외1에 대하여 위 각 보험계약에 따른 보험금지급채무를 부담하게 되었다.

(5) 이런 상태에서 원고가 소외 1에 대한 물품대금채권 217,531,594원을 피보전채권으로 하여 소외1이 현재해상화재에 대하여 가지는 위 보험금청구채권에 대한 채권가압류 신청을 하였고, 이에 2003. 1. 20. 위 법원으로부터 채권가압류 결정을 받아 위 결정이 2003. 1. 23. 제3채무자인 소외 2에 송달되었다.

(6) 한편 피고는 이 사건 기계기구 등에 대한 근저당권자로서 위 각 근저당권에 기한 물상대위권의 행사로서 민사집행법 제273조 제2항, 제3항, 제223조, 제229조에 따라 위 각 근저당권의 피담보채권액 합계 15억 5,895만 원 중 일부금 10억 원을

청구금액으로 하여 소외1이 현대해상화재에 대하여 가지는 위 보험금청구채권 중 위 2차보험계약에 따른 보험금 청구채권에 대한 채권압류 및 추심명령을 신청하였고, 이에 2003. 2. 3. 위 법원으로부터 채권압류 및 추심명령을 받아 위 명령이 2003. 2. 6. 제3채무자인 소외2에 송달되었다.

(7) 그러자 소외 1은 2003. 3. 18. 위 2차 보험계약에 따른 현대해상화재에 대한 보험금채무액 217,531,594원에 대하여 위와 같은 압류경합 있음을 이유로 이를 공탁한 후 같은 날 위 법원에 공탁사유신고를 하였고, 위 법원은 이에 따라 배당절차를 진행하여 2003. 4. 23. 배당기일을 열어 위 공탁금액 217,531,594원 중 집행비용 8,100원을 제외한 217,523,494원 전액을 피고에게 배당하는 내용의 배당표를 작성, 제시하였고(이하 '최초 배당처분'이라고 한다), 이에 대하여 이해관계인들의 이의 진술이 없자, 이를 그대로 확정하고 이에 기하여 같은 날 피고에게 그 배당금 전액을 현실로 지급하였다.

(8) 그런데, 법원은 위와 같이 배당기일을 실시함에 있어 가압류권자인 원고에 대한 배당기일 통지를 누락하였고 이에 원고는 2003. 7. 1. 같은 법원에 자신에 대한 배당기일의 통지가 누락되었다는 이유로, 최초 배당처분을 취소하여 달라는 내용의 집행에 관한 이의신청을 하였고, 같은 법원은 이를 받아들여 같은 해 7. 2. 최초 배당처분을 취소한다는 결정을 함과 동시에 배당기일을 2003. 7. 30.로 다시 정한 후 원고를 비롯한 이해관계인들에게 배당기일 통지를 하고 2003. 7. 30. 배당기일을 열어 최초의 배당처분과 동일한 내용의 배당표를 작성, 제시하였고, 이에 대하여 원고가 피고에 대한 배당액 전부에 대하여 이의 진술을 하자 그 배당을 중지하였다.

(9) 한편 피고는 위 집행에 관한 이의신청사건에 관한 위 결정에 대하여 항고를 하였고, 항고심법원은 최초 배당처분에 따라 배당금이 지급됨으로써 배당절차가 이미 종료되었음을 이유로 원심결정을 취소하여 원고의 위 집행에 관한 이의신청을 각하하는 결정을 하였고, 그 후 위 결정은 확정되었다.

[법적 쟁점]

저당목적물의 소실로 저당권설정자가 취득하게 된 화재보험계약상의 보험금청구권에 대하여 저당권자가 물상대위권을 행사할 수 있는지 여부

[원고의 주장]

원고는 물품대금채권자 및 가압류권자로서 다음과 같이 주장한다.

(1) 주위적 청구

가. 근저당권의 목적물은 부동산이어야 하는데 이 사건 기계기구는 근저당권의 목

적물이 아니다.

나. 보험금청구채권은 물상대위의 대상이 아니다. 제342조에 의하면 물상대위의 대상은 '발을 금전 기타 물건'으로 되어 있는데 보험금청구채권은 이에 포함되지 않는다. 따라서 피고가 원고에 우선하여 배당받을 권리가 없다.

다. 원고에게 전액을 배당한 위 최초 배당처분은 위법 배당변경 결정을 구한다.

(2) 예비적 청구

피고가 원고에 우선하여 배상받을 권리가 없음에도 피고는 원고에 우선하여 배당금을 수령하여 감으로써 법률상 원인 없이 위 배당금에 상당하는 이득을 얻었고 원고에게 동 금액 상당의 손해를 입게 하였으므로 이를 부당이득으로서 반환할 의무가 있다.

[피고의 주장]

(1) 이 사건 기계 기구는 근저당권의 목적물이다.

(2) 보험청구채권도 제342조에서 규정하고 있는 물상대위의 대상이다. 담보물권은 목적물의 실체를 목적으로 하는 권리가 아니라 그 교환가치의 지배를 목적으로 하는 가치권이므로 목적물 자체가 멸실 또는 훼손되더라도 그 교환가치를 대표하는 다른 물건이 존재하는 때에는 그 물건 위에 담보물권을 존속시키는 것이 담보물권의 본질상 당연하기 때문이다. 물상대위가 인정되는 것은 질물 또는 저당물의 멸실·훼손 또는 공용징수로 인하여 질권설정자 또는 저당권설정자가 받을 금전 기타의 물건이다. 그러나 엄밀하게 말하면 금전 기타 물건 그 자체가 아니라 그에 대한 '청구권'인 것이다. 피고는 근저당권자로서 우선변제를 받을 권리가 있다. 따라서 배당절차 종료로 배당이의의 소는 소의 이익이 없어 부적법 각하되어야 한다.

[원심의 판단]

○ 1심의 판단 주위적청구: 각하, 예비적청구: 기각

○ 원심의 판단: 항소 기각

[원심의 판단이유]

(1) **주위적 청구 판단** : 최초 배당처분에 따라 배당금 전액이 현실적으로 지급됨으로써 배당절차는 이미 종료되었고, 그러한 이상 원고가 주위적 청구로서 구하는 배당이의의 소는 이익이 없어 부적법 각하한다.

(2) **예비적 청구 판단** : 이 사건 기계기구는 근저당권의 목적물이고, 보험금청구채권은 이 사건 기계기구가 가지는 가치의 변형물 내지 표차물이라 할 것이어서 각 근저당권의 물상대위의 객체가 된다. 피고는 이에 대하여 우변제권을 가질뿐더러 제3

채무자인 소외 2가 2003. 3. 18.자로 위 공탁 및 공탁사유신고를 하긴 전인 2003. 2. 3.자로 위 보험금청구채권에 대하여 민사집행법 제273조 2항, 3항, 제223조, 제229조에 따 위 각 근저당권에 기한 물상대위권의 행사로서 채권압류 및 추심명령을 받아 2003. 2. 6. 위 명령이 제3채무자인 소외 2에 송달됨으로써 그 우선변제권을 행사한 사실이 있다. 따라서 피고는 위 배당절차에서 위 보험금청구채권에 대한 가압류권자에 불과한 원고에 우선하여 배당받을 권리가 있다 할 것이므로 원고의 주장은 이유 없다.

[상고이유] 보험금청구권 및 물상대위에 관한 법리 오해

다음과 같은 점에서 화재보험금청구권에 대하여는 근저당권자의 물상대위가 인정되지 않는다고 봄이 상당하다.

(1) 저당권의 목적물이 화재로 소실되었다고 하여 항상 보험금청구권이 발생하는 것은 아니라, 저당권설정자가 보험계약을 체결하고 보험료를 납입한 경우에만 보험금청구권이 발생하는 것이다.

(2) 화재보험의 가입은 반드시 소유자만이 가입할 수 있는 것도 아니고 임차인 등 제3자가 자신을 위하여 또는 소유자가 제3자를 위하여 가입할 수도 있는 것이며, 보험계약은 유상계약으로서 보험금은 저당권설정자가 납입한 보험료와 대가관계에 있는 것이고(따라서 멸실, 훼손된 보험목적물의 대물 또는 변형물이라고 할 수 없다), 보험료는 저당권설정자의 일반재산에서 납입되는 것이므로, 보험금 또는 일반채권자들의 공동담보가 되어야 하는 것이므로, 화재보험금에 물상대위를 인정한다면 채권자평등주의를 해치는 결과가 되는 것이다.

(3) 물상보증의 경우 물상보증인이 담보제공 이전에 이미 화재보험계약을 체결하고 보험료를 납입하여 온 경우 화재보험가입 후의 저당권자가 물상대위권을 행사하여 화재보험금을 수령한다는 것은 아주 불합리한 것이다.

[대법원의 판단] 상고기각

【대법원의 판단이유】

저당목적물이 소실되어 저당권설정자가 보험회사에 대하여 화재보험계약에 따른 보험금청구권을 취득한 경우 그 보험금청구권은 저당목적물이 가지는 가치의 변형물이라 할 것이므로 저당권자는 민법 제370조, 제342조에 의하여 저당권설정자의 보험회사에 대한 보험금청구권에 대하여 물상대위권을 행사할 수 있다

[참고] 저당권자의 물상대위에 관한 판례

이 점에 관하여 명백히 언급한 대법원판례는 없으나, 대법원 2004. 2. 13. 선고 2002

다72712 판결은 "원심은 주식회사 한아름상호신용금고와 한아름 제1차 유동화전문유한회사가 받은 판시 각 전부명령에 의하여 서정신의 보험금청구채권과 원고의 보험금청구채권 중 물상대위의 목적이 되는 87,438,500원만이 전부되었다고 판단하였는바, …… 원심의 판단은 정당하다고 수긍이 되고"라고 설시하여, 일응 화재보험금청구채권이 물상대위의 목적이 됨을 당연한 전제로 한 것으로 보인다.

[참고] 화재보험청구권에 대한 물상대위 부정 견해

담보목적물에는 언제나 손해보험이 붙여지는 것도 아니고 보험금청구권은 목적물의 멸실·훼손에 의하여 법률상 당연히 발생하는 것이 아니라 별도로 체결된 보험계약에 의하여 보험료의 대가로서 생기는 것이며, 보험금청구권은 보험계약의 성립에 의하여 이미 조건부로 발생하는 것이고 보험사고의 발생은 그 구체화에 불과하며, 저당권설정자는 보험계약의 해제, 기한도래시에 계약을 계속하지 아니하는 것이 가능하고 저당권설정자가 보험료를 지불하지 않거나 고지의무, 통지의무, 손해방지의무 등을 위반하여 고의로 사고를 초래케 한 것을 이유로 보험금의 전부 또는 일부의 지불이 거부될 수 있기 때문에 보험계약이 성립한 경우에도 담보목적물의 멸실이 보험금 지불과 결부된다고는 할 수 없으며, 보험금이 지불될 때에도 그 금액은 본질적으로는 지불된 보험료액 여하에 따라서 좌우된다는 점 등을 이유로 들고 있다

[72] 저당권의 효력과 종물이론의 확장
대판 1993. 4. 13. 92다24950

[사실관계]

사건 대지(1,020.7m²)는 원고 학원의 소유로서, 소외 甲이 이를 (토지) 임차하여 그 지상에 사건 건물을 신축하여 1973. 11. 30. 그의 명의로 소유권보존등기를 마쳤고, 피고는 1990. 10. 26. 이 사건 건물에 관한 근저당권자 겸 甲의 채권자인 소외 乙이 신청한 임의경매절차에서 사건 건물을 경락받아 1991. 4. 19. 그의 명의로 소유권이전등기를 마치고 사건 대지 중 330.18m²를 그 부지로 사용하고 있는 자이다.

피고가 원고로부터 이 사건 대지를 임차하거나 원고의 동의를 받아 이를 전차하였다거나 원고에게 이 사건 대지의 차임을 지급하였음을 인정할 수 있는 증거는 없고 이에 대한 피고의 증명도 없는 상태이다.

오히려 소외 丙이 1987. 12. 15. 당시 이 사건 건물의 소유자이던 위 甲과 이 사건 건물 중 지층 79.34m²와 1층 330.18m²에 대한 임대차계약을 체결한 후 그곳에서 술집을 경영하면서 이 사건 건물의 부지 외에 이 사건 대지 중 나머지 공터 부분도 함께 사용하고 있고, 1989. 4. 17.부터 1990. 10. 17.까지는 위 甲에게 대지사용료 명목으로 매월 금 2,200,000원 상당을 지급하여 왔고, 1990. 11. 21.부터 1991. 4. 25.까지 5회에 걸쳐서는 원고에게 토지사용료 또는 대지사용료 명목으로 매월 금 2,200,000원을 지급하여 오다가 그 이후부터 지급을 중단하였다.

[법적 쟁점]

(1) 건물에 대한 저당권이 실행되어 경락인이 건물의 소유권을 취득한 경우 건물의 소유를 목적으로 한 토지의 임차권도 건물의 소유권과 함께 경락인에게 이전되는지 여부

(2) 위의 경우 토지 임대인의 동의가 없어도 경락인은 임대인에 대하여 임차권의 취득을 대항할 수 있는지 여부

(3) 임대인이 자신의 동의 없이 임차권이 이전되었다는 것만을 이유로 임대차계약을 해지할 수 없는 특별한 사정이 있는 경우 및 그에 대한 주장·입증책임의 소재

[원고의 주장]

사건 토지는 원고의 소유이며 사건 건물은 아무런 점유할 권리가 없이 원고 소유의 토지 위에 있으므로 제214조에 기해 피고에 대하여 건물의 철거를 구한다.

[피고의 주장]

(1) 이 사건 건물의 전 소유자인 위 甲이 원고로부터 위 대지를 임차하였고 피고가 이 사건 건물을 취득한 이후인 1991. 4. 25.까지 위 대지의 임대료를 원고에게 계속 지급하여 왔으므로 결국 피고에게도 위 대지에 대한 임차권이 있다고 주장한다.

(2) 원고가 이 사건 건물을 경락받을 당시 건물소유자와 그 대지소유자가 다르기는 하였으나 위 甲이 원고로부터 대지사용의 승낙을 받아 이 사건 건물을 신축하여 등기까지 마친 것이므로 특별한 사정이 없는 한 건물의 용도에 따라 상당 기간 그 존립을 용인하였고 건물의 소유권이 변동되는 경우 이를 철거하기로 한 것은 아니라 할 것이므로 이 사건 건물 부지에 대하여도 지상권이 인정되어야 한다고 주장한다.

(3) 원고가 위와 같이 적법하게 건축된 이 사건 건물이 피고에게 경락되자 이의 철거를 구하는 것은 신의성실의 원칙에 위배된다고 주장한다.

[원심의 판단] 1심 판결 취소, 건물철거와 대지의 인도

[원심의 판단이유]

(1) 위 甲이 위 대지에 관한 임차권을 취득하였다 하여 이 사건 건물의 경락인인 피고도 당연히 임차권을 취득하였다고 할 수는 없을 뿐만 아니라 달리 피고가 원고로부터 위 대지를 임차하거나 원고의 동의를 받아 이를 전차 하였다거나 원고에게 1990. 11. 21.부터 1991. 4. 25.까지 5회에 걸쳐서만 토지사용료 또는 대지사용료 명목으로 매월 금 2,200,000원을 지급하여 오다가 그 이후부터 지급을 중단하였고 이후 위 대지의 임대료를 지급하였음을 인정할 수 있는 증거가 없다.

(2) 대지소유자의 승낙을 받고 건축된 건축만을 전전양도 받은 건물소유자에게는 그 부지에 대한 지상권이 설정되거나 관습상의 지상권이 발생한다 할 수 없다.

(3) 원고는 이 사건 건물 신축 당시인 1973년 경에는 위 대지 주변이 아직 개발되지 아니하여 토지를 이용하지 못하고 있던 중 위 甲이 건물을 건축하게 빌려 달라고 하여 위 대지를 임대하여 주었는데 이제 사건 건물은 신축된지 20년 가까이 경과되어 낡은 건물이 되었고, 한편, 위 대지의 과세표준이 그동안 계속 상승하여 1991년도 재산세가 약 40,000,000원 정도 부과되었고 위 대지에 관하여는 토지소유자와 건물소유자가 상이한 경우에 해당되어 향후 엄청난 금액의 토지초과이득세 부과가 예상되어 위 대지로 인하여 원고의 경제적 부담이 가중되고 있음에도 피고는 이 사건 건물을 경락 받은 후 위 소외인 등에게 이를 임대하여 상당한 임대수입을 얻고 있으면서도 위 대지 소유자인 원고에게는 임차의사의 표시조차 하지 아니할

뿐만 아니라 이 사건 건물의 사용 및 그 임차인들의 영업에 절대 불가결한 그 부지 및 나머지 공터에 대한 사용료도 전혀 지급하지 아니하고 있는 사실을 인정할 수 있고, 위 사실에 나타난 원고가 위 대지를 임대하게 된 경위와 내용, 위 甲이 이 사건 건물을 신축한 경위, 피고에게 이 사건 건물의 철거를 구하게 된 경위 등 제반사정을 고려하면 원고의 이 사건 청구가 신의성실의 원칙에 위배 된다고 할 수 없다.

[상고이유]

(1) 민법 제622조 제1항은 건물의 소유를 목적으로 한 토지임대차는 이를 등기하지 아니한 경우에도 임차인이 그 지상건물을 등기한 때에는 토지에 관하여 권리를 취득한 제3자에 대하여 그 임대차의효력을 주장할 수 있다고 규정하고 있고, 따라서 건물의 소유권과 함께 그 건물의 소유를 목적으로 한 토지의 임차권을 취득한 사람이 토지의 임대인에 대한 관계에서 그의 동의가 없이도 그 임차권의 취득을 대항할 수 있다고 하여야 하는데, 이의 해석을 그르친 위법이 있다.

(2) 위 소외인과 원·피고와의 관계에 관한 특별한 주장 입증이 없는 한 피고가 원고로부터 직접 이 사건 대지를 임차하거나 원고의 동의를 받아 이 사건 대지의 임차권을 양수하든지 전차하였다고 볼 수는 없다는 원심의 판단은 이유의 모순과 주장입증책임을 전도한 위법이 있다,

(3) 신의성실의 원칙에 관한 법리오해의 위법이 있다.

[대법원의 판단] 상고기각

【대법원의 판단이유 및 판결요지】

[1] 건물의 소유를 목적으로 하여 토지를 임차한 사람이 그 토지 위에 소유하는 건물에 저당권을 설정한 때에는 **민법 제358조 본문에 따라서 저당권의 효력이 건물뿐만 아니라 건물의 소유를 목적으로 한 토지의 임차권에도 미친다**고 보아야 할 것이므로, 건물에 대한 저당권이 실행되어 경락인이 건물의 소유권을 취득한 때에는 특별한 다른 사정이 없는 한 건물의 소유를 목적으로 한 토지의 임차권도 건물의 소유권과 함께 경락인에게 이전된다(이른바 종물이론의 확장).

[2] 위 '[1]'항의 경우에도 민법 제629조가 적용되기 때문에 토지의 임대인에 대한 관계에서는 그의 동의가 없는 한 경락인은 그 임차권의 취득을 대항할 수 없다고 할 것인바, 민법 제622조 제1항은 건물의 소유를 목적으로 한 토지임대차는 이를 등기하지 아니한 경우에도 임차인이 그 지상건물을 등기한 때에는 토지에 관하여 권리를 취득한 제3자에 대하여 임대차의 효력을 주장할 수 있음을 규정한 취지임에 불과할 뿐, 건물의 소유권과 함께 건물의 소유를 목적으로 한 토지의 임차권을

취득한 사람이 토지의 임대인에 대한 관계에서 그의 동의가 없이도 임차권의 취득을 대항할 수 있는 것까지 규정한 것이라고는 볼 수 없다.

[3] 임차인의 변경이 당사자의 개인적인 신뢰를 기초로 하는 계속적 법률관계인 임대차를 더 이상 지속시키기 어려울 정도로 당사자간의 신뢰관계를 파괴하는 임대인에 대한 배신행위가 아니라고 인정되는 특별한 사정이 있는 때에는 임대인은 자신의 동의 없이 임차권이 이전되었다는 것만을 이유로 민법제 629조 제2항에 따라서 임대차계약을 해지할 수 없고, 그와 같은 특별한 사정이 있는 때에 한하여 경락인은 임대인의 동의가 없더라도 임차권의 이전을 임대인에게 대항할 수 있다고 봄이 상당한 바, 위와 같은 특별한 사정이 있는 점은 경락인이 주장 입증하여야 한다.

[73] 근저당권의 효력범위
대판 2001. 10. 12. 2000다59081

근저당권자의 채권총액이 채권최고액을 초과하는 경우, 근저당권자와 채무자 겸 근저당권설정자 사이에서 근저당권의 효력이 미치는 범위

[사실관계]

(1) 소외 甲은 사건 임야의 토석을 채취하여 공유수면매립공사장 등에 납품하는 사업(토석채취사업)을 하기 위하여 1992. 12. 16. 사건 임야의 사실상 소유자인 소외 乙과 함께 소외 주식회사를 설립하여 그 대표이사로 취임하였고, 그 후 사건 임야는 1993. 3. 3. 소외 주식회사 앞으로 소유권이전등기가 경료되었다.

(2) 甲은 사건 토석채취사업을 추진하던 중 자금이 모자라자, 피고로부터 투자금 명목으로 자금을 지원받기로 하여, 1997. 2.경 피고를 대리한 피고의 사촌동생인 소외 丙과 다음과 같은 내용의 5억 원의 '투자약정'을 체결하였다.

① 피고는 향후 토석채취사업 등에 5억 원을 투자하되 1차로 3억 원을 우선 지급하고, 나머지 2억 원은 甲측이 토석채취사업 등에 대한 모든 허가를 받음과 동시에 지급하기로 한다(약정서 제1, 4항).

② 甲은 당시 임야 등기부상 부담으로 남아 있던 압류 및 기설정된 근저당권 중 채권최고액 3억 원에 해당하는 부분을 말소한 후, 위 투자금에 대한 담보의 목적으로 피고가 지정하는 사람 앞으로 임야에 관하여 채권최고액 3억 원의 가등기 또는 근저당권설정등기를 마쳐주기로 한다(약정서 제1, 2항).

③ 토석채취사업이 원만히 수행되면 그 수익금 중, 甲은 60%, 피고는 40%의 비율로 배당받아가기로 한다(약정서 제5항).

④ 만일 이 약정 체결일로부터 2개월 이내에 甲측이 책임지기로 한 토석채취사업 등에 대한 허가가 완료되지 않으면, 甲은 피고에게 그 투자금에 대하여 월 3%의 이자를 가산하여 반환한다(약정서 제3, 10항).

⑤ 토석채취사업을 경영하기 위하여 새로운 법인을 설립하되, 甲과 丙을 공동대표로 한다(약정서 제11, 12항).

(3) 피고를 대리한 丙은 사건 투자약정에 따라 甲 또는 갑을 대리한 소외 丁에게 1997. 4. 8일부터 1997. 7. 15일까지 총 159,300,000 원의 사업자금을 교부하였다.

(4) 피고와 甲은 새로운 회사를 설립하기로 한 투자약정의 취지에 따라 1997. 4. 9. 사실상 소외 주식회사와 동일한 회사인 원고회사를 설립하고, 丙을 대표이사로, 소

외 甲을 이사로 각 선임하였다.

(5) 한편, 투자약정의 이행과정에서 甲은 투자약정상 압류 및 근저당권의 말소 약속을 1997. 4. 30.까지 이행하고, 임야의 소유권을 새로이 설립한 원고회사 앞으로 이전함과 동시에 피고 앞으로 위 투자금 담보 목적의 근저당권을 설정하여 주기로 거듭 약속하였으나, 이를 지키지 못하게 되자 甲과 丁은 다시 1997. 5. 12. 피고에게 같은 달 30.까지 기설정된 근저당권을 말소하고 피고 앞으로 위 투자금 담보목적의 채권최고액 3억 원의 근저당권을 설정하기로 하는 근저당권 말소의 이행각서를 작성하여 주었다.

(6) 그 후 甲은 원고회사의 대표이사 자격으로 1997. 9. 8. 투자약정상의 피고의 투자금 담보 목적을 위하여, 사건 임야 상에 기설정된 근저당권을 말소하고, 같은 달 9. 피고와 사건 임야에 관하여 원고회사를 채무자로 하여 채권최고액 1억 원 및 채권최고액 2억 원의 각 근저당권설정계약을 체결하고, 같은 달 10. 채권최고액 1억 원의 청구취지 기재의 근저당권설정등기를, 같은 달 12. 채권최고액 2억 원의 근저당권설정등기를 각 마쳐주었다.

(7) 그런데, 원고회사는 피고가 사건 토석채취사업에 당초 약정에 따른 추가자금을 투자하지 않는다는 이유로 1997. 9. 30. 이 사건 임야에 관한 피고 명의의 위 근저당권 2개 중 채권최고액 2억원의 근저당권설정등기를 말소하여 버렸고, 1억 원의 근저당권설정등기만 경료되어 있다.

(8) 한편, 원고회사는 위 토석채취허가를 받지 못하였고, 피고는 위 투자금 중 2천만 원만 회수하였다.

[법적 쟁점]

(1) 담보물권의 부종성 : 근저당권이 피고가 앞으로 투자할 금액에 대한 선담보로만 제공된 것인지, 혹은 이미 투자한 금원에 대한 담보로서도 제공한 것인지 여부

(2) 근저당권자의 채권총액이 채권최고액을 초과하는 경우, 근저당권자와 채무자 겸 근저당권설정자 사이에서 근저당권의 효력이 미치는 범위

[원고의 주장]

(1) 피고는, 원고가 피고에게 이 사건 임야에 관하여 채권최고액 3억 원의 근저당권을 설정하여 주고 그 등기부등본을 피고에게 발송하여 주면, 당초 원고에게 투자하기로 하였던 5억 원 중 2억 원을 대여금 형식으로 즉시 투자하겠다고 하여, 원고는 피고와 사이에 근저당권설정계약을 체결하고, 그 **선담보 형식**으로 이 사건 근저당권 및 채권최고액 2억 원의 근저당권을 설정한 다음, 그 등기필증 및 등기부등본을 팩스로 피고에게 보내주었음에도 피고가 약정한 2억 원의 투자금을 교부하지

않아, 원고는 피고에게 제544조에 기해 수 차례에 걸친 이행의 최고 끝에 이 사건 소장부본 송달로 이 사건 근저당권설정계약을 해지하는 바이다(또 그 피담보채무도 존재하지 않는다.), 선담보 형식으로 이 사건 채권최고액 1억 원의 근저당권을 설정하여 주었으나 피고의 투자약정위반이 있었으므로 기본계약인 투자약정의 해제, 근저당권설정계약의 해지(해제)하는 바이므로 피고는 원고에게 이를 원인으로 한 이 사건 근저당권설정등기의 말소등기절차를 이행할 의무가 있다.

[피고측의 주장]

선담보로서 제공된 것이 아니고 139,300,000원의 기존채무가 존재한다. 원고회사는 기존의 채무(투자금채무)의 인수를 한 자이다.

근저당권 설정등기를 말소하려면 채권최고액 1억이 아닌 채권총액(139,300,000원)에 대한 변제가 있어야 한다(피담보채권의 범위/저당권의 불가분성). 채권최고액은 우선변제권의 한도로서의 의미를 갖는 것에 불과하고 책임의 한도로 볼 수 없다. 저당권의 불가분성은 근저당권에도 인정되므로 채무 전체가 변제되기 전까지 근저당권의 효력은 저당물에 미친다.

[원심의 판단]

○ 1심 원고청구 인용

○ 원심 1심판결 변경(피고는 미회수자금 전액과 이에 대한 이자를 지급받은 후 근저당권설정등기를 말소하라)

[원심의 판단이유]

(1) 이 사건 근저당권은 피고가 이미 투자한 금원에 대한 담보로서도 제공된 것으로 봄이 상당하다(당초 원고가 형식적으로는 위 투자금에 대한 채무자가 아니라고 하더라도 피고와 사이에 자신을 이 사건 근저당권의 채무자로 하기로 하는 이 사건 근저당권설정계약을 체결함으로써 위 투자금채무를 인수하였다고 봄이 상당하다).

(2) 피담보채권의 범위 : 피고의 투자액 중 미회수 투자금 139,000,000(159,000,000-2천만 원) 및 투자약정상의 약정 이율 범위 내로서 피고가 구하는 연 2할 5푼의 비율에 의한 이자금이다. 피고는 저당권의 불가분성으로 인하여 이 사건 근저당권의 채권최고액과 관계 없이 원고로부터 위 피담보채무를 모두 변제받은 후 근저당권의 말소등기절차를 이행할 의무가 있다.

[원고의 상고이유]

채권최고액의 정함이 있는 근저당권에 있어서, 채권의 총액이 그 채권최고액을 초과하는 경우, 근저당권의 효력은 채권최고액을 한도로 하여 효력이 미치는데 원심은 이에 대하여 피담보채권의 범위에 관한 법리오해의 위법이 있다.

[대법원의 판단] 상고 기각

【대법원의 판단이유】

(1) 원고는 피고의 투자금 채무를 인수하였고, 근저당권은 피고가 이미 투자한 금원에 대한 담보로서 제공된 것으로 봄

(2) 근저당권의 효력범위
원래 저당권은 원본, 이자, 위약금, 채무불이행으로 인한 손해배상 및 저당권의 실행비용을 담보하는 것이며, 채권최고액의 정함이 있는 근저당권에 있어서 이러한 채권의 총액이 그 채권최고액을 초과하는 경우, 적어도 근저당권자와 채무자 겸 근저당권설정자와의 관계에 있어서는 위 채권 전액의 변제가 있을 때까지 근저당권의 효력은 채권최고액과는 관계없이 잔존채무에 여전히 미친다.

(3) 피담보채권의 범위 판단 : 선이행으로 변제하여야할 채무 회수하지 못한 금원 및 투자금의 최종지급일인 1997. 7. 15.부터 다 갚는 날까지 이 사건 투자약정상의 약정이율 범위 내로서 피고가 구하는 연 2할 5푼의 이자금이 된다.

[참고] 만약 다른 후순위 근저당권자가 있는 경우에도 근저당권의 효력이 채권최고액과 관계없이 잔존채무까지 미친다고 보아야 하는가? 후순위권리자가 있는 경우 근저당권자는 경락대금에서 최고액을 초과한 부분에 관하여 우선변제를 청구할 수 없다.

[참고] 판례는 채권최고액의 의미에 관하여 ① 채무자가 담보를 제공한 경우와 ② 물상보증인이 담보를 제공한 경우, ③ 제3취득자가 있는 경우에 각각 다른 의미가 있는 것으로 보인다.

(1) 근저당권 설정자가 채무자인 경우

근저당권이 확정되기 전에는 채무자가 채무를 모두 변제하더라도 근저당권이 소멸하지 않는다. 그런데 근저당권이 확정된 후에 실제 채권액이 최고액을 초과하는 경우에 채무자 겸 근저당권설정자가 그 채무의 일부인 채권최고액만을 변제하고 근저당권의 말소를 청구할 수 있는지 문제된다. 대법원(대법원 1972. 1. 26. 자71마1151 결정; 대법원 2001. 10. 12. 선고 2000다59081 판결)은 이러한 경우에 채무자 겸 근저당권설정자가 최고액, 지연손해금 및 집행비용을 변제한 경우에도, 이는 채무의 일부 변제에 불과하고, 따라서 근저당권설정자가 근저당권의 말소를 청구할 수 없다고 한다. 그 이유로는 근저당권은 원본, 이자, 위약금, 채무불이행으로 인한 손해배상 및 근저당권실행비용 전부를 담보하는 것인데, 채권 전액이 변제될 때까지 근저당권이 잔존채무에 대하여 여전히 그 효력이 미친다는 점을 든다(대법원 1981. 11. 10. 선고 80다2712 판결). 근저당권 설정자와 채무자가 동일한 경우에 근저당권의 채권최고액은 후순위담보권자나 근저당

목적부동산의 제3취득자에 대한 우선변제권의 한도로서의 의미를 갖는 것에 불과하다고 한다.

(2) 물상보증의 경우

그러나 물상보증의 경우에는 근저당권의 최고액이 다른 의미를 가진다고 한다. 판례(대법원 1974. 12. 10. 선고 74다998 판결)는 "근저당권에 의하여 담보되는 채권액의 범위는 청산기에 이르러 확정되는 채권 중 근저당권설정계약에 정하여진 채권최고액을 한도로 하는 것이고 이 최고액을 초과하는 부분의 채권액까지 담보하는 것은 아니며 민법 제357조에서 말하는 담보할 채무의 최고액이란 뜻도 이와 같은 내용으로 해석하여야 할 것"이라고 한다. 이것은 피담보채권액의 범위가 최고액을 한도로 한다는 것이 된다.

(3) 제3취득자가 있는 경우

담보목적물의 제3취득자는 피담보채무를 변제하고 근저당권설정등기의 말소를 청구할 수 있는지 문제된다. 민법 제364조는 "저당부동산에 대하여 소유권, 지상권 또는 전세권을 취득한 제3취득자는 저당권자에게 그 부동산으로 담보된 채권을 변제하고 저당권의 소멸을 청구할 수 있다."고 규정하고 있다. 이 규정은 근저당권의 경우에도 유추적용할 수 있다. 따라서 근저당목적물에 대한 제3취득자도 피담보채무를 변제하고 근저당권의 소멸을 청구할 수 있다. 이 때 실제 채권액이 최고액을 초과하는 경우에 최고액만을 변제하고 근저당권의 소멸을 청구할 수 있는지 문제된다. 이에 관한 명문의 규정은 없다. 판례 는 근저당 부동산을 매수한 제3취득자가 채무자를 대위하여 근저당권자에 대한 채무 중 위 부동산에 의하여 담보되어 있는 채권최고액과 그 경매비용 전부를 변제 공탁하였으면, 민법 제364조에 따라 근저당권의 소멸을 청구할 수 있다고 한다.

[74] 근저당권설정 후 피담보채무 변경
대판 2021. 12. 16. 2021다255648

[판시사항]

근저당권을 설정한 후에 근저당설정자와 근저당권자의 합의로 채무의 범위 또는 채무자를 추가하거나 교체하는 등으로 피담보채무를 변경할 수 있는지 여부(적극) 및 이 경우 이해관계인의 승낙이 필요한지 여부(소극)

【판결요지】

근저당권은 피담보채무의 최고액만을 정하고 채무의 확정을 장래에 보류하여 설정하는 저당권이다(민법 제357조 제1항 본문 참조). 근저당권을 설정한 후에 근저당설정자와 근저당권자의 합의로 채무의 범위 또는 채무자를 추가하거나 교체하는 등으로 피담보채무를 변경할 수 있다. 이러한 경우 위와 같이 변경된 채무가 근저당권에 의하여 담보된다. 후순위저당권자 등 이해관계인은 근저당권의 채권최고액에 해당하는 담보가치가 근저당권에 의하여 이미 파악되어 있는 것을 알고 이해관계를 맺었기 때문에 이러한 변경으로 예측하지 못한 손해를 입었다고 볼 수 없으므로, 피담보채무의 범위 또는 채무자를 변경할 때 이해관계인의 승낙을 받을 필요가 없다. 또한 등기사항의 변경이 있다면 변경등기를 해야 하지만, 등기사항에 속하지 않는 사항은 당사자의 합의만으로 변경의 효력이 발생한다.

제13장 공동저당

[75] 공동저당에서 후순위저당권자와 물상보증인 사이의 우열관계
대판 1994. 5. 10. 93다25417

[법적 쟁점]

가. 공동저당에 있어서 후순위저당권자의 대위와 물상보증인의 변제자대위가 충돌하는 경우의 법률관계의 우선순위

나. 물상보증인이 대위취득한 선순위저당권설정등기에 대하여 선순위저당권의 피담보채무의 소멸을 이유로 말소청구를 할 수 있는지 여부

[판결요지]

가. 공동저당의 목적인 채무자 소유의 부동산과 물상보증인 소유의 부동산에 각각 채권자를 달리하는 후순위저당권이 설정되어 있는 경우, 물상보증인 소유의 부동산에 대하여 먼저 경매가 이루어져 그 경매대금의 교부에 의하여 1번 저당권자가 변제를 받은 때에는 물상보증인은 채무자에 대하여 구상권을 취득함과 동시에, 민법 제481조, 제482조의 규정에 의한 변제자대위에 의하여 채무자 소유의 부동산에 대한 1번 저당권을 취득하고, 이러한 경우 물상보증인 소유의 부동산에 대한 후순위저당권자는 물상보증인에게 이전한 1번저당권으로부터 우선하여 변제를 받을 수 있으며, 이러한 법리는 물상보증인이 수인인 경우에도 마찬가지라 할 것이므로(이 경우 물상보증인들 사이의 변제자대위의 관계는 민법 제482조 제2항 제4호, 제3호에 의하여 규율될 것이다), 자기 소유의 부동산이 먼저 경매되어 1번저당권자에게 대위변제를 한 물상보증인은 1번저당권을 대위취득하고, 그 물상보증인 소유의 부동산의 후순위저당권자는 1번저당권에 대하여 물상대위를 할 수 있다.

나. 물상보증인이 대위취득한 선순위저당권설정등기에 대하여는 말소등기가 경료될 것이 아니라 물상보증인 앞으로 대위에 의한 저당권이전의 부기등기가 경료되어야 할 성질의 것이며, 따라서 아직 경매되지 아니한 공동저당물의 소유자로서는 1번 저당권자에 대한 피담보채무가 소멸하였다는 사정만으로는 말소등기를 청구할 수 없다.

[사실관계]

(1) 피고은행이 소외 A주식회사(이하 '소외회사')에게 금 1,218,979,822원을 대여하면서, 소외회사 소유의 부동산 및 각각 원고, 소외 甲, 乙, 丙 소유의 부동산(이하 이 사건 제1 내지 5부동산이라 한다)에 대하여 각 1, 2, 3번공동근저당권설정등기를 경료하고, 그 후 추가로 위 丙의 소유의 이 사건 제5부동산에 대하여 5번근저당권설정등기까지 경료하였다.

(2) 소외 신용보증기금이 소외 회사에게 금 7,022,460원을 대여하면서, 이 사건 제1 내지 5부동산에 대하여 각 4번공동근저당권설정등기를 경료하였고, 피고보조참가인(이하 '참가인') 丁이 위 乙에게 금 3억 원을 대여하면서, 동인 소유의 이 사건 제4부동산 및 각각 위 甲, 소외 회사 소유의 이 사건 제2, 3부동산에 대하여 각 5번공동근저당권설정등기를 경료하였으며, 참가인 주식회사 한국외환은행이 소외 태광상역 주식회사에게 금 291,695,643원을 대여하면서, 위 乙소유의 이 사건 제5부동산에 대하여 6번근저당권설정등기를 경료하였다.

(3) 그 후 소외 회사가 위 대출금상환을 연체하자 피고은행은 공동담보물인 이 사건 제1 내지 5부동산에 대하여 따로 따로 임의 경매신청을 하는 바람에, 각 그 경매절차가 별도로 진행된 결과, 이 사건 제2 내지 5부동산에 대한 경매절차가 먼저 종료되어 각 그 배당절차에서 피담보채권을 전부 변제받고 이 사건 제1부동산에 대한 경매는 이를 취하하였다.

(4) 한편 위 신용보증기금은 이 사건 제5부동산에 대한 경매절차에서 그 피담보채권 전액을 변제받았으나, 위 각 부동산에 대한 경매절차가 동시(同時)에 이루어지지 아니하고 이시(異時)에 이루어짐에 따라, 후순위근저당권자인 참가인 丁은 이 사건 제2, 3, 4부동산에 대한 경매절차에서 전혀 배당을 받지 못하였고, 후순위근저당권자인 참가인 은행은 이 사건 제5부동산에 대한 경매절차에서 금 23,528,860원만을 배당받았다.

(5) 그 뒤 원고는 피고은행에 대하여 제1부동산에 경료된 각 근저당권설정등기의 말소등기절차 이행을 구하는 소를 제기하였다.

[원고의 주장]

원고는 이사건 부동산에 대한 피고명의의 위 각 근저당권의 피담보채무가 위와 같이 변제로써 모두 소멸되었음을 이유로 피고에게 각 근저당권설정등기의 말소등기절차 이행을 구한다.

[피고보조참가인의 주장]

피고보조참가인(이하 참가인이라고만 한다)들은 자기들은 별지목록 제2 내지 제5기재 부동산에 관하여 후순위 근저당권자들인데, 민법 제368조 제2항에 따라 피고가 제1내지 제5기재 부동산에 대한 공동근저당권자로서 동시배당의 경우 이사건 부동산의 경락대가에서 피고가 배당받을 수 있었던 금액 범위 내에서 차순위근저당권자인 참가인들이 피고를 대위하여 저당권을 행사할 수 있으므로, 그 범위 내에서 이사건 부동산에 대한 피고 명의의 위 각 근저당권은 차순위근저당권자인 참가인들에게 이전되었다 할 것이므로 원고로서는 피고 명의의 이사건 부동산에 대한 위 각 근저당권설정등기의 말소를 구할 수 없다고 다툰다.

[원심의 판단] 원고의 항소 기각

[원심의 판단이유]

공동저당의 목적물 중 물상보증인 소유의 부동산이 있는 경우에도 민법 제368조 제2항은 적용되어야 하므로 먼저 경매된 이 사건 제2 내지 5부동산의 후순위저당권자인 참가인들은 동시배당이 되었더라면 피고가 이 사건 제1부동산의 경매대가에서 배당받을 수 있었던 금액 범위 내에서 선순위저당권자인 피고를 대위하여 근저당권을 행사할 수 있으며, 그 범위 내에서 피고의 이 사건 제1부동산에 대한 1, 2, 3번근저당권은 차순위저당권자인 참가인들에게 이전되었으므로, 원고는 근저당권이전의 기초가 되는 피고의 위 각 근저당권설정등기의 말소를 구할 수 없고, 나아가 가사 물상보증인의 변제자대위가 우선한다 하더라도 물상보증인들이 변제자대위에 의하여 피고의 위 각 근저당권을 취득하였으므로, 원고는 위 각 근저당권설정등기의 말소등기를 청구할 수 없다.

[대법원의 판단] 상고 기각

【대법원의 판단이유】

(1) 공동저당의 목적인 채무자 소유의 부동산과 물상보증인 소유의 부동산에 각각 채권자를 달리하는 후순위저당권이 설정되어 있는 경우에 있어서, 물상보증인 소유의 부동산에 대하여 먼저 경매가 이루어져 그 경매대금의 교부에 의하여 1번저당권자가 변제를 받은 때에는 물상보증인은 채무자에 대하여 구상권을 취득함과 동시에, 민법 제481조,제482조의 규정에 의한 변제자대위에 의하여 채무자 소유의 부동산에 대한 1번저당권을 취득한다고 봄이 상당한바, 이는 물상보증인은 다른 공동담보물인 채무자 소유의 부동산의 담보력을 기대하고 자기의 부동산을 담보로 제공하였으므로, 그 후에 채무자 소유의 부동산에 후순위저당권이 설정되었다

는 사정에 의하여 그 기대이익을 박탈할 수 없기 때문이라 할 것이다.

또한 이러한 경우 물상보증인 소유의 부동산에 대한 후순위저당권자는 물상보증인에게 이전한 위 1번저당권으로부터 우선하여 변제를 받을 수 있다고 봄이 상당한바, 이는 물상보증인 소유의 부동산에 대한 후순위저당권자으로서는 공동저당의 목적물 중 채무자 소유의 부동산의 담보가치 뿐만 아니라, 물상보증인 소유의 부동산의 담보가치도 고려하여 저당권을 설정받았고, 물상보증인으로서는 자기 소유의 부동산에 설정된 후순위저당권에 의한 부담을 위 후순위저당권의 설정 당초부터 이를 감수하고 있었다고 할 수 있으며, 공동저당의 목적물 중 채무자 소유의 부동산이 먼저 경매된 경우 또는 공동저당의 목적물의 전부가 일괄경매된 경우와의 균형상, 물상보증인 소유의 부동산이 먼저 경매되었다는 우연한 사정에 의하여 물상보증인이 그 구상권에 대하여 채무자 소유의 부동산으로부터 후순위저당권자 보다도 우선하여 변제를 받을 수 있고, 본래 예정되어 있던 후순위저당권에 의한 부담을 면할 수 있다고 하는 것은 불합리하므로, 물상보증인 소유의 부동산이 먼저 경매된 경우에 있어서는 민법 제368조 제2항 후단이 후순위저당권자의 보호를 기하고 있는 취지를 고려하여 물상보증인에게 이전한 1번저당권은 위 후순위저당권자의 피담보채권을 담보하는 것으로 되어, 위 후순위저당권자는 마치 위 1번저당권 상에 민법 제370조, 제342조의 규정에 의하여 물상대위를 하는 것과 같이 그 순위에 따라 물상보증인이 취득한 1번저당권으로부터 우선하여 변제를 받을 수 있다고 보아야 하기 때문이다.

그리고 이러한 법리는 물상보증인이 수인인 경우에도 마찬가지라 할 것이므로 (이 경우 물상보증인들 사이의 변제자대위관계는 민법 제482조 제2항 제4호, 제3호에 의하여 규율될 것이다), 자기 소유의 부동산이 먼저 경매되어 1번저당권자에게 대위변제를 한 물상보증인은 위 1번저당권을 대위취득하였고, 그 물상보증인 소유의 부동산의 후순위저당권자는 위 1번저당권에 대하여 물상대위를 할 수 있다 할 것이므로, 그 1번저당권설정등기는 말소등기가 경료될 것이 아니라 위 물상보증인 앞으로 대위에 의한 저당권이전의 부기등기(부동산등기법 제148조)가 경료되어야 할 성질의 것이며, 따라서 아직 경매되지 아니한 공동저당물의 소유자로서는 위 1번저당권자에 대한 피담보채무가 소멸하였다는 사정만으로는 그 말소등기를 청구할 수 없다고 보아야 할 것이다.

따라서 원심이 공동저당물 중 물상보증인 소유의 부동산이 있는 경우에도민법 제368조 제2항의 규정이 적용되어야 함을 전제로 원고의 이 사건 청구를 기각한 것은 후순위근저당권자의 대위에 관한 법리를 오해한 위법을 범하였다 할 것이다.

(3) 그러나 원심은 원고의 이 사건 청구에 대한 부가적 판단으로, 가사 물상보증인의 변제자대위가 우선한다 하더라도 물상보증인들이 변제자대위에 의하여 이 사건 제1부동산에 대한 1, 2, 3번근저당권을 취득하였으므로 원고는 그 근저당권설정등기들의 말소등기를 청구할 수 없다고 판단하여 원고의 청구를 기각하였는바, 원심이 인정한 위 사실관계에 의하면, 위 물상보증인들은 각 자기의 책임분담액을 초과하는 금액(그 구체적인 액수는 이 사건 제1부동산이 경매되어야 확정될 것이다)의 한도에서 변제자대위에 의하여 이 사건 제1부동산에 대한 위 근저당권들을 취득하였다 할 것이고, 위 물상보증인들 소유의 이 사건 제2, 4, 5부동산에 대한 후순위저당권자인 참가인들은 위 물상보증인들에게 이전된 위 근저당권들에 대하여 물상대위를 할 수 있다 할 것이므로(다만 참가인 丁의 후순위저당권 중 채무자 소유의 이 사건 제3부동산에 설정되어 있는 저당권은 민법 제368조 제2항이 적용되지 아니하므로 소멸하였다 할 것이다), 위 근저당권설정등기들은 위 소외인들 앞으로 대위에 의한 저당권이전의 부기등기가 경료되어야 할 성질의 것인즉, 원고로서는 피고에 대한 피담보채무가 소멸하였다는 사정만으로는 그 말소등기를 청구할 수 없다 할 것이다. 원심의 위와 같은 부가적 판시는 다소 미흡한 점은 있으나, 결국 위 소외인들이 변제자대위에 의하여 위 근저당권들을 취득함으로써 원고가 그 말소등기를 청구할 수 없다는 취지로 판단하고 있으므로, 위 근저당권설정등기들이 원인무효라는 원고의 주장은 배척될 것임이 명백하며, 따라서 원심의 위와 같은 법리오해는 판결결과에 영향이 없어 파기의 이유가 되는 위법이라 할 수 없다.

[76] 공동저당 제368조의 적용범위
대판 2006. 5. 26. 2003다18401

[판시사항]

[1] 납세의무자 소유의 여러 부동산에 대하여 조세우선변제권이 행사된 경우, 공동저당권에 관한 민법 제368조가 유추 적용되는지 여부(적극)

[2] 공동저당의 목적인 여러 부동산이 동시에 경매된 경우, 차순위저당권자의 대위권의 발생시기(=배당기일의 종료시)

[3] 신의성실의 원칙의 의미와 그 위배를 이유로 권리행사를 부정하기 위한 요건

【판결요지】

[1] 조세우선변제권은 일정한 범위 내에서는 조세채무자의 총재산에 대하여 우선변제권이 인정된다는 점에서 이른바 법정 담보물권으로서의 성격을 갖고 있으며, 따라서 조세채무자의 부동산이 여럿인 경우에는 마치 그 부동산 전부에 대한 공동저당권자와 유사한 지위에 서게 되므로, 납세의무자 소유의 여러 부동산에 대하여 조세우선변제권이 행사된 경우에는 공동저당권에 관한 민법 제368조가 유추 적용되어야 한다.

[2] 민법 제368조는 공동저당의 목적인 여러 개의 부동산이 동시에 경매된 경우에 공동저당권자로서는 어느 부동산의 경매대가로부터 배당받든 우선변제권이 충족되기만 하면 되지만, 각 부동산의 소유자나 차순위저당권자 기타의 채권자에게는 어느 부동산의 경매대가가 공동저당권자에게 배당되는가에 대하여 중대한 이해관계를 가지게 되므로, 같은 조 제1항은 여러 부동산의 매각대금이 동일한 배당절차에서 배당되는 이른바 동시배당(同時配當)의 경우에 공동저당권자의 실행선택권과 우선변제권을 침해하지 않는 범위 내에서 각 부동산의 책임을 안분시킴으로써 각 부동산상의 소유자와 차순위저당권자 기타의 채권자의 이해관계를 조절하고자 하는 것이고, 같은 조 제2항의 대위제도는 동시배당이 아닌 공동저당 부동산 중 일부의 경매 대가를 먼저 배당하는 경우, 이른바 이시배당(異時配當)의 경우에도 최종적인 배당의 결과가 동시배당의 경우와 같게 하기 위한 것으로서 공동저당권자의 실행선택권 행사로 인하여 불이익을 입은 차순위저당권자를 보호하기 위한 규정인바, 이와 같은 차순위저당권자의 대위권은 일단 배당기일에 그 배당표에 따라 배당이 실시되어 배당기일이 종료되었을 때 발생하는 것이지 배당이의 소송의 확정 등 그 배당표가 확정되는 것을 기다려 그때에 비로소 발생하는 것은 아니다.

[3] 민법상 신의성실의 원칙은, 법률관계의 당사자는 상대방의 이익을 배려하여 형평에 어긋나거나 신뢰를 저버리는 내용 또는 방법으로 권리를 행사하거나 의무를 이행하여서는 안 된다는 추상적 규범을 말하는 것으로서, 신의성실의 원칙에 위배된다는 이유로 그 권리행사를 부정하기 위하여는 상대방에게 신의를 공여하였거나 객관적으로 보아 상대방이 신의를 가짐이 정당한 상태에 이르러야 하고 이와 같은 상대방의 신의에 반하여 권리를 행사하는 것이 정의관념에 비추어 용인될 수 없는 정도의 상태에 이르러야 한다.

[77] 포괄근저당
대판 2020. 10. 15. 2019다222041

[사실관계]

(1) 소외인은 대출을 받기 위해 2004. 12. 23. 수산업협동조합중앙회(이하 '수협중앙회'라 한다)에 소외인 소유인 부동산(이하 '제1, 2 부동산'이라 한다)에 관하여 채권최고액 7,000만 원과 5억 8,000만 원인 2건의 근저당권설정등기를 하였다(이하 '제1 근저당권'이라 한다). 또한 소외인은 그 무렵 수협중앙회에 제공하고자 피고로부터 보증금액 4억 2,300만 원인 보증서를 발급받았다. 소외인은 2004. 12. 30. 제1 근저당권과 보증서를 담보로 제공하고 수협중앙회로부터 시설피해복구자금 4억 7,000만 원을 대출받았다(이하 '제1 대출'이라 한다).

소외인은 2008. 12. 9. 수협중앙회와 소외인이 여신거래 등으로 현재와 장래에 수협중앙회에 부담하는 모든 채무를 담보하는 내용의 근저당권설정계약을 체결하고, 수협중앙회에 소외인 소유인 부동산(이하 '제3~8 부동산'이라 한다)에 관하여 채권최고액 6억 5,000만 원인 근저당권설정등기를 하였다(이하 '제2 근저당권'이라 한다). 소외인은 2011. 12. 16. 수협중앙회로부터 추가로 재정어업자금 5억 원을 대출받았다(이하 '제2 대출'이라 한다).

(2) 원고는 2012. 3. 9. 소외인으로부터 제3~8 부동산을 매수하고 2012. 3. 19. 원고 앞으로 소유권이전등기를 하였다.

(3) 소외인은 2012. 4. 3.부터 제1 대출금에 대하여, 2012. 8. 9.부터 제2 대출금에 대하여 이자 지급을 연체하였다. 수협중앙회는 2012. 8. 24. 제3~8 부동산에 관하여 제2 근저당권에 기한 임의경매를 신청하여 2012. 8. 28. 임의경매절차가 개시되었다(이하 '이 사건 경매'). 청구금액은 제1 대출금 잔액 3억 7,600만 원과 제2 대출금 5억 원 등 합계 8억 7,600만 원 중 6억 5,000만 원이었다.

피고는 2012. 8. 24. 수협중앙회에 보증서에 따라 제1 대출금 중 342,997,237원을 변제하고 2012. 9. 18. 제1 근저당권 중 채권최고액 5억 8,000만 원인 근저당권에 관하여 피고 앞으로 일부 이전의 부기등기를 하였다.

원고는 이 사건 경매신청을 취하시키기 위하여 2012. 11. 19. 수협중앙회에 제1 대출금 연체이자 18,805,503원, 제2 대출원리금 525,068,491원과 경매신청비용 7,294,726원 등 합계 551,168,720원을 지급하고, 수협중앙회의 요구에 따라 피고에게 1억 5,000만 원을 송금하였다. 수협중앙회는 2012. 11. 19. 이 사건 경매 신청을 취하하고 해지를 원인으로 제2 근저당권설정등기를 말소하였다.

(4) 한편 제1, 2 부동산에 관하여 근저당권자인 주식회사 국민은행의 신청에 따라 2012. 9. 20. 임의경매절차가 개시되었다. 피고는 경매절차에서 원고로부터 지급받은 1억 5,000만 원을 제외하지 않고 소외인에 대한 구상금 채권 전액인 445,526,188원을 기재한 채권계산서를 제출하였다. 2014. 8. 27.경 피고에게 315,413,800원을 배당하는 내용의 배당표가 작성되었고, 피고는 그 무렵 배당금을 수령하였다.

피고는 2016. 6. 2. 피공탁자를 소외인, 원고, 수협중앙회와 주식회사 국민은행으로 하여 상대적 불확지의 변제공탁을 하였다. 공탁원인 사실은 피고가 2012. 11. 19. 원고로부터 지급받은 1억 5,000만 원과 위와 같이 배당받은 315,413,800원 중 250,853,086원으로 피고의 소외인에 대한 구상금 채권에 충당하고, 나머지 배당금 64,560,714원 중 공탁신청 법무사 수수료 264,800원을 공제한 64,295,914원을 공탁한다는 것이다.

(5) 원고는 2012. 11. 19. 피고에게 1억 5,000만 원을 지급한 것이 법률상 원인이 없다는 이유로 부당이득의 반환을 구하는 이 사건 소를 제기하였다.

[법적 쟁점]

[1] 금융기관과 근저당권설정계약을 체결할 때 작성한 근저당권설정계약서에 금융기관의 여신거래로부터 생기는 모든 채무를 담보하기로 하는 이른바 '포괄근저당권'을 설정한다는 문언이 기재된 경우, 근저당권설정계약서의 문언에 따라 의사표시의 내용을 해석하여야 하는지 여부/ 이때 피담보채무 범위에 관한 의사표시의 해석 방법

[2] 민법 제482조 제2항 제1호의 규정 취지 및 보증인이 채무를 변제한 후 저당권 등의 등기에 관하여 대위의 부기등기를 하지 않고 있는 동안 제3취득자가 목적부동산에 대하여 권리를 취득한 경우, 보증인이 제3취득자에 대하여 채권자를 대위할 수 있는지 여부/ 제3취득자가 목적부동산에 대하여 권리를 취득한 후 채무를 변제한 보증인은 대위의 부기등기를 하지 않고도 대위할 수 있다고 보아야 하는지 여부

[원고 주장]

원고가 2012. 11. 19. 이 사건 경매 신청을 취하시키기 위하여 수협중앙회의 요구에 따라 피고에게 지급한 1억 5,000만 원은 법률상 원인 없이 지급된 것이므로, 피고는 원고에게 부당이득반환의무의 이행으로 1억 5,000만 원 및 이에 대한 법정이자 내지 지연손해금을 지급하여야 한다.

[피고의 주장]

가. 피고는 2012. 8. 24. 위 보증서에 기하여 수협중앙회에 이 사건 제1 대출금 중 342,997,237원을 변제함에 따라 이 사건 제1 근저당권 중 채권최고액 5억 8,000만 원인 근저당권뿐만 아니라 이 사건 제2 근저당권 중 일부도 대위 취득하였다.

나. 원고가 피고에게 1억 5,000만 원을 지급한 것은 제742조의 비채변제 또는 제744조의 도의관념에 적합한 비채변제라 할 것이다.

다. 피고는 원고와 원고의 소외인으로부터의 이 사건 제3 내지 8 부동산 매수에 대하여 사해행위취소의 소를 제기하지 않기로 약정하였고, 그 대가로 원고로부터 1억 5,000만 원을 지급받은 것이다.

라. 수협중앙회는 원고에게 원고가 수협중앙회에 551,168,720원을, 피고에게 1억 5,000만 원을 각 지급하면 이 사건 경매 신청을 취하해 주기로 약정하였는바, 피고는 수협중앙회와 원고 사이의 위 약정에 따라 원고로부터 1억 5,000만 원을 지급받은 것이다.

마. 따라서 피고는 원고에 대하여 부당이득반환의무를 부담하지 않는다.

[원고의 재주장]

(1) 민법 제482조 제2항 제1호[3]를 근거로, 피고가 이 사건 제2 근저당권에 관하여 대위의 부기등기를 마치지 않았으므로, 이 사건 제3 내지 8 부동산의 제3취득자인 원고에 대하여 수협중앙회를 대위할 수 없다. .

(2) 이 사건 제2 근저당권이 말소되었으므로, 피고가 수협중앙회를 대위하여 이 사건 제2 근저당권을 행사할 여지가 없다.

[원심의 판단] 제1심 판결 중 피고 패소 부분 취소

[원심의 판단이유]

(1) 피고가 2012. 8. 24. 위 보증서에 기하여 수협중앙회에 이 사건 제1 대출금 중 342,997,237원을 변제함에 따라 이 사건 제1 근저당권 중 채권최고액 5억 8,000만 원인 근저당권뿐만 아니라 이 사건 제2 근저당권 중 일부도 대위 취득하였다고 봄이 상당한바, 여기에 앞서 본 ① 이 사건 제2 근저당권이 2008. 12. 9. 이 사건 제3 내지 8 부동산에 관하여 설정된 점, ② 원고가 2012. 3. 9. 소외인으로부터 이 사건 제3 내지 8 부동산을 매수하고, 2012. 3. 19. 그 소유권을 취득한 점, ③ 수협중앙회가 2012. 8. 24. 이 사건 제1 대출금 잔액 3억 7,600만 원과 이 사건 제2 대

3) 보증인은 미리 전세권이나 저당권의 등기에 그 대위를 부기하지 아니하면 전세물이나 저당물에 권리를 취득한 제삼자에 대하여 채권자를 대위하지 못한다.

출금 5억 원을 합한 8억 7,600만 원 중 6억 5,000만 원을 청구금액으로 하여 이 사건 제3 내지 8 부동산에 관하여 이 사건 경매를 신청한 점, ④ 원고가 2012. 11. 19. 수협중앙회에 551,168,720원을, 피고에게 1억 5,000만 원을 각 지급하자, 수협중앙회가 같은 날 이 사건 경매 신청을 취하하였고, 이 사건 제2 근저당권이 같은 날 말소된 점 등을 보면, 원고가 피고에게 지급한 1억 5,000만 원은 이 사건 제2 근저당권 중 일부를 대위 취득한 피고에게 이 사건 경매 신청의 취하 및 이 사건 제2 근저당권 말소의 대가로 지급된 돈이라고 봄이 상당하고, 실제로 원고가 피고에게 1억 5,000만 원을 지급한 후 이 사건 경매 신청이 취하되고 이 사건 제2 근저당권이 말소된 이상 위 1억 5,000만 원이 법률상 원인 없이 지급된 돈이라고는 볼 수 없다(만약 이 사건 경매가 그대로 진행되고 이 사건 제2 근저당권이 말소되지 않았더라면, 피고는 이 사건 경매 절차에서 이 사건 제2 근저당권에 기해 수협중앙회에 이 사건 제1 대출금 중 342,997,237원을 변제함으로써 취득한 소외인에 대한 구상금채권에 관하여 배당을 받았을 것으로 보인다).

(2) 피고가 수협중앙회를 대위할 수 없는지 여부

가. 위 조항에 의하더라도 보증인이 변제한 후에 목적부동산을 취득한 제3취득자에 대해서는 미리 대위의 부기등기를 할 필요가 있으나, 제3취득자가 취득한 후에 변제를 한 보증인은 대위의 부기등기 없이도 대위할 수 있다 할 것인바(왜냐하면 보증인이 변제하기 전에 그것을 양수한 제3취득자는 등기부상 전세권이나 저당권의 존재를 확인할 수 있으므로, 나중에 보증인이 대위하더라도 뜻하지 않은 손해를 입지 않을 뿐만 아니라, 그와 같은 경우에 담보물권을 수반하므로 안전하다고 생각하고 있는 보증인에게 변제를 하기 전에 대위등기를 할 것을 요구하는 것은 무리이기 때문이다), 원고가 2012. 3. 19. 위 각 부동산의 소유권을 취득하였고, 피고가 그 후인 2012. 8. 24. 위 보증서에 기하여 수협중앙회에 이 사건 제1 대출금 중 342,997,237원을 변제하였음은 앞서 본 바와 같으므로, 원고의 위 주장은 이유 없다.

나. 피고는 법률의 규정에 의한 물권 취득의 법리에 따라 2012. 8. 24. 수협중앙회에 342,997,237원을 변제한 즉시 이 사건 제2 근저당권 중 일부를 대위 취득한다 할 것이고, 이 사건 제2 근저당권은 그 후인 2012. 11. 19. 비로소 말소되었으므로, 원고의 위 주장은 이유 없다.

[상고이유]

- 근저당권의 피담보채무의 범위, 약관과 계약의 해석에 관한 법리오해
- 변제자대위의 법리 오해

[대법원의 판단] 상고 기각

【대법원의 판단이유】

[1] 금융기관과 근저당권설정자가 근저당권설정계약을 체결할 때 작성한 근저당권설정계약서에 금융기관의 여신거래로부터 생기는 모든 채무를 담보하기로 하는 이른바 포괄근저당권을 설정한다는 문언이 기재된 경우 근저당권설정계약서는 처분문서이므로 특별한 사정이 없는 한 계약서의 문언에 따라 의사표시의 내용을 해석하여야 함이 원칙이다. 그러나 근저당권설정계약서가 일반거래약관의 형태로 일률적으로 부동문자로 인쇄해 두고 사용하는 것이고 근저당권설정계약 체결의 경위와 목적, 피담보채무액, 근저당권설정자·채무자·채권자의 상호관계 등 여러 사정에 비추어 당사자의 의사가 계약서 문언과는 달리 특정한 채무만을 피담보채무로 하려는 취지였다고 인정할 수 있는 경우에는 당사자의 의사에 따라 담보책임의 범위를 제한하여야 한다.

[2] 민법 제480조, 제481조에 따라 채권자를 대위한 자는 자기의 권리에 의하여 구상할 수 있는 범위에서 채권과 그 담보에 관한 권리를 행사할 수 있다(민법 제482조 제1항). 보증인과 제3취득자 사이의 변제자대위에 관하여 민법 제482조 제2항 제1호는 "보증인은 미리 전세권이나 저당권의 등기에 그 대위를 부기하지 아니하면 전세물이나 저당물에 권리를 취득한 제3자에 대하여 채권자를 대위하지 못한다."라고 정하고 있다.

이 규정은 보증인의 변제로 저당권 등이 소멸한 것으로 믿고 목적부동산에 대하여 권리를 취득한 제3취득자를 예측하지 못한 손해로부터 보호하기 위한 것이다. 따라서 보증인이 채무를 변제한 후 저당권 등의 등기에 관하여 대위의 부기등기를 하지 않고 있는 동안 제3취득자가 목적부동산에 대하여 권리를 취득한 경우 보증인은 제3취득자에 대하여 채권자를 대위할 수 없다.

그러나 제3취득자가 목적부동산에 대하여 권리를 취득한 후 채무를 변제한 보증인은 대위의 부기등기를 하지 않고도 대위할 수 있다고 보아야 한다. 보증인이 변제하기 전 목적부동산에 대하여 권리를 취득한 제3자는 등기부상 저당권 등의 존재를 알고 권리를 취득하였으므로 나중에 보증인이 대위하더라도 예측하지 못한 손해를 입을 염려가 없다.

제14장 비전형담보 일반/가등기담보/양도담보

[78] 가등기담보법 적용범위 1
대판 1998. 6. 26. 97다1495

[사실관계]

(1) 채무자 갑과 신청 외 丙은 다수의 근저당권이 설정되어 있던 이 사건 건물 및 그 부지(이 사건 부동산)를 매수하여 자신들 앞으로 소유권이전의 가등기를 마쳤다가 제1순위 근저당권자의 경매신청으로 경매절차가 진행 중이던 1995. 6. 9. 그 본등기를 마쳤다.

(2) 그 후 경매절차가 진행되어 제4순위 근저당권자인 채권자 乙이 이 사건 부동산을 금 11억 원에 낙찰 받아 낙찰허가결정이 확정되고 대금지급기일이 1995. 10. 11.로 지정되자 위 채무자 甲과 丙은 채권자와 사이에 다음과 같은 약정을 체결하였다.

(3) 이사건 약정내용

① 채권자가 낙찰자로서의 권리를 포기하고 경매신청인의 경매신청 취하에 동의하여 주는 조건으로 위 채무자와 최정일은 채권자에게 그의 채권최고액 금 6억 5천만 원과 손실액 금 천만 원을 합한 금 6억 6천만 원을 지급하되, 그 중 금 3억 원은 위 채무자와 丙이 A 신용금고로부터 이 사건 부동산을 담보로 대출받아 그 날 바로 지급하고, 금 20,000,000원은 그로부터 1개월 내에, 금 40,000,000원은 1995. 12. 27.까지 각 지급하며, 나머지 금 3억 원은 1996. 4. 10.까지 지급한다.

② 마지막에 지급하는 금 300,000,000원에 대하여는 월 1푼 5리의 이자를 매월 지급하고, 그 담보로 이 사건 부동산에 관하여 채권자 乙 앞으로 소유권이전의 가등기를 경료하며,

③ 위약시 본등기를 할 수 있는 서류도 채권자 乙에게 제공하여 채권자가 이를 보관한다.

④ 위 채무자와 丙의 위약으로 위 채권자가 위 가등기에 기하여 본등기를 마칠 경우 A 신용금고에 대한 대출금채무(10억 2천만 원)는 채권자 甲이 인수한다.

(4) 그 후 위 채무자 甲과 丙은 1995. 10. 23.경 이미 이 사건 부동산에 관하여 설정되어 있던 채권최고액 금 1,400,000,000원의 근저당권에 기하여 A 신용금고로부터

금 10억 2천만 원을 대출받아 채권자에게 금 300,000,000원을 지급하고 나머지 금원으로 A 신용금고보다 선순위의 근저당채무를 변제하여 각 근저당권을 말소하고 경매신청을 취하시켰다.

(5) 1995. 10. 26. 채권자 앞으로 위 약정에 따른 가등기를 경료하고 본등기를 할 수 있는 서류도 교부하였다.

(6) 그 후 채권자 乙은 위 채무자와 丙이 위 약정에 따른 나머지 금원을 지급하지 아니하자 1996. 1. 9. 위 가등기에 기한 본등기를 경료하였다.

(7) 채무자들은 이 사건 건물을 점유할 아무런 권원이 없음에도 불구하고, 채권자의 명도 요구를 거부한 채 이를 점유하며 채권자의 소유권 행사를 방해하고 있다.

(8) 채권자는 채무자에 대하여 이 사건 건물 사용금지 가처분신청을 하였다.

[법적 쟁점]

(1) 채권자가 낙찰자로서의 권리를 포기하는 대가로 채무자가 지급하기로 약정한 금원을 담보하기 위하여 가등기가 경료된 경우, 가등기담보등에 관한 법률이 적용되는지 여부

(2) 채권자가 채권담보의 목적으로 가등기를 경료하였다가 채권을 변제받지 못하여 가등기에 기한 본등기를 경료하였으나 채권자와 채무자 사이에 채무자가 채무를 변제하지 못하여 채권자가 가등기에 기한 본등기를 마칠 경우 채권자가 채무자의 근저당권자에 대한 채무를 인수하기로 약정한 경우, 위 본등기는 약한 의미의 양도담보에 해당되는지 여부

[채권자의 주장]

채권자 甲은 채무자가 약정에 따른 금원을 지급하지 않아 약정에 기하여 가등기에 기하여 본등기를 마친 소유권자로서 사건 부동산에 대하여 아무런 권원 없이 계속 점유 중인 채무자에 대하여 사용금지가처분을 구한다.

[채무자의 주장] 가담법의 적용을 받음/약한 의미의 양도담보

(1) 채권자 앞으로 경료 된 위 가등기는 담보가등기로서 「가등기담보등에 관한 법률」이 적용되기 때문에 같은 법률에 의한 절차에 의하여야 한다. 즉 정산절차를 거쳐야 한다.

따라서 채권자가 소유권을 주장하려면 귀속청산의 경우 통지와 2월의 청산기간 경과 후 청산금을 지급하고 청산금의 지급과 상환으로 소유권을 취득하게 된다. 또한 처분청산의 경우에도 목적부동산을 법원에 경매를 청구하여 매각대금의 배당절차에서 피담보채권의 만족을 얻을 뿐이지 사안처럼 채권자가 바로 소유권을 주장할 수 없다.

(2) 가사 가담법의 적용을 받지 않는다 하더라도 위의 담보가등기는 '약한 의미의 양도담보'로서 채권자는 청산의무를 부담하게 된다.

[원심의 판단] 원고 승소

[원심의 판단이유]

(1) 사건 가등기가 가등기담보법이 적용되는지 여부

채권자 앞으로 경료된 가등기는 채권자가 이 사건 부동산에 대한 낙찰자로서의 권리를 포기하는 대가로 위 채무자와 최정일이 지급하기로 약정한 금원을 담보하기 위하여 경료된 것으로서, 차용물의 반환에 관하여 다른 재산권을 이전할 것을 예약하여 경료된 것이 아니므로 가등기담보에 관한 법률이 적용되지 않는다. 따라서 채권자는 정산의무를 부담하지 않으며 청구인의 주장은 이유 있다.

[상고이유]

(1) 이 사건 가등기는 가담법이 적용되는 가등기로서 가담법에 따라 정산절차를 거쳐야 하는데 원심은 이러한 가담법의 법리를 오해한 위법이 있다.

(2) 채권자가 채권담보의 목적으로 부동산에 소유권이전의 가등기를 경료하였다가 그 후 변제기까지 채권을 변제받지 못하여 그 가등기에 기한 본등기를 경료 한 경우, 당사자들이 특별한 약정을 하지 아니하는 한 그 본등기도 채권담보의 목적으로 경료된 것으로서 당사자 사이에 정산절차를 예정한 이른바 '양도담보'가 설정된 것으로 보아야 하는데 원심은 이에 대하여 '약한 의미의 양도담보'에 관한 법리오해 등의 위법이 있다.

(3) 정산절차가 완료되지 않아 소유권을 가지지 않은 자가 사용중지가처분을 신청한 것으로서 가처분 보전의 필요성에 대한 소명이 되지 않았다. 가처분 보전의 필요성 관한 법리오해의 위법이 있다.

[대법원의 판단] 상고 기각

【대법원의 판단이유】

(1) 원심의 판단과 같이 **차용물의 반환**에 관하여 다른 재산권을 이전할 것을 예약하여 경료된 것이 아니어서 가등기담보법이 적용되지 않는다.

(2) 채권자가 채권담보의 목적으로 부동산에 소유권이전의 가등기를 경료하였다가 그 후 변제기까지 채권을 변제받지 못하여 그 가등기에 기한 본등기를 경료한 경우, 당사자들이 특별한 약정을 하지 아니하는 한 그 본등기도 채권담보의 목적으로 경료된 것으로서 당사자 사이에 정산절차를 예정한 이른바 '약한 의미의 양도담보'가 설정된 것으로 보아야 하지만, 채권자와 채무자 사이에 채무자가 약정금을 지

급하지 못하는 경우 채무자의 근저당권자에 대한 대출금채무를 인수하는 조건으로 이 사건 부동산의 '소유권을 확정적으로 취득'하기로 하는 '당사자 사이의 특별한 약정'에 따라 이 사건 부동산에 관한 소유권이전의 본등기를 경료한 것으로 보이므로, 채권자 명의의 소유권이전등기가 담보목적으로 경료 되었음을 전제로 한 이른바 '약한 의미의 양도담보'에 해당하지 않는다.

(3) 가처분 보전의 필요성 여부 : 채무자 들이 이 사건 건물을 점유할 권원이 없음에도 불구하고, 채권자의 명도 요구를 거부한 채 이를 점유하며 채권자의 소유권 행사를 방해하고 있어 이를 시급히 제거할 필요가 있으므로, 이 사건 가처분의 보전의 필요성이 소명되었다.

[참고] 가등기담보법의 적용요건

(1) 소비대차 또는 준소비대차 계약이 있을 것(차용물에 관하여)

먼저 가등기 담보법이 적용 되려면 통설은 피담보채권은 소비대차 뿐만 아니라 매매대금등도 적용이 있다고 하나, 판례는 일관되게 소비대차와 준소비대차만을 적용대상으로 삼고 매매대금 등의 경우에는 가담법을 적용하고 있지 않다(대판 2007. 12. 13. 2005다52214/매매잔대금 지급과 관련하여 다른 재산권을 이전하기로 약정한 경우에는 동법이 적용되지 않는다고 한다). 따라서 매매대금 등의 경우에는 일반이론으로 해결해야 한다.

(2) 대물변제 예약 또는 매매 예약이 있을 것

(3) 예약당시 차용물 가액이 채권의 원리금을 초과할 것

(4) 가등기 또는 본등기가 경료 될 것

[79] 가등기담보법 적용범위 2
대판 2006. 8. 24. 2005다61140

[법적 쟁점]

[1] 재산권 이전의 예약에 의한 가등기담보에 있어서 예약 당시 선순위 근저당권이 설정되어 있는 경우, '가등기담보 등에 관한 법률'의 적용 요건

[2] 채권자가 채권담보의 목적으로 가등기를 경료하였다가 변제를 받지 못하여 가등기에 기한 본등기를 경료한 경우, '가등기담보 등에 관한 법률'이 적용되지 않을 경우의 법률관계

【판결요지】

[1] 가등기담보 등에 관한 법률은 재산권 이전의 예약에 의한 가등기담보에 있어서 재산의 예약 당시의 가액이 차용액 및 이에 붙인 이자의 합산액을 초과하는 경우에 적용되는바, 재산권 이전의 예약 당시 재산에 대하여 선순위 근저당권이 설정되어 있는 경우에는 재산의 가액에서 피담보채무액을 공제한 나머지 가액이 차용액 및 이에 붙인 이자의 합산액을 초과하는 경우에만 적용된다.

[2] 가등기담보 등에 관한 법률이 적용되지 않는 경우에도 채권자가 채권담보의 목적으로 부동산에 가등기를 경료하였다가 그 후 변제기까지 변제를 받지 못하여 위 가등기에 기한 소유권이전의 본등기를 경료한 경우에는, 당사자들 사이에 채무자가 변제기에 피담보채무를 변제하지 아니하면 채권채무관계는 소멸하고 부동산의 소유권이 확정적으로 채권자에게 귀속된다는 명시의 특약이 없는 한, 그 본등기도 채권담보의 목적으로 경료된 것으로서 정산절차를 예정하고 있는 이른바 '약한 의미의 양도담보'가 된다. 그리고 이와 같이 약한 의미의 양도담보가 된 경우에는 채무의 변제기가 도과한 후에도 채권자가 담보권을 실행하여 정산절차를 마치기 전에는 채무자는 언제든지 채무를 변제하고 채권자에게 위 가등기 및 그 가등기에 기한 본등기의 말소를 청구할 수 있다.

[참고] 가등기담보법의 적용범위 문제

본 판결 이전부터 대법원은, 가등기담보법은 재산권 이전의 예약에 관한 가등기담보에서 그 재산의 예약 당시의 가액이 차용액 및 이에 붙인 이자의 합산액을 초과하는 경우에 한하여 그 적용이 있다고 하였고(대판 1993. 10. 26. 93다27611), 본 판결에서도 그것을 재확인하였다.

또한 재산권 이전의 예약당시 재산에 대하여 선순위 근저당권이 설정되어 있는 경

우에는 재산의 가액에서 피담보채무를 공제한 나머지 가액이 차용액 및 이에 붙인 이자의 합산액을 초과하는 경우에만 적용된다고 한다. 이는 과거 대법원이 제607조가 정한 재산 가액에 관하여 동일하게 해석하던 것을 그대로 따른 것이다.

[참고] 가등기담보법이 적용되지 않는 경우에 가등기에 기하여 본등기를 한 때의 법률관계

위 판결은 특약이 없는 한 정산을 해야 하는「약한 의미의 양도담보」를 한 것으로 보아 정산을 요구한다. 그리고 그 때에는 채권자가 담보권을 실행하여 정산절차를 마치기 전에는 채무자는 언제든지 채무를 변제하고 채권자에게 위 가등기 및 그 가등기에 기한 본등기의 말소를 청구할 수 있다고 한다.

[80] 양도담보의 법적 성질
대판 1994. 8. 26. 93다44739

[법적 쟁점]

양도담보권자의 제3자에 대한 지위

【판결요지】

동산에 관하여 양도담보계약이 이루어지고 양도담보권자가 점유개정의 방법으로 인도를 받았다면 그 청산절차를 마치기 전이라 하더라도 담보목적물에 대한 사용수익권은 없지만 제3자에 대한 관계에 있어서는 그 물건의 소유자임을 주장하고 그 권리를 행사할 수 있다.

[사실관계]

(1) 소외 A회사로부터 기계판매 및 그 대금 수령 원한 동 일체의 권한을 위임받은 원고는 위 A주식회사를 대리하여 1991 .8.경 소외 주식회사 B에게 위 A회사 제작의 싱글환편기와 양면환편기 총 15대를 대금 130,500,000원에 매도하고 위 대금 전액을 리스 자금으로 원고가 위 주식회사 ○○○에게 대여한 것으로 하여 변제기를 1991. 11. 20.로 하고 변제기 이후에는 연2할 5푼의 비율에 의한 지연손해금을 지급하기로 약정하고, 위 대여금에 대한 담보조로 위 주식회사 ○○○ 소유의 물건(이하 이 사건 물건이라고 한다)에 양도 담보를 설정하고 점유개정의 형식으로 소유권을 원고에게 양도하고 위 주식회사 ○○○이 계속 점유하기로 하였다.

(2) 한편 피고는 위 주식회사 ○○○에 대한 1992. 3. 26. 전주지방법원 92가단 482호 노임청구사건의 집행력 있는 판결정본에 기하여 위 주식회사 000이 점유하고 있던 이 사건 물건을 압류하였다.

(3) 그러자 원고는 피고를 상대로, 피고가 소외 B회사에 대한 노임청구사건의 집행력 있는 판결정본에 기하여 1992. 5. 28. 물건에 대하여 한 강제집행의 불허를 구하는 소를 제기하였다.

원고는 그 소에서, 이 사건 물건은 위와 같이 원고와 위 B회사 사이에 위 대여금 130,500,000원을 담보하기 위하여 양도담보가 설정된 물건으로서 위 B회사가 위 변제기인 1991. 11. 20.까지 위 대여금을 변제하지 않았으므로 원고의 소유로 된 물건인데 피고가 이를 압류한 것은 부당하므로 그 집행의 배제를 구한다고 주장하였다.

[81] 집합동산의 양도담보

대판 1990. 12. 26. 88다카20224

[법적 쟁점]

(1) 일단의 증감 변동하는 동산의 집합물(유동집합물)에 대한 양도담보설정계약이 유효하기 위한 목적물의 특정방법

[2] 양도담보계약서 중 양도물건목록에 특정 양만장 내의 뱀장어 약 백만 마리라고 기재되어 있는 경우의 의사해석

[3] 특정 양만장 내의 뱀장어 등 어류전부에 대한 양도담보계약의 효력 유무(적극)

[4] 집합물에 대한 양도담보설정계약의 효력이 미치는 범위

【판결요지】

[1] 일반적으로 일단의 증감 변동하는 동산을 하나의 물건으로 보아 이를 채권담보의 목적으로 삼으려는 이른바 집합물에 대한 양도담보설정계약 체결도 가능하며 이 경우 그 목적 동산이 담보설정자의 다른 물건과 구별될 수 있도록 **그 종류, 장소 또는 수량지정 등의 방법에 의하여 특정되어 있으면 그 전부를 하나의 재산권으로 보아 이에 유효한 담보권의 설정이 된 것으로 볼 수 있다.**

[2] 양도담보계약서 중 양도물건목록에 소재지, 보관창고명과 목적물이 양만장 내 뱀장어, 수량 약 백만 마리라고 기재되어 있을 뿐이고 특별히 위 양만장 내의 뱀장어 중 1,000,000마리로 그 수량을 지정하여 담보의 범위를 제한한 사실이 인정되지 않는다면 위 양도담보계약서에 기재된 수량은 단순히 위 계약 당시 위 양만장 내에 보관하고 있던 뱀장어 등의 수를 개략적으로 표시한 것에 불과하고 당사자는 위 양만장 내의 뱀장어 등 어류전부를 그 목적으로 하였다고 봄이 당사자의 의사에 합치된다고 할 것이다.

[3] 성장을 계속하는 어류일지라도 특정 양만장 내의 뱀장어 등 어류전부에 대한 양도담보계약은 그 담보목적물이 특정되었으므로 유효하게 성립하였다고 할 것이다.

[4] **집합물**에 대한 양도담보권설정계약이 이루어지면 그 집합물을 구성하는 개개의 물건이 변동되거나 변형되더라도 한 개의 물건으로서 동일성을 잃지 아니하므로 양도담보권의 효력은 항상 현재의 집합물 위에 미치는 것이고, 따라서 양도담보권자가 담보권설정계약 당시 존재하는 집합물을 **점유개정의 방법**으로 그 점유를 취득하면 그 후 양도담보설정자가 그 집합물을 이루는 개개의 물건을 반입하였다 하더라도 그때마다 별도의 양도담보권설정계약을 맺거나 점유개정의 표시를 하여야

하는 것은 아니다.

[사실관계]

(1) 원고는 1985. 3. 20. 소외 甲과, 당시 甲이 원고에 대하여 부담하고 있던 채무 금 410,000,000원과 장래 부담하게 될 채무를 한도액 금 1,400,000,000원으로 하여 이를 담보할 목적으로 위 양만장 내에 있던 뱀장어를 약 1,000,000마리로 추산하여 이를 일괄하여 원고에게 소유권을 양도하고 이를 인도하되 점유개정에 의하여 위 甲이 계속하여 위 뱀장어를 점유하고 관리, 사육하면서 원고의 승낙하에 이를 처분할 수 있음과 동시에 장래에 있어서 위 양만장에 입식하는 뱀장어도 1,000,000마리의 한도 내에서 위 담보의 목적으로 되어 원고가 그 소유권을 갖기로 하는 내용의 양도담보계약을 체결하였다.

(2) 소외 대한제당주식회사가 1986. 6. 17. 소외 甲에 대한 유체동산가압류결정에 기하여 甲 경영의 대수개발양만장 내에 있던 뱀장어에 대한 가압류집행을 하고 피고 주식회사도 1986. 9. 6. 위 뱀장어에 대하여 위 甲에 대한 유체동산가압류결정에 기하여 강제집행을 하였다.

(3) 가압류물건인 뱀장어는 그 보존관리에 특별한 주의가 필요하고 사육에 많은 비용을 요하게 되어 광주지방법원 소속집달관 염동헌은 1986. 9. 6. 위 양만장 내의 뱀장어 26,500킬로그램을 사육불능에 따른 특수보존처분으로서 이를 경매하여 환가한 대금 180,366,750원 중 경매비용을 공제한 나머지 금 176,875,500원을 보관하게 되었다.

(4) 보관금에 대하여 피고 주식회사, 피고 乙, 피고 丙 및 피고 丁 등이 각 집행력 있는 공정증서정본에 기하여 강제집행을 하였다.

(5) 이에 원고는 피고들을 상대로 강제집행의 배제를 구하는 소를 제기하였다.

[82] 이중양도담보
대판 2005. 2. 18. 2004다37430

[사실관계]

(1) 소외 甲은 대원농장이라는 상호로 양돈업을 하던 자이고, 원, 피고는 사료의 제조 및 판매업을 목적으로 하는 법인으로서 甲에게 양돈 사료를 공급한 자들이다.

(2) 피고는 1999년경부터 甲에게 양돈 사료를 공급하여 오던 중 2000. 12. 21. 이미 발생하였거나 장차 발생할 사료대금을 담보하기 위하여 甲과 사이에, 甲이 같은 날 피고로부터 100,000,000원을 반환시기 2000. 12. 28. 연체이율 연 25%로 정하여 차용하는 내용의 금전소비대차계약을 체결하고, 위 차용금반환채무의 불이행시 피고가 즉시 강제집행을 개시하여도 이의가 없음을 인낙하는 취지의 양도담보부 채무변제계약 공정증서(이하 '제1 공정증서'라 한다)를 甲으로부터 작성, 교부받으면서, 위 차용금반환채무의 담보로 피담보채권액을 100,000,000원, 담보물을 그 당시까지 대원농장에서 사육하고 있던 돼지의 총 수량인 2,0000두(유동집합물 양도담보)로 하여 이를 '점유개정'의 방법으로 피고에게 양도하는 내용의 양도담보계약을 체결하고 위 양도담보계약은 집행인낙의 의사표시에 의한 강제집행의 행사에 지장이 되지 아니한다고 특약하였다('**제1 양도담보**').

(3) 한편 2002. 1.경부터 대원농장에 사료를 공급하던 원고 또한 이미 발생하였거나 장차 발생할 사료대금을 담보하기 위하여 2002. 1. 28. 甲과 사이에, 甲이 같은 날 원고로부터 200,000,000원을 반환시기 2002. 2. 4. 연체이율 연 25%로 정하여 차용하는 내용의 금전소비대차계약을 체결하고, 위 차용금반환채무의 불이행시 피고가 즉시 강제집행을 개시하여도 이의가 없음을 인낙하는 취지의 양도담보부 금전소비대차계약 공정증서(이하 '제2 공정증서'라 한다)를 甲으로부터 작성, 교부받으면서, 위 차용금반환채무의 담보로 피담보채권액을 200,000,000원, 담보물을 그 당시 대원농장에서 실제 사육되고 있던 돼지의 총 수량인 임신모돈 450두, 포유모돈 100두, 이유자돈 1,400두, 육성돈 400두, 비육돈 800두로 하여(유동집합물에 대한 양도담보) 이를 점유개정의 방법으로 원고에게 양도하는 양도담보계약을 체결하고 위 양도담보계약은 집행인낙의 의사표시에 의한 강제집행의 행사에 지장이 되지 아니한다고 특약하였다('제2 양도담보').

(4) 2000년경 대원농장에 발생한 화재로 인해 많은 피해를 본 甲은 피고에 대한 사료대금을 제대로 지급하지 못하였는바, 피고는 2001. 4. 30. 당시 甲의 사료대금 채무가 87,133,608원에 이르자 사료의 공급을 일시 중단하였다. 그런데 甲이 2001. 9.

5. 위 사료대금 채무 중 5,000,000원을 변제한 것을 비롯하여 2002. 8.경까지 위 사료대금을 꾸준히 변제하여 피고에 대한 신용을 회복하였고, 이에 피고는 2002. 9. 30.부터 甲에 대한 사료공급을 재개하였다.

(5) 한편 2002. 10. 23.경 피고의 甲에 대한 사료대금 채무가 100,183,571원에 달하여 제1 양도담보의 피담보채권액을 초과하자, 피고는 甲에 대하여 이미 발생하였거나 장래 발생할 사료대금을 담보할 목적으로 2002. 10. 25. 甲과 사이에, 甲이 같은 날 피고로부터 200,000,000원을 반환시기 2002. 11. 1. 연체이율 연 25%로 정하여 차용하는 내용의 금전소비대차계약을 하고, 위 차용금반환채무의 불이행시 피고가 즉시 강제집행을 개시하여도 이의가 없음을 인낙하는 취지의 양도담보부 채무변제계약 공정증서(이하 '제3 공정증서'라 한다)를 甲으로부터 작성, 교부받으면서, 위 차용금반환채무의 담보로 피담보채권액을 200,000,000원으로 하되 나머지는 제1 공정증서와 같은 내용의 양도담보계약을 체결하고 위 양도담보계약은 집행인낙의 의사표시에 의한 강제집행의 행사에 지장이 되지 아니한다고 특약하였다('제3 양도담보').

(6) 甲은 2002년경 발생한 구제역으로 인하여 판로가 막히고 돼지고기 가격이 폭락함에 따라 원, 피고에 대한 사료대금 및 소외 제일제당 주식회사 등에 대한 사료대금을 변제하지 못하여 2003. 4. 28.경 부도를 내었다. 그러자 피고는 제1, 3 양도담보의 피담보채권액 및 그 지연손해금을 청구금액으로 하여, 원고는 제2 양도담보의 피담보채권액을 청구금액으로 하여 대원농장 내에 있는 돼지의 총 수량인 모돈 550두, 비육돈 200두, 자돈 400두(이하 '이 사건 돼지'라 한다)를 압류하였으며, 이후 진행된 유체동산 경매절차에서 이 사건 돼지가 일괄하여 소외 乙에게 131,600,000원에 낙찰되었다.

(7) 그러나 위 매각대금으로는 배당에 참가한 각 채권자를 만족하게 할 수 없었고, 아후 실시된 배당협의 기일에서 채권자들 사이에 배당협의가 성립되지 아니하여 위 매각대금은 공탁되었다. 이에 따라 개시된 배당절차에서, 2003. 9. 3. 위 매각대금 131,600,000원에서 집행비용 148,400원을 공제한 131,451,600원(=131,600,000원-148,400원)을 실제 배당할 금액으로 하여 배당함에 있어, 피고가 제1순위 양도담보권자로서 위 매각대금에 대하여 우선 변제권이 있음을 이유로 위 131,451,600원 전액을 피고에게 배당하는 내용의 배당표를 작성하였고, 이에 원고는 그 배당기일에서 피고의 배당액에 대하여 이의를 하였다.

[법적 쟁점]

[1] 점유개정의 방법으로 동산에 대한 이중의 양도담보설정계약이 체결된 경우, 뒤에

설정계약을 체결한 후순위 채권자가 양도담보권을 취득할 수 있는지 여부

[2] 동산을 목적으로 하는 유동집합물 양도담보설정계약을 체결함과 동시에 채무불이행시 강제집행을 수락하는 공정증서를 작성한 후 양도담보권자가 그 집행증서에 기하여 강제경매를 실시하는 경우, 그 경매절차에 압류를 경합한 양도담보설정자의 다른 채권자가 양도담보권자에 대한 관계에서 압류경합권자나 배당요구권자로 인정될 수 있는지 여부

[원고의 주장]

(가) 피고는 제1 공정증서 작성 이후인 2001. 4. 30. 甲과의 거래를 일시 중단하였다가 2002. 9. 30. 거래를 재개하면서 그 재개일 이후 발생할 장래의 사료대금채무를 담보할 목적으로 제3 공정증서를 작성하였으므로, 거래 재개일인 2002. 9. 30. 이후 甲에게 공급된 사료대금은 제3 양도담보에 의하여 담보된다.

(나) 그런데 제3 공정증서가 작성되기 이전인 2002. 1. 28. 원고의 제2 공정증서가 작성되었고 이후 원고가 甲에게 233,694,036원 상당의 사료를 공급하였으므로 원고의 제2 양도담보는 피고의 제3 양도담보에 우선한다. 따라서 피고의 제1 양도담보의 피담보채권액을 초과하는 부분은 원고의 제2 양도담보의 피담보채권액에 우선하여 충당되어야 한다.

(다) 한편 피고와 甲 사이에 2002. 9. 30.자로 거래가 재개되기 직전인 2002. 9. 4.경 甲의 피고에 대한 사료대금 채무액은 합계 53,535,115원(= 원금 52,238,480원 + 지연손해금 1,296,635원)이었으므로, 이 사건 배당절차에서 원고의 제2 양도담보에 우선하여 변제 받을 수 있는 피고의 제1 양도담보의 피담보채권액은 66,558,955원{= 53,535,115원(= 원금 52,238,480원 + 지연손해금 1,296,635원) + 지연손해금 13,023,480원(= 52,238,480원 × 0.25 × 364/365, 위 2002. 9. 4.부터 배당기일인 2003. 9. 3.까지 364일 동안 연 25%의 비율에 의한 지연손해금)}이다. 따라서 이 사건 배당절차에서 실제 배당할 금액인 위 131,451,600원은 1순위로 피고의 제1 양도담보의 피담보채권액인 66,558,955원에 우선 배당되고, 나머지 64,892,645원(= 131,451,600원 - 66,559,955원)은 원고의 제2 양도담보의 피담보채권액에 전액 충당되어야 한다.

[피고의 주장]

(가) 동산을 목적으로 한 양도담보계약이 체결된 경우 그 양도담보 목적물에 대한 소유권은 양도담보권자에게 귀속되므로, 그 후 양도담보 설정자가 동일한 동산을 담보 목적물로 하여 **이중양도담보계약**을 체결하였다 하더라도 이는 타인의 소유물에 대한 처분행위로서 무효이다. 따라서 선순위 양도담보권자는 후순위 양도담

보권자에 대하여 배타적인 소유권을 주장할 수 있을 뿐만 아니라 그 환가절차인 배당절차에 있어서도 자신의 양도담보의 피담보채권액의 다과를 불문하고 매각대금 전액을 모두 배당받을 권리가 있다. 결국 원고의 제2 양도담보는 피고의 제1 양도담보에 대하여 무효이므로 이 사건 배당절차에서 실제 배당할 금액은 전액 피고에게 배당되어야 한다.

(나) 가사 그렇지 않다 하더라도, 피고는 甲과 사이에 제1 양도담보의 피담보채권액을 원금 100,000,000원 및 이에 대한 기한이익 상실일로부터 연 25%의 비율에 의한 지연손해금을 합산한 금원으로 약정하였으므로, 제1 양도담보의 피담보채권액은 거래기간의 제한이 없이 원금이 100,000,000원에 이를 때까지 그 전액을 담보하고, 지연손해금은 그 한도액이 없이 무한정 담보된다. ① 그런데 2001. 1. 1. 현재 피고의 甲에 대한 사료대금 채권은 원금이 이미 100,000,000원이었으므로, 이 사건 배당기일인 2003. 9. 3. 현재 제1 양도담보의 피담보채권액은 166,849,315원{= 원금 100,183,571원 + 이자 66,849,315원(= 100,000,000원 × 0.25 × 976/365, 2001. 1. 1.부터 2003. 9. 3.까지 976일 동안 연 25%의 비율에 의한 지연손해금)}으로서 실제 배당할 금액 131,451,600원을 초과한다. 따라서 위 131,451,600원은 피고의 제1 양도담보의 피담보채권액에 전액 충당되어야 한다. ② 또는, 2002. 10. 23. 현재 피고의 甲에 대한 사료대금 채권은 원금이 100,183,571원, 지연손해금이 2,265,242원이므로, 배당기일인 2003. 9. 3. 현재 제1 양도담보의 피담보채권액은 127,700,562원{= 원금 100,183,571원 + 지연손해금 2,265,242원 + 25,251,749원(= 100,183,571원 × 0.25 × 368/365, 피고는 연 25%의 비율에 의한 지연손해금의 지급을 구하는 기간이 368일이란 점에 대해서 아무런 근거제시가 없다)}이다. 따라서 실제 배당할 금액 131,451,600원 중 위 127,700,562원은 피고의 제1 양도담보의 피담보채권액에 우선 충당되어야 하고, 그 나머지 3,751,038원(= 131,451,600원 - 127,700,562원)만이 후순위인 원고의 제2 양도담보의 피담보채권액에 충당되어야 한다.

[원심의 판단] 피고의 항소와 원고의 부대항소 모두 기각

[원심의 판단이유]

(1) 먼저 동산 이중양도담보가 설정된 경우 후순위 양도담보 설정계약의 효력에 대하여 본다.

(가) 동산에 대하여 점유개정의 방법으로 이중양도담보를 설정한 경우 원래의 양도담보권자는 뒤의 양도담보권자에 대하여 배타적으로 자기의 담보권을 주장할 수 있고, 양도담보권 실행을 위한 환가절차에 있어서는 환가로 인한 매

득금에서 환가비용을 공제한 잔액 전부를 원래의 양도담보권자의 채권변제에 우선 충당하여야 한다(대법원 2000. 6. 23. 선고 99다65066 판결 참조).

(나) 甲이 대원농장에서 사육 중인 돼지를 담보 목적물로 하여 점유개정의 방법으로 원고와 피고에게 이중양도담보를 설정하고, 그 후 甲이 부도를 냄에 따라 이 사건 돼지에 대하여 피고의 제1, 3 양도담보 및 원고의 제2 양도담보의 실행을 위한 환가절차가 진행되었고, 그 후 이 사건 돼지가 일괄하여 소외 乙에게 131,600,000원에 낙찰되었다.

甲으로부터 제1 공정증서를 작성, 교부받은 원래의 양도담보권자인 피고는 이중양도담보의 목적물인 이 사건 돼지의 환가로 인한 실제 배당할 금액 중 제1 양도담보의 피담보채권액의 범위 안에서 뒤의 양도담보권자인 원고의 제2 양도담보의 피담보채권액에 우선하여 배당받을 권리를 가질 뿐이다. 따라서 이와 다른 전제에서 원고의 제2 양도담보가 피고의 제1 양도담보에 대하여 무효이므로 이 사건 배당절차에서 실제 배당할 금액이 전액 피고에게 배당되어야 한다는 피고의 주장은 이유 없다.

(2) 제1 양도담보의 피담보채권 범위

(가) 먼저 제1 양도담보가 담보하는 거래기간에 대하여 살피건대, 제3 양도담보가 설정되기 전에 피고와 甲이 그 사료공급 계약을 해지하였다거나 또는 제1 양도담보에 의하여 담보되는 사료대금 채무에 대하여 상호 정산을 하지 아니한 사정을 알 수 있으나, 제1 양도담보의 피담보채권액이 100,000,000원이었는데, 甲에 대한 거래가 재개된 2002. 9. 30. 이후 그 사료 거래량이 점차 증가하여 2002. 10. 23.경 그 원금이 100,183,571원에 달함으로써 제1 양도담보의 피담보채권액을 초과하자, 피고는 2002. 10. 25. 甲에 대하여 이미 발생하였거나 장래 발생할 사료대금을 담보할 목적으로 피담보채권액을 200,000,000원으로 한 제3 양도담보를 새로이 설정한 점에 비추어 보면 제1 양도담보는 제3 양도담보가 설정된 2002. 10. 25. 이전의 사료대금을 담보한다고 봄이 상당하다 할 것이다(이와 다른 전제에 선 원고의 이 부분 주장은 이유 없다).

(나) 다음으로 제1 양도담보의 피담보채권 범위에 대하여 살펴 본다.

양도담보권이 담보하는 채권의 범위는 약정된 채권최고액을 한도로 하여 그 결산기에 현실적으로 존재하는 채권의 전부에 미치고, 이자, 채무불이행으로 인한 손해배상, 위약금도 위 채권최고액에 포함되며 원금과 이자, 손해배상(지연손해금), 위약금 등을 합산하여 위 채권최고액의 범위 내에서만 양도담보권의 효력이 미친다고 보아야 할 것이고, 을 제1, 2호증, 을 제4, 5호증의 각 기재와 제1심 증인 甲의 증언에 변론 전체의 취지를 종합하면, 제1 공정증서가 작성되기 전인 2000. 11.경 甲의 피고에 대한 사료대금 외상 한도액은 90,000,000원이었던 사실, 이에 피고와 甲은 위 외상거래 한도액과 그 지연손해금 등을 고려하여 제1 양도담보의 피담보채권액을 100,000,000원으로 약정한 사실을 인정할 수 있고 달리 반증이 없으므로 제1 양도담보의 피담보채권은 100,000,000원의 한도 내에서 원금과 연체이자 모두를 포함하는 것으로 봄이 상당하다(이에 반하는 피고의 이 부분 주장은 이유 없다).

(3) 배당순위 및 배당표의 경정

(가) 결국 제1 양도담보의 효력이 미치는 2002. 10. 23. 현재 甲의 피고에 대한 사료대금 원금이 100,183,571원이고, 제2 공정증서의 작성 이후 원고가 甲에게 233,694,046원 상당의 양돈 사료를 공급한 사실을 인정할 수 있으므로, 이 사건 배당절차에 있어 실제 배당할 금액 131,451,600원은 그 중 100,000,000원이 제1 양도담보권자로서 1순위자인 피고에게 배당되어야 하고, 위 100,000,000원을 초과하는 나머지 31,451,600원(= 131,451,600원 - 100,000,000원)이 제2 양도담보권자로서 2순위자인 원고에게 배당되어야 할 것이다.

(나) 따라서 집행 법원이 원고에게는 원고가 정당하게 배당받을 31,451,600원을 전혀 배당하지 아니하고, 피고에게는 피고가 정당하게 배당받을 100,000,000원을 초과하여 131,451,600원을 배당하는 것으로 배당표를 작성한 것은 부당하다 할 것이므로, 이 사건 배당표 중 피고에 대한 배당액 131,451,600원은 100,000,000원으로, 원고에 대한 배당액 0원은 31,451,600원으로 각 경정되어야 할 것이다.

[상고이유] 점유개정의 방법에 의한 동산 이중양도담보계약의 효력이나 동산 양도담보계약에서의 피담보채권의 추가 등에 관한 법리 오해

[대법원의 판단] 피고 패소 부분 파기하고 환송

【대법원의 판단이유】

[1] 금전채무를 담보하기 위하여 채무자가 그 소유의 동산을 채권자에게 양도하되 점유개정의 방법으로 인도하고 채무자가 이를 계속 점유하기로 약정한 경우 특별한 사정이 없는 한 그 동산의 소유권은 신탁적으로 이전되는 것에 불과하여, 채권자와 채무자 사이의 대내적 관계에서는 채무자가 소유권을 보유하나 대외적인 관계에서의 채무자는 동산의 소유권을 이미 채권자에게 양도한 무권리자가 되는 것이어서 다시 다른 채권자와 사이에 양도담보설정계약을 체결하고 점유개정의 방법

으로 인도하더라도 선의취득이 인정되지 않는 한 나중에 설정계약을 체결한 채권자로서는 양도담보권을 취득할 수 없는데, 현실의 인도가 아닌 점유개정의 방법으로는 선의취득이 인정되지 아니하므로 결국 뒤의 채권자는 적법하게 양도담보권을 취득할 수 없다(대판 2004. 10. 8. 2003다30463).

[2] 동산을 목적으로 하는 유동 집합물 양도담보설정계약을 체결함과 동시에 채무불이행시 강제집행을 수락하는 공정증서를 작성한 경우, 양도담보권자로서는 그 집행증서에 기하지 아니하고 양도담보계약내용에 따라 이를 사적으로 타에 처분하거나 스스로 취득한 후 정산하는 방법으로 현금화할 수도 있지만, 집행증서에 기하여 담보목적물을 압류하고 강제경매를 실시하는 방법으로 현금화할 수도 있는데, 만약 후자의 방식에 의하여 강제경매를 실시하는 경우, 이러한 방법에 의한 경매절차는 형식상은 강제집행이지만, 그 실질은 일반 강제집행절차가 아니라 동산양도담보권의 실행을 위한 환가절차로서 그 압류절차에 압류를 경합한 양도담보설정자의 다른 채권자는 양도담보권자에 대한 관계에서 압류경합권자나 배당요구권자로 인정될 수 없고, 따라서 환가로 인한 매득금에서 환가비용을 공제한 잔액은 양도담보권자의 채권변제에 우선적으로 충당하여야 한다(대판 1999. 9. 7. 98다47283).

[83] 담보가등기의 효력
대판 1987. 6. 9. 86다카2570

[판시사항]

가압류등기 후에 경료된 담보가등기의 효력 및 가압류채권자와 담보가등기권자의 배당순위

[판결요지]

부동산에 대하여 가압류등기가 먼저 되고 나서 담보가등기가 마쳐진 경우에 그 담보가등기는 가압류에 의한 처분금지의 효력때문에 그 집행보전의 목적을 달성하는데 필요한 범위 안에서 가압류채권자에 대한 관계에서만 상대적으로 무효라 할 것이고 따라서 담보가등기권자는 그 보다 선순위의 가압류채권자에 대항하여 우선변제를 받을 권리는 없으나 한편 가압류채권자도 우선변제청구권을 가지는 것은 아니므로 가압류채권자보다 후순위의 담보가등기권자라 하더라도가등기담보등에관한법률 제16조제1, 2항에 따라 법원의 최고에 의한 채권신고를 하면 가압류채권자와 채권액에 비례하여 평등하게 배당받을 수 있다(가압류채권자와 담보가등기권자의 채권액에 비례하여 평등하게 배당).

제 3 부

물권법 Restatement

제2편 물권

제1장 총칙

제185조의 ⅰ【일물일권주의】 ① 하나의 물건 위에는 서로 용납되지 않은 물권이 하나 밖에 존재할 수 없다.
② 하나의 집합건물에 건물의 일부분이 구조상 및 이용상의 독립성을 갖춘 경우 전항이 적용되지 아니한다.
③ 일정한 장소에서 증감 변동하는 다수의 동산으로서 유동집합물은 그 종류, 소재하는 장소, 수량의 지정 등의 방법에 의하여 외부적, 객관적으로 특정되는 경우 전2항을 적용하지 아니하고 양도담보권이 성립한다.

제185조의 ⅱ【물권의 객체】 ① 물권의 객체는 물건으로서 현존·특정되어야 하며, 독립한 물건이어야 한다.
② 수목의 집합, 미분리과실의 경우 명인방법을 갖춘 경우 독립한 물건으로서 거래의 객체로 할 수 있다.
③ 농작물은 타인의 토지 위에 권원 없이 경작되었더라도 외부에서 농작물의 경작을 인식할 수 있다면 명인방법 구비 여부와 관계없이 독립한 물건이 될 수 있다.

제185조【물권의 종류】 물권은 법률 또는 관습법에 의하는 외에는 임의로 창설하지 못한다.

제185조의 2【물권법정주의】 ① 물권의 종류는 법률과 관습법에 의하는 외에는 인정되지 않는다.
② 법률이나 관습법이 정하는 물권에 대하여 그 내용이나 효력을 당사자가 임의로 변경하지 못한다.

제185조의 3【관습법상 물권】 관습법상 인정되는 물권에는 분묘기지권, 관습상 법정지상권, 양도담보권 등이 있다.

제186조【부동산물권변동의 효력】 부동산에 관한 법률행위로 인한 물권의 득실변경은 등기하여야 그 효력이 생긴다.

제186조의 2【원인행위의 실효와 물권의 복귀 및 제3자의 범위 확대】 ① 전항의 원인행위가 취소 혹은 해제로 실효한 경우 그에 따른 등기를 하지 않더라도 이전의 물권자에게 물권이 복귀한다.
② 원인행위 또는 물권행위의 취소 및 해제에 의한 말소등기가 행하여지는 시기를 기준으로 하여, 취소 또는 해제 후라도 그 말소등기 시까지 취소 또는 해제의 의사표시가 있었음을 알지 못하고 새로운 이해관계를 갖는 자도 제3자로서 보호된다.

제186조의 3【물권변동의 요건으로서 등기】 전조의 등기에는 보존등기와 이전등기 모두 해당된다.

제186조의 4【실체관계에 부합된 등기】 등기가 실체관계에 부합된다고 하는 것은 그 등기절차에 하자가 있다 하더라도 진실한 권리관계와 합치한다는 것을 의미하며, 원칙적으로 그 등기는 유효하다.

제186조의 5【중간생략등기】 ① 중간생략등기란 순차로 최초매도인으로부터 최종매수인에게 부동산이 양도된 경우에, 최초의 매도인으로부터 중간매수인으로의 이전등기를 경료하지 아니하고 최종매수인에게 경료된 등기를 말한다.
② 이미 중간생략등기가 경료되어 버린 경우에는 관계 양도계약 당사자들 사이에 양도계약이 적법하게 성립되어 이행된 이상 중간생략등기에 관한 합의가 없었다 하더라도 그 등기는 유효하다.
③ 토지거래허가구역 내에서 순차 매도되어 중간생략등기가 행해진 경우, 최종매수인이 자신과 최초매도인을 매매 당사자로 하는 토지거래허가를 받아 자신 앞으로 소유권이전등기를 경료하였다 하더라도 최종매수인 명의의 소유권이전등기는 적법한 토지거래허가 없이 경료된 등기로서 무효이다.
④ 미등기건물의 원시취득자와 그 승계취득자 사이의 합의에 의하여 직접 승계취득자 명의로 한 중간생략등기의 소유권보존등기는 실체관계에 부합된 등기로서 유효하다.
⑤ 최종 양수인이 중간생략등기의 합의를 이유로 최초 양도인에게 직접 그 소유권이전등기청구권을 행사하기 위하여는 관계 당사자 전원의 의사 합치, 즉 중간생략등기에 대한 최초 양도인과 중간자의 동의가 있는 외에 최초의 양도인과 최종의 양수인 사이에도 그 중간등기생략의 합의가 있어야 한다.
⑥ 중간생략등기의 합의가 있다 하더라도 중간매수인의 소유권이전등기청구권이 소멸하거나 중간매수인에 대한 최초 매도인의 소유권이전등기의무가 소멸되지는 않는다.

제186조의 5【진정명의회복을 위한 소유권이전등기】 ① 자기 또는 피상속인 명의로 소유권을 표상하는 등기가 되어 있었거나 법률에 의하여 소유권을 취득한 진

정한 소유자가 그 등기명의를 회복하기 위한 방법으로 그 소유권에 기하여 현재의 등기명의인을 상대로 그 등기의 말소를 구하는 외에 진정한 등기명의의 회복을 원인으로 한 소유권이전등기절차의 이행을 직접 구할 수 있다.

② 전항의 경우에 자기 앞으로 소유권의 등기가 되어 있지 않았고 법률에 의하여 소유권을 취득하지도 않은 사람은 소유권자를 대위하여 현재의 등기명의인을 상대로 말소등기를 청구할 수 있음은 별론하고 전항의 소유권이전등기를 청구할 수 없다.

③ 전2항의 법리는 채권자가 사해행위의 취소로 인한 원상회복 방법으로 수익자 명의의 등기말소를 구하는 대신 수익자를 상대로 채무자 앞으로 직접 소유권이전등기절차를 이행할 것을 구하는 경우에도 적용된다.

④ 말소등기에 갈음하여 허용되는 진정명의회복을 원인으로 한 소유권이전등기청구권과 무효등기의 말소청구권은 어느 것이나 진정한 소유자의 등기명의를 회복하기 위한 것으로서 실질적으로 그 목적이 동일하고, 두 청구권 모두 제214조의 소유권에 기한 방해배제청구권으로서 그 법적 근거와 성질이 동일하다.

제186조의 6 【중복보존등기】 ① 동일부동산에 대하여 등기명의인을 달리하여 중복된 소유권보존등기가 경료된 경우에는 먼저 이루어진 소유권보존등기가 원인무효가 되지 아니하는 한 뒤에 된 소유권보존등기는 비록 그 부동산의 매수인에 의하여 이루어진 경우에도 무효이다.

② 동일부동산에 대하여 중복된 소유권보존등기에 터잡아 등기명의인을 달리하는 각 소유권이전등기가 경료된 경우에 등기의 효력은 각 소유권이전등기의 바탕이 된 소유권보존등기의 선후를 기준으로 판단하여야 하며, 그 이전등기가 멸실회복으로 인한 이전등기의 경우에도 동일하다.

③ 전2항의 법리는 뒤에 된 소유권보존등기의 명의인이 당해 부동산을 원시취득한 경우에도 동일하게 적용된다.

제186조의 7 【무효등기의 유용】 ① 당사자가 무효로 된 등기를 유용하기로 합의하고 새로 거래를 계속하는 경우 유용합의 이전에 등기부상 이해관계 있는 제3자가 없는 때에는 그 등기는 유효하다.

② 부동산 소유자와 종전의 채권자 그리고 새로운 제3의 채권자 등 3자가 합의하여 저당권등기 유용의 합의는 있었으나 저당권 이전의 부기등기를 경료하지 못한 경우, 종전의 채권자는 부동산 소유자의 저당권설정등기말소청구에 대하여 3자 사이의 등기 유용의 합의사실을 들어 대항할 수 있다.

제186조의 8 【등기의 추정력】 ① 등기가 행해지면 등기부상에 기재된 바와 같은 실질적인 권리관계가 존재하는 것으로 법률상 추정된다.

② 등기의 추정력은 법률규정에 위반한 경우, 등기기재에 의하여 부실기재임이 명백한 경우, 실체관계 없음이 증명된 경우에 복멸된다.

제186조의 9 【등기의 추정력의 물적 범위】 등기의 추정력은 등기절차 및 전제절차와 등기원인 및 기타 등기부에 기재된 환매특약의 존재, 근저당권에서 피담보채권 등의 존재에 미친다.

제186조의 10 【등기의 추정력의 인적 범위】 등기의 추정력은 전소유자에게도 미친다.

제186조의 11 【점유의 추정력과의 관계】 점유자의 권리추정의 규정은 특별한 사정이 없는 한 부동산물권에 대하여는 적용되지 아니하고 다만 그 등기에 대하여서만 추정력이 부여된다.

제186조의 12 【이중매매】 ① 부동산의 이중매매가 이루어지고 제2매수인 명의로 소유권이전등기가 경료된 경우, 특별한 사유가 없는 한 제2매수인은 유효하게 소유권을 취득한다.

② 전항에서 부동산의 제2매수인이 매도인의 배임행위에 적극 가담한 결과 제2매매계약이 반사회적 법률행위에 해당하며 무효인 경우 제1 매수인은 제2매매행위의 무효를 주장할 수 있다.

③ 전2항에서 이중매매가 반사회적 법률행위로서 무효인 경우, 당해 부동산을 제2매수인으로부터 다시 취득한 제3자는 선의인 경우에도 제2의 이중매매계약의 유효를 주장할 수 없다.

제187조 【등기를 요하지 아니하는 부동산물권취득】 상속, 공용징수, 판결, 경매 기타 법률의 규정에 의한 부동산에 관한 물권의 취득은 등기를 요하지 아니한다. 그러나 등기를 하지 아니하면 이를 처분하지 못한다.

제187조의 2 【공동상속자의 단독명의 등기 경료】 공동상속한 부동산에 대하여 공동상속인 중의 1인이 불법으로 그 단독명의로 소유권이전등기를 경료한 경우에 그

상속인 자신의 상속분에 관한 위 등기는 무효의 등기라고 볼 수 없다.

제187조의 3【형성판결에 의한 부동산물권취득】 전2조의 판결이란 판결 자체에 의하여 부동산 물권취득의 형성적 효력이 생기는 판결을 말하며, 당사자 사이에 이루어진 어떠한 법률행위를 원인으로 하여 부동산소유권 이전등기절차의 이행을 명하는 것과 같은 내용의 판결은 해당하지 아니한다.

제187조의 4【건축물의 원시취득】 ① 자기의 노력과 재료를 들여 건물을 건축한 사람은 그 건물의 소유권을 원시취득한다. 다만 도급계약에서는 수급인이 자기의 노력과 재료를 들여 건물을 완성하더라도 도급인과 수급인 사이에 도급인 명의로 건축허가를 받아 소유권보존등기를 하기로 하는 등 완성된 건물의 소유권을 도급인에게 귀속시키기로 하는 등 합의한 것으로 보여질 경우에는 그 건물의 소유권은 도급인에게 원시적으로 귀속된다.

② 전항의 경우에 자기 비용과 노력으로 건물을 신축한 자는 그 건축허가가 타인의 명의로 되었는지 여부에 관계없이 그 소유권을 원시취득한다.

③ 건축업자가 대지소유자 명의로 건축허가를 받은 경우에는 그 목적이 대지 대금채무를 담보하기 위한 경우가 일반적이므로, 완성된 건물의 소유권은 일단 이를 건축한 채무자가 원시적으로 취득한 후 채권자 명의로 소유권보전등기를 마침으로써 담보목적의 범위 안에서 채권자에게 그 소유권이 이전된다.

④ 미완성 건물을 인도받아 나머지 공사를 한 경우, 그 건물의 원시취득자의 결정은 그 공사 중단 시점에서 사회통념상 독립한 건물이라고 볼 수 있는 정도의 형태와 구조를 갖추었는지의 여부를 가지고 판단한다. 독립한 건물로서의 요건을 아직 갖추지 못한 단계에서 소유권을 상실한 자는 원시취득자에 대하여 부당이득반환을 청구할 수 있다.

제187조의 5【무허가건물의 물권변동】 무허가건물의 신축은 원시취득이므로 등기를 요하지 않지만, 이를 매매 등에 의하여 양도하는 경우에는 등기를 요하고 등기가 경료되지 않은 경우 인도받아 점유하고 있다 하더라도 소유권을 취득할 수 없다.

제187조의 6【법정지상권 부착 건물의 양도】 같은 사람 소유에 속한 대지와 지상 건물 중 건물만을 양수한 사람은 다른 특별한 사정이 없는 한 대지소유자에 대하여 관습상 지상권을 취득하고 그에 관한 등기 없이 이를 주장할 수 있으나, 그 건물의 전득자는 그러하지 아니하다.

제187조의 7【처분의 채권적 효력】 전7조 단서에 의하여 부동산물권을 등기 없이 취득한 자가 명의의 등기 없이 이를 처분한 경우 처분의 상대방은 부동산물권을 취득하지 못할 뿐 처분자에 대하여 채권적 효력을 가진다.

제187조의 8【실체관계에 부합하는 처분등기】 이미 새로운 취득자 명의로 등기가 경료되고 그 등기가 현존의 진실한 권리 상태와 합치하는 경우 전7조의 단서에 의한 절차상 흠결이 있다고 하여 무효라고 볼 수 없다.

제188조【동산물권양도의 효력, 간이인도】 ① 동산에 관한 물권의 양도는 그 동산을 인도하여야 효력이 생긴다.

② 양수인이 이미 그 동산을 점유한 때에는 당사자의 의사표시만으로 그 효력이 생긴다.

제188조의 2【동산 인도 여부 판단기준】 동산의 인도 여부는 사회관념상 목적물에 대한 양도인의 사실상의 지배인 점유가 동일성을 유지하면서 양수인의 지배로 이전되었다고 평가되었는지 여부에 달려있다. 현실의 인도가 있었다고 하려면 동산에 대한 사실상의 지배가 동일성을 유지한 채 양도인으로부터 양수인에게 완전히 이전되어 양수인은 목적물에 대한 지배를 계속적으로 확고하게 취득하여야 하고, 양도인은 동산에 대한 점유를 완전히 종결하여야 한다.

제188조의 3【수목의 집단 및 미분리과실의 양도】 ① 수목의 집단과 미분리과실의 양도는 물권적 합의와 명인방법을 갖추어야 한다.

② 입목에 대한 매매계약시 매도인이 그 입목에 대한 소유권을 매매계약과 동시에 매수인에게 이전하여 준다는 의사표시를 하고 매수인이 명인방법을 실시한 경우 잔대금지급 전이라 할지라도 특별한 사정이 없는 한 매수인은 입목의 소유권을 취득한다.

제188조의 4【점유개정 방법에 의한 이중양도】 동산의 소유자가 이를 이중으로 양도하고 각 점유개정의 방법으로 양도인이 점유를 계속하는 경우 양수인들 사이에서는 먼저 현실의 인도를 받아 점유를 해 온 자가 소유권을 취득한다.

제188조의 5【소유권 유보부 매매】 동산의 매매계약을 체결하면서, 매도인이 대금을 모두 지급받기 전에 목적

물을 매수인에게 인도하지만 대금이 모두 지급될 때까지는 목적물의 소유권은 매도인에게 유보된다는 특약을 한 경우, 매매대금이 전부 지급되기 전까지는 매도인은 매수인 뿐만 아니라 제3자에 대하여도 소유권을 주장할 수 있다. 다만 대금이 모두 지급된 경우에는 정지조건이 완성되어 별도의 의사표시 없이 목적물의 소유권은 매수인에게 이전된다.

제189조【점유개정】 동산에 관한 물권을 양도하는 경우에 당사자의 계약으로 양도인이 그 동산의 점유를 계속하는 때에는 양수인이 인도받은 것으로 본다.

제189조의 2【동산의 양도담보】 점유개정에 의한 소유권이전의 형식을 통한 양도담보는 인정된다.

제190조【목적물반환청구권의 양도】 제삼자가 점유하고 있는 동산에 관한 물권을 양도하는 경우에는 양도인이 그 제삼자에 대한 반환청구권을 양수인에게 양도함으로써 동산을 인도한 것으로 본다.

제191조【혼동으로 인한 물권의 소멸】 ① 동일한 물건에 대한 소유권과 다른 물권이 동일한 사람에게 귀속한 때에는 다른 물권은 소멸한다. 그러나 그 물권이 제삼자의 권리의 목적이 된 때에는 소멸하지 아니한다.

② 전항의 규정은 소유권이외의 물권과 그를 목적으로 하는 다른 권리가 동일한 사람에게 귀속한 경우에 준용한다.

③ 점유권에 관하여는 전2항의 규정을 적용하지 아니한다.

제191조의 2【제한물권과 혼동】 전조 제1항 단서는 제3자의 권리가 혼동된 제한물권보다 후순위에 있을 때에도 마찬가지로 소멸하지 아니한다.

제2장 점유권

제192조【점유권의 취득과 소멸】 ① 물건을 사실상 지배하는 자는 점유권이 있다.

② 점유자가 물건에 대한 사실상의 지배를 상실한 때에는 점유권이 소멸한다. 그러나 제204조의 규정에 의하여 점유를 회수한 때에는 그러하지 아니하다.

제192조의 2【점유의 의미와 판단기준】 물건에 대한 점유란 사회관념상 어떤 사람의 사실적 지배에 있다고 보이는 객관적 관계를 말하는 것으로서 사실상 지배가 있다고 하기 위하여는 반드시 물건을 물리적, 현실적으로 지배하는 것만을 의미하는 것이 아니고, 물건과 사람과의 시간적, 공간적 관계와 본권관계, 타인 지배의 가능성 등을 고려하여 사회관념에 따라 합목적적으로 판단하여야 한다.

제192조의 3【건물 부지의 점유자】 건물의 부지가 된 토지는 그 건물의 소유자가 점유하는 것으로 본다.

제193조【상속으로 인한 점유권의 이전】 점유권은 상속인에 이전한다.

제193조의 2【상속으로 인한 점유승계시 점유태양의 승계】 전조의 규정에 의하여 상속인이 상속에 의하여 점유를 승계하는 경우 상속인은 새로운 권원에 의하여 자기 고유의 점유를 개시하지 않는 한 피상속인의 점유를 떠나 자기만의 점유를 주장할 수 없다.

제193조의 3【타주점유의 승계와 자주점유】 타주점유를 승계한 경우 그 점유가 자주점유가 되기 위하여는 점유자가 소유자에 대하여 소유의 의사가 있는 것을 표시하거나 새로운 권원에 의하여 다시 소유의 의사로써 점유를 시작하여야 한다.

제194조【간접점유】 지상권, 전세권, 질권, 사용대차, 임대차, 임치 기타의 관계로 타인으로 하여금 물건을 점유하게 한 자는 간접으로 점유권이 있다.

제194조의 2【불법점유를 이유로 한 청구의 상대방】 불법점유를 이유로 한 건물명도청구를 하려면 현실적으로 불법점유하고 있는 사람을 상대로 하여야 하지만 그렇지 않은 경우 간접점유자를 상대로도 명도를 청구할 수 있다.

제194조의 3【취득시효완성으로 인한 소유권이전등기청구권의 소멸】 취득시효완성으로 인한 소유권이전등기청구권은 그 토지에 대한 점유가 계속되는 한 시효로 소멸하지 아니하고 이 점유에는 직접점유와 간접점유 모두 포함한다.

제195조【점유보조자】 가사상, 영업상 기타 유사한 관계에 의하여 타인의 지시를 받아 물건에 대한 사실상의 지배를 하는 때에는 그 타인만을 점유자로 한다.

제195조의 2【기타 유사한 관계의 점유보조자】 점유보조자에 관한 기타 유사한 관계는 타인의 지시를 받고 이에 따라야 할 관계로서 사회관념상 점유를 보조한다고 인정되는 경우를 말한다.

제196조【점유권의 양도】 ① 점유권의 양도는 점유물의 인도로 그 효력이 생긴다.

② 전항의 점유권의 양도에는 제188조제2항, 제189조, 제190조의 규정을 준용한다.

제196조의 2【임야에 대한 점유권의 양도】 임야에 대한 점유의 이전이나 점유의 계속은 반드시 물리적이고 현실적인 지배를 요하지 아니하고, 관리나 이용의 이전이 있으면 인도가 있다고 본다.

제197조【점유의 태양】 ① 점유자는 소유의 의사로 선의, 평온 및 공연하게 점유한 것으로 추정한다.

② 선의의 점유자라도 본권에 관한 소에 패소한 때에는 그 소가 제기된 때로부터 악의의 점유자로 본다.

제197조의 2【취득시효에서 자주점유의 의미】 제245조의 취득시효에서 자주점유라 함은 소유자와 동일한 지배를 하려는 의사를 가지고 하는 점유를 의미하는 것으로서, 내심의 의사에 의하여 결정되는 것이 아니라 외형적·객관적으로 점유취득의 원인이 된 점유권원의 성질에 의하여 그 존부를 결정하여야 하며, 법률상 그러한 지배를 할 수 있는 권원 즉 소유권을 가지고 있거나 또는 소유권이 있다고 믿고서 하는 점유를 의미하는 것이 아니다.

제197조의 3【자주점유의 증명책임】 ① 전조에서 점유권원의 성질이 분명하지 않은 때에는 점유자가 스스로 자주점유임을 입증할 책임이 없고, 점유자의 점유가 타주점유임을 주장하는 상대방에게 증명책임이 있다.

② 점유자가 스스로 매매 또는 증여와 같은 자주점유의 권원을 주장하였으나 인정되지 않는 경우에도 자주점유의 증명책임의 권원에 관한 증명책임이 점유자에게 있지 않으므로 그 점유권원이 인정되지 않는다는 사유만으로 자주점유의 추정이 번복되거나 또는 점유권원의 성질상 타주점유라고 볼 수 없다.

③ 구분소유적 공유관계에서 종전의 공유지분권과는 별도의 자주점유가 가능한 권원에 의하여 다른 공유자가 소유·점유하는 특정된 부분을 취득하여 점유를 개시하였다고 주장하는 경우에는 그 권원이 인정되지 않는다고 하더라도 그 사유만으로 자주점유의 추정이 번복된다거나 성질상 타주점유라고 할 수 없고 여전히 상대방에게 증명책임이 있다.

제197조의 4【자주점유 추정의 복멸】 ① 점유자가 성질상 소유의 의사가 없는 것으로 보이는 권원에 바탕을 두고 점유를 취득한 사실이 증명되었거나, 타주점유의 권원에 의한 점유가 아니라 할지라도 점유자가 타인의 소유권을 배제하여 자기의 소유물처럼 배타적 지배를 행사하는 의사를 가지고 점유하는 것으로 볼 수 없는 객관적 사정이 증명된 경우 그 추정은 깨어진다.

② 점유자가 점유 개시 당시에 소유권 취득의 원인이 될 수 있는 법률행위 기타 법률요건이 없이 그와 같은 법률요건이 없다는 사실을 잘 알면서 타인 소유의 부동산을 무단 점유한 경우 그 추정은 깨어진다.

③ 토지점유자가 부동산소유권이전등기에 관한 특별조치법 시행에 따라 여러 차례 등기의 기회가 있었음에도 불구하고 소유권이전등기를 하지 않은 경우 자주점유 추정이 번복될 수 있다.

④ 지방자치단체나 국가가 법률이 정한 공공용 재산의 취득절차를 밟거나 토지소유자의 승낙을 받지 않는 등 권원 없이 사유토지를 도로부지로 편입시킨 경우 그 추정은 깨어진다.

제197조의 5【자주점유 여부 판단시점】 점유의 개시 당시에 자신의 토지에 인접한 타인 소유의 토지를 자신 소유 토지의 일부로 알고서 점유하게 되었다면, 나중에 그 토지가 자신 소유의 토지가 아니라는 점을 알게 되었거나, 지적측량 결과 경계침범 사실이 밝혀지고 그로 인해 상호분쟁이 있었다고 하더라도 그러한 사정만으로 자주점유가 타주점유로 전환되지 않는다.

제197조의 6【소유권침해를 이유로 한 부당이득반환청구의 소】 제197조 2항의 본권의 소에는 소유권에 기하여 점유물의 인도나 명도를 구하는 소송은 물론 부당점유자를 상대로 인한 부당이득의 반환을 구하는 소송도 포함된다.

제197조의 7【본권에 관한 소에 패소한 때】 ① 제197조 제2항의 본권에 관한 소에 패소한 때라 함은 종국판결에 의하여 패소로 확정된 경우를 말한다.

② 제197조 제2항의 소가 제기된 때라 함은 소장 부본이 피고에게 송달된 때를 말한다.

제198조【점유계속의 추정】 전후양시에 점유한 사실이 있는 때에는 그 점유는 계속한 것으로 추정한다.

제198조의 2【전후 양시점이 점유자가 다른 경우 점유계속의 추정】 전조의 점유계속의 추정은 동일인이 전후 양 시점에 점유한 것이 증명된 때 뿐만 아니라 전후 양 시점의 점유자가 다른 경우에도 점유의 승계가 증명되는 경우 적용된다.

제199조【점유의 승계의 주장과 그 효과】 ① 점유자의 승계

인은 자기의 점유만을 주장하거나 자기의 점유와 전 점유자의 점유를 아울러 주장할 수 있다.

② 전점유자의 점유를 아울러 주장하는 경우에는 그 하자도 계승한다.

제199조의 2【점유승계와 취득시효 기산점의 선택】 ① 전 점유자의 점유를 아울러 주장하는 경우 어느 단계의 점유자의 점유까지를 아울러 주장할 것인가는 이를 주장하는 사람에게 선택권이 있다.

② 점유자의 승계인은 자기의 전 점유자의 점유를 아울러 주장할 때 그 직전의 점유자 또는 그 전 점유자의 주장을 아울러 주장할 수 있으나 그 점유시초를 전 점유자의 점유기간 중의 임의시점을 택하여 주장할 수 없다.

제199조의 3【자신의 점유만을 주장하는 경우】 점유의 승계가 있는 경우 전 점유자의 점유가 타주점유라 하여도 점유자의 승계인이 자기의 점유만을 주장하는 경우에는 현 점유자의 점유는 자주점유로 추정되며, 여전히 상대방에게 증명책임이 있다.

제199조의 4【상속에 의하여 점유권을 취득한 자의 점유】 ① 상속에 의하여 점유권을 취득한 경우에는 상속인은 새로운 권원에 의하여 자기 고유의 점유를 개시하지 않는 한 피상속인의 점유를 떠나 자기만의 점유를 주장할 수 없다.

② 피상속인의 점유가 타주점유인 경우 그 점유를 승계한 상속인의 점유가 자주점유로 되기 위하여는 점유자가 점유를 시킨 자에게 소유의 의사가 있는 것을 표시하거나 또는 새로운 권원에 의하여 다시 소유의 의사로써 점유를 시작하여야 한다.

③ 점유자의 상속인이 미성년자인 경우 그 법정대리인을 통하여 점유권을 승계받아 점유를 계속할 수 있으므로 점유의 계속은 추정된다.

제199조의 5【전 점유자의 점유승계와 법률효과】 부동산을 취득시효기간 만료 당시의 점유자로부터 양수하여 점유를 승계한 현 점유자는 자신의 전 점유자에 대한 소유권이전등기청구권을 보전하기 위하여 전 점유자의 소유자에 대한 소유권이전등기청구권을 대위행사할 수 있을 뿐, 전 점유자의 취득시효의 완성의 효과를 주장하여 직접 자기에게 소유권이전등기를 청구할 권원은 인정되지 않는다.

제200조【권리의 적법의 추정】 점유자가 점유물에 대하여 행사하는 권리는 적법하게 보유한 것으로 추정한다.

제200조의 2【부동산물권에의 준용】 전조의 규정은 등기에 표창되어 있는 부동산물권에 대하여는 특별한 사정이 없는 한 적용되지 아니한다.

제201조【점유자와 과실】 ① 선의의 점유자는 점유물의 과실을 취득한다.

② 악의의 점유자는 수취한 과실을 반환하여야 하며 소비하였거나 과실로 인하여 훼손 또는 수취하지 못한 경우에는 그 과실의 대가를 보상하여야 한다.

③ 전항의 규정은 폭력 또는 은비에 의한 점유자에 준용한다.

제201조의2【선의의 점유자】 전조의 선의의 점유자란 과실취득권을 포함하는 권원(소유권, 지상권, 임차권 등이 있다고 오신한 점유자를 말하고, 그와 같은 오신을 함에는 오신할 만한 정당한 근거가 있어야 한다.

제201조의2【악의의 수익자 반환범위】 악의의 수익자가 반환하여야 할 범위는 제748조 2항에 따라 정하여지며 그는 받은 이익에 이자를 붙여 반환하여야 하며, 위 이자의 이행지체로 인한 지연손해금도 지급하여야 한다.

제202조【점유자의 회복자에 대한 책임】 점유물이 점유자의 책임있는 사유로 인하여 멸실 또는 훼손한 때에는 악의의 점유자는 그 손해의 전부를 배상하여야 하며 선의의 점유자는 이익이 현존하는 한도에서 배상하여야 한다. 소유의 의사가 없는 점유자는 선의인 경우에도 손해의 전부를 배상하여야 한다.

제203조【점유자의 상환청구권】 ① 점유자가 점유물을 반환할 때에는 회복자에 대하여 점유물을 보존하기 위하여 지출한 금액 기타 필요비의 상환을 청구할 수 있다. 그러나 점유자가 과실을 취득한 경우에는 통상의 필요비는 청구하지 못한다.

② 점유자가 점유물을 개량하기 위하여 지출한 금액 기타 유익비에 관하여는 그 가액의 증가가 현존한 경우에 한하여 회복자의 선택에 좇아 그 지출금액이나 증가액의 상환을 청구할 수 있다.

③ 전항의 경우에 법원은 회복자의 청구에 의하여 상당한 상환기간을 허여할 수 있다.

제203조의 2【점유물의 이용과 상환청구권】 점유자가 점유물을 이용한 경우에는 전조 제1항 단서를 준용한다.

제203조의 3【통상의 필요비】 기계의 점유자가 그 기계장치를 계속 사용함에 따라 마모되거나 손상된 부품을

교체하거나 수리하는 데 소요된 비용은 통상의 필요비이다.

제203조의 4【유익비상환청구권의 범위】 ① 유익비 상환의 범위는 회복자의 선택권을 위하여 현존증가액 이외에 실제로 지출한 증가액을 모두 산정하여야 한다.

② 제203조 제2항의 회복자의 적은 금액을 선택하겠다는 의사는 증명을 통해서 실제 지출금액과 현존증가액 중 적은 금액을 선택하겠다는 것으로 본다.

제203조의 5【도급관계에서 비용지출자】 유효한 도급계약에 기하여 수급인이 도급인으로부터 제3자 소유 물건의 점유를 이전받아 이를 수리한 결과 그 물건의 가치가 증가한 경우, 도급인이 소유자와의 관계에서 비용지출자로서 비용상환청구권을 갖게 된다.

제203조의 6【점유자의 유익비지출 당시 계약관계 등 적법한 점유 권원을 가진 경우】 점유자가 유익비 지출 당시 계약관계 등 적법한 점유의 권원을 가진 경우에 그 지출비용의 상환에 관하여는 그 계약관계 등의 상대방에 대하여 비용상환청구권을 행사할 수 있고, 점유회복 당시의 소유자에 대하여 지출비용의 상환을 청구할 수 없다.

제203조의 7【유익비 상환청구권의 이행기】 점유자의 상환청구권은 점유자가 회복자에게서 점유물 반환을 청구받은 때에 비로소 이를 행사할 수 있는 상태가 되는 것으로서 그 때 이행기가 도래한다.

제204조【점유의 회수】 ① 점유자가 점유의 침탈을 당한 때에는 그 물건의 반환 및 손해의 배상을 청구할 수 있다.

② 전항의 청구권은 침탈자의 특별승계인에 대하여는 행사하지 못한다. 그러나 승계인이 악의인 때에는 그러하지 아니하다.

③ 제1항의 청구권은 침탈을 당한 날로부터 1년 내에 행사하여야 한다.

제204조의 2【손해의 배상】 전조 제1항의 손해배상을 청구하기 위해서는 불법행위의 요건을 갖추어야 한다.

제204조의 3【점유의 회수에서 점유】 ① 전2조의 점유의 회수를 주장하기 위해서는 점유 침탈당했다고 주장하는 당시에 점유하고 있으면 되고, 이 때의 점유에는 직접점유뿐만 아니라 간접점유도 포함된다. 간접점유를 인정하기 위해서는 간접점유자와 직접점유를 하는 자 사이에 일정한 법률관계인 점유매개관계가 필요하다.

② 전항의 점유매개관계는 직접점유자가 자신의 점유를 간접점유자의 반환청구권을 승인하면서 행사하는 경우 인정된다.

제205조【점유의 보유】 ① 점유자가 점유의 방해를 받은 때에는 그 방해의 제거 및 손해의 배상을 청구할 수 있다.

② 전항의 청구권은 방해가 종료한 날로부터 1년 내에 행사하여야 한다.

③ 공사로 인하여 점유의 방해를 받은 경우에는 공사착수 후 1년을 경과하거나 그 공사가 완성한 때에는 방해의 제거를 청구하지 못한다.

제205조의 2【점유를 정당화 할 권원의 요부】 점유권에 의한 방해배제청구권은 물권에 대한 사실상의 지배상태(점유권)에 대한 방해행위가 있으면 성립되고 점유를 정당화할 권원이 있음을 요하지 아니한다.

제205조의 3【점유의 회수의 성립요건】 점유권에 의한 방해배제청구권은 물건 자체에 대한 사실상의 지배상태를 점유침탈 이외의 방법으로 침해하는 방해행위가 있을 때 성립한다.

제205조의 4【방해가 종료한 날의 의미】 제205조 제2항의 1년의 제척기간은 반드시 그 기간 내에 소를 제기해야 하는 출소기간이며, 기산점이 되는 방해가 종료한 날은 방해행위가 종료한 날을 의미한다.

제206조【점유의 회수】 ① 점유자가 점유의 방해를 받을 염려가 있는 때에는 그 방해의 예방 또는 손해배상의 담보를 청구할 수 있다.

② 공사로 인하여 점유의 방해를 받을 염려가 있는 경우에는 전조 제3항의 규정을 준용한다.

제206조의 2【방해할 염려나 위험성 유무의 판단기준】 방해예방청구권에 있어서 점유를 방해할 염려나 위험성이 있는지의 여부는 구체적인 사정하에서 일반경험법칙에 따라 객관적으로 판단하여야 한다.

제207조【간접점유의 보호】 ① 전3조의 청구권은 제194조의 규정에 의한 간접점유자도 이를 행사할 수 있다.

② 점유자가 점유의 침탈을 당한 경우에 간접점유자는 그 물건을 점유자에게 반환할 것을 청구할 수 있고 점유자가 그 물건의 반환을 받을 수 없거나 이를 원하지 아니하는 때에는 자기에게 반환할 것을 청구할 수 있다.

제207조의 2【간접점유자와 직접점유자의 관계】 직접점유자

가 임의로 점유를 타에 인도한 경우에는 점유이전이 간접점유자의 의사에 반한다 하더라도 간접점유자의 점유가 침탈한 경우에 해당하지 아니한다.

제208조【점유의 소와 본권의 소와의 관계】 ①점유권에 기인한 소와 본권에 기인한 소는 서로 영향을 미치지 아니한다.

② 점유권에 기인한 소는 본권에 관한 이유로 재판하지 못한다.

제208조의 2【본권의 주장과 점유회수의 청구】 점유회수의 청구(소)에 대하여 점유침탈자가 점유물에 대한 본권이 있다는 주장으로 점유회수의 청구를 배척할 수 없다.

제209조【자력구제】 ① 점유자는 그 점유를 부정히 침탈 또는 방해하는 행위에 대하여 자력으로써 이를 방위할 수 있다.

② 점유물이 침탈되었을 경우에 부동산일 때에는 점유자는 침탈후 직시 가해자를 배제하여 이를 탈환할 수 있고 동산일 때에는 점유자는 현장에서 또는 추적하여 가해자로부터 이를 탈환할 수 있다.

제209조의 2【직시의 의미】 전조 2항에서 말하는 직시란 객관적으로 가능한 한 신속히 또는 사회관념상 가해자를 배제하여 점유를 회복하는데 필요하다고 인정되는 범위 안에서 되도록 신속히 라고 본다.

제209조의 3【시간의 경과와 자력구제】 점유자가 침탈의 사실을 아는지와 관계 없이 침탈을 당한 후 상당한 시간이 흘렀다면 전조 2항의 자력탈환권을 행사할 수 없다.

제210조【준점유】 본장의 규정은 재산권을 사실상 행사하는 경우에 준용한다.

제3장 소유권

제1절 소유권의 한계

제211조【소유권의 내용】 소유자는 법률의 범위 내에서 그 소유물을 사용, 수익, 처분할 권리가 있다.

제211조의 2【토지에 대한 사용·수익권의 포기】 ① 토지소유자는 소유권의 내용 중 사용·수익권에 대하여 포기할 수 있다.

② 전항의 사용·수익권을 대세적으로 포기하는 것은 특별한 사정이 없는 한 허용되지 않는다.

③ 토지 소유자가 사용·수익권을 포기한 것으로 의사해석 하기 위해서는, 그가 토지를 소유하게 된 경위와 보유기간, 나머지 토지들을 분할하여 매도한 경위와 규모, 도로로 사용되는 토지 부분의 위치나 성상, 인근 토지들과의 관계, 주위 환경 등 여러 사정과 아울러 분할·매도된 나머지 토지들의 효과적인 사용·수익을 위하여 토지가 기여하고 있는 정도 등을 종합적으로 고찰하여 신중하게 판단하여야 한다.

④ 독점적·배타적 사용·수익권을 포기한 소유자로부터 특정승계 받은 자는 토지 점유자에 대하여 부당이득반환청구를 할 수 없다.

제211조의 3【일반 공중을 위한 토지의 제공과 사용·수익권의 포기】 ① 소유자 스스로 그 소유의 토지를 일반 공중을 위한 용도로 제공한 경우에 그 토지에 대한 소유자의 독점적이고 배타적인 사용·수익권의 행사가 제한된다. 단 원소유자의 독점적·배타적인 사용·수익권의 행사가 제한되는 경우에도 특별한 사정이 있다면 특정승계인의 독점적·배타적인 사용·수익권의 행사가 허용될 수 있다.

② 토지소유자의 독점적·배타적 사용·수익권의 행사가 제한되는 경우에도 일정한 요건을 갖춘 때에는 사정변경의 원칙이 적용되어 소유자가 다시 독점적·배타적인 사용·수익권을 행사할 수 있다.

③ 토지소유자가 일반 공중을 위한 토지의 제공을 하여 그 토지에 대한 독점적·배타적 사용·수익권을 포기한 것으로 볼 수 있는 경우에 타인이 그 토지를 점유·사용하고 있다 하더라도 특별한 사정이 없는 한 토지소유자는 그 타인을 상대로 부당이득반환을 청구할 수 없고, 토지의 인도 등을 구할 수 없다. 그러나 토지소유자의 독점적·배타적 사용·수익권의 행사가 제한되는 것으로 보는 경우에도 토지소유자의 독점적이고 배타적인 사용·수익만이 제한될 뿐이고, 토지소유자는 일반공중의 토지 통행 등 이용을 방해하지 않는 범위 내에서는 그 토지를 처분하거나 사용·수익할 권능을 상실하지 않는다.

④ 토지소유자가 토지에 대한 독점적·배타적인 사용·수익권의 행사가 제한된다 하더라도 독점적·배타적인 사용·수익권의 행사를 제한하는 기초가 된 객관적인 사정의 변경과 토지 제공 당시 그러한 사정의 변화를 예견할 수 없었으며, 사용·수익권의 행사가 계속 제한되는 경우 당사자의 이해에 중대한 불균형을 초

래하는 경우에는 그러한 사정변경이 있는 때부터 다시 사용·수익 권능을 포함한 완전한 소유권에 기한 권리를 주장할 수 있다.

제211조의 4【처분권한의 수여와 소유자의 소유물처분】 소유자가 제3자에게 소유물의 처분권한을 수여하였고, 그 권한을 위임받은 제3자의 처분행위가 이루어졌으나 그 대외적 효력은 아직 발생하지 아니한 경우, 소유자는 소유물을 처분할 수 있다.

제212조【토지소유권의 범위】 토지의 소유권은 정당한 이익 있는 범위 내에서 토지의 상하에 미친다.

제212조의 2【토지의 사실상 분할과 이전등기청구】 토지가 사실상 분할되어 독립된 권리의 목적물이 될 수 있는 상태에 있는 경우에는 당사자간에 양도의 효력이 있고, 매수인은 매도인에게 그 토지의 분필과 함께 이전등기의 청구를 할 수 있다.

제212조의 3【지적 공부에 등록된 토지소유권의 범위】 토지가 지적공부체 1필지의 토지로 등록되면 토지의 소재, 지번, 지목, 지적 및 경계는 특별한 사정이 없는 한 등록으로서 특정되고 소유권의 범위는 현실의 경계와 상관없이 공부상의 경계에 따라 확정되는 것이 원칙이다. 단 지적도를 작성할 때 경계기점을 잘못 선택 등의 기술적인 착오로 경계선이 작성되었거나 당사자들이 사실상의 경계대로 토지를 매매할 의사가 있는 등의 특별한 사정이 있는 경우에는 실제의 경계에 의한다.

제213조【소유물반환청구권】 소유자는 그 소유에 속한 물건을 점유한 자에 대하여 반환을 청구할 수 있다. 그러나 점유자가 그 물건을 점유할 권리가 있는 때에는 반환을 거부할 수 있다.

제213조의2【소유물반환청구권자】 ① 전조의 소유자는 법적인 의미에서 소유자에 한정한다.

② 법률의 규정에 의한 소유권을 취득한 자의 점유취득 여부 및 공시방법을 갖추었는지의 여부는 전조의 권리를 행사하는데 영향을 받지 아니한다.

③ 소유권을 상실한 전소유자는 제3자인 불법점유자에 대하여 전조의 권리를 행사하지 못한다.

④ 배타적 사용·수익권을 포기한 토지소유자는 토지의 불법점유자에 대한 물권적청구권을 행사할 수 있다.

⑤ 명의신탁자는 명의신탁자라는 사실을 들어 제3자에게 전조의 청구권을 행사할 수 없고 명의수탁자를 대위하여 행사할 수 있다.

⑥ 공유자와 합유자는 각각 단독으로 공유물 내지 합유물의 침해자인 제3자에 대하여 보존행위로서 공유물 내지 합유물의 반환을 청구할 수 있다.

제213조의3【소유물반환청구의 상대방】 ① 소유물반환청구의 상대방은 현재의 점유자로서 자주 타주 점유를 불문한다.

② 상대방은 현실적으로 그 목적물을 점유하고 있는 자라야 하고, 불법점유자라 할지라도 그 물건을 다른 사람에게 인도하여 현실적으로 점유를 하고 있지 않은 경우에는 상대방이 될 수 없다. 다만 간접점유자도 약정에 의한 반환청구의 상대방이 될 수 있다.

③ 상대방에는 공동점유자도 해당한다. 소유자가 공동점유자 전원을 상대로 소유물반환청구를 하여야 하는 것은 아니나, 그 집행을 위해서는 공동점유자 모두에 대한 집행권원이 필요하다.

제213조의4【무단건물의 존재와 대지소유자의 물권적청구권의 상대방】 ① 토지에 관한 권원이 없는 무단건물이 있는 경우, 건물에 관한 법률상 사실상 처분권자가 대지인도 및 건물철거의 상대방이다.

② 건물이 수인의 공유인 경우 대지소유자는 공유자 중 1인을 상대로 그의 공유지분 한도에서만 건물의 철거를 청구할 수 있다.

③ 대지인도 및 철거청구의 상대방이 되는 자가 그 건물을 점유하고 있는 때에는 그 자에 대한 퇴거청구는 허용되지 않는다. 단 대지인도 및 건물철거의 상대방이 될 수 없는 자가 그 건물을 점유하고 있는 경우에는 건물점유자에 대하여 건물로부터의 퇴거를 청구할 수 있다.

제213조의5【점유할 권리】 제213조 단서의 점유할 권리 있는 자란 지상권, 전세권, 유치권, 질권, 임차권, 사용대차에 의하여 권리를 갖는 자와 미등기부동산매수인, 점유취득시효 완성자, 전(轉)매수인, 동시이행항변권을 갖는 자 등이다.

제214조【소유물방해제거, 방해예방청구권】 소유자는 소유권을 방해하는 자에 대하여 방해의 제거를 청구할 수 있고 소유권을 방해할 염려 있는 행위를 하는 자에 대하여 그 예방이나 손해배상의 담보를 청구할 수 있다.

제214조의2【방해예방청구권자】 방해예방청구권자가 될 수 있는 자는 법적인 의미에서 현재의 소유자이다.

제214조의3【상대방】 ① 소유권을 방해하는 자가 전2조의 상대방이 된다.
② 방해배제청구권의 행사로서 행해지는 등기말소청구의 상대방은 등기명의자에 한정된다.

제214조의4【방해의 의미】 ① 전3조의 방해란 현재에도 지속되고 있는 침해를 의미하고, 법익 침해가 과거에 일어나서 이미 종결된 경우에는 이에 해당되지 않는다.
② 전3조의 방해에는 물건의 사용·수익에 대한 사실적 방해와 소유권에 대한 추상적 방해를 포함한다.

제214조의5【방해의 염려】 전4조의 방해의 염려가 있다고 하기 위하여는 방해예방의 소에 의하여 미리 보호받을 만한 가치가 있는 것으로서 객관적으로 근거 있는 상당한 개연성을 가져야 하고 관념적인 가능성만으로는 인정되지 않는다.

제215조【건물의 구분소유】 ① 수인이 한 채의 건물을 구분하여 각각 그 일부분을 소유한 때에는 건물과 그 부속물 중 공용하는 부분은 그의 공유로 추정한다.
② 공용부분의 보존에 관한 비용 기타의 부담은 각자의 소유부분의 가액에 비례하여 분담한다.

제215조의2【건물의 일부분이 구분소유권의 객체가 되기 위한 요건】 건물의 일부분이 구분소유권의 객체가 되기 위해서는 그 부분이 구조상으로나 이용상으로 다른 부분과 구분되는 독립성이 있어야 한다.

제215조의3【집합건물의 지하층과 구분소유】 집합건물의 지하층이 완공 당시부터 이미 구조상으로나 이용상으로 지하층인 주택부분과는 전혀 현실적이며 실용적인 연관 관계 없이 독립한 건물로 인정되고 또한 이용되어 왔고 매매에서도 지하층을 지상층과 분리하여 매매처분하였다면 구분소유의 객체가 될 수 있다.

제215조의4【구분소유와 대지사용권】 집합건물의 구분소유자들은 그 부지를 대지사용권의 목적으로 공유하고 있는 경우에 각 구분소유자는 별도의 규약이 존재하는 등의 특별한 사정이 없는 한 그 부지에 대한 공유지분에 관계 없이 부지 전부를 구분 소유를 위하여 용도에 따라 사용할 수 있다.

제215조의5【집합건물의 구분소유자와 대지소유자 간의 대지 사용·수익관계】 1동의 건물의 구분소유자들은 처음 분양 받을 당시의 대지 공유지분 비율대로 건물 대지를 공유하고 있는 경우 구분 소유자들간에는 대지 공유지분 비율의 차이를 이유로 부당이득반환을 청구할 수 없으나 구분소유자가 아닌 자가 경매절차 등에서 대지의 공유지분만을 취득하고 대지를 사용·수익할 수 없는 경우에는 그러하지 아니하다.

제215조의 6【집합건물 구분소유 성립과 구분행위】 ① 1동의 건물에 대하여 구분소유가 성립하기 위해서는 제215조의 2의 요건뿐만 아니라 1동의 건물 중 물리적으로 구획된 건물부분을 각각 구분소유권의 객체로 하려는 구분행위가 있어야 한다.
② 전 항의 구분행위는 건물의 물리적 형질에 변경을 가함이 없이 법률관념상 건물의 특정 부분을 구분하여 별개의 소유권의 객체로 하려는 일종의 법률행위로서, 그 시기나 방식에 특별한 제한이 없고 처분권자의 구분의사가 객관적으로 외부에 표시되면 인정된다.
③ 구분건물이 물리적으로 완성되기 전에도 건축허가신청이나 분양계약 등을 통하여 장래 신축되는 건물을 구분건물로 하겠다는 구분의사가 객관적으로 표시되면 구분행위의 존재를 인정할 수 있고, 이후 1동의 건물 및 그 구분행위에 상응하는 구분건물이 객관적·물리적으로 완성되면 아직 그 건물이 집합건축물대장에 등록되거나 구분건물로서 등기부에 등기되지 않았더라도 그 시점에서 구분소유가 성립한다.

제216조【인지사용청구권】 ① 토지소유자는 경계나 그 근방에서 담 또는 건물을 축조하거나 수선하기 위하여 필요한 범위내에서 이웃 토지의 사용을 청구할 수 있다. 그러나 이웃 사람의 승낙이 없으면 그 주거에 들어가지 못한다.
② 전항의 경우에 이웃 사람이 손해를 받은 때에는 보상을 청구할 수 있다.

제217조【매연 등에 의한 인지에 대한 방해금지】 ① 토지소유자는 매연, 열기체, 액체, 음향, 진동 기타 이에 유사한 것으로 이웃 토지의 사용을 방해하거나 이웃 거주자의 생활에 고통을 주지 아니하도록 적당한 조처를 할 의무가 있다.
② 이웃 거주자는 전항의 사태가 이웃 토지의 통상의 용도에 적당한 것인 때에는 이를 인용할 의무가 있다.

제217조의 2【인접대지 건물신축과 생활이익침해의 참을 한도 인정기준】 인접 대지에 건물의 건축으로 인하여 입는 환경 등 생활이익의 침해를 이유로 공사의 금지를 청구하는 경우, 사회통념상 수인한도의 여부는 피해의 성질 및 정도, 피해이익의 공공성, 가해행위의

태양, 가해행위의 공공성, 가해자의 방지조치 또는 손해회피의 가능성, 인·허가 관계 등 공법상 기준에의 적합 여부, 지역성, 토지이용의 선후관계 등을 종합적으로 고려하여 판단하여야 한다.

제217조의 3【참을 한도와 공법상 규제】 참을 한도의 인정에서 공법상 규제는 중요한 고려사항이지만 공법상 규제기준을 넘는 생활이익침해가 있다고 하여 바로 참을 한도를 넘는 위법한 침해행위로서 민사책임이 성립하지 않는다.

제218조【수도 등 시설권】 ① 토지소유자는 타인의 토지를 통과하지 아니하면 필요한 수도, 소수관, 까스관, 전선 등을 시설할 수 없거나 과다한 비용을 요하는 경우에는 타인의 토지를 통과하여 이를 시설할 수 있다. 그러나 이로 인한 손해가 가장 적은 장소와 방법을 선택하여 이를 시설할 것이며 타토지의 소유자의 요청에 의하여 손해를 보상하여야 한다.

② 전항에 의한 시설을 한 후 사정의 변경이 있는 때에는 타토지의 소유자는 그 시설의 변경을 청구할 수 있다. 시설변경의 비용은 토지소유자가 부담한다.

제218조의 2【시설공사의 시행과 토지소유자의 동의 여부】 전조 1항 본문의 수도 등 시설권은 법정의 요건을 갖추면 당연히 인정되며, 시설공사를 위해 별도의 토지 소유자의 동의나 승낙을 받을 필요가 없다.

제218조의 3【손해가 가장 적은 장소와 방법】 전2조 1항의 손해가 가장 적은 장소와 방법이 선택된 것인지의 여부는 사회통념에 비추어 부근의 지리상황, 상린지 이용자의 이해득실, 기타 제반사정을 참작한 뒤 구체적 사례에 응하여 판단하여야 한다.

제218조의 4【사정변경과 시설변경청구】 전조 2항의 시설변경청구에서 사정변경 유무는 시설통과지 소유자의 주관적 의사에 따라 결정되지 않고 객관적으로 시설을 변경하는 것이 타당한지의 여부에 따라 결정된다.

제218조의 5【통행지 소유자의 시설철거】 통행지 소유자는 전3조의 요건이 갖추어진 수도 등 시설에 대하여 그 철거를 구할 수 없다.

제219조【주위토지통행권】 ① 어느 토지와 공로사이에 그 토지의 용도에 필요한 통로가 없는 경우에 그 토지소유자는 주위의 토지를 통행 또는 통로로 하지 아니하면 공로에 출입할 수 없거나 과다한 비용을 요하는 때에는 그 주위의 토지를 통행할 수 있고 필요한 경우에는 통로를 개설할 수 있다. 그러나 이로 인한 손해가 가장 적은 장소와 방법을 선택하여야 한다.

② 전항의 통행권자는 통행지소유자의 손해를 보상하여야 한다.

제219조의 2【주위토지통행권의 성립 및 소멸】 주위토지통행권은 법정의 요건을 충족하면 당연히 성립하고 요건이 없어지게 되면 당연히 소멸한다. 따라서 포위된 토지가 사정변경에 의하여 공로에 접하게 되거나 포위된 토지의 소유자가 주위의 토지를 취득함으로써 주위토지통행권을 인정할 필요성이 없어지게 된 경우에는 통행권은 소멸한다.

제219조의 3【주위토지통행권 설정범위】 주위토지통행권의 범위는 사회통념에 비추어 쌍방 토지의 지형적, 위치적 형상 및 이용관계, 부근의 지리상황, 상린지 이용자의 이해득실 기타 제반 사정을 참작한 뒤 구체적 사례에 응하여 판단하여야 한다. 통상 사람이 주택에 출입하여 다소의 물건을 공로로 운반하는 등의 일상생활을 영위하는 데 필요한 범위의 노폭까지 인정되고, 또 현재의 토지의 용법에 따른 이용의 범위에서 인정되지만 장차의 이용상황까지 미리 대비하여 인정할 필요는 없다.

제219조의 4【통행지 소유자의 인도청구】 타인 소유의 토지에 대하여 통행권을 가지고 있다 하더라도 그 통행권의 범위 내에서 그 토지를 사용할 수 있을 뿐이고 통행지소유자의 점유를 배제할 권능까지 인정되지 않으므로 통행지 소유자는 통행지를 전적으로 점유하고 있는 자에 대하여 토지의 인도를 구할 수 있다.

제219조의 5【주위토지통행권자의 범위】 주위토지통행권은 토지의 소유자 또는 지상권자, 전세권자 등 토지사용권을 가진 자에게 인정되며 명의신탁자에게는 인정되지 않는다.

제219조의 6【손해액 산정방법】 주위토지통행권자가 통행지 소유자에게 보상해야 할 손해액은 주위토지통행권이 인정되는 당시의 현실적 이용 상태에 따른 통행지의 임료 상당액을 기준으로 하여, 사회통념에 따라 쌍방 토지의 토지소유권 취득 시기와 가격, 통행지에 부과되는 재산세, 본래 용도에의 사용 가능성, 통행지를 공동으로 이용하는 사람이 있는지를 비롯하여 통행 횟수·방법 등의 이용태양, 쌍방 토지의 지형적·위치적 형상과 이용관계, 부근의 환경, 상린지 이용자의

이해득실 기타 제반 사정을 고려하여 이를 감경할 수 있다. 그러나 주위토지통행권이 인정되어 통행하고 있다는 사정만으로 통행지를 도로로 평가하여 산정한 임료 상당액이 통행지 소유자의 손해액이 된다고 볼 수 없다.

제220조【분할, 일부양도와 주위통행권】 ① 분할로 인하여 공로에 통하지 못하는 토지가 있는 때에는 그 토지소유자는 공로에 출입하기 위하여 다른 분할자의 토지를 통행할 수 있다. 이 경우에는 보상의 의무가 없다.
② 전항의 규정은 토지소유자가 그 토지의 일부를 양도한 경우에 준용한다.

제220조의 2【무상주위토지통행권의 일부양도】 전조 2항의 토지의 일부양도라 함은 1필의 토지의 일부가 양도된 경우뿐만 아니라 일단으로 되어 있던 동일인 소유의 수필의 토지 중 일부가 양도된 경우에도 적용된다.

제220조의 3【무상주위토지통행권의 승계 여부】 전조의 규정은 직접분할자 또는 일부 양도의 당사자에게만 적용되고 포위된 토지 또는 피통행지의 특정승계인에게는적용되지 않는다. 무상주위토지통행권에 기하여 이미 통로를 개설해 놓은 다음 특정승계가 이루어진 경우에도 마찬가지이다.

제220조의 4【동일인 소유 수필의 토지 중 일부양도】 ① 동일인 소유의 토지가 일부가 양도되어 공로에 통하지 못하는 토지가 생긴 경우에 포위된 토지를 위한 전2조의 주위토지통행권은 일부 양도 전의 양도인 소유의 종전 토지에 대하여서만 생기고 다른 사람 토지의 소유에 대해서는 인정되지 아니한다.

제221조【자연유수의 승수의무와 권리】 ① 토지소유자는 이웃 토지로부터 자연히 흘러오는 물을 막지 못한다.
② 고지소유자는 이웃 저지에 자연히 흘러 내리는 이웃 저지에서 필요한 물을 자기의 정당한 사용범위를 넘어서 이를 막지 못한다.

제221조의 2【자연히 흘러오는 물의 의미】 전조 1항의 자연히 흘러오는 물이라 함은 인공에 의하여 지상에 떨어지거나 지상으로 분출되는 물이 아닌 우수(雨水)도 여기에 포함된다.

제221조의 3【자연우수의 승수의무의 범위】 전2조 1항의 자연유수의 승수의무란 토지소유자는 다만 소극적으로 이웃 토지로부터 자연히 흘러오는 물을 막지 못한다는 것일 뿐 적극즉으로 그 자연유수의 소통을 유지할 의무까지 토지소유자가 부담하는 것은 아니다.

제222조【소통공사권】 흐르는 물이 저지에서 폐색된 때에는 고지소유자는 자비로 소통에 필요한 공사를 할 수 있다.

제223조【저수, 배수, 인수를 위한 공작물에 대한 공사청구권】 토지소유자가 저수, 배수 또는 인수하기 위하여 공작물을 설치한 경우에 공작물의 파손 또는 폐색으로 타인의 토지에 손해를 가하거나 가할 염려가 있는 때에는 타인은 그 공작물의 보수, 폐색의 소통 또는 예방에 필요한 청구를 할 수 있다.

제224조【관습에 의한 비용부담】 전2조의 경우에 비용부담에 관한 관습이 있으면 그 관습에 의한다.

제225조【처마물에 대한 시설의무】 토지소유자는 처마물이 이웃에 직접 낙하하지 아니하도록 적당한 시설을 하여야 한다.

제226조【여수소통권】 ① 고지소유자는 침수지를 건조하기 위하여 또는 가용이나 농, 공업용의 여수를 소통하기 위하여 공로, 공류 또는 하수도에 달하기까지 저지에 물을 통과하게 할 수 있다.
② 전항의 경우에는 저지의 손해가 가장 적은 장소와 방법을 선택하여야 하며 손해를 보상하여야 한다.

제226조의 2【여수소통권의 내용】 자연히 흘러내리는 물이 어떤 사정으로 낮은 곳에서 막힌 때에는 높은 토지의 소유자는 그 소통에 필요한 공사를 할 수 있는 소통공사권이 있으므로 자연적으로 흘러내리는 물과 인위적인 물이 함께 배수관을 통하여 흘러내리는 경우는 전조 소정의 여수소통권의 경우로 보아 소통권자는 낮은 땅을 위하여 손해가 가장 적은 장소 및 방법을 선택하여야 하고 낮은 토지소유자의 손해가 인정될 경우에는 이를 보상하여야 한다.

제226조의 3【여수소통권의 적용요건】 전2조의 규정이 적용되기 위하여는 고지소유자가 여수소통을 위하여 저지소유자의 토지를 통과하여 사용할 것이 요구된다.

제227조【유수용공작물의 사용권】 ① 토지소유자는 그 소유지의 물을 소통하기 위하여 이웃 토지소유자의 시설한 공작물을 사용할 수 있다.
② 전항의 공작물을 사용하는 자는 그 이익을 받는 비율로 공작물의 설치와 보존의 비용을 분담하여야 한다.

제227조의 2【공작물 시설자의 의미】 전조 제1항의 공작물 시설자란 이웃 토지소유자로 한정되지는 않으나 단순히 공작물을 시설한 것만으로는 부족하고 이에 대한 정당한 권리를 갖는 자를 의미한다.

제228조【여수급여청구권】 토지소유자는 과다한 비용이나 노력을 요하지 아니하고는 가용이나 토지이용에 필요한 물을 얻기 곤란한 때에는 이웃 토지소유자에게 보상하고 여수의 급여를 청구할 수 있다.

제229조【수류의 변경】 ① 구거 기타 수류지의 소유자는 대안의 토지가 타인의 소유인 때에는 그 수로나 수류의 폭을 변경하지 못한다.

② 양안의 토지가 수류지소유자의 소유인 때에는 소유자는 수로와 수류의 폭을 변경할 수 있다. 그러나 하류는 자연의 수로와 일치하도록 하여야 한다.

③ 전2항의 규정은 다른 관습이 있으면 그 관습에 의한다.

제229조의 2【수류의 변경의 한계】 전조 2항에 의하여 수류지 소유자가 수로의 폭을 변경하여 물을 가용 또는 농·공업용 등에 이용할 권리가 있다는 것에 불과하고, 더 나아가 수로의 수류의 폭을 임의로 변경하여 범람을 일으켜 인지 소유자에게 손해를 발생시킨 경우에는 손해배상을 하여야 한다.

제230조【언의 설치, 이용권】 ① 수류지의 소유자가 언을 설치할 필요가 있는 때에는 그 언을 대안에 접촉하게 할 수 있다. 그러나 이로 인한 손해를 보상하여야 한다.

② 대안의 소유자는 수류지의 일부가 자기소유인 때에는 그 언을 사용할 수 있다. 그러나 그 이익을 받는 비율로 언의 설치, 보존의 비용을 분담하여야 한다.

제231조【공유하천용수권】 ① 공유하천의 연안에서 농, 공업을 경영하는 자는 이에 이용하기 위하여 타인의 용수를 방해하지 아니하는 범위내에서 필요한 인수를 할 수 있다.

② 전항의 인수를 하기 위하여 필요한 공작물을 설치할 수 있다.

제231조의 2【관행에 의한 용수권의 인정】 공유하천에 보를 설치하여 그 지역의 경작자들이 위 보로부터 인수하여 논을 경작하여 온 관행이 있는 경우 그 농작물의 소유자는 농지의 관개에 필요한 한도 내에서 용수권이 있다.

제232조【하류 연안의 용수권보호】 전조의 인수나 공작물로 인하여 하류연안의 용수권을 방해하는 때에는 그 용수권자는 방해의 제거 및 손해의 배상을 청구할 수 있다.

제232조의 2【기존 용수권의 범위 내의 인수】 기득의 용수권의 범위 내의 인수행위인 경우 정당한 권리의 행사로서 위법성이 인정되지 않으며 손해가 발생하더라도 손해배상을 청구할 수 없다.

제232조의 3【공유하천 하류에서의 인수자의 용수권】 공유하천 상류에서 종전관례에 따라 인수하던 자의 인수로 인하여 그 하류에서 인수하는 자의 관개용수에 부족이 생겼다 하더라도 하류인수자의 용수권을 침해하였다고 볼 수 없다.

제233조【용수권의 승계】 농, 공업의 경영에 이용하는 수로 기타 공작물의 소유자나 몽리자의 특별승계인은 그 용수에 관한 전소유자나 몽리자의 권리의무를 승계한다.

제234조【용수권에 관한 다른 관습】 전3조의 규정은 다른 관습이 있으면 그 관습에 의한다.

제235조【공용수의 용수권】 상린자는 그 공용에 속하는 원천이나 수도를 각 수요의 정도에 응하여 타인의 용수를 방해하지 아니하는 범위내에서 각각 용수할 권리가 있다.

제235조의 2【용수권자의 원천기지와 위요 토지 점유사용권 인정여부】 전조의 상린자의 용수권에는 원천기지와 위요 토지의 점유사용권은 포함되지 않는다.

제236조【용수장해의 공사와 손해배상, 원상회복】 ① 필요한 용도나 수익이 있는 원천이나 수도가 타인의 건축 기타 공사로 인하여 단수, 감수 기타 용도에 장해가 생긴 때에는 용수권자는 손해배상을 청구할 수 있다.

② 전항의 공사로 인하여 음료수 기타 생활상 필요한 용수에 장해가 있을 때에는 원상회복을 청구할 수 있다.

제236조의 2【지하수 개발 및 취수로 인한 인근토지소유자의 용수장해】 어느 토지 소유자가 새로이 지하수 개발공사를 시행하여 설치한 취수공 등을 통하여 지하수를 취수함으로 말미암아 그 이전부터 인근 토지 내의 원천에서 나오는 지하수를 이용하고 있는 인근 토지 소유자의 음료수 기타 생활상 필요한 용수에 장해가 생기거나 그 장해의 염려가 있는 때에는, 생활용수 방해를 정당화하는 사유가 없는 한 인근 토지 소유자

는 그 생활용수 방해의 제거(원상회복)나 예방을 청구할 수 있다.

제237조 【경계표, 담의 설치권】 ① 인접하여 토지를 소유한 자는 공동비용으로 통상의 경계표나 담을 설치할 수 있다.

② 전항의 비용은 쌍방이 절반하여 부담한다. 그러나 측량비용은 토지의 면적에 비례하여 부담한다.

③ 전2항의 규정은 다른 관습이 있으면 그 관습에 의한다.

제237의 2 【담장의 설치의 협력의무】 ① 토지의 경계에 경계표나 담이 설치되어 있지 아니하다면 특별한 사정이 없는 한 어느 한쪽 토지의 소유자는 인접한 토지의 소유자에 대하여 공동비용으로 통상의 경계표나 담을 설치하는 데에 협력할 것을 요구할 수 있다.

② 기존의 경계표나 담장에 대하여 어느 쪽 토지 소유자도 일방적으로 처분할 권한을 가지고 있지 아니하다면 한쪽 토지 소유자가 인접 토지 소유자의 동의 없이 기존의 경계표나 담장을 제거하는 것은 허용되지 않고, 한쪽 토지 소유자의 의사만으로 새로운 경계표나 담장을 설치하도록 강제할 수는 없으나, 기존의 경계표나 담장에 대하여 한쪽 토지 소유자가 처분권한을 가지고 있으면서 기존의 경계표나 담장을 제거할 의사를 분명하게 나타내고 있는 경우 한쪽 토지 소유자는 인접 토지 소유자에 대하여 새로운 경계표나 담장의 설치에 협력할 것을 소구할 수 있다.

제237의 3 【처분권한이 있는 경우 담장 설치협력의무】 기존의 경계표나 담장에 대하여 한 쪽의 토지소유자가 처분권한을 가지고 있으면서 기존의 경계표나 담장을 제거할 의사를 분명하게 나타내고 있는 경우에는 한 쪽 토지소유자는 인접 토지소유자에 대하여 새로운 경계표나 담장의 설치에 협력할 것을 소구할 수 있다.

제238조 【담의 특수시설권】 인지소유자는 자기의 비용으로 담의 재료를 통상보다 양호한 것으로 할 수 있으며 그 높이를 통상보다 높게 할 수 있고 또는 방화벽 기타 특수시설을 할 수 있다.

제239조 【경계표 등의 공유추정】 경계에 설치된 경계표, 담, 구거 등은 상린자의 공유로 추정한다. 그러나 경계표, 담, 구거 등이 상린자일방의 단독비용으로 설치되었거나 담이 건물의 일부인 경우에는 그러하지 아니하다.

제240조 【수지, 목근의 제거권】 ① 인접지의 수목가지가 경계를 넘은 때에는 그 소유자에 대하여 가지의 제거를 청구할 수 있다.

② 전항의 청구에 응하지 아니한 때에는 청구자가 그 가지를 제거할 수 있다.

③ 인접지의 수목뿌리가 경계를 넘은 때에는 임의로 제거할 수 있다.

제241조 【토지의 심굴금지】 토지소유자는 인접지의 지반이 붕괴할 정도로 자기의 토지를 심굴하지 못한다. 그러나 충분한 방어공사를 한 때에는 그러하지 아니하다.

제241조의 2 【적용범위】 상린자의 지반에 손해를 끼치는 염려 없는 매축 또는 균지공사에는 전조를 적용하지 아니한다.

제241조의 3 【심굴굴착공사의 종료와 금지청구권의 인정여부】 건축을 위한 심굴굴착공사가 종료하고 더 이상의 침하와 균열이 확대된다고 볼 사정이 없다면 토지심굴굴착금지청구권과 소유물방해예방 또는 방해제거청구권은 인정되지 않는다.

제242조 【경계선부근의 건축】 ① 건물을 축조함에는 특별한 관습이 없으면 경계로부터 반미터 이상의 거리를 두어야 한다.

② 인접지소유자는 전항의 규정에 위반한 자에 대하여 건물의 변경이나 철거를 청구할 수 있다. 그러나 건축에 착수한 후 1년을 경과하거나 건물이 완성된 후에는 손해배상만을 청구할 수 있다.

제242조의 2 【임의규정】 전조의 규정은 임의규정으로 당사자의 약정에 의하여 변경할 수 있다.

제242조의 3 【상업지역에서의 적용여부】 상업지역에서는 전2조의 규정은 적용되지 아니한다.

제242조의 4 【경계로부터 반미터의 의미, 건물의 착수·완성】 ① 경계로부터 반 미터는 경계로부터 건물의 가장 돌출된 부분까지의 거리를 말한다.

② 242조 2항 단서의 건물의 착수는 인접지의 소유자가 건축공사의 개시 사실을 객관적으로 인식할 수 있는 상태에 이른 것을 말한다.

③ 242조 3항의 건물의 완성은 사회통념상 건물로 독립한 건물로 인정될 수 있는 정도로 건축된 것을 말한다.

제243조 【차면시설의무】 경계로부터 2미터 이내의 거리

에서 이웃 주택의 내부를 관망할 수 있는 창이나 마루를 설치하는 경우에는 적당한 차면시설을 하여야 한다.

제244조【지하시설 등에 대한 제한】 ① 우물을 파거나 용수, 하수 또는 오물 등을 저치할 지하시설을 하는 때에는 경계로부터 2미터 이상의 거리를 두어야 하며 저수지, 구거 또는 지하실공사에는 경계로부터 그 깊이의 반 이상의 거리를 두어야 한다.

② 전항의 공사를 함에는 토사가 붕괴하거나 하수 또는 오액이 이웃에 흐르지 아니하도록 적당한 조처를 하여야 한다.

제244조의 2【임의규정】 전조의 규정은 임의규정이다.

제244조의 3【우물 중의 일부분이 토지경계 2미터 안에 설치된 경우】 우물 중 일부분이 경계에서 2미터 안에 설치되어 있고 그 나머지 부분은 2미터 밖에 설치되어 있는 경우 특별한 사정이 없다면 경계로부터 2미터 밖의 우물부분은 매몰할 의무가 없다.

제2절 소유권의 취득

제245조【점유로 인한 부동산소유권의 취득기간】 ① 20년간 소유의 의사로 평온, 공연하게 부동산을 점유하는 자는 등기함으로써 그 소유권을 취득한다.

② 부동산의 소유자로 등기한 자가 10년간 소유의 의사로 평온, 공연하게 선의이며 과실없이 그 부동산을 점유한 때에는 소유권을 취득한다.

제245조의 2【토지의 일부에 대한 시효취득】 일필의 일부에 대한 토지의 시효취득을 인정하기 위하여는 그 부분이 다른 부분과 구분되어 시효취득자의 점유에 속한다는 것을 인식하기에 족한 객관적 징표가 계속하여 존재할 것을 요한다.

제245조의 3【자기의 소유부동산에 대한 시효취득】 시효취득의 목적물은 타인의 부동산임을 요하지 않고 자기 소유의 부동산이라도 시효취득의 목적물이 될 수 있다.

제245조의 4【구분소유적 공유관계에 있는 토지의 시효취득】 구분소유적 공유관계에 있는 토지 중 공유자 1인이 독점적으로 소유하고 있는 부분에 대하여 취득시효가 완성된 경우, 그 토지 부분과 무관한 다른 공유자들에 대하여 취득시효완성을 원인으로 한 소유권이전등기절차의 이행을 청구할 수 있다.

제245조의 5【집합건물의 공용부분과 시효취득】 집합건물의 공용부분은 시효취득의 대상이 될 수 없다.

제245조의 6【집합건물의 구분소유 취득시효와 대지의 소유권취득】 ① 20년간 소유의 의사로 평온, 공연하게 집합건물을 구분소유한 사람은 등기함으로써 대지의 소유권을 취득할 수 있다.

② 집합건물의 구분소유자들이 대지 전체를 공동점유하여 그에 대한 점유취득시효가 완성된 경우 구분소유자들은 대지사용권으로 전유부분의 면적 비율에 따른 대지 지분을 보유한다.

제245조의 7【소유의 의사】 ① 소유의 의사는 점유의 권원의 성질에 의하여 결정하거나 또는 점유자가 소유자에 대하여 소유의 의사가 있다는 것을 표시한 경우에 한하여 인정되므로 인정함에 있어서 어떠한 권원에 의하여 점유를 개시하였는지 판단하여야 한다.

② 토지소유권이전등기 말소청구소송에서 패소한 경우 제197조 2항에 따라 소제기 시부터 악의의 점유자로 간주되며, 패소판결 확정 후부터 타주점유로 전환된다.

③ 국가나 지방자치단체가 자신의 취득시효 완성을 주장하는 토지에 대한 취득절차 관련 서류를 제출하지 못하고 있다 하더라도 점유의 경위와 용도, 국가 등이 점유를 개시한 후에 지적공부 등에 토지의 소유자로 등재된 자가 소유권을 행사하려고 노력하였는지 여부 등의 사정우로 보아 국가 등이 점유 개시 당시 공공용 재산의 취득절차를 거쳐서 소유권을 적법하게 취득하였을 가능성을 배제할 수 없는 경우에는 자주점유의 추정이 복멸되지 않는다.

④ 사인에게 처분권한이 없는 귀속재산을 매수하여 점유한 경우 자주점유의 추정은 번복된다.

⑤ 타인의 토지 매매에 의하여 등기를 수반하지 않는 점유라 할지라도 그 사실만으로 소유의사가 결여된 타주점유라 할 수 없다.

⑥ 매매 대상 토지의 실제 면적이 등기부상 면적을 상당히 초과하는 경우 특별한 사정이 없는 한 계약당사자들이 그러한 사정을 알고 있다고 보아야하고, 그 초과부분에 대한 점유는 단순한 점용권의 매매로 보아야 하고, 그 점유는 타주점유에 해당한다.

제245조의 8【평온·공연】 평온한 점유라 함은 점유자가 그 점유를 취득 또는 보유하는데 법률상 용인할 수 없는 강폭행위를 쓰지 아니하는 점유이고, 공연한 점

유라 함은 은비의 점유가 아닌 점유를 말한다. 점유가 불법이라고 주장하는 자로부터 이의를 받은 사실이 있거나 점유물의 소유권을 위요하여 당사자 사이에 분쟁이 있었다는 사실만으로 평온·공연성이 상실되지 않는다.

제245조의 9【시효기간 및 기산점】 ① 제245조 제1항에서 점유개시의 기산점은 그 주장자가 임의로 선택할 수 없다. 다만 취득시효 주장자는 소유자의 변동이 없는 토지에 대하여 취득시효의 기산점을 임의로 선택할 수 있고, 취득시효를 주장하는 날로부터 역산하여 20년 이상의 점유사실이 인정되고 그 점유가 자주점유가 아닌 것으로 밝혀지지 않는 한 취득시효를 인정할 수 있다.

② 취득시효기간이 경과하기 전에 등기부상 소유명의자가 변경된 경우 그 취득시효 완성 당시의 등기부상 소유명의자에게 시효취득을 주장할 수 있다.

③ 점유취득시효 완성 후 제3자 명의의 소유권이전등기가 마쳐진 경우 취득시효 완성자는 등기명의자에게 시효취득의 완성을 주장할 수 없다.

④ 점유취득시효 완성 후 제3자 명의의 소유권이전등기가 마쳐진 경우 그 소유권 변동시를 기산점으로 삼아 2차 취득시효 완성을 주장할 수 있다. 또한 새로이 2차 점유취득시효가 개시되어 그 취득시효기간이 경과하기 전에 등기부상 소유명의자가 변경된 경우 전2항과 동일하다.

⑤ 자기 소유부동산을 점유하고 있는 상태에서 다른 사람 명의로 소유권이전등기가 경료된 경우 취득시효의 기산점은 소유권의 변동일, 즉 소유권이전등기가 경료된 날이다.

제245조의 10【소유권이전등기청구권의 상대방】 ① 점유취득시효가 완성된 경우에 시효완성점유자는 당해 부동산의 시효완성 당시의 소유자에 대하여 소유권이전등기청구권을 취득하고, 비록 등기부상 소유자 또는 공유자로 등기되어 있는 사람이라고 하더라도 그가 진정한 소유자가 아닌 이상 그를 상대로 취득시효의 완성을 원인으로 소유권이전등기청구권을 청구할 수 없다.

제245조의 11【소유권이전등기청구권의 성질 및 소멸시효기간】 ① 제245조 제1항의 소유권이전등기청구권은 채권적 청구권으로서 취득시효기간 완성된 점유자가 그 부동산에 대한 점유를 상실한 때부터 10년간 이를 행사하지 아니하면 소멸시효가 완성된다.

② 점유자가 취득시효기간의 만료로 일단 소유권이전등기청구권을 취득한 이상, 그 후 점유를 상실하였다고 하더라도 이를 시효이익의 포기라고 볼 수 있는 경우가 아닌 한, 이미 취득한 소유권이전등기청구권은 소멸하지 아니한다.

제245조의 12【취득시효 완성 후 등기명의자의 처분과 불법행위성립】 제245조의 9에 따라 점유취득시효 완성 후 등기명의자가 처분한 경우 점유취득시효 완성자가 취득시효 완성을 주장하고 이전등기소송을 제기하여 제1심에서 승소까지 하였다면 종전 소유자가 그 부동산을 제3자에게 처분하여 가등기나 본등기를 해주는 것은 불법행위가 성립한다.

제245조의 13【점유취득시효 완성자에 대한 소유명의자의 의무 범위】 부동산의 소유명의자는 그 부동산에 대해 점유취득시효가 완성한 자에게 소유권이전등기를 하여줄 의무를 부담하지만 그 시효완성자가 점유를 상실한 경우 그 점유자로부터 점유를 회수하여 다시 이를 시효완성된 자에게 돌려줄 의무까지 부담하지 않는다.

제245조의 14【시효취득자의 근저당권 피담보채무변제와 구상권 또는 부당이득반환청구권 행사 여부】 ① 원소유자가 취득시효의 완성 이후 그 등기가 있기 전에 그 토지를 제3자에게 처분하거나 제한물권의 설정, 토지의 현상변경 등 소유자로서의 권리를 행사하였다 하여 시효취득자에 대한 관계에서 불법행위가 성립하지 않는다.

② 시효취득자는 토지에 설정된 근저당권의 피담보채무를 변제하였다 하더라도 위 변제액 상당에 대하여 원소유자에게 대위변제를 이유로 구상권을 행사하거나 부당이득을 이유로 그 구상권을 행사하거나 부당이득반환을 청구할 수 없다.

제245조의 15【원소유자의 소유권에 행하여진 제한과 취득시효】 ① 진정한 권리자가 아니었던 채무자 또는 물상보증인이 채무담보의 목적으로 채권자에게 부동산에 저당권설정등기를 해 준 후 그 부동산을 취득시효한 경우, 취득시효자는 이미 저당권의 존재를 용인하고 점유하였다고 보아 시효취득으로 저당권자의 권리는 소멸하지 아니한다.

제245조의 16【양도담보권설정자와 취득시효】 양도담보권설정자가 양도담보부동산을 20년간 소유의 의사로 평온, 공연하게 점유하였다고 하더라도, 점유취득시효를 원인으로 담보 목적으로 경료된 소유권이전등기의 말소를 구할 수 없고, 양도담보권설정자 명의로의 소유권이전등기를 청구할 수 없다.

제245조의 17【점유취득시효완성자의 파산관재인 상대 소유권이전등기청구 여부】 파산선고 전에 부동산에 대한 점유취득시효가 완성되었으나 파산선고시까지 이를 원인으로 한 소유권 이전등기를 마치지 아니한 자는 파산관재인을 상대로 소유권이전등기절차의 이행을 청구할 수 없다.

제245조의 18【등기부취득시효】 ① 무효인 등기나 이에 터 잡은 소유권이전등기를 근거로 하여서는 등기부취득시효의 완성을 주장할 수 없다.

② 제245조 제2항에 의하여 소유권을 취득하는 자는 10년간 반드시 그의 명의로 등기되어 있어야 하는 것은 아니고, 부동산의 점유자가 전점유자의 등기기간을 합하여 10년간 그 부동산의 소유자로 등기되어 있는 경우 등기부취득시효는 완성한다.

③ 부동산소유권이전의 원인행위가 사해행위로 취소되더라도 사해행위 취소의 효과는 채권자와 수익자 사이에서 상대적으로 생기므로 여전히 부동산의 소유권은 수익자에게 있고, 그러한 점유는 취득시효의 기초가 되는 점유가 될 수 없다.

제246조【점유로 인한 동산소유권의 취득기간】 ① 10년간 소유의 의사로 평온, 공연하게 동산을 점유한 자는 그 소유권을 취득한다.

② 전항의 점유가 선의이며 과실없이 개시된 경우에는 5년을 경과함으로써 그 소유권을 취득한다.

제247조【소유권취득의 소급효, 중단사유】 ① 전2조의 규정에 의한 소유권취득의 효력은 점유를 개시한 때에 소급한다.

② 소멸시효의 중단에 관한 규정은 전2조의 소유권취득기간에 준용한다.

제247조의 2【시효취득의 진행의 중단조치】 부동산의 소유자는 그 소유권을 주장하거나 다른 사람이 소유권을 주장하는 것을 방어하는 것만으로는 그 권리행사를 다하였다고 할 수 없고, 그 점유자의 점유를 배제하거나 그 점유의 태양을 변경시킴으로써 그 소유권취득기간의 진행을 막아야 할 것이며, 그렇지 않으면 그 시효의 진행을 중단시켜야 한다.

제247조의 3【매수의사의 시효중단사유 여부】 점유자가 시효완성기간 경화 후에 매수의사를 표시하였다고 하더라도 달리 적극적인 의사표시가 있었다고 볼 수 없다면 이를 승인에 의한 취득시효의 중단 또는 시효취득의 이익포기라고 볼 수 없다.

제247조의 4【등기부상 소유명의의 변경과 점유취득시효 중단 사유여부】 제245조 제1항의 점유로 인한 취득시효에서 취득시효기간의 완성 전에 등기부상의 소유명의가 변경되었다고 하더라도 이를 취득시효의 중단사유로 볼 수 없다.

제247조의 5【시효중단사유 여부】 ① 국가나 지방자치단체가 국·공유토지의 점유자에 대하여 그 사용료를 부과·고지하는 것만으로는 점유자의 취득시효가 중단된다고 할 수 없다.

② 취득시효 완성 후 소유자가 토지에 대한 권리를 주장하는 소송에서 승소판결을 받은 사실이 있더라도 그 판결에 의하여 시효가 중단되지 않으며, 점유자가 시효취득을 주장하지 않은 경우 점유자가 시효이익을 포기한 것이라고 볼 수 없다.

③ 점유자가 소유자를 상대로 소유권이전등기청구소송을 제기하면서 그 청구원인으로 취득시효의 완성이 아닌 매매를 원인으로 주장하는 경우 이를 시효중단사유인 재판상의 청구에 해당한다고 볼 수 없다.

④ 부동산에 대한 압류 또는 가압류는 점유상태의 계속이 파괴되었다고 볼 수 없으므로 취득시효의 중단사유가 될 수 없다.

제248조【소유권 이외의 재산권의 취득시효】 전3조의 규정은 소유권 이외의 재산권의 취득에 준용한다.

제248조의 2【지상권의 점유취득시효】 타인의 토지에 관하여 그 지상 건물의 소유를 위한 지상권의 점유취득시효가 인정되려면, 그 토지의 점유 사실 외에도 그것이 임대차나 사용대차관계에 기한 것이 아니고 지상권자로서의 점유에 해당함이 객관적으로 표시되고 계속되어야 한다.

제248조의 3【분묘기지권의 취득시효】 ① 타인 소유의 토지에 소유자의 승낙 없이 분묘를 설치한 경우에는 20년간 평온·공연하게 그 분묘의 기지를 점유함으로써 지상권 유사의 분묘기지권을 시효로 취득한다. 이

경우 등기는 요하지 아니한다.

② 분묘기지권을 시효로 취득한 경우, 분묘기지권자는 토지소유자가 지료를 청구하면 그 청구한 날부터의 지료를 지급할 의무가 있다.

제249조 【선의취득】 평온, 공연하게 동산을 양수한 자가 선의이며 과실 없이 그 동산을 점유한 경우에는 양도인이 정당한 소유자가 아닌 때에도 즉시 그 동산의 소유권을 취득한다.

제249조의 2 【선의취득의 객체】 ① 동산이 경매목적물로 평가되어 경매절차 매수인이 선의·무과실로 동산을 점유한 경우 선의취득할 수 있다.

② 등기나 등록에 의하여 소유권의 득실변경이 인정되는 동산은 선의취득의 대상이 되지 아니한다.

③ 가치표상으로서의 금전은 선의취득의 대상이 되지 아니한다. 단 특정한 물건인 금전은 그러하지 아니하다.

④ 저당부동산 상용에 제공된 부동산소유자 이외의 자의 동산인 경우 종물이 아니므로 경매절차 매수인은 경매에 의하여 동산의 소유권을 취득할 수 없다.

제249조의 3 【요건으로서 양도인】 ① 제249조의 양도인은 무권리자로서 점유자를 요한다.

② 점유보조자도 양도인의 요건을 충족한다. 다만 점유보조자가 횡령하여 동산을 양도한 경우 형사법상 절도죄가 되는 경우에도 제250조 소정의 도품이라고 할 수 없다.

③ 공유자의 1인이 공유물을 처분하는 경우 또는 양도인이 권리취득이 소급적으로 실효된 경우에도 무권리자의 처분이 된다.

제249조의 4 【선의의 의미】 양도인이 무권리자임을 양수인이 알지 못하는 것을 말한다.

제249조의 5 【선의·무과실의 기준시점】 선의, 무과실의 기준시점은 물권행위가 완성되는 때로서 물권적 합의가 동산의 인도가 먼저 행하여지면 동산의 인도된 때를, 반대의 경우에는 물권적 합의가 이루어진 때를 기준으로 한다.

제249조의 6 【요건으로서 흠이 없는 거래행위】 동산의 선의취득은 양도인이 무권리자라고 하는 점을 제외하고는 아무런 흠이 없는 거래행위이어야 성립한다. 따라서 거래행위가 당사자의 무능력·의사표시의 흠결·대리권의 부존재 등으로 취소되거나 그 밖의 무효 또는 취소의 원인이 있어서 실효된 경우 선의취득이 성립되지 않는다.

제249조의 7 【요건으로서 점유】 선의취득요건으로서 점유는 현실의 인도, 간이인도, 목적물의 반환청구권의 양도를 말하며 점유개정은 해당하지 아니한다.

제249조의 8 【선의취득 효과의 거부 여부】 선의취득자는 임의로 선의취득의 효과를 거부하고 종전 소유자에게 동산을 반환하여 갈 것을 요구할 수 없다.

제250조 【도품, 유실물에 대한 특례】 전조의 경우에 그 동산이 도품이나 유실물인 때에는 피해자 또는 유실자는 도난 또는 유실한 날로부터 2년내에 그 물건의 반환을 청구할 수 있다. 그러나 도품이나 유실물이 금전인 때에는 그러하지 아니하다.

제250조의 2 【횡령한 물건이 도품인지 여부】 민법 제250조, 제251조 소정의 도품, 유실물이란 원권리자로부터 점유를 수탁한 사람이 적극적으로 제3자에게 부정 처분한 경우와 같은 위탁물 횡령의 경우는 포함하지 아니한다. 점유보조자 내지 소지기관의 횡령처럼 형사법상 절도죄가 되는 경우에도 전조의 도품, 유실물에 해당하지 않는다.

제251조 【도품, 유실물에 대한 특례】 양수인이 도품 또는 유실물을 경매나 공개시장에서 또는 동종류의 물건을 판매하는 상인에게서 선의로 매수한 때에는 피해자 또는 유실자는 양수인이 지급한 대가를 변상하고 그 물건의 반환을 청구할 수 있다.

제251조의 2 【대가변상의 청구권】 전조의 규정에 의하여 선의취득자는 그가 지급한 대가의 변상을 받을 때까지 그 물건의 반환청구를 거부할 수 있는 항변권과 더불어 피해자가 그 물건의 반환을 청구하거나 어떠한 원인으로 반환을 받은 경우에는 그 대가변상의 청구권이 있다.

제251조의 3 【요건으로서 무과실】 전2조에서 양수인은 선의뿐만 아니라 무과실까지 요구된다.

제252조 【무주물의 귀속】 ① 무주의 동산을 소유의 의사로 점유한 자는 그 소유권을 취득한다.

② 무주의 부동산은 국유로 한다.

③ 야생하는 동물은 무주물로 하고 사양하는 야생동물도 다시 야생상태로 돌아가면 무주물로 한다.

제252조의 2 【부동산의 소유권 귀속】 ① 어느 부동산에 대하여 특정인 명의로 사정되었다면 그 부동산의 소유자는 사정명의자이고, 그가 사망한 경우에는 상속

인이 소유자이며, 상속인의 존부를 알 수 없는 때에는 민법 제1057조의 공고절차를 거쳐 제1058조에 의하여 국가에 귀속된다.

② 지번이 부여되지 않은 미등록의 토지인 경우 특별한 사정이 없는 한 무주의 토지에 해당한다.

③ 특정인 명의로 사정된 토지는 부동산 소유자가 행방불명되어 생사여부를 알 수 없더라도 그의 사망과 상속인이 없다는 점이 입증되거나 전2항의 절차에 의한 국가귀속 절차가 이루어지지 아니한 이상, 그 토지가 바로 무주부동산이 되어 국가 소유로 귀속되지 아니한다.

④ 무주부동산이 아닌 한 국유재산법 제8조에 의한 무주부동산의 처리절차를 밟아 국유재산으로 등록되었다 하더라도 국가소유로 되지 아니한다.

제253조【유실물의 소유권취득】 유실물은 법률에 정한 바에 의하여 공고한 후 6개월 내에 그 소유자가 권리를 주장하지 아니하면 습득자가 그 소유권을 취득한다.

제254조【매장물의 소유권취득】 매장물은 법률에 정한 바에 의하여 공고한 후 1년내에 그 소유자가 권리를 주장하지 아니하면 발견자가 그 소유권을 취득한다. 그러나 타인의 토지 기타 물건으로부터 발견한 매장물은 그 토지 기타 물건의 소유자와 발견자가 절반하여 취득한다.

제255조【문화재의 국유】 ① 학술, 기예 또는 고고의 중요한 재료가 되는 물건에 대하여는 제252조 제1항 및 전2조의 규정에 의하지 아니하고 국유로 한다.

② 전항의 경우에 습득자, 발견자 및 매장물이 발견된 토지 기타 물건의 소유자는 국가에 대하여 적당한 보상을 청구할 수 있다.

제256조【부동산에의 부합】 부동산의 소유자는 그 부동산에 부합한 물건의 소유권을 취득한다. 그러나 타인의 권원에 의하여 부속된 것은 그러하지 아니하다.

제256조의 2【부동산에 부합한 물건】 전조의 부동산에 부합한 물건에는 동산뿐만 아니라 부동산도 포함한다.

제256조의 3【건물의 증축과 부합 판단】 건물이 증축된 경우 증축부분이 기존건물에 부합되는지의 여부는 증축부분이 기존건물에 부착된 물리적 구조뿐만 아니라 그 용도와 기능의 면에서 기존건물과 독립한 경제적 효용을 가지고 거래상 별개의 소유권의 객체가 될 수 있는지의 여부 등을 고려하여 판단하여야 한다.

제256조의 4【타인의 권원에 의하여 부동산에 부합된 물건】 부동산에 부합된 물건이 사실상 분리복구가 불가능하여 거래상 독립한 권리의 객체성을 상실하고 그 부동산과 일체를 이루는 부동산의 구성부분이 된 경우에는 타인이 권원에 의하여 이를 부합시킨 경우에도 그 물건의 소유권은 부동산의 소유자에게 귀속된다.

제256조의 5【건물의 증축과 구분소유권의 성립】 증축된 건물부분이 구분소유권의 객체가 되기 위하여는 구조상·이용상의 독립성을 갖추고 소유자의 구분행위가 있어야 한다. 만약 소유자가 기존 건물에 마쳐진 등기를 증축한 건물의 현황과 맞추어 1동의 건물로서 증축으로 인한 건물표시변경등기를 경료한 때에는 구분건물로 하는 것이 아니라 그 전체를 1동의 건물로 하려는 의사로 본다.

제256조의 6【건물의 신축 및 증축에 사용된 동산의 건물 부합 여부】 ① 어떠한 동산이 제256조에 의하여 부동산에 부합된 것으로 인정되기 위해서는 그 동산을 훼손하거나 과다한 비용을 지출하지 않고서는 분리할 수 없을 정도로 부착·합체되어야 하며, 그 밖에 물리적 구조, 용도와 기능면에서 기존 부동산과는 독립한 경제적 효용을 가지고 거래상 별개의 소유권의 객체가 될 수 있는지 여부 등을 종합하여 판단한다.

② 부동산에의 부합의 법리는 건물의 증축의 경우뿐만 아니라 신축의 경우에도 그대로 적용될 수 있다.

제256조의 7【담보지상권의 존속과 토지의 사용·수익】 대출금 채권의 담보를 위하여 토지에 저당권과 함께 지상권을 설정한 경우, 토지소유자는 저당부동산의 담보가치를 하락시킬 우려가 있는 등의 특별한 사정이 없는 한 토지를 사용·수익할 수 있다. 그러한 토지 소유자로부터 토지를 사용·수익할 수 있는 권리를 취득한 경우 이러한 권리는 전7조 단서가 정한 '권원'에 해당한다.

제257조【동산간의 부합】 동산과 동산이 부합하여 훼손하지 아니하면 분리할 수 없거나 그 분리에 과다한 비용을 요할 경우에는 그 합성물의 소유권은 주된 동산의 소유자에게 속한다. 부합한 동산의 주종을 구별할 수 없는 때에는 동산의 소유자는 부합당시의 가액의 비율로 합성물을 공유한다.

제258조【혼화】 전조의 규정은 동산과 동산이 혼화하여 식별할 수 없는 경우에 준용한다.

제259조【가공】 ① 타인의 동산에 가공한 때에는 그 물건의 소유권은 원재료의 소유자에게 속한다. 그러나 가공으로 인한 가액의 증가가 원재료의 가액보다 현저히 다액인 때에는 가공자의 소유로 한다.

② 가공자가 재료의 일부를 제공하였을 때에는 그 가액은 전항의 증가액에 가산한다.

제260조【첨부의 효과】 ① 전4조의 규정에 의하여 동산의 소유권이 소멸한 때에는 그 동산을 목적으로 한 다른 권리도 소멸한다.

② 동산의 소유자가 합성물, 혼화물 또는 가공물의 단독소유자가 된 때에는 전항의 권리는 합성물, 혼화물 또는 가공물에 존속하고 그 공유자가 된 때에는 그 지분에 존속한다.

제261조【첨부로 인한 구상권】 전5조의 경우에 손해를 받은 자는 부당이득에 관한 규정에 의하여 보상을 청구할 수 있다.

제261조의 2【중단된 건물의 후속 공사와 구상권】 중단된 건물 신축공사를 제3자가 이어받아 진행하여 건물의 소유권을 원시취득한 경우, 애초의 신축 중 건물에 대한 소유권을 상실한 자는 원시취득자에 대하여 그 보상을 청구할 수 있다.

제261조의 3【소유권유보부된 자재의 매매와 구상권 행사 여부】 매도인에게 소유권이 유보된 자재를 매수인이 제3자와 체결한 도급계약에 의하여 제3자 소유의 건물 건축에 사용하여 부합된 경우, 매도인은 제3자에게 보상청구를 할 수 없다.

제261조의 4【양도담보권의 목적에 다른 동산의 부합과 부당이득반환청구권의 상대방】 양도담보권의 목적에 다른 동산이 부합된 경우, 부합으로 권리를 상실한 자는 양도담보권설정자를 상대로 제261조에 따라 보상을 청구할 수 있을 뿐 양도담보권자를 상대로 보상을 청구할 수 없다.

제3절 공동소유

제262조【물건의 공유】 ① 물건이 지분에 의하여 수인의 소유로 된 때에는 공유로 한다.

② 공유자의 지분은 균등한 것으로 추정한다.

제262조의 2【수인의 수탁자 상호간의 소유형태】 수인에 대해 부동산의 명의신탁이 행해진 경우 수탁자 상호간의 소유형태는 단순한 공유관계이다.

제262조의 3【공유를 단독소유로 등기한 경우 전부 말소청구 여부】 공유부동산에 대한 소유명의가 공유자중의 한 사람으로 되어 있다 하더라도 그 공유자의 지분에 관한 한 실체관계에 부합한 등기이므로 그 부분의 말소등기절차까지 청구할 수 없다.

제262조의 4【공유물 반환소송의 형태】 공유물의 반환 또는 철거에 관한 청구는 공유자 각자에 대하여 그의 지분권 한도 내에서의 인도 또는 철거를 구하여야 하고, 필요적 공동소송을 요하지 아니한다.

제262조의 5【약정이 없는 경우의 공유물의 지분비율】 공유물에 대하여 공유자 상호간에 그 지분에 관하여 약정이 없거나 이를 정할 수 있는 사정이 불명하여 그 비율을 알 수 없는 경우에는 그 지분비율은 균등한 것으로 추정한다.

제262조의 6【수개의 토지가 1개의 토지로 합동 환지된 경우 소유권 귀속】 수 개 필지의 토지 일부 또는 전부를 수인이 각 특정부분을 단독으로 소유하였다 하더라도 그것이 1개의 토지로 합동환지된 경우에는 그 수인은 종전토지에 상응하는 비율대로 환지된 토지를 공유하게 되고 종전의 각 필지에 대한 단독소유관계는 해소된다.

제262조의 7【공유자간의 약정이 특정승계인에게 승계되는 범위】 공유자간의 공유물에 대한 사용수익 관리에 관한 특약은 공유자의 특정승계인에 대하여도 당연히 승계되나, 공유자 중 1인이 자신의 지분 중 일부를 다른 공유자에게 양도하기로 하는 공유자 간의 지분의 처분에 관한 약정까지 공유자의 특정승계인에게 승계되지 않는다.

제262조의 8【구분소유적 공유관계】 ① 구분소유적 공유관계가 성립하려면 어떤 토지에 관하여 그 위치와 면적을 특정하여 여러 사람이 구분소유하기로 하는 약정이 있어야 한다. 또한 공유자들 사이에 그 공유물을 분할하기로 약정하고 그 때부터 각자의 소유로 분할된 부분을 특정하여 각자 점유·사용하여 온 경우에도 구분소유적 공유관계가 성립한다. 다만 공유자들 사이에서 특정부분을 각각의 공유자들에게 배타적으로 귀속시키려는 의사의 합치가 이루어지지 아니한 경우에는 위의 관계는 성립할 수 없다.

② 수인이 일필의 토지를 각 위치 특정하여 일부씩 매수하고 공유지분 이전등기를 하였다면 관계 당사자

내부관계에서는 각 특정매수 부분의 소유권을 취득하고, 각 공유지분등기는 각자 특정 매수한 부분에 관하여 각 상호명의신탁한 것으로 본다.

③ 구분소유적 공유자가 자신의 권리를 타인에게 처분하는 경우 등기부상의 공유지분을 그 특정부분에 대한 표상으로서 이전하는 경우와 등기부의 기재대로 1필지 전체에 대한 진정한 공유지분으로서 처분하는 경우가 있을 수 있고, 이 중 전자의 경우에는 그 제3자에 대하여 구분소유적 공유관계가 승계되나, 후자의 경우에는 제3자가 그 부동산 전체에 대한 공유지분을 취득하고 구분소유적 공유관계는 소멸한다.

④ 전항은 경매에서도 마찬가지로 적용되며, 전자에 해당하기 위하여는 집행법원이 공유지분이 아닌 특정 구분소유 목적물에 대한 평가를 하게하고 그에 따라 최저경매가격을 정한 후 경매를 실시하여야 하며, 그러한 사정이 없는 경우에는 1필지에 관한 공유자의 지분에 대한 경매목적물은 원칙적으로 1필지 전체에 대한 공유지분이라고 보아야 한다.

⑤ 구분소유적 공유관계가 해소되는 경우 공유지분권자 상호간의 지분이전등기의무는 그 이행상 견련관계에 있고, 특별한 사정이 없는 한 제한이나 부담이 없는 완전한 소유권이전등기의무를 지게 된다. 따라서 근저당권설정등기, 압류, 가압류등기 등의 말소의무 또한 부담한다.

⑥ 구분소유자 중 1인이 소유하는 부분이 독립한 필지로 분할되어 그 필지에 관하여 단독 의로 소유권이전등기를 받은 경우 구분소유적 공유관계는 해소된다. 따라서 분할되지 아니한 나머지 토지에 관하여 종전의 다른 구분공유자는 자신의 소유권 또는 고유지분권에 기하여 위의 효력 없는 공유지분등기의 말소 기타 정정을 청구할 수 있다.

⑦ 상호명의신탁관계 내지 구분소유적 공유관계에 있는 건물의 특정부분을 구분소유하는 자는 그 부분에 대하여 신탁적으로 지분등기를 가지고 있는 자를 상대로 하여 그 특정부분에 대한 명의신탁 해지를 원인으로 한 지분이전등기절차의 이행을 구할 수 있을 뿐 그 건물 전체에 대한 공유물분할 청구가 허용되지 아니한다.

제262조의 9【1동의 건물이 구분소유적 공유관계】 1동의 건물의 공유자들 사이에 공유지분등기의 상호명의신탁관계 또는 건물에 대한 구분소유적 공유관계가 성립하려면 1동의 건물 중 위치 및 면적이 특정되고 구조상·이용상 독립성이 있는 일부분씩을 2인 이상이 구분소유하기로 하는 약정을 하고 등기만은 편의상 각 구분소유의 면적에 해당하는 비율로 공유지분등기를 하여 놓아야 하며, 이 경우 구분소유자들 사이에 공유지분등기의 상호명의신탁관계 내지 구분소유적 공유관계가 성립한다.

제263조【공유지분의 처분과 공유물의 사용, 수익】 공유자는 그 지분을 처분할 수 있고 공유물 전부를 지분의 비율로 사용, 수익할 수 있다.

제263조의 2【한 공유지분권자의 공유물의 배타적 사용권 유무】 ① 공유물의 지분권자라 하더라도 타 지분권자와의 협의 없이는 이를 배타적으로 독점사용할 수 없고 나머지 지분권자는 공유물 보존행위로서 그 배타적 사용의 배제를 구할 수 있다.

② 공유지분권자가 공유물의 보존행위로서 공유물의 일부를 독점적·배타적으로 점유사용하여 오던 자를 배제하고 확정판결의 집행을 통하여 그 부분을 인도받았다 하더라도 그러한 사실로부터 위 지분권자에게 독점적·배타적 사용수익권이 인정되는 것은 아니다.

제263조의 3【과반수 공유지분을 가진 자의 배타적·사용수익권과 부당이득반환의무】 공유토지에 관하여 과반수지분을 가진 자가 그 공유토지의 특정된 한 부분을 배타적으로 사용수익할 것을 정하는 것은 공유물의 관리방법으로 적당한 것으로 본다. 다만 그 특정한 부분이 자기의 지분비율에 상당하는 면적의 범위 내라 할지라도 다른 공유지분자로서 사용·수익을 전혀 하지 않아 손해를 입고 있는 자에 대해서는 다른 공유자들과 함께 그 자의 지분에 상응하는 부당이득을 반환하여야 한다.

제263조의 4【토지의 공유지분 일부에 대한 시효취득】 토지의 공유지분 일부에 대하여도 시효취득이 가능하다.

제264조【공유물의 처분, 변경】 공유자는 다른 공유자의 동의없이 공유물을 처분하거나 변경하지 못한다.

제264조의 2【공유물의 특정부분의 단독 처분】 공유자들이 1필지의 토지를 특정된 토지를 불하받고 편의상 지분소유권이전등기를 경료하였다면 공유자의 내부적 관계에서는 전조의 제한을 받지 아니하고 단독으로 처분할 수 있다.

제264조의 3【공유자 1인의 공유물 중 일부 특정하여 한 증여의 효력】 공유자의 1인이 공유물 중 일부를 특정하여 타인에게 증여한 경우 이는 특단의 사정이 없는 한 권한 없는 자의 처분이 된다.

제264조의 4【과반수 공유자의 나대지 상의 건축과 처분·변경】 토지에 대한 과반수 공유자의 나대지상의 건축은 관리행위를 넘어 변경에 이르는 행위로 보아야 한다.

제264조의 5【과반수 공유지분권자의 공유물의 특정 부분의 배타적 사용·수익】 ① 과반수 공유지분을 가진 자는 공유물의 관리방법으로서 그 공유토지의 특정된 한 부분을 배타적으로 사용 수익할 것을 정할 수 있다.
② 과반수 공유지분권자의 공유물의 특정부분의 배타적 사용·수익의 내용은 공유물의 기존의 모습에 본질적 변화를 일으켜 관리 아닌 처분이나 변경의 정도에 이르러서는 안된다.

제265조【공유물의 관리, 보존】 공유물의 관리에 관한 사항은 공유자의 지분의 과반수로써 결정한다. 그러나 보존행위는 각자가 할 수 있다.

제265조의 2【공유물의 관리에 관하여 공유자 지분의 과반수로써 결정된다는 의미】 공유물의 관리에 관한 사항은 공유자의 지분의 과반수로서 결정한다 함은 공유물의 관리방법에 관하여 공유자의 지분과반수의 의사 또는 찬성이 있으면 이는 적법하다는 의미로서 과반지분자들이 다른 자들을 제외하고 공유물의 관리방법을 정한 경우 그 결의는 공유자 전원에 대한 관계에서 유효하다.

제265조의 3【공유물의 관리로서 사용수익의 구체적 방법을 정하는 것의 의미】 ① 공유자간에 공유물을 사용수익할 구체적 방법을 정하는 것은 공유물의 관리에 관한 사항으로서 토지의 공유자는 그 토지의 일부라고 하더라도 공유지분 과반수의 결의에 의한 것이 아닌 이상 자의로 배타적인 사용을 할 수 없다.
② 과반에 이르지 못한 공유지분을 가진 공유자는 다른 공유자와의 협의 없이는 공유물의 일부분 또는 특정부분에 대하여 배타적으로 사용수익할 수 없다.

제265조의 4【건물공유자들 간의 공유물 관리에 관한 결의가 제3자에게 미치는 효력】 공유물의 관리보존에 관한 지분의 과반수의 결의가 있더라도 이미 관리권자의 승낙 하에 그 건물을 점유사용하고 있는 제3자의 점유는 당연히 불법점유가 되지 않는다.

제265조의 5【공유물의 보존행위의 의미】 ① 공유물의 보존행위란 공유물의 멸실 훼손을 방지하고 그 현상을 유지하기 위하여 하는 사실적 법률적 행위로서 제265조에 의하여 공유자가 각자 할 수 있다. 그러나 공유자가 다른 공유자의 지분권을 대외적으로 주장하는 것은 보존행위에 속하지 않는다.
② 어느 일방 공유자의 보존권 행사의 결과가 다른 공유자의 이해와 충돌하는 경우 보존행위로 될 수 없다.

제265조의 6【방해배제청구】 ① 건물의 공유지분권자는 같은 건물 전부에 대하여 보존행위로서 방해배제청구를 할 수 있다.
② 구분소유적 공유관계에 있는 자는 전체 토지에 대하여 공유물의 보존행위로서 제3자의 방해행위의 배제를 청구할 수 있다.
③ 공유물의 소수지분권자는 공유물을 독점적으로 점유하는 다른 소수지분권자에 대하여 보존행위로서 위법한 점유를 배제하기 위하여 방해배제청구를 할 수 있다.
④ 공유물의 소수지분권자는 공유토지 위에 지상물을 설치한 다른 공유자에 대하여 지분권에 기한 방해배제청구로서 수거청구를 할 수 있다.

제265조의 7【공유물의 인도】 ① 공유물 과반수지분권자는 공유물의 관리행위 내지 관리방법으로 이를 점유하고 있는 다른 점유자 또는 제3자에 대하여 그 공유물 전부의 인도를 청구할 수 있다.
② 전항에 청구에 대하여 그 상대방인 타 공유자는 민법 제263조의 공유물의 사용수익권으로 이를 거부할 수 없다.
③ 공유물의 소수지분권자는 공유물을 독점적으로 점유하는 다른 소수지분권자에 대하여 보존행위로서 공유물의 인도청구를 할 수 없다.

제265조의 8【제3자의 공유물 점유】 ① 과반수지분의 결정으로 제3자가 공유물을 점유하는 경우 그 결정 내지 점유는 적법한 관리행위 내지 관리방법으로서 소수지분권자는 인도와 방해배제를 청구할 수 없다.
② 소수지분의 결정으로 제3자가 공유물을 점유하는 경우 과반수지분권자는 지분권에 기하여 관리행위로서 그 점유자에 인도를 청구할 수 있다. 그러나 다른 소수지분권자는 지분권에 기하여 방해배제만을 청구

할 수 있다.

③ 제3자가 무단 점유하는 경우 각 공유자는 각자의 지분권에 개하여 인도를 청구할 수 있다.

제265조의 9【보존행위로서 진정명의회복을 원인으로 한 소유권이전등기청구】 부동산 공유자 중 한 사람은 공유물에 대한 보존행위로서 그 공유물에 대한 등기 전부의 말소를 구할 수 있고, 진정명의회복을 원인으로 한 소유권이전등기청구권을 단독으로 청구할 수 있다.

제265조의 10【공유자의 손해배상청구권의 범위】 공유물에 대한 불법행위를 이유로 손해배상을 청구하는 경우 특별한 사유가 없는 한 각 공유자 지분에 대응하는 비율의 한도내에서만 이를 행사할 수 있다.

제266조【공유물의 부담】 ① 공유자는 그 지분의 비율로 공유물의 관리비용 기타 의무를 부담한다.

② 공유자가 1년 이상 전항의 의무이행을 지체한 때에는 다른 공유자는 상당한 가액으로 지분을 매수할 수 있다.

제266조의 2【다른 공유자에 대한 구상권】 공유재산에 대한 부담에 대하여 공유자의 한 사람이 이를 부담하였다면 특단의 사정이 없는 한 다른 공유자에게 그 부담부분에 대하여 구상채권을 갖는다.

제266조의 3【관리비용의 부담】 과반수지분권자가 관리행위가 되는 비용부담은 자신이 정산하기로 약정한 경우 과반수지분권자가 그 비용을 직접 부담하는 자이고, 그 비용을 지출한 경우 다른 공유자에게 그 지분비율에 따른 비용만을 상환청구 할 수 있다.

제266조의 4【지분매수청구권의 행사와 매매대금의 제공】 제266조 제2항에 의한 지분매수청구권을 행사하기 위해서는 공유자는 먼저 매수대상지분 전부의 매매대금을 제공하여야 한다.

제266조의 5【공유물 관리에 관하여 제3자와 계약을 체결한 경우 공유자간 부담관계】 공유자가 공유물 관리에 관하여 제3자와 계약을 체결한 경우에 그 계약에 기하여 제3자가 지출한 관리비용의 상환의무는 당해 계약의 해석으로 정하여진다. 제266조 제1항은 공유자들 사이의 내부적인 부담관계에 관한 규정이다.

제267조【지분포기 등의 경우의 귀속】 공유자가 그 지분을 포기하거나 상속인 없이 사망한 때에는 그 지분은 다른 공유자에게 각 지분의 비율로 귀속한다.

제268조【공유물의 분할청구】 ① 공유자는 공유물의 분할을 청구할 수 있다. 그러나 5년내의 기간으로 분할하지 아니할 것을 약정할 수 있다.

② 전항의 계약을 갱신한 때에는 그 기간은 갱신한 날로부터 5년을 넘지 못한다.

③ 전2항의 규정은 제215조, 제239조의 공유물에는 적용하지 아니한다.

제268조의 2【공유물 분할의 대상】 제268조의 공유물 분할은 공유자 상호간의 지분의 교환 또는 매매를 통하여 공유의 객체를 단독 소유권의 대상으로 하여 객체에 대한 공유관계를 해소하는 것을 말하므로, 분할의 대상은 공유물에 한한다.

제268조의 3【공동명의수탁자들 사이에 공유물분할금지】 공동명의수탁을 받은 경우 수탁자들이 수탁받은 부동산에 대하여 공유물분할의 청구가 허용되지 않는다.

제268조의 4【공유물 분할 또는 분할금지약정의 승계 여부】 공유물분할 또는 분할금지약정이 공유와 서로 분리될 수 없는 공유자간의 권리관계라 할지라도 그 후 공유지분권을 양수받은 특정승계인에게는 당연히 승계되지 않는다.

제268조의 5【공유물 분할 협의와 명의신탁】 공유물분할의 협의에 따라 그 중 특정 토지를 단독으로 소유하고 나머지 토지에 대한 지분을 다른 공유자에게 이전한 경우, 그 특정 토지 전부에 대하여 명의신탁관계가 존속한다.

제268조의 6【상호명의신탁관계에 있는 공유자의 공유물 분할청구 여부】 ① 공유지분권이 아닌 목적물의 특정부분을 소유한다고 주장하는 자는 그 부분에 대하여 신탁적으로 지분등기를 가지고 있는 자를 상대로 그 특정 부분에 대한 명의신탁 해지를 원인으로 한 지분이전등기절차의 이행을 구할 수 있으나, 이에 갈음하여 공유물분할청구를 할 수 없다.

② 토지의 각 특정부분을 구분하여 소유하면서 상호명의신탁으로 공유등기를 해 둔 경우 그 토지가 분할되면 분할된 각 토지에 상호명의신탁관계는 그대로 존속하고, 분할된 토지의 한 쪽 토지에 대한 상호명의신탁관계가 소멸되었다고 하여도 나머지 분할토지에 관한 명의신탁관계가 당연히 소멸되는 것은 아니다.

제269조【분할의 방법】 ① 분할의 방법에 관하여 협의가 성립되지 아니한 때에는 공유자는 법원에 그 분할을 청구할 수 있다.

② 현물로 분할할 수 없거나 분할로 인하여 현저히 그 가액이 감손될 염려가 있는 때에는 법원은 물건의 경매를 명할 수 있다.

제269조의 2【공유물분할의 자유와 그 분할 방법】 ① 각 공유자는 특별한 사정이 없는 한 공유물의 분할을 청구하여 기존의 공유관계를 폐지하고 각 공유자 간에 공유물을 분배하는 법률관계를 실현하는 일방적인 권리를 갖는다.

② 공유물의 분할은 당사자 간에 협의가 이루어지는 경우에는 그 방법을 임의로 선택할 수 있으나 협의가 이루어지지 아니하여 재판에 의하여 분할하는 경우에는 법원은 현물로 분할하는 것이 원칙이고, 현물로 분할할 수 없거나 현물로 분할하게 되면 현저히 그 가액이 감손될 염려가 있는 때에 비로소 물건의 경매를 명할 수 있다.

③ 전항의 분할로 인하여 현저히 그 가액이 감손될 우려가 있는 때라 함은 그 공유물 전체의 교환가치가 현물분할로 인하여 현저하게 감손될 경우 뿐만 아니라 공유자들에게 공정한 분할이 이루어지지 아니하여 그 중의 한사람이라도 현물분할에 의하여 단독으로 소유하게 될 부분의 가액이 공유물 분할전의 소유지분가액 보다 현저하게 감손될 경우도 포함한다.

④ 형식적으로는 현물분할이 가능하다 하더라도 공유물의 위치, 면적과 주변도로 상황, 사용가치 등 각 공유자의 소유지분 비율에 따른 공평한 분할이 이루어질 수 없는 경우에는 현물분할방법에 의하지 않고 대금분할방법을 취할 수 있다.

⑤ 여러 사람이 공유하는 물건을 현물분할하는 경우에는 분할청구자의 지분한도 안에서 현물분할을 하고 분할을 원하지 않는 나머지 공유자는 공유자로 남는 방법도 허용될 수 있다.

⑥ 법원이 공유물을 현물분할하는 경우 원칙적으로 공유지분비율에 따른다는 의미는 지분에 따른 가액비율에 따름의 의미하는 것으로 보아야 하므로, 원칙적으로 각 공유자가 취득하는 토지의 면적이 그 공유지분의 비율과 같아야 할 것이지만 제반사정을 고려하여 경제적 가치가 지분비율에 상응하도록 분할하는 것도 허용된다.

⑦ 공유물을 공유자 중의 1인 단독소유 또는 수인의 공유로 하고 다른 공유자에 대하여는 가격배상만 하는 방법의 공유물분할도 가능하다.

⑧ 공유물분할을 위한 경매에서 목적부동산 위의 부담을 소멸시키는 것을 법정매각조건으로 하여 실시한다.

제270【분할로 인한 담보책임】 공유자는 다른 공유자가 분할로 인하여 취득한 물건에 대하여 그 지분의 비율로 매도인과 동일한 담보책임이 있다.

제271조【물건의 합유】 ① 법률의 규정 또는 계약에 의하여 수인이 조합체로서 물건을 소유하는 때에는 합유로 한다. 합유자의 권리는 합유물 전부에 미친다.

② 합유에 관하여는 전항의 규정 또는 계약에 의하는 외에 다음 3조의 규정에 의한다.

제271조의 2【합유자 중 일부가 사망한 경우와 소유권의 귀속】 부동산의 합유자 중 일부가 사망한 경우 합유자 사이에 특별한 약정이 없는 한 사망한 합유자의 상속인은 합유자로서의 지위를 승계하지 않으며, 해당 부동산은 잔존합유자가 2인 이상일 경우에는 잔존 합유자의 합유로 귀속되고 잔존 합유자가 1인인 경우에는 잔존 합유자의 단독 소유로 귀속된다.

제271조의 3【합유자의 지분포기와 그 지분의 귀속】 ① 합유자가 지분을 포기한 경우 그 포기 합유지분은 나머지 잔존 합유지분권자들에게 균분으로 귀속되지만 등기하여야 효력이 있다.

② 지분을 포기한 합유지분권자로부터 잔존 합유지분권자들에게 합유지분권 이전등기가 이루어지지 않는 한 지분을 포기한 지분권자는 제3자에 대하여 여전히 합유지분권자로서의 지위를 가지게 된다.

제271조의 4【부동산 소유자의 동업계약과 제3자에 대한 소유권 행사】 부동산의 소유자가 동업계약에 의하여 부동산의 소유권을 투자하기로 하였으나 아직 그의 소유로 등기가 되어 있고 조합원의 합유로 등기가 되어 있지 않는 경우, 조합과의 사이에 소유권을 이전할 의무의 존재와는 별개로 조합원이 아닌 제3자에 대하여는 여전히 소유자로서 소유권을 행사할 수 있다.

제271조의 5【동업을 목적으로 하는 조합이 조합체로서 부동산의 소유권 취득】 동업을 목적으로 하는 조합이 조합체로서 또는 조합재산으로서 부동산의 소유권을 취득하였다면 그 조합체의 합유물이 된다.

제271조의 6【조합원들 명의로 각 지분에 관하여 공유등기를 한 경우】 조합체가 합유등기를 하지 아니하고 그 대신 조합원들 명의로 각 지분에 관하여 공유등기를

한 경우, 이는 그 조합체가 조합원들에게 각 지분에 관하여 명의신탁한 것으로 본다.

제272조【합유물의 처분, 변경과 보존】 합유물을 처분 또는 변경함에는 합유자 전원의 동의가 있어야 한다. 그러나 보존행위는 각자가 할 수 있다.

제272조의 2【조합재산의 처분·변경과 특별사무】 조합재산의 처분·변경에 관한 행위는 다른 특별한 사정이 없는 한 조합의 특별사무에 해당하는 업무집행으로서 제706조 제2항에 따라 원칙적으로 업무집행조합원 과반수로써 결정한다. 단 당사자 사이의 약정에 의하여 조합의 업무집행에 관하여 조합원 전원의 동의를 요하도록 하는 등 그 내용을 달리 정할 수 있고, 그와 같은 약정이 있는 경우에는 조합의 업무집행은 조합원 전원의 동의가 있는 때에만 유효하다.

제272조의 3【업무집행자가 없는 조합의 업무집행의 방법】 업무집행자가 없는 경우에는 조합의 통상사무에 속하지 아니하는 특별사무에 관한 업무집행은 원칙적으로 조합원의 과반수로서 결정한다.

제272조의 4【합유물의 보존행위】 ① 합유물에 관하여 경료된 원인무효의 소유권이전등기의 말소청구소송은 보존행위로서 각자가 할 수 있다.

② 공동수급체가 경쟁입찰에 참가하였으나 다른 경쟁업체가 낙찰자로 선정되자 그 공동수급체의 구성원 중 1인이 낙찰자 선정 무효확인의 소를 제기하는 것은 보존행위로서 각자가 할 수 있다.

제273조【합유지분의 처분과 합유물의 분할금지】 ① 합유자는 전원의 동의 없이 합유물에 대한 지분을 처분하지 못한다.

② 합유자는 합유물의 분할을 청구하지 못한다.

제273조의 2【전원의 동의가 없는 지분매매의 효력】 ① 전원의 동의 없는 지분매매는 전조 제1항에 의하여 효력이 없다.

② 조합원 지분의 양도는 원칙적으로 다른 조합원 전원의 동의가 있어야 하지만, 다른 조합원의 동의 없이 각자 지분을 자유로이 양도할 수 있도록 조합원 상호간에 약정하거나 사후적으로 지분 양도를 인정하는 합의를 하는 것은 유효하다.

제273조의 3【동업약정에 따라 토지 공동매수와 지분에 관한 소유권이전등기청구 가부】 동업약정에 따라 동업자 공동으로 토지를 매수한 경우 그 토지는 동업자들을 조합원으로 하는 동업체에서 토지를 매수한 것으로 동업자들은 토지에 대한 소유권이전등기청구권을 준합유하는 관계이므로 공동매수인 각자는 지분에 관하여 소유권이전등기청구를 할 수 없다.

제273조의 4【조합재산의 공유등기와 합유물분할청구】 공유자들 사이에 조합관계가 성립하여 각자가 부동산을 조합재산으로 출연하였으나 공유등기가 되어 있는 경우 조합원들 상호간 및 조합원과 조합체 상호간의 내부관계에서는 조합계약에 따른 효력으로 인하여 특별한 사정이 없는 한 그 합유물에 대하여 곧바로 분할청구를 할 수 없다.

제274조【합유의 종료】 ① 합유는 조합체의 해산 또는 합유물의 양도로 인하여 종료한다.

② 전항의 경우에 합유물의 분할에 관하여는 공유물의 분할에 관한 규정을 준용한다.

제274조의 2【조합의 청산과 조합관계】 조합이 해산되어 청산단계에 들어갔다고 하더라도 청산절차가 종료되기 전에는 그 목적범위 내에서 조합관계가 존속된다.

제274조의 3【조합청산시의 조합재산의 분배와 피보전권리】 공동사업을 경영할 목적으로 조합계약을 맺었다가 그 후 조합에서 탈퇴하고 조합재산인 위 토지의 분할을 청구하는 경우에는 조합청산시의 잔여재산은 조합원의 출자가액에 비례하여 분배하며, 만약 한 당사자의 출자가액의 존부 및 가액을 확정짓지 않고서는 그 당사자에게 위 토지의 공동분할청구를 할 피보전권리를 인정할 수 없다.

제274조의 4【2인 조합에서 1인이 탈퇴한 경우 조합재산의 귀속】 2인으로 된 조합관계에서 그 중 1인이 탈퇴하면 조합관계는 종료되지만 특별한 사정이 없는 한 조합은 해산되지 아니하고 기존의 공동사업은 청산되지 아니한다. 단 조합원의 합유에 속한 조합재산은 남은 조합원의 단독소유에 속하며 탈퇴자와 남은 자 사이에는 탈퇴로 인한 계산을 하게 된다.

제275조【물건의 총유】 ① 법인이 아닌 사단의 사원이 집합체로서 물건을 소유할 때에는 총유로 한다.

② 총유에 관하여는 사단의 정관 기타 계약에 의하는 외에 다음 2조의 규정에 의한다.

제275조의 2【종중재산의 처분방법】 종중의 소유 재산은 종중원의 총유로서, 그 처분은 종중규약이 정한 바에 따르고, 종중규약이 없을 때에는 종중원총회의 결

의에 따라야 한다.

제275조의 3【종중재산의 분배기준】 ① 종중 재산의 매각대금은 종중의 총유에 속하고, 그 매각대금의 분배는 총유물의 처분에 해당하므로, 정관 기타 규약에 달리 정함이 없는 한 종중총회의 결의에 의하여 그 매각대금을 분배할 수 있고, 그 분배 비율, 방법, 내용 역시 결의에 의하여 자율적으로 결정할 수 있다.

② 전항에도 불구하고 종중재산의 분배에 관한 종중총회의 결의의 내용이 현저하게 불공정하거나 선량한 풍속 기타 사회질서에 반하는 경우 또는 종원의 고유하고 기본적인 권리의 본질적인 내용을 침해하는 경우 그 결의는 무효이다.

③ 종중 토지 매각대금의 분배에 관한 종중총회의 결의가 무효인 경우, 종원은 그 결의의 무효확인 등을 소구하여 승소판결을 받은 후 새로운 종중총회에서 공정한 내용으로 다시 결의하도록 함으로써 권리구제를 받을 수 있을 뿐이고, 곧바로 종중을 상대로 하여 스스로 공정하다고 주장하는 분배금의 지급을 구할 수 없다.

제275조 4【비법인사단의 분열과 재산귀속관계】 ① 법인 아닌 사단의 구성원들의 집단적 탈퇴로써 사단이 2개로 분열되고 분열되기 전 사단의 재산이 분열된 각 사단들의 구성원들에게 각각 총유적으로 귀속되는 결과를 초래하는 형태의 법인 아닌 사단의 분열은 허용되지 않는다.

② 일부 교인들이 교회를 탈퇴하여 그 교회 교인으로서의 지위를 상실하게 되면 탈퇴가 개별적인 것이든 집단적인 것이든 이와 더불어 종전 교회의 총유재산의 관리처분에 관한 의결에 참가할 수 있는 지위나 그 재산에 대한 사용·수익권을 상실하고, 종전 교회는 잔존 교인들을 구성원으로 하여 실체의 동일성을 유지하면서 존속하고 종전 교회의 재산은 잔존 교인들의 총유로 귀속된다.

③ 교회가 소속교단에서의 탈퇴 내지 소속 교단을 변경하기 위하여는 사단법인 정관변경에 준하여 의결권을 가진 교인 2/3 이상의 찬성에 의한 결의를 필요로 하고, 그 결의요건을 갖추어 소속 교단을 탈퇴하거나 다른 교단으로 변경하나 경우에 종전 교회의 실체는 이와 같이 탈퇴한 교회로서 존속하고 종전 교회 재산은 탈퇴한 교회 소속 교인들의 총유로 귀속된다.

제276조【총유물의 관리, 처분과 사용, 수익】 ① 총유물의 관리 및 처분은 사원총회의 결의에 의한다.

② 각 사원은 정관 기타의 규약에 좇아 총유물을 사용, 수익할 수 있다.

제276조의 2【총유물의 관리 및 처분의 의미】 ① 전조 제1항에서 말하는 총유물의 관리 및 처분은 총유물 그 자체에 관한 이용·개량행위나 법률적·사실적 처분행위를 말한다.

② 총유믈의 법률적 처분이라 함은 총유물을 양도하거나 그 위에 물건을 설정하는 행위 등을 말한다.

③ 비법인사단의 사원이 총유자의 한 사람으로서 임야를 사용수익할 수 있다 하더라도 임야에 대한 분묘설치행위는 단순한 사용수익에 불과한 것이라도 관습에 의한 지상권 유사의 물권을 취득하게 되는 처분행위에 해당한다.

제276조의 3【비법인사단의 채무보증행위의 총유물의 관리·처분행위성】 비법인사단이 타인간의 금전채무를 보증하는 행위는 총유물 그 자체의 관리·처분이 따르지 아니하는 단순한 채무부담행위에 불과하므로 관리·처분행위에 해당하지 않는다.

제276조의 4【총유물의 사용권 부여와 임대행위의 관리행위성】 총유물의 사용권을 타인에게 부여하거나 임대하는 행위는 원칙적으로 총유물의 처분이 아닌 관리행위에 해당한다. 총회의 결의에 의하지 아니하고 타인에게 기한을 정하지 않은 채 건물을 목적으로 하는 토지의 사용권을 부여하였다고 하더라도 처분행위가 아닌 이상 전체가 무효로 되지 않는다.

제276조의 5【총유재산에 대한 보존행위로서 소송의 방법】 총유재산에 대한 소송은 법인 아닌 사단이 그 명의로 사원총회의 결의를 거쳐 하거나 또는 그 구성원 전원이 당사자가 되어 필수적 공동소송의 형태로 할 수 있다.

제276조의 6【비법인사단의 채권자가 대위하여 보존행위를 하는 경우 사원총회 결의 요부】 비법인사단이 총유재산에 관한 권리를 행사하지 아니하고 있어 비법인사단의 채권자가 채권자대위권에 기하여 비법인사단의 총유재산에 관한 권리행사하는 경우에는 사원총회의 결의 등 비법인사단의 내부적인 의사결정절차를 거칠 필요가 없다.

제277조【총유물에 관한 권리의무의 득상】 총유물에 관

한 사원의 권리의무는 사원의 지위를 취득상실함으로써 취득상실된다.

제277조의 2 【사원의 지위 존속기간】 사원이 사원으로 있을 당시 보상금 등의 이익이 있더라도 그 분배결의 당시 사원의 신분을 상실하였다면 그 총유재산에 대하여 아무런 권리를 주장할 수 없다.

제278조 【준공동소유】 본절의 규정은 소유권 이외의 재산권에 준용한다. 그러나 다른 법률에 특별한 규정이 있으면 그에 의한다.

제278조의 2 【비법인사단의 구성원들의 무효확인소송】 비법인사단인 재건축조합의 구성원들이 그 조합과 시공회사 사이에 체결된 공사도급계약의 무효확인을 구하는 것은 준총유관계인 비법인사단의 채권·채무관계에 관한 소송에 해당하므로, 달리 특별한 사정이 없는 한 제276조 제1항 소정의 사원총회의 결의를 거쳐야 한다.

제4장 지상권

제279조 【지상권의 내용】 지상권자는 타인의 토지에 건물 기타 공작물이나 수목을 소유하기 위하여 그 토지를 사용하는 권리가 있다.

제279조의 2 【지상권설정자의 권리】 소유자가 그 토지에 지상권을 설정하더라도 그 소유자는 그 토지에 대하여 소유권에 기한 방해배제청구권을 가진다.

제280조 【존속기간을 약정한 지상권】 ① 계약으로 지상권의 존속기간을 정하는 경우에는 그 기간은 다음 연한보다 단축하지 못한다.

1. 석조, 석회조, 연와조 또는 이와 유사한 견고한 건물이나 수목의 소유를 목적으로 하는 때에는 30년
2. 전호 이외의 건물의 소유를 목적으로 하는 때에는 15년
3. 건물 이외의 공작물의 소유를 목적으로 하는 때에는 5년

② 전항의 기간보다 단축한 기간을 정한 때에는 전항의 기간까지 연장한다.

제280조의 2 【전조의 적용범위】 전조의 최단 존속기간에 관한 규정은 지상권자가 그 소유의 건물 등을 건축하거나 수목을 식재하여 토지를 이용할 목적으로 지상권을 설정할 경우에만 적용이 있다.

제280조의 3 【견고한 건물의 판단기준】 전조 제1항 1호의 견고한 건물을 판단할 때는 그 건물이 갖는 물리적, 화학적 외력, 화재에 대한 저항력 또는 건물 해체의 난이도 등을 종합하여 판단하여야 한다.

제280조의 4 【법정지상권의 존속기간】 법정지상권의 존속기간은 성립 후 그 지상목적물의 종류에 따라 규정하고 있는 전 2조 제1항 소정의 각 기간으로 봄이 상당하다.

제281조 【존속기간을 약정하지 아니한 지상권】 ① 계약으로 지상권의 존속기간을 정하지 아니한 때에는 그 기간은 전조의 최단존속기간으로 한다.

② 지상권설정 당시에 공작물의 종류와 구조를 정하지 아니한 때에는 지상권은 전조 제2호의 건물의 소유를 목적으로 한 것으로 본다.

제281조의 2 【영구적 존속기간의 지상권】 지상권의 존속기간을 영구적으로 약정할 수 있다.

제282조 【지상권의 양도, 임대】 지상권자는 타인에게 그 권리를 양도하거나 그 권리의 존속기간 내에서 그 토지를 임대할 수 있다.

제282조의 2 【지상권의 강한 양도성】 지상권은 독립된 물권으로서 소유자의 의사에 반하여도 자유롭게 타인에게 양도할 수 있다.

제283조 【지상권자의 갱신청구권, 매수청구권】 ① 지상권이 소멸한 경우에 건물 기타 공작물이나 수목이 현존한 때에는 지상권자는 계약의 갱신을 청구할 수 있다.

② 지상권설정자가 계약의 갱신을 원하지 아니하는 때에는 지상권자는 상당한 가액으로 전항의 공작물이나 수목의 매수를 청구할 수 있다.

제283조의 2 【지료연체로 인한 지상권소멸청구】 지상권자의 지료연체를 이유로 토지소유자가 그 지상권소멸청구를 하는 경우에는 매수청구권이 인정되지 아니한다.

제283조의 3 【지상권갱신청구권의 대위행사】 법정지상권이 붙은 건물의 양수인은 법정지상권자인 양도인의 갱신청구권을 대위행사할 수 있다.

제284조 【갱신과 존속기간】 당사자가 계약을 갱신하는 경우에는 지상권의 존속기간은 갱신한 날로부터 제280조의 최단존속기간보다 단축하지 못한다. 그러나 당사자는 이보다 장기의 기간을 정할 수 있다.

제285조 【수거의무, 매수청구권】 ① 지상권이 소멸한 때

에는 지상권자는 건물 기타 공작물이나 수목을 수거하여 토지를 원상에 회복하여야 한다.

② 전항의 경우에 지상권설정자가 상당한 가액을 제공하여 그 공작물이나 수목의 매수를 청구한 때에는 지상권자는 정당한 이유 없이 이를 거절하지 못한다.

제286조【지료증감청구권】 지료가 토지에 관한 조세 기타 부담의 증감이나 지가의 변동으로 인하여 상당하지 아니하게 된 때에는 당사자는 그 증감을 청구할 수 있다.

제286조의 2【지료】 지상권에서 지료의 지급은 그 요소가 아니어서 지료에 관한 유상 약정이 없는 이상 지료의 지급을 청구할 수 없다.

제286조의 3【지료약정에 대한 등기】 ① 지상권에서 지료의 약정이 있는 경우 지료액 또는 그 지급시기 등의 약정은 이를 등기하여야만 그 뒤의 토지소유권 또는 지상권을 양수한 사람 등 제3자에게 대항할 수 있다.

② 지료에 관한 유상약정이 등기되지 않은 경우에는 무상의 지상권으로서 지료증액청구권도 발생할 수 없다.

제286조의 4【법원에 의해 결정된 특정기간의 효력】 특정기간에 대한 지료가 법원에 의하여 결정된 경우 당해 당사자 사이에서는 그 후 전 3조의 규정에 의한 지료증감의 효과가 새로 발생하는 등의 특별한 사정이 없는 한 그 후의 기간에 대한 지료 역시 종전 기간에 대한 지료와 같은 액수로 결정된 것으로 본다.

제287조【지상권소멸청구권】 지상권자가 2년 이상의 지료를 지급하지 아니한 때에는 지상권설정자는 지상권의 소멸을 청구할 수 있다.

제287조의 2【지료가 결정되지 않은 경우 지상권소멸청구권】 법정지상권에 관하여 지료가 결정된 바 없다면 법정지상권자가 2년 이상의 지료를 지급하지 않았다 하더라도 토지소유자는 법정지상권의 소멸을 청구할 수 없다.

제287조의 3【종전 소유자의 지료연체와 지상권소멸청구권】 지상권자가 그 권리의 목적이 된 토지의 특정한 소유자에 대하여 2년분 이상의 지료를 지불하지 아니한 경우에 그 특정의 소유자는 선택에 따라 지상권의 소멸을 청구할 수 있으나, 지상권자의 지료 지급 연체가 토지소유권의 양도 전후에 걸쳐 이루어진 경우 토지양수인에 대한 연체기간이 2년이 되지 않는다면 양수인은 지상권소멸청구를 할 수 없다.

제287조의 4【지료판결확정과 지상권소멸청구권】 법정지상권이 성립되고 지료액수가 판결에 의하여 정해진 경우 지상권자가 판결확정 후 지료의 청구를 받고도 책임 있는 사유로 상당한 기간 동안 지료의 지급을 지체한 때에는 지체된 지료가 판결확정의 전후에 걸쳐 2년분 이상일 경우에도 토지소유자는 지상권의 소멸을 청구할 수 있다.

제288조【지상권소멸청구와 저당권자에 대한 통지】 지상권이 저당권의 목적인 때 또는 그 토지에 있는 건물, 수목이 저당권의 목적이 된 때에는 전조의 청구는 저당권자에게 통지한 후 상당한 기간이 경과함으로써 그 효력이 생긴다.

제289조【강행규정】 제280조 내지 제287조의 규정에 위반되는 계약으로 지상권자에게 불리한 것은 그 효력이 없다.

제289조의 2【구분지상권】 ① 지하 또는 지상의 공간은 상하의 범위를 정하여 건물 기타 공작물을 소유하기 위한 지상권의 목적으로 할 수 있다. 이 경우 설정행위로써 지상권의 행사를 위하여 토지의 사용을 제한할 수 있다.

② 제1항의 규정에 의한 구분지상권은 제3자가 토지를 사용·수익할 권리를 가진 때에도 그 권리자 및 그 권리를 목적으로 하는 권리를 가진 자 전원의 승낙이 있으면 이를 설정할 수 있다. 이 경우 토지를 사용·수익할 권리를 가진 제3자는 그 지상권의 행사를 방해하여서는 아니된다.

제290조【준용규정】 ① 제213조, 제214조, 제216조 내지 제244조의 규정은 지상권자간 또는 지상권자와 인지소유자간에 이를 준용한다.

② 제280조 내지 제289조 및 제1항의 규정은 제289조의 2의 규정에 의한 구분지상권에 관하여 이를 준용한다.

제290조의 2【담보지상권】 ① 토지에 관하여 저당권과 함께 그 담보가치를 확보하기 위하여 지상권을 설정하는 경우 이러한 지상권설정행위도 유효하다.

② 담보지상권자는 저당권의 담보가치를 저감시키는 토지소유자의 건물 신축행위의 중지 및 신축건물의 철거와 대지의 인도를 청구할 수 있다.

③ 담보지상권자는 제3자가 토지소유자로부터 해당 토지를 토지임대차 등 사용 수익할 수 있는 채권적 권리를 가지고 있다고 하더라도 제3자에 대하여 전항

의 청구를 할 수 있다.

④ 담보지상권이 침해된 경우 임료 상당액의 손해에 대해서는 배상을 청구할 수 없으나 담보가치의 하락으로 인한 손해에 대해서는 그 배상을 청구할 수 있다.

제290조의 3【담보지상권의 소멸】 담보지상권에서 담보물권의 피담보채권이 소멸하게 되면 담보지상권은 소멸한다.

제4장의 2 관습상의 법정지상권

제290조의 4【관습상의 법정지상권】 ① 토지와 건물이 동일한 소유자에게 속하였다가 건물 또는 토지가 매매·증여·강제경매·공매 등 기타의 원인으로 인하여 토지와 건물 각각의 소유자가 다르게 된 때에는 특히 그 건물을 철거한다는 조건이 없으면 건물소유자는 토지소유자에 대하여 그 건물을 위한 관습상의 법정지상권을 취득하고 이 경우에 등기는 요하지 아니한다. 다만 이 지상권의 양도에는 등기를 요한다.

② 건물부지의 공유자들이 그 대지를 분할하여 그 건물부지가 공유자 중의 한 사람의 단독소유로 귀속된 경우에는 특별한 사정이 없는 한 그 건물소유자는 그 건물을 위하여 관습에 의한 법정지상권을 취득한다.

제290조의 5【동일한 소유에 속하였는지 판단 기준시기】 ① 매매나 증여 등으로 인하여 소유자가 달라지는 경우에는 소유권이 분리되는 시점, 즉 처분 당시에 동일인 소유에 속하면 족하다.

② 토지 또는 그 지상 건물의 소유권이 강제경매로 인하여 그 절차상의 매수인에게 이전되는 경우에는 그 매수인이 소유권을 취득하는 매각대금의 완납 시가 아니라 강제경매개시결정으로 압류의 효력이 발생하는 때를 기준으로 한다.

③ 강제경매개시결정 이전에 가압류가 되어 있다가 그 가압류가 강제경매개시결정으로 인하여 본압류로 이행되어 경매절차가 진행된 경우에는 애초 가압류의 효력이 발생한 때를 기준으로 한다.

④ 강제경매를 위한 압류나 그 압류에 선행한 가압류가 있기 이전에 저당권이 설정되어 있다가 그 후 강제경매로 인해 그 저당권이 소멸하는 경우에는, 그 저당권 설정 당시를 기준으로 한다.

제290조의 6【구분소유적 공유에서 대지지분권의 경매등】 ① 구분소유적 공유에서 대지지분권이 경매에 의하여 이전된 경우 건물소유자는 본래적 공유와 달리 관습상 법정지상권을 취득한다.

② 구분소유적 공유관계에 있는 자가 자신의 특정 소유가 아닌 부분에 건물을 신축한 경우 그 건물에 대해서는 관습상의 법정지상이 성립하지 않는다.

제290조의 7【동일인에게의 소유권 귀속이 원인무효인 경우】 원래 동일인에게의 그 소유권 귀속이 원인무효로 이루어졌다가 그 뒤 그 원인무효임이 밝혀져 그 등기가 말소됨으로써 그 건물과 토지의 소유자가 달라진 때에는 관습상 법정지상권은 성립하지 않는다.

제290조의 8【토지의 사실상 처분권한을 가진 자의 신축건물의 강제경매】 토지를 매수하여 사실상 처분권한을 가지는 자가 그 지상에 건물을 신축하여 건물의 소유권을 취득하였다고 하더라도 토지에 관한 소유권을 취득하지 아니한 이상 건물에 관하여 강제경매가 행해진 경우 건물을 위한 관습상의 법정지상권이 성립하지 않는다.

제290조의 9【지상건물의 미등기·무허가와 관습상 법정지상권】 ① 지상건물이 미등기이거나 무허가인 경우에도 건물로서의 요건을 갖춘 경우 관습상 법정지상권이 성립한다.

② 미등기·무허가 건물의 신축자인 대지소유자가 대지와 건물을 매도하여 대지에 대해서만 소유권이전등기가 경료되어 형식적으로는 대지와 지상건물의 소유자가 달라졌더라도 매도인에게 관습상 법정지상권은 인정되지 않는다.

③ 미등기건물을 대지와 함께 양수한 사람이 대지에 관해서만 소유권이전등기를 넘겨받고 건물에 대해서는 그 등기를 이전받지 못하고 상태에서 그 대지가 경매되어 소유자가 달라진 경우, 미등기 건물 양수인은 비록 건물을 처분할 수 있는 권리는 있어도 소유권은 취득하지 못하였으므로 대지와 건물이 동일인의 소유에 속한 것이라고 볼 수 없어 법정지상권을 취득하지 못한다.

제290조의 10【동일 소유의 건물과 대지의 매도와 대지에만 이전등기가 경료된 경우】 대지와 그 지상의 건물이 원래 동일인 소유이었다가, 대지와 건물을 매도하고, 건물에 관하여는 소유권이전등기를 하지 아니하고 대지에 관하여만 소유권이전등기를 경료함으로써

형식적으로 대지와 건물이 그 소유명의자를 달리하게 된 경우 관습에 의한 법정지상권은 성립하지 않는다.

제290조의 11【채권자취소권 행사로 건물등기만 말소된 경우】 채무자의 토지와 건물이 사해행위로서 수익자에게 양도되고, 채권자취소권의 행사로 건물에 관한 양도가 취소되고 건물등기만 말소되어 채무자로의 등기명의가 회복된 경우 건물을 위한 관습상의 법정지상권은 성립하지 않는다. 다만 채무자 명의로 회복된 건물이 그 후 강제경매 등으로 소유자가 변동하게 되면 관습상 법정지상권이 성립할 수 있다.

제290조의 12【향후 건물의 철거예상과 관습상의 법정지상권】 ① 장차 건물이 철거될 것을 예상하고 건물이 서 있는 부지까지 매도한 경우 그 건물을 위한 관습상의 법정지상권은 성립하지 않는다.

② 토지의 소유자가 건물을 건축할 당시 이미 토지를 다른 사람에게 매도하여 소유권을 이전하여 줄 의무를 부담하고 있는 경우와 같이 건물이 장차 철거될 것임을 예상하면서 건축한 경우에는 그 건물을 위한 관습상의 법정지상권은 성립하지 않는다.

제290조의 13【법정지상권의 범위】 법정지상권이 미치는 범위는 반드시 그 기지만에 한정되는 것이 아니고 그 건물의 용도에 필요한 범위에 미친다.

제290조의 14【법정지상권의 포기】 관습상 법정지상권을 취득한 자가 대지에 관하여 대지소유자와 임대차계약을 체결한 경우 특별한 사정이 없는 한 위 법정지상권을 포기한 것으로 본다. 다만 토지와 건물의 소유자가 토지만을 타인에게 증여한 후 구 건물을 철거하되 그 지상에 자신의 이름으로 건물을 다시 신축하기로 합의한 경우에는 법정지상권의 포기로 보지 아니한다.

제290조의 15【증축된 건물과 법정지상권】 지상건물이 법정지상권이 성립한 이후에 증축되었다 하더라도 그 건물이 관습상의 법정지상권이 성립하여 법정지상권자에게 점유·사용할 권한이 있는 토지 위에 있다면 이를 철거할 의무는 없다.

제290조의 16【법정지상권 규정의 준용】 관습상의 법정지상권에 대하여는 다른 특별한 사정이 없는 한 지상권의 규정을 준용한다.

제4장의 3 분묘기지권

제290조의 17【분묘기지권】 ① 타인의 토지 위에 설치된 분묘가 봉분 등 외부에서 분묘의 존재를 인식할 수 있는 형태를 갖추고 있는 등 객관적으로 인식할 수 있는 외형을 갖추고 있는 경우 분묘기지권이 성립한다.

② 분묘의 기지인 토지가 분묘의 수호·관리권자 아닌 다른 사람의 소유인 경우에 그 토지 소유자가 분묘 수호·관리권자에 대하여 분묘의 설치를 승낙한 때에는 그 분묘의 기지에 관하여 분묘기지권을 설정한 것으로 보아야 한다.

제290조의 18【승낙형 분묘기지권과 승계인에의 효과】 승낙에 의하여 성립하는 분묘기지권의 경우 성립 당시 토지 소유자와 분묘의 수호·관리자가 지료 지급의무의 존부나 범위 등에 관하여 약정을 하였다면 그 약정의 효력은 분묘 기지의 승계인에 대하여도 미친다.

제290조의 19【분묘기지권의 범위】 분묘기지권은 분묘를 수호하고 봉사하는 목적을 달성하는 데 필요한 범위 내에서 타인의 토지를 사용할 수 있다.

제290조의 20【기존 분묘기지권의 범위 내 부부합장을 위한 쌍분 형태 분묘 설치 여부】 분묘기지권에는 그 효력이 미치는 지역의 범위 내라고 할지라도 기존의 분묘 외에 새로운 분묘를 신설할 권능은 포함되지 아니하는 것이므로, 부부 중 일방이 먼저 사망하여 이미 그 분묘가 설치되고 그 분묘기지권이 미치는 범위 내에서 그 후에 사망한 다른 일방의 합장을 위하여 쌍분(쌍분) 형태의 분묘를 설치하는 것도 허용되지 않는다.

제290조의 21【분묘기지권의 존속기간】 분묘기지권의 존속기간은 제281조에 따라 5년간으로 되지 아니하고, 당사자 사이에 약정이 있으면 그에 따르고, 그러한 사정이 없는 경우에는 권리자가 분묘의 수호와 봉사를 계속하며 그 분묘가 존속하는 동안에는 분묘기지권 또한 존속한다. 단 그 분묘를 다른 곳으로 이장하는 경우 소멸한다.

제290조의 22【분묘기지권의 취득시효 요건】 타인 소유의 토지에 소유자의 승낙 없이 분묘를 설치한 경우에는 20년간 평온, 공연하게 그 분묘의 기지를 점유하면 지상권 유사의 관습상의 물권인 분묘기지권을 시효로 취득하고, 이러한 분묘기지권은 봉분 등 외부에서 분

묘의 존재를 인식할 수 있는 형태를 갖추고 있는 경우에 한하여 인정되고, 평장되어 있거나 암장되어 있어 객관적으로 인식할 수 있는 외형을 갖추고 있지 아니한 경우에는 인정되지 않으며, 등기 없이 취득한다.

제290조의 23【분묘기지권의 지료】 ① 토지소유자의 승낙에 의하여 성립하는 분묘기지권은 당사자간의 약정에 따라 지료지급 여부가 결정되고 지료에 대한 약정이 없으면 무상이다.

② 2001. 1. 13. 이전에 타인의 토지에 분묘를 설치하여 20년간 평온·공연하게 분묘의 기지를 점유함으로써 분묘기지권을 시효로 취득한 경우, 분묘기지권자는 토지소유자가 지료를 청구하면 그 청구한 날부터의 지료를 지급할 의무가 있다.

③ 자기 소유 토지에 분묘를 설치한 사람이 그 토지를 양도하면서 분묘를 이장하겠다는 특약을 하지 않음으로써 분묘기지권을 취득한 경우, 특별한 사정이 없는 한 분묘기지권자는 분묘기지권이 성립한 때부터 토지소유자에 대하여 그 분묘의 기지에 대한 토지사용의 대가로서 지료를 지급할 의무가 있다.

제5장 지역권

제291조【지역권의 내용】 지역권자는 일정한 목적을 위하여 타인의 토지를 자기토지의 편익에 이용하는 권리가 있다.

제291조의 2【지역권 설정 합의】 도로를 개설하여 영구히 사용케 한다는 약정은 지역권 설정에 관한 합의로 볼 수 있다.

제292조【부종성】 ① 지역권은 요역지소유권에 부종하여 이전하며 또는 요역지에 대한 소유권이외의 권리의 목적이 된다. 그러나 다른 약정이 있는 때에는 그 약정에 의한다.

② 지역권은 요역지와 분리하여 양도하거나 다른 권리의 목적으로 하지 못한다.

제293조【공유관계, 일부양도와 불가분성】 ① 토지공유자의 1인은 지분에 관하여 그 토지를 위한 지역권 또는 그 토지가 부담한 지역권을 소멸하게 하지 못한다.

② 토지의 분할이나 토지의 일부양도의 경우에는 지역권은 요역지의 각 부분을 위하여 또는 그 승역지의 각 부분에 존속한다. 그러나 지역권이 토지의 일부분에만 관한 것인 때에는 다른 부분에 대하여는 그러하지 아니하다.

제293조의 2【요역지의 분필과 지역권】 요역지가 분필되어 그 부분의 소유권이 타인에게 이전되었다 하여도 요역지의 소유자가 아직 지역권설정등기를 이전받지 못하고 있는 경우 타인소유로 된 대지부분까지를 요역지로 하여 지역권설정등기의 이행을 청구할 수 있다.

제294조【지역권취득기간】 지역권은 계속되고 표현된 것에 한하여 제245조의 규정을 준용한다.

제294조의 2【통행지역권의 시효취득 요건】 점유로 인한 지역권 취득기간의 만료로 통행지역권을 시효취득하기 위해서는 요역지의 소유자가 타인의 소유인 승역지 위에 통로를 개설하여야 한다.

제294조의 3【통행지역권의 시효취득과 손해배상】 종전의 승역지 사용이 무상으로 이루어졌다는 등의 다른 특별한 사정이 없는 한 통행지역권을 취득시효한 경우에도 주위토지통행권과 마찬가지로 요역지 소유자는 승역지에 대한 도로 설치 및 사용에 의하여 승역지 소유자가 입은 손해를 배상하여야 한다.

제295조【취득과 불가분성】 ① 공유자의 1인이 지역권을 취득한 때에는 다른 공유자도 이를 취득한다.

② 점유로 인한 지역권취득기간의 중단은 지역권을 행사하는 모든 공유자에 대한 사유가 아니면 그 효력이 없다.

제296조【소멸시효의 중단, 정지와 불가분성】 요역지가 수인의 공유인 경우에 그 1인에 의한 지역권소멸시효의 중단 또는 정지는 다른 공유자를 위하여 효력이 있다.

제297조【용수지역권】 ① 용수승역지의 수량이 요역지 및 승역지의 수요에 부족한 때에는 그 수요정도에 의하여 먼저 가용에 공급하고 다른 용도에 공급하여야 한다. 그러나 설정행위에 다른 약정이 있는 때에는 그 약정에 의한다.

② 승역지에 수개의 용수지역권이 설정된 때에는 후순위의 지역권자는 선순위의 지역권자의 용수를 방해하지 못한다.

제298조【승역지소유자의 의무와 승계】 계약에 의하여 승역지소유자가 자기의 비용으로 지역권의 행사를 위하여 공작물의 설치 또는 수선의 의무를 부담한 때에

는 승역지소유자의 특별승계인도 그 의무를 부담한다.

제299조【위기에 의한 부담면제】 승역지의 소유자는 지역권에 필요한 부분의 토지소유권을 지역권자에게 위기하여 전조의 부담을 면할 수 있다.

제300조【공작물의 공동사용】 ① 승역지의 소유자는 지역권의 행사를 방해하지 아니하는 범위 내에서 지역권자가 지역권의 행사를 위하여 승역지에 설치한 공작물을 사용할 수 있다.

② 전항의 경우에 승역지의 소유자는 수익정도의 비율로 공작물의 설치, 보존의 비용을 분담하여야 한다.

제301조【준용규정】 제214조의 규정은 지역권에 준용한다.

제302조【특수지역권】 어느 지역의 주민이 집합체의 관계로 각자가 타인의 토지에서 초목, 야생물 및 토사의 채취, 방목 기타의 수익을 하는 권리가 있는 경우에는 관습에 의하는 외에 본장의 규정을 준용한다.

제6장 전세권

제303조【전세권의 내용】 ① 전세권자는 전세금을 지급하고 타인의 부동산을 점유하여 그 부동산의 용도에 좇아 사용·수익하며, 그 부동산 전부에 대하여 후순위권리자 기타 채권자보다 전세금의 우선변제를 받을 권리가 있다.

② 농경지는 전세권의 목적으로 하지 못한다.

제303조의2【전세권 존속기간 전의 전세권설정등기 유효성】 전세권 존속기간이 시작되기 전에 마친 전세권설정등기도 특별한 사정이 없는 한 유효한 것으로 추정된다.

제303조의3【전세권의 순위】 전세권은 등기부상 기록된 전세권설정등기의 존속기간과 상관없이 등기된 순서에 따라 순위가 결정된다.

제303조의4【채권담보의 목적으로 설정된 전세권의 효력】 당사자가 주로 채권담보의 목적으로 전세권을 설정하고, 그 설정과 동시에 목적물을 인도하지 아니한 경우라 하더라도, 장차 전세권자가 목적물을 사용·수익하는 것을 완전히 배제하는 것이 아니라면, 그 전세권의 효력은 부인되지 아니한다.

제303조의5【기존의 채권과 전세금의 지급】 기존의 채권으로 전세금의 지급에 갈음할 수 있다.

제303조의6【채권자·채무자 및 제3자의 합의와 제3자명의 전세권】 채권담보를 위하여 담보권을 설정하는 경우 채권자와 채무자 및 제3자 사이에 합의가 있으면 채권자가 그 담보권의 명의를 제3자로 하는 것도 가능하고, 이 경우에는 채무자와 담보권명의자인 제3자 사이에 담보계약관계가 성립하는 것으로 그 담보권명의자는 그 피담보채권을 수령하고 그 담보권을 실행하는 등의 담보계약상의 권한을 가진다.

제303조의7【전세금반환채권과 전세권의 분리양도】 ① 전세권이 존속하는 동안에 전세권을 존속시키기로 하면서 전세권반한채권만을 전세권과 분리하여 확정적으로 양도하는 것은 허용되지 않는다. 다만 전세권이 존속기간의 만료로 소멸한 경우이거나 전세계약의 합의해지 또는 당사자 간의 특약에 의하여 전세권반환채권의 처분에도 불구하고, 전세권의 처분이 따르지 않는 경우 등의 특별한 사정이 있는 때에는 채권양수인은 담보물권이 없는 무담보의 채권을 양수할 수도 있다.

제304조【건물의 전세권, 지상권, 임차권에 대한 효력】 ① 타인의 토지에 있는 건물에 전세권을 설정한 때에는 전세권의 효력은 그 건물의 소유를 목적으로 한 지상권 또는 임차권에 미친다.

② 전항의 경우에 전세권설정자는 전세권자의 동의 없이 지상권 또는 임차권을 소멸하게 하는 행위를 하지 못한다.

제305조【건물의 전세권과 법정지상권】 ① 대지와 건물이 동일한 소유자에 속한 경우에 건물에 전세권을 설정한 때에는 그 대지소유권의 특별승계인은 전세권설정자에 대하여 지상권을 설정한 것으로 본다. 그러나 지료는 당사자의 청구에 의하여 법원이 이를 정한다.

② 전항의 경우에 대지소유자는 타인에게 그 대지를 임대하거나 이를 목적으로 한 지상권 또는 전세권을 설정하지 못한다.

제305조의2【전세권 설정 건물의 양수인의 법정지상권 소멸행위의 효력】 전세권이 설정된 건물의 양수인으로서 전조 제1항에 의한 법정지상권을 취득할 지위를 가지고 다른 한편으로는 전세권 관계도 이전받는 자가 전세권자의 동의 없이 법정지상권을 소멸시킨 경우 건물 양수인이나 토지소유자는 전세권자에게 대항할 수 없다.

제306조 【전세권의 양도, 임대 등】 전세권자는 전세권을 타인에게 양도 또는 담보로 제공할 수 있고 그 존속기간 내에서 그 목적물을 타인에게 전전세 또는 임대할 수 있다. 그러나 설정행위로 이를 금지한 때에는 그러하지 아니하다.

제306조의2 【전세권 존속기간 만료 후 전세권의 양도】 ① 존속기간의 경과로서 본래의 용익물권적 권능이 소멸하고 담보물권적 권능만 남은 전세권에 대해서도 그 피담보채권인 전세금반환채권과 함께 제3자에게 이를 양도할 수 있다.

② 전항의 경우 민법 제450조 제2항 소정의 확정일자 있는 증서에 의한 채권양도절차를 거치지 않는 한 위 전세금반환채권의 압류·전부 채권자 등 제3자에게 위 전세보증금반환채권의 양도사실로써 대항할 수 없다.

제307조 【전세권양도의 효력】 전세권양수인은 전세권설정자에 대하여 전세권양도인과 동일한 권리의무가 있다.

제308조 【전전세 등의 경우의 책임】 전세권의 목적물을 전전세 또는 임대한 경우에는 전세권자는 전전세 또는 임대하지 아니하였으면 면할 수 있는 불가항력으로 인한 손해에 대하여 그 책임을 부담한다.

제309조 【전세권자의 유지, 수선의무】 전세권자는 목적물의 현상을 유지하고 그 통상의 관리에 속한 수선을 하여야 한다.

제310조 【전세권자의 상환청구권】 ① 전세권자가 목적물을 개량하기 위하여 지출한 금액 기타 유익비에 관하여는 그 가액의 증가가 현존한 경우에 한하여 소유자의 선택에 좇아 그 지출액이나 증가액의 상환을 청구할 수 있다.

② 전항의 경우에 법원은 소유자의 청구에 의하여 상당한 상환기간을 허여할 수 있다.

제310조의2 【전세권 목적물의 소유권이전과 전세권 이전】 ① 전세권이 성립한 후 목적물의 소유권이 이전되는 경우에 전세권 관계는 전세권자와 목적물의 소유권을 취득한 신 소유자와 사이에 동일한 내용으로 존속하게 된다.

② 전항의 경우에 전세금반환채무도 당연히 신소유자에게 이전된다.

제311조 【전세권의 소멸청구】 ① 전세권자가 전세권설정계약 또는 그 목적물의 성질에 의하여 정하여진 용법으로 이를 사용, 수익하지 아니한 경우에는 전세권설정자는 전세권의 소멸을 청구할 수 있다.

② 전항의 경우에는 전세권설정자는 전세권자에 대하여 원상회복 또는 손해배상을 청구할 수 있다.

제312조 【전세권의 존속기간】 ① 전세권의 존속기간은 10년을 넘지 못한다. 당사자의 약정기간이 10년을 넘는 때에는 이를 10년으로 단축한다.

② 건물에 대한 전세권의 존속기간을 1년 미만으로 정한 때에는 이를 1년으로 한다.

③ 전세권의 설정은 이를 갱신할 수 있다. 그 기간은 갱신한 날로부터 10년을 넘지 못한다.

④ 건물의 전세권설정자가 전세권의 존속기간 만료전 6월부터 1월까지 사이에 전세권자에 대하여 갱신거절의 통지 또는 조건을 변경하지 아니하면 갱신하지 아니한다는 뜻의 통지를 하지 아니한 경우에는 그 기간이 만료된 때에 전전세권과 동일한 조건으로 다시 전세권을 설정한 것으로 본다. 이 경우 전세권의 존속기간은 그 정함이 없는 것으로 본다.

제312조의 i 【전세권의 묵시적 갱신과 등기】 전조 제4항의 전세권의 법정갱신은 법률의 규정에 의한 부동산에 관한 물권의 변동이므로 전세권갱신에 관한 등기를 필요로 하지 아니하고 전세권자는 그 등기 없이도 전세권설정자나 그 목적물을 취득한 제3자에 대하여 그 권리를 주장할 수 있다.

제312조의2 【전세금 증감청구권】 전세금이 목적 부동산에 관한 조세·공과금 기타 부담의 증감이나 경제사정의 변동으로 인하여 상당하지 아니하게 된 때에는 당사자는 장래에 대하여 그 증감을 청구할 수 있다. 그러나 증액의 경우에는 대통령령이 정하는 기준에 따른 비율을 초과하지 못한다.

제313조 【전세권의 소멸통고】 전세권의 존속기간을 약정하지 아니한 때에는 각 당사자는 언제든지 상대방에 대하여 전세권의 소멸을 통고할 수 있고 상대방이 이 통고를 받은 날로부터 6월이 경과하면 전세권은 소멸한다.

제314조 【불가항력으로 인한 멸실】 ① 전세권의 목적물의 전부 또는 일부가 불가항력으로 인하여 멸실된 때에는 그 멸실된 부분의 전세권은 소멸한다.

② 전항의 일부멸실의 경우에 전세권자가 그 잔존부분으로 전세권의 목적을 달성할 수 없는 때에는 전세

권설정자에 대하여 전세권전부의 소멸을 통고하고 전세금의 반환을 청구할 수 있다.

제315조 【전세권자의 손해배상책임】 ① 전세권의 목적물의 전부 또는 일부가 전세권자에 책임있는 사유로 인하여 멸실된 때에는 전세권자는 손해를 배상할 책임이 있다.

②전항의 경우에 전세권설정자는 전세권이 소멸된 후 전세금으로써 손해의 배상에 충당하고 잉여가 있으면 반환하여야 하며 부족이 있으면 다시 청구할 수 있다.

제315조 【전세권저당권자의 전세금반환청구권에 대한 물상대위권 행사와 전세권설정자의 상계항변】 전세권설정자가 전세권자에 대하여 위 손해배상채권 외 다른 채권을 가지고 있더라도 다른 특별한 사정이 없는 한 이를 가지고 전세금반환채권에 대하여 물상대위권을 행사한 전세권저당권자에게 상계 등으로 대항할 수 없다.

제316조 【원상회복의무, 매수청구권】 ① 전세권이 그 존속기간의 만료로 인하여 소멸한 때에는 전세권자는 그 목적물을 원상에 회복하여야 하며 그 목적물에 부속시킨 물건은 수거할 수 있다. 그러나 전세권설정자가 그 부속물건의 매수를 청구한 때에는 전세권자는 정당한 이유 없이 거절하지 못한다.

② 전항의 경우에 그 부속물건이 전세권설정자의 동의를 얻어 부속시킨 것인 때에는 전세권자는 전세권설정자에 대하여 그 부속물건의 매수를 청구할 수 있다. 그 부속물건이 전세권설정자로부터 매수한 것인 때에도 같다.

제317조 【전세권의 소멸과 동시이행】 전세권이 소멸한 때에는 전세권설정자는 전세권자로부터 그 목적물의 인도 및 전세권설정등기의 말소등기에 필요한 서류의 교부를 받는 동시에 전세금을 반환하여야 한다.

제317조의2 【전세권 저당권설정과 전세금반환의무】 ① 전세권에 대하여 저당권이 설정되어 있는데 전세권이 기간만료로 종료된 경우, 전세금반환채권에 대한 제3자의 압류 등이 없는 한 전세권설정자는 전세권자에 대하여만 전세금반환의무를 부담한다.

② 전항에서 전세권이 만료되는 경우 저당권의 실행을 위해서는 저당권의 목적물인 전세권에 갈음하여 존속하는 것으로 볼 수 있는 전세금반환채권에 대하여 압류 및 추심명령 또는 전부명령을 받거나 제3자가 전세금반환채권에 대하여 실시한 강제집행절차에서 배당요구를 하는 등의 방법으로 자신의 권리를 행사하여야 한다.

제317조의3 【전세권자의 경매절차청구】 전세권자의 전세목적물 인도의무 및 전세권설정등기말소등기의무와 전세권설정자의 전세금반환의무는 서로 동시이행의 관계에 있으므로 전세권자인 채권자가 전세목적물에 대한 경매를 청구하려면 우선 전세권설정자에 대하여 전세목적물의 인도의무 및 전세권설정등기말소의무의 이행제공을 완료하여 전세권설정자를 이행지체에 빠뜨려야 한다.

제317조의4 【임대차보증금 반환의무와 전세권설정등기 말소의무의 동시이행】 당사자 사이에 다른 약정이 없는 한 임대차보증금 반환의무는 제317조에 따라 전세권 설정등기의 말소의무와 동시이행관계에 있다.

제318조 【전세권자의 경매청구권】 전세권설정자가 전세금의 반환을 지체한 때에는 전세권자는 민사집행법의 정한 바에 의하여 전세권의 목적물의 경매를 청구할 수 있다.

제319조 【준용규정】 제213조, 제214조, 제216조 내지 제244조의 규정은 전세권자간 또는 전세권자와 인지소유자 및 지상권자간에 이를 준용한다.

제7장 유치권

제320조 【유치권의 내용】 ① 타인의 물건 또는 유가증권을 점유한 자는 그 물건이나 유가증권에 관하여 생긴 채권이 변제기에 있는 경우에는 변제를 받을 때까지 그 물건 또는 유가증권을 유치할 권리가 있다.

② 전항의 규정은 그 점유가 불법행위로 인한 경우에 적용하지 아니한다.

제320조의 2 【채권 발생 후 유치권 성립】 유치권자가 유치물을 점유하기 전에 발생된 채권이라도 그 후 그 물건의 점유를 취득한 경우 유치권은 성립한다.

제320조의 3 【유치권의 점유】 ① 유치권의 점유는 직접점유와 간접점유를 모두 포함하나, 그 직접점유자가 채무자인 경우에는 위 점유에 해당하지 아니한다.

② 유치권은 점유의 침탈이 있는 경우 점유회수의 소 등으로 점유를 회복하지 않는 한 소멸한다.

제320조의 4 【임대차 종료시 원상복구 특약과 유치권】

건물의 임차인이 임대차관계 종료 시에 건물을 원상으로 복구하여 임대인에게 명도하기로 약정하였다면 임차인은 유치권을 주장할 수 없다.

제320조의 5【임차인의 임차보증금반환청구권 및 손해배상청구권 유치권】 건물의 임대차에서 임차인의 임차보증금반환채권이나 임대인이 건물 시설을 하지 않음으로 인하여 임차인이 임대인에 대하여 갖게 된 임차목적대로 사용하지 못한 것을 이유로 하는 손해배상청구권은 건물에 관하여 생긴 채권이라 할 수 없다.

제320조의 6【임차인의 권리금반환청구권과 유치권】 임대인과 임차인 사이에 건물명도시 권리금을 반환하기로 하는 약정이 있는 경우 임차인은 유치권을 주장할 수 없다.

제320조의 7【수급인의 유치권】 ① 수급인의 재료와 노력으로 건축하여 독립한 건물에 해당되는 기성부분에 대하여 수급인은 그 부분이 수급인의 소유인 관계로 유치권을 행사할 수 없다.

② 완성된 건물의 소유권을 도급인에게 귀속시키기로 한 경우 수급인은 신축건물의 공사금대금 채권을 가지고 건물에 대하여 유치권을 행사할 수 있다.

제320조의 8【건축자재대금과 유치권】 건축자재를 공급한 매도인은 매매계약에 따른 건축자재대금채권을 가지고 건물에 대하여 유치권을 행사할 수 없다.

제320조의 9【압류의 처분금지효와 유치권】 채무자 소유의 건물 등 부동산에 경매개시결정의 기입등기가 경료되어 압류의 효력이 발생한 후에 채무자가 부동산에 관한 공사대금채권자에게 그 점유를 이전하여 유치권을 취득하였다면 점유자는 경매절차의 매수인에게 대항할 수 없다.

제320조의 10【압류 후 유치권 취득】 압류의 효력 발생 후 건물 공사를 완공하여 공사대금채권을 취득하여 유치권이 성립한 경우 수급인은 그 유치권으로 경매절차의 매수인에게 유치권을 내세워 대항할 수 없다.

제320조의 11【저당권과 유치권의 우열】 ① 유치권은 특별한 사정이 없는 한 그 성립시기에 관계없이 경매절차에서의 매각으로 인하여 소멸하지 않고, 그 성립시기가 저당권 설정 후라고 하더라도 마찬가지이다.

② 채무자 소유의 목적물에 이미 저당권 기타 담보물권이 설정되어 있는데 채권자가 자기 채권의 우선적 만족을 위하여 채무자와 의도적으로 유치권의 성립요건을 충족하는 내용의 거래를 하고 목적물을 점유함으로써 유치권이 성립한 경우, 유치권을 저당권자 등에게 주장하는 것은 허용되지 아니한다.

제320조의 12【유치권자의 피담보채권 전액에 대한 채무자의 동시이행항변권 행사와 유치권】 건물신축 도급계약에서 완성된 신축 건물에 하자가 있고 하자 및 손해에 상응하는 금액이 공사잔대금액 이상이어서 도급인이 하자보수청구권 등에 기하여 수급인의 공사잔대금 채권 전부에 대하여 동시이행 항변을 한 경우 수급인이 공사잔대금 채권에 기한 유치권을 행사할 수 없다.

제321조【유치권의 불가분성】 유치권자는 채권 전부의 변제를 받을 때까지 유치물 전부에 대하여 그 권리를 행사할 수 있다.

제321조의 2【유치권의 불가분성의 적용범위】 전조의 유치권의 불가분성은 그 목적물이 분할가능하거나 수개의 물건인 경우에도 적용된다.

제322조【경매, 간이변제충당】 ① 유치권자는 채권의 변제를 받기 위하여 유치물을 경매할 수 있다.

② 정당한 이유있는 때에는 유치권자는 감정인의 평가에 의하여 유치물로 직접 변제에 충당할 것을 법원에 청구할 수 있다. 이 경우에는 유치권자는 미리 채무자에게 통지하여야 한다.

제322조의 2【간이변제충당에서 정당한 이유 존부 판단 기준】 유치물의 처분에 관하여 이해관계를 달리하는 다수의 권리자가 존재하거나 유치물의 공정한 가격을 쉽게 알 수 없는 등의 경우에는 제322조 제2항에 의하여 유치권자에게 유치물의 간이변제충당을 허가할 정당한 이유가 있다고 할 수 없다.

제323조【과실수취권】 ① 유치권자는 유치물의 과실을 수취하여 다른 채권보다 먼저 그 채권의 변제에 충당할 수 있다. 그러나 과실이 금전이 아닌 때에는 경매하여야 한다.

② 과실은 먼저 채권의 이자에 충당하고 그 잉여가 있으면 원본에 충당한다.

제324조【유치권자의 선관의무】 ① 유치권자는 선량한 관리자의 주의로 유치물을 점유하여야 한다.

② 유치권자는 채무자의 승낙없이 유치물의 사용, 대여 또는 담보제공을 하지 못한다. 그러나 유치물의 보존에 필요한 사용은 그러하지 아니하다.

③ 유치권자가 전2항의 규정에 위반한 때에는 채무자

는 유치권의 소멸을 청구할 수 있다.

제324조의 2【유치권자의 피담보채권의 변제청구 여부】 유치권자는 유치물의 경매가 있을 경우 경락인에 대하여 그 피담보채권의 변제가 있을 때까지 유치목적물인 부동산의 인도를 거절할 수 있을 뿐이고 그 피담보채권의 변제를 청구할 수 없다.

제324조의 3【유치권에 기한 유치물 사용수익과 부당이득】 건물의 유익비 상환 청구권에 기인한 유치권을 행사하여 임차 건물을 사용 수익한 경우 임차인은 임대인에 대하여 부당이득 반환의무를 부담한다.

제325조【유치권자의 상환청구권】 ① 유치권자가 유치물에 관하여 필요비를 지출한 때에는 소유자에게 그 상환을 청구할 수 있다.

② 유치권자가 유치물에 관하여 유익비를 지출한 때에는 그 가액의 증가가 현존한 경우에 한하여 소유자의 선택에 좇아 그 지출한 금액이나 증가액의 상환을 청구할 수 있다. 그러나 법원은 소유자의 청구에 의하여 상당한 상환기간을 허여할 수 있다.

제326조【피담보채권의 소멸시효】 유치권의 행사는 채권의 소멸시효의 진행에 영향을 미치지 아니한다.

제327조【타담보제공과 유치권소멸】 채무자는 상당한 담보를 제공하고 유치권의 소멸을 청구할 수 있다.

제327조의 2【담보의 상당성의 판단기준 및 그 소멸청구권자】 전조에 의하여 제공하는 담보가 상당한가의 여부는 그 담보의 가치가 채권의 담보로서 상당한지와 태양에 있어 유치물에 의하였던 담보력의 저하 여부를 고려하여 판단하여야 한다. 유치물의 가격이 채권액에 비하여 과다한 경우에는 채권액 상당의 가치가 있는 담보를 제공하면 족하다. 당해 유치물에 관하여 이해관계를 가지고 있는 자인 채무자나 유치물의 소유자는 상당한 담보가 제공되어 있는 이상 유치권의 소멸청구를 할 수 있다.

제328조【점유상실과 유치권소멸】 유치권은 점유의 상실로 인하여 소멸한다.

제8장 질권

제1절 동산질권

제329조【동산질권의 내용】 동산질권자는 채권의 담보로 채무자 또는 제삼자가 제공한 동산을 점유하고 그 동산에 대하여 다른 채권자보다 자기채권의 우선변제를 받을 권리가 있다.

제330조【설정계약의 요물성】 질권의 설정은 질권자에게 목적물을 인도함으로써 그 효력이 생긴다.

제331조【질권의 목적물】 질권은 양도할 수 없는 물건을 목적으로 하지 못한다.

제332조【설정자에 의한 대리점유의 금지】 질권자는 설정자로 하여금 질물의 점유를 하게 하지 못한다.

제333조【동산질권의 순위】 수개의 채권을 담보하기 위하여 동일한 동산에 수개의 질권을 설정한 때에는 그 순위는 설정의 선후에 의한다.

제334조【피담보채권의 범위】 질권은 원본, 이자, 위약금, 질권실행의 비용, 질물보존의 비용 및 채무불이행 또는 질물의 하자로 인한 손해배상의 채권을 담보한다. 그러나 다른 약정이 있는 때에는 그 약정에 의한다.

제335조【유치적효력】 질권자는 전조의 채권의 변제를 받을 때까지 질물을 유치할 수 있다. 그러나 자기보다 우선권이 있는 채권자에게 대항하지 못한다.

제336조【전질권】 질권자는 그 권리의 범위내에서 자기의 책임으로 질물을 전질할 수 있다. 이 경우에는 전질을 하지 아니하였으면 면할 수 있는 불가항력으로 인한 손해에 대하여도 책임을 부담한다.

제337조【전질의 대항요건】 ① 전조의 경우에 질권자가 채무자에게 전질의 사실을 통지하거나 채무자가 이를 승낙함이 아니면 전질로써 채무자, 보증인, 질권설정자 및 그 승계인에게 대항하지 못한다.

② 채무자가 전항의 통지를 받거나 승낙을 한 때에는 전질권자의 동의없이 질권자에게 채무를 변제하여도 이로써 전질권자에게 대항하지 못한다.

제338조【경매, 간이변제충당】 ① 질권자는 채권의 변제를 받기 위하여 질물을 경매할 수 있다.

② 정당한 이유있는 때에는 질권자는 감정자의 평가에 의하여 질물로 직접 변제에 충당할 것을 법원에 청구할 수 있다. 이 경우에는 질권자는 미리 채무자 및 질권설정자에게 통지하여야 한다.

제339조【유질계약의 금지】 질권설정자는 채무변제기전의 계약으로 질권자에게 변제에 가름하여 질물의 소유권을 취득하게 하거나 법률에 정한 방법에 의하지 아니하고 질물을 처분할 것을 약정하지 못한다.

제340조【질물 이외의 재산으로부터의 변제】 ① 질권자

는 질물에 의하여 변제를 받지 못한 부분의 채권에 한하여 채무자의 다른 재산으로부터 변제를 받을 수 있다.

② 전항의 규정은 질물보다 먼저 다른 재산에 관한 배당을 실시하는 경우에는 적용하지 아니한다. 그러나 다른 채권자는 질권자에게 그 배당금액의 공탁을 청구할 수 있다.

제341조【물상보증인의 구상권】 타인의 채무를 담보하기 위한 질권설정자가 그 채무를 변제하거나 질권의 실행으로 인하여 질물의 소유권을 잃은 때에는 보증채무에 관한 규정에 의하여 채무자에 대한 구상권이 있다.

제341조의 2【채무변제의 의미】 전조에서 채무의 변제란 채무의 내용인 급부가 실현되고 이로써 채권이 그 목적을 달성하여 소멸하는 것을 의미하므로, 기존 채무가 동일성을 유지하면서 인수 당시의 상태로 종래의 채무자로부터 인수인에게 이전할 뿐 기존 채무를 소멸시키는 효력이 없는 면책적 채무인수는 이로 인하여 기존 채무자가 채무를 면한다고 하더라도 채무가 변제된 경우에 해당하지 않는다.

제341조의 3【물상보증인의 구상권의 법적 성질과 소멸시효】 물상보증인의 채무자에 대한 구상권은 그들 사이의 물상보증위탁계약의 법적 성질과 관계없이 민법에 의하여 인정된 별개의 독립한 권리로서 그 소멸시효에 있어서는 민법상 일반채권에 관한 규정이 적용된다.

제341조의 4【물상보증인의 사전구상권 행사 여부】 수탁보증인의 사전구상권에 관한 제442조는 물상보증인에게는 적용되지 아니하므로 물상보증인은 사전구상권을 행사할 수 없다.

제342조【물상대위】 질권은 질물의 멸실, 훼손 또는 공용징수로 인하여 질권설정자가 받을 금전 기타 물건에 대하여도 이를 행사할 수 있다. 이 경우에는 그 지급 또는 인도전에 압류하여야 한다.

제342조의 2【전조 후문의 취지】 전조 후문은 물상대위의 목적이 되는 금전 기타 물건의 특정성을 유지하여 제3자에게 불측의 손해를 입히지 아니하려는 데 있는 것이므로, 저당목적물의 변형물인 금전 기타 물건에 대하여 이미 제3자가 압류하여 그 금전 또는 물건이 특정된 경우 저당권자는 스스로 이를 압류하지 않고서도 물상대위권을 행사할 수 있다.

제342조의 3【양도담보권자의 물상대위권】 양도담보 목적물의 소실로 양도담보 설정자가 취득한 화재보험금 청구권에 대하여 양도담보권자는 양도담보권에 기한 물상대위권을 행사할 수 있다.

제343조【준용규정】 제249조 내지 제251조, 제321조 내지 제325조의 규정은 동산질권에 준용한다.

제344조【타법률에 의한 질권】 본절의 규정은 다른 법률의 규정에 의하여 설정된 질권에 준용한다.

제2절 권리질권

제345조【권리질권의 목적】 질권은 재산권을 그 목적으로 할 수 있다. 그러나 부동산의 사용, 수익을 목적으로 하는 권리는 그러하지 아니하다.

제345조의 2【주권발행 전의 주식에 대한 질권 설정】 ① 주권발행 전의 주식에 대한 질권설정이 가능하다. 신탁법 제42조의 수탁자의 비용상환청구권는 수탁자가 개인적으로 갖는 권리로서 양도 가능하며 권리질의 목적이 될 수 있다.

② 주권발행 전의 주식 입질의 방법은 상법 제338조 1항의 규정이 아니라 제345조에 의한 권리의 양도방법에 의하여 질권을 설정할 수 있다.

제345조의 3【수탁자의 비용상환청구권】 신탁법 제46조의 수탁자의 신탁재산에 대한 비용상환청구권은 수탁자가 개인적으로 갖는 권리로서 독립성을 인정할 수 있으므로 양도될 수도 있고 권리질의 목적도 될 수 있다.

제346조【권리질권의 설정방법】 권리질권의 설정은 법률에 다른 규정이 없으면 그 권리의 양도에 관한 방법에 의하여야 한다.

제346조의 2【권리질권설정의 증명책임】 ① 채권질의 입증책임은 채권양도의 방법에 의한 것이고 양수인에 대한 채무를 담보하거나 그 변제를 확보하기 위해 채권을 양도하는 경우에도 특정의 채권양도가 질권설정을 목적으로 하였다는 사실은 이를 주장하는 당사자에게 증명책임이 있다.

② 양도계약서에 양수인에 대한 채무변제를 위하여 양도한다는 취지가 기재되어 있거나 그 양도와 동시에 양도채권에 관한 증서가 양수인에게 교부되었다는

사실만으로 그 양도에 질권설정의 목적이 있었다고 추정할 수 없다.

제347조【설정계약의 요물성】 채권을 질권의 목적으로 하는 경우에 채권증서가 있는 때에는 질권의 설정은 그 증서를 질권자에게 교부함으로써 그 효력이 생긴다.

제347조의 2【채권증서의 의미】 전조의 채권증서란 채권의 존재를 증명하기 위하여 채권자에게 제공된 문서로서 특정한 이름이나 형식을 따를 필요는 없지만 장차 변제 등으로 채권이 소멸하는 경우에는 제475조에 따라 채무자가 채권자에게 그 반환을 청구할 수 있는 것이어야 한다.

제348조【저당채권에 대한 질권과 부기등기】 저당권으로 담보한 채권을 질권의 목적으로 한 때에는 그 저당권등기에 질권의 부기등기를 하여야 그 효력이 저당권에 미친다.

제349조【지명채권에 대한 질권의 대항요건】 ① 지명채권을 목적으로 한 질권의 설정은 설정자가 제450조의 규정에 의하여 제3채무자에게 질권설정의 사실을 통지하거나 제삼채무자가 이를 승낙함이 아니면 이로써 제3채무자 기타 제3자에게 대항하지 못한다.

② 제451조의 규정은 전항의 경우에 준용한다.

제349조의 2【질권설정 사실의 통지 또는 승낙과 직접 변제청구】 ① 질권설정자가 제349조 제1항에 따라 제3채무자에게 질권이 설정된 사실을 통지하거나 제3채무자가 이를 승낙한 때에는 제3채무자가 질권자의 동의 없이 질권의 목적인 채무를 변제하더라도 질권자에게 대항할 수 없으므로 질권자는 여전히 제3채무자에게 직접 채무의 변제를 청구할 수 있다.

② 질권의 목적인 채권에 대하여 질권설정자의 일반채권자의 신청으로 압류·전부명령이 내려진 경우에도 그 명령이 송달된 날보다 먼저 질권자가 확정일자 있는 문서에 의해 제349조 제1항에서 정한 대항요건을 갖추었다면, 전부채권자는 질권이 설정된 채권을 이전받을 뿐이고 제3채무자는 전부채권자에게 변제했음을 들어 질권자에게 대항할 수 없다.

제349조의 3【선의인 제3채무자의 질권자에 대한 대항】 제3채무자가 질권 설정 사실을 승낙한 후 질권설정계약이 합의해지된 경우 질권설정자가 해지를 이유로 제3채무자에게 원래의 채권으로 대항하려면 질권자가 제3채무자에게 해지 사실을 통지하여야 하고, 만일 질권자가 제3채무자에게 질권설정계약의 해지 사실을 통지하였다면, 아직 해지가 되지 아니하였다고 하더라도 선의인 제3채무자는 질권설정자에게 대항할 수 있는 사유로 질권자에게 대항할 수 있다.

제350조【지시채권에 대한 질권의 설정방법】 지시채권을 질권의 목적으로 한 질권의 설정은 증서에 배서하여 질권자에게 교부함으로써 그 효력이 생긴다.

제351조【무기명채권에 대한 질권의 설정방법】 무기명채권을 목적으로 한 질권의 설정은 증서를 질권자에게 교부함으로써 그 효력이 생긴다.

제352조【질권설정자의 권리처분제한】 질권설정자는 질권자의 동의 없이 질권의 목적된 권리를 소멸하게 하거나 질권자의 이익을 해하는 변경을 할 수 없다.

제352조의 2【전조에 위반한 질권설정자 행위의 효력】 질권설정자와 제3채무자가 질권의 목적된 권리를 소멸하게 하는 행위를 하였다고 하더라도 이는 질권자에 대한 관계에 있어 무효일 뿐이고 특별한 사정이 없는 한 질권자 아닌 제3자가 그 무효의 주장을 할 수는 없다.

제352조의 3【질권의 목적인 채권의 양도와 질권자의 동의 여부】 질권의 목적인 채권의 양도행위는 전2조 소정의 질권자의 이익을 해하는 변경에 해하지 아니하므로 질권자의 동의를 요하지 아니한다.

제353조【질권의 목적이 된 채권의 실행방법】 ① 질권자는 질권의 목적이 된 채권을 직접 청구할 수 있다.

② 채권의 목적물이 금전인 때에는 질권자는 자기채권의 한도에서 직접 청구할 수 있다.

③ 전항의 채권의 변제기가 질권자의 채권의 변제기보다 먼저 도래한 때에는 질권자는 제삼채무자에 대하여 그 변제금액의 공탁을 청구할 수 있다. 이 경우에 질권은 그 공탁금에 존재한다.

④ 채권의 목적물이 금전 이외의 물건인 때에는 질권자는 그 변제를 받은 물건에 대하여 질권을 행사할 수 있다.

제353조의 2【무기명채권 권리질권과 채권자의 액면금 전액 청구】 무기명채권은 양수인에게 그 증서를 교부함으로써 양도의 효력이 있으므로 무기명채권에 대하여 질권을 설정한 경우에는 전조 2항의 규정은 그 적용이 배제되고, 피담보채권의 내용과는 관계 없이 그 액면금 전액을 청구할 수 있다.

제353조의 3【채권질권의 효력범위 및 그 실행방법】 채권질권의 효력은 질권의 목적이 된 채권의 지연손해금 등과 같은 부대채권에도 미치므로 채권질권자는 질권의 목적이 된 채권과 그에 대한 지연손해금채권을 피담보채권의 범위에 속하는 자기채권액에 대한 부분에 한하여 직접 추심하여 자기채권의 변제에 충당할 수 있다.

제353조의 4【질권자의 직접청구권 행사와 부당이득】 금전채권의 질권자가 자기채권의 범위 내에서 직접청구권을 행사하는 경우, 위 범위 내에서 제3채무자의 질권자에 대한 금전지급으로써 제3채무자의 질권설정자에 대한 급부뿐만 아니라 질권설정자의 질권자에 대한 급부도 이루어지고, 이때 입질채권의 발생원인인 계약관계에 무효 등의 흠이 있어 입질채권이 부존재하는 경우, 제3채무자가 질권자를 상대로 직접 부당이득반환을 구할 수 없다.

제353조의 5【질권자의 동의 없이 질권의 목적인 채무를 변제한 제3채무자의 질권자에의 대항 여부】 제3채무자가 질권자의 동의 없이 질권설정자와 상계합의를 함으로써 질권의 목적인 채무를 소멸하게 한 경우에도 마찬가지로 질권자에게 대항할 수 없고, 질권자는 여전히 제3채무자에 대하여 직접 채무의 변제를 청구할 수 있다.

제354조【동전】 질권자는 전조의 규정에 의하는 외에 민사집행법에 정한 집행방법에 의하여 질권을 실행할 수 있다.

제355조【준용규정】 권리질권에는 본절의 규정외에 동산질권에 관한 규정을 준용한다.

제9장 저당권

제1절 저당권의 내용과 효력

제356조【저당권의 내용】 저당권자는 채무자 또는 제삼자가 점유를 이전하지 아니하고 채무의 담보로 제공한 부동산에 대하여 다른 채권자보다 자기채권의 우선변제를 받을 권리가 있다.

제356조의 2【동일채권의 담보를 위한 연대보증계약 및 물상보증인계약 체결과 양계약의 부종성】 동일채권의 담보를 위하여 연대보증계약과 물상보증계약이 체결되었다 하더라도 연대보증계약과 물상보증계약은 별개의 계약으로서 법률상 부종성이 없으므로 물상보증계약이 해제되었다 하더라도 특약이 없는 이상, 연대보증계약도 동시에 해제된다고 할 수 없다.

제356조의 3【구건물의 철거와 동일성 없는 신건물신축과 저당권 실행】 구건물 철거 후 구건물과 동일성이 없는 신건물이 신축된 경우 멸실된 구건물에 대한 저당권설정등기는 무효이며 이에 기하여 진행된 임의경매절차에서 신건물을 경락받았다 하더라도 그 소유권을 취득할 수 없다.

제356조의 4【가압류등기 후에 경료된 근저당권설정등기의 효력】 부동산에 대하여 가압류등기가 먼저 되고 나서 근저당권설정등기가 마쳐진 경우에 그 근저당권등기는 가압류에 의한 처분금지의 효력으로 인하여 그 집행보전의 목적을 달성하는 데 필요한 범위 안에서 가압류채권자에 대한 관계에서만 상대적으로 무효이다.

제356조의 5【채권자, 채무자 및 제3자 사이의 합의와 제3자 명의의 근저당권권】 ① 제3자를 근저당권 명의인으로 하는 근저당권을 설정하는 경우 그 점에 대하여 채권자와 채무자 및 제3자 사이에 합의가 있고, 채권양도, 제3자를 위한 계약, 불가분적 채권관계의 형성 등 방법으로 채권이 그 제3자에게 실질적으로 귀속되었다고 볼 수 있는 특별한 사정이 있는 경우에는 제3자 명의의 근저당권설정등기도 유효하다

② 전항의 법리는 채권담보를 목적으로 가등기를 하는 경우에도 마찬가지로 적용되고, 이러한 법리가 부동산실명법에 규정된 명의신탁약정의 금지에 위반된다고 할 수 없다.

제356조의 6【담보목적물 멸실·훼손과 손해배상】 ① 근저당권의 공동 담보물 중 일부를 권한 없이 멸실·훼손하거나 담보가치를 감소시키는 행위로 인하여 근저당권자가 나머지 저당 목적물만으로 채권의 완전한 만족을 얻을 수 없게 되었다면 근저당권자는 불법행위에 기한 손해배상청구권을 취득한다.

② 전항의 불법행위 후 근저당권이 확정된 경우 근저당권자가 입게 되는 손해는 채권최고액 범위 내에서 나머지 저당 목적물의 가액에 의하여 만족을 얻지 못하는 채권액과 멸실·훼손되거나 또는 담보가치가 감소된 저당 목적물 부분의 가액 중 적은 금액이다. 나머지 저당 목적물의 가액에 의하여 만족을 얻지 못하는 채권액은 위 근저당권의 실행 또는 제3자의 신청으로

개시된 경매절차에서 근저당권자가 배상받을 금액이 확정되었거나 확정될 수 있는 때에는 그 금액을 기준으로 하여 산정하며, 그렇지 아니한 경우에는 손해배상 청구소송의 사실심 변론종결시를 기준으로 산정하여야 하고, 소멸된 저당 목적물 부분의 가액 역시 같은 시점을 기준으로 산정하여야 한다.

제356조의 7【저당권등기 유용의 합의와 채권의 존재】 저당권등기 유용의 합의는 유효하고 그 저당권이전등기를 경료받은 새로운 제3의 채권자는 부동산의 소유자에 대하여 그 등기 유용의 합의를 주장할 수 있으나 제3자가 부동산 소유자에 대하여 실제로 채권을 가지고 있지 아니한 경우에는 부동산소유자는 저당권설정등기의 말소를 청구할 수 있다.

제356조의 8【구분소유적 공유관계의 해소와 공유지분위의 근저당권】 1필지의 토지 중 특정 부분에 대한 구분소유적 공유관계를 표상하는 공유지분 위에 근저당권이 설정된 후 구분소유적 공유관계가 해소된 경우, 근저당권이 근저당권설정자의 단독소유로 분할된 토지에 집중되지 아니한다.

제2절 근저당권의 설정

제357조의 i【근저당의 정의】 근저당권이란 당좌대월계약, 어음할인약정 또는 계속적 상품공급계약과 같은 계속적 거래관계로부터 발생하는 다수의 불특정채권을 장래의 일정시기(결산기)에 일정한 한도(채권최고액)까지 담보하는 저당권을 말한다.

제357조【근저당】 ① 저당권은 그 담보할 채무의 최고액만을 정하고 채무의 확정을 장래에 보류하여 이를 설정할 수 있다. 이 경우에는 그 확정될 때까지의 채무의 소멸 또는 이전은 저당권에 영향을 미치지 아니한다.
② 전항의 경우에는 채무의 이자는 최고액 중에 산입한 것으로 본다.

제357조의 2【근저당권의 성립】 근저당권은 근저당권설정행위와는 별도로 근저당권의 피담보채권을 성립시키는 법률행위가 있어야 한다.

제357조의 3【전2조 1항의 그 담보할 채무의 최고액과 2항의 최고액】 ① 전2조 1항의 근저당에 의하여 담보되는 채권액의 범위는 결산기에 이르러 확정되는 채권 중 근저당설정계약에 정하여진 채권최고액을 한도로 하는 것이고, 이 최고액을 초과하는 부분의 채권액까지 담보되는 것은 아니다.
② 전2조 2항의 근저당의 경우에는 채무의 이자를 최고액 중에 산입한 것으로 본다는 규정은 근저당권에 있어서 채무최고액 약정에는 원본은 물론 그 이자까지도 산입되어 있는 것으로 본다는 취지의 규정에 불과하고 원본과 이지를 포함하여 채무최고액을 초과할 수 없다는 규정이라고는 볼 수 없다.

제357조 4【부동문자로 인쇄된 포괄근저당 설정약정의 제한】 기본계약을 특정하지 않은 채 채권자의 채무자에 대한 현재 및 장래에 발생할 일체의 채권을 일정한 한도까지 담보하는 무제한적인 포괄근저당권 설정약정은 효력이 없다. 다만 부동문자로 포괄적 근저당설정의 문구가 있는 경우 근저당권설정계약 체결의 경위와 목적, 피담보채무액, 근저당설정자와 채무자 및 채권자와의 상호관계 등 제반 사정에 비추어 당사자의 의사가 계약서 문언과는 달리 장래 발생할 채무만을 피담보채무로 하려는 취지였다고 인정할 수 있는 경우에는 당사자의 의사에 따라 그 담보책임의 범위를 제한하여 효력이 인정될 수 있다.

제357조의 5【피담보채권의 부존재와 채권에 대한 압류명령의 효력】 근저당권이 있는 채권이 압류되는 경우, 근저당권설정등기에 부기등기의 방법으로 그 피담보채권의 압류사실을 기입등기하는 목적은 근저당권의 피담보채권이 압류되면 담보물권의 수반성에 의하여 종된 권리인 근저당권에도 압류의 효력이 미치게 되어 피담보채권의 압류를 공시하기 위한 것이므로, 만일 근저당권의 피담보채권이 존재하지 않는다면 그 압류명령은 무효이다.

제357조의 6【동일인의 장래 불특정채무에 대한 신용보증과 물상보증】 동일인이 계속적 거래관계로 발생하는 장래의 불특정채무를 보증하는 신용보증(근보증)을 하고 함께 근저당권설정등기를 하여 물상보증도한 경우에 신용보증의 한도액과 근저당권의 피담보한도액에 차이가 있고 신용보증과 물상보증을 한 시일이 각기 다를 때에는 위 각 보증은 특별한 사정이 없는 한 별개의 채무이다.

제357조의 7【채무자가 담보부동산의 소유자 겸 근저당설정자인 경우 변제공탁 채무액】 근저당부동산의 소유자 겸 근저당설정자인 채무자의 경우에는 그 피담보채무는 채무자가 채권자인 근저당권자에 대하여 부담

하는 확정된 채무 전액이고, 따라서 채권최고액을 변제공탁하는 것만으로 적법한 변제공탁이 되지 않는다.

제357조의 8 **【매매대금의 담보를 위한 근저당권과 손해배상】** 매수인의 매도인에 대한 매매대금채무의 담보를 위하여 설정된 근저당권은 그 매매계약이 매수인의 기망에 의하여 취소된 경우에 매수인이 위 기망행위로 인하여 매도인에게 입힌 손해배상채무도 담보한다.

제357조의 9 **【경매신청 이후 발생한 원금채권의 담보】** 근저당권자가 그 피담보채무의 불이행을 이유로 경매신청한 때에 근저당권이 확정되므로 이후에 발생하는 원금채권은 그 근저당권에 의하여 담보되지 않는다.

제357조의 10 **【근저당권설정계약상의 채무의 범위나 채무자의 변경】** 근저당권은 보통의 저당권과 달리 발생 및 소멸에 있어 피담보채무에 대한 부종성이 완화되어 피담보채무가 확정되기 이전이라면 채무의 범위나 채무자를 변경할 수 있고, 채무의 범위나 채무자가 변경된 경우 당연히 변경 후의 범위에 속하는 채권이나 채무자에 대한 채권만이 당해 근저당권에 의하여 담보되고, 변경 전의 범위에 속하는 채권이나 채무자에 대한 채권은 그 근저당권에 의하여 담보되는 채무의 범위에서 제외된다.

제357조의 11 **【물상보증인의 근저당권 피담보채무의 면책적 인수와 근저당권 효력범위】** 물상보증인이 근저당권의 채무자의 계약상의 지위를 인수한 것이 아니라 다만 그 채무만을 면책적으로 인수하고 근저당권 변경의 부기등기가 경료된 경우, 특별한 사정이 없는 한 그 변경등기는 당초 채무자가 근저당권자에 대하여 부담하고 있던 것으로서 물상보증인이 인수한 채무만을 그 대상으로 하고, 그 후 채무를 인수한 물상보증인이 다른 원인으로 근저당권자에 대하여 부담하게 된 새로운 채무까지 담보하지 아니한다.

제357조의 12 **【근저당권자의 채권총액의 채권최고액 초과와 근저당권 효력범위】** 근저당권자의 채권의 총액이 그 채권최고액을 초과하는 경우, 제357조의3 제2항에 의거 적어도 근저당권자와 채무자 겸 근저당권설정자와의 관계에 있어서는 위 채권 전액의 변제가 있을 때까지 근저당권의 효력은 채권최고액과는 관계없이 잔존채무에 여전히 미친다.

제357조의 13 **【근저당권 설정 유용의 합의와 제3자】** 근저당권 설정 유용의 합의는 인정된다. 다만 유용합의 이전에 가등기권자 등 등기상의 이해관계가 있는 제3자가 있는 경우에는 그러하지 아니하다.

제357조의 14 **【근저당권에 의하여 담보되는 피담보채무의 내용과 범위】** 근저당권에 의하여 담보되는 피담보채무의 내용과 범위는 근저당권설정자와 근저당권자 간의 계약인 근저당권설정계약에 의하여 정하여지므로, 근저당권설정계약 당시 근저당권설정자와 근저당권자 사이에 그 근저당권에 의하여 담보되는 피담보채무와 그 채무자 등을 지정함에 관한 의사가 합치된 경우에는 비록 이로써 지정된 실제 채무자와 근저당권설정계약서상이나 등기부상의 채무자가 다르다고 하더라도 그 근저당권설정계약에 기해 경료된 근저당권설정등기는 유효하고, 그 근저당권의 피담보채무는 근저당권설정계약서나 등기부상 등재된 채무자의 채무가 아닌 실제 채무자의 그것으로 보아야 한다.

제3절 근저당권의 확정

제357조의 15 **【물상보증인 근저당설정자의 근저당권 소멸을 위한 확정청구】** 물상보증으로 담보된 근저당설정계약관계에서 피담보채무의 현존 여부와 상관없이 상당기간 거래가 없어 새로운 채무의 발생이 없고, 또한 앞으로도 계속적인 거래관계를 유지할 수 없는 사정이 있다면 근저당설정자도 근저당권을 소멸시키는 확정청구가 가능하다. 다만 이와 같은 특별한 사정이 없는 경우에는 그러하지 아니하다.

제357조의 16 **【존속기간의 약정이 없는 근저당권의 피담보채무의 확정과 제3취득자의 근저당권 소멸청구】** 존속기간의 약정이 없는 근저당권을 설정한 경우에 그 거래관계가 종료됨으로써 피담보채무로 예정된 원본채무가 더 이상 발생할 가능성이 없게 된 때에는 그 때까지 잔존하는 채무가 근저당권에 의하여 담보되는 채무로 확정되고, 이 확정될 당시 피담보채무가 존재하지 않는다면 저당목적물의 소유권을 취득한 제3자도 근저당권자에 대하여 그 근저당권의 소멸을 청구할 수 있다.

제357조의 17 **【후순위 근저당권자의 경매신청과 선순위 근저당권자의 피담보채권의 확정시기】** ① 후순위 근저당권자가 경매를 신청한 경우 선순위 근저당권의 피담보채권은 그 근저당권이 소멸하는 시기, 즉 경락인이 경락대금을 완납한 때에 확정된다.

② 조세채권자가 체납처분을 하는 공매절차에서 선순위근저당권자의 피담보채권은 그 근저당권이 소멸하는 시기인 매수대금을 완납한 때에 확정된다.

제357조의 18 **【근저당권 확정 후 발생한 이자와 지연손해금의 담보】** 근저당권의 피담보채권이 확정되기 전에 발생한 원본채권에 관하여 확정 후에 발생하는 이자나 지연손해금 채권은 그 근저당권에 의하여 여전히 담보된다.

제357조의 19 **【공동근저당 목적 부동산 중 일부 부동산에 대한 제3자 신청 경매와 확정】** 공동근저당권자가 목적 부동산 중 일부 부동산에 대하여 제3자가 신청한 경매절차에 소극적으로 참가하여 우선배당을 받은 경우, 해당 부동산에 관한 근저당권의 피담보채권은 매수인이 매각대금을 지급한 때 확정된다. 다만 같은 시기에 나머지 목적 부동산에 관한 근저당권의 피담보채권은 확정되지 않는다.

제4절 근저당권의 양도

제357조의 20 **【근저당권의 양도 제한】** 피담보채권이 확정되기 전에 피담보채권과 분리하여 근저당권만의 양도는 허용되지 않는다. 다만 피담보채권이 확정된 후에 피담보채권이 전부 양도되면 저당권도 양도된다.

제357조의 21 **【피담보채권의 확정 전 채권의 일부양도나 대위변제와 근저당권의 이전】** 근저당 거래관계가 계속 중인 경우 즉 근저당권의 피담보채권이 확정되기 전에 그 채권의 일부를 양도하거나 대위변제한 경우 근저당권이 양수인이나 대위변제자는 근저당권의 이전을 구할 수 없다.

제357조 22 **【근저당권의 부활】** 근저당권자가 소유권을 취득하면 그 근저당권은 혼동에 의하여 소멸하지만 그 뒤 그 소유권 취득이 무효인 것이 밝혀지면 소멸하였던 근저당권은 당연히 부활한다.

제5절 저당권의 효력

제358조 **【저당권의 효력의 범위】** 저당권의 효력은 저당부동산에 부합된 물건과 종물에 미친다. 그러나 법률에 특별한 규정 또는 설정행위에 다른 약정이 있으면 그러하지 아니하다.

제358조의 2 **【저당부동산의 종물 여부 판단기준】** 저당권의 효력이 미치는 저당부동산의 종물이라 함은 제100조가 규정하는 종물과 같은 의미로서, 어느 건물이 주된 건물의 종물이기 위하여는 마찬가지로 주물의 상용에 이바지되어야 하는 관계가 있어야 하고, 여기에서 주물의 상용에 이바지한다 함은 주물 그 자체의 경제적 효용을 다하게 하는 것을 말하는 것이며, 주물의 소유자나 이용자의 상용에 공여되고 있더라도 주물 그 자체의 효용과는 직접 관계없는 물건은 종물이 아니다.

제358조의 3 **【미등기 부속건물과 근저당권의 효력】** 등기부상 등재되지 아니한 건물 부분이 독립된 부분이 아니고 근저당의 목적이 된 주택 및 부속건물에 연이어 설치한 것으로서 본 건물에 부속된 그 건물의 일부에 불과한 경우 전 2조에 따라 근저당권의 효력이 미친다.

제358조의 4 **【증축건물의 부합 여부와 저당권의 효력】** 건물의 증축 부분이 기존건물에 부합하여 기존건물과 분리하여서는 별개의 독립물로서의 효용을 갖지 못하는 이상 기존건물에 대한 근저당권은 제358조에 의하여 부합된 증축 부분에도 효력이 미친다.

제358조의 5 **【건물의 소유를 목적으로 한 지상권과 저당권의 효력】** 건물에 대한 저당권의 효력은 건물의 소유를 목적으로 한 지상권에도 미친다.

제358조의 6 **【저당권 설정 이후 종물에 대한 강제집행의 효력】** 저당권의 실행으로 개시된 경매절차에서 부동산을 경락받은 자와 그 승계인은 종물의 소유권을 취득하고, 그 저당권이 설정된 이후에 종물에 대하여 강제집행을 한 자는 위와 같은 경락인과 그 승계인에게 강제집행의 효력을 주장할 수 없다.

제358조의 7 **【구분건문의 전유부분에 설정된 저당권의 효력】** 구분건물의 전유부분만에 관하여 설정된 저당권의 효력은 대지사용권의 분리처분이 가능하도록 규약으로 정하는 등의 특별한 사정이 없는 한 그 전유부분의 소유자가 사후에라도 대지사용권을 취득함으로써 전유부분과 대지권이 동일 소유자의 소유에 속하게 되었다면, 그 대지사용권에까지 미치고 여기의 대지사용권에는 지상권 등 용익권 이외에 대지소유권도 포함된다.

제359조 **【과실에 대한 효력】** 저당권의 효력은 저당부동산에 대한 압류가 있은 후에 저당권설정자가 그 부동산으로부터 수취한 과실 또는 수취할 수 있는 과실에 미친다. 그러나 저당권자가 그 부동산에 대한 소유권,

지상권 또는 전세권을 취득한 제삼자에 대하여는 압류한 사실을 통지한 후가 아니면 이로써 대항하지 못한다.

제359조의 2【저당부동산에 관한 차임채권 등에 대한 저당권의 효력】 전조의 과실에는 천연과실뿐만 아니라 법정과실도 포함되므로, 저당부동산에 대한 압류가 있으면 압류 이후의 저당권설정자의 저당부동산에 관한 차임채권 등에도 저당권의 효력이 미친다.

제360조【피담보채권의 범위】 저당권은 원본, 이자, 위약금, 채무불이행으로 인한 손해배상 및 저당권의 실행비용을 담보한다. 그러나 지연배상에 대하여는 원본의 이행기일을 경과한 후의 1년분에 한하여 저당권을 행사할 수 있다.

제360조의 2【양도담보의 채무자와 전조 단서에 따른 피담보채권의 제한】 저당권의 피담보채무의 범위에 관하여 제360조가 지연배상에 대하여는 원본의 이행기일을 경과한 후의 1년분에 한하여 저당권을 행사할 수 있다고 규정한 것은 저당권자의 제3자에 대한 관계에서의 제한이며 채무자나 저당권설정자가 저당권자에 대하여 대항할 수 있는 것이 아니므로, 제360조가 양도담보의 경우에 준용된다고 하여도 마찬가지이므로, 양도담보의 채무자가 양도담보권자에 대하여 제360조에 따른 피담보채권의 제한을 주장할 수는 없다.

제361조【저당권의 처분제한】 저당권은 그 담보한 채권과 분리하여 타인에게 양도하거나 다른 채권의 담보로 하지 못한다.

제361조의 2【저당권 양도에서 물권적 합의를 요하는 당사자】 저당권부 채권의 양도는 전조에 의하여 언제나 저당권의 양도와 채권양도가 결합되어 행해져야 하므로 저당권부 채권의 양도는 민법 제186조의 부동산물권변동에 관한 규정과 민법 제449조내지 제452조의 채권양도에 관한 규정에 의해 규율되므로 저당권의 양도에 있어서도 저당권을 이전할 것을 목적으로 하는 물권적 합의와 등기가 있어야 저당권이 이전되고, 이 때의 물권적 합의는 저당권의 양도·양수받는 당사자 사이에 있으면 족하고 그 외에 그 채무자나 물상보증인 사이에까지 있어야 하는 것은 아니라, 단지 채무자에게 채권양도의 통지나 이에 대한 채무자의 승낙이 있으면 채권양도를 가지고 채무자에게 대항할 수 있다.

제361조의 3【피담보채권의 처분에 따르지 않은 담보권의 소멸】 담보권의 수반성이란 피담보채권의 처분이 있으면 언제나 담보권도 함께 처분된다는 것이 아니라 채권담보라고 하는 담보권 제도의 존재 목적에 비추어 볼 때 특별한 사정이 없는 한 피담보채권의 처분에는 담보권의 처분도 당연히 포함된다고 보는 것이 합리적이라는 것일 뿐이므로, 피담보채권의 처분이 있음에도 불구하고 담보권의 처분이 따르지 않는 특별한 사정이 있는 경우에는 채권양수인은 담보권이 없는 무담보의 채권을 양수한 것이 되고 채권의 처분에 따르지 않은 담보권은 소멸한다.

제362조【저당물의 보충】 저당권설정자의 책임있는 사유로 인하여 저당물의 가액이 현저히 감소된 때에는 저당권자는 저당권설정자에 대하여 그 원상회복 또는 상당한 담보제공을 청구할 수 있다.

제363조【저당권자의 경매청구권, 경매인】 ① 저당권자는 그 채권의 변제를 받기 위하여 저당물의 경매를 청구할 수 있다.

② 저당물의 소유권을 취득한 제삼자도 경매인이 될 수 있다.

제363조의 2【피담보채권의 변제기 도래 전 경매신청 불가】 채권자는 특단의 사정이 없는 한 변제기가 도래하기 전에 채무자에게 채무의 이행을 청구할 수 없는 것이므로 저당권자는 피담보채권의 변제기 도래전에 저당권실행을 위한 경매신청을 할 수 없다.

제363조의 3【양도담보의 담보권실행】 양도담보에서 채권자의 담보권 실행은 당사자의 약정에 따라 환가처분을 하거나 평가하여 정산을 하는 것이므로 채권자가 그 담보목적물을 제3채권자에게 다시 양도담보로 제공하는 것은 담보권의 이용 내지 활용일 뿐 담보권의 실행은 아니다.

제364조【제삼취득자의 변제】 저당부동산에 대하여 소유권, 지상권 또는 전세권을 취득한 제삼자는 저당권자에게 그 부동산으로 담보된 채권을 변제하고 저당권의 소멸을 청구할 수 있다.

제364조의 2【제삼취득자의 범위】 전조의 규정에 의하여 저당권의 소멸을 청구할 수 있는 제3취득자는 경매신청 전 또는 경매개시 결정전에 소유권, 지상권 또는 전세권을 취득한 자에 한하지 않는다.

**제364조의 3【저당부동산의 제3취득자의 피담보채무 인

수와 전2조 적용 여부】 저당부동산의 제3취득자가 피담보채무를 인수한 경우에는 그 때부터는 제3취득자는 채권자에 대한 관계에서 채무자의 지위로 변경되므로 제364조의 규정은 적용되지 아니한다.

제364조의 4【매매대금에서 피담보채무 공제한 잔액 수수한 경우 저당권 소멸청구 여부】 저당부동산에 관한 매매계약을 체결하는 당사자 사이에 매매대금에서 피담보채무 또는 채권최고액을 공제한 잔액만을 현실로 수수하였다는 사정만을 가지고 언제나 매수인이 매도인의 저당채권자에 대한 피담보채무를 인수한 것으로 보아 제3취득자는 채권자에 대한 관계에서 제3취득자가 아니라 채무자와 동일한 지위에 놓이게 됨으로써 저당부동산의 제3취득자가 원래 행사할 수 있었던 저당권소멸청구권을 상실한다고 볼 수는 없다. 오히려 이러한 매매대금 지급방법상의 약정은 다른 특별한 사정이 없는 한 매매당사자 사이에서는 매수인이 피담보채무 또는 채권최고액에 해당하는 매매대금 부분을 매도인에게 지급하는 것이 아니라 채권자에게 직접 지급하기로 하여 그 매매목적 부동산에 관한 저당권의 말소를 보다 확실하게 보장하려는 취지로 그러한 약정을 한 것으로 볼 수 있다.

제364조의 5【후순위근저당권자가 제3취득자인지 여부】 근저당부동산에 대하여 후순위근저당권을 취득한 자는 제364조에서 정한 권리를 행사할 수 있는 제3취득자에 해당하지 아니하므로 이러한 후순위근저당권자가 선순위근저당권의 피담보채무가 확정된 이후에 그 확정된 피담보채무를 변제한 경우, 제469조의 규정에 의한 이해관계 있는 제3자의 변제로서 유효한 것인지 따져볼 수는 있지만 제364조의 규정에 따라 선순위근저당권의 소멸을 청구할 수 없다.

제365조【저당지상의 건물에 대한 경매청구권】 토지를 목적으로 저당권을 설정한 후 그 설정자가 그 토지에 건물을 축조한 때에는 저당권자는 토지와 함께 그 건물에 대하여도 경매를 청구할 수 있다. 그러나 그 건물의 경매대가에 대하여는 우선변제를 받을 권리가 없다.

제365조의 2【일괄경매의 취지】 저당권은 담보물의 교환가치의 취득을 목적으로 할 뿐 담보물의 이용을 제한하지 아니하여 저당권설정자로서는 저당권설정 후에도 그 지상에 건물을 신축할 수 있는데, 후에 그 저당권의 실행으로 토지가 제3자에게 경락될 경우에 건물을 철거하여야 한다면 사회경제적으로 현저한 불이익이 생기게 되어 이를 방지할 필요가 있으므로 이러한 이해관계를 조절하고, 저당권자에게도 저당토지상의 건물의 존재로 인하여 생기게 되는 경매의 어려움을 해소하여 저당권의 실행을 쉽게 할 수 있도록 한 데에 있다.

제365조의 3【대지와 그 지상건물의 일괄경매와 과잉경매】 대지와 그 지상건물은 같이 경매하는 것이 그 가액을 높이는데 도움이 되는 것으로 제365조의 규정의 취지에 따라 대지와 그 지상건물을 같이 경매하는 경우에는 민사집행법 제124조의 과잉경매의 규정은 적용되지 않는다.

제365조의 4【저당권 설정 당시 건물축조와 전2조 적용】 제365조는 저당권설정자가 저당권을 설정한 후 저당목적물인 토지상에 건물을 축조함으로써 저당권의 실행이 곤란하여지거나 저당목적물의 담보가치의 하락을 방지하고자 함에 그 취지가 있으므로, 저당권설정 당시에 건물의 존재가 예측되고 또한 당시 사회경제적 관점에서 그 가치의 유지를 도모할 정도로 건물의 축조가 진행되어 있는 경우에는 위 규정은 적용되지 아니한다.

제365조의 5【토지만의 경매신청】 제365조는 저당권이 설정된 후에 설정자가 그 목적물인 토지 위에 건물을 건축한 때에 저당권자는 토지와 함께 그 건물에 대하여도 경매를 신청할 수 있는 권능만을 인정하였을 뿐 그 의무를 정한 것이 아니므로, 저당권자가 단지 건물 소유자를 괴롭힌다는 것만을 목적으로 일부러 토지에 대해서만 경매신청을 하여 경락인이 되어 건물의 철거를 구하는 등 특별한 사정이 없는 한 토지만에 대하여 경매를 신청하여 그 경락으로 소유권을 취득하고 건물의 철거를 구하는 것은 위법하다 할 수 없다.

제365조의 6【저당권설정자의 건물축조와 소유】 제365조에 기한 일괄경매청구권은 저당권설정자가 건물을 축조하여 소유하고 있는 경우에 한한다.

제365조의 7【일괄경매와 추가신청】 제365조에 기한 일괄경매청구권은 토지의 저당권자가 토지에 대하여 경매를 신청한 후에도 그 토지상의 건물에 대하여 토지에 관한 경매기일 공고 시까지는 일괄경매의 추가신청을 할 수 있다.

제365조의 8【저당권설정자로부터 저당토지에 대한 용익

권을 설정받은 자가 축조한 건물의 소유권을 저당권설정자가 취득한 경우】 저당지상의 건물에 대한 일괄경매청구권은 저당권설정자가 건물을 축조한 경우뿐만 아니라 저당권설정자로부터 저당토지에 대한 용익권을 설정받은 자가 그 토지에 건물을 축조한 경우라도 그 후 저당권설정자가 그 건물의 소유권을 취득한 경우에는 저당권자는 토지와 함께 그 건물에 대하여 일괄경매를 청구할 수 있다.

제365조의 9【토지와 건물에 대한 공동저당권 설정 후 건물철거 및 신축건물 축조와 일괄경매청구】 토지와 건물에 대해 공동저당권을 설정한 후 건물을 철거하고 그 토지 위에 건물을 신축하여 소유하고 있는 경우에는 건물이 없는 나대지 상에 저당권을 설정한 후 그 설정자가 건물을 축조한 경우와 마찬가지로 저당권자는 그 토지와 신축건물에 대해 일괄경매를 청구할 수 있다.

제365조의 10【일괄경매청구의 경우 매각대금의 산정】 동일인의 소유에 속하는 토지 및 지상 건물에 관하여 공동저당권이 설정된 후 건물이 철거되고 새로 건물이 신축된 경우에는, 특별한 사정이 없는 한 저당물의 경매로 인하여 토지와 신축건물이 다른 소유자에 속하게 되더라도 신축건물을 위한 법정지상권이 성립하지 않으므로, 위와 같은 경우 토지와 신축건물에 대하여 제365조에 의하여 일괄매각이 이루어졌다면 일괄매각대금 중 토지에 안분할 매각대금은 법정지상권 등 이용 제한이 없는 상태의 토지로 평가하여 산정하여야 한다.

제6절 저당권부 법정지상권

제366조【법정지상권】 저당물의 경매로 인하여 토지와 그 지상건물이 다른 소유자에 속한 경우에는 토지소유자는 건물소유자에 대하여 지상권을 설정한 것으로 본다. 그러나 지료는 당사자의 청구에 의하여 법원이 이를 정한다.

제366조의 2【법정지상권의 성립】 ① 지상건물이 등기되어 있지 않은 경우에도 법정지상권은 성립한다.

② 저당권 설정 당시부터 저당권의 목적되는 토지 위에 건물이 존재하여야 한다. 최선순위 저당권 설정 당시에 건물이 존재하거나 건물의 존재를 예상할 수 있어야 한다.

③ 저당권 설정 당시 건물이 존재한 이상 건물이 개축, 증축되거나 그 건물의 멸실 또는 철거 후 건물이 재축, 신축된 경우에도 법정지상권이 성립하며, 법정지상권의 내용인 존속기간, 범위 등은 구 건물을 기준으로 한다.

④ 저당권 설정 당시 그 지상에 건물이 토지 소유자에 의하여 건축 중이었고, 건물의 규모, 종류가 외형상 예상할 수 있는 정도까지 건축이 진전된 경우 법정지상권이 인정된다.

⑤ 나대지에 저당권이 설정된 후 토지의 저당권설정자가 그 위에 건물을 건축하였다가 저당권이 실행되어 그 토지와 지상건물이 소유자를 달리한 경우에는 법정지상권이 인정되지 않는다. 저당권이 설정될 당시 저당권자가 건물의 건축에 대하여 동의하였다 하더라도 마찬가지이다.

⑥ 토지와 그 지상건물에 공동저당권이 설정된 후 그 지상건물이 철거되고 새로 건물이 신축된 경우, 특별한 사정이 없는 한 신축건물을 위한 법정지상권이 인정되지 않는다.

⑦ 동일인의 소유에 속하던 토지와 지상건물 중 미등기건물이 양도되고 양도인이 설정한 대지저당권이 실행되어 토지와 건물의 소유자가 달라진 경우에는 양도인이 여전히 건물소유자로서 법정지상권을 취득한다.

⑧ 공유토지 위에 공유자 1인의 건물이 존재하는 경우 그가 건물이나 대지지분에 저당권을 설정하였다가 실행되어 토지와 건물의 소유자가 달라진 경우 법정지상권은 인정되지 않는다.

⑨ 건물공유자 1인이 그 건물의 부지인 토지를 단독으로 소유하면서 그 토지에 관하여만 저당권을 설정하였다가 저당권의 실행으로 토지와 소유자가 달라진 경우, 건물공유자들은 법정지상권을 취득한다.

⑩ 구분소유적 공유관계에 있는 토지의 공유자들이 그 토지 위에 각자 독자적으로 별개의 건물을 소유하면서 그 토지 전체에 대하여 저당권을 설정하였다가 그 저당권의 실행으로 토지와 건물의 소유자가 달라지게 된 경우, 건물의 소유자는 법정지상권을 취득한다.

제366조의 3【미등기건물의 매수와 대지에 대해서만 소유권이전등기 경료 및 저당권설정된 경우】 미등기건물을 그 대지와 함께 매수한 사람이 그 대지에 관하여만 소유권이전등기를 넘겨받고 건물에 대하여는 그 등기

를 이전 받지 못하고 있다가, 대지에 대하여 저당권을 설정하고 그 저당권의 실행으로 대지가 경매되어 다른 사람의 소유로 된 경우에는, 그 저당권의 설정 당시에 이미 대지와 건물이 각각 다른 사람의 소유에 속하고 있었으므로 법정지상권이 성립될 여지가 없다.

제366조의 4【법정지상권의 내용】 ① 법정지상권의 존속기간은 성립 후 그 지상목적물의 종류에 따라 규정하고 있는 제280조 제1항 소정의 각 기간으로 보아야 한다.

② 법정지상권의 지료산정에서 법정지상권 설정 당시의 제반 사정을 참작하여야 하나, 법정지상권이 설정된 건물이 건립되어 있음으로 인하여 토지의 소유권이 제한받는 사정은 참작·평가할 수 없다.

③ 법정지상권이 있는 건물의 양수인으로서 장차 법정지상권을 취득할 지위에 있어 건물의 양수인으로서 대지소유자의 건물철거나 대지인도 청구를 거부할 수 있는 지위에 있는 자라 할지라도, 그 대지의 점거사용으로 얻은 실질적 이득은 부당이득으로서 이를 대지소유자에게 반환할 의무가 있다.

④ 공동저당권이 설정된 건물이 다른 건물과 합동된 경우 법정지상권의 내용인 존속기간과 범위 등은 종전 건물을 기준으로 하여 그 이용에 일반적으로 필요한 범위 내로 제한된다.

제366조의 5【법정지상권의 양도】 ① 저당물의 경매로 법정지상권을 취득한 자로부터 그 건물을 전득한 사람은 등기하여야 지상권을 취득할 수 있다.

② 제366조의 법정지상권은 건물의 소유에 부속되는 종속적인 권리가 아니라 독립된 법률상의 물권이므로 건물의 소유자가 건물과 지상권중 한 쪽만을 처분하는 것도 가능하다. 따라서 건물을 처분하면서 법정지상권의 처분에 따른 이전등기 등을 하지 않은 경우 그 법정지상권은 원래의 법정지상권자에게 유보되어 있는 것으로 보아야 한다.

③ 건물소유를 위하여 법정지상권을 취득한 자로부터 경매에 의하여 그 건물을 소유권을 이전받은 경락인은 건물의 경락취득과 함께 위 지상권도 당연히 취득한다.

④ 법정지상권을 가진 건물소유자로부터 건물을 양수하면서 지상권까지 양도받기로 한 자는 법정지상권을 취득할 자의 지위를 가지므로 대지소유자는 건물철거를 할 수 없다.

⑤ 법정지상권자는 물권으로서의 효력에 의하여 이를 취득할 당시의 대지소유자나 이로부터 소유권을 전득한 제3자에 대하여도 등기 없이 지상권을 주장할 수 있고, 대지소유자에 대하여 지상권설정등기청구권을 갖는다.

제367조【제3취득자의 비용상환청구권】 저당물의 제3취득자가 그 부동산의 보존, 개량을 위하여 필요비 또는 유익비를 지출한 때에는 제203조 제1항, 제2항의 규정에 의하여 저당물의 경매대가에서 우선상환을 받을 수 있다.

제367조의2【제3취득자의 범위】 전항의 제3취득자에는 저당물에 관한 지상권, 전세권을 취득한 자 뿐만 아니라 소유권을 취득한 자도 포함된다.

제368조【공동저당과 대가의 배당, 차순위자의 대위】 ① 동일한 채권의 담보로 수개의 부동산에 저당권을 설정한 경우에 그 부동산의 경매대가를 동시에 배당하는 때에는 각 부동산의 경매대가에 비례하여 그 채권의 분담을 정한다.

② 전항의 저당부동산중 일부의 경매대가를 먼저 배당하는 경우에는 그 대가에서 그 채권전부의 변제를 받을 수 있다. 이 경우에 그 경매한 부동산의 차순위저당권자는 선순위저당권자가 전항의 규정에 의하여 다른 부동산의 경매대가에서 변제를 받을 수 있는 금액의 한도에서 선순위자를 대위하여 저당권을 행사할 수 있다.

제368조의2【전조 1항의 각 부동산의 경매대가의 의미】 전조 제1항에서 말하는 각 부동산의 경매대가라 함은 매각대금에서 당해 부동산이 부담할 경매비용과 선순위채권을 공제한 잔액을 말한다.

제368조의3【제368조 1항의 적용범위】 ① 당사자는 최초 근저당권 설정 시는 물론 그 후에도 공동근저당권임을 등기하여 공동근저당권의 저당물을 추가할 수 있는데, 이와 같이 특정 공동근저당권에 있어 공동저당물이 추가되기 전에 기존의 저당물에 관하여 후순위 근저당권이 설정된 경우, 제368조 제1항이 마찬가지로 적용된다.

② 채무자 소유의 부동산과 물상보증인 소유의 부동산이 함께 경매되어 그 경매대가를 동시배당하는 경우에는 제368조 제1항이 적용되지 않고, 채무자 소유

의 부동산의 경매대가에서 공동저당권자에게 우선적으로 배당을 하고, 부족분이 있는 경우에 한하여 물상보증인 소유 부동산의 경매대가에서 추가로 배당을 하여야 한다.

제368조의4 **【후순위저당권자의 대위와 물상보증인의 변제자대위 충돌과 우선순위】** 공동저당의 목적인 채무자 소유의 부동산과 물상보증인 소유의 부동산에 각각 채권자를 달리하는 후순위저당권이 설정되어 있는 경우, 물상보증인 소유의 부동산에 대하여 먼저 경매가 이루어지고 그 경매대금의 교부에 의하여 1번 저당권자가 변제를 받은 때에는 물상보증인은 채무자에 대하여 구상권을 취득함과 동시에, 민법 제481조, 제482조의 규정에 의한 변제자대위에 의하여 채무자 소유의 부동산에 대한 1번저당권을 취득하고, 이러한 경우 물상보증인 소유의 부동산에 대한 후순위저당권자는 물상보증인에게 이전한 1번 저당권으로부터 우선하여 변제를 받을 수 있으며, 물상보증인이 수인인 경우에도 마찬가지라 할 것이므로, 자기 소유의 부동산이 먼저 경매되어 1번 저당권자에게 대위변제를 한 물상보증인은 1번 저당권을 대위취득하고, 그 물상보증인 소유의 부동산의 후순위저당권자는 1번 저당권에 대하여 물상대위를 할 수 있다.

제368조의5 **【수 개의 부동산 중 일부가 경매된 경우 제368조 2항 유추적용】** 사용자 소유의 수 개의 부동산 중 일부가 먼저 경매되어 그 경매대가에서 임금채권자들이 우선 변제를 받은 결과 동시배당의 경우에 비하여 불이익을 받은 저당권자에게 민법 제368조 제2항 후문이 유추적용될 수 있고, 이 경우 위 저당권자는 임금채권자가 위 수 개의 부동산으로부터 동시에 배당받았다면 다른 부동산의 경매대가에서 변제를 받을 수 있었던 금액의 한도 내에서 선순위자인 임금채권자를 대위하여 다른 부동산의 경매절차에서 우선하여 배당받을 수 있다.

제368조의6 **【후순위저당권자의 대위권과 물상보증인 소유의 부동산】** 공동저당의 목적인 채무자 소유의 부동산과 물상보증인 소유의 부동산 중 채무자 소유의 부동산에 대하여 먼저 경매가 이루어져 그 경매대금의 교부에 의하여 1번 공동저당권자가 변제를 받더라도, 채무자 소유의 부동산에 대한 후순위저당권자는 민법 제368조 제2항 후단에 의하여 1번 공동저당권자를 대위하여 물상보증인 소유의 부동산에 대하여 저당권을 행사할 수 없다. 그리고 이러한 법리는 채무자 소유의 부동산에 후순위 저당권이 설정된 후에 물상보증인 소유의 부동산이 추가로 공동저당의 목적으로 된 경우에도 마찬가지로 적용된다.

제368조의7 **【물상보증인이 대위취득한 선순위저당권설정등기에 대하여 선순위저당권의 피담보채무의 소멸 이유로 말소청구 가능 여부】** 물상보증인이 대위취득한 선순위저당권설정등기에 대하여는 말소등기가 아니라 물상보증인 앞으로 대위에 의한 저당권이전의 부기등기가 경료되어야 할 성질의 것이므로, 아직 경매되지 아니한 공동저당물의 소유자로서는 1번 저당권자에 대한 피담보채무가 소멸하였다는 사정만으로는 말소등기를 청구할 수 없다.

제368조의8 **【물상보증인이 채무자에게 구상권이 없는 경우 후순위근저당권자의 물상대위 가부】** 물상보증인이 채무자에게 구상권이 없어 변제자대위에 의하여 채무자 소유의 부동산에 대한 선순위공동저당권자의 저당권을 대위취득할 수 없는 경우에는 물상보증인 소유의 부동산에 대한 후순위저당권자는 물상대위할 대상이 없으므로 채무자 소유의 부동산에 대한 선순위공동저당권자의 저당권에 대하여 물상대위를 할 수 없다.

제368조의9 **【선순위 공동저당권자가 일부 저당권을 포기한 경우 후순위저당권자가 있는 부동산 경매절차에서의 배당】** 선순위 공동저당권자가 피담보채권을 변제받기 전에 공동저당 목적 부동산 중 일부에 관한 저당권을 포기한 경우, 후순위저당권자가 있는 부동산에 관한 경매절차에서 저당권을 포기하지 아니하였더라면 후순위저당권자가 대위할 수 있었던 한도에서도 후순위저당권자에 우선하여 배당받을 수 없다. 이러한 법리는 공동근저당의 경우에도 마찬가지이다.

제368조의10 **【공동저당의 목적인 여러 부동산이 동시에 경매된 경우 차순위저당권자의 대위권 발생시기】** 제368조에 따른 차순위저당권자의 대위권은 일단 배당기일에 그 배당표에 따라 배당이 실시되어 배당기일이 종료되었을 때 발생하는 것이고, 배당이의 소송의 확정 등 그 배당표가 확정되는 것을 기다려 그때에 비로소 발생하는 것은 아니다.

제368조의11 **【물상보증인과 제3취득자의 우열관계】** 물상보증인이 채무를 변제하거나 담보권의 실행으로 소

유권을 잃은 때에는 보증채무를 이행한 보증인과 마찬가지로 채무자로부터 담보부동산을 취득한 제3자에 대하여 구상권의 범위 내에서 출재한 전액에 관하여 채권자를 대위할 수 있는 반면, 채무자로부터 담보부동산을 취득한 제3자는 채무를 변제하거나 담보권의 실행으로 소유권을 잃더라도 물상보증인에 대하여 채권자를 대위할 수 없다.

제368조의12 【공동저당목적물이 제3자에게 양도된 경우 후순위저당권자의 대위】 공동저당목적물이 제3자에게 양도되었다 하더라도 공동저당 부동산의 후순위저당권자는 여전히 제368조 2항에 의한 대위를 할 수 있다.

제368조의13 【제368조 2항의 후순위저당권자의 대위권 적용한계】 공동저당의 목적인 채무자 소유의 부동산과 물상보증인 소유의 부동산 중 채무자 소유의 부동산에 대하여 먼저 경매가 이루어져 그 경매대금의 교부에 의하여 1번 공동저당권자가 변제를 받더라도 채무자 소유의 부동산에 대한 후순위 저당권자는 민법 제368조 제2항 후단에 의하여 1번 공동저당권자를 대위하여 물상보증인 소유의 부동산에 대하여 저당권을 행사할 수 없다.

제368조의 14 【근저당권의 준공유자들이 공유지분을 특정하여 근저당권설정등기를 마친 경우, 그 근저당권의 실행으로 인한 경매절차에서의 배당방법】 근저당권의 준공유자들이 각자의 공유지분을 미리 특정하여 근저당권설정등기를 마쳤다면 다른 특별한 사정이 없는 한 준공유자들 사이에는 각기 그 지분비율에 따라 변제받기로 하는 약정이 있었다고 보아야 하므로, 그 근저당권의 실행으로 인한 경매절차에서 배당을 하는 경매법원으로서는 배당시점에서의 준공유자 각자의 채권액의 비율에 따라 안분하여 배당할 것이 아니라 각자의 지분비율에 따라 안분하여 배당해야 하며, 어느 준공유자의 실제 채권액이 위 지분비율에 따른 배당액보다 적어 잔여액이 발생하게 되면 이를 다른 준공유자들에게 그 지분비율에 따라 다시 안분하는 방법으로 배당해야 한다.

제368조의 15 【대지권과 공동저당】 저당권이 설정된 1필의 토지가 그 후 성립된 집합건물에 대한 대지권의 목적이 되고, 집합건물 중 일부 전유부분 건물에 대하여 경매가 이루어져 경매 대가를 먼저 배당하게 된 경우, 저당권자는 매각대금 중 대지권에 해당하는 경매 대가에 대하여 우선변제받을 권리가 있고, 그 경우 공동저당 중 이른바 이시배당에 관하여 규정하고 있는 제368조 2항의 법리에 따라 저당권의 피담보채권액 전부를 변제받을 수 있다.

제368조의16 【제3취득자에 대한 후순위 저당권자의 대위 가부】 먼저 경매된 부동산의 후순위저당권자가 다른 부동산에 공동저당의 대위등기를 하지 아니하고 있는 사이에 선순위저당권자 등에 의해 그 부동산에 관한 저당권등기가 말소되고, 그와 같이 저당권등기가 말소되어 등기부상 저당권의 존재를 확인할 수 없는 상태에서 그 부동산에 관하여 소유권이나 저당권 등 새로 이해관계를 취득한 사람에 대해서는, 후순위저당권자가 민법 제368조 제2항에 의한 대위를 주장할 수 없다.

제368조의17 【공동저당권이 설정된 부동산에 대하여 이시배당이 이루어지는 경우 공동근저당권자로서 우선변제권】 공동근저당권자가 스스로 근저당권을 실행하거나 타인에 의하여 개시된 경매 등의 환가절차를 통하여 공동담보의 목적 부동산 중 일부에 대한 환가대금 등으로부터 다른 권리자에 우선하여 피담보채권의 일부에 대하여 배상받은 경우에, 우선변제 받은 금액에 관하여는 공동담보의 나머지 목적 부동산에 대한 경매 등의 환가절차에서 다시 공동근저당권자로서 우선변제권을 행사할 수 없고, 공동담보의 나머지 목적 부동산에 대하여 공동근저당권자로서 행사할 수 있는 우선변제권의 범위는 피담보채권의 확정 여부와 상관없이 최초의 채권최고액에서 위와 같이 우선변제 받은 금액을 공제한 나머지 채권최고액으로 제한된다. 그리고 이러한 법리는 채권최고액을 넘는 피담보채권이 원금이 아니라 이자·지연손해금인 경우에도 마찬가지로 적용된다.

제368조의18 【채무자가 물상보증인에 대한 반대채권으로 물상보증인의 구상금 채권과 상계함으로써 물상보증인 소유의 부동산에 대한 후순위저당권자에의 대항 여부】 채무자는 물상보증인에 대한 반대채권이 있더라도 특별한 사정이 없는 한 물상보증인의 구상금 채권과 상계함으로써 물상보증인 소유의 부동산에 대한 후순위저당권자에게 대항할 수 없다. 채무자는 선순위공동저당권자가 물상보증인 소유의 부동산에 대해 먼저 경매를 신청한 경우에 비로소 상계할 것을 기대

할 수 있는데, 이처럼 우연한 사정에 의하여 좌우되는 상계에 대한 기대가 물상보증인 소유의 부동산에 대한 후순위저당권자가 가지는 법적 지위에 우선할 수 없다.

제368조의19【공동저당권자의 공동저당물 중 일부경매신청과 다른 저당권자의 일괄경매신청을 한 때 법원의 조치】 공동저당권자가 공동저당물 중 일부만에 대하여 저당권을 실행한다고 하더라도 이는 저당권자의 권리에 속하는 것이고 경매법원은 대지와 지상건물이 함께 경매신청이 되어 경매의 목적물이 된 경우에는 그 대지와 그 지상건물의 경제적 사회적인 용도와 효용으로 보아 이를 일괄경매함이 상당하나 그중 하나만이 경매신청이 된 경우에는 그 부분에 대하여만 경매하여야 할 것이고 그 절차의 진행 중에 다른 저당권자로부터의 일괄경매신청이 있었다 하여 반드시 일괄경매하여야 하는 것은 아니다.

제368조의20【공동저당물 중 일부만에 대한 저당권 실행과 불법행위】 공동저당권자가 공동저당물중 일부만에 대하여 저당권을 실행하는 것은 저당권자의 권리에 속하는 것으로 권리남용에 해당하지 아니하는 한 정당하다고 할 것이므로 공동저당물인 토지와 건물 전부에 대하여 경매절차를 진행하던 중 건물에 대한 경매신청을 취하하고 토지에 대해서만 경매를 실행하여 토지 소유자가 그에 대한 소유권을 상실하였다고 하더라도 불법행위가 성립하지 않는다.

제369조【부종성】 저당권으로 담보한 채권이 시효의 완성 기타 사유로 인하여 소멸한 때에는 저당권도 소멸한다.

제369조의 2【근저당설정계약상의 채무자 아닌 자를 채무자로 한 근저당권설정등기의 효력】 근저당권 설정계약상의 채무자 아닌 제3자를 채무자로 하여 된 근저당권 설정등기는 채무자를 달리 한 것이므로 부종성에 비추어 원인 없는 무효의 등기이다.

제369조의 2【채권자 아닌 제3자 명의로 설정된 저당권의 효력】 저당권자는 원칙적으로 채권자가 되어야 하나, 채권담보를 위하여 저당권을 설정하는 경우 제3자 명의로 저당권등기를 하는 데 대하여 채권자와 채무자 및 제3자 사이에 합의가 있었고, 나아가 제3자에게 그 채권이 실질적으로 귀속되었다고 볼 수 있는 특별한 사정이 있는 경우에는 제3자 명의의 저당권등기도 유효하다.

제369조의 3【저당권설정 후 부동산 소유권이전과 종전 소유자인 근저당권설정자의 근저당권설정등기 말소청구】 근저당권설정자인 종전의 소유자도 근저당권설정계약의 당사자로서 근저당권소멸에 따른 원상회복으로 근저당권자에게 근저당권설정등기의 말소를 구할 수 있는 계약상 권리가 있으므로 이러한 계약상 권리에 터잡아 근저당권자에게 피담보채무의 소멸을 이유로 하여 그 근저당권설정등기의 말소를 청구할 수 있다.

제370조【준용규정】 제214조, 제321조, 제333조, 제340조, 제341조 및 제342조의 규정은 저당권에 준용한다.

제370조의2【저당권자의 저당목적물에 대한 방해배제청구권】 저당권자는 물권에 기하여 그 침해가 있는 때에는 그 제거나 예방을 청구할 수 있다. 공장저당권의 목적 동산이 저당권자의 동의를 얻지 아니하고 설치된 공장으로부터 반출된 경우에는 저당권자는 점유권이 없기 때문에 설정자로부터 일탈한 저당목적물을 저당권자 자신에게 반환할 것을 청구할 수는 없으나, 저당목적물이 제3자에게 선의취득되지 아니하는 한 저당권자가 가지는 방해배제청구권의 행사로서 원래의 설치 장소에 원상회복할 것을 청구할 수 있다.

제370조의3【저당부동산에 대한 점유가 저당권을 침해하는 경우】 저당부동산에 대한 점유가 저당부동산의 본래의 용법에 따른 사용·수익의 범위를 초과하여 그 교환가치를 감소시키거나, 점유자에게 저당권의 실현을 방해하기 위하여 점유를 개시하였다는 점이 인정되는 등, 그 점유로 인하여 정상적인 점유가 있는 경우의 경락가격과 비교하여 그 가격이 하락하거나 경매절차가 진행되지 않는 등 저당권의 실현이 곤란하게 될 사정이 있는 경우에는 저당권의 침해가 인정될 수 있다.

제370조의4【저당권에 기한 방해배제청구권의 행사로서 방해행위의 제거청구】 저당권자는 저당권 설정 이후 환가에 이르기까지 저당물의 교환가치에 대한 지배권능을 보유하고 있으므로 저당목적물의 소유자 또는 제3자가 저당목적물을 물리적으로 멸실·훼손하는 경우는 물론 그 밖의 행위로 저당부동산의 교환가치가 하락할 우려가 있는 등 저당권자의 우선변제청구권의 행사가 방해되는 결과가 발생한다면 저당권자는 저당권에 기한 방해배제청구권을 행사하여 방해행위의 제

거를 청구할 수 있다.

제370조의5【물상보증인의 구상권과 변제자대위의 관계】 타인의 채무를 담보하기 위하여 근저당권을 설정한 물상보증인이 채무를 변제한 때에는 채무자에 대한 구상권이 있고, 물상보증인은 변제할 정당한 이익이 있으므로 변제로 당연히 채권자를 대위하여 채권자의 채권 및 그 담보에 관한 권리를 행사할 수 있다. 다만 물상보증인은 자기의 권리에 의하여 구상할 수 있는 범위에서 그와 같은 권리를 행사할 수 있으므로, 물상보증인이 채무를 변제한 때에도 다른 사정에 의하여 채무자에 대하여 구상권이 없는 경우에는 채권자를 대위하여 채권자의 채권 및 담보에 관한 권리를 행사할 수 없다.

제370조의6【물상보증의 목적물인 저당부동산의 제3취득자의 채무변제나 저당권 실행으로 저당부동산의 소유권 잃은 경우 채무자에 대한 구상권】 타인의 채무를 담보하기 위하여 저당권을 설정한 부동산의 소유자인 물상보증인으로부터 저당부동산의 소유권을 취득한 제3취득자는 저당권이 실행되면 저당부동산에 대한 소유권을 잃는다는 점에서 물상보증인과 유사한 지위에 있다. 따라서 물상보증의 목적물인 저당부동산의 제3취득자가 채무를 변제하거나 저당권의 실행으로 인하여 저당부동산의 소유권을 잃은 때에는 특별한 사정이 없는 한 물상보증인의 구상권에 관한 제370조, 제341조의 규정이 유추적용되어, 물상보증인으로부터 저당부동산을 양수한 제3취득자는 보증채무에 관한 규정에 의하여 채무자에 대한 구상권이 있다.

제370조의7【물상보증인이 담보부동산을 제3취득자에게 매도하여 제3취득자가 근저당권의 피담보채무를 인수한 경우, 담보권 실행으로 인한 구상권의 귀속 주체】 물상보증인이 담보부동산을 제3취득자에게 매도하고 제3취득자가 담보부동산에 설정된 근저당권의 피담보채무의 이행을 인수한 경우, 그 이행인수는 매매당사자 사이의 내부적인 계약에 불과하여 이로써 물상보증인의 책임이 소멸하지 않는 것이고, 따라서 담보부동산에 대한 담보권이 실행된 경우에도 제3취득자가 아닌 원래의 물상보증인이 채무자에 대한 구상권을 취득한다.

제370조의8【저당권자의 물상대위권의 행사하여 우선변제를 받기 위한 권리실행방법】 저당권자는 저당목적물의 변형물인 금전 기타 물건에 대하여 이미 제3자가 압류하여 그 금전 또는 물건이 특정된 이상, 저당권자 스스로 이를 압류하지 않고서도 물상대위권을 행사하여 일반채권자보다 우선변제를 받을 수 있으나, 그 행사방법으로는 민사집행법 제273조에 의하여 담보권의 존재를 증명하는 서류를 집행법원에 제출하여 채권압류 및 전부명령을 신청하는 것이거나 민사집행법 제247조 제1항에 의하여 배당요구를 하는 것이므로, 이러한 물상대위권의 행사를 하지 아니하고 단지 수용대상토지에 대하여 담보물권의 등기가 된 것만으로는 그 보상금으로부터 우선변제를 받을 수 없다.

제370조의9【저당권자의 물상대위권의 행사 시한】 저당권자의 물상대위권의 행사는 늦어도 배당요구의 종기까지 하여야 하고, 그 이후에는 물상대위권자로서의 우선변제권을 행사할 수 없다.

제370조의10【저당권자가 물상대위권을 행사하지 아니한 경우 이득을 얻은 다른 채권자에 대한 부당이득반환청구 가부】 저당권자가 물상대위권을 행사하지 아니하여 우선변제권을 상실한 이상 다른 채권자가 그 보상금 또는 이에 관한 변제공탁금으로부터 이득을 얻었다고 하더라도 저당권자는 이를 부당이득으로서 반환청구할 수 없다.

제370조의11【저당권자가 물상대위권의 행사로 금전 또는 물건의 인도청구권의 압류 전 저당물 소유자가 그 인도청구권에 기하여 금전 등을 수령한 경우와 부당이득】 저당권자가 물상대위권의 행사로 금전 또는 물건의 인도청구권을 압류하기 전에 저당목적물 소유자가 그 인도청구권에 기하여 금전 등을 수령한 경우, 저당권자는 더 이상 물상대위권을 행사할 수 없게 되고 이 경우 저당목적물 소유자는 저당권자에게 이를 부당이득으로서 반환할 의무가 있다.

제371조【지상권, 전세권을 목적으로 하는 저당권】 ① 본장의 규정은 지상권 또는 전세권을 저당권의 목적으로 한 경우에 준용한다.

② 지상권 또는 전세권을 목적으로 저당권을 설정한 자는 저당권자의 동의없이 지상권 또는 전세권을 소멸하게 하는 행위를 하지 못한다.

제371조의2【전세권 저당권이 설정된 경우 전세기간 만료 후 저당권 실행방법】 전세권을 목적으로 한 저당권

이 설정된 경우, 전세권의 존속기간이 만료되면 전세권의 용익물권적 권능이 소멸하기 때문에 더 이상 전세권 자체에 대하여 저당권을 실행할 수 없게 되고, 저당권자는 저당권의 목적물인 전세권에 갈음하여 존속하는 것으로 볼 수 있는 전세금반환채권에 대하여 압류 및 추심명령 또는 전부명령을 받거나 제3자가 전세금반환채권에 대하여 실시한 강제집행절차에서 배당요구를 하는 등의 방법으로 물상대위권을 행사하여 전세금의 지급을 구하여야 한다.

제371조의3【전세권이 기간만료로 종료된 경우 전세권 저당권의 소멸】 전세권이 기간만료로 종료된 경우 전세권은 전세권설정등기의 말소등기 없이도 당연히 소멸하고, 저당권의 목적물인 전세권이 소멸하면 저당권도 당연히 소멸하게 되고, 전세권을 목적으로 한 저당권자는 전세권의 목적물인 부동산의 소유자에게 더 이상 저당권을 주장할 수 없다.

제371조의4【전세권저당권자의 전세금반환청구권에 대한 물상대위권 행사와 전세권설정자의 상계항변】 전세권저당권자가 전세금반환채권에 대하여 물상대위권을 행사한 경우, 종전 저당권의 효력은 물상대위의 목적이 된 전세금반환채권에 존속하여 저당권자가 전세금반환채권으로부터 다른 일반채권자보다 우선변제권이 있으므로, 전세금반환채권이 압류된 때에 전세권설정자가 전세권자에 대하여 반대채권을 가지고 있고 반대채권과 전세금반환채권이 상계적상에 있다고 하더라도 그러한 사정만으로 전세권설정자는 전세권저당권자에게 상계로써 대항할 수 없다. 그러나 전세금반환채권은 전세권이 성립하였을 때부터 이미 발생이 예정되어 있다고 볼 수 있으므로, 전세권저당권이 설정된 때에 이미 전세권설정자가 전세권자에 대하여 반대채권을 가지고 있고 반대채권의 변제기가 장래 발생할 전세금반환채권의 변제기와 동시에 또는 그보다 먼저 도래하는 경우와 같이 전세권설정자에게 합리적 기대 이익을 인정할 수 있는 경우에는 특별한 사정이 없는 한, 전세권설정자는 반대채권을 자동채권으로 하여 전세금반환채권과 상계함으로써 전세권저당권자에게 대항할 수 있다.

제371조의5【전세권설정계약과 허위표시에서의 제3자】 실제 전세권설정계약을 체결하지 아니하였으면서도 임대차계약에 기한 임차보증금반환채권을 담보할 목적 또는 금융기관으로부터 자금을 융통할 목적으로 임차인과 임대인 사이의 합의에 따라 임차인 명의로 전세권설정등기를 경료한 경우에, 위 전세권설정계약이 통정허위표시에 해당하여 무효라 하더라도 위 전세권설정계약에 의하여 형성된 법률관계에 기초하여 새로이 법률상 이해관계를 가지게 된 제3자에 대하여는 그 제3자가 그와 같은 사정을 알고 있었던 경우에만 그 무효를 주장할 수 있다. 여기에서 선의의 제3자가 보호될 수 있는 법률상 이해관계는 위 전세권설정계약의 당사자를 상대로 하여 직접 법률상 이해관계를 가지는 경우 외에도 그 법률상 이해관계를 바탕으로 하여 다시 위 전세권설정계약에 의하여 형성된 법률관계와 새로이 법률상 이해관계를 가지게 되는 경우도 포함된다.

제372조【타법률에 의한 저당권】 본장의 규정은 다른 법률에 의하여 설정된 저당권에 준용한다.

제9장의 2 양도담보

제372조의 2【양도담보의 정의】 양도담보란 채권담보의 목적으로 채무자 또는 제3자의 담보목적물을 채권자에게 이전하고 채무를 변제하게 되면 담보목적물을 소유자에게 반환하지만 그렇지 아니하는 경우 채권자가 그 물건 기타 재산권을 확정적으로 취득하거나 그로부터 우선변제를 받는 비전형담보이다.

제372조의 3【양도담보의 종류】 ① 좁은 의미의 양도담보란 소비대차계약 또는 준소비대차계약을 체결하면서 채무자 또는 제3자의 부동산 등의 소유권을 채권자에게 이전하는 형식을 취하는 것으로서 가등기담보법의 적용을 받는 양도담보이다.

② 넓은 의미의 양도담보란 그 피담보채권을 소비대차계약 또는 준소비대차계약에서 발생한 채권에 한정시키지 않는 양도담보이다.

제372조의 4【양도담보의 설정】 양도담보의 설정에는 양도담보설정계약과 공시를 요한다. 동산양도담보에서는 공시방법으로 목적물의 인도가 있어야 한다.

제372조의 5【양도담보의 목적물】 ① 부동산, 동산, 채권, 주식, 지식재산권 등 양도할 수 있는 재산권은 모두 목적물로서 가능하다. 민사집행법상 압류가 금지된 재산권도 양도가 금지되지 아니한 때에는 양도담

보의 목적물이 될 수 있다.

② 유동집합물도 특정되는 경우 양도담보의 목적물이 될 수 있고, 항상 현재의 집합물에 효력이 미친다.

제372조의 6【특정 동산들을 목적으로 한 양도담보】 양도담보설정계약이 내구연수가 장기간이고 가공이나 유통 과정에 있지 아니한 여러 개의 동산을 목적으로 하고, 담보목적물마다 특정하고 있는 경우, 특정된 동산들을 일괄하여 양도담보의 목적물로 한 계약으로 보아야 하고, 이때 향후 편입되는 동산을 양도담보의 목적으로 하기 위해서는 편입 시점에 제3자가 그 동산을 다른 동산과 구별할 수 있을 정도로 구체적으로 특정되어야 한다.

제372조의 7【대물변제예약의 가액의 원리금 초과와 양도담보】 재산권을 이전하기로 한 당사자 간의 약정이 담보목적이 아니라 대물변제의 의사로 한 것이라 하더라도 위 약정을 할 때 약정 후 3년 이내에 채무자가 그간의 원리금을 지급하면 채권자는 목적물을 채무자에게 되돌려 주기로 하는 약정도 함께 하였다면, 이는 대물변제의 예약에 해당하고, 그 약정 당시의 가액이 원리금을 초과한다면 대물변제의 예약 자체는 무효가 되고, 양도담보로서의 효력만이 인정된다.

제372조의 8【양도담보의 효력】 ① 당사자 사이에 특약이 없는 한 목적물의 점유 내지 이용의 권리는 담보제공자에게 속한다. 따라서 목적물을 임대할 권한도 원칙적으로 담보제공자가 가진다.

② 제3자가 양도담보 목적물을 침탈할 경우 담보제공자와 담보권자 모두 물권적 청구권을 가지며, 제3자가 담보목적물을 멸실·훼손한 경우 양도담보권자는 저당권에 준하여, 담보제공자는 소유자로서 모두 손해배상청구권을 가진다.

③ 양도담보권자는 채무자가 변제기에 채무를 이행하지 않으면 양도담보권을 실행하여 다른 채권자보다 우선하여 목적물로부터 담보채권의 만족을 얻는다.

제372조의 9【집합물에 대한 양도담보계약의 효력이 미치는 범위】 집합물에 대하여 양도담보권설정계약이 이루어진 이상 그 집합물을 구성하는 개개의 물건이 변동되고, 양도담보권자가 그 때마다 양도담보권설정자와 별도의 양도담보권설정계약을 맺거나 점유개정의 표시를 하지 아니하였더라도 집합물은 한 개의 물건으로서의 동일성을 잃지 아니하여 양도담보권의 효력은 항상 현재의 집합물에 미친다.

제372조의 10【집합물 양도담보권의 설정과 점유개정】 집합물 양도담보에서 양도담보권자가 담보권설정계약당시 존재하는 집합물을 점유개정의 방법으로 그 점유를 취득하면 그 후 양도담보설정자가 그 집합물을 이루는 개개의 물건을 반입하였다 하더라도 그때마다 별도의 양도담보권설정계약을 맺거나 점유개정의 표시를 하여야 하는 것은 아니다.

제372조의 11【양도담보권자의 손해배상의 범위】 양도담보권자는 담보권의 실행으로 제3자에 대하여도 담보물의 인도를 구할 수 있고 또한 인도를 거부하는 경우에는 담보권 실행이 방해된 것을 이유로 하는 손해배상청구를 할 수 있으나 그러한 경우에도 양도담보권자에게는 목적부동산에 대한 사용 수익권이 없으므로 차임 상당의 손해배상을 구할 수는 없다.

제372조의 12【약한 의미의 양도담보】 ① 양도담보에 기한 소유권이전등기는 당사자들이 달리 특별한 약정을 하지 아니하는 한 채권담보의 목적으로 경료된 것으로서 당사자 사이에 정산절차를 예정하고 있는 약한 의미의 양도담보로 본다.

② 매매대금 채무를 담보하기 위하여 당사자 사이에 부동산에 관하여 가등기를 마치고 채무를 변제하지 아니하면 가등기에 기한 본등기를 마치기로 약정한 경우에, 변제기에 채무를 변제하지 아니하면 채권채무관계가 소멸하고 부동산의 소유권이 확정적으로 채권자에게 귀속된다는 명시의 특약이 없는 이상 대물변제의 약정이 아니라, 단지 채무에 대한 담보권 실행을 위한 방편으로 소유권이전등기를 하는 약정, 이른바 정산절차를 예정하고 있는 '약한 의미의 양도담보' 계약이다.

③ 약한 의미의 양도담보'가 이루어진 경우, 채권자는 채무의 변제기가 지나면 부동산의 가액에서 채권원리금 등을 공제한 나머지 금액을 채무자에게 반환하고 부동산의 소유권을 취득하거나(귀속정산), 부동산을 처분하여 매각대금에서 채권원리금 등의 변제에 충당하고 나머지 금액을 채무자에게 반환할 수도 있다(처분정산). 그렇지만 채무자가 채권자에게 적극적으로 위와 같은 정산을 요구할 청구권을 가지지는 아니하며, 다만 채무자는 채무의 변제기가 지난 후에도 채권자가 담보권을 실행하여 정산절차를 마치기 전에는

언제든지 채무를 변제하고 채권자에게 가등기 및 가등기에 기한 본등기의 말소를 청구할 수 있다.

④ 약한 의미의 양도담보에서 약정 당시 목적물의 시가가 채권 원리금에 미달하는 경우에도 정산절차를 요한다.

⑤ 채권담보의 목적으로 가등기를 경료한 후 일정시기까지 채무금을 변제하면 위 가등기를 말소하고 그 채무금을 변제하지 않으면 위 가등기에 기한 본등기를 담보의 목적으로 이행한다는 내용의 제소전화해가 있었고 채무자가 채무금을 변제하지 않아 그 제소전화해에 따라 가등기에 기한 본등기를 마친 경우라면 그 소유권이전등기는 위 채권에 대한 담보권의 실행을 위한 방편으로 경료된, 정산절차를 예정하고 있는 약한 의미의 양도담보로 보아야 한다.

제372조의 13【양도담보권자로부터 양도담보목적물 취득한 자의 보호】 부동산이 양도담보로 제공되어 등기까지 마친 경우 대외적으로는 양도담보권자가 소유자이므로 양도담보권자로부터 양도담보목적물을 취득한 자에게 양도담보권자는 소유권을 주장할 수 없다. 가등기담보법 소정의 청산절차를 이행하지 아니한 채 소유권을 이전한 경우에도 마찬가지이다.

제372조의 14【동산 양도담보권자의 제3자에 대한 지위】 동산에 대하여 양도담보권설정계약이 이루어진 경우에 양도담보권자는 양도담보권설정자를 제외한 제3자에 대한 관계에 있어서는 자신이 그 동산의 소유자임을 주장하여 권리를 행사할 수 있다.

제372조의 15【양도담보권의 실행 전 채무자의 피담보채무 변제와 가등기 및 본등기 말소청구권】 채무자는 양도담보권자인 채권자들이 정산을 하거나 제3자에게 매도하여 담보권을 실행하기 이전에는 피담보채무를 변제한 다음 가등기 및 본등기의 말소를 청구할 수 있다.

제372조의 16【동산에 대한 양도담보계약의 체결과 동시에 채무불이행시 강제집행을 수락하는 공정증서를 작성한 경우, 양도담보권자의 담보권 실행방법】 동산을 목적으로 하는 양도담보설정계약을 체결함과 동시에 채무불이행시 강제집행을 수락하는 공정증서를 작성한 경우, 양도담보설정자가 그 피담보채무를 불이행한 때에는 양도담보권자는 양도담보권을 실행하여 담보목적물인 동산을 환가함에 있어서 집행증서에 기하지 아니하고 양도담보의 약정 내용에 따라 이를 사적으로 타에 처분하거나 스스로 취득한 후 정산하는 방법으로 환가할 수도 있지만, 집행증서에 기하여 담보목적물을 압류하고 강제경매를 실시하는 방법으로 환가할 수도 있다.

제372조의 17【귀속청산의 방법으로 담보권이 실행된 경우 채권자에게로의 확정적 소유권 이전 요건】 부동산이 귀속청산의 방법으로 담보권이 실행되어 그 소유권이 채권자에게 확정적으로 이전되었다고 인정하려면 우선 당사자로부터 담보권의 실행이 귀속청산의 방법으로 이루어졌다는 주장이 있어야 하고, 또한 채권자가 가등기에 기하여 본등기를 경료하였다는 사실만으로는 부족하고 담보 부동산을 적정한 가격으로 평가한 후 그 대금으로써 피담보채권의 원리금에 충당하고 나머지 금원을 반환하거나 평가 금액이 피담보채권액에 미달하는 경우에는 채무자에게 그와 같은 내용의 통지를 하는 등 정산절차를 마친 사실이 인정되어야 한다.

제372조의 18【양도담보권설정자의 점유취득시효를 원인으로 한 양도담보권자에 대한 권리】 양도담보권설정자가 양도담보부동산을 20년간 소유의 의사로 평온, 공연하게 점유하였다고 하더라도, 양도담보권자를 상대로 피담보채권의 시효소멸을 주장하면서 담보 목적으로 경료된 소유권이전등기의 말소를 구하는 것은 별론으로 하고, 점유취득시효를 원인으로 하여 담보 목적으로 경료된 소유권이전등기의 말소 또는 소유권이전등기를 청구할 수 없다.

제372조의 19【양도담보권자의 화재보험금청구권에 대한 물상대위와 제3채무자 상계항변】 동산 양도담보권자는 양도담보물이 소실되어 양도담보 설정자가 보험회사에 대하여 화재보험계약에 따른 보험금청구권을 취득한 경우 화재보험금청구권에 대하여 양도담보권에 기한 물상대위권을 행사할 수 있고, 동산 양도담보권자가 물상대위권 행사로 양도담보 설정자의 화재보험금청구권에 대하여 압류 및 추심명령을 얻어 추심권을 행사하는 경우 특별한 사정이 없는 한 제3채무자인 보험회사는 양도담보 설정 후 취득한 양도담보 설정자에 대한 별개의 채권을 가지고 상계로써 양도담보권자에게 대항할 수 없다. 그리고 이는 보험금청구권과 본질이 동일한 공제금청구권에 대하여 물상대위

권을 행사하는 경우에도 마찬가지이다.

제372조의 20【양도담보의 소멸】 양도담보는 물권 일반에 공통된 소멸원인 및 담보물권에 공통된 소멸원인에 의하여 소멸함은 물론 경매, 제3취득자의 변제 등에 의해서도 소멸한다.

제372조의 21【동산의 이중 양도담보】 ① 점유개정의 방법으로 동산에 대한 이중의 양도담보설정계약이 체결된 경우, 뒤에 설정계약을 체결한 후순위 채권자는 양도담보권을 취득할 수 없다.

② 동산을 목적으로 하는 유동 집합물 양도담보설정계약을 체결함과 동시에 채무불이행시 강제집행을 수락하는 공정증서를 작성한 후 양도담보권자가 그 집행증서에 기하여 강제경매를 실시하는 경우, 그 경매절차에 압류를 경합한 양도담보설정자의 다른 채권자는 양도담보권자에 대한 관계에서 압류경합권자나 배당요구권자로 인정될 수 없고, 따라서 환가로 인한 매득금에서 환가비용을 공제한 잔액은 양도담보권자의 채권변제에 우선적으로 충당하여야 한다.

제 4 부
물권법 부속법률

- 부동산실권리자명의등기에 관한 법률
- 부동산등기법
- 부동산등기특별조치법
- 집합건물의 소유 및 관리에 관한 법률
- 가등기담보등에 관한 법률
- 동산·채권 등의 담보에 관한 법률

부동산실권리자명의등기에 관한 법률

제1조【목적】 이 법은 부동산에 관한 소유권과 그 밖의 물권을 실체적 권리관계와 일치하도록 실권리자 명의(名義)로 등기하게 함으로써 부동산등기제도를 악용한 투기·탈세·탈법행위 등 반사회적 행위를 방지하고 부동산 거래의 정상화와 부동산 가격의 안정을 도모하여 국민경제의 건전한 발전에 이바지함을 목적으로 한다.

제1조의 2【부동산명의신탁약정의 반사회질서행위 여부】 ① 부동산명의신탁약정은 그 자체로 선량한 풍속 기타 사회질서에 위반하는 경우에 해당한다고 할 수 없다.
② 무효인 부동산명의신탁약정에 기하여 타인 명의의 등기가 마쳐졌다는 이유만으로 그것을 당연히 불법원인급여로 볼 수 없고, 명의신탁자는 명의수탁자를 상대로 등기의 말소를 구할 수 없다.
③ 농지법의 제한을 회피하고자 명의신탁을 한 경우에도 전항과 같다.

제1조의 3【신탁목적물이 신탁자 자금으로 취득되어야 하는지 여부】 명의신탁관계는 당사자 사이에 내부관계에서는 신탁자가 소유권을 보유하되 외부관계에서는 수탁자가 완전한 소유자로 행세하기로 약정함으로써 성립하는 것으로서 명의신탁 목적물은 반드시 신탁자의 자금으로 취득되어야만 성립하는 것은 아니다.

제2조【정의】 이 법에서 사용하는 용어의 뜻은 다음과 같다.
1. "명의신탁약정"(名義信託約定)이란 부동산에 관한 소유권이나 그 밖의 물권(이하 "부동산에 관한 물권"이라 한다)을 보유한 자 또는 사실상 취득하거나 취득하려고 하는 자[이하 "실권리자"(實權利者)라 한다]가 타인과의 사이에서 대내적으로는 실권리자가 부동산에 관한 물권을 보유하거나 보유하기로 하고 그에 관한 등기(가등기를 포함한다. 이하 같다)는 그 타인의 명의로 하기로 하는 약정[위임·위탁매매의 형식에 의하거나 추인(追認)에 의한 경우를 포함한다]을 말한다. 다만, 다음 각 목의 경우는 제외한다.
가. 채무의 변제를 담보하기 위하여 채권자가 부동산에 관한 물권을 이전(移轉)받거나 가등기하는 경우
나. 부동산의 위치와 면적을 특정하여 2인 이상이 구분소유하기로 하는 약정을 하고 그 구분소유자의 공유로 등기하는 경우
다. 「신탁법」 또는 「자본시장과 금융투자업에 관한 법률」에 따른 신탁재산인 사실을 등기한 경우
2. "명의신탁자"(名義信託者)란 명의신탁약정에 따라 자신의 부동산에 관한 물권을 타인의 명의로 등기하게 하는 실권리자를 말한다.
3. "명의수탁자"(名義受託者)란 명의신탁약정에 따라 실권리자의 부동산에 관한 물권을 자신의 명의로 등기하는 자를 말한다.
4. "실명등기"(實名登記)란 법률 제4944호 부동산실권리자명의등기에관한법률 시행 전에 명의신탁약정에 따라 명의수탁자의 명의로 등기된 부동산에 관한 물권을 법률 제4944호 부동산실권리자명의등기에관한법률 시행일 이후 명의신탁자의 명의로 등기하는 것을 말한다.

제2조의 2【명의신탁 유형의 정의】
1. "양자간 (등기) 명의신탁"이란 명의신탁자와 명의수탁자간에 명의신탁약정을 맺고 부동산 명의를 신탁자로부터 수탁자에게로 이전하는 것을 말한다.
2. "3자간 등기명의신탁"이란 계약 당사자가 원칙적으로 명의신탁자가 되고, 등기를 명의수탁자 명의로 하는 명의신탁을 말한다. 다만 계약명의자가 명의수탁자로 되어 있다 하더라도 명의신탁자에게 계약에 따른 법률효과를 귀속시킬 의도로 계약을 체결한 사정이 인정되고 계약당사자를 명의신탁자로 볼 수 있다면 이는 3자간 등기명의신탁관계이다.
3. "계약명의신탁"이라 함은 계약의 상대방인 매도인이 그 명의신탁관계를 알고 있었다고 하더라도, 계약명의자인 명의수탁자가 아니라 명의신탁자에게 계약에 따른 법률효과를 직접 귀속시킬 의도로 계약을 체결하였다는 등의 특별한 사정이 인정되지 않는 한, 그 명의신탁관계는 계약명의신탁관계로 보아야 한다.

제2조의 3【명의수탁자 명의의 가등기와 부동산실명법 적용 여부】 ① 명의신탁자가 명의신탁약정과는 별개의 적법한 원인에 기하여 명의수탁자에 대하여 소유권이전등기청구권을 가지게 되었다 하더라도, 이를 보전하기 위하여 자신의 명의가 아닌 제3자 명의로 가등기를 마친 경우 위 가등기는 명의신탁자와 제3자 사이의 명의신탁약정에 기하여 마쳐진 것으로서 위 약정의

무효로 말미암아 효력이 없다.

② 신탁자가 단지 가등기 명의만을 신탁할 의사로 가등기를 한 경우에도 그러한 명의신탁약정 역시 효력이 없다.

제2조의 4【자녀에게 명의이전 된 이후에도 관리·처분권의 계속 행사와 명의신탁 여부】 부모가 자녀에게 재산의 명의를 이전하여 준 이후에도 그 재산에 대한 관리·처분권을 계속 행사하였다고 하더라도 이를 증여가 아닌 명의신탁이라고 볼 수 없다.

제3조【실권리자명의 등기의무 등】 ① 누구든지 부동산에 관한 물권을 명의신탁약정에 따라 명의수탁자의 명의로 등기하여서는 아니 된다.

② 채무의 변제를 담보하기 위하여 채권자가 부동산에 관한 물권을 이전받는 경우에는 채무자, 채권금액 및 채무변제를 위한 담보라는 뜻이 적힌 서면을 등기신청서와 함께 등기관에게 제출하여야 한다.

제4조【명의신탁약정의 효력】 ① 명의신탁약정은 무효로 한다.

② 명의신탁약정에 따른 등기로 이루어진 부동산에 관한 물권변동은 무효로 한다. 다만, 부동산에 관한 물권을 취득하기 위한 계약에서 명의수탁자가 어느 한쪽 당사자가 되고 상대방 당사자는 명의신탁약정이 있다는 사실을 알지 못한 경우에는 그러하지 아니하다.

③ 제1항 및 제2항의 무효는 제3자에게 대항하지 못한다.

제4조의 2【타인을 통한 부동산 매수와 매수인 명의 및 소유권 이전등기 명의를 타인으로 하기로 한 경우 매매당사자】 타인을 통하여 부동산을 매수하면서 매수인 명의 및 소유권이전등기 명의를 타인 명의로 하기로 한 경우, 상대방이 명의신탁자를 매매당사자로 이해하였다는 등의 특별한 사정이 없는 한 대외적으로는 계약 명의자인 타인을 매매당사자로 보아야 하고, 이때 상대방이 명의신탁관계를 알고 있었더라도 상대방이 계약명의자인 타인이 아니라 명의신탁자에게 계약에 따른 법률효과를 직접 귀속시킬 의도로 계약을 체결하였다는 등의 특별한 사정이 인정되지 아니하는 한 마찬가지이다.

제4조의 3【명의신탁약정의 무효와 명의신탁약정과 함께 이루어진 위임약정의 효력】 계약명의신탁에서 신탁자와 수탁자 간의 명의신탁약정이 부동산 실권리자명의 등기에 관한 법률이 정한 유예기간의 경과로 무효가 된 경우, 명의신탁약정과 함께 이루어진 부동산 매입의 위임 약정은 원칙적으로 무효이고, 이 경우 신탁자와 수탁자 사이에 신탁자의 요구에 따라 부동산의 소유 명의를 이전하기로 한 약정도 무효이다.

제4조의 4【계약명의신탁이 무효가 된 경우 매매계약상 매수인의 지위의 명의신탁자에의 귀속 여부】 계약명의 신탁약정의 무효로 매매계약도 무효로 되는 경우에, 매매계약상의 매수인의 지위가 당연히 명의신탁자에게 귀속되는 것은 아니지만, 그 무효사실이 밝혀진 후에 계약상대방인 매도인이 계약명의자인 명의수탁자 대신 명의신탁자가 그 계약의 매수인으로 되는 것에 대하여 동의 내지 승낙을 함으로써 부동산을 명의신탁자에게 양도할 의사를 표시하였다면, 명의신탁약정이 무효로 됨으로써 매수인의 지위를 상실한 명의수탁자의 의사에 관계없이 매도인과 명의신탁자 사이에는 종전의 매매계약과 같은 내용의 양도약정이 따로 체결된 것으로 볼 수 있고, 이 경우 명의신탁자는 당초의 매수인이 아니라고 하더라도 매도인에 대하여 별도의 양도약정을 원인으로 하는 소유권이전등기청구를 할 수 있다.

제4조의 5【조합원 중 1인 명의로 소유권이전등기 경료한 경우 명의신탁 여부】 ① 조합원들이 공동사업을 위하여 매수한 부동산에 관하여 합유등기를 하지 않고 조합원 중 1인 명의로 소유권이전등기를 한 경우 조합체가 조합원에게 명의신탁한 것으로 보아야 한다.

② 조합체가 조합원에게 명의신탁한 부동산의 소유권은 물권변동이 무효인 경우 매도인에게, 유효한 경우 명의수탁자에게 귀속된다.

③ 전항의 경우 조합재산은 소유권이전등기청구권 또는 부당이득반환청구권이고, 신탁부동산 자체는 조합재산이 될 수 없다.

제4조의 6【조합체가 취득한 재산을 조합원 명의로 공유등기한 경우 명의신탁 여부】 ① 동업 목적의 조합체가 부동산을 조합재산으로 취득하였으나 합유등기가 아닌 조합원들 명의로 공유등기를 하였다면 그 공유등기는 조합체가 조합원들에게 각 지분에 관하여 명의신탁한 것에 불과하므로 부동산실권리자명의등기에 관한법률 제4조 제2항 본문이 적용되어 명의수탁자인 조합원들 명의의 소유권이전등기는 무효이다.

② 전항에 의해 그 부동산 지분은 조합원들의 소유가

아니기 때문에 이를 일반채권자들의 공동담보에 공하여지는 책임재산이라고 볼 수 없고, 따라서 조합원들 중 1인이 조합에서 탈퇴하면서 나머지 조합원들에게 그 지분에 관한 소유권이전등기를 경료하여 주었다 하더라도 그로써 채무자인 그 해당 조합원의 책임재산에 감소를 초래한 것이라고 할 수 없으므로, 이를 일반채권자를 해하는 사해행위라고 볼 수는 없으며, 그에게 사해의 의사가 있다고 볼 수도 없다

제4조의 7【계약명의신탁에서 계약과 등기의 효력을 판단하는 기준】 계약명의신탁에서 그 계약과 등기의 효력은 매매계약을 체결할 당시 매도인의 인식을 기준으로 판단해야 하고, 매도인이 계약 체결 이후에 명의신탁약정 사실을 알게 되었다고 하더라도 위 계약과 등기의 효력에는 영향이 없다.

제4조의 8【명의신탁관계에서 부동산의 소유명의 이전약정의 효력】 부동산을 매수하면서 매수대금의 실질적 부담자와 명의인 간에 명의신탁관계가 성립한 경우, 그들 사이에 매수대금의 실질적 부담자의 요구에 따라 부동산의 소유 명의를 이전하기로 하는 등의 약정을 하였다고 하더라도, 이는 부동산실명법에 의하여 무효인 명의신탁약정을 전제로 명의신탁 부동산 자체 또는 처분대금의 반환을 구하는 범주에 속하는 것으로서 무효이다. 또한 위 약정을 전제로 하여 이에 기한 명의신탁자의 명의수탁자에 대한 소유권이전등기청구권을 확보하기 위하여 명의신탁 부동산에 명의신탁자 명의의 가등기를 마치고 향후 명의신탁자가 요구하는 경우 본등기를 마쳐 주기로 약정하였더라도, 이러한 약정 또한 부동산실명법에 의하여 무효인 명의신탁약정을 전제로 한 것이어서 무효이고, 위 약정에 의하여 마쳐진 가등기는 원인무효이다.

제4조의 9【유예기간 경과 후 명의수탁자에 대한 소유권이전등기청구권 보전을 위한 가등기의 효력】 유예기간 경과 후에는 명의수탁자에 대한 소유권이전등기청구권을 보전하기 위하여 가등기를 한 경우 그 가등기 또한 원인무효로서 말소되어야 한다. 수탁자의 상속인은 수탁된 토지에 대한 소유권을 주장할 수 없고, 소유권에 기한 물권적청구권으로서 신탁자이 상속인 명의의 가등기에 대한 말소등기청구권을 행사할 수 없다.

제4조의 10【유예기간 경과 후 명의수탁자의 자의로 한 신탁자에게 소유권이전등기】 3자간 등기명의신탁에 있어서, 명의수탁자가 부동산실명법에서 정한 유예기간 경과 후에 자의로 명의신탁자에게 바로 소유권이전등기를 경료해 준 경우, 그 등기는 실체관계에 부합하는 등기로서 유효하다.

제4조의 11【법 시행 전 명의신탁자와 명의수탁자의 향후 처분대가를 정산하기로 한 약정】 부동산실명법 시행 전에 계약명의신탁 약정을 한 명의수탁자가 이러한 사실을 알지 못하는 소유자와 부동산에 관한 매매계약을 체결한 후 자신의 명의로 소유권이전등기를 마치면서 장차 위 부동산의 처분대가를 명의신탁자에게 지급하기로 하는 정산약정을 한 경우, 정산약정 이후에 같은 법이 시행되었다거나 부동산의 처분이 같은 법 시행 이후에 이루어졌다는 사정만으로 정산약정이 당연 무효가 되지 아니한다. 만일 명의수탁자가 신탁부동산을 처분하였다면, 처분대가에 관한 정산약정이 없는 경우라도 명의수탁자는 민법 제747조 제1항에 의하여 명의신탁자에게 그 부동산의 가액을 반환할 의무를 부담한다.

제4조의 12【계약명의신탁에서 법 시행 전의 부당이득반환대상】 법 시행 전에 계약명의신탁에 따라 명의신탁약정이 있다는 사실을 알지 못하는 소유자로부터 명의수탁자 앞으로 소유권이전등기가 경료되고 같은 법 소정의 유예기간이 경과하여 명의수탁자가 당해 부동산의 완전한 소유권을 취득한 경우, 명의수탁자가 명의신탁자에게 반환하여야 할 부당이득의 대상은 당해 부동산 자체이다.

제4조의 13【계약명의신탁에서 법 시행 후의 부당이득반환 대상】 법 시행 후 계약명의신탁약정이 이루어진 경우에는 명의신탁자는 처음부터 당해 부동산의 소유권을 취득할 수 없었으므로 명의수탁자는 당해 부동산 자체가 아니라 명의신탁자로부터 제공받은 매수자금만이 부당이득반화환의 대상이 된다.

제4조의 14【계약명의신탁에서 부당이득반환 범위】 명의수탁자가 소유권의 이전등기를 위하여 지출하여야 할 취득세, 등록세 등을 명의신탁자로부터 제공받은 경우 명의수탁자는 매매대금 상당액 이외에 취득세, 등록세 등을 부당이득으로 반환하여야 한다.

제4조의 15【경매절차에서 매수대금 부담자가 타인명의로 소유권 취득한 경우 부당이득반환대상】 ① 부동산경

매절차에서 부동산을 매수하려는 사람이 매수대금을 부담하면서 다른 사람 명의로 매각허가결정을 받기고 약정하고 매각허가가 이루어진 경우, 경매 목적 부동산의 소유권은 매수대금을 실질적으로 부담한 사람이 누구인가와 상관없이 그 명의인이 취득한다.

② 전항의 경우 명의신탁관계는 제4조 제1항에 따라 무효이며 대금 부담자는 대금만을 부당이득으로 반환청구할 수 있다.

③ 매수대금의 실질적 부담자의 지시에 따라 부동산의 소유 명의를 이전하거나 그 처분대금을 반환하기로 약정하였다 하더라도, 그러한 약정은 무효이다.

제4조의 16【유예기간 경과 후 명의수탁자의 제3자에의 임의처분 또는 강제수용시 부당이득】 3자간 등기명의신탁에서 유예기간이 경과한 후, 명의수탁자가 수탁부동산을 임의로 처분하거나 강제수용이나 공공용지 협의취득 등을 원인으로 이전등기가 마쳐진 경우 명의수탁자는 신탁부동산의 처분대금이나 보상금을 부당이득으로 반환하여야 한다.

제4조의 17【수탁자가 매수자금반환의무의 이행에 갈음하여 명의신탁 부동산 양도 양정과 이전등기를 마쳐준 경우 등기의 효력】 계약명의신탁에서 명의수탁자가 완전한 소유권 취득을 전제로 사후적으로 명의신탁자와 매수자금반환의무의 이행에 갈음하여 명의신탁된 부동산을 양도하기로 약정하고 명의신탁자 앞으로 소유권이전등기를 마쳐준 경우, 위 소유권이전등기는 원칙적으로 유효하다.

제4조의 18【무효 등기의 경료와 사해행위 여부】 채무자 명의의 부동산등기가 명의신탁약정에 이루어지고 무효인 경우, 위 부동산은 채무자의 소유가 아니기 때문에 이를 채무자의 일반 채권자들의 공동담보에 공하여지는 책임재산이라고 볼 수 없고, 채무자가 위 부동산에 관하여 제3자와 매매계약을 체결하고 그에게 소유권이전등기를 마쳐주었다 하더라도 그로써 채무자의 책임재산에 감소를 초래한 것이라고 할 수 없으므로 이를 들어 채무자의 일반 채권자들을 해하는 사해행위라고 할 수 없으며, 채무자에게 사해의 의사가 있다고 볼 수도 없다.

제4조의 19【계약명의신탁에서 신탁자가 수탁자에 대한 부당이득반환채권만을 가지는 경우 신탁자의 제3자에게 처분행위와 사해행위 여부】 계약명의신탁에서 수탁자가 당해 부동산의 완전한 소유권을 취득하여 신탁자가 수탁자에 대한 부당이득반환채권만을 가지는 경우 그 부동산은 신탁자의 책임재산이라고 볼 수 없고, 신탁자가 위 부동산에 관하여 제3자와 매매계약을 체결하는 등 신탁자가 실질적인 당사자가 되어 처분행위를 하고 소유권이전등기를 마쳐주었다고 하더라도 그로써 신탁자의 책임재산에 감소를 초래한 것이 아니므로 사해행위라고 할 수 없다.

제4조의 20【3자간 등기명의신탁의 무효와 명의신탁자의 매도인 대위】 3자간 등기명의신탁에서 부동산실명법에서 정한 유예기간이 경과하여 명의신탁약정과 그에 따른 등기가 무효인 경우, 여전히 명의신탁자와 매도인 사이의 매매계약은 유효이므로 명의신탁자는 매도인을 대위하여 명의수탁자에게 무효인 명의 등기의 말소를 구할 수 있다.

제4조의 21【양자간 명의신탁에서 명의수탁자의 처분과 명의신탁자의 물권적청구권】 양자간 등기명의신탁에서 명의수탁자가 신탁부동산을 처분하여 제3취득자가 유효하게 소유권을 취득하고 이로써 명의신탁자가 신탁부동산에 대한 소유권을 상실하였다면, 명의신탁자의 소유권에 기한 물권적 청구권, 즉 말소등기청구권이나 진정명의회복을 원인으로 한 이전등기청구권도 더 이상 그 존재 자체가 인정되지 않는다. 그 후 명의수탁자가 우연히 신탁부동산의 소유권을 다시 취득하였다고 하더라도 명의신탁자가 신탁부동산의 소유권을 상실한 사실에는 변함이 없으므로, 여전히 물권적 청구권은 그 존재 자체가 인정되지 않는다.

제4조의 22【계약명의신탁에서 명의수탁자의 처분과 매도인의 손해 여부】 계약명의신탁에서 매매계약을 체결한 소유자가 명의신탁자와 명의수탁자 사이의 명의신탁약정을 알면서 그 매매계약에 따라 명의수탁자 앞으로 당해 부동산의 소유권이전등기를 마친 경우 부동산실명법 제4조 제2항 본문에 의하여 수탁자 명의의 소유권이전등기는 무효이므로, 당해 부동산의 소유권은 매매계약을 체결한 소유자에게 그대로 남아 있게 되고, 수탁자가 자신의 명의로 소유권이전등기를 마친 부동산을 제3자에게 처분하면 이는 매도인에 대해 불법행위가 된다. 그러나 명의수탁자로부터 매매대금을 수령한 소유자로서는 그 부동산에 관한 소유명의를 회복하기 전까지는 신의칙 내지 동시이행항

변권에 의하여 명의수탁자에 대하여 이와 동시이행의 관계에 있는 매매대금 반환채무의 이행을 거절할 수 있고, 계약명의신탁에서 명의수탁자의 제3자에 대한 처분행위가 유효하게 확정되어 소유자에 대한 소유명의 회복이 불가능한 이상, 소유자로서는 그와 동시이행관계에 있는 매매대금 반환채무를 이행할 여지가 없고, 또한 명의신탁자는 소유자와 매매계약관계가 없어 소유자에 대한 소유권이전등기청구도 허용되지 아니하므로, 소유자인 매도인으로서는 특별한 사정이 없는 한 명의수탁자의 처분행위로 인하여 어떠한 손해를 입지 아니한다.

제4조의 23【제3자의 의미와 범위】 ① 제3자라 함은 명의신탁 약정의 당사자 및 포괄승계인 이외의 자로서 명의수탁자가 물권자임을 기초로 그와의 사이에 직접 새로운 이해관계를 맺은 사람을 말하므로, 명의수탁자의 일반 채권자는 위 조항에서 말하는 제3자에 해당한다고 볼 수 없다.

② 전항의 제3자가 아닌 자와 사이에 무효인 등기를 기초로 다시 이해관계를 맺은데 불과한 자는 실체관계에 부합하여 유효라고 하는 등의 특별한 사정이 없는 한 전항의 제3자에 해당하지 아니한다.

③ 명의신탁자와 부동산에 관한 계약을 체결하고 단지 등기명의만을 명의수탁자로부터 경료받은 것과 같은 외관을 갖춘 제3자는 전2항의 제3자에 해당하지 아니하고, 그 제3자 명의의 등기는 무효이다.

제4조의 24【아파트 수분양자가 명의신탁약정을 맺으면서 분양계약 인수약정을 체결한 경우】 아파트의 수분양자가 타인과 대내적으로는 명의신탁약정을 맺으면서 수분양자로서의 지위를 포괄적으로 이전하는 계약인수약정을 체결하고 이에 대하여 명의신탁약정의 존재를 모르는 분양자가 동의 내지 승낙을 한 경우, 분양계약인수약정은 유효하다.

제5조【과징금】 ① 다음 각 호의 어느 하나에 해당하는 자에게는 해당 부동산 가액(價額)의 100분의 30에 해당하는 금액의 범위에서 과징금을 부과한다.

1. 제3조 제1항을 위반한 명의신탁자
2. 제3조 제2항을 위반한 채권자 및 같은 항에 따른 서면에 채무자를 거짓으로 적어 제출하게 한 실채무자(實債務者)

② 제1항의 부동산 가액은 과징금을 부과하는 날 현재의 다음 각 호의 가액에 따른다. 다만, 제3조제1항 또는 제11조제1항을 위반한 자가 과징금을 부과받은 날 이미 명의신탁관계를 종료하였거나 실명등기를 하였을 때에는 명의신탁관계 종료 시점 또는 실명등기 시점의 부동산 가액으로 한다.

1. 소유권의 경우에는 「소득세법」 제99조에 따른 기준시가
2. 소유권 외의 물권의 경우에는 「상속세 및 증여세법」 제61조제5항 및 제66조에 따라 대통령령으로 정하는 방법으로 평가한 금액

③ 제1항에 따른 과징금의 부과기준은 제2항에 따른 부동산 가액(이하 "부동산평가액"이라 한다), 제3조를 위반한 기간, 조세를 포탈하거나 법령에 따른 제한을 회피할 목적으로 위반하였는지 여부 등을 고려하여 대통령령으로 정한다.

④ 제1항에 따른 과징금이 대통령령으로 정하는 금액을 초과하는 경우에는 그 초과하는 부분은 대통령령으로 정하는 바에 따라 물납(物納)할 수 있다.

⑤ 제1항에 따른 과징금은 해당 부동산의 소재지를 관할하는 특별자치도지사·특별자치시장·시장·군수 또는 구청장이 부과·징수한다. 이 경우 과징금은 위반사실이 확인된 후 지체 없이 부과하여야 한다. <개정 2016. 1. 6.>

⑥ 제1항에 따른 과징금을 납부기한까지 내지 아니하면 「지방행정제재·부과금의 징수 등에 관한 법률」에 따라 징수한다. <개정 2013. 8. 6., 2020. 3. 24.>

⑦ 제1항에 따른 과징금의 부과 및 징수 등에 필요한 사항은 대통령령으로 정한다.

제5조의 i【명의신탁관계 종료시점】 제5조 제2항 단서의 명의신탁관계 종료시점은 단지 명의신탁자와 명의수탁자 사이에 대내적으로 명의신탁을 해지한 시점이 아니라, 대외적으로도 명의신탁관계가 종료되어 위반상태가 해소된 시점인 실명등기를 할 필요가 없거나 실명등기를 한 것으로 볼 수 있는 시점으로 보아야 하고, 명의신탁자가 명의수탁자를 상대로 명의신탁의 해지를 원인으로 하여 소를 제기하였다거나 그 소송에서의 승소판결이 확정되었다는 사정만으로는 그때 위 법상의 명의신탁관계가 종료되었다고 할 수 없다.

제5조의 ii【명의신탁약정이 대리인에 의하여 체결된 경우 과징금 부과대상】 과징금 부과대상이 되는 자는 제3조

제1항의 규정을 위반한 '명의신탁자', 즉 '명의신탁약정에 따라 자신의 부동산에 관한 소유권 기타 물권을 타인의 명의로 등기하게 하는 실권리자'이고, 명의신탁약정이 대리인에 의하여 체결된 경우에도 법률상 대리인에게도 과징금을 부과할 수 있는 특별규정이 없는 한 대리인은 과징금 부과대상이 된다고 볼 수 없다. 그리고 이러한 법리는 법정대리인이 미성년자를 대리하여 명의신탁약정을 체결한 경우에도 마찬가지로 적용된다.

제5조의2【과징금 납부기한의 연장 및 분할 납부】 ① 특별자치도지사·특별자치시장·시장·군수 또는 구청장은 제5조제1항에 따른 과징금을 부과받은 자(이하 이 조에서 "과징금 납부의무자"라 한다)가 과징금의 금액이 대통령령으로 정하는 기준을 초과하는 경우로서 다음 각 호의 어느 하나에 해당하여 과징금의 전액을 일시에 납부하기가 어렵다고 인정할 때에는 그 납부기한을 연장하거나 분할 납부하게 할 수 있다. 이 경우 필요하다고 인정할 때에는 대통령령으로 정하는 바에 따라 담보를 제공하게 할 수 있다.

1. 재해 또는 도난 등으로 재산에 현저한 손실을 입은 경우
2. 사업 여건의 악화로 사업이 중대한 위기에 처한 경우
3. 과징금을 일시에 내면 자금사정에 현저한 어려움이 예상되는 경우
4. 과징금 납부의무자 또는 동거 가족이 질병이나 중상해(重傷害)로 장기 치료가 필요한 경우
5. 그 밖에 제1호부터 제4호까지의 규정에 준하는 사유가 있는 경우

② 과징금 납부의무자가 제1항에 따른 과징금 납부기한의 연장 또는 분할 납부를 신청하려는 경우에는 과징금 납부를 통지받은 날부터 30일 이내에 특별자치도지사·특별자치시장·시장·군수 또는 구청장에게 신청하여야 한다.

③ 특별자치도지사·특별자치시장·시장·군수 또는 구청장은 제1항에 따라 납부기한이 연장되거나 분할 납부가 허용된 과징금 납부의무자가 다음 각 호의 어느 하나에 해당하게 된 때에는 그 납부기한의 연장 또는 분할 납부 결정을 취소하고 일시에 징수할 수 있다.

1. 납부기한의 연장 또는 분할 납부 결정된 과징금을 그 납부기한 내에 납부하지 아니한 때
2. 담보의 변경, 그 밖에 담보 보전에 필요한 특별자치도지사·특별자치시장·시장·군수 또는 구청장의 요구를 이행하지 아니한 때
3. 강제집행, 경매의 개시, 파산선고, 법인의 해산, 국세 또는 지방세의 체납처분을 받은 때 등 과징금의 전부 또는 잔여분을 징수할 수 없다고 인정되는 때

④ 제1항부터 제3항까지의 규정에 따른 과징금 납부기한의 연장, 분할 납부 또는 담보의 제공 등에 필요한 사항은 대통령령으로 정한다.

제6조【이행강제금】 ① 제5조제1항제1호에 따른 과징금을 부과받은 자는 지체 없이 해당 부동산에 관한 물권을 자신의 명의로 등기하여야 한다. 다만, 제4조제2항 단서에 해당하는 경우에는 그러하지 아니하며, 자신의 명의로 등기할 수 없는 정당한 사유가 있는 경우에는 그 사유가 소멸된 후 지체 없이 자신의 명의로 등기하여야 한다.

② 제1항을 위반한 자에 대하여는 과징금 부과일(제1항 단서 후단의 경우에는 등기할 수 없는 사유가 소멸한 때를 말한다)부터 1년이 지난 때에 부동산평가액의 100분의 10에 해당하는 금액을, 다시 1년이 지난 때에 부동산평가액의 100분의 20에 해당하는 금액을 각각 이행강제금으로 부과한다.

③ 이행강제금에 관하여는 제5조제4항부터 제7항까지의 규정을 준용한다.

제7조【벌칙】 ① 다음 각 호의 어느 하나에 해당하는 자는 5년 이하의 징역 또는 2억원 이하의 벌금에 처한다. <개정 2016. 1. 6.>

1. 제3조제1항을 위반한 명의신탁자
2. 제3조제2항을 위반한 채권자 및 같은 항에 따른 서면에 채무자를 거짓으로 적어 제출하게 한 실채무자

② 제3조제1항을 위반한 명의수탁자는 3년 이하의 징역 또는 1억원 이하의 벌금에 처한다. <개정 2016. 1. 6.>

③ 삭제 <2016. 1. 6.>

제8조【종중, 배우자 및 종교단체에 대한 특례】 다음 각 호의 어느 하나에 해당하는 경우로서 조세 포탈, 강제집행의 면탈(免脫) 또는 법령상 제한의 회피를 목적으로 하지 아니하는 경우에는 제4조부터 제7조까지 및

제12조제1항부터 제3항까지를 적용하지 아니한다. <개정 2013. 7. 12.>

1. 종중(宗中)이 보유한 부동산에 관한 물권을 종중(종중과 그 대표자를 같이 표시하여 등기한 경우를 포함한다) 외의 자의 명의로 등기한 경우
2. 배우자 명의로 부동산에 관한 물권을 등기한 경우
3. 종교단체의 명의로 그 산하 조직이 보유한 부동산에 관한 물권을 등기한 경우

제8조의2【종중의 위토로 사용하기 위한 농지취득과 명의신탁】 구 농지개혁법 시행 당시 종중이 위토로 사용하기 위하여 농지를 취득하여 종중 외의 자의 명의로 등기한 경우, 그 명의신탁은 법령상 제한을 회피하기 위한 것이라고 볼 수 없어 유효하다.

제8조의3【명의신탁자인 종중의 소유권 주장과 제3자 이의의 소 제기 가능여부】 종중이 보유한 부동산에 관한 물권을 종중 이외의 자의 명의로 등기하는 명의신탁의 경우 종중이 법 시행 전에 명의신탁한 부동산에 관하여 법 제11조의 유예기간 이내에 실명등기 또는 매각처분을 하지 아니한 경우에도 그 명의신탁약정은 여전히 그 효력을 유지하는 것이지만, 부동산을 명의신탁한 경우에는 소유권이 대외적으로 수탁자에게 귀속하므로 명의신탁자는 신탁을 이유로 제3자에 대하여 그 소유권을 주장할 수 없고 특별한 사정이 없는 한 신탁자가 수탁자에 대해 가지는 명의신탁해지를 원인으로 한 소유권이전등기청구권은 집행채권자에게 대항할 수 있는 권리가 될 수 없으므로 명의신탁자인 종중은 명의신탁된 부동산에 관하여 제3자이의의 소의 원인이 되는 권리를 가지고 있지 않다.

제8조의4【종중유사의 비법인사단 포함 여부】 제8조 1호에서 말하는 고유 의미의 종중만을 가리키고, 종중 유사의 비법인 사단은 포함하지 않는다.

제8조의5【부부간의 명의신탁과 강제집행 면탈의 목적】 강제집행 면탈의 목적이 있는지는 부부간의 재산관리 관행을 존중하려는 특례규정의 목적과 취지, 부부의 재산관계와 거래의 안전에 미치는 영향, 조세 포탈 등의 행위를 처벌하는 다른 형벌조항과의 체계적 연관성 등을 고려하여 판단하여야 한다. 부동산실명법 제8조의 '강제집행의 면탈'을 목적으로 한 명의신탁에 해당하려면 민사집행법에 따른 강제집행 또는 가압류·가처분의 집행을 받을 우려가 있는 객관적인 상태, 즉 채권자가 본안 또는 보전소송을 제기하거나 제기할 태세를 보이고 있는 상태에서 한쪽 배우자가 상대방 배우자에게 부동산을 명의신탁함으로써 채권자가 집행할 재산을 발견하기 곤란하게 할 목적이 있다고 인정되어야 한다. 부부간의 명의신탁 당시에 막연한 장래에 채권자가 집행할 가능성을 염두에 두었다는 것만으로 강제집행 면탈의 목적이 인정되지 않는다.

제8조의6【명의신탁 이후 혼인과 명의신탁의 유효】 명의신탁등기가 무효가 되었다고 할지라도 그 후 신탁자와 수탁자가 혼인하여 그 등기의 명의자가 배우자로 된 경우에는 조세포탈, 강제집행의 면탈 또는 법령상 제한의 회피를 목적으로 하지 아니하는 한 이 경우에도 위 법률 제8조 제2호의 특례를 적용하여 그 명의신탁등기는 당사자가 혼인한 때로부터 유효하게 된다.

제8조의7【명의신탁 이후 이혼과 명의신탁의 유효】 법 시행 이전에 배우자 명의로 등기하였다가 법 제11조에 정한 유예기간 중에 제기된 부동산물권에 관한 쟁송의 본안판결 확정일로부터 1년 이내에 이혼한 경우, 명의신탁약정 및 이에 따른 부동산 물권변동은 유효하다.

제8조의8【부부간 명의신탁관계가 종료된 경우, 신탁자의 책임재산으로서 신탁자의 수탁자에 대한 소유권이전등기청구권】 부부간의 명의신탁약정은 특별한 사정이 없는 한 유효하고, 이때 명의신탁자는 명의수탁자에 대하여 신탁해지를 하고 신탁관계의 종료 그것만을 이유로 하여 소유 명의의 이전등기절차의 이행을 청구할 수 있음은 물론, 신탁해지를 원인으로 하고 소유권에 기해서도 그와 같은 청구를 할 수 있는데, 이와 같이 명의신탁관계가 종료된 경우 신탁자의 수탁자에 대한 소유권이전등기청구권은 신탁자의 일반채권자들에게 공동담보로 제공되는 책임재산이 된다.

제9조【조사 등】 ① 특별자치도지사·특별자치시장·시장·군수 또는 구청장은 필요하다고 인정하는 경우에는 제3조, 제10조부터 제12조까지 및 제14조를 위반하였는지를 확인하기 위한 조사를 할 수 있다. <개정 2016. 1. 6.>

② 국세청장은 탈세 혐의가 있다고 인정하는 경우에는 제3조, 제10조부터 제12조까지 및 제14조를 위반하였는지를 확인하기 위한 조사를 할 수 있다.

③ 공무원이 그 직무를 수행할 때에 제3조, 제10조부

터 제12조까지 및 제14조를 위반한 사실을 알게 된 경우에는 국세청장과 해당 부동산의 소재지를 관할하는 특별자치도지사·특별자치시장·시장·군수 또는 구청장에게 그 사실을 통보하여야 한다. <개정 2016. 1. 6.>

제10조【장기미등기자에 대한 벌칙 등】 ①「부동산등기특별조치법」 제2조제1항, 제11조 및 법률 제4244호 부동산등기특별조치법 부칙 제2조를 적용받는 자로서 다음 각 호의 어느 하나에 해당하는 날부터 3년 이내에 소유권이전등기를 신청하지 아니한 등기권리자(이하 "장기미등기자"라 한다)에게는 부동산평가액의 100분의 30의 범위에서 과징금(「부동산등기 특별조치법」 제11조에 따른 과태료가 이미 부과된 경우에는 그 과태료에 상응하는 금액을 뺀 금액을 말한다)을 부과한다. 다만, 제4조제2항 본문 및 제12조제1항에 따라 등기의 효력이 발생하지 아니하여 새로 등기를 신청하여야 할 사유가 발생한 경우와 등기를 신청하지 못할 정당한 사유가 있는 경우에는 그러하지 아니하다.

1. 계약당사자가 서로 대가적(代價的)인 채무를 부담하는 경우에는 반대급부의 이행이 사실상 완료된 날
2. 계약당사자의 어느 한쪽만이 채무를 부담하는 경우에는 그 계약의 효력이 발생한 날

② 제1항에 따른 과징금의 부과기준은 부동산평가액, 소유권이전등기를 신청하지 아니한 기간, 조세를 포탈하거나 법령에 따른 제한을 회피할 목적으로 하였는지 여부, 「부동산등기 특별조치법」 제11조에 따른 과태료가 부과되었는지 여부 등을 고려하여 대통령령으로 정한다.

③ 제1항의 과징금에 관하여는 제5조제4항부터 제7항까지 및 제5조의2를 준용한다. <개정 2016. 1. 6.>

④ 장기미등기자가 제1항에 따라 과징금을 부과받고도 소유권이전등기를 신청하지 아니하면 제6조제2항 및 제3항을 준용하여 이행강제금을 부과한다.

⑤ 장기미등기자(제1항 단서에 해당하는 자는 제외한다)는 5년 이하의 징역 또는 2억원 이하의 벌금에 처한다. <개정 2016. 1. 6.> [전문개정 2010. 3. 31.]

제11조【기존 명의신탁약정에 따른 등기의 실명등기 등】 ① 법률 제4944호 부동산실권리자명의등기에관한법률 시행 전에 명의신탁약정에 따라 부동산에 관한 물권을 명의수탁자의 명의로 등기하거나 등기하도록 한 명의신탁자(이하 "기존 명의신탁자"라 한다)는 법률 제4944호 부동산실권리자명의등기에관한법률 시행일부터 1년의 기간(이하 "유예기간"이라 한다) 이내에 실명등기하여야 한다. 다만, 공용징수, 판결, 경매 또는 그 밖에 법률에 따라 명의수탁자로부터 제3자에게 부동산에 관한 물권이 이전된 경우(상속에 의한 이전은 제외한다)와 종교단체, 향교 등이 조세 포탈, 강제집행의 면탈을 목적으로 하지 아니하고 명의신탁한 부동산으로서 대통령령으로 정하는 경우는 그러하지 아니하다.

② 다음 각 호의 어느 하나에 해당하는 경우에는 제1항에 따라 실명등기를 한 것으로 본다. <개정 2011. 5. 19., 2016. 1. 6., 2019. 11. 26.>

1. 기존 명의신탁자가 해당 부동산에 관한 물권에 대하여 매매나 그 밖의 처분행위를 하고 유예기간 이내에 그 처분행위로 인한 취득자에게 직접 등기를 이전한 경우
2. 기존 명의신탁자가 유예기간 이내에 다른 법률에 따라 해당 부동산의 소재지를 관할하는 특별자치도지사·특별자치시장·시장·군수 또는 구청장에게 매각을 위탁하거나 대통령령으로 정하는 바에 따라 「한국자산관리공사 설립 등에 관한 법률」에 따라 설립된 한국자산관리공사에 매각을 의뢰한 경우. 다만, 매각위탁 또는 매각의뢰를 철회한 경우에는 그러하지 아니하다.

③ 실권리자의 귀책사유 없이 다른 법률에 따라 제1항 및 제2항에 따른 실명등기 또는 매각처분 등을 할 수 없는 경우에는 그 사유가 소멸한 때부터 1년 이내에 실명등기 또는 매각처분 등을 하여야 한다.

④ 법률 제4944호 부동산실권리자명의등기에관한법률 시행 전 또는 유예기간 중에 부동산물권에 관한 쟁송이 법원에 제기된 경우에는 그 쟁송에 관한 확정판결(이와 동일한 효력이 있는 경우를 포함한다)이 있은 날부터 1년 이내에 제1항 및 제2항에 따른 실명등기 또는 매각처분 등을 하여야 한다. [전문개정 2010. 3. 31.]

제11조의2【유예기간 경과 후 명의신탁 해지를 원인으로 한 소유권이전등기청구 가부】 제11조에서 정한 유예기간 경과 후, 명의신탁자는 명의신탁 해지를 원인으로

하는 소유권이전등기를 청구할 수 없다.

제11조의3【유예기간 경과 후 수탁자의 소유권 주장 가부】 양자간 명의신탁의 경우에 서 신탁자와의 명의신탁약정에 의하여 행하여진 수탁자 명의의 소유권이전등기는 유예기간이 경과한 이후에는 원인무효로서 말소되어야 하고, 수탁자로서는 신탁자는 물론 제3자에 대한 관계에서도 수탁된 부동산에 대한 소유권자임을 주장할 수 없고, 소유권에 기한 물권적 청구권을 행사할 수도 없다.

제11조의4【부동산물권에 관한 쟁송의 의미】 ① 제11조제4항의 부동산물권에 관한 쟁송이라 함은 명의신탁자가 당사자로서 해당 부동산에 관하여 자신이 실권리자임을 주장하여 이를 공적으로 확인받기 위한 쟁송이면 족하다.

② 쟁송제기 주체가 명의신탁자가 아닌 명의신탁자의 채권자가 명의신탁자를 대위하여 명의수탁자를 상대로 소송을 제기한 경우에도 이에 해당하며, 그 결과에 의하여 곧바로 실명등기를 할 수 있어야 하는 쟁송으로 제한되지 않지만, 적어도 다툼의 대상인 권리관계가 확정되기 전까지는 실명등기를 할 수 없는 쟁송이어야 한다.

③ 부동산물권에 관한 쟁송에 명의신탁자가 명의신탁관계를 부정당하여 제소당한 경우도 포함된다.

④ 법 제11조에 규정된 유예기간 후에 부동산물권에 관한 쟁송이 제기되었더라도 위 소송이 법 시행 전 또는 유예기간 중에 제기된 소송과 함께 전체로서 일체가 됨으로써 그 같은 일련의 소송 계속 중에는 기존 명의신탁관계가 실효되지 않는다.

⑤ 명의신탁자가 법 시행 이전에 명의수탁자를 상대로 제기한 근저당권설정행위라는 불법행위에 따른 손해배상을 구하는 소는 부동산물권에 관한 쟁송에 해당하지 아니한다.

제11조의5【착오로 수탁자의 공동상속인 일부를 쟁송의 상대방에서 누락시킨 경우】 부동산 명의신탁약정의 수탁자의 지위를 승계한 공동상속인들 중 일부를 착오로 쟁송의 상대방에서 누락시켰다고 하더라도 그 쟁송의 취지가 당해 명의신탁관계 전체를 대상으로 삼고 있는 것인 한, 그 누락된 공동상속인에 대하여도 '부동산물권에 관한 쟁송'이 제기된 것으로 보아야 하고, 이러한 제1차 소송에서 명의신탁자가 전부 승소하였음에도 불구하고 그 상속지분이 잘못 표시되는 바람에 그 소송 결과에 따른 실명등기를 하지 못한 채 부득이 누락된 상속인을 상대로 다시 실명등기를 위한 제2차 소송을 제기한 경우, 그 제2차 소송이 제1차 소송의 확정 후 상당한 기간 내에 이루어진 것으로서 당해 부동산에 관한 쟁송이 계속되고 있다고 평가되는 경우라면, 위와 같은 일련의 소송들은 그 전체가 일체가 되어 법 제11조 제4항에서 말하는 부동산물권에 대한 쟁송에 해당된다. 공동상속인의 일부를 누락한 채 제기된 전 소송이 법 시행 전 또는 유예기간 중에 이루어진 이상, 위 일련의 소송의 계속중에는 기존의 명의신탁관계가 실효되지 않는다.

제11조의6【신탁자를 상대로 한 인도청구소송과 신탁자가 제기한 명의신탁 해지를 원인으로 한 소유권이전등기 청구소송의 일체로서 행해진 경우】 수탁자 또는 전득자가 신탁자를 상대로 제기한 인도 청구소송 등이 수탁자 또는 전득자의 패소로 확정되었으나 신탁자가 수탁자측의 비협조로 소유권을 회복하지 못하여 부득이 그 소송의 확정 후 상당한 기간 내에 명의신탁해지를 원인으로 한 소유권이전등기 청구소송을 제기한 경우, 위 인도 청구소송 등이 법 시행 전 또는 유예기간 중에 제기된 것이라면 후에 제기된 소유권이전등기 청구소송의 계속 중에도 기존의 명의신탁약정의 효력이 유지된다.

제12조【실명등기의무 위반의 효력 등】 ① 제11조에 규정된 기간 이내에 실명등기 또는 매각처분 등을 하지 아니한 경우 그 기간이 지난 날 이후의 명의신탁약정 등의 효력에 관하여는 제4조를 적용한다.

② 제11조를 위반한 자에 대하여는 제3조제1항을 위반한 자에 준하여 제5조, 제5조의2 및 제6조를 적용한다. <개정 2016. 1. 6.>

③ 법률 제4944호 부동산실권리자명의등기에관한법률 시행 전에 명의신탁약정에 따른 등기를 한 사실이 없는 자가 제11조에 따른 실명등기를 가장하여 등기한 경우에는 5년 이하의 징역 또는 2억원 이하의 벌금에 처한다. [전문개정 2010. 3. 31.]

제12조의2【양벌규정】 법인 또는 단체의 대표자나 법인·단체 또는 개인의 대리인·사용인 및 그 밖의 종업원이 그 법인·단체 또는 개인의 업무에 관하여 제7조, 제10조제5항 또는 제12조제3항의 위반행위를 하면 그

행위자를 벌하는 외에 그 법인·단체 또는 개인에게도 해당 조문의 벌금형을 과한다. 다만, 법인·단체 또는 개인이 그 위반행위를 방지하기 위하여 해당 업무에 관하여 상당한 주의와 감독을 게을리하지 아니한 경우에는 그러하지 아니하다. [본조신설 2016. 1. 6.]

제13조【실명등기에 대한 조세부과의 특례】 ① 제11조에 따라 실명등기를 한 부동산이 1건이고 그 가액이 5천만원 이하인 경우로서 다음 각 호의 어느 하나에 해당하는 경우에는 이미 면제되거나 적게 부과된 조세 또는 부과되지 아니한 조세는 추징(追徵)하지 아니한다. 이 경우 실명등기를 한 부동산의 범위 및 가액의 계산에 대하여는 대통령령으로 정한다.

1. 종전의 「소득세법」(법률 제4803호로 개정되기 전의 법률을 말한다) 제5조제6호에 따라 명의신탁자 및 그와 생계를 같이 하는 1세대(世帶)가 법률 제4944호 부동산실권리자명의등기에관한법률 시행 전에 1세대1주택 양도에 따른 비과세를 받은 경우로서 실명등기로 인하여 해당 주택을 양도한 날에 비과세에 해당하지 아니하게 되는 경우
2. 종전의 「상속세법」(법률 제5193호로 개정되기 전의 법률을 말한다) 제32조의2에 따라 명의자에게 법률 제4944호 부동산실권리자명의등기에관한법률 시행 전에 납세의무가 성립된 증여세를 부과하는 경우

② 실명등기를 한 부동산이 비업무용 부동산에 해당하는 경우로서 유예기간(제11조제3항 및 제4항의 경우에는 그 사유가 소멸한 때부터 1년의 기간을 말한다) 종료 시까지 해당 법인의 고유업무에 직접 사용할 때에는 법률 제6312호 지방세법중개정법률 부칙 제10조에도 불구하고 종전의 「지방세법」(법률 제6312호로 개정되기 전의 법률을 말한다) 제112조제2항의 세율을 적용하지 아니한다. [전문개정 2010. 3. 31.]

제14조【기존 양도담보권자의 서면 제출 의무 등】 ① 법률 제4944호 부동산실권리자명의등기에관한법률 시행 전에 채무의 변제를 담보하기 위하여 채권자가 부동산에 관한 물권을 이전받은 경우에는 법률 제4944호 부동산실권리자명의등기에관한법률 시행일부터 1년 이내에 채무자, 채권금액 및 채무변제를 위한 담보라는 뜻이 적힌 서면을 등기관에게 제출하여야 한다.

② 제1항을 위반한 채권자 및 제1항에 따른 서면에 채무자를 거짓으로 적어 제출하게 한 실채무자에 대하여는 해당 부동산평가액의 100분의 30의 범위에서 과징금을 부과한다.

③ 제2항에 따른 과징금의 부과기준은 부동산평가액, 제1항을 위반한 기간, 조세를 포탈하거나 법령에 따른 제한을 회피할 목적으로 위반하였는지 여부 등을 고려하여 대통령령으로 정한다.

④ 제2항에 따른 과징금에 관하여는 제5조제4항부터 제7항까지 및 제5조의2를 준용한다. <개정 2016. 1. 6.>

제15조 삭제 <1997. 12. 13.>

부칙〈법률 제4944호, 1995. 3. 30.〉

제1조 (시행일) 이 법은 1995년 7월 1일부터 시행한다.

제2조 (적용례) ① 제3조 및 제13조의 규정은 이 법 시행 후 등기하는 분부터 적용한다.

② 제4조의 규정은 이 법 시행전에 명의신탁약정을 하고 이 법 시행후에 이에 의한 등기를 한 경우에도 이를 적용한다.

제3조 (장기미등기자에 관한 경과조치) 이 법 시행전에 제10조제1항 각호에 규정하는 날이 경과한 경우에는 동조동항에 규정한 3년의 기간은 이 법 시행일부터 기산한다.

제4조 (다른 법률의 개정) ① 조세감면규제법중 다음과 같이 개정한다.

제3조제1항에 제23호를 다음과 같이 신설한다.

② 부동산등기특별조치법중 다음과 같이 개정한다.

제7조·제8조제3호 및 제9조제2호를 각각 삭제한다.

제11조제1항 단서를 다음과 같이 한다. 다만, 부동산실권리자명의등기에관한법률 제10조 제1항의 규정에 의하여 과징금을 부과한 경우에는 그러하지 아니하다.

제5조 (다른 법률의 개정에 따른 벌칙에 관한 경과조치) 이 법 시행전에 종전의 부동산등기특별조치법 제7조의 규정을 위반한 자에 대한 벌칙의 적용에 있어서는 종전의 규정에 의한다.

부동산등기법

일부개정 2020.2.4.[법률 16912호, 시행 2020.8.5.] 법무부

제1장 총칙

제1조(목적)
이 법은 부동산등기(부동산등기)에 관한 사항을 규정함을 목적으로 한다.

제2조(정의)
이 법에서 사용하는 용어의 뜻은 다음과 같다.
1. "등기부"란 전산정보처리조직에 의하여 입력·처리된 등기정보자료를 대법원규칙으로 정하는 바에 따라 편성한 것을 말한다.
2. "등기부부본자료"(등기부부본자료)란 등기부와 동일한 내용으로 보조기억장치에 기록된 자료를 말한다.
3. "등기기록"이란 1필의 토지 또는 1개의 건물에 관한 등기정보자료를 말한다.
4. "등기필정보"(등기필정보)란 등기부에 새로운 권리자가 기록되는 경우에 그 권리자를 확인하기 위하여 제11조제1항에 따른 등기관이 작성한 정보를 말한다.

제3조(등기할 수 있는 권리 등)
등기는 부동산의 표시(표시)와 다음 각 호의 어느 하나에 해당하는 권리의 보존, 이전, 설정, 변경, 처분의 제한 또는 소멸에 대하여 한다.
1. 소유권(소유권)
2. 지상권(지상권)
3. 지역권(지역권)
4. 전세권(전세권)
5. 저당권(저당권)
6. 권리질권(권리질권)
7. 채권담보권(채권담보권)
8. 임차권(임차권)

제4조(권리의 순위)
① 같은 부동산에 관하여 등기한 권리의 순위는 법률에 다른 규정이 없으면 등기한 순서에 따른다.
② 등기의 순서는 등기기록 중 같은 구(구)에서 한 등기 상호간에는 순위번호에 따르고, 다른 구에서 한 등기 상호간에는 접수번호에 따른다.

제5조(부기등기의 순위)
부기등기(부기등기)의 순위는 주등기(주등기)의 순위에 따른다. 다만, 같은 주등기에 관한 부기등기 상호간의 순위는 그 등기 순서에 따른다.

제6조(등기신청의 접수시기 및 등기의 효력발생시기)
① 등기신청은 대법원규칙으로 정하는 등기신청정보가 전산정보처리조직에 저장된 때 접수된 것으로 본다.
② 제11조제1항에 따른 등기관이 등기를 마친 경우 그 등기는 접수한 때부터 효력을 발생한다.

제2장 등기소와 등기관

제7조(관할 등기소)
① 등기사무는 부동산의 소재지를 관할하는 지방법원, 그 지원(지원) 또는 등기소(이하 "등기소"라 한다)에서 담당한다.
② 부동산이 여러 등기소의 관할구역에 걸쳐 있을 때에는 대법원규칙으로 정하는 바에 따라 각 등기소를 관할하는 상급법원의 장이 관할 등기소를 지정한다.

제8조(관할의 위임)
대법원장은 어느 등기소의 관할에 속하는 사무를 다른 등기소에 위임하게 할 수 있다.

제9조(관할의 변경)
어느 부동산의 소재지가 다른 등기소의 관할로 바뀌었을 때에는 종전의 관할 등기소는 전산정보처리조직을 이용하여 그 부동산에 관한 등기기록의 처리권한을 다른 등기소로 넘겨주는 조치를 하여야 한다.

제10조(등기사무의 정지)
대법원장은 등기소에서 등기사무를 정지하여야 하는 사유가 발생하면 기간을 정하여 등기사무의 정지를 명령할 수 있다.

제11조(등기사무의 처리)
① 등기사무는 등기소에 근무하는 법원서기관·등기사무관·등기주사 또는 등기주사보(법원사무관·법원주사 또는 법원주사보 중 2001년 12월 31일 이전에 시행한 채용시험에 합격하여 임용된 사람을 포함한다) 중에서 지방법원장(등기소의 사무를 지원장이 관장하는 경우에는 지원장을 말한다. 이하 같다)이 지정하는 자[이하 "등기관"(등기관)이라 한다]가 처리한다.
② 등기관은 등기사무를 전산정보처리조직을 이용하

여 등기부에 등기사항을 기록하는 방식으로 처리하여야 한다.

③ 등기관은 접수번호의 순서에 따라 등기사무를 처리하여야 한다.

④ 등기관이 등기사무를 처리한 때에는 등기사무를 처리한 등기관이 누구인지 알 수 있는 조치를 하여야 한다.

제12조(등기관의 업무처리의 제한)

① 등기관은 자기, 배우자 또는 4촌 이내의 친족(이하 "배우자등"이라 한다)이 등기신청인인 때에는 그 등기소에서 소유권등기를 한 성년자로서 등기관의 배우자등이 아닌 자 2명 이상의 참여가 없으면 등기를 할 수 없다. 배우자등의 관계가 끝난 후에도 같다.

② 등기관은 제1항의 경우에 조서를 작성하여 참여인과 같이 기명날인 또는 서명을 하여야 한다.

제13조(재정보증)

법원행정처장은 등기관의 재정보증(재정보증)에 관한 사항을 정하여 운용할 수 있다.

제3장 등기부 등

제14조(등기부의 종류 등)

① 등기부는 토지등기부(토지등기부)와 건물등기부(건물등기부)로 구분한다.

② 등기부는 영구(영구)히 보존하여야 한다.

③ 등기부는 대법원규칙으로 정하는 장소에 보관·관리하여야 하며, 전쟁·천재지변이나 그 밖에 이에 준하는 사태를 피하기 위한 경우 외에는 그 장소 밖으로 옮기지 못한다.

④ 등기부의 부속서류는 전쟁·천재지변이나 그 밖에 이에 준하는 사태를 피하기 위한 경우 외에는 등기소 밖으로 옮기지 못한다. 다만, 신청서나 그 밖의 부속서류에 대하여는 법원의 명령 또는 촉탁(촉탁)이 있거나 법관이 발부한 영장에 의하여 압수하는 경우에는 그러하지 아니하다.

제15조(물적 편성주의)

① 등기부를 편성할 때에는 1필의 토지 또는 1개의 건물에 대하여 1개의 등기기록을 둔다. 다만, 1동의 건물을 구분한 건물에 있어서는 1동의 건물에 속하는 전부에 대하여 1개의 등기기록을 사용한다.

② 등기기록에는 부동산의 표시에 관한 사항을 기록하는 표제부와 소유권에 관한 사항을 기록하는 갑구(갑구) 및 소유권 외의 권리에 관한 사항을 기록하는 을구(을구)를 둔다.

제16조(등기부부본자료의 작성)

등기관이 등기를 마쳤을 때에는 등기부부본자료를 작성하여야 한다.

제17조(등기부의 손상과 복구)

① 등기부의 전부 또는 일부가 손상되거나 손상될 염려가 있을 때에는 대법원장은 대법원규칙으로 정하는 바에 따라 등기부의 복구·손상방지 등 필요한 처분을 명령할 수 있다.

② 대법원장은 대법원규칙으로 정하는 바에 따라 제1항의 처분명령에 관한 권한을 법원행정처장 또는 지방법원장에게 위임할 수 있다.

제18조(부속서류의 손상 등 방지처분)

① 등기부의 부속서류가 손상·멸실(멸실)의 염려가 있을 때에는 대법원장은 그 방지를 위하여 필요한 처분을 명령할 수 있다.

② 제1항에 따른 처분명령에는 제17조제2항을 준용한다.

제19조(등기사항의 열람과 증명)

① 누구든지 수수료를 내고 대법원규칙으로 정하는 바에 따라 등기기록에 기록되어 있는 사항의 전부 또는 일부의 열람(열람)과 이를 증명하는 등기사항증명서의 발급을 청구할 수 있다. 다만, 등기기록의 부속서류에 대하여는 이해관계 있는 부분만 열람을 청구할 수 있다.

② 제1항에 따른 등기기록의 열람 및 등기사항증명서의 발급 청구는 관할 등기소가 아닌 등기소에 대하여도 할 수 있다.

③ 제1항에 따른 수수료의 금액과 면제의 범위는 대법원규칙으로 정한다.

제20조(등기기록의 폐쇄)

① 등기관이 등기기록에 등기된 사항을 새로운 등기기록에 옮겨 기록한 때에는 종전 등기기록을 폐쇄(폐쇄)하여야 한다.

② 폐쇄한 등기기록은 영구히 보존하여야 한다.

③ 폐쇄한 등기기록에 관하여는 제19조를 준용한다.

제21조(중복등기기록의 정리)

① 등기관이 같은 토지에 관하여 중복하여 마쳐진 등

기기록을 발견한 경우에는 대법원규칙으로 정하는 바에 따라 중복등기기록 중 어느 하나의 등기기록을 폐쇄하여야 한다.
② 제1항에 따라 폐쇄된 등기기록의 소유권의 등기명의인 또는 등기상 이해관계인은 대법원규칙으로 정하는 바에 따라 그 토지가 폐쇄된 등기기록의 소유권의 등기명의인의 소유임을 증명하여 폐쇄된 등기기록의 부활을 신청할 수 있다.

제4장 등기절차

제1절 총칙

제22조(신청주의)
① 등기는 당사자의 신청 또는 관공서의 촉탁에 따라 한다. 다만, 법률에 다른 규정이 있는 경우에는 그러하지 아니하다.
② 촉탁에 따른 등기절차는 법률에 다른 규정이 없는 경우에는 신청에 따른 등기에 관한 규정을 준용한다.
③ 등기를 하려고 하는 자는 대법원규칙으로 정하는 바에 따라 수수료를 내야 한다.

제23조(등기신청인)
① 등기는 법률에 다른 규정이 없는 경우에는 등기권리자(등기권리자)와 등기의무자(등기의무자)가 공동으로 신청한다.
② 소유권보존등기(소유권보존등기) 또는 소유권보존등기의 말소등기(말소등기)는 등기명의인으로 될 자 또는 등기명의인이 단독으로 신청한다.
③ 상속, 법인의 합병, 그 밖에 대법원규칙으로 정하는 포괄승계에 따른 등기는 등기권리자가 단독으로 신청한다.
④ 등기절차의 이행 또는 인수를 명하는 판결에 의한 등기는 승소한 등기권리자 또는 등기의무자가 단독으로 신청하고, 공유물을 분할하는 판결에 의한 등기는 등기권리자 또는 등기의무자가 단독으로 신청한다. <개정 2020. 2. 4.>
⑤ 부동산표시의 변경이나 경정(경정)의 등기는 소유권의 등기명의인이 단독으로 신청한다.
⑥ 등기명의인표시의 변경이나 경정의 등기는 해당 권리의 등기명의인이 단독으로 신청한다.
⑦ 신탁재산에 속하는 부동산의 신탁등기는 수탁자(수탁자)가 단독으로 신청한다. <신설 2013. 5. 28.>
⑧ 수탁자가 「신탁법」 제3조제5항에 따라 타인에게 신탁재산에 대하여 신탁을 설정하는 경우 해당 신탁재산에 속하는 부동산에 관한 권리이전등기에 대하여는 새로운 신탁의 수탁자를 등기권리자로 하고 원래 신탁의 수탁자를 등기의무자로 한다. 이 경우 해당 신탁재산에 속하는 부동산의 신탁등기는 제7항에 따라 새로운 신탁의 수탁자가 단독으로 신청한다. <신설 2013.5.28>

제24조(등기신청의 방법)
① 등기는 다음 각 호의 어느 하나에 해당하는 방법으로 신청한다. <개정 2016. 2. 3.>
1. 신청인 또는 그 대리인(대리인)이 등기소에 출석하여 신청정보 및 첨부정보를 적은 서면을 제출하는 방법. 다만, 대리인이 변호사[법무법인, 법무법인(유한) 및 법무조합을 포함한다. 이하 같다]나 법무사[법무사법인 및 법무사법인(유한)을 포함한다. 이하 같다]인 경우에는 대법원규칙으로 정하는 사무원을 등기소에 출석하게 하여 그 서면을 제출할 수 있다.
2. 대법원규칙으로 정하는 바에 따라 전산정보처리조직을 이용하여 신청정보 및 첨부정보를 보내는 방법(법원행정처장이 지정하는 등기유형으로 한정한다)
② 신청인이 제공하여야 하는 신청정보 및 첨부정보는 대법원규칙으로 정한다.

제25조(신청정보의 제공방법)
등기의 신청은 1건당 1개의 부동산에 관한 신청정보를 제공하는 방법으로 하여야 한다. 다만, 등기목적과 등기원인이 동일하거나 그 밖에 대법원규칙으로 정하는 경우에는 같은 등기소의 관할 내에 있는 여러 개의 부동산에 관한 신청정보를 일괄하여 제공하는 방법으로 할 수 있다.

제26조(법인 아닌 사단 등의 등기신청)
① 종중(종중), 문중(문중), 그 밖에 대표자나 관리인이 있는 법인 아닌 사단(사단)이나 재단(재단)에 속하는 부동산의 등기에 관하여는 그 사단이나 재단을 등기권리자 또는 등기의무자로 한다.
② 제1항의 등기는 그 사단이나 재단의 명의로 그 대표자나 관리인이 신청한다.

제27조(포괄승계인에 의한 등기신청)
등기원인이 발생한 후에 등기권리자 또는 등기의무자

에 대하여 상속이나 그 밖의 포괄승계가 있는 경우에는 상속인이나 그 밖의 포괄승계인이 그 등기를 신청할 수 있다.

제28조(채권자대위권에 의한 등기신청)

① 채권자는 「민법」 제404조에 따라 채무자를 대위(대위)하여 등기를 신청할 수 있다.

② 등기관이 제1항 또는 다른 법령에 따른 대위신청에 의하여 등기를 할 때에는 대위자의 성명 또는 명칭, 주소 또는 사무소 소재지 및 대위원인을 기록하여야 한다.

제29조(신청의 각하)

등기관은 다음 각 호의 어느 하나에 해당하는 경우에만 이유를 적은 결정으로 신청을 각하(각하)하여야 한다. 다만, 신청의 잘못된 부분이 보정(보정)될 수 있는 경우로서 신청인이 등기관이 보정을 명한 날의 다음 날까지 그 잘못된 부분을 보정하였을 때에는 그러하지 아니하다.

1. 사건이 그 등기소의 관할이 아닌 경우
2. 사건이 등기할 것이 아닌 경우
3. 신청할 권한이 없는 자가 신청한 경우
4. 제24조 제1항 제1호에 따라 등기를 신청할 때에 당사자나 그 대리인이 출석하지 아니한 경우
5. 신청정보의 제공이 대법원규칙으로 정한 방식에 맞지 아니한 경우
6. 신청정보의 부동산 또는 등기의 목적인 권리의 표시가 등기기록과 일치하지 아니한 경우
7. 신청정보의 등기의무자의 표시가 등기기록과 일치하지 아니한 경우. 다만, 제27조에 따라 포괄승계인이 등기신청을 하는 경우는 제외한다.
8. 신청정보와 등기원인을 증명하는 정보가 일치하지 아니한 경우
9. 등기에 필요한 첨부정보를 제공하지 아니한 경우
10. 취득세(「지방세법」 제20조의2에 따라 분할납부하는 경우에는 등기하기 이전에 분할납부하여야 할 금액을 말한다), 등록면허세(등록에 대한 등록면허세만 해당한다) 또는 수수료를 내지 아니하거나 등기신청과 관련하여 다른 법률에 따라 부과된 의무를 이행하지 아니한 경우
11. 신청정보 또는 등기기록의 부동산의 표시가 토지대장·임야대장 또는 건축물대장과 일치하지 아니한 경우

제30조(등기완료의 통지)

등기관이 등기를 마쳤을 때에는 대법원규칙으로 정하는 바에 따라 신청인 등에게 그 사실을 알려야 한다.

제31조(행정구역의 변경)

행정구역 또는 그 명칭이 변경되었을 때에는 등기기록에 기록된 행정구역 또는 그 명칭에 대하여 변경등기가 있는 것으로 본다.

제32조(등기의 경정)

① 등기관이 등기를 마친 후 그 등기에 착오(착오)나 빠진 부분이 있음을 발견하였을 때에는 지체 없이 그 사실을 등기권리자와 등기의무자에게 알려야 하고, 등기권리자와 등기의무자가 없는 경우에는 등기명의인에게 알려야 한다. 다만, 등기권리자, 등기의무자 또는 등기명의인이 각 2인 이상인 경우에는 그 중 1인에게 통지하면 된다.

② 등기관이 등기의 착오나 빠진 부분이 등기관의 잘못으로 인한 것임을 발견한 경우에는 지체 없이 그 등기를 직권으로 경정하여야 한다. 다만, 등기상 이해관계 있는 제3자가 있는 경우에는 제3자의 승낙이 있어야 한다.

③ 등기관이 제2항에 따라 경정등기를 하였을 때에는 그 사실을 등기권리자, 등기의무자 또는 등기명의인에게 알려야 한다. 이 경우 제1항 단서를 준용한다.

④ 채권자대위권에 의하여 등기가 마쳐진 때에는 제1항 및 제3항의 통지를 그 채권자에게도 하여야 한다. 이 경우 제1항 단서를 준용한다.

제33조(새 등기기록에의 이기)

등기기록에 기록된 사항이 많아 취급하기에 불편하게 되는 등 합리적 사유로 등기기록을 옮겨 기록할 필요가 있는 경우에 등기관은 현재 효력이 있는 등기만을 새로운 등기기록에 옮겨 기록할 수 있다.

제2절 표시에 관한 등기

제1관 토지의 표시에 관한 등기

제34조(등기사항)

등기관은 토지 등기기록의 표제부에 다음 각 호의 사항을 기록하여야 한다.

1. 표시번호

2. 접수연월일
3. 소재와 지번(지번)
4. 지목(지목)
5. 면적
6. 등기원인

제35조(변경등기의 신청)
토지의 분할, 합병이 있는 경우와 제34조의 등기사항에 변경이 있는 경우에는 그 토지 소유권의 등기명의인은 그 사실이 있는 때부터 1개월 이내에 그 등기를 신청하여야 한다.

제36조(직권에 의한 표시변경등기)
① 등기관이 지적(지적)소관청으로부터 「공간정보의 구축 및 관리 등에 관한 법률」 제88조제3항의 통지를 받은 경우에 제35조의 기간 이내에 등기명의인으로부터 등기신청이 없을 때에는 그 통지서의 기재내용에 따른 변경의 등기를 직권으로 하여야 한다. <개정 2014. 6. 3.>
② 제1항의 등기를 하였을 때에는 등기관은 지체 없이 그 사실을 지적소관청과 소유권의 등기명의인에게 알려야 한다. 다만, 등기명의인이 2인 이상인 경우에는 그 중 1인에게 통지하면 된다.

제37조(합필 제한)
① 합필(합필)하려는 토지에 다음 각 호의 등기 외의 권리에 관한 등기가 있는 경우에는 합필의 등기를 할 수 없다. <개정 2020. 2. 4.>
1. 소유권·지상권·전세권·임차권 및 승역지(승역지: 편익제공지)에 하는 지역권의 등기
2. 합필하려는 모든 토지에 있는 등기원인 및 그 연월일과 접수번호가 동일한 저당권에 관한 등기
3. 합필하려는 모든 토지에 있는 제81조제1항 각 호의 등기사항이 동일한 신탁등기
② 등기관이 제1항을 위반한 등기의 신청을 각하하면 지체 없이 그 사유를 지적소관청에 알려야 한다.

제38조(합필의 특례)
① 「공간정보의 구축 및 관리 등에 관한 법률」에 따른 토지합병절차를 마친 후 합필등기(합필등기)를 하기 전에 합병된 토지 중 어느 토지에 관하여 소유권이전등기가 된 경우라 하더라도 이해관계인의 승낙이 있으면 해당 토지의 소유권의 등기명의인들은 합필 후의 토지를 공유(공유)로 하는 합필등기를 신청할 수 있다. <개정 2014. 6. 3.>
② 「공간정보의 구축 및 관리 등에 관한 법률」에 따른 토지합병절차를 마친 후 합필등기를 하기 전에 합병된 토지 중 어느 토지에 관하여 제37조제1항에서 정한 합필등기의 제한 사유에 해당하는 권리에 관한 등기가 된 경우라 하더라도 이해관계인의 승낙이 있으면 해당 토지의 소유권의 등기명의인은 그 권리의 목적물을 합필 후의 토지에 관한 지분으로 하는 합필등기를 신청할 수 있다. 다만, 요역지(요역지: 편익필요지)에 하는 지역권의 등기가 있는 경우에는 합필 후의 토지 전체를 위한 지역권으로 하는 합필등기를 신청하여야 한다. <개정 2014. 6. 3.>

제39조(멸실등기의 신청)
토지가 멸실된 경우에는 그 토지 소유권의 등기명의인은 그 사실이 있는 때부터 1개월 이내에 그 등기를 신청하여야 한다.

제2관 건물의 표시에 관한 등기

제40조(등기사항)
① 등기관은 건물 등기기록의 표제부에 다음 각 호의 사항을 기록하여야 한다.
1. 표시번호
2. 접수연월일
3. 소재, 지번 및 건물번호. 다만, 같은 지번 위에 1개의 건물만 있는 경우에는 건물번호는 기록하지 아니한다.
4. 건물의 종류, 구조와 면적. 부속건물이 있는 경우에는 부속건물의 종류, 구조와 면적도 함께 기록한다.
5. 등기원인
6. 도면의 번호[같은 지번 위에 여러 개의 건물이 있는 경우와 「집합건물의 소유 및 관리에 관한 법률」 제2조제1호의 구분소유권(구분소유권)의 목적이 되는 건물(이하 "구분건물"이라 한다)인 경우로 한정한다]
② 등기할 건물이 구분건물(구분건물)인 경우에 등기관은 제1항제3호의 소재, 지번 및 건물번호 대신 1동 건물의 등기기록의 표제부에는 소재와 지번, 건물명칭 및 번호를 기록하고 전유부분의 등기기록의 표제부에는 건물번호를 기록하여야 한다.
③ 구분건물에 「집합건물의 소유 및 관리에 관한 법률」 제2조제6호의 대지사용권(대지사용권)으로서 건물과

분리하여 처분할 수 없는 것[이하 "대지권"(대지권)이라 한다]이 있는 경우에는 등기관은 제2항에 따라 기록하여야 할 사항 외에 1동 건물의 등기기록의 표제부에 대지권의 목적인 토지의 표시에 관한 사항을 기록하고 전유부분의 등기기록의 표제부에는 대지권의 표시에 관한 사항을 기록하여야 한다.

④ 등기관이 제3항에 따라 대지권등기를 하였을 때에는 직권으로 대지권의 목적인 토지의 등기기록에 소유권, 지상권, 전세권 또는 임차권이 대지권이라는 뜻을 기록하여야 한다.

제41조(변경등기의 신청)

① 건물의 분할, 구분, 합병이 있는 경우와 제40조의 등기사항에 변경이 있는 경우에는 그 건물 소유권의 등기명의인은 그 사실이 있는 때부터 1개월 이내에 그 등기를 신청하여야 한다.

② 구분건물로서 표시등기만 있는 건물에 관하여는 제65조 각 호의 어느 하나에 해당하는 자가 제1항의 등기를 신청하여야 한다.

③ 구분건물로서 그 대지권의 변경이나 소멸이 있는 경우에는 구분건물의 소유권의 등기명의인은 1동의 건물에 속하는 다른 구분건물의 소유권의 등기명의인을 대위하여 그 등기를 신청할 수 있다.

④ 건물이 구분건물인 경우에 그 건물의 등기기록 중 1동 표제부에 기록하는 등기사항에 관한 변경등기는 그 구분건물과 같은 1동의 건물에 속하는 다른 구분건물에 대하여도 변경등기로서의 효력이 있다.

제42조(합병 제한)

① 합병하려는 건물에 다음 각 호의 등기 외의 권리에 관한 등기가 있는 경우에는 합병의 등기를 할 수 없다. <개정 2020. 2. 4.>

1. 소유권·전세권 및 임차권의 등기
2. 합병하려는 모든 건물에 있는 등기원인 및 그 연월일과 접수번호가 동일한 저당권에 관한 등기
3. 합병하려는 모든 건물에 있는 제81조제1항 각 호의 등기사항이 동일한 신탁등기

② 등기관이 제1항을 위반한 등기의 신청을 각하하면 지체 없이 그 사유를 건축물대장 소관청에 알려야 한다.

제43조(멸실등기의 신청)

① 건물이 멸실된 경우에는 그 건물 소유권의 등기명의인은 그 사실이 있는 때부터 1개월 이내에 그 등기를 신청하여야 한다. 이 경우 제41조제2항을 준용한다.

② 제1항의 경우 그 소유권의 등기명의인이 1개월 이내에 멸실등기를 신청하지 아니하면 그 건물대지의 소유자가 건물 소유권의 등기명의인을 대위하여 그 등기를 신청할 수 있다.

③ 구분건물로서 그 건물이 속하는 1동 전부가 멸실된 경우에는 그 구분건물의 소유권의 등기명의인은 1동의 건물에 속하는 다른 구분건물의 소유권의 등기명의인을 대위하여 1동 전부에 대한 멸실등기를 신청할 수 있다.

제44조(건물의 부존재)

① 존재하지 아니하는 건물에 대한 등기가 있을 때에는 그 소유권의 등기명의인은 지체 없이 그 건물의 멸실등기를 신청하여야 한다.

② 그 건물 소유권의 등기명의인이 제1항에 따라 등기를 신청하지 아니하는 경우에는 제43조제2항을 준용한다.

③ 존재하지 아니하는 건물이 구분건물인 경우에는 제43조제3항을 준용한다.

제45조(등기상 이해관계인이 있는 건물의 멸실)

① 소유권 외의 권리가 등기되어 있는 건물에 대한 멸실등기의 신청이 있는 경우에 등기관은 그 권리의 등기명의인에게 1개월 이내의 기간을 정하여 그 기간까지 이의(이의)를 진술하지 아니하면 멸실등기를 한다는 뜻을 알려야 한다. 다만, 건축물대장에 건물멸실의 뜻이 기록되어 있거나 소유권 외의 권리의 등기명의인이 멸실등기에 동의한 경우에는 그러하지 아니하다.

② 제1항 본문의 경우에는 제58조제2항부터 제4항까지를 준용한다.

제46조(구분건물의 표시에 관한 등기)

① 1동의 건물에 속하는 구분건물 중 일부만에 관하여 소유권보존등기를 신청하는 경우에는 나머지 구분건물의 표시에 관한 등기를 동시에 신청하여야 한다.

② 제1항의 경우에 구분건물의 소유자는 1동에 속하는 다른 구분건물의 소유자를 대위하여 그 건물의 표시에 관한 등기를 신청할 수 있다.

③ 구분건물이 아닌 건물로 등기된 건물에 접속하여 구분건물을 신축한 경우에 그 신축건물의 소유권보존등기를 신청할 때에는 구분건물이 아닌 건물을 구분건물로 변경하는 건물의 표시변경등기를 동시에 신청

하여야 한다. 이 경우 제2항을 준용한다.

제47조(규약상 공용부분의 등기와 규약폐지에 따른 등기)

① 「집합건물의 소유 및 관리에 관한 법률」 제3조 제4항에 따른 공용부분(공용부분)이라는 뜻의 등기는 소유권의 등기명의인이 신청하여야 한다. 이 경우 공용부분인 건물에 소유권 외의 권리에 관한 등기가 있을 때에는 그 권리의 등기명의인의 승낙이 있어야 한다.

② 공용부분이라는 뜻을 정한 규약을 폐지한 경우에 공용부분의 취득자는 지체 없이 소유권보존등기를 신청하여야 한다.

제3절 권리에 관한 등기

제1관 통칙

제48조(등기사항)

① 등기관이 갑구 또는 을구에 권리에 관한 등기를 할 때에는 다음 각 호의 사항을 기록하여야 한다.

1. 순위번호
2. 등기목적
3. 접수연월일 및 접수번호
4. 등기원인 및 그 연월일
5. 권리자

② 제1항 제5호의 권리자에 관한 사항을 기록할 때에는 권리자의 성명 또는 명칭 외에 주민등록번호 또는 부동산등기용등록번호와 주소 또는 사무소 소재지를 함께 기록하여야 한다.

③ 제26조에 따라 법인 아닌 사단이나 재단 명의의 등기를 할 때에는 그 대표자나 관리인의 성명, 주소 및 주민등록번호를 함께 기록하여야 한다.

④ 제1항 제5호의 권리자가 2인 이상인 경우에는 권리자별 지분을 기록하여야 하고 등기할 권리가 합유(합유)인 때에는 그 뜻을 기록하여야 한다.

제49조(등록번호의 부여절차)

① 제48조제2항에 따른 부동산등기용등록번호(이하 "등록번호"라 한다)는 다음 각 호의 방법에 따라 부여한다. <개정 2013. 3. 23., 2014. 3. 18., 2015. 7. 24.>

1. 국가·지방자치단체·국제기관 및 외국정부의 등록번호는 국토교통부장관이 지정·고시한다.
2. 주민등록번호가 없는 재외국민의 등록번호는 대법원 소재지 관할 등기소의 등기관이 부여하고, 법인의 등록번호는 주된 사무소(회사의 경우에는 본점, 외국법인의 경우에는 국내에 최초로 설치 등기를 한 영업소나 사무소를 말한다) 소재지 관할 등기소의 등기관이 부여한다.
3. 법인 아닌 사단이나 재단 및 국내에 영업소나 사무소의 설치 등기를 하지 아니한 외국법인의 등록번호는 시장(「제주특별자치도 설치 및 국제자유도시 조성을 위한 특별법」 제10조 제2항에 따른 행정시의 시장을 포함하며, 「지방자치법」 제3조 제3항에 따라 자치구가 아닌 구를 두는 시의 시장은 제외한다), 군수 또는 구청장(자치구가 아닌 구의 구청장을 포함한다)이 부여한다.
4. 외국인의 등록번호는 체류지(국내에 체류지가 없는 경우에는 대법원 소재지에 체류지가 있는 것으로 본다)를 관할하는 지방출입국·외국인관서의 장이 부여한다.

② 제1항제2호에 따른 등록번호의 부여절차는 대법원규칙으로 정하고, 제1항제3호와 제4호에 따른 등록번호의 부여절차는 대통령령으로 정한다.

제50조(등기필정보)

① 등기관이 새로운 권리에 관한 등기를 마쳤을 때에는 등기필정보를 작성하여 등기권리자에게 통지하여야 한다. 다만, 다음 각 호의 어느 하나에 해당하는 경우에는 그러하지 아니하다.

1. 등기권리자가 등기필정보의 통지를 원하지 아니하는 경우
2. 국가 또는 지방자치단체가 등기권리자인 경우
3. 제1호 및 제2호에서 규정한 경우 외에 대법원규칙으로 정하는 경우

② 등기권리자와 등기의무자가 공동으로 권리에 관한 등기를 신청하는 경우에 신청인은 그 신청정보와 함께 제1항에 따라 통지받은 등기의무자의 등기필정보를 등기소에 제공하여야 한다. 승소한 등기의무자가 단독으로 권리에 관한 등기를 신청하는 경우에도 또한 같다.

제51조(등기필정보가 없는 경우)

제50조제2항의 경우에 등기의무자의 등기필정보가 없을 때에는 등기의무자 또는 그 법정대리인(이하 "등기의무자등"이라 한다)이 등기소에 출석하여 등기관으로부터 등기의무자등임을 확인받아야 한다. 다만,

등기신청인의 대리인(변호사나 법무사만을 말한다)이 등기의무자등으로부터 위임받았음을 확인한 경우 또는 신청서(위임에 의한 대리인이 신청하는 경우에는 그 권한을 증명하는 서면을 말한다) 중 등기의무자등의 작성부분에 관하여 공증(공증)을 받은 경우에는 그러하지 아니하다.

제52조(부기로 하는 등기)

등기관이 다음 각 호의 등기를 할 때에는 부기로 하여야 한다. 다만, 제5호의 등기는 등기상 이해관계 있는 제3자의 승낙이 없는 경우에는 그러하지 아니하다.

1. 등기명의인표시의 변경이나 경정의 등기
2. 소유권 외의 권리의 이전등기
3. 소유권 외의 권리를 목적으로 하는 권리에 관한 등기
4. 소유권 외의 권리에 대한 처분제한 등기
5. 권리의 변경이나 경정의 등기
6. 제53조의 환매특약등기
7. 제54조의 권리소멸약정등기
8. 제67조제1항 후단의 공유물 분할금지의 약정등기
9. 그 밖에 대법원규칙으로 정하는 등기

제53조(환매특약의 등기)

등기관이 환매특약의 등기를 할 때에는 다음 각 호의 사항을 기록하여야 한다. 다만, 제3호는 등기원인에 그 사항이 정하여져 있는 경우에만 기록한다.

1. 매수인이 지급한 대금
2. 매매비용
3. 환매기간

제54조(권리소멸약정의 등기)

등기원인에 권리의 소멸에 관한 약정이 있을 경우 신청인은 그 약정에 관한 등기를 신청할 수 있다.

제55조(사망 등으로 인한 권리의 소멸과 말소등기)

등기명의인인 사람의 사망 또는 법인의 해산으로 권리가 소멸한다는 약정이 등기되어 있는 경우에 사람의 사망 또는 법인의 해산으로 그 권리가 소멸하였을 때에는, 등기권리자는 그 사실을 증명하여 단독으로 해당 등기의 말소를 신청할 수 있다.

제56조(등기의무자의 소재불명과 말소등기)

① 등기권리자가 등기의무자의 소재불명으로 인하여 공동으로 등기의 말소를 신청할 수 없을 때에는 「민사소송법」에 따라 공시최고(공시최고)를 신청할 수 있다.

② 제1항의 경우에 제권판결(제권판결)이 있으면 등기권리자가 그 사실을 증명하여 단독으로 등기의 말소를 신청할 수 있다.

제57조(이해관계 있는 제3자가 있는 등기의 말소)

① 등기의 말소를 신청하는 경우에 그 말소에 대하여 등기상 이해관계 있는 제3자가 있을 때에는 제3자의 승낙이 있어야 한다.

② 제1항에 따라 등기를 말소할 때에는 등기상 이해관계 있는 제3자 명의의 등기는 등기관이 직권으로 말소한다.

제58조(직권에 의한 등기의 말소)

① 등기관이 등기를 마친 후 그 등기가 제29조 제1호 또는 제2호에 해당된 것임을 발견하였을 때에는 등기권리자, 등기의무자와 등기상 이해관계 있는 제3자에게 1개월 이내의 기간을 정하여 그 기간에 이의를 진술하지 아니하면 등기를 말소한다는 뜻을 통지하여야 한다.

② 제1항의 경우 통지를 받을 자의 주소 또는 거소(거소)를 알 수 없으면 제1항의 통지를 갈음하여 제1항의 기간 동안 등기소 게시장에 이를 게시하거나 대법원규칙으로 정하는 바에 따라 공고하여야 한다.

③ 등기관은 제1항의 말소에 관하여 이의를 진술한 자가 있으면 그 이의에 대한 결정을 하여야 한다.

④ 등기관은 제1항의 기간 이내에 이의를 진술한 자가 없거나 이의를 각하한 경우에는 제1항의 등기를 직권으로 말소하여야 한다.

제59조(말소등기의 회복)

말소된 등기의 회복(회부)을 신청하는 경우에 등기상 이해관계 있는 제3자가 있을 때에는 그 제3자의 승낙이 있어야 한다.

제60조(대지사용권의 취득)

① 구분건물을 신축한 자가 「집합건물의 소유 및 관리에 관한 법률」 제2조 제6호의 대지사용권을 가지고 있는 경우에 대지권에 관한 등기를 하지 아니하고 구분건물에 관하여만 소유권이전등기를 마쳤을 때에는 현재의 구분건물의 소유명의인과 공동으로 대지사용권에 관한 이전등기를 신청할 수 있다.

② 구분건물을 신축하여 양도한 자가 그 건물의 대지사용권을 나중에 취득하여 이전하기로 약정한 경우에는 제1항을 준용한다.

③ 제1항 및 제2항에 따른 등기는 대지권에 관한 등기

와 동시에 신청하여야 한다.

제61조(구분건물의 등기기록에 대지권등기가 되어 있는 경우)

① 대지권을 등기한 후에 한 건물의 권리에 관한 등기는 대지권에 대하여 동일한 등기로서 효력이 있다. 다만, 그 등기에 건물만에 관한 것이라는 뜻의 부기가 되어 있을 때에는 그러하지 아니하다.

② 제1항에 따라 대지권에 대한 등기로서의 효력이 있는 등기와 대지권의 목적인 토지의 등기기록 중 해당 구에 한 등기의 순서는 접수번호에 따른다.

③ 대지권이 등기된 구분건물의 등기기록에는 건물만에 관한 소유권이전등기 또는 저당권설정등기, 그 밖에 이와 관련이 있는 등기를 할 수 없다.

④ 토지의 소유권이 대지권인 경우에 대지권이라는 뜻의 등기가 되어 있는 토지의 등기기록에는 소유권이전등기, 저당권설정등기, 그 밖에 이와 관련이 있는 등기를 할 수 없다.

⑤ 지상권, 전세권 또는 임차권이 대지권인 경우에는 제4항을 준용한다.

제62조(소유권변경 사실의 통지)

등기관이 다음 각 호의 등기를 하였을 때에는 지체 없이 그 사실을 토지의 경우에는 지적소관청에, 건물의 경우에는 건축물대장 소관청에 각각 알려야 한다.

1. 소유권의 보존 또는 이전
2. 소유권의 등기명의인표시의 변경 또는 경정
3. 소유권의 변경 또는 경정
4. 소유권의 말소 또는 말소회복

제63조(과세자료의 제공)

등기관이 소유권의 보존 또는 이전의 등기[가등기(가등기)를 포함한다]를 하였을 때에는 대법원규칙으로 정하는 바에 따라 지체 없이 그 사실을 부동산 소재지 관할 세무서장에게 통지하여야 한다.

제2관 소유권에 관한 등기

제64조(소유권보존등기의 등기사항)

등기관이 소유권보존등기를 할 때에는 제48조제1항 제4호에도 불구하고 등기원인과 그 연월일을 기록하지 아니한다.

제65조(소유권보존등기의 신청인)

미등기의 토지 또는 건물에 관한 소유권보존등기는 다음 각 호의 어느 하나에 해당하는 자가 신청할 수 있다.

1. 토지대장, 임야대장 또는 건축물대장에 최초의 소유자로 등록되어 있는 자 또는 그 상속인, 그 밖의 포괄승계인
2. 확정판결에 의하여 자기의 소유권을 증명하는 자
3. 수용(수용)으로 인하여 소유권을 취득하였음을 증명하는 자
4. 특별자치도지사, 시장, 군수 또는 구청장(자치구의 구청장을 말한다)의 확인에 의하여 자기의 소유권을 증명하는 자(건물의 경우로 한정한다)

제66조(미등기부동산의 처분제한의 등기와 직권보존)

① 등기관이 미등기부동산에 대하여 법원의 촉탁에 따라 소유권의 처분제한의 등기를 할 때에는 직권으로 소유권보존등기를 하고, 처분제한의 등기를 명하는 법원의 재판에 따라 소유권의 등기를 한다는 뜻을 기록하여야 한다.

② 등기관이 제1항에 따라 건물에 대한 소유권보존등기를 하는 경우에는 제65조를 적용하지 아니한다. 다만, 그 건물이 「건축법」상 사용승인을 받아야 할 건물임에도 사용승인을 받지 아니하였다면 그 사실을 표제부에 기록하여야 한다.

③ 제2항 단서에 따라 등기된 건물에 대하여 「건축법」상 사용승인이 이루어진 경우에는 그 건물 소유권의 등기명의인은 1개월 이내에 제2항 단서의 기록에 대한 말소등기를 신청하여야 한다.

제67조(소유권의 일부이전)

① 등기관이 소유권의 일부에 관한 이전등기를 할 때에는 이전되는 지분을 기록하여야 한다. 이 경우 등기원인에 「민법」 제268조제1항 단서의 약정이 있을 때에는 그 약정에 관한 사항도 기록하여야 한다.

② 제1항 후단의 약정의 변경등기는 공유자 전원이 공동으로 신청하여야 한다.

제68조(거래가액의 등기)

등기관이 「부동산 거래신고 등에 관한 법률」 제3조제1항에서 정하는 계약을 등기원인으로 한 소유권이전등기를 하는 경우에는 대법원규칙으로 정하는 바에 따라 거래가액을 기록한다. <개정 2015. 7. 24., 2016. 1. 19.>

제3관 용익권(용익권)에 관한 등기

제69조(지상권의 등기사항)

등기관이 지상권설정의 등기를 할 때에는 제48조에서

규정한 사항 외에 다음 각 호의 사항을 기록하여야 한다. 다만, 제3호부터 제5호까지는 등기원인에 그 약정이 있는 경우에만 기록한다.

1. 지상권설정의 목적
2. 범위
3. 존속기간
4. 지료와 지급시기
5. 「민법」 제289조의2 제1항 후단의 약정
6. 지상권설정의 범위가 토지의 일부인 경우에는 그 부분을 표시한 도면의 번호

제70조(지역권의 등기사항)

등기관이 승역지의 등기기록에 지역권설정의 등기를 할 때에는 제48조제1항제1호부터 제4호까지에서 규정한 사항 외에 다음 각 호의 사항을 기록하여야 한다. 다만, 제4호는 등기원인에 그 약정이 있는 경우에만 기록한다.

1. 지역권설정의 목적
2. 범위
3. 요역지
4. 「민법」 제292조 제1항 단서, 제297조 제1항 단서 또는 제298조의 약정
5. 승역지의 일부에 지역권설정의 등기를 할 때에는 그 부분을 표시한 도면의 번호

제71조(요역지지역권의 등기사항)

① 등기관이 승역지에 지역권설정의 등기를 하였을 때에는 직권으로 요역지의 등기기록에 다음 각 호의 사항을 기록하여야 한다.

1. 순위번호
2. 등기목적
3. 승역지
4. 지역권설정의 목적
5. 범위
6. 등기연월일

② 등기관은 요역지가 다른 등기소의 관할에 속하는 때에는 지체 없이 그 등기소에 승역지, 요역지, 지역권설정의 목적과 범위, 신청서의 접수연월일을 통지하여야 한다.

③ 제2항의 통지를 받은 등기소의 등기관은 지체 없이 요역지인 부동산의 등기기록에 제1항 제1호부터 제5호까지의 사항, 그 통지의 접수연월일 및 그 접수번호를 기록하여야 한다.

④ 등기관이 지역권의 변경등기 또는 말소등기를 할 때에는 제2항 및 제3항을 준용한다.

제72조(전세권 등의 등기사항)

① 등기관이 전세권설정이나 전전세(전전세)의 등기를 할 때에는 제48조에서 규정한 사항 외에 다음 각 호의 사항을 기록하여야 한다. 다만, 제3호부터 제5호까지는 등기원인에 그 약정이 있는 경우에만 기록한다.

1. 전세금 또는 전전세금
2. 범위
3. 존속기간
4. 위약금 또는 배상금
5. 「민법」 제306조 단서의 약정
6. 전세권설정이나 전전세의 범위가 부동산의 일부인 경우에는 그 부분을 표시한 도면의 번호

② 여러 개의 부동산에 관한 권리를 목적으로 하는 전세권설정의 등기를 하는 경우에는 제78조를 준용한다.

제73조(전세금반환채권의 일부양도에 따른 전세권 일부이전등기)

① 등기관이 전세금반환채권의 일부 양도를 원인으로 한 전세권 일부이전등기를 할 때에는 양도액을 기록한다.

② 제1항의 전세권 일부이전등기의 신청은 전세권의 존속기간의 만료 전에는 할 수 없다. 다만, 존속기간 만료 전이라도 해당 전세권이 소멸하였음을 증명하여 신청하는 경우에는 그러하지 아니하다.

제74조(임차권 등의 등기사항)

등기관이 임차권 설정 또는 임차물 전대(전대)의 등기를 할 때에는 제48조에서 규정한 사항 외에 다음 각 호의 사항을 기록하여야 한다. 다만, 제3호부터 제6호까지는 등기원인에 그 사항이 있는 경우에만 기록한다. <개정 2020. 2. 4.>

1. 차임(차임)
2. 범위
3. 차임지급시기
4. 존속기간. 다만, 처분능력 또는 처분권한 없는 임대인에 의한 「민법」 제619조의 단기임대차인 경우에는 그 뜻도 기록한다.
5. 임차보증금
6. 임차권의 양도 또는 임차물의 전대에 대한 임대인

의 동의
7. 임차권설정 또는 임차물전대의 범위가 부동산의 일부인 때에는 그 부분을 표시한 도면의 번호

제4관 담보권에 관한 등기

제75조(저당권의 등기사항)
① 등기관이 저당권설정의 등기를 할 때에는 제48조에서 규정한 사항 외에 다음 각 호의 사항을 기록하여야 한다. 다만, 제3호부터 제8호까지는 등기원인에 그 약정이 있는 경우에만 기록한다.
1. 채권액
2. 채무자의 성명 또는 명칭과 주소 또는 사무소 소재지
3. 변제기(변제기)
4. 이자 및 그 발생기·지급시기
5. 원본(원본) 또는 이자의 지급장소
6. 채무불이행(채무부이행)으로 인한 손해배상에 관한 약정
7. 「민법」 제358조 단서의 약정
8. 채권의 조건
② 등기관은 제1항의 저당권의 내용이 근저당권(근저당권)인 경우에는 제48조에서 규정한 사항 외에 다음 각 호의 사항을 기록하여야 한다. 다만, 제3호 및 제4호는 등기원인에 그 약정이 있는 경우에만 기록한다.
1. 채권의 최고액
2. 채무자의 성명 또는 명칭과 주소 또는 사무소 소재지
3. 「민법」 제358조 단서의 약정
4. 존속기간

제76조(저당권부채권에 대한 질권 등의 등기사항)
① 등기관이 「민법」 제348조에 따라 저당권부채권(저당권부채권)에 대한 질권의 등기를 할 때에는 제48조에서 규정한 사항 외에 다음 각 호의 사항을 기록하여야 한다.
1. 채권액 또는 채권최고액
2. 채무자의 성명 또는 명칭과 주소 또는 사무소 소재지
3. 변제기와 이자의 약정이 있는 경우에는 그 내용
② 등기관이 「동산·채권 등의 담보에 관한 법률」 제37조에서 준용하는 「민법」 제348조에 따른 채권담보권의 등기를 할 때에는 제48조에서 정한 사항 외에 다음 각 호의 사항을 기록하여야 한다.
1. 채권액 또는 채권최고액
2. 채무자의 성명 또는 명칭과 주소 또는 사무소 소재지
3. 변제기와 이자의 약정이 있는 경우에는 그 내용

제77조(피담보채권이 금액을 목적으로 하지 아니하는 경우)
등기관이 일정한 금액을 목적으로 하지 아니하는 채권을 담보하기 위한 저당권설정의 등기를 할 때에는 그 채권의 평가액을 기록하여야 한다.

제78조(공동저당의 등기)
① 등기관이 동일한 채권에 관하여 여러 개의 부동산에 관한 권리를 목적으로 하는 저당권설정의 등기를 할 때에는 각 부동산의 등기기록에 그 부동산에 관한 권리가 다른 부동산에 관한 권리와 함께 저당권의 목적으로 제공된 뜻을 기록하여야 한다.
② 등기관은 제1항의 경우에 부동산이 5개 이상일 때에는 공동담보목록을 작성하여야 한다.
③ 제2항의 공동담보목록은 등기기록의 일부로 본다.
④ 등기관이 1개 또는 여러 개의 부동산에 관한 권리를 목적으로 하는 저당권설정의 등기를 한 후 동일한 채권에 대하여 다른 1개 또는 여러 개의 부동산에 관한 권리를 목적으로 하는 저당권설정의 등기를 할 때에는 그 등기와 종전의 등기에 각 부동산에 관한 권리가 함께 저당권의 목적으로 제공된 뜻을 기록하여야 한다. 이 경우 제2항 및 제3항을 준용한다.
⑤ 제4항의 경우 종전에 등기한 부동산이 다른 등기소의 관할에 속할 때에는 제71조제2항 및 제3항을 준용한다.

제79조(채권일부의 양도 또는 대위변제로 인한 저당권 일부이전등기의 등기사항)
등기관이 채권의 일부에 대한 양도 또는 대위변제(대위변제)로 인한 저당권 일부이전등기를 할 때에는 제48조에서 규정한 사항 외에 양도액 또는 변제액을 기록하여야 한다.

제80조(공동저당의 대위등기)
① 등기관이 「민법」 제368조제2항 후단의 대위등기를 할 때에는 제48조에서 규정한 사항 외에 다음 각 호의 사항을 기록하여야 한다.
1. 매각 부동산(소유권 외의 권리가 저당권의 목적일 때에는 그 권리를 말한다)
2. 매각대금
3. 선순위 저당권자가 변제받은 금액
② 제1항의 등기에는 제75조를 준용한다.

제5관 신탁에 관한 등기

第81조(신탁등기의 등기사항)

① 등기관이 신탁등기를 할 때에는 다음 각 호의 사항을 기록한 신탁원부(신탁원부)를 작성하고, 등기기록에는 제48조에서 규정한 사항 외에 그 신탁원부의 번호를 기록하여야 한다. <개정 2014. 3. 18.>

1. 위탁자(위탁자), 수탁자 및 수익자(수익자)의 성명 및 주소(법인인 경우에는 그 명칭 및 사무소 소재지를 말한다)
2. 수익자를 지정하거나 변경할 수 있는 권한을 갖는 자를 정한 경우에는 그 자의 성명 및 주소(법인인 경우에는 그 명칭 및 사무소 소재지를 말한다)
3. 수익자를 지정하거나 변경할 방법을 정한 경우에는 그 방법
4. 수익권의 발생 또는 소멸에 관한 조건이 있는 경우에는 그 조건
5. 신탁관리인이 선임된 경우에는 신탁관리인의 성명 및 주소(법인인 경우에는 그 명칭 및 사무소 소재지를 말한다)
6. 수익자가 없는 특정의 목적을 위한 신탁인 경우에는 그 뜻
7. 「신탁법」 제3조제5항에 따라 수탁자가 타인에게 신탁을 설정하는 경우에는 그 뜻
8. 「신탁법」 제59조제1항에 따른 유언대용신탁인 경우에는 그 뜻
9. 「신탁법」 제60조에 따른 수익자연속신탁인 경우에는 그 뜻
10. 「신탁법」 제78조에 따른 수익증권발행신탁인 경우에는 그 뜻
11. 「공익신탁법」에 따른 공익신탁인 경우에는 그 뜻
12. 「신탁법」 제114조 제1항에 따른 유한책임신탁인 경우에는 그 뜻
13. 신탁의 목적
14. 신탁재산의 관리, 처분, 운용, 개발, 그 밖에 신탁 목적의 달성을 위하여 필요한 방법
15. 신탁종료의 사유
16. 그 밖의 신탁 조항

② 제1항 제5호, 제6호, 제10호 및 제11호의 사항에 관하여 등기를 할 때에는 수익자의 성명 및 주소를 기재하지 아니할 수 있다.

③ 제1항의 신탁원부는 등기기록의 일부로 본다.

[전문개정 2013. 5. 28.]

第82조(신탁등기의 신청방법)

① 신탁등기의 신청은 해당 부동산에 관한 권리의 설정등기, 보존등기, 이전등기 또는 변경등기의 신청과 동시에 하여야 한다.

② 수익자나 위탁자는 수탁자를 대위하여 신탁등기를 신청할 수 있다. 이 경우 제1항은 적용하지 아니한다.

③ 제2항에 따른 대위등기의 신청에 관하여는 제28조 제2항을 준용한다.

[전문개정 2013. 5. 28.]

第82조의2(신탁의 합병·분할 등에 따른 신탁등기의 신청)

① 신탁의 합병 또는 분할로 인하여 하나의 신탁재산에 속하는 부동산에 관한 권리가 다른 신탁의 신탁재산에 귀속되는 경우 신탁등기의 말소등기 및 새로운 신탁등기의 신청은 신탁의 합병 또는 분할로 인한 권리변경등기의 신청과 동시에 하여야 한다.

② 「신탁법」 제34조 제1항 제3호 및 같은 조 제2항에 따라 여러 개의 신탁을 인수한 수탁자가 하나의 신탁재산에 속하는 부동산에 관한 권리를 다른 신탁의 신탁재산에 귀속시키는 경우 신탁등기의 신청방법에 관하여는 제1항을 준용한다.

[본조신설 2013. 5. 28.]

第83조(수탁자의 임무 종료에 의한 등기)

다음 각 호의 어느 하나에 해당하여 수탁자의 임무가 종료된 경우 신수탁자는 단독으로 신탁재산에 속하는 부동산에 관한 권리이전등기를 신청할 수 있다. <개정 2014. 3. 18.>

1. 「신탁법」 제12조 제1항 각 호의 어느 하나에 해당하여 수탁자의 임무가 종료된 경우
2. 「신탁법」 제16조 제1항에 따라 수탁자를 해임한 경우
3. 「신탁법」 제16조 제3항에 따라 법원이 수탁자를 해임한 경우
4. 「공익신탁법」 제27조에 따라 법무부장관이 직권으로 공익신탁의 수탁자를 해임한 경우

[전문개정 2013. 5. 28.]

第84조(수탁자가 여러 명인 경우)

① 수탁자가 여러 명인 경우 등기관은 신탁재산이 합유인 뜻을 기록하여야 한다.

② 여러 명의 수탁자 중 1인이 제83조 각 호의 어느 하나의 사유로 그 임무가 종료된 경우 다른 수탁자는 단독으로 권리변경등기를 신청할 수 있다. 이 경우 다른 수탁자가 여러 명일 때에는 그 전원이 공동으로 신청하여야 한다.
[전문개정 2013. 5. 28.]

제84조의2(신탁재산에 관한 등기신청의 특례)
다음 각 호의 어느 하나에 해당하는 경우 수탁자는 단독으로 해당 신탁재산에 속하는 부동산에 관한 권리변경등기를 신청할 수 있다.
1. 「신탁법」 제3조제1항제3호에 따라 신탁을 설정하는 경우
2. 「신탁법」 제34조제2항 각 호의 어느 하나에 해당하여 다음 각 목의 어느 하나의 행위를 하는 것이 허용된 경우
가. 수탁자가 신탁재산에 속하는 부동산에 관한 권리를 고유재산에 귀속시키는 행위
나. 수탁자가 고유재산에 속하는 부동산에 관한 권리를 신탁재산에 귀속시키는 행위
다. 여러 개의 신탁을 인수한 수탁자가 하나의 신탁재산에 속하는 부동산에 관한 권리를 다른 신탁의 신탁재산에 귀속시키는 행위
3. 「신탁법」 제90조 또는 제94조에 따라 수탁자가 신탁을 합병, 분할 또는 분할합병하는 경우
[본조신설 2013. 5. 28.]

제85조(촉탁에 의한 신탁변경등기)
① 법원은 다음 각 호의 어느 하나에 해당하는 재판을 한 경우 지체 없이 신탁원부 기록의 변경등기를 등기소에 촉탁하여야 한다.
1. 수탁자 해임의 재판
2. 신탁관리인의 선임 또는 해임의 재판
3. 신탁 변경의 재판
② 법무부장관은 다음 각 호의 어느 하나에 해당하는 경우 지체 없이 신탁원부 기록의 변경등기를 등기소에 촉탁하여야 한다. <개정 2014. 3. 18.>
1. 수탁자를 직권으로 해임한 경우
2. 신탁관리인을 직권으로 선임하거나 해임한 경우
3. 신탁내용의 변경을 명한 경우
③ 등기관이 제1항제1호 및 제2항제1호에 따라 법원 또는 주무관청의 촉탁에 의하여 수탁자 해임에 관한 신탁원부 기록의 변경등기를 하였을 때에는 직권으로 등기기록에 수탁자 해임의 뜻을 부기하여야 한다.
[전문개정 2013. 5. 28.]

제85조의2(직권에 의한 신탁변경등기)
등기관이 신탁재산에 속하는 부동산에 관한 권리에 대하여 다음 각 호의 어느 하나에 해당하는 등기를 할 경우 직권으로 그 부동산에 관한 신탁원부 기록의 변경등기를 하여야 한다.
1. 수탁자의 변경으로 인한 이전등기
2. 여러 명의 수탁자 중 1인의 임무 종료로 인한 변경등기
3. 수탁자인 등기명의인의 성명 및 주소(법인인 경우에는 그 명칭 및 사무소 소재지를 말한다)에 관한 변경등기 또는 경정등기
[본조신설 2013. 5. 28.]

제86조(신탁변경등기의 신청)
수탁자는 제85조 및 제85조의2에 해당하는 경우를 제외하고 제81조제1항 각 호의 사항이 변경되었을 때에는 지체 없이 신탁원부 기록의 변경등기를 신청하여야 한다. <개정 2013. 5. 28.>

제87조(신탁등기의 말소)
① 신탁재산에 속한 권리가 이전, 변경 또는 소멸됨에 따라 신탁재산에 속하지 아니하게 된 경우 신탁등기의 말소신청은 신탁된 권리의 이전등기, 변경등기 또는 말소등기의 신청과 동시에 하여야 한다.
② 신탁종료로 인하여 신탁재산에 속한 권리가 이전 또는 소멸된 경우에는 제1항을 준용한다.
③ 신탁등기의 말소등기는 수탁자가 단독으로 신청할 수 있다.
④ 신탁등기의 말소등기의 신청에 관하여는 제82조제2항 및 제3항을 준용한다.
[전문개정 2013. 5. 28.]

제87조의2(담보권신탁에 관한 특례)
① 위탁자가 자기 또는 제3자 소유의 부동산에 채권자가 아닌 수탁자를 저당권자로 하여 설정한 저당권을 신탁재산으로 하고 채권자를 수익자로 지정한 신탁의 경우 등기관은 그 저당권에 의하여 담보되는 피담보채권이 여럿이고 각 피담보채권별로 제75조에 따른 등기사항이 다를 때에는 제75조에 따른 등기사항을 각 채권별로 구분하여 기록하여야 한다.

② 제1항에 따른 신탁의 신탁재산에 속하는 저당권에 의하여 담보되는 피담보채권이 이전되는 경우 수탁자는 신탁원부 기록의 변경등기를 신청하여야 한다.
③ 제1항에 따른 신탁의 신탁재산에 속하는 저당권의 이전등기를 하는 경우에는 제79조를 적용하지 아니한다.
[본조신설 2013. 5. 28.]
제87조의3(신탁재산관리인이 선임된 신탁의 등기)
「신탁법」 제17조제1항 또는 제18조제1항에 따라 신탁재산관리인이 선임된 신탁의 경우 제23조제7항·제8항, 제81조, 제82조, 제82조의2, 제84조제1항, 제84조의2, 제85조제1항·제2항, 제85조의2제3호, 제86조, 제87조 및 제87조의2를 적용할 때에는 "수탁자"는 "신탁재산관리인"으로 본다.
[본조신설 2013. 5. 28.]

제6관 가등기

제88조(가등기의 대상)
가등기는 제3조 각 호의 어느 하나에 해당하는 권리의 설정, 이전, 변경 또는 소멸의 청구권(청구권)을 보전(보전)하려는 때에 한다. 그 청구권이 시기부(시기부) 또는 정지조건부(정지조건부)일 경우나 그 밖에 장래에 확정될 것인 경우에도 같다.
제89조(가등기의 신청방법)
가등기권리자는 제23조제1항에도 불구하고 가등기의무자의 승낙이 있거나 가등기를 명하는 법원의 가처분명령(가처분명령)이 있을 때에는 단독으로 가등기를 신청할 수 있다.
제90조(가등기를 명하는 가처분명령)
① 제89조의 가등기를 명하는 가처분명령은 부동산의 소재지를 관할하는 지방법원이 가등기권리자의 신청으로 가등기 원인사실의 소명이 있는 경우에 할 수 있다.
② 제1항의 신청을 각하한 결정에 대하여는 즉시항고(즉시항고)를 할 수 있다.
③ 제2항의 즉시항고에 관하여는 「비송사건절차법」을 준용한다.
제91조(가등기에 의한 본등기의 순위)
가등기에 의한 본등기(본등기)를 한 경우 본등기의 순위는 가등기의 순위에 따른다.
제92조(가등기에 의하여 보전되는 권리를 침해하는 가등기 이후 등기의 직권말소)
① 등기관은 가등기에 의한 본등기를 하였을 때에는 대법원규칙으로 정하는 바에 따라 가등기 이후에 된 등기로서 가등기에 의하여 보전되는 권리를 침해하는 등기를 직권으로 말소하여야 한다.
② 등기관이 제1항에 따라 가등기 이후의 등기를 말소하였을 때에는 지체 없이 그 사실을 말소된 권리의 등기명의인에게 통지하여야 한다.
제93조(가등기의 말소)
① 가등기명의인은 제23조제1항에도 불구하고 단독으로 가등기의 말소를 신청할 수 있다.
② 가등기의무자 또는 가등기에 관하여 등기상 이해관계 있는 자는 제23조제1항에도 불구하고 가등기명의인의 승낙을 받아 단독으로 가등기의 말소를 신청할 수 있다.

제7관 가처분에 관한 등기

제94조(가처분등기 이후의 등기 등의 말소)
① 「민사집행법」 제305조 제3항에 따라 권리의 이전, 말소 또는 설정등기청구권을 보전하기 위한 처분금지가처분등기가 된 후 가처분채권자가 가처분채무자를 등기의무자로 하여 권리의 이전, 말소 또는 설정의 등기를 신청하는 경우에는, 대법원규칙으로 정하는 바에 따라 그 가처분등기 이후에 된 등기로서 가처분채권자의 권리를 침해하는 등기의 말소를 단독으로 신청할 수 있다.
② 등기관이 제1항의 신청에 따라 가처분등기 이후의 등기를 말소할 때에는 직권으로 그 가처분등기도 말소하여야 한다. 가처분등기 이후의 등기가 없는 경우로서 가처분채무자를 등기의무자로 하는 권리의 이전, 말소 또는 설정의 등기만을 할 때에도 또한 같다. <개정 2020. 2. 4.>
③ 등기관이 제1항의 신청에 따라 가처분등기 이후의 등기를 말소하였을 때에는 지체 없이 그 사실을 말소된 권리의 등기명의인에게 통지하여야 한다.
[제목개정 2020. 2. 4.]
제95조(가처분에 따른 소유권 외의 권리 설정등기)
등기관이 제94조제1항에 따라 가처분채권자 명의의 소유권 외의 권리 설정등기를 할 때에는 그 등기가 가처분에 기초한 것이라는 뜻을 기록하여야 한다.

제8관 관공서가 촉탁하는 등기 등

제96조(관공서가 등기명의인 등을 갈음하여 촉탁할 수 있는 등기)

관공서가 체납처분(체납처분)으로 인한 압류등기(압류등기)를 촉탁하는 경우에는 등기명의인 또는 상속인, 그 밖의 포괄승계인을 갈음하여 부동산의 표시, 등기명의인의 표시의 변경, 경정 또는 상속, 그 밖의 포괄승계로 인한 권리이전(권리이전)의 등기를 함께 촉탁할 수 있다.

제97조(공매처분으로 인한 등기의 촉탁)

관공서가 공매처분(공매처분)을 한 경우에 등기권리자의 청구를 받으면 지체 없이 다음 각 호의 등기를 등기소에 촉탁하여야 한다. <개정 2020. 2. 4.>

1. 공매처분으로 인한 권리이전의 등기
2. 공매처분으로 인하여 소멸한 권리등기(권리등기)의 말소
3. 체납처분에 관한 압류등기 및 공매공고등기의 말소

제98조(관공서의 촉탁에 따른 등기)

① 국가 또는 지방자치단체가 등기권리자인 경우에는 국가 또는 지방자치단체는 등기의무자의 승낙을 받아 해당 등기를 지체 없이 등기소에 촉탁하여야 한다.

② 국가 또는 지방자치단체가 등기의무자인 경우에는 국가 또는 지방자치단체는 등기권리자의 청구에 따라 지체 없이 해당 등기를 등기소에 촉탁하여야 한다.

제99조(수용으로 인한 등기)

① 수용으로 인한 소유권이전등기는 제23조제1항에도 불구하고 등기권리자가 단독으로 신청할 수 있다.

② 등기권리자는 제1항의 신청을 하는 경우에 등기명의인이나 상속인, 그 밖의 포괄승계인을 갈음하여 부동산의 표시 또는 등기명의인의 표시의 변경, 경정 또는 상속, 그 밖의 포괄승계로 인한 소유권이전의 등기를 신청할 수 있다.

③ 국가 또는 지방자치단체가 제1항의 등기권리자인 경우에는 국가 또는 지방자치단체는 지체 없이 제1항과 제2항의 등기를 등기소에 촉탁하여야 한다.

④ 등기관이 제1항과 제3항에 따라 수용으로 인한 소유권이전등기를 하는 경우 그 부동산의 등기기록 중 소유권, 소유권 외의 권리, 그 밖의 처분제한에 관한 등기가 있으면 그 등기를 직권으로 말소하여야 한다. 다만, 그 부동산을 위하여 존재하는 지역권의 등기 또는 토지수용위원회의 재결(재결)로써 존속(존속)이 인정된 권리의 등기는 그러하지 아니하다.

⑤ 부동산에 관한 소유권 외의 권리의 수용으로 인한 권리이전등기에 관하여는 제1항부터 제4항까지의 규정을 준용한다.

제5장 이의

제100조(이의신청과 그 관할)

등기관의 결정 또는 처분에 이의가 있는 자는 관할 지방법원에 이의신청을 할 수 있다.

제101조(이의절차)

이의의 신청은 대법원규칙으로 정하는 바에 따라 등기소에 이의신청서를 제출하는 방법으로 한다.

제102조(새로운 사실에 의한 이의 금지)

새로운 사실이나 새로운 증거방법을 근거로 이의신청을 할 수는 없다.

제103조(등기관의 조치)

① 등기관은 이의가 이유 있다고 인정하면 그에 해당하는 처분을 하여야 한다.

② 등기관은 이의가 이유 없다고 인정하면 이의신청일부터 3일 이내에 의견을 붙여 이의신청서를 관할 지방법원에 보내야 한다.

③ 등기를 마친 후에 이의신청이 있는 경우에는 3일 이내에 의견을 붙여 이의신청서를 관할 지방법원에 보내고 등기상 이해관계 있는 자에게 이의신청 사실을 알려야 한다.

제104조(집행 부정지)

이의에는 집행정지(집행정지)의 효력이 없다.

제105조(이의에 대한 결정과 항고)

① 관할 지방법원은 이의에 대하여 이유를 붙여 결정을 하여야 한다. 이 경우 이의가 이유 있다고 인정하면 등기관에게 그에 해당하는 처분을 명령하고 그 뜻을 이의신청인과 등기상 이해관계 있는 자에게 알려야 한다.

② 제1항의 결정에 대하여는 「비송사건절차법」에 따라 항고할 수 있다.

제106조(처분 전의 가등기 및 부기등기의 명령)

관할 지방법원은 이의신청에 대하여 결정하기 전에

등기관에게 가등기 또는 이의가 있다는 뜻의 부기등기를 명령할 수 있다.

제107조(관할 법원의 명령에 따른 등기)

등기관이 관할 지방법원의 명령에 따라 등기를 할 때에는 명령을 한 지방법원, 명령의 연월일 및 명령에 따라 등기를 한다는 뜻을 기록하여야 한다. <개정 2020. 2. 4.>

제108조(송달)

송달에 대하여는 「민사소송법」을 준용하고, 이의의 비용에 대하여는 「비송사건절차법」을 준용한다.

제6장 보칙

제109조(등기사무의 처리에 필요한 전산정보자료의 제공 요청)

법원행정처장은 「전자정부법」 제2조 제2호에 따른 행정기관 및 같은 조 제3호에 따른 공공기관(이하 "행정기관등"이라 한다)의 장에게 등기사무의 처리에 필요한 전산정보자료의 제공을 요청할 수 있다.

[전문개정 2020. 2. 4.]

제109조의2(등기정보자료의 제공 등)

① 행정기관 등의 장은 소관 업무의 처리를 위하여 필요한 경우에 관계 중앙행정기관의 장의 심사를 거치고 법원행정처장의 승인을 받아 등기정보자료의 제공을 요청할 수 있다. 다만, 중앙행정기관의 장은 법원행정처장과 협의를 하여 협의가 성립되는 때에 등기정보자료의 제공을 요청할 수 있다.

② 행정기관등의 장이 아닌 자는 수수료를 내고 대법원규칙으로 정하는 바에 따라 등기정보자료를 제공받을 수 있다. 다만, 등기명의인별로 작성되어 있거나 그 밖에 등기명의인을 알아볼 수 있는 사항을 담고 있는 등기정보자료는 다른 법률에 특별한 규정이 있는 경우를 제외하고는 해당 등기명의인이나 그 포괄승계인만이 제공받을 수 있다.

③ 제1항 및 제2항에 따른 등기정보자료의 제공 절차, 제2항에 따른 수수료의 금액 및 그 면제 범위는 대법원규칙으로 정한다.

[본조신설 2020. 2. 4.]

제110조(등기필정보의 안전확보)

① 등기관은 취급하는 등기필정보의 누설·멸실 또는 훼손의 방지와 그 밖에 등기필정보의 안전관리를 위하여 필요하고도 적절한 조치를 마련하여야 한다.

② 등기관과 그 밖에 등기소에서 부동산등기사무에 종사하는 사람이나 그 직에 있었던 사람은 그 직무로 인하여 알게 된 등기필정보의 작성이나 관리에 관한 비밀을 누설하여서는 아니 된다.

③ 누구든지 부실등기를 하도록 등기의 신청이나 촉탁에 제공할 목적으로 등기필정보를 취득하거나 그 사정을 알면서 등기필정보를 제공하여서는 아니 된다.

제111조(벌칙)

다음 각 호의 어느 하나에 해당하는 사람은 2년 이하의 징역 또는 1천만원 이하의 벌금에 처한다.

1. 제110조 제2항을 위반하여 등기필정보의 작성이나 관리에 관한 비밀을 누설한 사람
2. 제110조 제3항을 위반하여 등기필정보를 취득한 사람 또는 그 사정을 알면서 등기필정보를 제공한 사람
3. 부정하게 취득한 등기필정보를 제2호의 목적으로 보관한 사람

제112조

삭제 <2017. 10. 13.>

제113조(대법원규칙에의 위임)

이 법 시행에 필요한 사항은 대법원규칙으로 정한다.

부동산등기 특별조치법

타법개정 2021.12.28.[법률 18655호, 시행 2022.1.1.]
법무부

제1조(목적)
이 법은 부동산거래에 대한 실체적권리관계에 부합하는 등기를 신청하도록 하기 위하여 부동산등기에 관한 특례등에 관한 사항을 정함으로써 건전한 부동산 거래질서를 확립함을 목적으로 한다.

제2조(소유권이전등기등 신청의무)
① 부동산의 소유권이전을 내용으로 하는 계약을 체결한 자는 다음 각호의 1에 정하여진 날부터 60일 이내에 소유권이전등기를 신청하여야 한다. 다만, 그 계약이 취소·해제되거나 무효인 경우에는 그러하지 아니하다.
1. 계약의 당사자가 서로 대가적인 채무를 부담하는 경우에는 반대급부의 이행이 완료된 날
2. 계약당사자의 일방만이 채무를 부담하는 경우에는 그 계약의 효력이 발생한 날
②제 1항의 경우에 부동산의 소유권을 이전받을 것을 내용으로 하는 계약을 체결한 자가 제1항 각호에 정하여진 날 이후 그 부동산에 대하여 다시 제3자와 소유권이전을 내용으로 하는 계약이나 제3자에게 계약당사자의 지위를 이전하는 계약을 체결하고자 할 때에는 그 제3자와 계약을 체결하기 전에 먼저 체결된 계약에 따라 소유권이전등기를 신청하여야 한다.
③ 제1항의 경우에 부동산의 소유권을 이전받을 것을 내용으로 하는 계약을 체결한 자가 제1항 각호에 정하여진 날 전에 그 부동산에 대하여 다시 제3자와 소유권이전을 내용으로 하는 계약을 체결한 때에는 먼저 체결된 계약의 반대급부의 이행이 완료되거나 계약의 효력이 발생한 날부터 60일 이내에 먼저 체결된 계약에 따라 소유권이전등기를 신청하여야 한다.
④ 국가·지방자치단체·한국토지주택공사·한국수자원공사 또는 토지구획정리조합(1999년 5월 1일 전에 조합설립의 인가를 받아 토지구획정리사업의 시행자인 토지구획정리사업법에 의한 토지구획정리조합에 한한다)이 택지개발촉진법에 의한 택지개발사업, 토지구획정리사업법에 의한 토지구획정리사업 또는 산업입지및개발에관한법률에 의한 특수지역개발사업(주거시설용 토지에 한한다)의 시행자인 경우에 당해 시행자와 부동산의 소유권을 이전받을 것을 내용으로 하는 계약을 최초로 체결한 자가 파산 기타 이와 유사한 사유로 소유권이전등기를 할 수 없는 때에는 지방자치단체의 조례로 정하는 자에 대하여 제2항 및 제3항의 규정을 적용하지 아니한다. <신설 1999. 3. 31., 2000. 1. 21., 2012. 12. 18.>
⑤ 소유권보존등기가 되어 있지 아니한 부동산에 대하여 소유권이전을 내용으로 하는 계약을 체결한 자는 다음 각호의 1에 정하여진 날부터 60일 이내에 소유권보존등기를 신청하여야 한다. <개정 2011. 4. 12.>
1. 「부동산등기법」 제65조에 따라 소유권보존등기를 신청할 수 있음에도 이를 하지 아니한 채 계약을 체결한 경우에는 그 계약을 체결한 날
2. 계약을 체결한 후에 「부동산등기법」 제65조에 따라 소유권보존등기를 신청할 수 있게 된 경우에는 소유권보존등기를 신청할 수 있게 된 날
[법률 제5958호(1999. 3. 31.) 제2조제4항의 개정규정은 같은 법 부칙 제3조의 규정에 의하여 2000년 6월 30일까지 유효함]

제3조(계약서등의 검인에 대한 특례)
① 계약을 원인으로 소유권이전등기를 신청할 때에는 다음 각호의 사항이 기재된 계약서에 검인신청인을 표시하여 부동산의 소재지를 관할하는 시장(구가 설치되어 있는 시에 있어서는 구청장)·군수(이하 "시장등"이라 한다) 또는 그 권한의 위임을 받은 자의 검인을 받아 관할등기소에 이를 제출하여야 한다.
1. 당사자
2. 목적부동산
3. 계약연월일
4. 대금 및 그 지급일자등 지급에 관한 사항 또는 평가액 및 그 차액의 정산에 관한 사항
5. 부동산중개업자가 있을 때에는 부동산중개업자
6. 계약의 조건이나 기한이 있을 때에는 그 조건 또는 기한
② 제1항의 경우에 등기원인을 증명하는 서면이 집행력 있는 판결서 또는 판결과 같은 효력을 갖는 조서(이하 "판결서등"이라 한다)인 때에는 판결서등에 제1항의 검인을 받아 제출하여야 한다.

③ 시장등 또는 그 권한의 위임을 받은 자가 제1항, 제2항 또는 제4조의 규정에 의한 검인을 한 때에는 그 계약서 또는 판결서등의 사본 2통을 작성하여 1통은 보관하고 1통은 부동산의 소재지를 관할하는 세무서장에게 송부하여야 한다.

④ 계약서등의 검인에 관하여 필요한 사항은 대법원규칙으로 정한다.

제4조(검인신청에 대한 특례)

부동산의 소유권을 이전받을 것을 내용으로 제2조제1항 각호의 계약을 체결한 자는 그 부동산에 대하여 다시 제3자와 소유권이전을 내용으로 하는 계약이나 제3자에게 계약당사자의 지위를 이전하는 계약을 체결하고자 할 때에는 먼저 체결된 계약의 계약서에 제3조의 규정에 의한 검인을 받아야 한다.

제5조(허가등에 대한 특례)

① 등기원인에 대하여 행정관청의 허가, 동의 또는 승낙을 받을 것이 요구되는 때에는 소유권이전등기를 신청할 때에 그 허가, 동의 또는 승낙을 증명하는 서면을 제출하여야 한다. <개정 2011. 4. 12.>

② 등기원인에 대하여 행정관청에 신고할 것이 요구되는 때에는 소유권이전등기를 신청할 때에 신고를 증명하는 서면을 제출하여야 한다.

제6조(등기원인 허위기재등의 금지)

제2조의 규정에 의하여 소유권이전등기를 신청하여야 할 자는 그 등기를 신청함에 있어서 등기신청서에 등기원인을 허위로 기재하여 신청하거나 소유권이전등기외의 등기를 신청하여서는 아니된다.

제7조

삭제 <1995. 3. 30.>

제8조(벌칙)

다음 각호의 1에 해당하는 자는 3년 이하의 징역이나 1억원 이하의 벌금에 처한다.

1. 조세부과를 면하려 하거나 다른 시점간의 가격변동에 따른 이득을 얻으려 하거나 소유권등 권리변동을 규제하는 법령의 제한을 회피할 목적으로 제2조제2항 또는 제3항의 규정에 위반한 때
2. 제6조의 규정에 위반한 때
3. 삭제 <1995. 3. 30.>

제9조(벌칙)

다음 각호의 1에 해당하는 자는 1년 이하의 징역이나 3천만원 이하의 벌금에 처한다.

1. 제8조제1호에 해당하지 아니한 자로서 제4조의 규정에 위반한 때
2. 삭제 <1995. 3. 30.>

제10조(양벌규정)

법인의 대표자나 법인 또는 개인의 대리인, 사용인, 그 밖의 종업원이 그 법인 또는 개인의 업무에 관하여 제8조 또는 제9조의 위반행위를 하면 그 행위자를 벌하는 외에 그 법인 또는 개인에게도 해당 조문의 벌금형을 과(科)한다. 다만, 법인 또는 개인이 그 위반행위를 방지하기 위하여 해당 업무에 관하여 상당한 주의와 감독을 게을리하지 아니한 경우에는 그러하지 아니하다.

[전문개정 2009. 12. 29.]

제11조(과태료)

①등기권리자가 상당한 사유없이 제2조 각항의 규정에 의한 등기신청을 해태한 때에는 그 해태한 날 당시의 부동산에 대하여 「지방세법」 제10조 및 제10조의2부터 제10조의6까지의 과세표준에 같은 법 제11조제1항의 표준세율(같은 법 제14조에 따라 조례로 세율을 달리 정하는 경우에는 그 세율을 말한다)에서 1천분의 20을 뺀 세율(같은 법 제11조제1항제8호의 경우에는 1천분의 20의 세율)을 적용하여 산출한 금액(같은 법 제13조제2항·제3항·제6항 또는 제7항에 해당하는 경우에는 그 금액의 100분의 300)의 5배 이하에 상당하는 금액의 과태료에 처한다. 다만, 부동산실권리자명의등기에관한법률 제10조제1항의 규정에 의하여 과징금을 부과한 경우에는 그러하지 아니하다. <개정 1995. 3. 30., 2010. 3. 31., 2010. 12. 27., 2014. 1. 1., 2021. 12. 28.>

②제1항의 규정에 의한 과태료의 금액을 정함에 있어서 해태기간, 해태사유, 목적부동산의 가액등을 참작하여야 한다.

제12조(과태료의 부과·징수)

①제11조의 규정에 의한 과태료는 행정안전부령으로 정하는 바에 따라 그 부동산의 소재지를 관할하는 시장등이 부과·징수한다. <개정 2018. 3. 20.>

② 삭제 <2018. 3. 20.>

③ 삭제 <2018. 3. 20.>

④ 삭제 <2018. 3. 20.>

⑤ 삭제 <2018. 3. 20.>

⑥ 삭제 <2018. 3. 20.>

⑦ 등기관은 제11조의 규정에 의한 과태료에 처할 사유가 있다고 인정된 때에는 지체없이 목적부동산의 소재지를 관할하는 시장등에게 이를 통지하여야 한다. <개정 1998. 12. 28.>

⑧ 삭제 <2018. 3. 20.>

집합건물의 소유 및 관리에 관한 법률

일부개정 2020.2.4.[법률 16919호, 시행 2021.2.5.] 법무부

제1장 건물의 구분소유 〈개정 2010.3.31.〉

제1절 총칙 〈개정 2010.3.31.〉

제1조(건물의 구분소유)

1동의 건물 중 구조상 구분된 여러 개의 부분이 독립한 건물로서 사용될 수 있을 때에는 그 각 부분은 이 법에서 정하는 바에 따라 각각 소유권의 목적으로 할 수 있다.

[전문개정 2010.3.31.]

제1조의2(상가건물의 구분소유)

① 1동의 건물이 다음 각 호에 해당하는 방식으로 여러 개의 건물부분으로 이용상 구분된 경우에 그 건물부분(이하 "구분점포"라 한다)은 이 법에서 정하는 바에 따라 각각 소유권의 목적으로 할 수 있다. <개정 2020.2.4.>

1. 구분점포의 용도가 「건축법」 제2조 제2항 제7호의 판매시설 및 같은 항 제8호의 운수시설일 것
2. 삭제 <2020.2.4.>
3. 경계를 명확하게 알아볼 수 있는 표지를 바닥에 견고하게 설치할 것
4. 구분점포별로 부여된 건물번호표지를 견고하게 붙일 것

② 제1항에 따른 경계표지 및 건물번호표지에 관하여 필요한 사항은 대통령령으로 정한다.

[전문개정 2010.3.31.]

제2조(정의)

이 법에서 사용하는 용어의 뜻은 다음과 같다.

1. "구분소유권"이란 제1조 또는 제1조의2에 규정된 건물부분[제3조제2항 및 제3항에 따라 공용부분(공용부분)으로 된 것은 제외한다]을 목적으로 하는 소유권을 말한다.
2. "구분소유자"란 구분소유권을 가지는 자를 말한다.
3. "전유부분"(전유부분)이란 구분소유권의 목적인 건물부분을 말한다.
4. "공용부분"이란 전유부분 외의 건물부분, 전유부분에 속하지 아니하는 건물의 부속물 및 제3조제2항 및 제3항에 따라 공용부분으로 된 부속의 건물을 말한다.
5. "건물의 대지"란 전유부분이 속하는 1동의 건물이 있는 토지 및 제4조에 따라 건물의 대지로 된 토지를 말한다.
6. "대지사용권"이란 구분소유자가 전유부분을 소유하기 위하여 건물의 대지에 대하여 가지는 권리를 말한다.

[전문개정 2010.3.31.]

제2조의2(다른 법률과의 관계)

집합주택의 관리 방법과 기준, 하자담보책임에 관한 「주택법」 및 「공동주택관리법」의 특별한 규정은 이 법에 저촉되어 구분소유자의 기본적인 권리를 해치지 아니하는 범위에서 효력이 있다. <개정 2015.8.11.>

[본조신설 2012.12.18.][제목개정 2015.8.11.]

제3조(공용부분)

① 여러 개의 전유부분으로 통하는 복도, 계단, 그 밖에 구조상 구분소유자 전원 또는 일부의 공용(공용)에 제공되는 건물부분은 구분소유권의 목적으로 할 수 없다.

② 제1조 또는 제1조의2에 규정된 건물부분과 부속의 건물은 규약으로써 공용부분으로 정할 수 있다.

③ 제1조 또는 제1조의2에 규정된 건물부분의 전부 또는 부속건물을 소유하는 자는 공정증서(공정증서)로써 제2항의 규약에 상응하는 것을 정할 수 있다.

④ 제2항과 제3항의 경우에는 공용부분이라는 취지를 등기하여야 한다.

[전문개정 2010.3.31.]

제4조(규약에 따른 건물의 대지)

① 통로, 주차장, 정원, 부속건물의 대지, 그 밖에 전유부분이 속하는 1동의 건물 및 그 건물이 있는 토지와 하나로 관리되거나 사용되는 토지는 규약으로써 건물의 대지로 할 수 있다.

② 제1항의 경우에는 제3조제3항을 준용한다.

③ 건물이 있는 토지가 건물이 일부 멸실함에 따라 건물이 있는 토지가 아닌 토지로 된 경우에는 그 토지는 제1항에 따라 규약으로써 건물의 대지로 정한 것으로 본다. 건물이 있는 토지의 일부가 분할로 인하여 건물이 있는 토지가 아닌 토지로 된 경우에도 같다.

[전문개정 2010.3.31.]

제5조(구분소유자의 권리·의무 등)

① 구분소유자는 건물의 보존에 해로운 행위나 그 밖에 건물의 관리 및 사용에 관하여 구분소유자 공동의 이익에 어긋나는 행위를 하여서는 아니 된다.

② 전유부분이 주거의 용도로 분양된 것인 경우에는 구분소유자는 정당한 사유 없이 그 부분을 주거 외의 용도로 사용하거나 그 내부 벽을 철거하거나 파손하여 증축·개축하는 행위를 하여서는 아니 된다.

③ 구분소유자는 그 전유부분이나 공용부분을 보존하거나 개량하기 위하여 필요한 범위에서 다른 구분소유자의 전유부분 또는 자기의 공유(공유)에 속하지 아니하는 공용부분의 사용을 청구할 수 있다. 이 경우 다른 구분소유자가 손해를 입었을 때에는 보상하여야 한다.

④ 전유부분을 점유하는 자로서 구분소유자가 아닌 자(이하 "점유자"라 한다)에 대하여는 제1항부터 제3항까지의 규정을 준용한다.

[전문개정 2010.3.31.]

제6조(건물의 설치·보존상의 흠 추정)

전유부분이 속하는 1동의 건물의 설치 또는 보존의 흠으로 인하여 다른 자에게 손해를 입힌 경우에는 그 흠은 공용부분에 존재하는 것으로 추정한다.

[전문개정 2010.3.31.]

제7조(구분소유권 매도청구권)

대지사용권을 가지지 아니한 구분소유자가 있을 때에는 그 전유부분의 철거를 청구할 권리를 가진 자는 그 구분소유자에 대하여 구분소유권을 시가(시가)로 매도할 것을 청구할 수 있다.

[전문개정 2010.3.31.]

제8조(대지공유자의 분할청구 금지)

대지 위에 구분소유권의 목적인 건물이 속하는 1동의 건물이 있을 때에는 그 대지의 공유자는 그 건물 사용에 필요한 범위의 대지에 대하여는 분할을 청구하지 못한다.

[전문개정 2010.3.31.]

제9조(담보책임)

① 제1조 또는 제1조의2의 건물을 건축하여 분양한 자(이하 "분양자"라 한다)와 분양자와의 계약에 따라 건물을 건축한 자로서 대통령령으로 정하는 자(이하 "시공자"라 한다)는 구분소유자에 대하여 담보책임을 진다. 이 경우 그 담보책임에 관하여는 「민법」 제667조 및 제668조를 준용한다. <개정 2012.12.18.>

② 제1항에도 불구하고 시공자가 분양자에게 부담하는 담보책임에 관하여 다른 법률에 특별한 규정이 있으면 시공자는 그 법률에서 정하는 담보책임의 범위에서 구분소유자에게 제1항의 담보책임을 진다. <신설 2012.12.18>

③ 제1항 및 제2항에 따른 시공자의 담보책임 중 「민법」 제667조제2항에 따른 손해배상책임은 분양자에게 회생절차개시 신청, 파산 신청, 해산, 무자력(무자력) 또는 그 밖에 이에 준하는 사유가 있는 경우에만 지며, 시공자가 이미 분양자에게 손해배상을 한 경우에는 그 범위에서 구분소유자에 대한 책임을 면(면)한다. <신설 2012.12.18.>

④ 분양자와 시공자의 담보책임에 관하여 이 법과 「민법」에 규정된 것보다 매수인에게 불리한 특약은 효력이 없다. <개정 2012.12.18.>

[전문개정 2010.3.31.]

제9조의2(담보책임의 존속기간)

① 제9조에 따른 담보책임에 관한 구분소유자의 권리는 다음 각 호의 기간 내에 행사하여야 한다.

1. 「건축법」 제2조제1항제7호에 따른 건물의 주요구조부 및 지반공사의 하자: 10년
2. 제1호에 규정된 하자 외의 하자: 하자의 중대성, 내구연한, 교체가능성 등을 고려하여 5년의 범위에서 대통령령으로 정하는 기간

② 제1항의 기간은 다음 각 호의 날부터 기산한다. <개정 2016.1.19.>

1. 전유부분: 구분소유자에게 인도한 날
2. 공용부분: 「주택법」 제49조에 따른 사용검사일(집합건물 전부에 대하여 임시 사용승인을 받은 경우에는 그 임시 사용승인일을 말하고, 「주택법」 제49조제1항 단서에 따라 분할 사용검사나 동별 사용검사를 받은 경우에는 분할 사용검사일 또는 동별 사용검사일을 말한다) 또는 「건축법」 제22조에 따른 사용승인일

③ 제1항 및 제2항에도 불구하고 제1항 각 호의 하자로 인하여 건물이 멸실되거나 훼손된 경우에는 그 멸실되거나 훼손된 날부터 1년 이내에 권리를 행사하여야 한다.

[본조신설 2012.12.18.]

제9조의3(분양자의 관리의무 등)

① 분양자는 제24조제3항에 따라 선임(선임)된 관리인이 사무를 개시(개시)할 때까지 선량한 관리자의 주의로 건물과 대지 및 부속시설을 관리하여야 한다. <개정 2020.2.4.>

② 분양자는 제28조제4항에 따른 표준규약을 참고하여 공정증서로써 규약에 상응하는 것을 정하여 분양계약을 체결하기 전에 분양을 받을 자에게 주어야 한다.

③ 분양자는 예정된 매수인의 2분의 1 이상이 이전등기를 한 때에는 규약 설정 및 관리인 선임을 위한 관리단집회(제23조에 따른 관리단의 집회를 말한다. 이하 같다)를 소집할 것을 대통령령으로 정하는 바에 따라 구분소유자에게 통지하여야 한다. 이 경우 통지받은 날부터 3개월 이내에 관리단집회를 소집할 것을 명시하여야 한다. <개정 2020.2.4.>

④ 분양자는 구분소유자가 제3항의 통지를 받은 날부터 3개월 이내에 관리단집회를 소집하지 아니하는 경우에는 지체 없이 관리단집회를 소집하여야 한다. <신설 2020.2.4.>

[본조신설 2012.12.18.]

제2절 공용부분 〈개정 2010.3.31.〉

제10조(공용부분의 귀속 등)

① 공용부분은 구분소유자 전원의 공유에 속한다. 다만, 일부의 구분소유자만이 공용하도록 제공되는 것임이 명백한 공용부분(이하 "일부공용부분"이라 한다)은 그들 구분소유자의 공유에 속한다.

② 제1항의 공유에 관하여는 제11조부터 제18조까지의 규정에 따른다. 다만, 제12조, 제17조에 규정한 사항에 관하여는 규약으로써 달리 정할 수 있다.

[전문개정 2010.3.31.]

제11조(공유자의 사용권)

각 공유자는 공용부분을 그 용도에 따라 사용할 수 있다.

[전문개정 2010.3.31.]

제12조(공유자의 지분권)

① 각 공유자의 지분은 그가 가지는 전유부분의 면적 비율에 따른다.

② 제1항의 경우 일부공용부분으로서 면적이 있는 것은 그 공용부분을 공용하는 구분소유자의 전유부분의 면적 비율에 따라 배분하여 그 면적을 각 구분소유자의 전유부분 면적에 포함한다.

[전문개정 2010.3.31.]

제13조(전유부분과 공용부분에 대한 지분의 일체성)

① 공용부분에 대한 공유자의 지분은 그가 가지는 전유부분의 처분에 따른다.

② 공유자는 그가 가지는 전유부분과 분리하여 공용부분에 대한 지분을 처분할 수 없다.

③ 공용부분에 관한 물권의 득실변경(득실변경)은 등기가 필요하지 아니하다.

[전문개정 2010.3.31.]

제14조(일부공용부분의 관리)

일부공용부분의 관리에 관한 사항 중 구분소유자 전원에게 이해관계가 있는 사항과 제29조제2항의 규약으로써 정한 사항은 구분소유자 전원의 집회결의로써 결정하고, 그 밖의 사항은 그것을 공용하는 구분소유자만의 집회결의로써 결정한다.

[전문개정 2010.3.31.]

제15조(공용부분의 변경)

① 공용부분의 변경에 관한 사항은 관리단집회에서 구분소유자의 3분의 2 이상 및 의결권의 3분의 2 이상의 결의로써 결정한다. 다만, 다음 각 호의 어느 하나에 해당하는 경우에는 제38조제1항에 따른 통상의 집회결의로써 결정할 수 있다. <개정 2020.2.4>

1. 공용부분의 개량을 위한 것으로서 지나치게 많은 비용이 드는 것이 아닐 경우
2. 「관광진흥법」 제3조 제1항 제2호 나목에 따른 휴양 콘도미니엄업의 운영을 위한 휴양 콘도미니엄의 공용부분 변경에 관한 사항인 경우

② 제1항의 경우에 공용부분의 변경이 다른 구분소유자의 권리에 특별한 영향을 미칠 때에는 그 구분소유자의 승낙을 받아야 한다.

[전문개정 2010.3.31.]

제15조의2(권리변동 있는 공용부분의 변경)

① 제15조에도 불구하고 건물의 노후화 억제 또는 기능 향상 등을 위한 것으로 구분소유권 및 대지사용권의 범위나 내용에 변동을 일으키는 공용부분의 변경에 관한 사항은 관리단집회에서 구분소유자의 5분의 4 이상 및 의결권의 5분의 4 이상의 결의로써 결정한다.

② 제1항의 결의에서는 다음 각 호의 사항을 정하여야 한다. 이 경우 제3호부터 제7호까지의 사항은 각 구분

소유자 사이에 형평이 유지되도록 정하여야 한다.
1. 설계의 개요
2. 예상 공사 기간 및 예상 비용(특별한 손실에 대한 전보 비용을 포함한다)
3. 제2호에 따른 비용의 분담 방법
4. 변경된 부분의 용도
5. 전유부분 수의 증감이 발생하는 경우에는 변경된 부분의 귀속에 관한 사항
6. 전유부분이나 공용부분의 면적에 증감이 발생하는 경우에는 변경된 부분의 귀속에 관한 사항
7. 대지사용권의 변경에 관한 사항
8. 그 밖에 규약으로 정한 사항
③ 제1항의 결의를 위한 관리단집회의 의사록에는 결의에 대한 각 구분소유자의 찬반 의사를 적어야 한다.
④ 제1항의 결의가 있는 경우에는 제48조 및 제49조를 준용한다.
[본조신설 2020.2.4.]

제16조(공용부분의 관리)
① 공용부분의 관리에 관한 사항은 제15조제1항 본문 및 제15조의2의 경우를 제외하고는 제38조제1항에 따른 통상의 집회결의로써 결정한다. 다만, 보존행위는 각 공유자가 할 수 있다. <개정 2020.2.4.>
② 구분소유자의 승낙을 받아 전유부분을 점유하는 자는 제1항 본문에 따른 집회에 참석하여 그 구분소유자의 의결권을 행사할 수 있다. 다만, 구분소유자와 점유자가 달리 정하여 관리단에 통지한 경우에는 그러하지 아니하며, 구분소유자의 권리·의무에 특별한 영향을 미치는 사항을 결정하기 위한 집회인 경우에는 점유자는 사전에 구분소유자에게 의결권 행사에 대한 동의를 받아야 한다. <신설 2012.12.18.>
③ 제1항 및 제2항에 규정된 사항은 규약으로써 달리 정할 수 있다. <개정 2012.12.18.>
④ 제1항 본문의 경우에는 제15조제2항을 준용한다. <개정 2012.12.18.>
[전문개정 2010.3.31.]

제17조(공용부분의 부담·수익)
각 공유자는 규약에 달리 정한 바가 없으면 그 지분의 비율에 따라 공용부분의 관리비용과 그 밖의 의무를 부담하며 공용부분에서 생기는 이익을 취득한다.
[전문개정 2010.3.31.]

제17조의2(수선적립금)
① 제23조에 따른 관리단(이하 "관리단"이라 한다)은 규약에 달리 정한 바가 없으면 관리단집회 결의에 따라 건물이나 대지 또는 부속시설의 교체 및 보수에 관한 수선계획을 수립할 수 있다.
② 관리단은 규약에 달리 정한 바가 없으면 관리단집회의 결의에 따라 수선적립금을 징수하여 적립할 수 있다. 다만, 다른 법률에 따라 장기수선을 위한 계획이 수립되어 충당금 또는 적립금이 징수·적립된 경우에는 그러하지 아니하다.
③ 제2항에 따른 수선적립금(이하 이 조에서 "수선적립금"이라 한다)은 구분소유자로부터 징수하며 관리단에 귀속된다.
④ 관리단은 규약에 달리 정한 바가 없으면 수선적립금을 다음 각 호의 용도로 사용하여야 한다.
1. 제1항의 수선계획에 따른 공사
2. 자연재해 등 예상하지 못한 사유로 인한 수선공사
3. 제1호 및 제2호의 용도로 사용한 금원의 변제
⑤ 제1항에 따른 수선계획의 수립 및 수선적립금의 징수·적립에 필요한 사항은 대통령령으로 정한다.
[본조신설 2020.2.4.]

제18조(공용부분에 관하여 발생한 채권의 효력)
공유자가 공용부분에 관하여 다른 공유자에 대하여 가지는 채권은 그 특별승계인에 대하여도 행사할 수 있다.
[전문개정 2010.3.31.]

제19조(공용부분에 관한 규정의 준용)
건물의 대지 또는 공용부분 외의 부속시설(이들에 대한 권리를 포함한다)을 구분소유자가 공유하는 경우에는 그 대지 및 부속시설에 관하여 제15조, 제15조의2, 제16조 및 제17조를 준용한다. <개정 2020.2.4.>
[전문개정 2010.3.31.]

제3절 대지사용권 〈개정 2010.3.31.〉

제20조(전유부분과 대지사용권의 일체성)
① 구분소유자의 대지사용권은 그가 가지는 전유부분의 처분에 따른다.
② 구분소유자는 그가 가지는 전유부분과 분리하여 대지사용권을 처분할 수 없다. 다만, 규약으로써 달리 정한 경우에는 그러하지 아니하다.

③ 제2항 본문의 분리처분금지는 그 취지를 등기하지 아니하면 선의(선의)로 물권을 취득한 제3자에게 대항하지 못한다.
④ 제2항 단서의 경우에는 제3조제3항을 준용한다.
[전문개정 2010.3.31.]

제21조(전유부분의 처분에 따르는 대지사용권의 비율)
① 구분소유자가 둘 이상의 전유부분을 소유한 경우에는 각 전유부분의 처분에 따르는 대지사용권은 제12조에 규정된 비율에 따른다. 다만, 규약으로써 달리 정할 수 있다.
② 제1항 단서의 경우에는 제3조제3항을 준용한다.
[전문개정 2010.3.31.]

제22조(〈a href="#//" name="lawodLink" type="민법"〉「민법」〈/a〉 제267조의 적용 배제)
제20조제2항 본문의 경우 대지사용권에 대하여는 「민법」 제267조(같은 법 제278조에서 준용하는 경우를 포함한다)를 적용하지 아니한다.
[전문개정 2010.3.31]

제4절 관리단 및 관리단의 기관 〈개정 2012.12.18.〉

제23조(관리단의 당연 설립 등)
① 건물에 대하여 구분소유 관계가 성립되면 구분소유자 전원을 구성원으로 하여 건물과 그 대지 및 부속시설의 관리에 관한 사업의 시행을 목적으로 하는 관리단이 설립된다.
② 일부공용부분이 있는 경우 그 일부의 구분소유자는 제28조제2항의 규약에 따라 그 공용부분의 관리에 관한 사업의 시행을 목적으로 하는 관리단을 구성할 수 있다.
[전문개정 2010.3.31.]

제23조의2(관리단의 의무)
관리단은 건물의 관리 및 사용에 관한 공동이익을 위하여 필요한 구분소유자의 권리와 의무를 선량한 관리자의 주의로 행사하거나 이행하여야 한다.
[본조신설 2012.12.18.]

제24조(관리인의 선임 등)
① 구분소유자가 10인 이상일 때에는 관리단을 대표하고 관리단의 사무를 집행할 관리인을 선임하여야 한다. <개정 2012.12.18.>
② 관리인은 구분소유자일 필요가 없으며, 그 임기는 2년의 범위에서 규약으로 정한다. <신설 2012.12.18.>
③ 관리인은 관리단집회의 결의로 선임되거나 해임된다. 다만, 규약으로 제26조의3에 따른 관리위원회의 결의로 선임되거나 해임되도록 정한 경우에는 그에 따른다. <개정 2012.12.18., 2020.2.4.>
④ 구분소유자의 승낙을 받아 전유부분을 점유하는 자는 제3항 본문에 따른 관리단집회에 참석하여 그 구분소유자의 의결권을 행사할 수 있다. 다만, 구분소유자와 점유자가 달리 정하여 관리단에 통지하거나 구분소유자가 집회 이전에 직접 의결권을 행사할 것을 관리단에 통지한 경우에는 그러하지 아니하다. <신설 2012.12.18.>
⑤ 관리인에게 부정한 행위나 그 밖에 그 직무를 수행하기에 적합하지 아니한 사정이 있을 때에는 각 구분소유자는 관리인의 해임을 법원에 청구할 수 있다. <개정 2012.12.18.>
⑥ 전유부분이 50개 이상인 건물(「공동주택관리법」에 따른 의무관리대상 공동주택 및 임대주택과 「유통산업발전법」에 따라 신고한 대규모점포등관리자가 있는 대규모점포 및 준대규모점포는 제외한다)의 관리인으로 선임된 자는 대통령령으로 정하는 바에 따라 선임된 사실을 특별자치시장, 특별자치도지사, 시장, 군수 또는 자치구의 구청장(이하 "소관청"이라 한다)에게 신고하여야 한다. <신설 2020.2.4.>
[전문개정 2010.3.31.]

제24조의2(임시관리인의 선임 등)
① 구분소유자, 그의 승낙을 받아 전유부분을 점유하는 자, 분양자 등 이해관계인은 제24조제3항에 따라 선임된 관리인이 없는 경우에는 법원에 임시관리인의 선임을 청구할 수 있다.
② 임시관리인은 선임된 날부터 6개월 이내에 제24조제3항에 따른 관리인 선임을 위하여 관리단집회 또는 관리위원회를 소집하여야 한다.
③ 임시관리인의 임기는 선임된 날부터 제24조제3항에 따라 관리인이 선임될 때까지로 하되, 같은 조 제2항에 따라 규약으로 정한 임기를 초과할 수 없다.
[본조신설 2020.2.4.]

제25조(관리인의 권한과 의무)

① 관리인은 다음 각 호의 행위를 할 권한과 의무를 가진다. <개정 2020.2.4.>

1. 공용부분의 보존행위

1의2. 공용부분의 관리 및 변경에 관한 관리단집회 결의를 집행하는 행위

2. 공용부분의 관리비용 등 관리단의 사무 집행을 위한 비용과 분담금을 각 구분소유자에게 청구·수령하는 행위 및 그 금원을 관리하는 행위

3. 관리단의 사업 시행과 관련하여 관리단을 대표하여 하는 재판상 또는 재판 외의 행위

3의2. 소음·진동·악취 등을 유발하여 공동생활의 평온을 해치는 행위의 중지 요청 또는 분쟁 조정절차 권고 등 필요한 조치를 하는 행위

4. 그 밖에 규약에 정하여진 행위

② 관리인의 대표권은 제한할 수 있다. 다만, 이로써 선의의 제3자에게 대항할 수 없다.

[전문개정 2010.3.31.]

제26조(관리인의 보고의무 등)

① 관리인은 대통령령으로 정하는 바에 따라 매년 1회 이상 구분소유자에게 그 사무에 관한 보고를 하여야 한다. <개정 2012.12.18.>

② 이해관계인은 관리인에게 제1항에 따른 보고 자료의 열람을 청구하거나 자기 비용으로 등본의 교부를 청구할 수 있다. <신설 2012.12.18.>

③ 이 법 또는 규약에서 규정하지 아니한 관리인의 권리의무에 관하여는 「민법」의 위임에 관한 규정을 준용한다. <개정 2012.12.18.>

[전문개정 2010.3.31.]

제26조의2(회계감사)

① 전유부분이 150개 이상으로서 대통령령으로 정하는 건물의 관리인은 「주식회사 등의 외부감사에 관한 법률」 제2조제7호에 따른 감사인(이하 이 조에서 "감사인"이라 한다)의 회계감사를 매년 1회 이상 받아야 한다. 다만, 관리단집회에서 구분소유자의 3분의 2 이상 및 의결권의 3분의 2 이상이 회계감사를 받지 아니하기로 결의한 연도에는 그러하지 아니하다.

② 구분소유자의 승낙을 받아 전유부분을 점유하는 자는 제1항 단서에 따른 관리단집회에 참석하여 그 구분소유자의 의결권을 행사할 수 있다. 다만, 구분소유자와 점유자가 달리 정하여 관리단에 통지하거나 구분소유자가 집회 이전에 직접 의결권을 행사할 것을 관리단에 통지한 경우에는 그러하지 아니하다.

③ 전유부분이 50개 이상 150개 미만으로서 대통령령으로 정하는 건물의 관리인은 구분소유자의 5분의 1 이상이 연서(연서)하여 요구하는 경우에는 감사인의 회계감사를 받아야 한다. 이 경우 구분소유자의 승낙을 받아 전유부분을 점유하는 자가 구분소유자를 대신하여 연서할 수 있다.

④ 관리인은 제1항 또는 제3항에 따라 회계감사를 받은 경우에는 대통령령으로 정하는 바에 따라 감사보고서 등 회계감사의 결과를 구분소유자 및 그의 승낙을 받아 전유부분을 점유하는 자에게 보고하여야 한다.

⑤ 제1항 또는 제3항에 따른 회계감사의 기준·방법 및 감사인의 선정방법 등에 관하여 필요한 사항은 대통령령으로 정한다.

⑥ 제1항 또는 제3항에 따라 회계감사를 받는 관리인은 다음 각 호의 어느 하나에 해당하는 행위를 하여서는 아니 된다.

1. 정당한 사유 없이 감사인의 자료열람·등사·제출 요구 또는 조사를 거부·방해·기피하는 행위

2. 감사인에게 거짓 자료를 제출하는 등 부정한 방법으로 회계감사를 방해하는 행위

⑦ 「공동주택관리법」에 따른 의무관리대상 공동주택 및 임대주택과 「유통산업발전법」에 따라 신고한 대규모점포등관리자가 있는 대규모점포 및 준대규모점포에는 제1항부터 제6항까지의 규정을 적용하지 아니한다.

[본조신설 2020.2.4.][종전 제26조의2는 제26조의3으로 이동 <2020.2.4.>]

제26조의3(관리위원회의 설치 및 기능)

① 관리단에는 규약으로 정하는 바에 따라 관리위원회를 둘 수 있다.

② 관리위원회는 이 법 또는 규약으로 정한 관리인의 사무 집행을 감독한다.

③ 제1항에 따라 관리위원회를 둔 경우 관리인은 제25조제1항 각 호의 행위를 하려면 관리위원회의 결의를 거쳐야 한다. 다만, 규약으로 달리 정한 사항은 그러하지 아니하다.

[본조신설 2012.12.18.][제26조의2에서 이동, 종전 제26조의3은 제26조의4로 이동 <2020.2.4.>]

제26조의4(관리위원회의 구성 및 운영)

① 관리위원회의 위원은 구분소유자 중에서 관리단집회의 결의에 의하여 선출한다. 다만, 규약으로 관리단집회의 결의에 관하여 달리 정한 경우에는 그에 따른다.
② 관리인은 규약에 달리 정한 바가 없으면 관리위원회의 위원이 될 수 없다. <개정 2020.2.4.>
③ 관리위원회 위원의 임기는 2년의 범위에서 규약으로 정한다. <신설 2020.2.4.>
④ 제1항부터 제3항까지에서 규정한 사항 외에 관리위원회의 구성 및 운영에 필요한 사항은 대통령령으로 정한다. <개정 2020.2.4.>
⑤ 구분소유자의 승낙을 받아 전유부분을 점유하는 자는 제1항 본문에 따른 관리단집회에 참석하여 그 구분소유자의 의결권을 행사할 수 있다. 다만, 구분소유자와 점유자가 달리 정하여 관리단에 통지하거나 구분소유자가 집회 이전에 직접 의결권을 행사할 것을 관리단에 통지한 경우에는 그러하지 아니하다. <신설 2020.2.4.>
[본조신설 2012.12.18.][제26조의3에서 이동 <2020.2.4.>]

제27조(관리단의 채무에 대한 구분소유자의 책임)
① 관리단이 그의 재산으로 채무를 전부 변제할 수 없는 경우에는 구분소유자는 제12조의 지분비율에 따라 관리단의 채무를 변제할 책임을 진다. 다만, 규약으로써 그 부담비율을 달리 정할 수 있다.
② 구분소유자의 특별승계인은 승계 전에 발생한 관리단의 채무에 관하여도 책임을 진다.
[전문개정 2010.3.31.]

제5절 규약 및 집회 〈개정 2010.3.31.〉

제28조(규약)
① 건물과 대지 또는 부속시설의 관리 또는 사용에 관한 구분소유자들 사이의 사항 중 이 법에서 규정하지 아니한 사항은 규약으로써 정할 수 있다.
② 일부공용부분에 관한 사항으로써 구분소유자 전원에게 이해관계가 있지 아니한 사항은 구분소유자 전원의 규약에 따로 정하지 아니하면 일부공용부분을 공용하는 구분소유자의 규약으로써 정할 수 있다.
③ 제1항과 제2항의 경우에 구분소유자 외의 자의 권리를 침해하지 못한다.
④ 특별시장·광역시장·특별자치시장·도지사 및 특별자치도지사(이하 "시·도지사"라 한다)는 이 법을 적용받는 건물과 대지 및 부속시설의 효율적이고 공정한 관리를 위하여 대통령령으로 정하는 바에 따라 표준규약을 마련하여 보급하여야 한다. <신설 2012.12.18.>
[전문개정 2010.3.31.]

제29조(규약의 설정·변경·폐지)
① 규약의 설정·변경 및 폐지는 관리단집회에서 구분소유자의 4분의 3 이상 및 의결권의 4분의 3 이상의 찬성을 얻어서 한다. 이 경우 규약의 설정·변경 및 폐지가 일부 구분소유자의 권리에 특별한 영향을 미칠 때에는 그 구분소유자의 승낙을 받아야 한다.
② 제28조 제2항에 규정한 사항에 관한 구분소유자 전원의 규약의 설정·변경 또는 폐지는 그 일부공용부분을 공용하는 구분소유자의 4분의 1을 초과하는 자 또는 의결권의 4분의 1을 초과하는 의결권을 가진 자가 반대할 때에는 할 수 없다.
[전문개정 2010.3.31.]

제30조(규약의 보관 및 열람)
① 규약은 관리인 또는 구분소유자나 그 대리인으로서 건물을 사용하고 있는 자 중 1인이 보관하여야 한다.
② 제1항에 따라 규약을 보관할 구분소유자나 그 대리인은 규약에 다른 규정이 없으면 관리단집회의 결의로써 정한다.
③ 이해관계인은 제1항에 따라 규약을 보관하는 자에게 규약의 열람을 청구하거나 자기 비용으로 등본의 발급을 청구할 수 있다.
[전문개정 2010.3.31.]

제31조(집회의 권한)
관리단의 사무는 이 법 또는 규약으로 관리인에게 위임한 사항 외에는 관리단집회의 결의에 따라 수행한다.
[전문개정 2010.3.31.]

제32조(정기 관리단집회)
관리인은 매년 회계연도 종료 후 3개월 이내에 정기 관리단집회를 소집하여야 한다. <개정 2012.12.18.>
[전문개정 2010.3.31.]

제33조(임시 관리단집회)
① 관리인은 필요하다고 인정할 때에는 관리단집회를 소집할 수 있다.
② 구분소유자의 5분의 1 이상이 회의의 목적 사항을 구체적으로 밝혀 관리단집회의 소집을 청구하면 관리인은 관리단집회를 소집하여야 한다. 이 정수(정수)는

규약으로 감경할 수 있다. <개정 2012.12.18.>

③ 제2항의 청구가 있은 후 1주일 내에 관리인이 청구일부터 2주일 이내의 날을 관리단집회일로 하는 소집통지 절차를 밟지 아니하면 소집을 청구한 구분소유자는 법원의 허가를 받아 관리단집회를 소집할 수 있다. <개정 2012.12.18.>

④ 관리인이 없는 경우에는 구분소유자의 5분의 1 이상은 관리단집회를 소집할 수 있다. 이 정수는 규약으로 감경할 수 있다. <개정 2012.12.18.>

[전문개정 2010.3.31.]

제34조(집회소집통지)

① 관리단집회를 소집하려면 관리단집회일 1주일 전에 회의의 목적사항을 구체적으로 밝혀 각 구분소유자에게 통지하여야 한다. 다만, 이 기간은 규약으로 달리 정할 수 있다.

② 전유부분을 여럿이 공유하는 경우에 제1항의 통지는 제37조제2항에 따라 정하여진 의결권을 행사할 자(그가 없을 때에는 공유자 중 1인)에게 통지하여야 한다.

③ 제1항의 통지는 구분소유자가 관리인에게 따로 통지장소를 제출하였으면 그 장소로 발송하고, 제출하지 아니하였으면 구분소유자가 소유하는 전유부분이 있는 장소로 발송한다. 이 경우 제1항의 통지는 통상적으로 도달할 시기에 도달한 것으로 본다.

④ 건물 내에 주소를 가지는 구분소유자 또는 제3항의 통지장소를 제출하지 아니한 구분소유자에 대한 제1항의 통지는 건물 내의 적당한 장소에 게시함으로써 소집통지를 갈음할 수 있음을 규약으로 정할 수 있다. 이 경우 제1항의 통지는 게시한 때에 도달한 것으로 본다.

⑤ 회의의 목적사항이 제15조 제1항, 제29조 제1항, 제47조 제1항 및 제50조 제4항인 경우에는 그 통지에 그 의안 및 계획의 내용을 적어야 한다.

[전문개정 2010.3.31.]

제35조(소집절차의 생략)

관리단집회는 구분소유자 전원이 동의하면 소집절차를 거치지 아니하고 소집할 수 있다.

[전문개정 2010.3.31.]

제36조(결의사항)

① 관리단집회는 제34조에 따라 통지한 사항에 관하여만 결의할 수 있다.

② 제1항의 규정은 이 법에 관리단집회의 결의에 관하여 특별한 정수가 규정된 사항을 제외하고는 규약으로 달리 정할 수 있다.

③ 제1항과 제2항은 제35조에 따른 관리단집회에 관하여는 적용하지 아니한다.

[전문개정 2010.3.31.]

제37조(의결권)

① 각 구분소유자의 의결권은 규약에 특별한 규정이 없으면 제12조에 규정된 지분비율에 따른다.

② 전유부분을 여럿이 공유하는 경우에는 공유자는 관리단집회에서 의결권을 행사할 1인을 정한다.

③ 구분소유자의 승낙을 받아 동일한 전유부분을 점유하는 자가 여럿인 경우에는 제16조제2항, 제24조제4항, 제26조의2제2항 또는 제26조의4제5항에 따라 해당 구분소유자의 의결권을 행사할 1인을 정하여야 한다. <신설 2012.12.18., 2020.2.4.>

[전문개정 2010.3.31.]

제38조(의결 방법)

① 관리단집회의 의사는 이 법 또는 규약에 특별한 규정이 없으면 구분소유자의 과반수 및 의결권의 과반수로써 의결한다.

② 의결권은 서면이나 전자적 방법(전자정보처리조직을 사용하거나 그 밖에 정보통신기술을 이용하는 방법으로서 대통령령으로 정하는 방법을 말한다. 이하 같다)으로 또는 대리인을 통하여 행사할 수 있다. <개정 2012.12.18.>

③ 제34조에 따른 관리단집회의 소집통지나 소집통지를 갈음하는 게시를 할 때에는 제2항에 따라 의결권을 행사할 수 있다는 내용과 구체적인 의결권 행사 방법을 명확히 밝혀야 한다. <신설 2012.12.18.>

④ 제1항부터 제3항까지에서 규정한 사항 외에 의결권 행사를 위하여 필요한 사항은 대통령령으로 정한다. <신설 2012.12.18.>

[전문개정 2010.3.31.]

제39조(집회의 의장과 의사록)

① 관리단집회의 의장은 관리인 또는 집회를 소집한 구분소유자 중 연장자가 된다. 다만, 규약에 특별한 규정이 있거나 관리단집회에서 다른 결의를 한 경우에는 그러하지 아니하다.

② 관리단집회의 의사에 관하여는 의사록을 작성하여

야 한다.

③ 의사록에는 의사의 경과와 그 결과를 적고 의장과 구분소유자 2인 이상이 서명 날인하여야 한다.

④ 의사록에 관하여는 제30조를 준용한다.

[전문개정 2010.3.31.]

제40조(점유자의 의견진술권)

① 구분소유자의 승낙을 받아 전유부분을 점유하는 자는 집회의 목적사항에 관하여 이해관계가 있는 경우에는 집회에 출석하여 의견을 진술할 수 있다.

② 제1항의 경우 집회를 소집하는 자는 제34조에 따라 소집통지를 한 후 지체 없이 집회의 일시, 장소 및 목적사항을 건물 내의 적당한 장소에 게시하여야 한다.

[전문개정 2010.3.31.]

제41조(서면 또는 전자적 방법에 의한 결의 등)

① 이 법 또는 규약에 따라 관리단집회에서 결의할 것으로 정한 사항에 관하여 구분소유자의 5분의 4 이상 및 의결권의 5분의 4 이상이 서면이나 전자적 방법 또는 서면과 전자적 방법으로 합의하면 관리단집회에서 결의한 것으로 본다. 다만, 제15조 제1항 제2호의 경우에는 구분소유자의 과반수 및 의결권의 과반수가 서면이나 전자적 방법 또는 서면과 전자적 방법으로 합의하면 관리단집회에서 결의한 것으로 본다. <개정 2012.12.18.>

② 구분소유자들은 미리 그들 중 1인을 대리인으로 정하여 관리단에 신고한 경우에는 그 대리인은 그 구분소유자들을 대리하여 관리단집회에 참석하거나 서면 또는 전자적 방법으로 의결권을 행사할 수 있다. <개정 2012.12.18.>

③ 제1항의 서면 또는 전자적 방법으로 기록된 정보에 관하여는 제30조를 준용한다. <개정 2012.12.18.>

[전문개정 2010.3.31.][제목개정 2012.12.18.]

제42조(규약 및 집회의 결의의 효력)

① 규약 및 관리단집회의 결의는 구분소유자의 특별승계인에 대하여도 효력이 있다.

② 점유자는 구분소유자가 건물이나 대지 또는 부속시설의 사용과 관련하여 규약 또는 관리단집회의 결의에 따라 부담하는 의무와 동일한 의무를 진다.

[전문개정 2010.3.31.]

제42조의2(결의취소의 소)

구분소유자는 다음 각 호의 어느 하나에 해당하는 경우에는 집회 결의 사실을 안 날부터 6개월 이내에, 결의한 날부터 1년 이내에 결의취소의 소를 제기할 수 있다.

1. 집회의 소집 절차나 결의 방법이 법령 또는 규약에 위반되거나 현저하게 불공정한 경우
2. 결의 내용이 법령 또는 규약에 위배되는 경우

[본조신설 2012.12.18.]

제6절 의무위반자에 대한 조치 〈개정 2010.3.31.〉

제43조(공동의 이익에 어긋나는 행위의 정지청구 등)

① 구분소유자가 제5조제1항의 행위를 한 경우 또는 그 행위를 할 우려가 있는 경우에는 관리인 또는 관리단집회의 결의로 지정된 구분소유자는 구분소유자 공동의 이익을 위하여 그 행위를 정지하거나 그 행위의 결과를 제거하거나 그 행위의 예방에 필요한 조치를 할 것을 청구할 수 있다.

② 제1항에 따른 소송의 제기는 관리단집회의 결의가 있어야 한다.

③ 점유자가 제5조제4항에서 준용하는 같은 조 제1항에 규정된 행위를 한 경우 또는 그 행위를 할 우려가 있는 경우에도 제1항과 제2항을 준용한다.

[전문개정 2010.3.31.]

제44조(사용금지의 청구)

① 제43조제1항의 경우에 제5조제1항에 규정된 행위로 구분소유자의 공동생활상의 장해가 현저하여 제43조제1항에 규정된 청구로는 그 장해를 제거하여 공용부분의 이용 확보나 구분소유자의 공동생활 유지를 도모함이 매우 곤란할 때에는 관리인 또는 관리단집회의 결의로 지정된 구분소유자는 소(소)로써 적당한 기간 동안 해당 구분소유자의 전유부분 사용금지를 청구할 수 있다. <개정 2020.2.4.>

② 제1항의 청구는 구분소유자의 4분의 3 이상 및 의결권의 4분의 3 이상의 관리단집회 결의가 있어야 한다. <개정 2020.2.4.>

③ 제1항의 결의를 할 때에는 미리 해당 구분소유자에게 변명할 기회를 주어야 한다.

[전문개정 2010.3.31.]

제45조(구분소유권의 경매)

① 구분소유자가 제5조제1항 및 제2항을 위반하거나 규약에서 정한 의무를 현저히 위반한 결과 공동생활을 유지하기 매우 곤란하게 된 경우에는 관리인 또는 관리단집회의 결의로 지정된 구분소유자는 해당 구분소유자의 전유부분 및 대지사용권의 경매를 명할 것을 법원에 청구할 수 있다.
② 제1항의 청구는 구분소유자의 4분의 3 이상 및 의결권의 4분의 3 이상의 관리단집회 결의가 있어야 한다.
③ 제2항의 결의를 할 때에는 미리 해당 구분소유자에게 변명할 기회를 주어야 한다.
④ 제1항의 청구에 따라 경매를 명한 재판이 확정되었을 때에는 그 청구를 한 자는 경매를 신청할 수 있다. 다만, 그 재판확정일부터 6개월이 지나면 그러하지 아니하다.
⑤ 제1항의 해당 구분소유자는 제4항 본문의 신청에 의한 경매에서 경락인이 되지 못한다.
[전문개정 2010.3.31.]

제46조(전유부분의 점유자에 대한 인도청구)
① 점유자가 제45조 제1항에 따른 의무위반을 한 결과 공동생활을 유지하기 매우 곤란하게 된 경우에는 관리인 또는 관리단집회의 결의로 지정된 구분소유자는 그 전유부분을 목적으로 하는 계약의 해제 및 그 전유부분의 인도를 청구할 수 있다.
② 제1항의 경우에는 제44조 제2항 및 제3항을 준용한다.
③ 제1항에 따라 전유부분을 인도받은 자는 지체 없이 그 전유부분을 점유할 권원(권원)이 있는 자에게 인도하여야 한다.
[전문개정 2010.3.31.]

제7절 재건축 및 복구 〈개정 2010.3.31.〉

제47조(재건축 결의)
① 건물 건축 후 상당한 기간이 지나 건물이 훼손되거나 일부 멸실되거나 그 밖의 사정으로 건물 가격에 비하여 지나치게 많은 수리비·복구비나 관리비용이 드는 경우 또는 부근 토지의 이용 상황의 변화나 그 밖의 사정으로 건물을 재건축하면 재건축에 드는 비용에 비하여 현저하게 효용이 증가하게 되는 경우에 관리단집회는 그 건물을 철거하여 그 대지를 구분소유권의 목적이 될 새 건물의 대지로 이용할 것을 결의할 수 있다. 다만, 재건축의 내용이 단지 내 다른 건물의 구분소유자에게 특별한 영향을 미칠 때에는 그 구분소유자의 승낙을 받아야 한다.
② 제1항의 결의는 구분소유자의 5분의 4 이상 및 의결권의 5분의 4 이상의 결의에 따른다.
③ 재건축을 결의할 때에는 다음 각 호의 사항을 정하여야 한다.
1. 새 건물의 설계 개요
2. 건물의 철거 및 새 건물의 건축에 드는 비용을 개략적으로 산정한 금액
3. 제2호에 규정된 비용의 분담에 관한 사항
4. 새 건물의 구분소유권 귀속에 관한 사항
④ 제3항 제3호 및 제4호의 사항은 각 구분소유자 사이에 형평이 유지되도록 정하여야 한다.
⑤ 제1항의 결의를 위한 관리단집회의 의사록에는 결의에 대한 각 구분소유자의 찬반 의사를 적어야 한다.
[전문개정 2010.3.31.]

제48조(구분소유권 등의 매도청구 등)
① 재건축의 결의가 있으면 집회를 소집한 자는 지체 없이 그 결의에 찬성하지 아니한 구분소유자(그의 승계인을 포함한다)에 대하여 그 결의 내용에 따른 재건축에 참가할 것인지 여부를 회답할 것을 서면으로 촉구하여야 한다.
② 제1항의 촉구를 받은 구분소유자는 촉구를 받은 날부터 2개월 이내에 회답하여야 한다.
③ 제2항의 기간 내에 회답하지 아니한 경우 그 구분소유자는 재건축에 참가하지 아니하겠다는 뜻을 회답한 것으로 본다.
④ 제2항의 기간이 지나면 재건축 결의에 찬성한 각 구분소유자, 재건축 결의 내용에 따른 재건축에 참가할 뜻을 회답한 각 구분소유자(그의 승계인을 포함한다) 또는 이들 전원의 합의에 따라 구분소유권과 대지사용권을 매수하도록 지정된 자(이하 "매수지정자"라 한다)는 제2항의 기간 만료일부터 2개월 이내에 재건축에 참가하지 아니하겠다는 뜻을 회답한 구분소유자(그의 승계인을 포함한다)에게 구분소유권과 대지사용권을 시가로 매도할 것을 청구할 수 있다. 재건축 결의가 있은 후에 이 구분소유자로부터 대지사용권만을 취득한 자의 대지사용권에 대하여도 또한 같다.
⑤ 제4항에 따른 청구가 있는 경우에 재건축에 참가하지 아니하겠다는 뜻을 회답한 구분소유자가 건물을

명도(명도)하면 생활에 현저한 어려움을 겪을 우려가 있고 재건축의 수행에 큰 영향이 없을 때에는 법원은 그 구분소유자의 청구에 의하여 대금 지급일 또는 제공일부터 1년을 초과하지 아니하는 범위에서 건물 명도에 대하여 적당한 기간을 허락할 수 있다.
⑥ 재건축 결의일부터 2년 이내에 건물 철거공사가 착수되지 아니한 경우에는 제4항에 따라 구분소유권이나 대지사용권을 매도한 자는 이 기간이 만료된 날부터 6개월 이내에 매수인이 지급한 대금에 상당하는 금액을 그 구분소유권이나 대지사용권을 가지고 있는 자에게 제공하고 이들의 권리를 매도할 것을 청구할 수 있다. 다만, 건물 철거공사가 착수되지 아니한 타당한 이유가 있을 경우에는 그러하지 아니하다.
⑦ 제6항 단서에 따른 건물 철거공사가 착수되지 아니한 타당한 이유가 없어진 날부터 6개월 이내에 공사에 착수하지 아니하는 경우에는 제6항 본문을 준용한다. 이 경우 같은 항 본문 중 "이 기간이 만료된 날부터 6개월 이내에"는 "건물 철거공사가 착수되지 아니한 타당한 이유가 없어진 것을 안 날부터 6개월 또는 그 이유가 없어진 날부터 2년 중 빠른 날까지"로 본다.
[전문개정 2010.3.31.]

제49조(재건축에 관한 합의)

재건축 결의에 찬성한 각 구분소유자, 재건축 결의 내용에 따른 재건축에 참가할 뜻을 회답한 각 구분소유자 및 구분소유권 또는 대지사용권을 매수한 각 매수지정자(이들의 승계인을 포함한다)는 재건축 결의 내용에 따른 재건축에 합의한 것으로 본다.
[전문개정 2010.3.31.]

제50조(건물이 일부 멸실된 경우의 복구)

① 건물가격의 2분의 1 이하에 상당하는 건물 부분이 멸실되었을 때에는 각 구분소유자는 멸실한 공용부분과 자기의 전유부분을 복구할 수 있다. 다만, 공용부분의 복구에 착수하기 전에 제47조제1항의 결의나 공용부분의 복구에 대한 결의가 있는 경우에는 그러하지 아니하다.
② 제1항에 따라 공용부분을 복구한 자는 다른 구분소유자에게 제12조의 지분비율에 따라 복구에 든 비용의 상환을 청구할 수 있다.
③ 제1항 및 제2항의 규정은 규약으로 달리 정할 수 있다.
④ 건물이 일부 멸실된 경우로서 제1항 본문의 경우를 제외한 경우에 관리단집회는 구분소유자의 5분의 4 이상 및 의결권의 5분의 4 이상으로 멸실한 공용부분을 복구할 것을 결의할 수 있다.
⑤ 제4항의 결의가 있는 경우에는 제47조제5항을 준용한다.
⑥ 제4항의 결의가 있을 때에는 그 결의에 찬성한 구분소유자(그의 승계인을 포함한다) 외의 구분소유자는 결의에 찬성한 구분소유자(그의 승계인을 포함한다)에게 건물 및 그 대지에 관한 권리를 시가로 매수할 것을 청구할 수 있다.
⑦ 제4항의 경우에 건물 일부가 멸실한 날부터 6개월 이내에 같은 항 또는 제47조제1항의 결의가 없을 때에는 각 구분소유자는 다른 구분소유자에게 건물 및 그 대지에 관한 권리를 시가로 매수할 것을 청구할 수 있다.
⑧ 법원은 제2항, 제6항 및 제7항의 경우에 상환 또는 매수청구를 받은 구분소유자의 청구에 의하여 상환금 또는 대금의 지급에 관하여 적당한 기간을 허락할 수 있다.
[전문개정 2010.3.31.]

제2장 단지 〈개정 2010.3.31.〉

제51조(단지관리단)

① 한 단지에 여러 동의 건물이 있고 그 단지 내의 토지 또는 부속시설(이들에 관한 권리를 포함한다)이 그 건물 소유자(전유부분이 있는 건물에서는 구분소유자를 말한다)의 공동소유에 속하는 경우에는 이들 소유자는 그 단지 내의 토지 또는 부속시설을 관리하기 위한 단체를 구성하여 이 법에서 정하는 바에 따라 집회를 개최하고 규약을 정하며 관리인을 둘 수 있다.
② 한 단지에 여러 동의 건물이 있고 단지 내의 토지 또는 부속시설(이들에 관한 권리를 포함한다)이 그 건물 소유자(전유부분이 있는 건물에서는 구분소유자를 말한다) 중 일부의 공동소유에 속하는 경우에는 이들 소유자는 그 단지 내의 토지 또는 부속시설을 관리하기 위한 단체를 구성하여 이 법에서 정하는 바에 따라 집회를 개최하고 규약을 정하며 관리인을 둘 수 있다.
③ 제1항의 단지관리단은 단지관리단의 구성원이 속

하는 각 관리단의 사업의 전부 또는 일부를 그 사업 목적으로 할 수 있다. 이 경우 각 관리단의 구성원의 4분의 3 이상 및 의결권의 4분의 3 이상에 의한 관리단집회의 결의가 있어야 한다.
[전문개정 2010.3.31.]

제52조(단지에 대한 준용)
제51조의 경우에는 제3조, 제23조의2, 제24조, 제24조의2, 제25조, 제26조, 제26조의2부터 제26조의4까지, 제27조부터 제42조까지 및 제42조의2를 준용한다. 이 경우 전유부분이 없는 건물은 해당 건물의 수를 전유부분의 수로 한다. <개정 2012.12.18., 2020.2.4.>
[전문개정 2010.3.31.]

제2장의2 집합건물분쟁조정위원회 〈신설 2012.12.18.〉

제52조의2(집합건물분쟁조정위원회)
① 이 법을 적용받는 건물과 관련된 분쟁을 심의·조정하기 위하여 특별시·광역시·특별자치시·도 또는 특별자치도(이하 "시·도"라 한다)에 집합건물분쟁조정위원회(이하 "조정위원회"라 한다)를 둔다.
② 조정위원회는 분쟁 당사자의 신청에 따라 다음 각 호의 분쟁(이하 "집합건물분쟁"이라 한다)을 심의·조정한다. <개정 2015.8.11., 2020.2.4.>
1. 이 법을 적용받는 건물의 하자에 관한 분쟁. 다만, 「공동주택관리법」 제36조 및 제37조에 따른 공동주택의 담보책임 및 하자보수 등과 관련된 분쟁은 제외한다.
2. 관리인·관리위원의 선임·해임 또는 관리단·관리위원회의 구성·운영에 관한 분쟁
3. 공용부분의 보존·관리 또는 변경에 관한 분쟁
4. 관리비의 징수·관리 및 사용에 관한 분쟁
5. 규약의 제정·개정에 관한 분쟁
6. 재건축과 관련된 철거, 비용분담 및 구분소유권 귀속에 관한 분쟁
6의2. 소음·진동·악취 등 공동생활과 관련된 분쟁
7. 그 밖에 이 법을 적용받는 건물과 관련된 분쟁으로서 대통령령으로 정한 분쟁
[본조신설 2012.12.18.]

제52조의3(조정위원회의 구성과 운영)
① 조정위원회는 위원장 1명과 부위원장 1명을 포함한 10명 이내의 위원으로 구성한다.
② 조정위원회의 위원은 집합건물분쟁에 관한 법률지식과 경험이 풍부한 사람으로서 다음 각 호의 어느 하나에 해당하는 사람 중에서 시·도지사가 임명하거나 위촉한다. 이 경우 제1호 및 제2호에 해당하는 사람이 각각 2명 이상 포함되어야 한다.
1. 법학 또는 조정·중재 등의 분쟁조정 관련 학문을 전공한 사람으로서 대학에서 조교수 이상으로 3년 이상 재직한 사람
2. 변호사 자격이 있는 사람으로서 3년 이상 법률에 관한 사무에 종사한 사람
3. 건설공사, 하자감정 또는 공동주택관리에 관한 전문적 지식을 갖춘 사람으로서 해당 업무에 3년 이상 종사한 사람
4. 해당 시·도 소속 5급 이상 공무원으로서 관련 업무에 3년 이상 종사한 사람
③ 조정위원회의 위원장은 해당 시·도지사가 위원 중에서 임명하거나 위촉한다.
④ 조정위원회에는 분쟁을 효율적으로 심의·조정하기 위하여 3명 이내의 위원으로 구성되는 소위원회를 둘 수 있다. 이 경우 소위원회에는 제2항제1호 및 제2호에 해당하는 사람이 각각 1명 이상 포함되어야 한다.
⑤ 조정위원회는 재적위원 과반수의 출석과 출석위원 과반수의 찬성으로 의결하며, 소위원회는 재적위원 전원 출석과 출석위원 과반수의 찬성으로 의결한다.
⑥ 제1항부터 제5항까지에서 규정한 사항 외에 조정위원회와 소위원회의 구성 및 운영에 필요한 사항과 조정 절차에 관한 사항은 대통령령으로 정한다.
[본조신설 2012.12.18.]

제52조의4(위원의 제척 등)
① 조정위원회의 위원이 다음 각 호의 어느 하나에 해당하는 경우에는 그 사건의 심의·조정에서 제척(제척)된다.
1. 위원 또는 그 배우자나 배우자이었던 사람이 해당 집합건물분쟁의 당사자가 되거나 그 집합건물분쟁에 관하여 당사자와 공동권리자 또는 공동의무자의 관계에 있는 경우
2. 위원이 해당 집합건물분쟁의 당사자와 친족이거나 친족이었던 경우

3. 위원이 해당 집합건물분쟁에 관하여 진술이나 감정을 한 경우
4. 위원이 해당 집합건물분쟁에 당사자의 대리인으로서 관여한 경우
5. 위원이 해당 집합건물분쟁의 원인이 된 처분이나 부작위에 관여한 경우

② 조정위원회는 위원에게 제1항의 제척 원인이 있는 경우에는 직권이나 당사자의 신청에 따라 제척의 결정을 한다.

③ 당사자는 위원에게 공정한 직무집행을 기대하기 어려운 사정이 있으면 조정위원회에 해당 위원에 대한 기피신청을 할 수 있다.

④ 위원은 제1항 또는 제3항의 사유에 해당하면 스스로 그 집합건물분쟁의 심의·조정을 회피할 수 있다.

[본조신설 2012.12.18.]

제52조의5(분쟁조정신청과 통지 등)

① 조정위원회는 당사자 일방으로부터 분쟁의 조정신청을 받은 경우에는 지체 없이 그 신청내용을 상대방에게 통지하여야 한다.

② 제1항에 따라 통지를 받은 상대방은 그 통지를 받은 날부터 7일 이내에 조정에 응할 것인지에 관한 의사를 조정위원회에 통지하여야 한다.

③ 제1항에 따라 분쟁의 조정신청을 받은 조정위원회는 분쟁의 성질 등 조정에 적합하지 아니한 사유가 있다고 인정하는 경우에는 해당 조정의 불개시(부개시) 결정을 할 수 있다. 이 경우 조정의 불개시 결정 사실과 그 사유를 당사자에게 통보하여야 한다.

[본조신설 2012.12.18.]

제52조의6(조정의 절차)

① 조정위원회는 제52조의5 제1항에 따른 조정신청을 받으면 같은 조 제2항에 따른 조정 불응 또는 같은 조 제3항에 따른 조정의 불개시 결정이 있는 경우를 제외하고는 지체 없이 조정 절차를 개시하여야 하며, 신청을 받은 날부터 60일 이내에 그 절차를 마쳐야 한다.

② 조정위원회는 제1항의 기간 내에 조정을 마칠 수 없는 경우에는 조정위원회의 의결로 그 기간을 30일의 범위에서 한 차례만 연장할 수 있다. 이 경우 그 사유와 기한을 분명히 밝혀 당사자에게 서면으로 통지하여야 한다.

③ 조정위원회는 제1항에 따른 조정의 절차를 개시하기 전에 이해관계인 등의 의견을 들을 수 있다.

④ 조정위원회는 제1항에 따른 절차를 마쳤을 때에는 조정안을 작성하여 지체 없이 각 당사자에게 제시하여야 한다.

⑤ 제4항에 따른 조정안을 제시받은 당사자는 제시받은 날부터 14일 이내에 조정안의 수락 여부를 조정위원회에 통보하여야 한다. 이 경우 당사자가 그 기간 내에 조정안에 대한 수락 여부를 통보하지 아니한 경우에는 조정안을 수락한 것으로 본다.

[본조신설 2012.12.18.]

제52조의7(출석 및 자료제출 요구)

① 조정위원회는 조정을 위하여 필요하다고 인정하는 경우 분쟁당사자, 분쟁 관련 이해관계인 또는 참고인에게 출석하여 진술하게 하거나 조정에 필요한 자료나 물건 등을 제출하도록 요구할 수 있다.

② 조정위원회는 해당 조정업무에 참고하기 위하여 시·도지사 및 관련기관에 해당 분쟁과 관련된 자료를 요청할 수 있다.

[본조신설 2020.2.4.][종전 제52조의7은 제52조의8로 이동 <2020.2.4.>]

제52조의8(조정의 중지 등)

① 조정위원회는 당사자가 제52조의5 제2항에 따라 조정에 응하지 아니할 의사를 통지하거나 제52조의6 제5항에 따라 조정안을 거부한 경우에는 조정을 중지하고 그 사실을 상대방에게 서면으로 통보하여야 한다.

② 조정위원회는 당사자 중 일방이 소를 제기한 경우에는 조정을 중지하고 그 사실을 상대방에게 통보하여야 한다.

③ 조정위원회는 법원에 소송계속 중인 당사자 중 일방이 조정을 신청한 때에는 해당 조정 신청을 결정으로 각하하여야 한다.

[본조신설 2012.12.18.][제52조의7에서 이동, 종전 제52조의8은 제52조의9로 이동 <2020.2.4.>]

제52조의9(조정의 효력)

① 당사자가 제52조의6 제5항에 따라 조정안을 수락하면 조정위원회는 지체 없이 조정서 3부를 작성하여 위원장 및 각 당사자로 하여금 조정서에 서명날인하게 하여야 한다.

② 제1항의 경우 당사자 간에 조정서와 같은 내용의 합의가 성립된 것으로 본다.

[본조신설 2012.12.18.][제52조의8에서 이동, 종전 제52조의9는 제52조의10으로 이동 <2020.2.4.>]

제52조의10(하자 등의 감정)

① 조정위원회는 당사자의 신청으로 또는 당사자와 협의하여 대통령령으로 정하는 안전진단기관, 하자감정전문기관 등에 하자진단 또는 하자감정 등을 요청할 수 있다.

② 조정위원회는 당사자의 신청으로 또는 당사자와 협의하여 「공동주택관리법」 제39조에 따른 하자심사·분쟁조정위원.회에 하자판정을 요청할 수 있다. <개정 2015.8.11.>

③ 제1항 및 제2항에 따른 비용은 대통령령으로 정하는 바에 따라 당사자가 부담한다.

[본조신설 2012.12.18.][제52조의9에서 이동 <2020.2.4.>]

제3장 구분건물의 건축물대장 <개정 2010.3.31.>

제53조(건축물대장의 편성)

① 소관청은 이 법을 적용받는 건물에 대하여는 이 법에서 정하는 건축물대장과 건물의 도면 및 각 층의 평면도를 갖추어 두어야 한다. <개정 2020.2.4.>

② 대장은 1동의 건물을 표시할 용지와 그 1동의 건물에 속하는 전유부분의 건물을 표시할 용지로 편성한다.

③ 1동의 건물에 대하여는 각 1용지를 사용하고 전유부분의 건물에 대하여는 구분한 건물마다 1용지를 사용한다.

④ 1동의 건물에 속하는 구분한 건물의 대장은 1책에 편철하고 1동의 건물을 표시할 용지 다음에 구분한 건물을 표시할 용지를 편철한다.

⑤ 제4항의 경우에 편철한 용지가 너무 많을 때에는 여러 책으로 나누어 편철할 수 있다.

[전문개정 2010.3.31.]

제54조(건축물대장의 등록사항)

① 1동의 건물을 표시할 용지에는 다음 각 호의 사항을 등록하여야 한다. <개정 2013.3.23., 2020.2.4.>

1. 1동의 건물의 소재지와 지번(지번)
2. 1동의 건물에 번호가 있을 때에는 그 번호
3. 1동의 건물의 구조와 면적
4. 1동의 건물에 속하는 전유부분의 번호
5. 그 밖에 국토교통부령으로 정하는 사항

② 전유부분을 표시할 용지에는 다음 각 호의 사항을 등록하여야 한다. <개정 2013.3.23.>

1. 전유부분의 번호
2. 전유부분이 속하는 1동의 건물의 번호
3. 전유부분의 종류, 구조와 면적
4. 부속건물이 있을 때에는 부속건물의 종류, 구조, 면적
5. 소유자의 성명 또는 명칭과 주소 또는 사무소. 이 경우 소유자가 둘 이상일 때에는 그 지분
6. 그 밖에 국토교통부령으로 정하는 사항

③ 제2항제4호의 경우에 부속건물이 그 전유부분과 다른 별채의 건물이거나 별채인 1동의 건물을 구분한 것일 때에는 그 1동의 건물의 소재지, 지번, 번호, 종류, 구조 및 면적을 등록하여야 한다.

④ 제3항의 경우에 건물의 표시 및 소유자의 표시에 관한 사항을 등록할 때에는 원인 및 그 연월일과 등록 연월일을 적어야 한다.

⑤ 제3조제2항 및 제3항에 따른 공용부분의 등록에 관하여는 제2항과 제4항을 준용한다. 이 경우 그 건물의 표시란에 공용부분이라는 취지를 등록한다.

⑥ 구분점포의 경우에는 전유부분 용지의 구조란에 경계벽이 없다는 뜻을 적어야 한다.

[전문개정 2010.3.31.]

제55조(건축물대장의 등록절차)

건축물대장의 등록은 소유자 등의 신청이나 소관청의 조사결정에 의한다.

[전문개정 2010.3.31.]

제56조(건축물대장의 신규 등록신청)

① 이 법을 적용받는 건물을 신축한 자는 1개월 이내에 1동의 건물에 속하는 전유부분 전부에 대하여 동시에 건축물대장 등록신청을 하여야 한다.

② 제1항의 신청서에는 제54조에 규정된 사항을 적고 건물의 도면, 각 층의 평면도(구분점포의 경우에는 「건축사법」 제23조에 따라 신고한 건축사 또는 「공간정보의 구축 및 관리 등에 관한 법률」 제39조제2항에서 정한 측량기술자가 구분점포의 경계표지에 관한 측량성과를 적어 작성한 평면도를 말한다)와 신청인의 소유임을 증명하는 서면을 첨부하여야 하며, 신청서에 적은 사항 중 규약이나 규약에 상당하는 공정증서로써 정한 것이 있는 경우에는 그 규약이나 공정증서를 첨부하여야 한다. <개정 2014.6.3.>

③ 이 법을 적용받지 아니하던 건물이 구분, 신축 등으로 인하여 이 법을 적용받게 된 경우에는 제1항과 제2항을 준용한다.

④ 제3항의 경우에 건물 소유자는 다른 건물의 소유자를 대위(대위)하여 제1항의 신청을 할 수 있다.

[전문개정 2010.3.31.]

제57조(건축물대장의 변경등록신청)

① 건축물대장에 등록한 사항이 변경된 경우에는 소유자는 1개월 이내에 변경등록신청을 하여야 한다.

② 1동의 건물을 표시할 사항과 공용부분의 표시에 관한 사항의 변경등록은 전유부분 소유자 중 1인 또는 여럿이 제1항의 기간까지 신청할 수 있다.

③ 제1항 및 제2항의 신청서에는 변경된 사항과 1동의 건물을 표시하기에 충분한 사항을 적고 그 변경을 증명하는 서면을 첨부하여야 하며 건물의 소재지, 구조, 면적이 변경되거나 부속건물을 신축한 경우에는 건물도면 또는 각 층의 평면도도 첨부하여야 한다.

④ 구분점포는 제1조의2 제1항 제1호의 용도 외의 다른 용도로 변경할 수 없다.

[전문개정 2010.3.31.]

제58조(신청의무의 승계)

소유자가 변경된 경우에는 전 소유자가 하여야 할 제56조와 제57조 제1항의 등록신청은 소유자가 변경된 날부터 1개월 이내에 새로운 소유자가 하여야 한다.

[전문개정 2010.3.31.]

제59조(소관청의 직권조사)

① 소관청은 제56조 또는 제57조의 신청을 받아 또는 직권으로 건축물대장에 등록할 때에는 소속 공무원에게 건물의 표시에 관한 사항을 조사하게 할 수 있다.

② 소관청은 구분점포에 관하여 제56조 또는 제57조의 신청을 받으면 신청 내용이 제1조의2 제1항 각 호의 요건을 충족하는지와 건축물의 실제 현황과 일치하는지를 조사하여야 한다.

③ 제1항 및 제2항의 조사를 하는 경우 해당 공무원은 일출 후 일몰 전까지 그 건물에 출입할 수 있으며, 점유자나 그 밖의 이해관계인에게 질문하거나 문서의 제시를 요구할 수 있다. 이 경우 관계인에게 그 신분을 증명하는 증표를 보여주어야 한다.

[전문개정 2010.3.31.]

제60조(조사 후 처리)

① 제56조의 경우에 소관청은 관계 공무원의 조사 결과 그 신고 내용이 부당하다고 인정할 때에는 그 취지를 적어 정정할 것을 명하고, 그 신고 내용을 정정하여도 그 건물의 상황이 제1조 또는 제1조의2의 규정에 맞지 아니하다고 인정할 때에는 그 등록을 거부하고 그 건물 전체를 하나의 건물로 하여 일반건축물대장에 등록하여야 한다.

② 제1항의 경우에는 일반건축물대장에 등록한 날부터 7일 이내에 신고인에게 그 등록거부 사유를 서면으로 통지하여야 한다.

[전문개정 2010.3.31.]

제61조

삭제 <2011.4.12.>

제62조

삭제 <2011.4.12.>

제63조

삭제 <2011.4.12.>

제64조

삭제 <2011.4.12.>

제4장 벌칙 <개정 2010.3.31.>

제65조(벌금)

① 제1조의2 제1항에서 정한 경계표지 또는 건물번호표지를 파손, 이동 또는 제거하거나 그 밖의 방법으로 경계를 알아볼 수 없게 한 사람은 3년 이하의 징역 또는 1천만원 이하의 벌금에 처한다.

② 건축사 또는 측량기술자가 제56조 제2항에서 정한 평면도에 측량성과를 사실과 다르게 적었을 때에는 2년 이하의 징역 또는 500만원 이하의 벌금에 처한다.

[전문개정 2010.3.31.]

제66조(과태료)

① 다음 각 호의 어느 하나에 해당하는 자에게는 500만원 이하의 과태료를 부과한다.

1. 제26조의2제1항 또는 제3항(제52조에서 준용하는 경우를 포함한다)에 따른 회계감사를 받지 아니하거나 부정한 방법으로 받은 자
2. 제26조의2 제6항(제52조에서 준용하는 경우를 포함한다)을 위반하여 회계감사를 방해하는 등 같은 항 각 호의 어느 하나에 해당하는 행위를 한 자

② 다음 각 호의 어느 하나에 해당하는 자에게는 300만원 이하의 과태료를 부과한다.

1. 제26조의2 제4항(제52조에서 준용하는 경우를 포함한다)을 위반하여 회계감사 결과를 보고하지 아니하거나 거짓으로 보고한 자
2. 제59조제1항에 따른 조사를 거부·방해 또는 기피한 자
3. 제59조제3항에 따른 질문 및 문서 제시 요구에 응하지 아니하거나 거짓으로 응한 자

③ 다음 각 호의 어느 하나에 해당하는 자에게는 200만원 이하의 과태료를 부과한다.

1. 제9조의3 제3항을 위반하여 통지를 하지 아니한 자
2. 제9조의3 제4항을 위반하여 관리단집회를 소집하지 아니한 자
3. 제24조 제6항(제52조에서 준용하는 경우를 포함한다)에 따른 신고를 하지 아니한 자
4. 제26조 제1항(제52조에서 준용하는 경우를 포함한다)을 위반하여 보고를 하지 아니하거나 거짓으로 보고한 자
5. 제30조 제1항, 제39조 제4항, 제41조 제3항(이들 규정을 제52조에서 준용하는 경우를 포함한다)을 위반하여 규약, 의사록 또는 서면(전자적 방법으로 기록된 정보를 포함한다)을 보관하지 아니한 자
6. 제30조 제3항, 제39조 제4항, 제41조 제3항(이들 규정을 제52조에서 준용하는 경우를 포함한다)을 위반하여 정당한 사유 없이 규약, 의사록 또는 서면(전자적 방법으로 기록된 정보를 포함한다)의 열람이나 등본의 발급청구를 거부한 자
7. 제39조 제2항 및 제3항(이들 규정을 제52조에서 준용하는 경우를 포함한다)을 위반하여 의사록을 작성하지 아니하거나 의사록에 적어야 할 사항을 적지 아니하거나 거짓으로 적은 자
8. 제56조 제1항, 제57조 제1항, 제58조에 따른 등록신청을 게을리 한 자

④ 제1항부터 제3항까지의 규정에 따른 과태료는 대통령령으로 정하는 바에 따라 소관청이 부과·징수한다.
[전문개정 2020.2.4.]

가등기담보 등에 관한 법률

타법개정 2016.12.27.[법률 14474호, 시행 2017.3.28.]
법무부

제1조(목적)
이 법은 차용물(차용물)의 반환에 관하여 차주(차주)가 차용물을 갈음하여 다른 재산권을 이전할 것을 예약할 때 그 재산의 예약 당시 가액(가액)이 차용액(차용액)과 이에 붙인 이자를 합산한 액수를 초과하는 경우에 이에 따른 담보계약(담보계약)과 그 담보의 목적으로 마친 가등기(가등기) 또는 소유권이전등기(소유권이전등기)의 효력을 정함을 목적으로 한다.
[전문개정 2008.3.21.]

제2조(정의)
이 법에서 사용하는 용어의 뜻은 다음과 같다.
1. “담보계약”이란 「민법」 제608조에 따라 그 효력이 상실되는 대물반환(대물반환)의 예약[환매(환매), 양도담보(양도담보) 등 명목(명목)이 어떠하든 그 모두를 포함한다]에 포함되거나 병존(병존)하는 채권담보(채권담보) 계약을 말한다.
2. “채무자등”이란 다음 각 목의 자를 말한다.
가. 채무자
나. 담보가등기목적 부동산의 물상보증인(물상보증인)
다. 담보가등기 후 소유권을 취득한 제삼자
3. “담보가등기(담보가등기)”란 채권담보의 목적으로 마친 가등기를 말한다.
4. “강제경매등”이란 강제경매(강제경매)와 담보권의 실행 등을 위한 경매를 말한다.
5. “후순위권리자(후순위권리자)”란 담보가등기 후에 등기된 저당권자·전세권자 및 담보가등기권리자를 말한다.
[전문개정 2008.3.21.]

제3조(담보권 실행의 통지와 청산기간)
① 채권자가 담보계약에 따른 담보권을 실행하여 그 담보목적부동산의 소유권을 취득하기 위하여는 그 채권(채권)의 변제기(변제기) 후에 제4조의 청산금(청산금)의 평가액을 채무자등에게 통지하고, 그 통지가 채무자등에게 도달한 날부터 2개월(이하 “청산기간”이라 한다)이 지나야 한다. 이 경우 청산금이 없다고 인정되는 경우에는 그 뜻을 통지하여야 한다.
② 제1항에 따른 통지에는 통지 당시의 담보목적부동산의 평가액과 「민법」 제360조에 규정된 채권액을 밝혀야 한다. 이 경우 부동산이 둘 이상인 경우에는 각 부동산의 소유권이전에 의하여 소멸시키려는 채권과 그 비용을 밝혀야 한다.
[전문개정 2008.3.21.]

제4조(청산금의 지급과 소유권의 취득)
① 채권자는 제3조제1항에 따른 통지 당시의 담보목적부동산의 가액에서 그 채권액을 뺀 금액(이하 “청산금”이라 한다)을 채무자등에게 지급하여야 한다. 이 경우 담보목적부동산에 선순위담보권(선순위담보권) 등의 권리가 있을 때에는 그 채권액을 계산할 때에 선순위담보 등에 의하여 담보된 채권액을 포함한다.
② 채권자는 담보목적부동산에 관하여 이미 소유권이전등기를 마친 경우에는 청산기간이 지난 후 청산금을 채무자등에게 지급한 때에 담보목적부동산의 소유권을 취득하며, 담보가등기를 마친 경우에는 청산기간이 지나야 그 가등기에 따른 본등기(본등기)를 청구할 수 있다.
③ 청산금의 지급채무와 부동산의 소유권이전등기 및 인도채무(인도채무)의 이행에 관하여는 동시이행의 항변권(항변권)에 관한 「민법」 제536조를 준용한다.
④ 제1항부터 제3항까지의 규정에 어긋나는 특약(특약)으로서 채무자등에게 불리한 것은 그 효력이 없다. 다만, 청산기간이 지난 후에 행하여진 특약으로서 제삼자의 권리를 침해하지 아니하는 것은 그러하지 아니하다.
[전문개정 2008.3.21.]

제5조(후순위권리자의 권리행사)
① 후순위권리자는 그 순위에 따라 채무자등이 지급받을 청산금에 대하여 제3조제1항에 따라 통지된 평가액의 범위에서 청산금이 지급될 때까지 그 권리를 행사할 수 있고, 채권자는 후순위권리자의 요구가 있는 경우에는 청산금을 지급하여야 한다.
② 후순위권리자는 제1항의 권리를 행사할 때에는 그 피담보채권(피담보채권)의 범위에서 그 채권의 명세와 증서를 채권자에게 교부하여야 한다.
③ 채권자가 제2항의 명세와 증서를 받고 후순위권리자에게 청산금을 지급한 때에는 그 범위에서 청산금

채무는 소멸한다.

④ 제1항의 권리행사를 막으려는 자는 청산금을 압류(압류)하거나 가압류(가압류)하여야 한다.

⑤ 담보가등기 후에 대항력(대항력) 있는 임차권(임차권)을 취득한 자에게는 청산금의 범위에서 동시이행의 항변권에 관한 「민법」 제536조를 준용한다.

[전문개정 2008.3.21.]

제6조(채무자등 외의 권리자에 대한 통지)

① 채권자는 제3조제1항에 따른 통지가 채무자등에게 도달하면 지체 없이 후순위권리자에게 그 통지의 사실과 내용 및 도달일을 통지하여야 한다.

② 제3조 제1항에 따른 통지가 채무자등에게 도달한 때에는 담보가등기 후에 등기한 제삼자(제1항에 따라 통지를 받을 자를 제외하고, 대항력 있는 임차권자를 포함한다)가 있으면 채권자는 지체 없이 그 제삼자에게 제3조제1항에 따른 통지를 한 사실과 그 채권액을 통지하여야 한다.

③ 제1항과 제2항에 따른 통지는 통지를 받을 자의 등기부상의 주소로 발송함으로써 그 효력이 있다. 그러나 대항력 있는 임차권자에게는 그 담보목적부동산의 소재지로 발송하여야 한다.

[전문개정 2008.3.21.]

제7조(청산금에 대한 처분 제한)

① 채무자가 청산기간이 지나기 전에 한 청산금에 관한 권리의 양도나 그 밖의 처분은 이로써 후순위권리자에게 대항하지 못한다.

② 채권자가 청산기간이 지나기 전에 청산금을 지급한 경우 또는 제6조 제1항에 따른 통지를 하지 아니하고 청산금을 지급한 경우에도 제1항과 같다.

[전문개정 2008.3.21.]

제8조(청산금의 공탁)

① 청산금채권이 압류되거나 가압류된 경우에 채권자는 청산기간이 지난 후 이에 해당하는 청산금을 채무이행지(채무이행지)를 관할하는 지방법원이나 지원(지원)에 공탁(공탁)하여 그 범위에서 채무를 면(면)할 수 있다.

② 제1항에 따라 공탁이 있는 경우에는 채무자등의 공탁금출급청구권(공탁금출급청구권)이 압류되거나 가압류된 것으로 본다.

③ 채권자는 제14조에 따른 경우 외에는 공탁금의 회수(회수)를 청구할 수 없다.

④ 채권자는 제1항에 따라 공탁을 한 경우에는 채무자등과 압류채권자 또는 가압류채권자에게 지체 없이 공탁의 통지를 하여야 한다.

[전문개정 2008.3.21.]

제9조(통지의 구속력)

채권자는 제3조제1항에 따라 그가 통지한 청산금의 금액에 관하여 다툴 수 없다.

[전문개정 2008.3.21.]

제10조(법정지상권)

토지와 그 위의 건물이 동일한 소유자에게 속하는 경우 그 토지나 건물에 대하여 제4조제2항에 따른 소유권을 취득하거나 담보가등기에 따른 본등기가 행하여진 경우에는 그 건물의 소유를 목적으로 그 토지 위에 지상권(지상권)이 설정된 것으로 본다. 이 경우 그 존속기간과 지료(지료)는 당사자의 청구에 의하여 법원이 정한다.

[전문개정 2008.3.21.]

제11조(채무자등의 말소청구권)

채무자등은 청산금채권을 변제받을 때까지 그 채무액(반환할 때까지의 이자와 손해금을 포함한다)을 채권자에게 지급하고 그 채권담보의 목적으로 마친 소유권이전등기의 말소를 청구할 수 있다. 다만, 그 채무의 변제기가 지난 때부터 10년이 지나거나 선의의 제삼자가 소유권을 취득한 경우에는 그러하지 아니하다.

[전문개정 2008.3.21.]

제12조(경매의 청구)

① 담보가등기권리자는 그 선택에 따라 제3조에 따른 담보권을 실행하거나 담보목적부동산의 경매를 청구할 수 있다. 이 경우 경매에 관하여는 담보가등기권리를 저당권으로 본다.

② 후순위권리자는 청산기간에 한정하여 그 피담보채권의 변제기 도래 전이라도 담보목적부동산의 경매를 청구할 수 있다.

[전문개정 2008.3.21.]

제13조(우선변제청구권)

담보가등기를 마친 부동산에 대하여 강제경매등이 개시된 경우에 담보가등기권리자는 다른 채권자보다 자기채권을 우선변제 받을 권리가 있다. 이 경우 그 순위에 관하여는 그 담보가등기권리를 저당권으로 보고,

그 담보가등기를 마친 때에 그 저당권의 설정등기(설정등기)가 행하여진 것으로 본다.
[전문개정 2008.3.21.]

제14조(강제경매등의 경우의 담보가등기)
담보가등기를 마친 부동산에 대하여 강제경매등의 개시 결정이 있는 경우에 그 경매의 신청이 청산금을 지급하기 전에 행하여진 경우(청산금이 없는 경우에는 청산기간이 지나기 전)에는 담보가등기권리자는 그 가등기에 따른 본등기를 청구할 수 없다.
[전문개정 2008.3.21.]

제15조(담보가등기권리의 소멸)
담보가등기를 마친 부동산에 대하여 강제경매등이 행하여진 경우에는 담보가등기권리는 그 부동산의 매각에 의하여 소멸한다.
[전문개정 2008.3.21.]

제16조(강제경매등에 관한 특칙)
① 법원은 소유권의 이전에 관한 가등기가 되어 있는 부동산에 대한 강제경매등의 개시결정(개시결정)이 있는 경우에는 가등기권리자에게 다음 각 호의 구분에 따른 사항을 법원에 신고하도록 적당한 기간을 정하여 최고(최고)하여야 한다.
1. 해당 가등기가 담보가등기인 경우: 그 내용과 채권[이자나 그 밖의 부수채권(부수채권)을 포함한다]의 존부(존부)·원인 및 금액
2. 해당 가등기가 담보가등기가 아닌 경우: 해당 내용
② 압류등기 전에 이루어진 담보가등기권리가 매각에 의하여 소멸되면 제1항의 채권신고를 한 경우에만 그 채권자는 매각대금을 배당받거나 변제금을 받을 수 있다. 이 경우 그 담보가등기의 말소에 관하여는 매수인이 인수하지 아니한 부동산의 부담에 관한 기입을 말소하는 등기의 촉탁에 관한 「민사집행법」 제144조 제1항 제2호를 준용한다.
③ 소유권의 이전에 관한 가등기권리자는 강제경매등 절차의 이해관계인으로 본다.
[전문개정 2008.3.21.]

제17조(파산 등 경우의 담보가등기)
① 파산재단(파산재단)에 속하는 부동산에 설정한 담보가등기권리에 대하여는 「채무자 회생 및 파산에 관한 법률」 중 저당권에 관한 규정을 적용한다.
② 파산재단에 속하지 아니하는 파산자의 부동산에 대하여 설정되어 있는 담보가등기권리자에 관하여는 준별제권자(준별제권자)에 관한 「채무자 회생 및 파산에 관한 법률」 제414조를 준용한다.
③ 담보가등기권리는 「국세기본법」, 「국세징수법」, 「지방세기본법」, 「지방세징수법」, 「채무자 회생 및 파산에 관한 법률」을 적용할 때에는 저당권으로 본다. <개정 2010.3.31., 2016.12.27.>
[전문개정 2008.3.21.]

제18조(다른 권리를 목적으로 하는 계약에의 준용)
등기 또는 등록할 수 있는 부동산소유권 외의 권리{질권(질권)·저당권 및 전세권은 제외한다}의 취득을 목적으로 하는 담보계약에 관하여는 제3조부터 제17조까지의 규정을 준용한다. 다만, 「동산·채권 등의 담보에 관한 법률」에 따라 담보등기를 마친 경우에는 그러하지 아니하다. <개정 2010.6.10.>
[전문개정 2008.3.21.]

동산·채권 등의 담보에 관한 법률

일부개정 2020.10.20.[법률 17502호, 시행 2022.4.21.]
법무부

제1장 총칙

제1조(목적)

이 법은 동산·채권·지식재산권을 목적으로 하는 담보권과 그 등기 또는 등록에 관한 사항을 규정하여 자금조달을 원활하게 하고 거래의 안전을 도모하며 국민경제의 건전한 발전에 이바지함을 목적으로 한다. <개정 2011.5.19.>

제2조(정의)

이 법에서 사용하는 용어의 뜻은 다음과 같다. <개정 2011.5.19., 2020.10.20.>

1. "담보약정"은 양도담보 등 명목을 묻지 아니하고 이 법에 따라 동산·채권·지식재산권을 담보로 제공하기로 하는 약정을 말한다.
2. "동산담보권"은 담보약정에 따라 동산(여러 개의 동산 또는 장래에 취득할 동산을 포함한다)을 목적으로 등기한 담보권을 말한다.
3. "채권담보권"은 담보약정에 따라 금전의 지급을 목적으로 하는 지명채권(여러 개의 채권 또는 장래에 발생할 채권을 포함한다)을 목적으로 등기한 담보권을 말한다.
4. "지식재산권담보권"은 담보약정에 따라 특허권, 실용신안권, 디자인권, 상표권, 저작권, 반도체집적회로의 배치설계권 등 지식재산권[법률에 따라 질권(질권)을 설정할 수 있는 경우로 한정한다. 이하 같다]을 목적으로 그 지식재산권을 규율하는 개별 법률에 따라 등록한 담보권을 말한다.
5. "담보권설정자"는 이 법에 따라 동산·채권·지식재산권에 담보권을 설정한 자를 말한다. 다만, 동산·채권을 담보로 제공하는 경우에는 법인(상사법인, 민법법인, 특별법에 따른 법인, 외국법인을 말한다. 이하 같다) 또는 「부가가치세법」에 따라 사업자등록을 한 사람으로 한정한다.
6. "담보권자"는 이 법에 따라 동산·채권·지식재산권을 목적으로 하는 담보권을 취득한 자를 말한다.
7. "담보등기"는 이 법에 따라 동산·채권을 담보로 제공하기 위하여 이루어진 등기를 말한다.
8. "담보등기부"는 전산정보처리조직에 의하여 입력·처리된 등기사항에 관한 전산정보자료를 담보권설정자별로 저장한 보조기억장치(자기디스크, 자기테이프, 그 밖에 이와 유사한 방법으로 일정한 등기사항을 기록·보존할 수 있는 전자적 정보저장매체를 포함한다. 이하 같다)를 말하고, 동산담보등기부와 채권담보등기부로 구분한다.
9. "채무자 등"은 채무자, 담보목적물의 물상보증인(물상보증인), 담보목적물의 제3취득자를 말한다.
10. "이해관계인"은 채무자 등과 담보목적물에 대한 권리자로서 담보등기부에 기록되어 있거나 그 권리를 증명한 자, 압류 및 가압류 채권자, 집행력 있는 정본(정본)에 의하여 배당을 요구한 채권자를 말한다.
11. "등기필정보"는 담보등기부에 새로운 권리자가 기록되는 경우 그 권리자를 확인하기 위하여 지방법원, 그 지원 또는 등기소에 근무하는 법원서기관, 등기사무관, 등기주사 또는 등기주사보 중에서 지방법원장(등기소의 사무를 지원장이 관장하는 경우에는 지원장을 말한다)이 지정하는 사람(이하 "등기관"이라 한다)이 작성한 정보를 말한다.

제2장 동산담보권

제3조(동산담보권의 목적물)

① 법인 또는 「부가가치세법」에 따라 사업자등록을 한 사람(이하 "법인 등"이라 한다)이 담보약정에 따라 동산을 담보로 제공하는 경우에는 담보등기를 할 수 있다. <개정 2020.10.20.>

② 여러 개의 동산(장래에 취득할 동산을 포함한다)이더라도 목적물의 종류, 보관장소, 수량을 정하거나 그 밖에 이와 유사한 방법으로 특정할 수 있는 경우에는 이를 목적으로 담보등기를 할 수 있다.

③ 제1항 및 제2항에도 불구하고 다음 각 호의 어느 하나에 해당하는 경우에는 이를 목적으로 하여 담보등기를 할 수 없다.

1. 「선박등기법」에 따라 등기된 선박, 「자동차 등 특정동산 저당법」에 따라 등록된 건설기계·자동차·항공기·소형선박, 「공장 및 광업재단 저당법」에 따라 등기

된 기업재산, 그 밖에 다른 법률에 따라 등기되거나 등록된 동산

2. 화물상환증, 선하증권, 창고증권이 작성된 동산

3. 무기명채권증서 등 대통령령으로 정하는 증권

제4조(담보권설정자의 사업자등록 말소와 동산담보권의 효력)

담보권설정자의 사업자등록이 말소된 경우에도 이미 설정된 동산담보권의 효력에는 영향을 미치지 아니한다. <개정 2020.10.20.>

[제목개정 2020.10.20.]

제5조(근담보권)

① 동산담보권은 그 담보할 채무의 최고액만을 정하고 채무의 확정을 장래에 보류하여 설정할 수 있다. 이 경우 그 채무가 확정될 때까지 채무의 소멸 또는 이전은 이미 설정된 동산담보권에 영향을 미치지 아니한다.

②제1항의 경우 채무의 이자는 최고액 중에 포함된 것으로 본다.

제6조(동산담보권을 설정하려는 자의 명시의무)

동산담보권을 설정하려는 자는 담보약정을 할 때 다음 각 호의 사항을 상대방에게 명시하여야 한다.

1. 담보목적물의 소유 여부

2. 담보목적물에 관한 다른 권리의 존재 유무

제7조(담보등기의 효력)

① 약정에 따른 동산담보권의 득실변경(득실변경)은 담보등기부에 등기를 하여야 그 효력이 생긴다.

② 동일한 동산에 설정된 동산담보권의 순위는 등기의 순서에 따른다.

③ 동일한 동산에 관하여 담보등기부의 등기와 인도(「민법」에 규정된 간이인도, 점유개정, 목적물반환청구권의 양도를 포함한다)가 행하여진 경우에 그에 따른 권리 사이의 순위는 법률에 다른 규정이 없으면 그 선후(선후)에 따른다.

제8조(동산담보권의 내용)

담보권자는 채무자 또는 제3자가 제공한 담보목적물에 대하여 다른 채권자보다 자기채권을 우선변제받을 권리가 있다.

제9조(동산담보권의 불가분성)

담보권자는 채권 전부를 변제받을 때까지 담보목적물 전부에 대하여 그 권리를 행사할 수 있다.

제10조(동산담보권 효력의 범위)

동산담보권의 효력은 담보목적물에 부합된 물건과 종물(종물)에 미친다. 다만, 법률에 다른 규정이 있거나 설정행위에 다른 약정이 있으면 그러하지 아니하다.

제11조(과실에 대한 효력)

동산담보권의 효력은 담보목적물에 대한 압류 또는 제25조제2항의 인도 청구가 있은 후에 담보권설정자가 그 담보목적물로부터 수취한 과실(과실) 또는 수취할 수 있는 과실에 미친다.

제12조(피담보채권의 범위)

동산담보권은 원본(원본), 이자, 위약금, 담보권실행의 비용, 담보목적물의 보존비용 및 채무불이행 또는 담보목적물의 흠으로 인한 손해배상의 채권을 담보한다. 다만, 설정행위에 다른 약정이 있는 경우에는 그 약정에 따른다.

제13조(동산담보권의 양도)

동산담보권은 피담보채권과 분리하여 타인에게 양도할 수 없다.

제14조(물상대위)

동산담보권은 담보목적물의 매각, 임대, 멸실, 훼손 또는 공용징수 등으로 인하여 담보권설정자가 받을 금전이나 그 밖의 물건에 대하여도 행사할 수 있다. 이 경우 그 지급 또는 인도 전에 압류하여야 한다.

제15조(담보목적물이 아닌 재산으로부터의 변제)

① 담보권자는 담보목적물로부터 변제를 받지 못한 채권이 있는 경우에만 채무자의 다른 재산으로부터 변제를 받을 수 있다.

② 제1항은 담보목적물보다 먼저 다른 재산을 대상으로 하여 배당이 실시되는 경우에는 적용하지 아니한다. 다만, 다른 채권자는 담보권자에게 그 배당금액의 공탁을 청구할 수 있다.

제16조(물상보증인의 구상권)

타인의 채무를 담보하기 위한 담보권설정자가 그 채무를 변제하거나 동산담보권의 실행으로 인하여 담보목적물의 소유권을 잃은 경우에는 「민법」의 보증채무에 관한 규정에 따라 채무자에 대한 구상권이 있다.

제17조(담보목적물에 대한 현황조사 및 담보목적물의 보충)

① 담보권설정자는 정당한 사유 없이 담보권자의 담보목적물에 대한 현황조사 요구를 거부할 수 없다. 이 경우 담보목적물의 현황을 조사하기 위하여 약정에 따라 전자적으로 식별할 수 있는 표지를 부착하는 등

필요한 조치를 할 수 있다.

② 담보권설정자에게 책임이 있는 사유로 담보목적물의 가액(가액)이 현저히 감소된 경우에는 담보권자는 담보권설정자에게 그 원상회복 또는 적당한 담보의 제공을 청구할 수 있다.

제18조(제3취득자의 비용상환청구권)

담보목적물의 제3취득자가 그 담보목적물의 보존·개량을 위하여 필요비 또는 유익비를 지출한 경우에는 「민법」 제203조제1항 또는 제2항에 따라 담보권자가 담보목적물을 실행하고 취득한 대가에서 우선하여 상환받을 수 있다.

제19조(담보목적물 반환청구권)

① 담보권자는 담보목적물을 점유한 자에 대하여 담보권설정자에게 반환할 것을 청구할 수 있다.

② 담보권자가 담보목적물을 점유할 권원(권원)이 있거나 담보권설정자가 담보목적물을 반환받을 수 없는 사정이 있는 경우에 담보권자는 담보목적물을 점유한 자에 대하여 자신에게 담보목적물을 반환할 것을 청구할 수 있다.

③ 제1항 및 제2항에도 불구하고 점유자가 그 물건을 점유할 권리가 있는 경우에는 반환을 거부할 수 있다.

제20조(담보목적물의 방해제거청구권 및 방해예방청구권)

담보권자는 동산담보권을 방해하는 자에게 방해의 제거를 청구할 수 있고, 동산담보권을 방해할 우려가 있는 행위를 하는 자에게 방해의 예방이나 손해배상의 담보를 청구할 수 있다.

제21조(동산담보권의 실행방법)

① 담보권자는 자기의 채권을 변제받기 위하여 담보목적물의 경매를 청구할 수 있다.

② 정당한 이유가 있는 경우 담보권자는 담보목적물로써 직접 변제에 충당하거나 담보목적물을 매각하여 그 대금을 변제에 충당할 수 있다. 다만, 선순위권리자(담보등기부에 등기되어 있거나 담보권자가 알고 있는 경우로 한정한다)가 있는 경우에는 그의 동의를 받아야 한다.

제22조(담보권 실행을 위한 경매절차)

① 제21조제1항에 따른 경매절차는 「민사집행법」 제264조, 제271조 및 제272조를 준용한다.

② 담보권설정자가 담보목적물을 점유하는 경우에 경매절차는 압류에 의하여 개시한다.

제23조(담보목적물의 직접 변제충당 등의 절차)

① 제21조제2항에 따라 담보권자가 담보목적물로써 직접 변제에 충당하거나 담보목적물을 매각하기 위하여는 그 채권의 변제기 후에 동산담보권 실행의 방법을 채무자 등과 담보권자가 알고 있는 이해관계인에게 통지하고, 그 통지가 채무자 등과 담보권자가 알고 있는 이해관계인에게 도달한 날부터 1개월이 지나야 한다. 다만, 담보목적물이 멸실 또는 훼손될 염려가 있거나 가치가 급속하게 감소될 우려가 있는 경우에는 그러하지 아니하다.

② 제1항의 통지에는 피담보채권의 금액, 담보목적물의 평가액 또는 예상매각대금, 담보목적물로써 직접 변제에 충당하거나 담보목적물을 매각하려는 이유를 명시하여야 한다.

③ 담보권자는 담보목적물의 평가액 또는 매각대금(이하 "매각대금 등"이라 한다)에서 그 채권액을 뺀 금액(이하 "청산금"이라 한다)을 채무자 등에게 지급하여야 한다. 이 경우 담보목적물에 선순위의 동산담보권 등이 있을 때에는 그 채권액을 계산할 때 선순위의 동산담보권 등에 의하여 담보된 채권액을 포함한다.

④ 담보권자가 담보목적물로써 직접 변제에 충당하는 경우 청산금을 채무자 등에게 지급한 때에 담보목적물의 소유권을 취득한다.

⑤ 다음 각 호의 구분에 따라 정한 기간 내에 담보목적물에 대하여 경매가 개시된 경우에는 담보권자는 직접 변제충당 등의 절차를 중지하여야 한다.

1. 담보목적물을 직접 변제에 충당하는 경우: 청산금을 지급하기 전 또는 청산금이 없는 경우 제1항의 기간이 지나기 전

2. 담보목적물을 매각하여 그 대금을 변제에 충당하는 경우: 담보권자가 제3자와 매매계약을 체결하기 전

⑥ 제1항 및 제2항에 따른 통지의 내용과 방식에 관하여는 대통령령으로 정한다.

제24조(담보목적물 취득자 등의 지위)

제21조제2항에 따른 동산담보권의 실행으로 담보권자나 매수인이 담보목적물의 소유권을 취득하면 그 담보권자의 권리와 그에 대항할 수 없는 권리는 소멸한다.

제25조(담보목적물의 점유)

① 담보권자가 담보목적물을 점유한 경우에는 피담보

채권을 전부 변제받을 때까지 담보목적물을 유치할 수 있다. 다만, 선순위권리자에게 대항하지 못한다.
② 담보권자가 담보권을 실행하기 위하여 필요한 경우에는 채무자 등에게 담보목적물의 인도를 청구할 수 있다.
③ 담보권자가 담보목적물을 점유하는 경우에 담보권자는 선량한 관리자의 주의로 담보목적물을 관리하여야 한다.
④ 제3항의 경우에 담보권자는 담보목적물의 과실을 수취하여 다른 채권자보다 먼저 그 채권의 변제에 충당할 수 있다. 다만, 과실이 금전이 아닌 경우에는 제21조에 따라 그 과실을 경매하거나 그 과실로써 직접 변제에 충당하거나 그 과실을 매각하여 그 대금으로 변제에 충당할 수 있다.

제26조(후순위권리자의 권리행사)
① 후순위권리자는 제23조 제3항에 따라 채무자 등이 받을 청산금에 대하여 그 순위에 따라 청산금이 지급될 때까지 그 권리를 행사할 수 있고, 담보권자는 후순위권리자가 요구하는 경우에는 청산금을 지급하여야 한다.
② 제21조 제2항에 따른 동산담보권 실행의 경우에 후순위권리자는 제23조 제5항 각 호의 구분에 따라 정한 기간 전까지 담보목적물의 경매를 청구할 수 있다. 다만, 그 피담보채권의 변제기가 되기 전에는 제23조제1항의 기간에만 경매를 청구할 수 있다.
③ 후순위권리자는 제1항의 권리를 행사할 때에는 그 피담보채권의 범위에서 그 채권의 명세와 증서를 담보권자에게 건네주어야 한다.
④ 담보권자가 제3항의 채권 명세와 증서를 받고 후순위권리자에게 청산금을 지급한 때에는 그 범위에서 채무자 등에 대한 청산금 지급채무가 소멸한다.
⑤ 제1항의 권리행사를 막으려는 자는 청산금을 압류하거나 가압류하여야 한다.

제27조(매각대금 등의 공탁)
① 담보목적물의 매각대금 등이 압류되거나 가압류된 경우 또는 담보목적물의 매각대금 등에 관하여 권리를 주장하는 자가 있는 경우에 담보권자는 그 전부 또는 일부를 담보권설정자의 주소(법인인 경우에는 본점 또는 주된 사무소 소재지를 말한다. 이하 같다)를 관할하는 법원에 공탁할 수 있다. 이 경우 담보권자는 공탁사실을 즉시 담보등기부에 등기되어 있거나 담보권자가 알고 있는 이해관계인과 담보목적물의 매각대금 등을 압류 또는 가압류하거나 그에 관하여 권리를 주장하는 자에게 통지하여야 한다. <개정 2020.10.20.>
② 담보목적물의 매각대금 등에 대한 압류 또는 가압류가 있은 후에 제1항에 따라 담보목적물의 매각대금 등을 공탁한 경우에는 채무자 등의 공탁금출급청구권이 압류되거나 가압류된 것으로 본다.
③ 담보권자는 공탁금의 회수를 청구할 수 없다.

제28조(변제와 실행 중단)
① 동산담보권의 실행의 경우에 채무자 등은 제23조 제5항 각 호의 구분에 따라 정한 기간까지 피담보채무액을 담보권자에게 지급하고 담보등기의 말소를 청구할 수 있다. 이 경우 담보권자는 동산담보권의 실행을 즉시 중지하여야 한다.
② 제1항에 따라 동산담보권의 실행을 중지함으로써 담보권자에게 손해가 발생하는 경우에 채무자 등은 그 손해를 배상하여야 한다.

제29조(공동담보와 배당, 후순위자의 대위)
① 동일한 채권의 담보로 여러 개의 담보목적물에 동산담보권을 설정한 경우에 그 담보목적물의 매각대금을 동시에 배당할 때에는 각 담보목적물의 매각대금에 비례하여 그 채권의 분담을 정한다.
② 제1항의 담보목적물 중 일부의 매각대금을 먼저 배당하는 경우에는 그 대가에서 그 채권 전부를 변제받을 수 있다. 이 경우 경매된 동산의 후순위담보권자는 선순위담보권자가 다른 담보목적물의 동산담보권 실행으로 변제받을 수 있는 금액의 한도에서 선순위담보권자를 대위(대위)하여 담보권을 행사할 수 있다.
③ 담보권자가 제21조 제2항에 따라 동산담보권을 실행하는 경우에는 제1항과 제2항을 준용한다. 다만, 제1항에 따라 각 담보목적물의 매각대금을 정할 수 없는 경우에는 제23조 제2항에 따른 통지에 명시된 각 담보목적물의 평가액 또는 예상매각대금에 비례하여 그 채권의 분담을 정한다.

제30조(이해관계인의 가처분신청 등)
① 이해관계인은 담보권자가 위법하게 동산담보권을 실행하는 경우에 담보권설정자의 주소를 관할하는 법원에 제21조제2항에 따른 동산담보권 실행의 중지 등 필요한 조치를 명하는 가처분을 신청할 수 있다. <개

정 2020.10.20.>

② 법원은 제1항의 신청에 대한 결정을 하기 전에 이해관계인에게 담보를 제공하게 하거나 제공하지 아니하고 집행을 일시 정지하도록 명하거나 담보권자에게 담보를 제공하고 그 집행을 계속하도록 명하는 등 잠정처분을 할 수 있다.

③ 담보권 실행을 위한 경매에 대하여 이해관계인은 「민사집행법」에 따라 이의신청을 할 수 있다.

제31조(동산담보권 실행에 관한 약정)

① 담보권자와 담보권설정자는 이 법에서 정한 실행절차와 다른 내용의 약정을 할 수 있다. 다만, 제23조제1항에 따른 통지가 없거나 통지 후 1개월이 지나지 아니한 경우에도 통지 없이 담보권자가 담보목적물을 처분하거나 직접 변제에 충당하기로 하는 약정은 효력이 없다.

② 제1항 본문의 약정에 의하여 이해관계인의 권리를 침해하지 못한다.

제32조(담보목적물의 선의취득)

이 법에 따라 동산담보권이 설정된 담보목적물의 소유권·질권을 취득하는 경우에는 「민법」 제249조부터 제251조까지의 규정을 준용한다.

제33조(준용규정)

동산담보권에 관하여는 「민법」 제331조 및 제369조를 준용한다.

제3장 채권담보권

제34조(채권담보권의 목적)

① 법인 등이 담보약정에 따라 금전의 지급을 목적으로 하는 지명채권을 담보로 제공하는 경우에는 담보등기를 할 수 있다.

② 여러 개의 채권(채무자가 특정되었는지 여부를 묻지 아니하고 장래에 발생할 채권을 포함한다)이더라도 채권의 종류, 발생 원인, 발생 연월일을 정하거나 그 밖에 이와 유사한 방법으로 특정할 수 있는 경우에는 이를 목적으로 하여 담보등기를 할 수 있다.

제35조(담보등기의 효력)

① 약정에 따른 채권담보권의 득실변경은 담보등기부에 등기한 때에 지명채권의 채무자(이하 "제3채무자"라 한다) 외의 제3자에게 대항할 수 있다.

② 담보권자 또는 담보권설정자(채권담보권 양도의 경우에는 그 양도인 또는 양수인을 말한다)는 제3채무자에게 제52조의 등기사항증명서를 건네주는 방법으로 그 사실을 통지하거나 제3채무자가 이를 승낙하지 아니하면 제3채무자에게 대항하지 못한다.

③ 동일한 채권에 관하여 담보등기부의 등기와 「민법」 제349조 또는 제450조제2항에 따른 통지 또는 승낙이 있는 경우에 담보권자 또는 담보의 목적인 채권의 양수인은 법률에 다른 규정이 없으면 제3채무자 외의 제3자에게 등기와 그 통지의 도달 또는 승낙의 선후에 따라 그 권리를 주장할 수 있다.

④ 제2항의 통지, 승낙에 관하여는 「민법」 제451조 및 제452조를 준용한다.

제36조(채권담보권의 실행)

① 담보권자는 피담보채권의 한도에서 채권담보권의 목적이 된 채권을 직접 청구할 수 있다.

② 채권담보권의 목적이 된 채권이 피담보채권보다 먼저 변제기에 이른 경우에는 담보권자는 제3채무자에게 그 변제금액의 공탁을 청구할 수 있다. 이 경우 제3채무자가 변제금액을 공탁한 후에는 채권담보권은 그 공탁금에 존재한다.

③ 담보권자는 제1항 및 제2항에 따른 채권담보권의 실행방법 외에 「민사집행법」에서 정한 집행방법으로 채권담보권을 실행할 수 있다.

제37조(준용규정)

채권담보권에 관하여는 그 성질에 반하지 아니하는 범위에서 동산담보권에 관한 제2장과 「민법」 제348조 및 제352조를 준용한다.

제4장 담보등기

제38조(등기할 수 있는 권리)

담보등기는 동산담보권이나 채권담보권의 설정, 이전, 변경, 말소 또는 연장에 대하여 한다.

제39조(관할 등기소)

① 제38조의 등기에 관한 사무(이하 "등기사무"라 한다)는 대법원장이 지정·고시하는 지방법원, 그 지원 또는 등기소에서 취급한다.

② 등기사무에 관하여는 제1항에 따라 대법원장이 지정·고시한 지방법원, 그 지원 또는 등기소 중 담보

권설정자의 주소를 관할하는 지방법원, 그 지원 또는 등기소를 관할 등기소로 한다. <개정 2014.5.20., 2020.10.20.>

1. 삭제 <2020.10.20.>
2. 삭제 <2020.10.20.>

③ 대법원장은 어느 등기소의 관할에 속하는 사무를 다른 등기소에 위임할 수 있다.

제40조(등기사무의 처리)

① 등기사무는 등기관이 처리한다.

② 등기관은 접수번호의 순서에 따라 전산정보처리조직에 의하여 담보등기부에 등기사항을 기록하는 방식으로 등기사무를 처리하여야 한다.

③ 등기관이 등기사무를 처리할 때에는 대법원규칙으로 정하는 바에 따라 등기관의 식별부호를 기록하는 등 등기사무를 처리한 등기관을 확인할 수 있는 조치를 하여야 한다.

제41조(등기신청인)

① 담보등기는 법률에 다른 규정이 없으면 등기권리자와 등기의무자가 공동으로 신청한다.

② 등기명의인 표시의 변경 또는 경정(경정)의 등기는 등기명의인 단독으로 신청할 수 있다.

③ 판결에 의한 등기는 승소한 등기권리자 또는 등기의무자 단독으로 신청할 수 있고, 상속이나 그 밖의 포괄승계로 인한 등기는 등기권리자 단독으로 신청할 수 있다.

제42조(등기신청의 방법)

담보등기는 다음 각 호의 어느 하나에 해당하는 방법으로 신청한다. <개정 2016.2.3.>

1. 방문신청: 신청인 또는 그 대리인이 등기소에 출석하여 서면으로 신청. 다만, 대리인이 변호사 또는 법무사[법무법인, 법무법인(유한), 법무조합, 법무사법인 또는 법무사법인(유한)을 포함한다]인 경우에는 대법원규칙으로 정하는 사무원을 등기소에 출석하게 하여 등기를 신청할 수 있다.
2. 전자신청: 대법원규칙으로 정하는 바에 따라 전산정보처리조직을 이용하여 신청

제43조(등기신청에 필요한 서면 또는 전자문서 및 신청서의 기재사항 및 방식)

① 담보등기를 신청할 때에는 다음 각 호의 서면 또는 전자문서(이하 "서면 등"이라 한다)를 제출 또는 송신하여야 한다.

1. 대법원규칙으로 정하는 방식에 따른 신청서
2. 등기원인을 증명하는 서면 등
3. 등기원인에 대하여 제3자의 허가, 동의 또는 승낙이 필요할 때에는 이를 증명하는 서면 등
4. 대리인이 등기를 신청할 때에는 그 권한을 증명하는 서면 등
5. 그 밖에 당사자의 특정 등을 위하여 대법원규칙으로 정하는 서면 등

② 제1항제1호에 따른 신청서에는 다음 각 호의 사항을 기록하고 신청인이 기명날인하거나 서명 또는 「전자서명법」 제2조제2호에 따른 전자서명을 하여야 한다. <개정 2016.2.3.>

1. 제47조제2항제1호부터 제9호까지의 규정에서 정한 사항
2. 대리인이 등기를 신청할 경우 대리인의 성명[대리인이 법무법인, 법무법인(유한), 법무조합, 법무사법인 또는 법무사법인(유한)인 경우에는 그 명칭을 말한다], 주소(법인이나 조합인 경우는 본점 또는 주된 사무소를 말한다)
3. 등기권리자와 등기의무자가 공동으로 신청하는 경우 및 승소한 등기의무자가 단독으로 등기를 신청하는 경우에 등기의무자의 등기필정보. 다만, 최초 담보권설정등기의 경우에는 기록하지 아니한다.
4. 등기소의 표시
5. 연월일

제44조(신청수수료)

담보등기부에 등기를 하려는 자는 대법원규칙으로 정하는 바에 따라 수수료를 내야 한다.

제45조(등기신청의 접수)

① 등기신청은 등기의 목적, 신청인의 성명 또는 명칭, 그 밖에 대법원규칙으로 정하는 등기신청정보가 전산정보처리조직에 전자적으로 기록된 때에 접수된 것으로 본다.

② 등기관이 등기를 마친 경우 그 등기는 접수한 때부터 효력을 발생한다.

제46조(신청의 각하)

등기관은 다음 각 호의 어느 하나에 해당하는 경우에만 이유를 적은 결정으로써 신청을 각하하여야 한다. 다만, 신청의 잘못된 부분이 보정(보정)될 수 있는 경

우에 신청인이 당일 이를 보정하였을 때에는 그러하지 아니하다.

1. 사건이 그 등기소의 관할이 아닌 경우
2. 사건이 등기할 것이 아닌 경우
3. 권한이 없는 자가 신청한 경우
4. 방문신청의 경우 당사자나 그 대리인이 출석하지 아니한 경우
5. 신청서가 대법원규칙으로 정하는 방식에 맞지 아니한 경우
6. 신청서에 기록된 사항이 첨부서면과 들어맞지 아니한 경우
7. 신청서에 필요한 서면 등을 첨부하지 아니한 경우
8. 신청의 내용이 이미 담보등기부에 기록되어 있던 사항과 일치하지 아니한 경우
9. 제44조에 따른 신청수수료를 내지 아니하거나 등기신청과 관련하여 다른 법률에 따라 부과된 의무를 이행하지 아니한 경우

제47조(등기부의 작성 및 기록사항)

① 담보등기부는 담보목적물인 동산 또는 채권의 등기사항에 관한 전산정보자료를 전산정보처리조직에 의하여 담보권설정자별로 구분하여 작성한다.

② 담보등기부에 기록할 사항은 다음 각 호와 같다. <개정 2014.5.20., 2020.10.20.>

1. 담보권설정자의 성명, 주소 및 주민등록번호(법인인 경우에는 상호 또는 명칭, 본점 또는 주된 사무소 및 법인등록번호를 말한다)
2. 채무자의 성명과 주소(법인인 경우에는 상호 또는 명칭 및 본점 또는 주된 사무소를 말한다)
3. 담보권자의 성명, 주소 및 주민등록번호(법인인 경우에는 상호 또는 명칭, 본점 또는 주된 사무소 및 법인등록번호를 말한다)

3의2. 담보권설정자나 담보권자가 주민등록번호가 없는 재외국민이거나 외국인인 경우에는 「부동산등기법」 제49조제1항제2호 또는 제4호에 따라 부여받은 부동산등기용등록번호

4. 담보권설정자나 채무자 또는 담보권자가 외국법인인 경우 국내의 영업소 또는 사무소. 다만, 국내에 영업소 또는 사무소가 없는 경우에는 대법원규칙으로 정하는 사항
5. 담보등기의 등기원인 및 그 연월일
6. 담보등기의 목적물인 동산, 채권을 특정하는 데 필요한 사항으로서 대법원규칙으로 정한 사항
7. 피담보채권액 또는 그 최고액
8. 제10조 단서 또는 제12조 단서의 약정이 있는 경우 그 약정
9. 담보권의 존속기간
10. 접수번호
11. 접수연월일

제48조(등기필정보의 통지)

등기관이 담보권의 설정 또는 이전등기를 마쳤을 때에는 등기필정보를 등기권리자에게 통지하여야 한다. 다만, 최초 담보권설정등기의 경우에는 담보권설정자에게도 등기필정보를 통지하여야 한다.

제49조(담보권의 존속기간 및 연장등기)

① 이 법에 따른 담보권의 존속기간은 5년을 초과할 수 없다. 다만, 5년을 초과하지 않는 기간으로 이를 갱신할 수 있다.

② 담보권설정자와 담보권자는 제1항의 존속기간을 갱신하려면 그 만료 전에 연장등기를 신청하여야 한다.

③ 제2항의 연장등기를 위하여 담보등기부에 다음 사항을 기록하여야 한다.

1. 존속기간을 연장하는 취지
2. 연장 후의 존속기간
3. 접수번호
4. 접수연월일

제50조(말소등기)

① 담보권설정자와 담보권자는 다음 각 호의 어느 하나에 해당하는 경우에 말소등기를 신청할 수 있다.

1. 담보약정의 취소, 해제 또는 그 밖의 원인으로 효력이 발생하지 아니하거나 효력을 상실한 경우
2. 담보목적물인 동산이 멸실되거나 채권이 소멸한 경우
3. 그 밖에 담보권이 소멸한 경우

② 제1항의 말소등기를 하기 위하여 담보등기부에 다음 각 호의 사항을 기록하여야 한다.

1. 담보등기를 말소하는 취지. 다만, 담보등기의 일부를 말소하는 경우에는 그 취지와 말소등기의 대상
2. 말소등기의 등기원인 및 그 연월일
3. 접수번호
4. 접수연월일

제51조(등기의 경정 등)

① 담보등기부에 기록된 사항에 오기(오기)나 누락(누락)이 있는 경우 담보권설정자 또는 담보권자는 경정등기를 신청할 수 있다. 다만, 오기나 누락이 등기관의 잘못으로 인한 경우에는 등기관이 직권으로 경정할 수 있다.

② 담보등기부에 기록된 담보권설정자의 법인등기부상 상호, 명칭, 본점 또는 주된 사무소(이하 "상호 등"이라 한다)가 변경된 경우 담보등기를 담당하는 등기관은 담보등기부의 해당 사항을 직권으로 변경할 수 있다. <개정 2020.10.20.>

③ 제2항의 직권변경을 위하여 담보권설정자의 법인등기를 담당하는 등기관은 담보권설정자의 상호 등에 대한 변경등기를 마친 후 지체 없이 담보등기를 담당하는 등기관에게 이를 통지하여야 한다. <개정 2020.10.20.>

제52조(담보등기부의 열람 및 증명서의 발급)

① 누구든지 수수료를 내고 등기사항을 열람하거나 그 전부 또는 일부를 증명하는 서면의 발급을 청구할 수 있다.

② 제1항에 따른 등기부의 열람 또는 발급의 범위 및 방식, 수수료에 관하여는 대법원규칙으로 정한다.

제53조(이의신청 등)

① 등기관의 결정 또는 처분에 이의가 있는 자는 관할 지방법원에 이의신청을 할 수 있다.

② 제1항에 따른 이의신청서는 등기소에 제출한다.

③ 제1항의 이의신청은 집행정지의 효력이 없다.

제54조(이의신청 사유의 제한)

새로운 사실이나 새로운 증거방법을 근거로 제53조에 따른 이의신청을 할 수 없다.

제55조(등기관의 조치)

① 등기관은 이의가 이유 있다고 인정하면 그에 해당하는 처분을 하여야 한다.

② 등기관은 이의가 이유 없다고 인정하면 3일 이내에 의견서를 붙여 사건을 관할 지방법원에 송부하여야 한다.

③ 등기를 완료한 후에 이의신청이 있는 경우 등기관은 다음 각 호의 구분에 따른 당사자에게 이의신청 사실을 통지하고, 제2항의 조치를 하여야 한다.

1. 제3자가 이의신청한 경우: 담보권설정자 및 담보권자
2. 담보권설정자 또는 담보권자가 이의신청한 경우: 그 상대방

제56조(이의에 대한 결정과 항고)

① 관할 지방법원은 이의에 대하여 이유를 붙인 결정을 하여야 한다. 이 경우 이의가 이유 있다고 인정하면 등기관에게 그에 해당하는 처분을 명하고 그 뜻을 이의신청인 및 제55조제3항의 당사자에게 통지하여야 한다.

② 제1항의 결정에 대하여는 「비송사건절차법」에 따라 항고할 수 있다.

제57조(준용규정)

담보등기에 관하여는 이 법에 특별한 규정이 있는 경우를 제외하고는 그 성질에 반하지 아니하는 범위에서 「부동산등기법」을 준용한다.

제5장 지식재산권의 담보에 관한 특례 〈개정 2011.5.19.〉

제58조(지식재산권담보권 등록)

① 지식재산권자가 약정에 따라 동일한 채권을 담보하기 위하여 2개 이상의 지식재산권을 담보로 제공하는 경우에는 특허원부, 저작권등록부 등 그 지식재산권을 등록하는 공적(공적) 장부(이하 "등록부"라 한다)에 이 법에 따른 담보권을 등록할 수 있다. <개정 2011.5.19.>

② 제1항의 경우에 담보의 목적이 되는 지식재산권은 그 등록부를 관장하는 기관이 동일하여야 하고, 지식재산권의 종류와 대상을 정하거나 그 밖에 이와 유사한 방법으로 특정할 수 있어야 한다. <개정 2011.5.19.>

[제목개정 2011.5.19.]

제59조(등록의 효력)

① 약정에 따른 지식재산권담보권의 득실변경은 그 등록을 한 때에 그 지식재산권에 대한 질권의 득실변경을 등록한 것과 동일한 효력이 생긴다. <개정 2011.5.19.>

② 동일한 지식재산권에 관하여 이 법에 따른 담보권 등록과 그 지식재산권을 규율하는 개별 법률에 따른 질권 등록이 이루어진 경우에 그 순위는 법률에 다른 규정이 없으면 그 선후에 따른다. <개정 2011.5.19.>

제60조(지식재산권담보권자의 권리행사)

담보권자는 지식재산권을 규율하는 개별 법률에 따라 담보권을 행사할 수 있다. <개정 2011.5.19.>
[제목개정 2011.5.19.]

제61조(준용규정)
지식재산권담보권에 관하여는 그 성질에 반하지 아니하는 범위에서 동산담보권에 관한 제2장과 「민법」 제352조를 준용한다. 다만, 제21조 제2항과 지식재산권에 관하여 규율하는 개별 법률에서 다르게 정한 경우에는 그러하지 아니하다. <개정 2011.5.19.>

제6장 보칙

제62조(등기필정보의 안전 확보)
① 등기관은 취급하는 등기필정보의 누설, 멸실 또는 훼손의 방지와 그 밖에 등기필정보의 안전관리에 필요한 적절한 조치를 마련하여야 한다.
② 등기관과 그 밖에 등기소에서 등기사무에 종사하는 사람이나 그 직(직)에 있었던 사람은 그 직무로 인하여 알게 된 등기필정보의 작성이나 관리에 관한 비밀을 누설하여서는 아니 된다.
③ 누구든지 등기를 신청하거나 촉탁하여 담보등기부에 불실등기(불실등기)를 하도록 할 목적으로 등기필정보를 취득하거나 그 사정을 알면서 등기필정보를 제공하여서는 아니 된다.

제63조(대법원규칙)
이 법에서 규정한 사항 외에 이 법의 시행에 필요한 사항은 대법원규칙으로 정한다.

제7장 벌칙

제64조(벌칙)
다음 각 호의 어느 하나에 해당하는 사람은 2년 이하의 징역 또는 1천만원 이하의 벌금에 처한다.
1. 제62조 제2항을 위반하여 등기필정보의 작성이나 관리에 관한 비밀을 누설한 사람
2. 제62조 제3항을 위반하여 담보등기부에 불실등기를 하도록 할 목적으로 등기필정보를 취득한 사람 또는 그 사정을 알면서 등기필정보를 제공한 사람
3. 부정하게 취득한 등기필정보를 제2호의 목적으로 보관한 사람

찾 아 보 기

판 례

사 항

ㅇ

ㅈ

ㅊ

ㅌ

ㅍ

ㅎ

송오식(宋五植)

약 력

전남대학교 법과대학 및 동대학원 졸업(법학박사)
미국 워싱턴대학(St. Louis) 로스쿨 방문교수
한국재산법학회 회장
광주고등법원 민사·가사조정위원
대한상사중재원 중재위원
전라남도 소청심사위원장
교육부 법학교육위원
사법시험, 행정고시, 입법고시 시험위원
현 전남대학교 법학전문대학원 교수

저 서

채권법총론(전남대학교출판문화원, 2023)
민법총칙(전남대학교출판문화원, 2022)
소비자계약법(전남대학교출판문화원, 2021)
신물권법(이론·판례)(동방문화사, 2017)
계약법(이론·판례)(동방문화사, 2017)
사이버스페이스법(전남대학교출판부, 2016)
단체법(전남대학교출판부, 2015)
소비자법(전남대학교출판부, 2013)
물권법(제2판)(전남대학교출판부, 2013)
불법행위법(법률정보센터, 2012)
계약법(제2판)(전남대학교출판부, 2011)

LAW SCHOOL

물권법 핵심 판례

물권법 Restatement

인 쇄 2023년 8월 25일
발 행 2023년 8월 30일

저 자 송오식
발행인 김광석
발행처 전남대학교출판문화원

등 록 1981년 5월 21일 제53호
주 소 61186 광주광역시 북구 용봉로 77
전 화 062-530-0571~2
마케팅 062-530-0573
팩 스 062-530-0579
홈페이지 http://www.cnup.co.kr

가 격 28,000 원

ISBN 978-89-6849-983-8 (93360)